长安学十年学术论著选集

编 委 会

長安學

十年学术论著选集

总 主 编 ○ 萧正洪
副总主编 ○ 贾二强　石晓军

主编 ◆ 张宗品

文献与长安学

陕西师范大学出版总社

西安

图书代号　　SK24N0679

图书在版编目（CIP）数据

　　文献与长安学 / 张宗品主编. — 西安 : 陕西师范大学
出版总社有限公司，2024.5
　　（长安学十年学术论著选集 / 萧正洪总主编）
　　ISBN 978-7-5695-4056-7

　　Ⅰ.①文⋯　Ⅱ.①张⋯　Ⅲ.①长安（历史地名）—
文化史—文集　Ⅳ.①K294.11-53

　　中国国家版本馆CIP数据核字（2023）第251597号

文献与长安学
WENXIAN YU CHANG'ANXUE

张宗品　主编

出 版 人 / 刘东风
责任编辑 / 庄婧卿　雷亚妮
责任校对 / 王文翠　刘　筱
装帧设计 / 飞铁广告
出版发行 / 陕西师范大学出版总社
　　　　　（西安市长安南路199号　邮编710062）
网　　址 / http://www.snupg.com
印　　刷 / 中煤地西安地图制印有限公司
开　　本 / 787 mm×1092 mm　1/16
印　　张 / 34
插　　页 / 4
字　　数 / 627千
版　　次 / 2024年5月第1版
印　　次 / 2024年5月第1次印刷
书　　号 / ISBN 978-7-5695-4056-7
审 图 号 / GS（2023）2953号
定　　价 / 198.00元

总序

基于整体性思维的长安学研究：历史回顾与前景展望

贾二强　黄留珠　萧正洪

陕西师范大学国际长安学研究院（陕西省协同创新中心）至今年已经组建10年了。以此为契机，我们试图通过编辑一套学术回顾性文集，为学界反思相关学术发展的历程、推进未来的研究工作提供参照。文集分专题汇集特定领域内有代表性的论文（也有少量著作中的篇章）。选编工作得到了相当多学者的支持与鼓励，我们均深铭感，于此谨致谢忱。然而，因为眼界有限，很可能有遗珠之憾，为此亦深表歉意。

有一种看法，认为长安学的学术实践活动是从21世纪初开始的。但在我们看来，它很早就已经存在，只是人们一直没有清晰地将其作为一个具有相对独立性的学科或专门研究领域加以定义。黄留珠先生曾撰文，记述其源流，称2000年初，即有学者提出"长安学"研究的必要性。而2003年，荣新江教授撰《关于隋唐长安研究的几点思考》一文，指出，那个时候的一个遗憾，是并没有建立起像"敦煌学"那样的"长安学"来，但关于长安的资料的丰富性与内涵是不逊于敦煌的。其后，2005年左右，陕西省在省文史研究馆的牵头下，成立了长安学研究中心。至2013年，陕西师范大学组建了陕西省协同创新平台"国际长安学研究院"。

这一系列事件的发生表明，人们对于长安学作为一个学科或具有独立性的专门领域的认识，到21世纪初开始变得清晰了。这是长安学发展史上的重要标志，是一个理性认知新阶段到来的标志。严格说来，以长安研究的本体论，它并不是一种突然发生的创设，而是自中古甚至更早以来人们对于长安的兴趣、关注、记忆与反思在学术上的体现，且是经长期积累所形成的结果。这同敦煌学是有一些不同的。敦煌学以敦煌遗书为起始，而逐渐扩大到史事、语言文字、文学、石窟艺术、中西交通、壁画与乐舞、天文历法等诸方面。它是一个历史性悲剧之后的幸事。长安学则不是，它有着悠久的渊源和深厚的基础，因长安（包括咸阳等在内）作为统一王朝之都城而引发的关于政治制度、经济发展与文化建设的反思而产生，从一开始就同礼法制度等文明发展重大问题紧密关联。事实上，人们关注、研究长安，起源甚早，而历时甚长。我们完全可以写出一部以千年为时间单元、跨越不同历史时代的《长安学史》来。这是长安学的历史性特点。

在空间性方面，它也颇有特色。关于这一点，如我们曾经撰文所指出的那样，其以汉唐"长安"之名命名，研究对象虽以长安城、长安文化、长安文明为主，但却不完全局限于此，而扩展至建都关中地区的周秦汉唐等王朝的历史文化，另在地域上亦远远超出长安城的范围而扩大至整个关中以及更广泛的相关地区。尽管我们对长安学的空间边界问题还可商讨，但它一定是有明确范围与目标的。然而，长安的地理空间并不等同于关于长安的学术空间。简言之，长安学诚然是以古代长安为核心，以文化与文明为主体的研究，一些同古代长安相关的问题也应当包含在内，但其学术空间要大得多。其基本原则是：若有内在关系，罗马亦不为远；若无关系，比邻亦仅是参照。显然，它在学术空间边界上具有显著的开放性。

长安学的内涵也极为丰富。以地域为名的世界级学问皆有其特定意义与内涵。如埃及学，指关于古代埃及的语言、历史与文明的学问。它是从18世纪才开始发展起来的国际性古典文明研究。埃及学研究对象的时间范围是从公元前4500年到公元641年，所涉及的学科相当广泛，如考古、历史、艺术、哲学、医学、人类学、金石学、病理学、植物学和环境科学等，其研究方法，除了文献与语言文字分析外，还利用了现代测年技术、计算机分析、数据库建设甚至DNA分析等手段。长安学亦是如此。长安学具有学科群的意义，它要超出一般意义上的学科范畴。它综合了哲学、历史、考古、文学、宗教、地理、科学技术、文献研究等多个方面和多个层次，有着极为丰富的内涵。它既为我们研究人类文明的进步提供了一个不可或缺的样本，也提供了一个我们看世界、世界看我们的独特视角。

历史发展给我们提供了一个重要的机遇，也赋予我们重大的历史使命。我们现在的重要任务，是在新的历史条件下，以追求人类文明进步为基本价值观，对长安学作为具有独立性的学科和专门研究领域进行重新定义，并阐明其现代价值与意义。正是以此为基本宗旨，陕西师范大学联合校内外学术力量，组建了国际长安学研究院，此举得到陕西省教育厅的大力支持，并成为陕西省最早的协同创新中心之一。

历史上的长安研究，有官方叙述与私人撰述两类，但皆属于在传统的、旧的观念指导下对于长安的理解与解释，从形式上看，基本上是碎片化的。当下陕西师范大学和若干合作的大学、研究机构，共建国际长安学研究院，试图坚持科学与理性的原则，以系统化、整体性的思维，对历史发展中的某些重要问题提出基于历史事实的严谨而合理的解释。为实现这一目标，我们组建了学科咨询委员会、学术委员会、学术期刊编辑部、海外事务部、长安学理论研究中心、古都研究中心、长安与丝绸之路研究中心、长安文化遗产研发中心、数字长安新技术研发中心和长安文献整理与研究中心，以融合方式推进相关研究工作。

历史上的长安给我们留下了足够丰富的资料，能够让我们通过扎实的研究，总结文明进步的成就，特别是反思其中的曲折与艰辛。我们希望，长安学研究能够有助于社会进步，而不是相反。令当下人们的观念与感慨停留于帝制时代的荣耀，不是我们的追求。

为此，我们确定了建设工作的基本原则：历史起点、当代情怀、世界眼光。我们要使长安学成为具有世界性的学问，而不只是陕西的学问或中国的学问。长安学应当具有现代精神，应当是中华民族精神家园建设的重要组成部分。我们秉持这样的宗旨，并对此持有信心。我们将努力把国际长安学研究建设成一个开放的平台，联系各方学者和学有专长的同仁，为大家的研究工作提供便利与条件。

显然，长安学不是单纯基于现代城市空间的研究，而是以历史上的长安为核心，以探索中国历史渊源与文明发展的曲折历程为研究对象的独特领域和学科。以世界范围论，以地域为名且为国际学术界所公认的专门学问（学科）是不多的。比较著名的只有埃及学，而类似的希腊古典文明、罗马古典文明等，亦是某个地域引人注目、曾经深刻影响历史发展进程的重要的人类文化遗产，是特定地域优秀传统文化的标志性象征。

从学科属性上说，长安学既是古典的，也是现代的。长安的历史具有极为丰富的内涵，长安学则以独特的视角阐释中华民族优秀文化绵绵不绝的特性，因而不能简单化地以古代或近代等时间尺度加以定义。同时，如前所述，其学术空间边界具有显著的开放性，而不为特定地域所限。所以，我们在"历史起点、当代情怀、世界眼光"的建设原则中，特别重视世界眼光的目标定位。

世界眼光是我们将长安学命名为"国际长安学"的一个重要依据。其原因有二：一是历史上的长安具有世界上其他历史名城少见的国际性。从某种意义上说，长安从来不只是中国的长安，它也属于全世界。作为古都的长安，它曾经具有的以开放包容为特征的精神气质，乃是中华民族对于全世界文明进步的杰出贡献，而其历史的艰难曲折亦为人类发展提供了宝贵的借鉴。二是关于长安的研究从来具有国际性。在漫长的历史中，长安一直是外部世界关注的焦点。人们之所以对于长安有极大的兴趣，有着诸多的理由与原因。其中之一是它作为丝绸之路的东方起点，在东西方文明交往中具有最为突出的表征性。正因如此，并不是只有国人关注长安，它有着世界范围的学术文化吸引力。从某种意义上说，古代地中海沿岸及印欧大陆认识中国这个东方国度，正是从认识长安所在的地域开始，且在一个相当长的时段中，以长安为中心。而近数百年来，关于长安的研究著述不胜枚举，其中相当一部分出自海外人士之手。如此独特的性质与丰富的内涵决定了长安学研究必然要超越长安的空间范围。这个国际性是其原发的、内生的属性，并不是我们刻意赋予。正是基于这种思考，我们在英译"长安学"名称时，没有采用通常的做法将其译为the study of Chang'an，而是译为 Changanology，其用意就是从基础定义起，将其解释为一个内涵丰富且外延性显著的学术空间，而不为特定地域的边界所束缚。

长安学的主体内容当然是关于中国历史的，但它不能离开世界文明整体发展的视角。长安学研究包含了中国历史上政治、经济、社会、文化、民族与宗教信仰、地域关系、国际文化交流等各个方面。所以，长安学是中国史学科中的一个独特领域。它以长安为主题词和核心概念，将中国历史各个阶段和各个门类的研究综合在一起，试图提出关于中国历史发展的一种地域类型学解释。然而，当下学术发展的实际情形是，任何一个学科或专门研究领域，若不重视其外部性联系，将不会具有很强的解释力，即使它自身具有综合性的特征。基于单一的视角或特定区域的理解，不能解释文明发展的多元与多样性。中国地域辽阔，不同地区的发展本就存在着差异，遑论宏大的世界？以全球论，文明与文化发展的道路选择与存在形态具有极为丰富的多样性，所以，在研究长安的同时，也必须研究世界上其他文明之都。提供以长安为基础的具有典型意义的样本，将其同其他文明类型进行比较，必将极大地丰富我们关于世界文明发展的整体认识。在我们看来，长安学的价值只有置于世界文明发展的体系之中，方能得到充分的体现。

正是出于这样的认识，我们对国际长安学研究院的建设前景有一种期许：作为开放的平台，它将为中国以及海外相关专业人士提供共享的学术资料库，特别是创造相互交流的机会，为不同的思想与观点提供讨论的空间。我们特别期待将长安学研究的成果介绍给世界，将海外人士关于长安的研究与评论介绍给国人，也期待了解、学习世界其他地区文明与文化发展中的体验与思考，以在不同认知之间构建桥梁，以增进不同类型文明之间的相互理解与尊重。

序言

张宗品

　　古都长安不仅是周秦汉唐时期我国多民族文化凝聚发展的中心，也是东西方文明交汇融合的中心。文献是古典文明的重要载体。古代长安极为重要的特点之一，是其作为文献与典章文化的引领者，在中华民族共同体形成过程中具有无可替代的地位。自西周以降，长安即为文献旧邦，中华文化的核心经典多与长安有关。殷周时期，有册有典。春秋以来，承续两周礼乐文明的经部文献多源于关中，记载中华五千年文明史的古代正史约有三分之一也诞生于此地。西汉之天禄、石渠，号称"典籍之府"；传统典籍文献的首次系统校勘，也是汉成帝时期由刘向歆父子在长安主持，相关目录著作《七略》《别录》，堪称群书目录之滥觞。作为宋刻经书版本的重要源头，早期最为完整的经书版本《开成石经》，至今犹立于西安碑林。历史上的长安不仅是雕版印刷诞生时期的政治和文化中心，也是文献典籍的中心。而就今天的长安学研究而言，文献也是全部工作的主要基础。

　　21世纪以来，以长安和长安文化为考察对象的文献研究新作迭出，传世文献和出土文献交相印证，国内学者与海外学者相互砥砺，共同推进了长安学的蓬勃发展。本书辑录近十年来与长安文献研究相关的中外论文二十余篇，收录范围以直接或间接讨论长安的四部典籍为主，兼及简牍帛书、碑刻文献、敦煌文献、海外文献等。时间上从西周以至民国皆有涉及，而以材料相对丰富的汉唐时期为主。这些研究多以文献为核心，集中探讨了长安的政治、经济、地理、思想、学术、文学等诸多面向，可谓21世纪以来长安文献研究的集中展示。

　　文集的顺利出版，首先要衷心感谢诸位专家学者的慷慨相助。在接到收录意向确认书之后，诸多前辈学者复函，同意将大作收入论文集；已故学者赖瑞和先生的家人对我们的收录工作给予大力支持；妹尾达彦和气贺泽保规两位先生对昔日求学之地的拳拳盛意尤为令人感动。凡此种种，我们深怀感激。

论文集的选编也离不开诸多师友的指教和帮助，他们或协助简选论文，或积极联系作者，惠我良多。陕西师范大学出版总社的编辑为编选文集付出了辛苦的工作。谨此并致谢忱。

最后需要说明的是，还有一些与长安学文献密切相关的优秀论文，因无法取得授权，从而未能收入文集，对此我们深表歉意！

文献浩博而本人闻见谫陋，挂一漏万，在所难免，恳请读者多多批评指正。

目　录

古都西安的地理、历史和文化

李健超

西安，古称长安，位于中国黄河中游的渭河平原，东经108°55'，北纬34°14'，是中国八大古都之一，世界著名的历史文化名城。自公元前11世纪（前1046）至公元10世纪（907），中国历史上先后有周、秦、西汉、隋、唐等统一王朝在这里建都。其时，政治上统一，经济文化迅速发展，人民生活比较安定富裕，与世界上许多国家和地区的交往频繁，出现了许多政治家、军事家、科学家、文学家、诗人、艺术家、建筑师、产业家。因此，西安及其附近的地上、地下有大量的遗址、文物。尽管历经劫波，地面上巍峨壮观的宫殿楼阁，富丽堂皇的王府官邸，街巷修直的闾阎坊里，繁华奢靡的商铺店肆中四方辐辏、万货丰贱、锦绣珠贝已不复存在，但它的美名却长留人间。昔日的残垣断壁和累累荒丘，还反映出当年的恢宏辉煌，使今人感受到情趣盎然的历史脉搏。

近几十年来的考古工作者，用科学的方法揭开一处处地下历史遗迹，展现出了几十万件文物。这些惊世之作不仅数量多，而且质量高（品位高，大多是帝王、将相、王子、公主生前享用的实物或象征性器物）、种类齐全（陶器、青铜器、金银器、碑石等）、时代顺序性强（从百万年前蓝田猿人直到现代的文物遗存一脉相传）。人们不禁惊叹，这座帝土之都的独特风景和深厚的文化底蕴是一座无与伦比的文物宝库，是一幅内涵丰富、千姿百态的历史画卷。

一、中国历史上最兴盛的朝代把都城建在西安的原因

都城是一个国家的政治中心，所以对于都城的选建历来为统治者所重视。其选建的标准和原则不外乎：在政治上能控内与驭外；在军事上利于进攻和防守；在经济上必须能保证一定的物资供应。此外，如地理位置在国内比较适中，各民族、各统治集团之间文化心理及利害矛盾，等等。然而历朝列国在选建都城时很难选到完全符合理想，各方面条件都十分优越的都城，只能根据当时的主要矛盾选择比较有利的地点。不难看出，在选建都城上不论是政治因素、军事因素和经济因素，归根

结底都落实在地理条件上。地理条件是政治因素、军事因素和经济因素的基础。那么，西安地区的优越地理条件何在？

在中国五千年的文明史上，从夏、商、周直到北宋这三千多年（前2070—1127），黄河中下游两岸是全国经济最发达的地区，又是王朝版图内的地理中心。一个政权若能牢固掌握着一片地区，就足以控制全国。史学家司马迁在《史记·封禅书》中说："昔三代之居皆在河洛之间。"这就是以河南洛阳为中心的狭义的中原地区。《史记·货殖列传》又说："昔唐人（尧）都河东，殷人都河内，周人都河南。夫三河在天下之中，若鼎足，王者所更居也，建国各数千百岁。"古代王朝建都常在中原，其间"周人都河南"指的便是今洛阳。洛邑被称为"天下之中"，"四方入贡道里均"。（《史记·周本纪》）所谓"天下之中"也就是居于全国版图的中心。西安建都始于西周武王，即公元前1046年。西周和秦建都于关中的丰镐和咸阳，是由于周与秦均兴起于关中，是其发祥地。那么汉和唐的发祥地皆不在关中，又为什么选建国都于西安呢？

从中国历代疆域沿革图上不难发现，秦统一全国，特别是汉武帝时张骞"凿空"西域，中国疆域发生了很大变化。关中东连中原，西控西戎（陇右），北达河套，地理视野的扩大，使得国土的中心也相应地西移至关中。关中"天下之中"的战略地位和便利的交通条件是当时国内任何地区所无与伦比的。有学者认为："人们探讨这里成为千年古都的原因，往往着眼于'险要的天然屏障保护着内部优越的农业生产条件'这一现象。其实在中国，符合'地险、国富'标准的地方并不少，长安之所以被封建王朝长期建都，还因为它位于中国的交通大道上，这样，中国的各部族在东西迁徙的过程中，有可能在这里达到文化的交融，从而找到共同的安居之所。"①就汉唐时代来说，虽然"地险、国富"的地方有如彭城（今徐州）、南阳、襄樊，但它们大多偏处一隅，非居于"天下之中"的地理位置，难以控制全国的形势。该文提出，关中在交通方面的优势成为其被长期选作都城的重要因素，并借助交通、政治中心的地位，促进了中国各民族文化的交融。这一观点反映了历史的真实。那么，让我们看看当时的人们是如何认识这一形势的。

西汉和唐王朝建立之初，由于秦王朝和隋王朝的残酷统治和长时间的战争破坏，社会残破，民生凋敝，外有匈奴、突厥的严重威胁，内有异性诸王和关东割据势力的潜在隐患。因此，与民休息，发展生产，平息内忧，消除边患就成为汉唐统治者为安邦定国必须迅速解决的三大战略任务。关中地区既占有重要的战略地

---

① 黄新亚：《中国文化史概论》（上卷），陕西师范大学出版社，1989年。

位，又具有河山之险，利于军事上的攻守，还有发达的农业经济基础和方便的水陆交通，因而不论对内制胜关东豪杰和对西北抵御强敌都拥有无比优越的地理条件，当时中国是没有任何一个地区能与之相媲美的。汉朝刘邦即位后都雒阳，采纳娄敬（亦称刘敬）和张良的建议后，即日起驾移都关中。娄敬是怎样分析关中形势的呢？"秦地被山带河，四塞以为固，卒然有急，百万之众可具也。因秦之故，资甚美膏腴之地，此所谓天府者也。陛下入关而都之，山东虽乱，秦之故地可全而有也。夫与人斗，不扼其亢，附其背，未能全其胜也。今陛下案秦之故地，此亦扼天下之亢附其背也。"（《史记·刘敬传》）张良也说："关中左崤函，右陇蜀，沃野千里。南有巴蜀之饶，北有胡苑之利，阻三面而守，独以一面专制诸侯。诸侯安定，河渭漕挽天下，西给京师；诸侯有变，顺流而下，足以委输。此所谓金城千里，天府之国也。"（《史记·留侯世家》）

娄敬、张良正确分析了汉初的政治形势，比较了洛阳与关中定都的利弊条件，并以战略全局和发展眼光审视定都问题，从而为刘邦重新定都关中提供了决策依据。娄敬和张良建议建都关中，凭借关中的完固形势和经济优势来对付关东诸侯的潜在威胁。刘邦是战国时代楚国人，在楚（项羽）汉（刘邦）战争中和战后，迫于当时的形势，在秦始皇实行统一集权的郡县制基础上，先后分封了异姓和同姓王，以韩信、英布等七个异姓王，封地占西汉疆土的一半以上，而且南北为一体，对洛阳形成包围之势。建都关中是一个正确的战略选择。《史记·高祖本纪》中刘邦从（汉高帝）五年十月到十一年七月秋的次第平灭燕王臧荼、梁王彭越的战争中充分显示了关中所处的有利地位。刘邦以后，直到汉文帝、景帝才把同姓的吴楚七国的叛乱平息下去。当周亚夫平定吴楚七国叛乱时，不走函谷关大道，而绕行武关下洛阳，到洛阳后发现吴王刘濞的奸细早已布置在崤函狭道中。刘敬所说的秦地和张良所论的关中，指今河南省三门峡市和灵宝市的崤山和函谷关以西，战国时期秦国故地。关中有广狭二义，广义等于秦地，狭义专指关中盆地或称关中平原、八百里秦川。秦地对山东六国故地而言，地居上游；关中盆地四面有河山之固（东有崤山、函谷关，还有从北向南到潼关转向东的黄河天险；南有巍峨高耸的秦岭屏蔽，秦岭到宝鸡与陇山汇聚而闭合；北有山地），所以建都关中，凭河山关之固，退则可以守，据上游之势，进可以攻。所谓我打你能打得着，你打我打不到。对山东叛乱者能扼其亢，附其背，军事上地位十分优越，是之谓"金城"。关中平原沃野千里，土地肥美，物产富饶，又有巴蜀和胡苑之利可资取给以补其不足，若山东诸侯叛乱，关中粮食物资顺渭水、黄河而下以供王师，在经济上有恃无恐，是之谓"天府"。历史事实证明汉唐建都于关中这片金城天府之地是完全正确的选择，不仅有利于平息异姓王及分裂割据势力的叛乱，而且在汉初还没有预计到日后形势的发展时，就有助于对匈奴取得战争胜利，同时建都关中便于经营西北。西北的开拓使关中在全国更处于地理中心地位。对隋唐政权来说，对付西北地区强大的突厥和吐蕃的入侵也和西汉时期相似。

中国自古以来以农立国。不能设想：一个农业民族在强敌压境时去如何防御敌人？从中国史来看，历代王朝是如何应对匈奴、鲜卑、突厥、蒙古、满族的内犯的呢？成功的经验？失败的教训？很重要的一条就是拥有强大的武装力量来保卫自己。必须有一支善战、快速、灵敏的骑兵，才能起到出奇制胜的决定性效果，这对战役的胜利至关重要。战国时赵武灵王的胡服骑射，秦始皇的扫合六国，无不充斥着骑兵的身影。骑兵最重要的是马匹，关于此，战国后期的论者多有提及，汉代史学家司马迁也高度关注这一问题。《史记·货殖列传》记载："天水、陇西、北地、上郡与关中同俗。然西有羌中之利，北有戎翟之畜，畜牧业为天下饶。"戎翟之畜"为天下饶"说明秦汉时期中国最重要的畜牧业基地就在关中地区毗邻的西北，也就是今天甘肃的陇东地区和宁夏的固原地区。畜牧业最受关注的是马匹的繁殖。马是组成骑兵的基本条件，无论是中国古代还是西方世界，骑兵在整个中世纪一直是各国军队的主要兵种。我国自春秋战国之际产生骑兵这一新兵种之后，因其具有轻捷迅速的特点发展很快。[①]最先载入史册的是赵武灵王胡服骑射。但地处诸国之西的秦，骑兵发展更快。这与它立国之前的养殖马匹的悠久历史有关。据《史记·秦本纪》记载，秦远祖"伯翳为舜主畜，畜多息，故有土，赐姓嬴"。西周孝王时，秦先祖非子因养马出色，被"孝王召使主马于汧渭之间，马大蕃息"。后来秦襄公因护卫周平王东迁都洛邑，秦成为诸侯之后，养马也就更加发展。到战国末年，秦已拥有"带甲百万余，车千乘，骑万匹"之军事强国。"秦马之良，戎兵之众，探前蹶后蹄间三腾者不可胜数。"（《战国策·韩策》）正由于秦国养马业发达，传说中的相马专家均出自秦国。如伯乐是秦穆公之臣（《淮南子·道应训》），其时还有一位九方皋也是秦国的相马专家。只要看一看秦始皇兵马俑坑的马俑，就不难想象当年秦军万马驰骋疆场、横扫六国的雄伟情景。汉武帝即位后的国内形势：①景帝时平定吴楚七国叛乱，清除了隐患；②休养生息、经济恢复和发展；③文、景为战胜匈奴，建立骑兵，鼓励公私养马"众庶街巷有马，而阡陌之间成群"。公家喂养的马匹多达四十五万匹。汉武帝为战胜匈奴，集聚六十多年的国力，扩充骑兵，根据当时匈奴土地辽阔、骑兵强大、行动飘忽、各部分散的特点，

---

① 马振民、王世平：《唐代马政》，西北大学出版社，1995年。

要战胜以骑兵为主的敌人，如果没有比之更强大的骑兵集团，是难以制胜的。汉武帝在文、景二帝养马的基础上，已有苑马四十五万匹，民间马匹也很多。大规模地组建和训练骑兵，使之成为战场上独立作战的主要兵种。以十万精骑为基础，实施战略性远程奔袭。霍去病、卫青扬威沙漠，实施迂回、包围、割裂、围歼，创造了大规模使用骑兵集团军机动作战的典型战例。汉武帝扩建骑兵集团，作为战争的主力兵团，是新的兵种划时代的创建与运用，是一项具有战略意义的创举。茂陵博物馆的"马踏匈奴"花岗岩石像，是为纪念霍去病的战功而刻制的。从此，骑兵终于取代了车兵，成为历代军队的主力，纵横驰骋在疆场上。据《唐六典》卷一七引《汉归仪》："太仆牧师诸苑，三十六所，分布北边西边，以郎为苑监，官奴婢三万人，养马三十六万头，择取教习，给六厩。"（《资治通鉴》卷一六，景帝中六年汉仪注）汉武帝时东方朔在论说关中的战略地位与富庶时曾说："夫南山，天下之阻也，南有江淮，北有河渭。其地从千陇以东，商雒以西，厥壤肥饶。汉兴，去三河之地（指今洛阳），止浐灞以西，都泾渭以南，此所谓天下陆海之地，秦之所以虏西戎兼山东者也。"（《汉书》卷六一五《东方朔传》）由于汉代关中地区已居于"天下之中"的地理位置，左为中原富庶的农业区，右为富国强兵的军马来源地，东西两翼，左右逢源。所以"汉兴，去三河之地"终于实现了这一伟大的战略转移。实际上秦之所以虏西戎兼并六国也是靠关中形胜与关中和陇西的马匹。

自汉以降，历代中央王朝与塞北游牧民族长期接触，已认识到国运的兴衰系之于马匹。唐初李渊于公元617年起兵太原叠克强敌，数年之内戡灭群雄，一统宇内，就是靠的骑兵。有学者认为"此（指骑兵）唐军所以能竞胜隋末北方群雄者"（汪篯《隋唐史论稿》）。唐王朝建立后，定都长安，而西北边境的东西突厥、吐蕃、吐谷浑等游牧民族政权都相当强大，对唐构成了严重威胁，如何战胜这些控弦百万的强敌？必须发展骑兵，有了铁骑，遂于贞观四年（630）一举击溃东突厥并活捉颉利可汗。太宗因谓李靖曰："卿以三千轻骑，深入虏庭古今所未有。"《新唐书·兵志》记载："议谓秦汉以来，唐马最盛，天子又锐志武事，遂弱西北蕃。"这是历史的真实。还有两件事能说明战马的作用：其一，李世民特重视战马。玄武门之变，本来是一场事前准备好的宫廷政变，但秦王兵将埋伏在玄武门内，李世民仍骑着马。当李建成、李元吉在临湖殿发现伏兵调转马头东逃时，旋被杀害。其二，唐太宗爱马。昭陵六骏石刻，已成为我国极为珍贵的国宝。在长期战争实践和民族大融合的理性总结基础上，唐太宗李世民用大生产方式、高度集中的大规模国家养马业，以求从根本上解决马匹的供需矛盾。经过几十年的努力，发展了以陇右牧群为骨干的巨大牧场群。据《元和郡县图志》记载，在今天水、陇西、兰州、靖远（唐代的秦、渭、兰、会四州）广大地区，东西六百里，南北四百里，建成的养马场，是当时世界上最大的国家养马场。平高县"监牧，贞观中自京师东赤岸泽移马牧于秦渭二州之北，会州之南，兰州狄道之西置监牧使以掌其事。……监牧地，东西约六百里，南北约四百里。天宝十二年，诸监见在马总三十一万九千三百八十七匹"①，马匹繁衍最多时是唐高宗永徽年间，达七十万零六千匹，这是多么惊人的数字。与此同时，在宜牧的养马基地，移民屯垦，有计划限制屯垦规模，有利于该地区的经济发展，也可以促进国防安全的巩固，这是唐王朝经营西部地区的一条基本国策。该地区生态环境相对脆弱，在安史之乱前这里既未发生重大自然灾害，黄河下游也安澜无事，这说明这一措施是正确的。

历史事实说明，唐代国运的兴衰确系之于马匹，兴靠的是骑兵，衰在于失去战马。安史之乱为什么太子李亨远赴灵武即皇帝位，因到那里易于征集骑兵，但安史之乱以后，陇西这片养马基地被吐蕃占领，唐王朝失去了马匹的来源。史念海先生早就指出：隋唐两代统治的农耕地区和半农半牧地区宛如两臂，左臂应是黄河流域的几个富庶地区，首先是黄河下游的富庶地区。安史之乱后，这左臂近于瘫痪。为了平息安史之乱，西北边兵陆续撤回，吐蕃乘虚而入，占领了陇西地区的养马基地，没有马匹，唐朝的军力也就削弱了，这右臂已经不是瘫痪，而是断绝了。这左右两臂东面瘫痪，西面断绝，唐王朝遂走向没落。（史念海《河山集》第七集《隋唐时期农牧地区的变迁及其对王朝盛衰的影响》）

以上论述是从宏观视角审视关中的形势，那么它本身又具备什么微观特点而被选为国都所在地呢？

首先，它地处关中中部地形最开阔的地区，水路交合，交通四通八达。沿渭水南岸东行，出潼关，函谷关，东通中原。沿渭河北岸东行于大庆关渡黄河，可通河东、华北广大地区。沿灞河、丹江河谷出武关，可达华中、华南。溯渭水北岸西行越陇坂，河西走廊可直趋西域。

其次，地形开阔，但并非一马平川，而是原隰相间。西安城区地势由东南向西北缓慢递降，由450米到400米。因为地质时期黄土沉积和河道变迁形成6条西南东北向的高冈，本不利于规划布局。然而，宇文恺巧妙地利用这一地形特点，从四个方面通盘因地制宜避害趋利：①将宫殿、百司、重要寺观大建筑物置于高冈之上，更显得巍峨壮观；②高冈之间相对低凹，这些高冈与低凹地又平行排列，因此宫城、皇城的形状和坊里的划分形状均呈东西向长方形布局，全城呈棋盘式与地形和谐一

---

① 〔唐〕李吉甫：《元和郡县图志》，中华书局，1983年，第59页。

致；③开凿由东向西，由南向北的龙首渠、永安渠、清明渠等，既解决城市供水，又有利于水运，还美化了环境；④利用渠水，或在低凹地开凿湖、池，使全城水域星罗棋布，形成优美的都城风貌。

再次，八水环绕是西安小盆地的天然财富，在大约600平方公里内有八水环绕在中国北方是少有的。如自夏商建都天下之中的洛阳，也只有伊洛瀍涧，再加上黄河，也只有五条。西安这八水其功能有四：一是交通运输线，也可以说是生命线。渭河最早在周代已可行舟，春秋时期秦国粮食由关中输往河东的"泛舟之役"名垂青史，汉隋唐以降至民国陇海铁路通车前它都是一条水路交通线。二是灌溉之利。秦在泾河上修建的郑国渠使关中成沃野、无凶年，为其卒灭诸侯、完成统一大业做出贡献；汉代的白渠，所谓"郑白之沃，衣食之源"（班固《西都赋》）。三是天然防线。如灞河东之灞上，不仅是管毂函谷关、武关、大庆关的交通咽喉，又是长安之天然防卫屏障。四是人工渠道，利用自然水系引进城内。汉代修建的昆明池曾供水汉长安，隋初建造长安城时，利用浐河、潏河、洨河等自然水系开凿龙首、清明、永安三大水利工程，既解决城内饮水洗涤之用，还美化环境。据初步统计，唐代长安城内有六七十个园林，其水源就是这些人工渠道。此外，这些水渠流经之地还能稀释地下污水，减轻污染。

但是，长安作为首都也有不足之处，它的地理位置距离当时人口最稠密、经济最发达的黄河中下游两岸稍嫌远些，距离中唐以后财赋所出的江淮地区就更远些。尽管关中富饶，但"土地狭小"。关中平原包括渭河平原区、渭南台原区，总面积为1.31万平方公里，涉及今宝鸡、咸阳、西安、渭南32个县市区，耕地面积（现在）1294万亩，其中水浇地954.3万亩（《陕西省渭河流域综合治理规划（2002年）》），再加上渭北高原区的耕地面积1149.8万亩，总耕地面积还不到2500万亩。这区区之地，能够提供的农产品不足以供应京师和西北边防所需的大量粮饷和军需物资，一旦人口膨胀，超过了它的承载能力，或者遇到自然灾害，就产生粮荒。这种形势早在秦统一全国前就曾显露，当时接济来自巴蜀，但要艰辛翻越巴山秦岭。秦开郑国渠，汉开白渠，其目的显然是发展水利灌溉来提高关中的粮食产量。然而在国力强盛人口剧增时，尤凸显出无济于事，所以就开漕渠运河。西汉中期每年由山东漕运数百万石粮食，山东毗连关中，还不算太遥远。但漕运并未收到预期的效果。唐初，中央机构还不庞大，驻守京城的士兵实行的是兵农合一自备粮食的府兵制，每年所需漕运东南地区的粮食不过一二十万石。唐高宗李治以后，每年通过运河输入关中的漕粮大约增至二百万石，最高达四百万石。这时长安人口膨胀是怎样的情况呢？仅从政府机关人员的激增来说，据《通典》记载，唐太宗贞观年间内外文武官员为642人，高宗时一品以下九品以上的内外文武官员已达13465人，已经是太宗时的21倍。到武则天时，人们戏称官员多得可以车载斗量。国用日增，人口剧增，士兵的粮饷也由府兵制变为兵农分离的募兵制，军队的给养也赖政府承担。这样，关中地区所能提供的粮饷就远远不能满足京城庞大军政组织的需求，唯一的办法，仰赖东南漕运。粮食运不到就发生饥荒，典型的例子是唐高宗自显庆二年（657）以后的二十六七年间，七次幸东都洛阳就食，有四次是在青黄不接的正月离开长安。①［据《旧唐书·高宗纪》：①显庆二年春正月庚寅，幸东都；②显庆四年闰十月戊寅幸东都；③麟德二年春正月壬午幸东都；④咸亨二年春正月乙巳幸东都；⑤上元元年十一月丙午朔幸东都；⑥上元四年正月乙酉幸东都。而且在从长安到洛阳的大路上"士庶从者多殍踣于路（跌倒饿死）"。另据《通典》卷一九《职官》："大唐一万八千八百五员，内官二千六百二十一，外郡县官一万六千一百八十五。"]

就是开元盛世时，唐明皇李隆基也常往洛阳，并非"故欲来往"，而是"忧人而行"。正如大臣裴耀卿所说："臣以国家帝业，本在京师，万国朝宗百代不易之所。但为秦中地狭，收粟不多，倘遇水旱，便即匮乏。往者贞观、永徽之际，禄廪数少，每年运转不过一二十万石，所用便足。以此车驾久得安居。今国用渐广，漕运多倍于前，支犹不给。陛下数幸东都，以就贮积，为国大计，不惮勤劳，只为忧人而行，岂是故欲来往……"（《旧唐书》卷九八《裴耀卿传》）唐德宗贞元四年，因韩滉将三万石米由江南运抵陕州时，德宗对太子说："吾父子得生矣！"于此可见关中地域狭小，出产供不应求。延至中唐以后，藩镇割据，京师所需粮食和其他物资皆仰给于数千里外之江淮地区，费时费力，劳民伤财，还往往被藩镇梗塞。到唐末，朱温强迫唐昭宗迁都洛阳，从此结束长安近千年古都的历史。

五代以后，黄河流域经济更加残破，而江南的经济增长态势和河朔地区的军事地位急剧上升，王朝的内部不再是东西对峙而变为南北争雄之局，国家的外患也不再是来自西北而是来自东北的契丹、女真和蒙古，而长安则根本上不可能有制内与驭外的作用，虽然取代长安之后西安仍为中国西北的重镇，但它的面积仅是7.9平方公里，不及唐长安的十分之一，此后，关中再没有选为中国的国都所在地。

二、中国历史上在西安建都的朝代及其城址变迁与历史遗存

究竟西安是几个朝代的建都之地呢？有十朝说、十一朝说、十二朝说、十三

---

① 邹逸麟：《运河承载的帝国》，《中国国家地理》2006年第5期。

朝说等等，众说纷纭。但对于西周、秦、西汉、前赵、前秦、后秦、西魏、北周、隋、唐这十个朝代在西安建都没有争议。经学者研究，王莽的新朝、东汉时期汉献帝、西晋时的晋愍帝都曾在长安行使过首都的职能，因此，西安应当是十三朝古都，建都时间约为971年。（表1）

表1 中国历史上十三个王朝在西安建都年代表

序号	朝代	起至年代（年）	建都时间（年）
1	西周	公元前1046—公元前771	275
2	秦	公元前221—公元前207	14
3	西汉	公元前204—公元8	212
4	新莽	公元9—公元24	15
5	东汉（献帝）	公元190—公元195	6
6	西晋（愍帝）	公元313—公元329	4
7	前赵	公元319—公元329	10
8	前秦	公元315—公元383	32
9	后秦	公元384—公元417	33
10	西魏	公元535—公元556	21
11	北周	公元557—公元581	24
12	隋	公元581—公元617	37
13	唐	公元618—公元907	289

注：西周建都镐京的时间，据正式公布的《夏商周年表》（2000年11月12日《中国文物报》）。各朝建都时间总计971年，若加上秦先世129年，共为1100年。

（一）丰镐

西安地区出现最早的城市是丰京和镐京，亦称丰镐。史料记载周文王建都丰，在沣水西；武王都镐，在沣水东。从公元前1046年至公元前771年，将近300年沣镐是西周王朝的都城。经考古工作者的勘探和发掘，在今西安市区西南10公里的地方，基本上确定了丰京和镐京的范围，约15平方公里的中心区域，发掘了几十处西周建筑基址和数百座墓葬。在沣西客省庄和马王村一带，发掘的建筑基础上是一组形成一定布局的建筑群，且有完整的地下排水管道。最大的一处夯土基址坐北面南，东西长61.5米，南北最大进深35.5米，总面积为1826.98平方米，可能是丰京遗址的中心区域。沣河东岸的斗门镇、花园村一带发现数十座夯土基址，经发掘的一处大型宫室遗存，出土大批板瓦、筒瓦等建筑材料，是镐京宫城的明显标志。此外，在这一带还发掘数以千计的西周墓葬和车马坑，出土大量青铜礼器和兵器、陶器等。丰京和镐京隔沣水相望，实际上是一个城市的两个部分。

丰镐的形制历来受到人们的关心和瞩目，它到底是什么样子？是不是在文王灭掉殷商的属国崇国之后在崇国的国都基础上重修的？《诗经》："既伐于崇，作邑于丰。"至今考古尚未发现城墙，城市布局也有待于进一步研究。据《周礼·考工记》的记载："匠人营国，方九里，旁三门。国中九经九纬，经涂九轨，左祖右社，面朝后市。"《周礼·考工记》大概成书于春秋战国时期。记载中的"国"实际上是城。"匠人营国"按建筑师规划建筑城市，每边九里，每边三个门，城内有九条直街，九条横街，每条街道有三条并列的道路，道宽为车轨的九倍。宫的左边是宗庙，右边是社稷，后边是市场。

西安地区最早出现的城市为什么地处西安西南渭水支流沣河的河畔呢？这既有历史的传承问题，也与当时形势（国力）有关。中国文明起源黄河、长江中下游两岸，而且主要是在黄河中下游小河流旁或小河流汇入黄河的平原地带。丰镐所在地区就有密集的龙山文化遗址，这是人类历史发展的渊源。到公元前11世纪，周民族崛起于关中平原西部的周原（今陕西岐山县、扶风县），当时关中中部和东部还有商的与国崇国等。周的强大和发展，首先遇到的劲敌是崇国，所以在周文王晚年灭崇国后就在崇国建立丰邑，把都城由周原移到关中的中部。不能设想，志在灭商的周武王把政治中心囿于关中西北一隅，距商都安阳远隔千里之遥，如何能实现其远大的理想呢？迁都丰镐，是关中的中心，就当时的形势来说，关中是其全部疆域，迁都这一疆域中心，不仅便于制内，也可谋求驭外。再者这里地形平广，河流密布，物产富饶，就地取给，优于周原，还有交通比较方便。然而当周武王灭商之后建立了周王朝，丰镐成为全国的政治中心显然偏离了当时的中国经济重心，所以周初就在中原地区建立洛邑，称"成周"。在西周二百多年的历史中，洛邑发挥了非常重要的政治功能。而丰镐作为周王朝的首都则主要是因为它具有"根据地"的属性。

（二）秦咸阳

奋六世之余烈的秦王嬴政"振长策而御宇内"，从公元前230年到公元前221年将近十年间，"吞二周而亡诸侯"（先后灭亡了韩、赵、燕、魏、楚、齐六国），完成了统一中国的大业；"履至尊而制六合"，建立了中国历史上第一个中央集权的统一王朝，都于咸阳。其时咸阳已不是秦孝公十三年（前349）初建于渭水北阪上的战国秦咸阳，而是"渭水贯都，以象天汉，横桥南渡，以法牵牛"横跨渭水南北的大城市。但由于史书记载的简略以及自秦至今渭河侧蚀北移4公里左右，咸阳城的大部分已沦为河床或隔至渭河南岸，因此对其建制布局，只能据有关历史记载与考古发掘来进行复原。它是一个没有城墙，以咸阳宫殿为基础不断扩展向渭河南岸发展的城市。以窑店镇为中心的咸阳宫仍有二三十处秦代夯土建筑基址，已经考古发掘出的一、二、三号宫殿基址出土大量秦代文物及壁画。据《史记·秦始皇本纪》所载"秦每破诸侯，写放其宫室，作之咸阳北阪上……所得诸侯美人钟鼓，以充入之"。咸阳北阪也正是今窑店村北这一宫殿区。仿造六国宫殿的确切位置虽不能认定，但从毛王沟附近宫殿基址出土的楚国瓦当，怡魏村出土齐国瓦当，柏家嘴出土燕国瓦当，都为确定六国宫殿的具体位置，提供了极其重要的线索。战国后期随着秦国国力的不断增强，咸阳北阪所处的咸阳原是泾水、渭水之间的高地，水源不足，不能满足城市扩大用水及手工业作坊用水的要求。而渭水南岸二级阶地平广开阔，河流密布，土地肥沃，环境优美，所以城市向南岸扩展。先后又兴建了渭南宫殿群，章台宫、信宫、兴乐宫、长杨宫、甘泉前殿。秦始皇三十五年（前212），"始皇以为咸阳人多，先王之宫廷小。吾闻周文王都丰，武王都镐，丰镐之间，帝王之都也。乃营作朝宫渭南上林苑中。先作前殿阿房，东西五百步，南北五十丈，上可以坐万人，下可以建五丈旗，周驰为阁道，自殿下直抵南山"。（《史记·秦始皇本纪》）建筑是凝固的历史，昔日气势恢宏的万间宫阙随着项羽的一把火都成了焦土，没有建成的阿房宫土台基至今历历在目，从西安市未央区的聚驾庄到长安县纪阳乡的小古城村，东西1200米，南北410米，高于地面7—9米，总面积492000平方米。考古勘探表明，前殿殿基东西长1320米，南北宽420米，是中国历史上最大的宫殿台基，比今北京故宫最大的太和殿基大几十倍（太和殿东西63.96米，进深37米余），比北京人民大会堂也要大百倍（人民大会堂4560平方米）。

此外，秦咸阳的手工业作坊遗址多分布在咸阳宫殿区之西部，有冶铜、铸铁、制砖瓦窑、制陶器等，还有一些窑藏青铜器及大量陶制水井壁管道等。咸阳在中国都城发展史上有它的重要地位。从秦孝公十三年（前349）徙都咸阳至秦胡亥二世三年（前207）秦亡，这143年间，在咸阳城曾制定出对中国历史进程发生重大影响的方针政策。商鞅变法，秦国富强，荆轲咸阳献图刺秦王，秦始皇焚书坑儒，统一全国货币，统一度量衡，实行郡县制，修筑驿道、直道，开凿都江堰和郑国渠，发展农业生产。最重要的是秦国的威武之师由咸阳东出函谷关，扫平六国，统一全国，使咸阳成为中国历史上第一个统一的集权大帝国的都城。

（三）汉长安城

秦亡汉兴，汉代是中国历史上继秦之后的又一个统一强盛的王朝。西汉国都长安在今西安市区西北部，渭河南岸龙首原的北坡，和秦咸阳相望。实际上汉长安城就是在秦咸阳渭河南的旧址上兴建起来的，西南毗邻周的丰镐，可以说丰镐、咸阳、汉长安城均位于关中平原的中心，是同一个地区。然而汉代选择长安却与周秦迥然不同。周秦两代皆历多次迁徙，战胜和消灭敌方才建都在这里。后来周秦统一全国，这里才成为全国的政治中心。汉代是统一了全国而后建都长安的。周秦的先祖都是以关中西部逐渐向东发展，而建立汉王朝的刘邦却来自东方的楚国。所以刘邦初定天下即位于汜水之阳（今山东），后以洛阳为都。汉高帝五年（前202）移都长安，前后营建包括郊区建设将近百年，除构筑了有黄土夯筑的城墙围绕的长安城外，还开辟了郊区园林，建立了完整的水道系统，兴修了关中农田水利。

汉长安城呈不规则的正方形，这是为把先修的宫殿都包括在内，城垣顺地形及渭河的曲折、偏斜而筑，南像南斗星，北像北斗星，故称为"斗城"。总面积34392202平方米（34.39平方公里），城墙实测总长为25014.83米，全用黄土夯筑，高12米以上，残存10米，基宽12—16米，墙外有壕沟，宽约8米，深约3米。全城共12个城门，每个城门有3个门道，宽8米，等于当时4个车轨的宽度，与历史文献记载的"三涂洞开""方轨十二"完全相符。除3个城门外，有9个城门都有一条大街通行城内，全城共8条大街，纵横交叉会合形成2个十字和6个丁字街。[①]最长的直城门到霸城门的大街长6081.3米。各条大街宽度在45米左右（或45—56米），其间有两条排水沟将街分成三道，中道宽约20米，称"驰道"，专供皇帝行走，连皇太子都不能横绝驰道。成帝为太子时，居桂宫，上急召，不敢越过驰道，西至直城门得绝入未央宫。（《汉书·成帝纪》）

汉长安城先建造了长乐宫和未央宫以及两宫之间的武库，其后才于惠帝年间（前194—前190）三次构筑城墙，此后又陆续建造了城北部的桂宫、北宫和明光宫。宫殿和官府面积约占据全城的三分之二，突出表现为为封建帝王服务的性质。长乐宫亦称东宫，西汉初皇帝在此理政，惠帝以后，为太后所居，总面积6.78平方公里，是汉长安城最大宫殿，约占全城六分之一。未央宫在长安城西南，又称"西宫"，惠帝以后皇帝在此朝会，是西汉王朝的政治中枢，也是都城之核心建筑，总面积4.6平方公里，约占全城七分之一。至今保存最好的未央宫前殿遗址东西200米，

---

① 中国社会科学院考古研究所、汉长安城工作队、西安市汉长安城遗址保管所：《汉长城遗址测绘研究获得的新信息》，《考古与文物》2000年第5期。

南北350米，由南向北逐渐升高，北部最高处达15米。未央宫中的文物遗存丰富，天禄阁、石渠阁等大型建筑遗址的台基仍巍然屹立。未央宫的平面布局对我国都城、宫殿的发展和构建，有着承上启下的重要作用。桂宫1.59平方公里，北宫1.6平方公里，明光宫2.68平方公里。还有城西千门万户周回30余里、金碧辉煌的建章宫。各宫之间架有飞阁复道相接，每个宫殿都有几处或几十处建筑组成，构成相对独立的区域。

除宫殿外，还有许多官署和诸侯王的宅第也占据不少用地。平民百姓的居住区相当狭小，以闾里为单位，历史记载有160个闾里，如尚冠、修成、黄棘、宣明、当利、大昌等。"主要分布有三处，即'东第'、'北第'和'宣平贵里'。'第'为官僚贵族的住宅。'东第'在未央宫和长乐宫之间，因位于皇宫之东而得名；'北第'在未央宫之北，号称'甲第'。'宣平贵里'位置在长安城东北部，即宣平门附近，这里是汉长城中的主要居民区。而手工业作坊则集中安排在西市之内，主要为官办的制陶、冶铸与造币手工业，其产品以服务皇帝和达官显贵为主。"①城南郊是西汉末年元帝时和王莽时代修建的明堂、辟雍、灵台和九庙等礼制建筑。在长安城外东南和西南是中国历史上最大的皇家园林——上林苑，周匝200余里，专供帝王巡幸游猎。《三辅黄图》在其《苑囿》中特意指出："汉西郊有苑囿，林麓薮泽连亘，缭以周垣四百里，离宫别馆三百余所。"所谓西苑实乃上林苑。这里山水相映，水域辽阔，珍禽异兽充斥其间，容纳千乘万骑。著名的长杨宫、鼎湖宫、黄山宫星罗棋布。特别需要指出的是长安新水源的开辟。建城初期所依据的地理条件已不能满足客观发展的需要，特别是人口剧增、水源不足更为突出，所以在汉武帝时开凿了通渭水的漕渠，又开凿了自西向东横贯全城的明渠。为保证这两条渠道的供水，必须在上游增辟新水源，因而于上林苑中利用自然地形加以人工疏浚，开挖了周围10多公里的昆明池，汇积交河沣河之水形成了一个人工大水库，在我国城市建设史上，是建造人工水库的伟大壮举。

汉长安是在秦咸阳渭水之南的部分遗址上营建的中国历史上第一座规模最大的城市，当时世界上也只有欧洲的罗马城可与之比美。然而这座城市并没有全盘"汉承秦制"，因循秦咸阳的旧规，它的设计思想，既有历史文化的传承，又因地制宜而有所"损益"。对照《周礼·考工记》"匠人营国，方九里，旁三门。国中九经九纬、经涂九轨、左祖右社，面朝后市"的记述，方九里与城周六十余里显然是历史发展人口众多之故；九经九纬因受地形及城内先筑宫殿的原因而不得不有所变

---

① 刘庆柱：《中国古代都城考古学研究的几个问题》，《考古》2007年第7期。

通。其他布局大多合于《周礼·考工记》所载。西市在未央宫之北，具有"前朝后市"的意味。贯通郭城横门、未央宫郭城南门、西安门的南北轴线，向南通过城南礼制建筑的社稷和宗庙之间，又表现出"左祖右社"的规划构思。

汉长安城既非正方形，也非长方形，三面城墙多曲折，这是综合因素所致。城市既遵照《周礼·考工记》关于都城的模式，又有"天人合一"的思想渊源；既是在秦咸阳兴乐宫基础上改建的，又受龙首原北坡以及渭河、潏水的制约。汉长安城在中国都城发展史上是一座重要的里程碑。第一，它是中国历史上出现的第一个大城市，城市平面布局"继往开来"，对以后历朝历代的都城建设都有深刻的影响。第二，它不仅是当时中国的政治、经济和文化中心，而且也是当时世界上最大的国际性大都市，是国际丝绸之路的起点，也是中国通向世界的起点。从西安出土的大量文物见证丝绸之路贸易、文化交流的盛况。如城内发现的西汉时期的希腊铅币、城郊出土的西汉陶驼俑、城区东发现多处北周时期的粟特人墓葬等。第三，遗迹丰富，保护较好。这是由于隋建造大兴城时，将汉长安城划入"内苑"，唐末该地又沦为农田，又因离西安市区较远，城市扩建对遗址无大破坏，因而使汉长安城的基本格局，宫殿建筑遗址、道路、城门得以较好保存。这些遗存，不仅对中国古代都城史的研究有极其重要的价值，而且为世界了解中国古代文化提供了极其可贵的实物证据。

汉长安城于公元1世纪初遭到了严重的战乱破坏，西晋永嘉乱离"长安城中，户不盈百、墙宇颓毁，蒿棘成林……众惟一旅，公私有车四乘"（《晋书·愍帝记》）。偌大都城，户不满百，这哪里还像一个城市？

此后的500多年间，先后将这座残破的汉长安城作为首都的有王莽的新朝、东汉献帝、西晋愍（悯）帝，前赵、前秦、后秦、西魏、北周、隋等朝代。尽管后赵、前秦和北周曾对长安城进行局部的修补，但这些短暂的地方政权已无力恢复西汉长安城的旧观。杨坚代周建隋是公元581年，改朝换代历史上常有新都之建，况且汉长安建造已历800年，地下水污染咸卤不宜饮用，又屡为战场，旧经丧乱，宫室残破狭小已不能体现大统一王朝的恢宏气势，所以隋文帝开皇二年（582）即放弃汉长安城，命高颖、宇文恺在其东南山川秀丽、卉物滋阜的龙首原南规划创建新都，次年迁入。因文帝曾被封为大兴郡公，遂定名大兴城。唐初称京城，天宝元年（742）改西京。通常称唐长安城或隋唐长安城。

（四）隋唐长安城

汉唐两朝以其大一统的格局、强盛的国力、开放进取的时代精神、应时而变的制度活力，在中国历史上具有特殊的地位。从汉到唐，是中国古代大一统政治文化由奠基到鼎盛的发展时期，对中国的政治传统的形成影响至深。①一位美国学者说：唐长安的历史和文化生活反映了中国在其最具有创造性时代之一中，于其文明史上的生命力和富裕程度。②

隋唐长安城分宫城、皇城、外郭城三部分。宫城居北；皇城居宫城南，为官署所在；外郭城居宫城、皇城的东、南、西三面，为官民住宅、寺观及工商市肆所在。全城呈规整长方形，东西长9.7公里，南北8.6公里，周长36.7公里，总面积为84.1平方公里。它不仅大于其他古代中国都城，是历史上规模空前的大城，也是人类在进入资本主义社会以前所建的最大城市（是34.39平方公里的汉长安的2.5倍，是73平方公里的北魏洛阳城的1.2倍，是45平方公里隋唐洛阳城的1.8倍，是60平方公里的明清北京城的1.4倍，是公元447年的11.99平方公里的君士坦丁堡的9.7倍）。先筑宫城、皇城，后建外郭城构筑外部夯土城墙。

宫城居都城北部正中呈规整长方形，东西长2820.3米，南北长1492.1米，周长8.6公里，面积4.2平方公里。太极宫（隋称大兴宫）居宫城中，宫城东部为太子的东宫，西部为宫女居止的掖庭宫，掖庭宫的北部为太仓，南部为内侍省（太监）所在。宫城南面三门（连东宫共6门）正中承天门，是正元、冬至设宴、赦罪等举行"外朝"的地方。宫城北面三门，玄武门居中，有重兵守卫宫城。

皇城位于宫城南面，平面亦为规整长方形，东西长与宫城相同，南北1843.6米，周长9.2公里，面积5.2平方公里。北面与宫城以宽300步（441米）的横街相隔。皇城内东西五街，南北七街，其间为中央衙署及太庙、社稷。南面3门，正中朱雀门与宫城承天门。

外郭城共13门，东、西、南各三门。南面中门明德门有5个门道，其余各门均为三门道。北面4门，3个在宫城之西，1个在宫城之东，是通禁苑之门。外郭城有东西大街14条、南北大街11条。其中贯穿于城门间的干道各三条，号称6街。街面宽广，两侧有水沟。25条大街将全城（宫城和皇城除外）分为109个坊（隋称里）及2市。长安城就像一个大棋盘，白居易在一首诗中描写"千百家如围棋局，十二街如种菜畦"。以朱雀门大街为界，东54坊及东市为万年县，西55坊及西市为长安县。坊（里）是居民住宅区。各坊均有名称，坊呈正方形或长方形，大小不一。宫城、皇城东西两侧的坊面积大，皇城以南的坊面积小。坊有坊墙，皇城以南各坊，即朱雀

① 孟宪实：《汉唐文化与高昌历史》，齐鲁书社，2008年，总序。

② 芮沃寿：《583—904年长安史概要》，见郑炳林主编：《法国西域史学精粹》，耿昇译，甘肃人民出版社，2010年，第52—66页。

大街东西两侧四列坊，有东西2门，坊内只有一条东西街。其余各坊均四面开门，坊内有十字街和小巷分坊为16个小区。坊内除官民住宅外，还有官署、佛寺和道观以及祆教寺、波斯寺等。邻近宫殿附近各坊多为王公大臣及宦官所居，南部居民寥落稀少。

东市（隋称都会市）、西市（隋称利人市）为工商区，各占两坊之地，位于皇城外的东南和西南，方形，面积约1平方公里，四周筑墙各开2门，4条大街将市分为井字形9个小区。店肆临街开设，百货杂陈，琳琅满目，人来人往熙熙攘攘。据史料记载有衣肆、药材肆、帛肆、秤行、绢行、张家楼、窦家店、寄附铺等100多个行业。其中西市是当时世界上最大的贸易中心，聚集了很多国家的商人，也能买到波斯、大食和西方的珍宝。

唐长安城还是一座名树、芳草、鲜花众多，水域辽阔的园林城市。依托得天独厚的"八水绕长安"的充沛水利资源，隋初即引水入城开凿龙首、清明、永安三渠。唐玄宗先天年间，姜师度又在长安城中穿渠"绕朝堂、坊市，无所不至"（《朝野金载》卷四）。密集的渠道萦回曲流于宫苑、官署、坊市之间，汇集成大大小小六七十处水池，其中有许多水池还可以划船。长安城除皇家三大宫殿花团锦簇外，还有东内苑、西内苑、禁苑及以芙蓉苑，均是花木葱茏。民众的公共园林是城东南隅的曲江，水域达70万平方米，池畔楼、台、亭、馆环绕，遍植花木，一派烟波浩渺、姹紫嫣红的景象。尤其每年三月三，京城士女来此，游人如织。

唐继隋之后对京城无大增损。唐初太宗、高宗时在外郭城北墙东段北龙首原上增筑大明宫，高宗以后，大明宫取代太极宫，唐代诸帝于此居止理政。因大明宫在太极之东，故又称"东内"，周约7.6公里，面积3.2平方公里。正殿含元殿是举行重大庆典和朝会之地，殿基高于平地四丈。含元殿之北宣政殿，宣政殿之北为紫宸殿。南宋程大昌在《雍录》中认为这三大殿"地每退北，辄又加高，至紫宸则极呈"。这种以中轴地位和原阜地形安置主要宫殿布局，既突出三大宫殿象征权力中心的重要位置，又使这些宫殿更加巍峨壮观。大明宫南面5门，正中丹凤门有五个门道，与外郭城明德门相同，皇帝常于此宣布改元、大赦等重大政事。唐开元二年，玄宗于旧居隆庆坊置兴庆宫，周4.6公里，于此起居理政。因兴庆宫在太极宫、大明宫之南，故又称"南内"。太极宫、大明宫和兴庆宫是唐长安城的三大宫殿群。

西汉长安始建时已存在秦代旧宫，在一定程度上受前代都城基础的影响。大兴城的创建没有前代遗存的限制，完全按规划布置。那么它的规划依据和特点是什么呢？西安城区地势由东南向西北缓慢递降，由450米到400米。因为地质时期黄土沉积和河道变迁形成6条西南东北向的高冈，本不利于规划布局。然而，主持都城修建者宇文恺巧妙地利用这一地形特点，从四个方面因地制宜、避害趋利：①将宫殿、百司、重要寺观大建筑物置于高冈之上，更显得巍峨壮观；②高冈之间相对低凹，这些高冈与低凹地又平行排列，因此宫城，皇城的形状和坊里的划分形状均呈东西向长方形布局，全城呈棋盘式与地形和谐一致；③开凿由东向西，由南向北的龙首渠、清明渠、永安渠等，既解决城市供水，又有利于水运，还美化了环境；④在低凹地开凿湖、池，利用渠水，使全城水域星罗棋布，形成优美的都城风貌。

突出宫城和皇城为主体的规划设计更加体现了传统都城的政治功能，但有所损益，并不拘泥于已往的模式。皇城并没有按传统的内城环包宫城，而是两城南北相连，仅以横街相隔，皇城与坊里居民区完全分离。《长安志》卷七记述："自两汉以后，至于晋齐梁陈，并有人家在宫阙之间。隋文帝以为不利于民，于是皇城之内，唯列府寺，不使杂人居止，公私有便，风俗齐肃，实隋文新意也。"此外，如大明宫麟德殿是前中后三殿相连，以中殿为主殿，这种结构布局此前也无先例。但从整个城市布局来看，外郭城、皇城、宫城、内苑，宫城仍处于全城的中心位置。这可能是"王城"之制的延续，其新意包含天象和政治含义。《论语·为政》注认为宫城犹如北极，天之中心。后来唐改隋大兴宫为太极宫，《周易》有论述，太极生万物之源。

东西二市的设置充分体现了长安的经济中心功能。它与传统的"前朝后市"相反，被置于全城的适中位置，在宫城、皇城之南，城内主要交通干道旁。特别是西市遐迩闻名，千百家宝石、绒缎、金银器等店铺鳞次栉比，琳琅满目。各国商人和游客，熙来攘往，络绎不绝。这一番繁华的光景，仿佛告诉人们它就是丝绸之路的起点。

封闭式的坊里制度起源于先秦。从西周到秦汉，城市居民聚居的基本单位称为"里"。管理"里"的官员称"里正"。唐长安把坊里制度推向顶峰，有严密的管理制度，坊有墙，坊门启闭以时。每日五更自宫内"晓鼓"声起，诸街鼓顺序敲响，坊门启开。晚鼓声响，关闭坊门，人们必须回到坊内，全城实行严格的宵禁。所谓"六街鼓歇行人绝，九衢茫茫室有月"，正是这种宵禁制度的反映。这在唐代人的记载，如传奇《李娃传》中都有描述。然而，坊内在小十字街把坊分为若干小区，这实质上是封闭式坊里制的内部开放特征，为坊里制的开放式街区和坊里制的崩溃奠定了基础。

在中国古代城市发展史上，隋唐长安城是划时代的里程碑。孔子说："殷因于夏礼，所损益，可知也；周因于殷礼，所损益，可知也。"（《论语·为政》）那么唐长安因于汉长安，损益什么？唐长安城与汉长安城相比，有哪些显著的不同呢？①虽然汉长安城的宫殿也坐北朝南，也规划有中心点和中轴线，但均不十分明显。隋唐长安城坐北朝南，东西对称，南北向的中轴线布局非常明朗。②汉长安城宫殿众多，布局紊乱，占全城面积过大，而且民居、市场杂处其间不便管理；而隋唐长安城宫城、皇城、郭城三层格局布局谨严，既反映大都市民居的扩大，又使得民居与宫殿、官署严格分离，便于管理。③隋唐长安城整齐划一的棋盘式坊里制度，反映出城市的组织和功能的高水平。尽管封闭式严格的管理制度有负面影响，但它确实为尔后中国城市的变革改打下了基础。④隋唐长安城佛寺与道观的数量远远超过汉长安城，尽管不同时期隋唐长安城中寺观数量有变化，但均超过一百多座，这反映出从秦汉的迷信天命向隋唐宗教思想的过渡。

隋唐时期的长安城，在西安故都的辉煌历史上，以其规模宏大，布局严谨整齐和建筑雄伟而占有重要地位。这不仅是因为在长达三百年的时间里，帝都长安成为中国封建社会鼎盛时期一统王朝的政治、经济、文化中心和国际性大城市而著称于世；而且更在于它是一座将优越的地理环境同理想化了的设计思想达到完美结合的杰作，在明清以前中国罕有其匹。因此，它实际上是中国封建社会前期传统都城建筑集大成式的典型。……
…………

隋唐都城长安所在的关中腹地西安地区，其优越的地理位置，无论宏观形势还是微观特征，不仅被古今学人交口称誉而形成共识，而且也被隋唐以来城址再未移动的历史事实所证明。但良好的城址位置只是为设计师提供了施展才华的空间场所，都城规划建设的成功与否，则取决于设计师的素质以及规划意匠同时代要求、当地自然和人文环境的结合程度。以宇文恺为代表的隋大兴城的设计师们，为此进行了卓越的探索和创造性规划设计……①

总之，隋唐长安城代表着中世纪人类的最高文明。无论是规划思想、建筑设计，还是建筑结构、材料工艺、装饰工艺、园林技术等都是先民们对于生态环境、人文和建筑科学融合为一的产物。它以天地人相结合的特有思维方式和价值观，不仅将住宅作为基本的生活要求而且把它作为文化，因而集中反映了人们的景观学、风俗习尚和礼仪制度，展现出中华民族在世界建筑史上的领先水平。

公元904年，唐王朝的命运已奄奄一息，军阀朱温迁唐昭宗于洛阳，毁长安城，"岂知万顷繁华地，强半今为瓦砾堆"（子兰《悲长安》）。千载名都长安从此失

---

① 雍际春：《隋唐都城建设与六朝都城之关系》，《中国历史地理论丛》1997年第2辑。

去了昔日的规模与盛况，也结束了一个全世界各民族、思想和物产在唐朝京师受欢迎的时代，再没有一个王朝在此建都。但保存于长安城地下的丰富多彩的文物，以自身特有的真实性和形象性，帮助人民认识自己的历史和创造力。同一年驻守长安的佑国军节度使韩建，以面积仅有5.2平方公里的长安皇城为长安城，历五代（后梁、后唐、后晋、后汉、后周）、宋、金、元各代，但名称时有变迁。后梁时为雍州，后改大安府。后唐以后至金为京兆府。元代于公元1273年改为安西总管府，公元1312年改为奉元路。元代的安西王忙哥剌的安西王府斡尔垛在今西安市区东北秦孟街一带。明王朝建立后（1369），改奉元路为西安府。"西安"一名沿用至今。1370年，明朝扩建西安城，即将唐皇城南城向东延伸1300米，皇城西城墙向北延伸800米，形成东墙长2886米，西墙长2708米，南墙长4262米，北墙长4262米，周长13912米，面积7.9平方公里的西安城。清沿用明制。明清西安城在隋唐长安城皇城的基础上扩建而成，被认为是西安历史上的最后一座城址。

三、周秦汉唐帝王陵墓

关中的历代都城大都是土木建筑，改朝换代或农民起义，一把火，尽成灰烬。然而在离都城不远的地下，还隐藏着模仿都城或宫殿的建筑，那就是历代帝王陵墓。

古代皇帝死后，都葬在都城附近。他们生前享受人间的荣华富贵，死后也要"视死如生"，模拟生前都城或皇宫的模式修造陵寝。实际上这些陵寝都是古代劳动人民智慧的结晶，有着异彩纷呈的文化内涵。秦始皇陵兵马俑的发现，已成为中外瞩目的"世界八大奇迹"之一。这些已经埋伏八十万个日夜的兵士们，出人意料地生动，展现出秦王朝的军队风貌，并以其数量众多，个体巨大，特别是以磅礴的气概、精湛的技艺使人叹为观止。然而这不过是秦始皇陵极为丰富的内涵的一部分，譬如在陵西侧出土的玲珑剔透的铜车马，被誉为"青铜器之冠"；陵东南陪葬坑发现的用铜丝和石片编缀制成的石质甲胄在中国乃至世界考古史上也是仅见的，它代表秦工匠的精湛技术水平和管理者的高深管理才华。随着科学技术的发展和考古工作者水平的提高，皇陵内的神秘面纱会被慢慢地揭开，说不定有一天陵墓中的"宫观百官奇器珍怪"以及"以水银为百川江河大海，机相灌输。上具天文，下具地理"（《史记·秦始皇本纪》）的奇观也会展现在人们的眼前。在此，人们不禁要问：除了秦始皇陵中这些惊人的发现外，其他帝王陵墓中有没有类似的重大发现？答案是肯定的，可以说每一座帝王陵墓都是一座无与伦比的地下宝库。如汉景帝阳陵陪葬坑的大量陶俑，北周武帝宇文邕孝陵出土的大型玉璧等都是人类极其宝贵的文化遗产。相传西安周边有70多座帝王陵，民间亦有七十二陵之说。那么，究竟西安附近有多少帝王陵？它们分布在哪里？其形状如何？

在西安建都的全国性统一王朝有西周、秦、西汉、隋、唐五个朝代（新莽、东汉、西晋虽是全国性的统一政权，但皇帝均未葬在长安，故未计入）。西周共12个王，其中昭王死于江上，厉王死于彘（今山西霍县）均未归葬，故西周只有10个王葬于京城丰镐西南的毕原。当时帝王和平民百姓的坟墓都"不树不坟"，地面上无标志，至今尚未找到一个周陵。至于今咸阳原上所谓周文王、武王、康王陵纯系误传和历史误载。秦统一全国后，只建有秦始皇陵和秦二世胡亥墓，地面上已有庞大的封土堆。西汉共11个皇帝，除汉文帝刘恒的灞陵和汉宣帝刘询的杜陵分别位于长安东南的白鹿原畔和少陵原（又称杜陵原）外，其余9个皇帝自西向东均葬于长安城北渭河与泾河的分水岭最高部位的咸阳原上。隋文帝杨坚的泰陵在今扶风县，隋炀帝死于扬州也未归葬。隋恭帝葬乾县。唐朝共20个皇帝（在长安理政的只有19个），自今乾县的唐高宗乾陵，迤逦向东北至蒲城的唐玄宗泰陵共18座帝陵。唐昭宗和未在长安称帝的唐昭宣帝死后，一葬于河南偃师（温陵），一葬于山东菏泽（和陵）。唐陵除个别外均在渭北石灰岩山地，依山为陵。由此看来，秦、西汉、隋、唐共33个皇帝，如果加上未找到的西周10座王陵，西安附近统一王朝的王陵共43座。

西安地区在分裂时期的帝王陵：自西周平王东迁雒邑封秦襄公为诸侯起，秦据关中共三十六公（王、皇），除去秦始皇、秦二世胡亥、秦王子婴还有33个，而秦襄公、秦文公葬西垂（今甘肃陇东南），还有31个王分别葬于今陕西凤翔和秦咸阳东和东南一带，地面大多未封土，只有秦惠文王、悼武王等有封土。匈奴族刘曜建立前赵，在关中仅11年即被杀于今河北省邢台。氐族苻洪所建立的前秦，历三帝，只有苻坚葬于今彬县。羌族姚苌所建的后秦有三帝，姚苌、姚兴葬陕西高陵县东南（姚兴子姚泓死于东晋，故在关中无陵）。鲜卑族拓跋氏元宝炬（魏文帝）所建立的西魏有三帝，只有元宝炬陵在富平县。铁弗匈奴宇文觉所建立的北周，共有三代五帝，北周武帝宇文邕与武德皇后（突厥木杆可汗之女阿史那氏）合葬的孝陵，因"墓而不坟"，地面无封土，1993—1994年被盗后才发现位于咸阳市渭滨区底张乡陈马村。北周孝陵是陕西省抢救发掘的第一座皇帝陵，墓葬形制清楚，遗物丰富，特别是陵志、大型玉璧等物属国内罕见。从东周初年的秦到隋文帝统一全国，西安地区地方性政权共有46个帝王留下39座陵墓（其中北周的4座陵墓因潜葬，地面不树不坟，目前尚未确定地点）。十六国时期和北朝时期的帝陵（汉唐之间），仅见于历史记载，未经考古发掘。如果不计秦在关中的33个王的31座陵墓，这期间西安附近实有15个帝王10座帝陵。

综计自西周始至唐末在西安建都的共65个帝王，52座帝王陵，已知的帝陵38座（西周10座和北周4座尚未找到）。（表2）

表2　西安周边帝王陵墓统计

朝代	帝王数（个）	陵数（座）	已知陵数（座）
西周	12	10	
秦	3	2	2
西汉	11	11	11
新莽	1	0	0
东汉	1	0	0
西晋	1	0	0
前赵	1	0	0
前秦	3	1	1
后秦	3	2	2
西魏	3	1	1
北周	5	5	1
隋	3	2	2
唐	19	18	18
总计	65	52	38

（一）西周王陵

文献记载西周王朝和前朝商代一样，帝王墓式亦"不封不树"（《易经·系辞》），在地面上"皆无丘陇"（《汉书》卷三六《楚元王传》）。实地考古发掘也从未发现西周王陵的封土遗迹，因之也可以证明这些记载是确实可信的。史书记载周文王、周武王、周公死后都是葬于毕原（《史记·周本纪·正义》引《括地志》、《史记·周本纪·集解》引《皇览》、《史记·周本纪》末太史公语），但因地面上"不封不树"，所以没有留下标记。关于毕原及墓葬的确切位置，长期以来存在着几种不同的说法。一说毕在渭河南镐京附近。"毕在镐东南杜中"（《史记·周本纪》末太史公语）。镐指西周的镐京，遗址在今西安市长安区斗门镇附近。杜指周时的杜伯国、秦代的杜县，即今西安市杜城村附近。《括地志》记载周文王、周武王陵在唐雍州万年县西南二十八里的毕原上。唐万年县治长安城中，其西南二十八里即长安城西南二十八里。其位置和距离与司马迁所说大致相符。另一种说法认为毕原在咸阳北。《史记·鲁周公世家》正义引《括地志》："周公墓在雍州咸阳北十三里毕原上。"这与前述《括地志》云毕原在万年县西南二十八里的说法显然自相矛盾。其实此说乃承自由来已久的讹传。早在三国时的《皇览》就已指出其误：“扶风安陵县西北大冢，人以为是周文王陵，非也。”后来历代学者对此也都有所辩证（程大昌《雍录》、顾炎武《日知录》卷二二《历代帝王陵寝》、毕沅《长安志》、孙星衍《清经解》、阎文儒《“周陵”为秦陵考辩》等）。

除此之外，还有户县（今西安市鄠邑区）说。《汉书·刘向传》颜注引臣瓒语：“《汲郡古文》‘毕西于丰三十里’。”毕既然在丰西三十里，当然在户县。不过这仍应认为是在丰镐附近。

从夏商以至于春秋战国，中国古代都邑附近都有天子（王）和诸侯的陵寝，周代的丰镐附近亦应如此。司马迁去周不远，“毕在镐东南杜中”应较为可信。清末至今在西安附近有确切出土地点的唐代墓志表明：今西安市长安区韦曲镇东北的李（里）王村、三爻村，韦曲镇西北的塔坡村都在毕原的范围之内。这里又西距镐京约二十里，距杜城约十里，符合“镐东南杜中”的记载，所以这一带很可能是周文王、周武王和周公的陵墓区。

《史记·周本纪》载西周共十二王，除文王、武王、周公葬于毕外，成王以下十王中昭王“南巡狩不返，卒于江上”，厉王在共和十四年（前828）死于彘（今山西境），其余八王均未载明葬地。至于后世误传位于今咸阳市北之周成王、周康王陵，实为汉代王陵之陪葬墓。

（二）秦公墓与秦始皇陵

公元前770年，周平王避犬戎之难，由镐京东迁洛邑。秦襄公将兵救周有功，周平王封秦襄公为诸侯，赐岐以西之地。从秦襄公（襄公八年）立国至秦王子婴被杀，秦先后三十六公（王、皇）均建都关中和陇山以西地区，死后也都葬于关中和陇山以西地区。据《史记·秦始皇本纪》载，历代秦公（王、皇）居葬之地情况如下：①秦襄公立国至秦献公二年，秦国的政治中心在今甘肃省的陇东和关中中西部。襄公、文公死后葬于西垂，西垂在今甘肃省天水市西南。②秦宪公二年徙居平阳，平阳在今宝鸡市平阳附近。从宪公至德公徙居雍大郑宫止，有三公40余年居平阳。宪公、出子、武公葬于衙和宣阳聚东南（一说雍平阳）。③秦德公元年卜居雍至献公二年徙都栎阳，有20位君主建都雍城294年，在此期间虽然秦灵公居栎阳，但是20位君主（包括不享国的夷公、昭子，共22位）死后均葬于雍城南。④秦献公二年徙都栎阳至秦孝公十二年有20余年都栎阳。秦献公葬嚣圉，孝公葬第圉。⑤秦孝公十二年徙都咸阳直至秦王朝灭亡，咸阳作为秦国都城共145年，秦孝公以下五王一皇帝及秦二世、子婴葬咸阳附近。显然，秦国君主的葬地，除襄公、文公葬西垂外，绝大多数集中于关中的两个区域：一个是以雍城为中心包括平阳在内的关中西部；一个是以咸阳为中心包括栎阳在内的关中中部。

关中西部雍城附近的秦公墓在哪里？陕西省雍城考古队在三畤原上、凤翔城南的南指挥探出大墓49座，平面形制可分为"丰"字形、"中"字形、"甲"字形、"凸"字形、"目"字形、刀把形和圆形等七个类型。陵区可分为14座分陵园，陵园大多坐西朝东。每个陵园由不同数目的大墓组成，其中秦公一号大墓是雍城秦公陵园中已探出的陵墓中最大的一个，规模比殷王陵要大得多。

公元前350年，秦国的政治中心徙至关中平原中部的咸阳，秦国君主的墓葬也相应移到咸阳附近。秦国君主原称"公"，至秦惠文君十三年始称"王"。"惠文王享国二十七年，葬公陵。生悼武王，悼武王享国四年，葬永陵"（《史记·秦始皇本纪》）。秦惠文王始称"陵"，惠文王"公陵"和悼武王的"永陵"皆在秦都咸阳西北，今咸阳市秦都区东北。《史记·秦始皇本纪·正义》引《括地志》云："秦惠文王陵在雍州咸阳县西北一十四里。"《史记·秦本纪·集解》引《皇览》曰："秦武王冢在扶风安陵县西北毕陌中大冢是也，人以为周武王冢，非也。周武王冢在杜中。"《正义》引《括地志》："秦悼武陵在雍州咸阳县西北十五里也。"（《史记·秦始皇本纪》引《括地志》云："秦悼武王陵在雍州咸阳县西十里，俗名周武王陵，非也。"与《秦本纪》所引《括地志》中抵牾）。《皇览》所说的安陵是汉惠帝安陵所在地，安陵县城故址在今咸阳市韩家湾乡白庙村。据《汉书·哀帝纪》记载：建平二年，哀帝"以渭城西北原上永陵亭部为初陵"。渭城即今咸阳市窑店镇附近，义陵在今咸阳市南贺村，正在窑店西北。所以，今南贺村义陵附近应为秦公陵所在。

从秦武王以后至帝太后期间，先后有悼太子、宣太后、昭襄王、唐太后、庄襄王和帝太后葬于芷阳（《史记》之《秦本纪》《秦始皇本纪》《吕不韦传》）。今西安市临潼区骊山西麓朱家口一带（在芷阳范围之内）确实存在着古代大型墓葬区，经过地面勘察和钻探目前发现有四个大型秦王陵园。[①]

秦孝文王（秦始皇的祖父）与华阳太后合葬寿陵，论者多认为在芷阳，即与昭襄王都在东陵之内。《史记·吕不韦传》载："始皇七年，庄襄王母夏太后薨。孝文王后曰华阳太后，与孝文王会葬寿陵。夏太后子庄襄王葬芷阳，故夏太后独别葬杜东，曰：'东望吾子，西望吾夫。后百年，旁当有万家邑。'"由于华阳太后无子，庄襄王尊之为所母，生母夏姬则尊以为夏太后。华阳太后已与孝文王合葬寿

① 张云海、骆希哲：《秦东陵勘察记》，《文博》1987年第3期；陕西省考古研究所、临潼县管委会：《秦东陵第一号陵园勘察记》，《考古与文物》1987年第4期。

陵，则夏太后独葬杜东。杜指杜县，即今西安城南杜城村。

公元前210年秦始皇在他第五次出巡途中死于沙丘平台（今河北省平乡县），归葬于今西安市临潼区东5公里的骊山北麓。考古工作者据探测得知秦始皇陵区面积达60平方千米，陵区中部是相对规整的秦始皇陵园，呈南北狭长的"回"字形城垣，内城周长2525米，外城周长6294米。陵墓在内城的南部中心，封土底边南北长350米，东西宽345米，高52.5米，巍然耸立，蔚为壮观。1961年3月4日，国务院公布秦始皇陵为第一批全国重点文物保护单位。1978年，秦始皇陵被联合国教科文组织列入《世界文化遗产名录》。

20世纪70年代至80年代，秦始皇陵区陆续发现了兵马俑坑、铜车马坑、珍禽异兽坑、宗室大臣陪葬坑等内涵丰富、形状各异的陪葬墓和陪葬坑。1998年，又在陵区东部发现铠甲坑。1999年，发现和出土了12件文官俑。这些发现仅仅是秦始皇陵宝库的冰山一角。

秦始皇为什么把陵墓选修在骊山之北呢？北魏郦道元在《水经注》一书中记载："秦始皇大兴厚葬，营建冢圹于丽戎之山。一名蓝田，其阴多金，其阳多玉，始皇贪其美名而葬焉。"蓝田在秦始皇陵之南，自古迄今以出产蓝田玉著称；至于其阴多金，可能与骊山系花岗岩，其冲积扇因花岗岩中的云母金光闪闪有关。始皇陵的选址实与优越的地理环境有关。陵墓南依骊山，山林葱郁，峰谷相间；北临渭水，逶迤曲折，气势何等壮哉。还有一个重要原因就是骊山西麓是战国后期秦国的王陵区，宣太后、悼太子、孝文王、昭襄王、庄襄王、帝太后均葬于此。既然秦始皇的祖、父辈都在骊山西麓，古人以西为上，秦始皇自然沿着骊山自西向东建造陵墓。从秦始皇陵园地面上的建筑布局、内城外城城门朝东等看，其就是模拟秦咸阳的建制。《吕氏春秋》一书中的《安死》记载："世之为丘垄也，其高大若山，其树之若林，其设阙庭、为宫室、造宾阼也若都邑。"始皇陵的地下建筑布局又如何呢？考古勘测得知始皇陵是"亚"字形墓，四面有门和门道，东面地宫墙上开有五道门，说明东面是正门。按《周礼·考工记》记述的前朝后寝的礼制，百官宫观应在东面。早在2000多年前，司马迁在《史记·秦始皇本纪》中揭秘："始皇初即位，穿治骊山，及并天下，天下徒送诣七十余万人，穿三泉，下铜而致椁，宫观百官奇器珍怪徒藏满之。令匠作机弩矢，有所穿近者辄射之。以水银为百川江河大海，机相灌输，上具天文，下具地理。以人鱼膏为烛，度不灭者久之。"（《史记·秦始皇本纪》）随着考古工作的开展和科学技术的进步，秦始皇陵的一系列谜团将逐渐揭开。秦陵遥感考古和物探勘测报告显示，地宫内上方温度异常高。通过地球化学勘察汞含量，发现秦陵封土下土壤的汞含量大大高于其他地方（秦陵其他地方汞含量是35PPB，而秦陵封土中心的汞含量为70—140PPB，最高的地方达280PPB），这说明秦陵地宫"以水银为百川江河大海"的说法是可信的。秦俑博物馆田静研究员称："从秦陵的地面建筑、地下建筑及埋藏来看，秦始皇陵的建筑是按照地下王国构造设计的，整个陵区是国家的象征，封土及内外城是都城。陵园区内，有咸阳宫的缩影，有朝廷的象征，有饲养珍禽的范围，有供应皇帝饮食的饫官官署，还有象征国家权力的军队。可以看出秦陵规模宏大，布局严谨，结构复杂，功能齐全。"①

公元前207年，秦二世胡亥被丞相赵高逼死于望夷宫，"以黔首葬二世杜南宜春苑中"。秦宜春苑包容有唐曲江池在内附近地区，今曲江池西南有古冢，冢旁尚立有清毕沅书"秦二世皇帝墓"碑石。

秦代最末一个皇帝子婴当了46天秦王即投降了刘邦，一个多月后被杀。子婴葬于何地史无记载，传说今临潼区新丰镇西之大冢为子婴冢。1966年，人们才发现这个高8.6米的大冢是唐代被追谥为"奉天皇帝"的德靖太子墓。②

（三）西汉帝后陵墓

自战国以来，国君营建陵墓，无不高大其封土，金玉其棺椁，消耗大量的人力、物力。至秦始皇已臻于极致，汉立国后，制度上多"汉承秦制"，而厚葬之风有所改易。西汉11个皇帝的陵墓都分布在长安附近高且平的"原（塬）"面上。除文帝霸陵与宣帝杜陵在长安东南的白鹿原和少陵原外，其余9座帝陵均位于渭水与泾水之间的咸阳原上。其陵寝的选址，首先考虑的是风水，即自然地理因素中的气象、地形、地势、地质、土壤、水文和植被等，同时考虑人文地理中的地理位置、交通等综合因素。咸阳原黄土深厚达百米以上，地下水位较低，从南向北遥望，或从北向南衍，陵墓均突兀高耸，"世之为丘垄也，其高大若山"，充分体现了皇权至高无上的威严。咸阳原上除西汉9座帝陵自西向东一字排开外，还有4座西汉帝后陵域，即高帝父亲的万年陵、文帝母薄太后的南陵、昭帝母钩弋夫人的云陵以及未曾完工和使用的成帝昌陵。所以，长安附近共有15座西汉帝后陵园。

西汉帝陵的位置从文献记载到地面之上的高大山陵都是很明确的。到宋代文献记载开始混乱，对咸阳原上的9座帝陵以及陪葬的500多座大大小小的冢陵逐渐分辨不清，再加上秦惠文王及悼武王陵（以前讹为周文王、武王陵）错落其间，就更难以确指。清乾隆年间，陕西巡抚毕沅于每个陵前树立碑石，标明陵名，实际上多

---

① 田静：《秦始皇陵及兵马俑》，三秦出版社，2004年，第61页。
② 赵康民：《秦子婴墓之讹》，《考古与文物》1983年第5期。

数是张冠李戴。后来的研究者以讹传讹，甚至还增添了一些错误。[1]据近年来考古工作者的研究成果和作者的实地考察[2]，将汉代帝陵所在位置及在地面上的规模列表（表3）如下：

表3　西汉帝后陵墓

陵名	地点	方向	陵底（米）		陵顶（米）		陵高（米）	毕沅误称	资料来源
			东西	南北	东西	南北			
汉高祖刘邦父太上皇陵	富平县姚村与临潼区交界处		68	68			17		《秦汉栎阳城遗址的勘探和试掘》
汉高祖刘邦长陵	咸阳市东三义村	北偏西12°	165	145	40.5	15.3	30	吕后陵	《长陵建制及有关问题》
汉高祖吕后陵	咸阳市东三义村	北偏西12°	148—157	129—132	38.7	17.5	31.8	高祖长陵	
汉高祖薄太后陵	西安东南狄寨北		140	173	40	55	24		
汉惠帝刘盈安陵	咸阳东白庙村南	咸阳东白庙村南北偏西2°30′	188.1	171	27	52	25.32	赵王墓	
汉惠帝张皇后墓	咸阳东白庙村南	北偏西2°30′	60	50	20	20	12		
汉文帝刘恒霸	西安东郊毛西村								
汉文帝窦皇后陵	西安东郊任家坡	正北	137	142	30	35	19.5		

---

① 李健超：《成国渠及沿线历史地理》，见《汉唐两京及丝绸之路历史地理论集》，三秦出版社，2006年。

② 杜葆仁：《西汉诸陵位置考》，《考古与文物》1980 年创刊号；王丕忠：《汉景帝阳陵调查简报》，《考古与文物》1980 年创刊号；李宏涛：《汉元帝渭陵调查记》，《考古与文物》1980 年创刊号；李健超：《被遗忘了的古迹———汉成帝昌陵、汉傅太后陵、汉霸陵城初步调查记》，《人文杂志》1981年第3期；咸阳市博物馆：《汉安陵的勘查及其陪葬墓中的彩绘陶俑》，《考古》1981年第5期；姚生民：《汉云陵·云陵邑勘查记》，《考古与文物》1982年第4期；刘庆柱：《西汉诸陵调查与研究》，《文物资料丛刊》1982年第6期；石兴邦：《长陵建制及其有关问题——汉刘邦长陵勘察记存》，《考古与文物》1984年第2期；中国社会科学院考古研究所杜陵工作队：《1982—1983 年西汉杜陵的考古工作收获》，《考古》1984 年第10期；中国社科院考古所栎阳发掘队：《秦汉栎阳城遗址的勘探和试掘》，《考古学报》1985年第3期；刘庆柱：《关于西汉帝陵诸形制问题的探讨》，《考古与文物》1985年第5期；曾青：《关于西汉帝陵制度的几个问题》，《考古》1987年第1期。

陵名	地点	方向	陵底（米）		陵顶（米）		陵高（米）	毕沅误称	资料来源
			东西	南北	东西	南北			
汉景帝刘启阳陵	咸阳市东张家湾	正北	160	160	54	55	31.8		《汉景帝阳陵调查报告》
汉景帝王皇后陵	咸阳市东张家湾	正北	158	158	48	45	26.32	惠帝安陵	
汉武帝刘彻茂陵	咸阳市兴平县东北史家庄	北偏西5°	229	231	39	25.5	46.5		
汉武帝李夫人墓	咸阳市兴平县北史家庄	北偏西5°	110	127	19.5	19.5	24.5		
汉武帝钩弋夫人云陵	淳化县城北10公里大圪塔村		155-158	155-158	39	37	35		《汉云陵、云陵邑勘察记》
汉昭帝刘弗陵平陵	咸阳市西南大王村		160	160	47.7	46.8	20	哀帝义陵	《汉平陵调查简报》
汉昭帝上官皇后陵	咸阳市西南大王村		164	164	40	40	32.2	平帝康陵	
汉宣帝刘询杜陵	西安东南三兆村南	正北	157	157	50	50	29		《1982—1983年西汉杜陵的考古收获》
汉宣帝王皇后陵	西安东南三兆村南	正北	145-	145-	45	45	24	昭帝平陵	
汉元帝刘奭渭陵	咸阳东北新庄村南	北偏西5°	162	164	50	50	29	周康王陵	《汉元帝渭陵调查记》
汉元帝王皇后陵	咸阳东北新庄村	北偏西5°	85	85	30	30	17		
汉成帝刘骜延陵	咸阳西北马家窑	北偏西2°	172	172	53	51	31		
汉成帝后妃墓	咸阳西北马家	北偏西2°	81	80	30	29	14.2	周恭王陵	
汉成帝昌陵	西安东与临潼界许王村东南		550	550	500	500	12		
汉哀帝刘欣义	咸阳市南贺村	北偏西2°	171	175	58	55	30	隋恭帝陵	
汉哀帝后妃陵墓	咸阳市南贺村南	北偏西2°	100	85	30	27	19		

陵名	地点	方向	陵底（米）		陵顶（米）		陵高（米）	毕沅误称	资料来源
			东西	南北	东西	南北			
汉平帝刘衎康陵	咸阳东北大寨村东	北偏西2°30'	216	309	60	60	26.6	元帝渭陵	
汉平帝后妃陵墓	咸阳东北大寨村东	北偏西2°30'	86	86	33	33	10.2	周成王陵	

注：此表据刘庆柱、李毓芳《西汉诸陵调查与研究》（《文物资料丛刊》1982年第6期）制作。表中"资料来源"项目系1982年后考古资料校正附表数据。另加上原非帝的帝陵、原非皇后的后陵。

　　长安位于关中平原的中部，附近是陂陀起伏的高原和地势低平的平原。渭河北岸与泾河之间是东西横亘的咸阳原，东南浐灞之间为白鹿原，白鹿原之西浐河和潏河之间为鸿固原，长安城东去函谷关的大道上有铜人原。西汉诸帝陵都营造在这些高亢的原面之上，这可能由于原黄土深厚宜于埋葬，同时地势高亢，有高屋建瓴之势，立地顶天象征至高无上的皇权。

　　根据西汉帝陵的分布、形制和特点，有学者认为帝陵的选址、布局是沿袭"先王之葬居中，以昭穆为左右"的中国古代"族墓"制度。以高帝长陵为中心，惠帝安陵在长陵之右，景帝阳陵在长陵之左，而武帝茂陵又在右。武帝之后，不再按昭穆之制，平陵、渭陵、延陵、义陵、康陵错落于安陵与茂陵之间。但自商周直至春秋战国，均未见到墓葬中的昭穆制度。从西汉帝陵的坐西面东而非坐北朝南而言，可以推断西汉帝陵并无昭穆制度。①

　　西汉每个帝、后陵园的布局大致都是由陵园、陵邑、陪葬墓三部分组成。帝陵和后陵都在陵园的西部，陪葬墓都在陵园的东部或东北部，供奉陵园的陵邑也都位于帝陵的北部或东北部。这种布局还是沿用中国古代西南为尊长的礼制。

　　西汉帝陵除汉文帝霸陵是依山为陵外，其余均为夯筑而成，呈覆斗状，封土高大，陵底和陵顶平面近方形（或长方形），还有圆丘形和山形。山形多旌表墓主生前的武功，如茂陵的霍去病墓仿祁连山。陵周围以夯土构筑陵园，方形，坐西向东，每面各开一门，外设阙（不设阙者则设门塾，即门侧之堂）。除汉高祖与吕后为一个陵园外，其余帝、后各置陵园，有陵庙、从葬坑、陪葬墓和陵邑（陵县）。虽然西汉诸帝陵的高度都有定规，但两千余年来的风雨侵蚀、人为平毁，已非原貌。

　　根据文献记载，西汉帝后陵内之建筑和随葬品都是很奢华的。《汉旧仪》载："明中高一丈七尺，四周二丈，内梓棺柏黄肠题凑，以次百官藏毕。其设四通羡

_____

① 焦南峰、马永赢：《西汉帝陵无昭穆制度》，《文博》1995年第5期。

门，容大车六马，皆藏之方内，外陟车石。外方立，先闭敛户，户设夜龙，莫邪剑、伏弩、设伏火。"《皇览》云："……其中开四门，四通，足放六马，然后错浑杂物，杅漆缯绮金宝米谷，及埋车马虎豹禽兽。"西汉帝陵玄宫及随葬品的实况虽有待于考古发掘来证实，但从咸阳杨家湾4、5号汉墓出土的大批兵马俑，以及茂陵东1号冢出土的一些贵重文物来看，陵内的物藏应该是十分丰富的。史载赤眉军从茂陵中取"陵中物不能减半"，直到西晋时仍"朽帛委积，珠玉未尽"（《晋书·索綝传》《新唐书·虞世南传》）。西汉实行帝后同茔合葬制。《史记·外戚世家》集解引《关中记》："汉帝后同茔则为合葬，不合陵也。诸陵皆如此。"这同今地面陵冢现状完全相符。每个帝陵都有同茔不同陵的皇后陵存在（个别是低于皇后的夫人或妃墓），皇帝陵和皇后陵的位置，帝西后东者有之①，后西帝东者亦有之②。2001年咸阳市文物考古研究所对平陵进行全面考古勘探，确定平陵陵园内东陵园的封土堆为帝陵，西侧封土堆为上官皇后陵。

汉元帝傅皇后按同茔合葬制应与元帝同葬渭陵。《汉书·外戚传》："元寿元年崩，合葬渭陵，称孝元傅皇后。"论者因之谓今汉元帝渭陵东北约300米处，有一片东西约150米、南北约100米的高地，明显是被削掉的冢墓的残存，当地群众叫塌陵，这应是合葬渭陵的傅皇后墓葬。但《水经注·渭水注》："水南有定陶恭王庙，傅太后陵。元帝崩，傅昭仪随王（恭王）归国，称定陶太后，后十年恭王薨，子代为王，征为太子，太子即帝位，立恭王寝庙于京师，比宣帝父悼皇故事。元寿元年傅后崩，合葬渭陵。潘岳《关中记》汉帝后同茔则为合葬，不共陵地。诸侯皆如之。恭王庙在霸城西北，庙西北即傅太后陵。不与元帝同茔，渭陵非谓元帝陵也，盖在渭水之南，故曰渭陵也。陵与元帝齐者谓同十二丈也。王莽奏毁傅太后冢，冢崩压杀数百人，开棺臭闻数里。……今其处积土犹高，也谓之增墀，又亦谓之增阜，俗亦谓之成帝初陵处，所未详也。"郦道元不仅肯定傅太后陵在渭河南，而且还说在当时（北魏时）"积土犹高"。按照郦道元的记述，傅太后陵在渭河之南、灞河以东，在这一相关位置上，今西安市东北新筑镇西南之上双寨（原名上方寨）有大面积夯土层，从万分之一地形图上可以清晰判断出是一座大的陵墓遗址。至于郦氏所说"俗亦谓之成帝初陵处，所未详也"，他当时并没有弄清楚傅太后陵

---

① 《史记·外戚世家》集解引《关中记》曰："高祖陵在西，吕后陵在东。"《三辅黄图》亦同上说。《汉书·外戚世家》："孝宣王皇后崩，合葬杜陵，称东园。"
② 《后汉书·礼仪表下》注引《汉旧仪》："天子即位明年，将作大匠营陵地……已营陵，余地为西园后陵，余地以嫔好以下，次赐亲属功臣。"从今地面上看太上皇陵的后妃墓，惠帝安陵之张皇后墓，武帝茂陵之李夫人墓，元帝渭陵的王皇后陵墓均在陵西，合于"西园后陵"之说。

与汉成帝所筑之昌陵并不在一地，汉成帝昌陵在傅太后陵东南约5公里的吕家堡北，许王村东南，当地群众称"八角琉璃井"，今仍有基址残留。①

在西汉帝后陵中，太上皇陵、长陵和安陵的帝后似为一个陵园。阳陵及以后诸陵，帝后分别各置陵园，周长约1600米，筑有夯土墙，每面中央各开一门，阙门宽10米左右，陵墓置于陵园中央。陵园内或附近有寝和便殿，在离陵较远的地方或长安城内立庙，以便"日祭寝，月祭于庙，时祭于便殿"（《汉书·韦贤传》）。

在中国历史上只有西汉一个朝代在皇帝陵墓附近设立陵县。它的性质和作用一是为奉山陵，二是继承秦制为强干弱枝加强中央集权（《汉书·地理志》）。汉代陵邑开始于汉高祖长陵②，以后陆续设邑的有安陵、南陵、霸陵、阳陵、茂陵、云陵、平陵、杜陵共9个陵邑（县）。汉元帝时废除陵邑制度。过了30多年，汉成帝时期又恢复起来。《汉书·成帝纪》载鸿嘉元年"以新丰戏乡为昌陵县，奉初陵"，二年夏"徙郡国豪杰赀五百万以上五千户于昌陵"。昌陵邑在新丰县的戏乡，具体地点有待于考察。

西汉陵邑在地面保留城垣遗迹的有长陵城、安陵城和云陵城。汉长陵故城建于汉高后六年六月（《汉书·高帝纪》），在长陵和吕后陵北，平面为南北长东西窄的长方形，南、西、北墙均系夯筑而成，无东墙。《长安志》卷一三引《关中记》："长陵城有南北西三面，东面无城（墙），陪葬者皆在东。徙关东大族万家以为陵邑。"这说明由于长陵城东有大量陪葬墓，所以无东城墙。汉安陵城惠帝时置，《关中记》云："徙关东倡优乐人五千户以为陵邑。善为喁戏，故俗谓之女喁陵也。"安陵故城在安陵北900米，今白庙村，城呈长方形。阳陵陵邑位于陵园以东，东西长4500米，南北宽1000—3000米，总面积4.5平方千米，已发现东西向和南北向街道44条，纵横交错，形成上百个"里坊"。云陵城汉昭帝时置（《汉书·地理志》），故址在云陵北500米，平面呈长方形。茂陵邑城，在20世纪60年代前，论者多以为在茂陵东豆马村，误。豆马村北有汉代成国渠遗迹。《水经注·渭水注》载成国故渠"又东经汉武帝茂陵南……故渠又东经茂陵县故城南"。汉茂陵邑在茂陵陵园东北南至道张村，北至陈村北，东到陈阡村，西至13号公路西50米，南北2450米，东西3150米。咸阳原上的茂陵邑、平陵邑、长陵邑、安陵邑和阳陵邑被称为"五陵邑"或"五陵"。

---

① 关于傅太后陵及成帝昌陵有关情况，参见《被遗忘了的古迹》，见《汉唐两京及丝绸之路历史地理论集》，三秦出版社，2007年，第166—173页。

② 陵邑之设虽始于汉高祖刘邦，但秦始皇时的丽邑已为陵邑之滥觞。始皇初即位即穿治丽山，十年秦置丽邑，三十五年因徙三万家丽邑。

陪葬墓历史上由来已久，但规模之大，数量之多，首推西汉。每个陵区的东部都有一个庞大的陪葬墓区。陪葬墓中列侯坟高四丈，关内侯以下至庶人各有差（《周礼·春官冢人》郑玄注引《汉律》）。外形分为覆斗形、锥形和山形三种。其中锥形最多，覆斗形次之。山形是有具体象征的，如汉武帝茂陵陪葬墓卫青、霍去病墓像庐山和祁连山，就是为纪念他们在那里的战功而兴建的。长陵陪葬人数之多，格局之严整在诸汉陵中最为典型。陪葬区由陵园东门（司马门）一直到泾河岸，绵延十五里。100多座陪葬墓中现在还有70多座墓冢位次排列整齐有序。[①]

汉承秦制。西汉帝陵继承了秦始皇陵的布局结构，形成"陵园独立化，陵园规模化，设施复杂化，功能完善化"[②]的重大变革。这种独立陵园制奠定了以后中国帝陵陵园制的基础。

（四）汉唐间帝王陵墓

从西汉王朝的覆灭到隋王朝的建立，其间将近6个世纪，前后有前赵、前秦、后秦、西魏、北周等少数民族地方割据政权在关中建都。这些少数民族统治者的陵墓，或是由于他们的游牧习俗实行"潜埋"[③]，或是戎马倥偬之际，国力有限，无力营造浩大的陵园工程，所以仅仅在历史文献上保留了一些简单的记录。

匈奴族刘曜建立前赵，从平阳迁都长安，仅11年即被后赵石勒俘获杀于襄国（河北邢台西南）。氐族建立的前秦从苻健称帝到苻坚被后秦所灭也只有33年。苻坚被姚苌缢死于新平佛寺中。《元和郡县志》载"苻坚墓在县（新平）东南二里"。今彬县城西南15公里的一片低洼土壤内，有一形状像一个角锥体的土堆（一头高为3米，东西长7米，另一头高2米，东西长3米，墓南北宽为21米，是一横宽纵狭的平面），群众称为"长角冢"，即苻坚墓。继前秦之后的羌族后秦政权，从姚苌称帝到姚泓为东晋刘裕所灭，共三帝34年。《晋书·载记》载姚苌墓称原陵，姚兴墓曰偶陵；《元和郡县志》载"姚兴墓，在（高陵）县东南十三里"，未载姚苌

---

① 石兴邦：《长陵建制及其有关问题》，《考古与文物》1984年第2期。

② 陕西省考古研究所秦汉考古研究部：《陕西秦汉考古五十年综述》，《考古与文物》2008年第6期。

③ 《宋书·索虏传》载鲜卑人慕容开时谈到索虏的风俗："死则潜埋，无坟垄处所，至于葬送，皆虚设棺椁，立冢椁，生时车马器用皆烧之以送之者。"实际上不仅鲜卑人的风俗如此。如羯族后赵石勒的母亲王氏死后"潜窆山谷，莫知其所"，而又"虚葬襄国城南"。石勒死后"夜瘗山谷莫如其所，备文物虚葬，号高平陵"（《晋书·石勒载记》）。南燕的慕容德也"潜葬山谷，竟不知其尸之所在"（《晋书·慕容德载记》）。西魏文帝乙弗后在天水麦积山石窟寺的佛窟后修建墓室。北齐高祖高欢死后，秘葬磁州武安县鼓山智力寺的天宫之旁（《永乐大典》卷一三八二四引《元一统志》）。

墓；《太平寰宇记》载"二主冢，在（高陵）县东一十三里"，当即指姚苌、姚兴墓。至于姚苌之父姚弋仲墓在天水冀县（今冀州市），姚兴子姚泓被斩于建康（今南京市），关中无他们的陵墓。

鲜卑族人建立的西魏政权从文帝大统元年起至泰帝二年被北周宇文觉废止，只有22年都长安。《北史》记载西魏文帝元宝炬葬于永陵。《长安志》载："西魏文帝陵在（富平）县南二十五里"，即今富平县留古乡何家村东北。陵高13米，边长25米。沿袭汉陵制度与合葬之郁久吕氏和乙弗氏，同陵不同穴。宋游师雄绍圣元年（1094）《普宁寺题名》亦指明此为西魏文帝陵。然在宋代即有人误指此陵为北魏孝文帝陵，对此顾炎武《日知录》卷二二"历代帝王陵寝"条已有辨正。文帝文皇后乙弗氏（原吐谷浑人）徙居秦州，自尽以后，凿麦积山崖为龛而葬，后号寂陵，废帝时合葬永陵（《北史·文帝皇后乙弗氏传》）。文帝的悼皇后（蠕蠕人），初葬于少陵原，后帝后合葬永陵。西魏恭帝元廓葬地未详。

取代西魏而建立北周政权的宇文氏是铁弗匈奴，从宇文觉称周天王起至静帝大象二年被废止，共有五帝25年。如果加上为建立北周王朝打下基础的宇文泰，就有六世。宇文泰葬成陵，《元和郡县志》富平县下载陵在"县西北十五里"。周武帝宇文邕与武德皇后阿史那氏的孝陵，位于咸阳市底张镇陈马村东南约1000米，1994年到1995年进行了考古发掘。宇文泰的第十四子，宇文邕之弟康公宇文通以及其母冀国太夫人乌元浑氏，还有宇文泰之妃权氏的墓葬发掘，可以确定咸阳北原是北周皇室墓葬区，同时为探索北周孝闵帝静陵、明帝昭陵和宣帝定陵提供了重要线索。

周宣帝死后，杨坚废静帝自立，建立隋朝，仍立都长安。

隋文帝葬太陵，亦称泰陵，与独孤皇后"同坟而异穴"（《隋书·高祖纪下》）。《元和郡县图志》卷二"武功县"条载"隋文帝泰陵，在县西南二十里三畤原上。"太陵在今杨凌西约5公里的王上村北，在渭河北岸二级阶地上，陵高27.4米，呈覆斗形，夯筑而成，陵顶部平坦。陵东西长48米，南北宽38米。陵底部已被破坏了3—5米，残存东西长166米，南北宽160米。陵四周有陵园遗址残迹，陵东南0.5公里还有隋文帝祠遗址。[①]隋文帝"务存俭约"，从历史文献记载和泰陵的规模看，隋文帝起初并没着意为自己营建浩大的陵域，只是在独孤皇后死后，才令人择地略加营筑。

隋炀帝杨广葬在扬州城外。恭帝葬处不详，传说咸阳隋恭帝陵，实乃汉哀帝义陵。

---

① 罗西章：《隋文帝陵、祠勘察记》，《考古与文物》1985年第6期。

（五）唐代帝后陵墓

建都在长安的唐王朝共有18个皇帝葬在关中渭水以北的黄土台原北部的岛状山丘上，西从乾县东至蒲城绵延100多公里。（表4）

由于秦汉诸帝陵和诸陵邑占据了长安附近的咸阳原、白鹿原和少陵原，而秦岭和秦岭北麓的冲积扇上又不宜营建规模宏大的陵园，所以唐代陵墓不得不向渭北黄土原发展。在关中盆地与陕北黄土高原南缘过渡地带有一条从西向东或东北的绵延起伏的石灰岩山丘，状如黄土海中的一列孤岛，这列孤岛因位于关中之北，故被称为北山。北山西从凤翔县的灵山向东经岐山县北的岐山，乾县北的梁山，礼泉县北的九嵕山，泾阳县的嵯峨山，富平县北的金瓮山、武将山，蒲城县的尧山、金粟山，向东北直到韩城的龙门山。唐王朝的帝王陵均选择北山的山丘，以一个山丘作为一个陵园，这些孤立互不连属的山丘无论从哪个方向看都是居高临下，山势突兀。

"因山为陵"，古亦有之。汉文帝的霸陵就是"依山为陵，不复起坟"。唐贞观九年（635）李渊病死前遗诏"其陵园制度，务从俭约，斟酌汉魏，以为规矩"（《全唐文》卷三《高祖皇帝遗诏》），但李世民却下诏"山陵制度全依汉长陵"，这一诏令引起了群臣的争议，秘书监虞世南上疏反对，举出汉文帝霸陵"既因山势，虽不起坟自然高敞"，建议薄葬（《通典》卷七九《大丧初崩及山陵志》）。李世民最后采纳了房玄龄的折中意见，以东汉光武墓高六丈的制度来营建献陵。献陵仍为一覆斗形，实测陵高21米，东西长150米，南北宽120米，完全用夯土筑成。[1]

表4　唐代帝陵名称与所在地名

陵名	皇帝庙号与姓名	埋葬时间	《长安志》载封内里行程（里）	陵墓所在地地名
献陵	高祖李渊	贞观九年（635）	20	三原县东北20公里永和村
昭陵	太宗李世民	贞观二十三年（649）	120	礼泉县东北25公里九嵕山
乾陵	高宗李治武则天	嗣圣元年（684）神龙二年（706）	80	乾县北5公里梁山
定陵	中宗李显	景云元年（710）	40	富平县北10公里凤凰山
桥陵	睿宗李旦	开元四年（716）	40	蒲城县西北15公里丰山
泰陵	玄宗李隆基	广德元年（763）	76	蒲城县东18公里金粟山
建陵	肃宗李亨	广德元年（763）	40	礼泉县北13公里武将山
元陵	代宗李豫	大历十四年（779）	40	富平县西北15公里檀山
崇陵	德宗李适	永贞元年（805）	40	泾阳县西北20公里嵯峨山

① 贺梓域：《关中唐十八陵调查记》，《文物资料丛刊》1980年第3期。

陵名	皇帝庙号与姓名	埋葬时间	《长安志》载封内里行程（里）	陵墓所在地地名
丰陵	顺宗李诵	元和二年（807）	40	富平县东北18公里金瓮山
景陵	宪宗李纯	元和十五年（820）	40	蒲城县西北15公里金炽山
光陵	穆宗李恒	长庆四年（824）	40	蒲城县西北10公里尧山
庄陵	敬宗李湛	太和元年（827）	40	三原县西北13公里柴家窑村东
章陵	文宗李昂	开成五年（840）	40	富平县西北17公里天乳山
端陵	武宗李瀍	会昌六年（846）	40	三原县东北17公里桃沟村北
贞陵	宣宗李忱	咸通元年（860）	120	泾阳县西北30公里石滩村北
简陵	懿宗李漼	乾符元年（874）	40	富平县西北30公里高家窑
靖陵	僖宗李儇	文德元年（888）	40	乾县东北7.5公里南陵村东

李渊埋葬的第二年，即唐太宗贞观十年（636）六月，太宗文德皇后长孙氏病故前曾对唐太宗要求，"请因山而葬，不需起坟，无用棺椁，所需器服，皆以木瓦，简薄送终"（《旧唐书·文德皇后传》）。当年十一月葬文德皇后于昭陵，以九嵕山为陵。贞观二十三年（649），唐太宗病逝，与文德皇后合葬昭陵。昭陵依九嵕山山巅，凿山为陵，开创了唐代帝王依山为陵的先河，堪称中国帝王陵寝营造历史的转折点。九嵕山山势突兀，海拔1180米，南隔关中平原与秦岭之太白山、终南山遥相对峙，东西两侧层峦叠嶂，沟壑纵横，愈发烘托出陵峰之孤耸迥绝，不可撼动，最能体现皇权的浩大之势，比起汉代帝王堆土为陵更为壮观。加以泾水环绕其背，渭河萦绕于前，更显得山清水秀。

既然从唐太宗开始"以山为陵"，那么为什么后来敬宗的庄陵、武宗的端陵、僖宗的靖陵又恢复和献陵一样的覆斗形的土冢呢？敬宗在位仅三年，武宗在位仅六年，僖宗也是当了六年皇帝而且在此期间黄巢农民起义军曾占领首都长安，唐王朝已面临土崩瓦解的局面。或许是时间和财力制约着他们没有能因山为陵。因为列朝"约锦缔金银之饰，禁奢华雕丽之工，皆例作空文"（《全唐文》卷七六八六僖宗《遗诏》），实际上开山为穴，工程可能更大，开支可能更多。

唐陵的平面布局既不同于秦汉以来的坐西向东，也不是南北朝时期的"潜葬"之制，而是仿照唐长安的建制设计的。长安城由宫城、皇城和外郭城组成。宫城居全城的北部中央，是皇帝起居的地方。皇城在宫城之南，为百官衙署（政府机构）。外郭城从东、南、西三面拱卫着皇城和宫城，是居民区。唐陵的建筑也分三部分：陵寝高居于陵园最北部，无论是依山为陵或覆斗形高坟厚垄，都显得巍峨高耸，这就相当于长安的宫城。在地下是玄宫，在地面上围绕"山顶"或封土堆建造方形小城，城周有垣，四面各一门，门外有双阙、双狮（献陵四门为八虎），城四角有角楼，南面为正门。关于玄宫的情况，从文献记载看，昭陵的玄宫建筑是在山腰南麓穿凿而成，《旧唐书·文德皇后传》载昭陵在建造时"凿山南面，深七十五丈，为玄宫……有五重石门"。另据《新五代史·温韬传》载："宫中制度宏丽，不异人间，中为主寝，东西厢列石床，床上石函中为铁匣，悉藏前世图书。"玄宫初建时架设栈道，栈道长400多米（230步），文德皇后先葬于玄宫，而栈道并未拆除，就在栈道旁之山上建造房舍，供宫人居住，像对待活人一样侍奉皇后，待唐太宗葬毕方拆除了栈道。

除昭陵外，其他依山为陵的唐陵，大都由山下凿成石阶梯或台阶，达于墓门，埋葬之后拆除台阶一无形迹，"欲使易代之后，不知其处"。唐陵南门为正门，门外还有两道门阙。第二道门阙外有华表、朱雀、翼马、翁仲（石人）等石刻，象征天子出行的仪仗队，犹如长安皇城中的三省、九寺等衙署。第二道门阙与第三道门阙之间分布着功臣密戚的陪葬墓，星罗棋布，如同长安外郭城中之坊里。除了内城南门之内有献殿，是纪念死者的地方外，各陵的西南面都还有"陵下宫"，是守陵官员和宫人居住的地方。九嵕山西南坳甲有个皇城村，村东田野里是一片瓦砾堆。按《长安志图》卷中《唐昭陵图》载，瑶台寺正当昭陵南方偏西，而昭陵的"陵下宫"在瑶台寺左侧（《全唐文》卷五二德宗《议修八陵宫寝诏》）。皇城村东的瓦砾可能就是当年"陵下宫"的所在地。

唐陵的范围大小有异。《长安志》载昭陵、贞陵封内是120里（周围），面积约30万亩，是国内最大的帝王陵园，乾陵是80里，泰陵是76里，其余十三陵封内均为40里。唐长安城周长约70里，相当于泰陵的陵园，而小于昭陵、乾陵和贞陵。

皇帝陵前矗立大型石刻开始于东汉。"秦汉以来，帝王陵前有石麒麟、石辟邪、石象、石马之属；人臣墓前有石羊、石虎、石人、石柱之属。皆所以表饰坟垄，如生前之象（原文无'象'字）仪卫耳"（《封氏闻见录》卷六"石虎"条）。唐代帝陵石刻形制庞大，神态生动，气魄浑雄，既继承了汉魏石刻的传统，又汲取了西方的艺术表现形式，堪称中国石刻艺术史上的瑰宝。唐陵是对以前帝王陵制度的继承与发展，是中国历史上帝王陵墓建筑艺术和景观设计的一个重要阶段。

唐高祖献陵前有石虎、石犀和华表各一对，数量很少。昭陵有"昭陵六骏"和"十四国番君长像"等，石刻开始增多。乾陵开始，石刻的品类、数量都远远超过献、昭二陵，并且形成了一套制度。乾陵内城四门外各有石狮一对，石狮南60米有石人10对（乾、定、桥三陵与以后十三陵石人的排列和佩挂不同），再向南130米为石马5对，再南95米为鸵鸟1对，再南235米为翼马1对，再南284米为华表1对。北门之北又有立马6匹（景、简二陵北门外有小型石狮2对）。乾陵、泰陵和崇陵南门外陈列石刻人像群，乾陵为61尊，泰陵和崇陵各为8尊，这些石像多系王宾，至今乾陵61尊能够辨识者有木俱罕国王、于阗国王、吐火罗王子等7人，而泰陵仅存3人，崇陵只剩1人。此外，唐陵陪葬墓也保存了大量石刻艺术品。

唐代帝陵中仍遵循先代旧规以功臣密戚陪葬。不过高祖李渊葬献陵时，并没有明确规定。到贞观十一年（637）唐太宗才颁诏曰："自今以后，身薨之日，所司宜即以闻，并于献陵左侧，赐以葬地，并给东园秘器，事从优厚。"（《全唐文》卷六《赐功臣密戚墓地东园秘器诏》）唐献陵的23座陪葬墓都是在此以后陪葬的。后来唐太宗又在《赐功臣葬地诏》中规定："其有父祖陪陵，子孙欲来从葬者，亦宜所见。"（《全唐文》卷八）就这样从献陵开始由赐地陪葬发展到勋戚子孙从葬。陪葬墓最多者为昭陵167座，献陵52座（还有史籍未载入的陪葬者），乾陵17座，定陵和桥陵各15座。中唐以后渐次稀少，以至于文献没有记载。[①]

陪葬墓的分布并不像汉代陵墓皆集中于帝陵之东或东北，而是随着地形的特征而不同。献陵集中于陵的东北一隅，昭陵分布于东西南三面，乾陵集中于陵东南，崇陵和光陵东西均有，其他陵由于陪葬者不多，位置各异。至于排列顺序并不是像《唐会要》所云"以文武分为左右而列"。如昭陵已知墓主姓名的57座陪葬墓基本上是按埋葬的时间先后由北而南，既不分文武，也显示不出职位的高低。陪葬墓的大小和形状，也不尽如《唐会要》所载"坟高四丈以下，三丈以上"，唐初虽大体如此，而后就不按规定了。其外形大致可分为五种：①覆斗形。为太子或有殊勋的上层人物如懿德太子、永泰公主、常乐公主、阳城公主及李宪惠陵。②依山为墓。仅见于昭陵的新城公主和魏徵墓，无封土。③圆锥形。为宗室诸王、妃嫔、公主、驸马及文武大臣墓。④山形。俗称"三连冢"。昭陵的李靖和李勣墓。⑤二冢相连墓。俗称"并蒂形墓"。崇陵有五座，无墓碑，亦无记载。至于从葬墓，昭陵和乾陵已发掘十几座，与历史记载相符。

纵观西安附近帝王陵的嬗变：①战国时代中期以前，无论是周天子或秦诸公、王墓，均"不树不坟"，此后坟墓则高大如山陵，故称"山"或"陵"。②先秦到汉，陵园和墓向为坐西朝东，隋唐时为坐北朝南。③西汉及以前帝后合葬但"同茔异穴"，此后则帝后同穴。④十六国至北周期间恢复周礼"不树不坟"，如北周武帝孝陵"俭而合理，墓而不坟"。

---

① 孙迟：《略论唐帝陵的制度、规模及文物》，《人文杂志丛刊》1985年第6期。

这里还需要补充说明，西安附近还有许多不是帝王陵的帝王陵。如西汉高祖刘邦父亲在栎阳的太上皇陵（今西安市临潼区谭家乡昌平村与富平县吕村乡姚村交界处），北周宇文泰的成陵（富平），唐高祖李渊祖父李虎的永康陵（三原县），父李昞的兴宁陵（咸阳），唐玄宗的长兄李宪的让皇帝惠陵（蒲城）。此外帝后分葬不同茔域的皇后陵，如汉高祖刘邦的薄姬（汉文帝刘恒之母，即薄太后）的南陵（西安白鹿原），汉武帝钩弋夫人赵婕好（汉昭帝之母）的云陵（淳化县），汉元帝刘奭的傅妃（汉哀帝祖母）的傅太后陵（西安市灞桥区），以及武则天之母的顺陵（咸阳秦都区）。帝后异地而葬始于秦孝王。秦孝王与华阳皇后合葬，秦孝王夏姬即秦庄襄王的生母、秦始皇的祖母只有另葬在杜东原上，以后已成定制。西安近郊还有一座中国历史上最大的空陵（未建成使用）——汉成帝昌陵（西市灞桥区），陵基周长约2公里，比秦始皇陵还要庞大。

西安所在的关中除帝王陵之外，王子、王孙、公主驸马、将相陪葬帝陵数以千计，其墓中也藏大量稀世之宝。如汉霍去病墓、唐章怀太子墓、懿德太子墓、永泰公主墓、李勣墓等。至于西安郊区数以万计的唐人墓葬，仅墓志就是一部埋藏在地下千年的石刻"唐书"，对研究唐代的政治、军事、经济、文化均有史籍未记载的宝贵史料价值。

外国国王、王子埋葬在西安的，有波斯王卑路斯，他于唐高宗时来长安寻求庇护，授右武卫将军，客死长安。其子涅泥师被唐护送回国复辟没有成功，也返回长安，亡于中土。在唐高宗与武则天合葬的乾陵有61位王宾使臣石雕像，《长安志图》中记载了其中39位的姓名，就有右挠卫大将军兼波斯都督波斯王卑路斯和波斯大首领南昧。新罗国的一位王子客死长安，葬于长安城西龙首原。这些外国国王、王子的墓葬均无详细记述，至今也未发现墓地。

周秦汉唐帝王陵寝在历史的长河中曾遭到过不同程度的盗掘和破坏，但大多数在地面之上或地面之下留有遗存。近几十年来，随着经济建设的迅猛发展，城区的扩展，工厂的兴建，交通道路的修筑，不可避免地触及帝王陵墓及其陪葬墓。除北周武帝宇文邕的成陵和唐僖宗的靖陵在1994年被盗后正式发掘外，其他帝陵均为国家重点文物保护单位。对于陪葬帝陵的陪葬墓，也有选择性地进行了科学发掘，出土了大量石器、陶器、陶俑、玉器、三彩俑、马、骆驼及墓室壁画，是我国极为珍贵的文化瑰宝，是研究中国历史、政治、经济、军事、文化、工艺及中外文化交流的实物资料，是全人类的宝贵财富。可以毫不夸张地说，一座帝陵就是一个艺术宝库，一个文化内涵美不胜收的地下博物馆。

四、汉唐长安与丝绸之路

"丝绸之路"主干线东起长安，西至欧洲的罗马，全长8000多公里，横贯亚洲大陆，在中国境内大约4400多公里。通常人们把丝路分为三段。东段自长安西至玉门关（或阳关），主线路有三条：①自长安经咸阳、乾县、彬县，循泾河越六盘山，沿祖厉河过黄河经景泰到武威，经河西走廊到玉门关或阳关；②自长安沿渭河经凤翔、陇县，越陇山至天水，沿渭河越鸟鼠山至临洮，渡洮后复往西再沿大夏河而下，在永静县炳灵寺附近渡黄河，西北方溯湟水经西宁，北沿大通河越祁连山，过扁都口，到张掖，西至玉门关或阳关；③自长安沿渭河至临洮后不往西北向青海，而是北经阿干河谷到兰州，再沿庄浪河过乌鞘岭到武威，经河西走廊到玉门关或阳关。以上三条均经河西走廊。在河西走廊的南面和西面还有一条自今成都西北通过松潘，循积石山北麓到青海，沿柴达木盆地北缘越阿尔金山进入新疆的路，这是南北朝时期南方通往西域的道路。中段，玉门关或阳关向西分为两道，南道沿塔克拉玛干大沙漠与昆仑山之间西至塔什库尔干，越帕米尔出国境。北道是沿塔克拉玛干大沙漠北缘，天山南麓向西到喀什噶尔，西越帕米尔出境。东汉以后又有新北道，由敦煌经哈密、吐鲁番至焉耆与北道合。隋唐时期又有一条从瓜州以北的玉门关，经哈密，北越天山，经吉木萨尔，沿天山北麓经伊犁进入中亚。当然这些是主要干道，实际上随着政治形势的变化也有很多支线或平行线（如北方的草原丝绸之路）。

中国古代没有"丝绸之路"这一名称。"丝绸之路"是德国地质、地理学家李希霍芬（Ferdinand Von Richthofen）于1877年提出的。在《中国》一书中，他将公元前114年至公元127年中国与河中地区（阿姆河与锡尔河之间地区）以及印度的丝绸贸易路线称为"die Seidenstrassen"，英文译为"Silk Road"，中文译为"丝绸之路"。后来德国学者阿尔巴特·费尔曼（A. Herrmann）在《中国与叙利亚之间的丝绸之路》一书中，又将丝绸之路向西延伸至叙利亚，以后逐渐为学术界所认可，"丝绸之路"遂成为古代中国、中亚、西亚以及通过地中海连接欧洲和北非的交通线的总称。

那为什么称"丝绸之路"呢？这还得从种桑、养蚕说起。种桑、养蚕利用茧丝织造丝绸是古代中国人的伟大发明。至迟在春秋战国时期，中国丝绸已通过西北一些民族商人贩运到印度和欧洲，他们往返的道路就是循这条"丝路"。不过早期的交流基本上都不是有意识地进行的，交流过程大多是经过诸多地区转手后得以完成的。《穆天子传》记载早在公元前10世纪周穆王曾由镐京出发到达中亚。如果说

《穆天子传》有些神话色彩而不敢确信其记载，那么河南安阳小屯商妇好墓出土随葬器物1928件，其中玉器有750余件。玉器之玉料产于新疆。这些玉器的出现使我们相信早在公元前14—公元前13世纪，中原地区与新疆已经存在交通往来。成书于公元前4—公元前3世纪的印度文献《摩诃婆罗多》《罗摩衍那》中出现"CINA"一词即"秦"的音译。这说明地处中国西部的秦国已与印度有所交往，至今欧美各国称中国"CHINA"即由古印度梵文衍生。

西汉首都长安是当时中国的政治中心，无论从地理位置上说，还是从政治、经济的需要看，都势必要与西方交通往来，正是由于历史进程的客观需要，才促进了"丝绸之路"的开通。汉武帝建元二年（前139）派遣一百多人的使团在张骞的率领下向地居中亚的大月氏进发，由于张骞的智慧、胆略和能力，促成了开通西域的这一伟大创举。中国汉代史学家司马迁称张骞"凿空"西域。现代国内外史学家都把这次大规模的交往，视为"丝绸之路"开通的标志。苏联历史学家狄雅科夫在《古代世界史》一书中写道：张骞通西域"在中国历史上的重要性，绝不亚于美洲之发现在欧洲历史上的重要性"。

这是一条世界历史上最长的陆上经济商贸之路、文化交融之路、科技交流之路，沟通了欧亚非各国、各民族之间的联系与往来，成为东西方交流的大通道，在其形成和发展的过程中，古代世界性的几大宗教和代表性的文化也实现了充分的交流和融合。

丝绸之路的畅通，汉代使臣、商人和中亚、西亚、南亚各国使节、客商"相望于道"，"商胡贩客，日款于塞下"。先后来到长安的有身毒（印度）、安息（伊朗）、大月氏（阿富汗）、康居（中亚地区古国）、大宛（中亚）、罽宾（西域古国）、条支（伊朗西南部）、狮子国（斯里兰卡）、黎轩（罗马帝国）等国使节与客商。与此同时，东南亚之扶南（柬埔寨）、掸国（缅甸）、寮（老挝）、日本、三韩（朝鲜半岛诸国）也派遣使者或客商来到长安，使长安成为国际性大都市。汉王朝还在长安城设立大鸿胪，专管外交、商务和外国人。

丝绸之路开通后，中外商业贸易迅速发展。中国丝织品、漆器、竹器、铁器、桃、梨、生姜等植物以及凿井技术由长安输往中亚、南亚和欧洲。据古罗马学者普林尼估计，仅罗马一国每年购买中国的丝绸耗去金币约7万英镑。[①]中国的丝织品大多是产于黄河流域的蚕丝，在各地加工后输出去。汉长安城的丝绸纺织业相当

---

① 据史料记载：公元301年每磅中国生丝的价格为274个金法郎。有的资料估计，公元前31年至公元192年，罗马因与东方贸易（包括丝绸以外的商品）而损失约合1930年的1亿英镑。（据孟凡人《丝绸之路史话》摘要）

发达，官府有东西织室生产优质的丝织品，长安上林苑中还有蚕室和茧馆。巨鹿（今河北省平乡县）人陈宝光家能织蒲萄锦、散花绫，大官僚霍光妻霍显即召其到长安织作，机用一百二十镊，六十日成一匹，价值万钱。与此同时，中亚、南亚的毛布、毛毡、良种马（西极马、天马）、驴，以及石榴、葡萄、苜蓿、芝麻、无花果、绿豆、豌豆、黄瓜、大葱、大蒜、胡萝卜、番红花、核桃、胡荽、胡椒、西瓜等也输入中国。各种蔬菜、瓜果和珍禽异兽遍布长安城内外。"明珠、文甲、通犀、翠羽之珍盈于后宫；蒲梢、龙文、鱼目、汗血之马充于黄门；巨象、狮子、猛犬、大雀之群，食于外囿。殊方异物，四面而至。于是广开上林（苑），穿昆明池，营千门万户之宫……设酒池肉林以飨四夷之客。"（《汉书·西域传》）由于军事上的需要，汉武帝尤其喜欢西域的天马，"及天马多，外国使来众，则离宫别馆尽种葡萄、苜蓿极望"。汉武帝还邀请很多外国宾客来长安观光。"令外国宾客偏观各仓库藏之积，见汉之广大，倾骇之。"（《史记·大宛列传》）中外文化交流也随之繁荣，中亚乐器、箜篌、琵琶、胡笳、胡笛等传入长安，中国传统舞蹈也吸收西域各民族的舞蹈成分。随着印度佛教东渐，融入希腊、罗马艺术成分的犍陀罗绘画雕塑艺术也传入中国，使中国的传统绘画在古朴中增加了富丽色彩和雄壮气魄。而高度发达的汉文化也由长安传递到亚欧。

伴随着丝绸之路的开辟和发展而同时进行的是欧亚大陆民族迁徙和融合的宏伟过程，在这种壮观背景下，长安作为丝绸之路的东方起点和东方文化中心，聚集了相当多的各国各色人等。长安的藁街还出现外国商人聚居的蛮夷邸，市场上毛皮店有外国的"狐貂裘千皮，羔羊皮千石"，毡席店中有外国运来的"旃席千具"，布匹店中有"榻布皮革千石"。长安城究竟有多少外国人？史无明载。据《东观汉记》一书所载，东汉光武帝逝世，长安的"西域贾胡，供起帷帐设祭，（京兆）尹车过帐，贾牵车令拜"。1965年和1973年先后在汉长安城内和扶风县发现外国铅饼15枚，饼上铭文是传写失真的希腊字母，应是安息"法拉克麦"钱币上的铭文。1980年汉武帝茂陵北侧出土的希腊文铅饼平面呈圆形，凸面饰云龙纹，凹面有希腊文一周，意为"王中之王"。这些铅饼的出土为汉代东西商业文化交流提供了实物证据。

魏晋南北朝时期，长安与西方各地区仍保持着交往。大秦（东罗马帝国）的火浣布（石棉布）、水银、玻璃、药材传到中国；中国的养蚕术辗转波斯、欧洲。由东汉传入中国的佛教与中国传统哲学、伦理、宗教观形成中国化的佛教，并广泛流传。5世纪初（后秦时期）西域龟兹高僧鸠摩罗什于草堂寺（今西安市鄠邑区草堂镇）主持翻译大量佛经，是佛教经丝绸之路传入中国过程中的重大事件。隋唐长安城在它所存的三个多世纪中，是当时世界上最宏伟壮丽的城市。它的平面图成为周边诸民族和日本、新罗等国建筑自己京城的参照模式。唐王朝繁荣发达的经济、灿烂辉煌的文化，对亚洲、欧洲和非洲各国都具有强大的吸引力。据《唐六典》卷四《尚书礼部·主客郎中》记载，唐朝曾与当时三百多个国家和地区往来。不过由于攻伐、兼并300多个减为70余国。长安皇城含光门至朱雀门内设有鸿胪寺（相当于外交部）和鸿客馆（国宾馆）。另外还有典客署和礼宾院等外事机构。东罗马帝国（拜占庭帝国或拂菻国、大秦国）曾7次派遣使节到长安，日本正式遣唐使从630年到894年，260余年间除3次任命而未成行外，正式的遣唐使计有12次。初次使团有200余人，乘船两艘，以后增为四艘，人数增为500余人。阿拉伯帝国（大食）从唐高宗永徽二年（651）与唐建立联系，此后半个世纪，大食通使36次。唐高宗时波斯王泥涅师自长安统帅返国复辟的部属达数千人。中亚有九个以昭武为姓的国家，康国（乌兹别克撒马尔罕）、安国（乌兹别克布哈拉）、曹国（乌兹别克撒马尔罕北）、石国（乌兹别克塔什干一带）、米国（乌兹别克撒马尔罕东南）、何国（乌兹别克撒马尔罕西北）、火寻国（今阿姆河下游一带）、戊地国（乌兹别克布哈拉西）和史国（乌兹别克沙赫里夏勃兹）与唐互通使节，有频繁的商业交往，长安聚集着大量的康、安、米、史、石等国人的后裔（近几十年西安出土昭武九处墓志数十方）。许多国家王侯贵族在长安长期居留，唐太宗昭陵祭坛内有14国宾王像，有西域诸国，还有波罗门（印度）和新罗（韩国）。唐高宗乾陵61尊宾王使臣有波斯大首领南昧和卑路斯。唐德宗时一次查出胡客在长安40余年不愿归国的就有4000多人。在长安的外国留住生（留学生）、求法僧、学问僧数量众多，不少人长期居住并供职于朝廷。唐长安城的国际贸易空前繁荣、规模庞大。通过丝路来到长安的有波斯大食、拂菻（东罗马帝国）、突厥、回纥人。擅长经营珠宝的波斯商人使长安的珠宝业兴隆昌盛，他们开设店铺，并出卖名酒"三勒浆"。西域及西方各国的良种马、牛、羊、毛皮、珍禽异兽大量运抵长安，其中尤以马匹交易为最，"每岁赍缣帛数十匹，就市戎马"。1970年5月，在西安市何家村发现和出土窖藏波斯银币、东罗马赫拉克利留斯金币、阿拉伯金币。1987年法门寺佛塔地宫出土的唐代宫廷供养器物中，有2000多件价值极高的文物珍品，其中一级甲等以上和国家级文物占三分之一。就在这三分之一的珍稀文物中，半数以上从造型、质地、纹样、工艺等方面看与西域文化有着密切的联系，这是丝绸之路鼎盛时期中西文化交流的有力证明。

　　唐代是中国文明的鼎盛时期，也是中国文学和艺术的繁荣期。以长安为中心的唐代中外文化交流空前繁荣并产生深远的影响，从波斯一直影响到高丽、日本。独具特色的中国建筑、雕塑、城市规划以及医药从长安传遍各地。日本的奈良、平安京均按照长安的坊、市、街道设计建筑。日本还仿照长安宫廷制度设典药寮，置医、针、按摩博士，学习中国经典医著。长安也以兼收并蓄，汲取各国的文化精粹。唐药典中增收来自西方的安息香、龙脑、胡椒、郁金、茴香、豆蔻、丁香、犀牛角等药物。唐末词人李珣是波斯商人的后裔，他编的《海药本草》就收录了许多波斯药材。天文学家僧一行被唐玄宗召至长安改定历法，他吸收了印度历法优点编制的《大衍历》是中国古代一部重要历书。长安译经僧人守温仿照梵文拼音原理，制定汉语30个声母，奠定了汉语音韵学基础。长安城中胡乐、胡舞、胡装、胡食盛行。波斯的波罗球戏（一种马球运动）也非常盛行，皇宫和一些里坊之中有马球场、足球场，乾陵章怀太子墓道也有打马球的壁画。

由长安向西延伸的丝绸之路，是出于人类交通需求的目的而形成的一条重要纽带，它将原本不相衔接的城镇、村庄、寺庙、石窟串联起来，构成链状的文化遗存，真实地再现了历史上人类的活动，物质和非物质文化的交流互动，并赋予它作为重要文化遗产载体的人文意义和文化内涵。

西安及其附近地上、地下丰富多彩的文物是中外友好往来文化交流的历史见证。西安碑林第二室有一方《大秦景教流行中国碑》，大秦即东罗马帝国，景教是基督教聂斯托里派，在唐太宗贞观年间传入长安并在长安城内义宁坊建立了大秦寺。唐太宗昭陵有六匹骏马石雕，其中有波斯引进的品种。此外还有十四国番君长像以及昭陵陪葬墓中出土的胡人俑、胡人骑马俑及胡人牵马俑等。唐高宗与武则天合葬的乾陵有六十一宾王石雕像，反映了唐朝与周边国家和民族交往、友好相处的历史事实。陪葬乾陵的章怀太子墓道壁画《礼宾图》，反映各国使者至长安后被接待的场景，后世学者据其衣着和形象认为是来自高丽、日本和东罗马帝国的使者。此外乾陵还有一些鸵鸟、狮子石雕，这两种鸟兽都不产于中国，它们应是波斯或大秦及其属国作为礼品赠送的。而在西安及附近地区的隋唐墓葬或舍利塔中发现的东罗马金币、阿拉伯金币，可能是由胡商带来的。

在这里特别提出中国四大发明对全人类的伟大贡献。唐代长安人杜环是史学家杜佑的族子。他参加了天宝十年（751）由高仙芝领导的唐与大食（阿拉伯）在怛逻斯（今哈萨克斯坦江布尔城附近）的战争，唐军失败后，他被俘流落到亚俱罗（今伊拉克巴格达南库法），后于宝应元年（762）附商船回到广州。在其所著《经行记》一书中，记述了他在被俘期间的经历和见闻，其中极为珍贵的是他记述了流落在亚俱罗的中国绫绸工匠、金银业工匠、画匠："绫绢机杼、金银匠、画匠、汉匠起作画者，京兆人樊淑、刘泚，织络者河东（今山西）人乐口、吕礼。"（《通典》卷一九三《边典》）怛逻斯之战最突出的影响是中国造纸术的西传。"造纸工业为中国之专利，自此役之后，大食人把中国俘虏带到康国，造纸之术由是传布于回教诸国而流传至西方……此物一兴，遂使埃及之草纸及皮纸一概消灭……大抵一切国家之人，皆利赖之。"①当造纸术西传时，不仅康国，大马士革有了造纸场所，波斯、巴格达都有造纸场。此后埃及、西班牙、法国、意大利、德国、英国都先后受中国的影响。直到18世纪末年，欧洲各国造纸时浸料与撩取完全用手工，和中国老法子没有两样。科技史学家李约瑟说"中国的发明曾为欧洲的文艺复兴铺平了道路"，其所指即造纸术西传。

指南针、造纸术、火药和印刷术被世界公认为中国古代的四大发明，是中华民族对世界文明发展做出的巨大贡献。而作为汉唐古都，长安又与这四大发明有着极为密切的关系。例如黑火药最早的文字记载是隋末唐初的药王孙思邈的《丹经内伏硫黄法》，火药在隋唐时随着道教的发展和炼丹术的盛行就在长安产生了，大约在13世纪传到阿拉伯，他们称"中国雪"或"中国盐"，后来传到欧洲。在中国活字印刷术出现之前是雕版印刷术，在韩国发现的《陀罗尼经》印刷品，是公元704—751年间在长安翻译后刻印的。因此长安可谓是雕版印刷术的故乡。直到13至14世纪雕版印刷术才经波斯传到欧洲，15世纪中活字印刷术传到欧洲，为欧洲的科学从中世纪漫长黑夜之后突飞猛进地发展以及文艺复兴运动的出现提供了必需的物质条件。马克思指出："印刷术、火药和指南针的发明是资产阶级发展的必要前提。""火药、指南针、印刷术———这是预告资产阶级社会到来的三大发明。火药把骑士阶层炸得粉碎，指南针打开了世界市场并建立了殖民地，而印刷术变成了新教的工具，总的说变成科学复兴的手段，变成对精神发展创造必要前提的最强大的推动力。"②英国人培根在《新工具》一书中指出：这三大发明"已经改变了整个世界的面貌和事物的状态。第一种发明表现在学术方面，第二种在战争方面，第三种在航海方面。从这里又引起无数的变化，以致任何帝国、任何宗教、任何名人在人事方面似乎都不及这些机械发明更有力量和影响。"20世纪英国史学家韦尔斯在《世界史纲》中说："印本书的出现，在文艺复兴时代的欧洲刺激了自由讨论的发展，阅读的知识迅速传播，群众中读书的人数增加，欧洲文学的真正历史由此开始。"③可以这样说：印刷术解放了人类的思想，成为文艺复兴、宗教改革和科学革命兴起的必要前提。总之，作为汉唐圣殿，长安为世界的科技发展史，为全人类的文明史写下了光辉的一页。

---

① ［法］沙畹：《西突厥史料》，冯承均译，中华书局，1958年。
② ［德］马克思：《机器。自然力和科学的应用》，人民出版社，1978年。
③ ［英］韦尔斯：《世界史纲》，吴文藻译，多布尔迪公司，1971年。

丝绸之路穿越两千年的时空，是一条不同文明、不同民族交流与融合的文化之路，是人类智慧的结晶。它上下贯通中华数千年文化，东西融汇欧、亚、非四大古国文明，不仅映射出中国古代文明的光辉灿烂和博大精深，也充分体现出人类优秀文化的永恒魅力。千年已逝，丝绸之路早已繁荣不在，其主要干道宛若一条飘动的丝带，留下一连串璀璨夺目的文化遗产。汉长安城、唐长安城大明宫遗址、西市遗址、大雁塔、小雁塔、兴教寺、草堂寺、法门寺、汉武帝茂陵、唐太宗昭陵、唐高宗乾陵，再延伸至黄土高原、荒漠戈壁中依然矗立的古城、烽燧、驿站、寺庙、石窟，还见证着丝绸之路当年的喧闹与辉煌，是丝绸之路上的标志性文化遗产。

原载《三门峡职业技术学院学报》2010年第1、2期

（李健超，西北大学历史文化研究所教授）

庠序：商周武学堂考辨*
——兼论周代小学大学所学内容之别

王　晖

一、问题的提出

古文献中有所谓夏校、殷序、周庠的说法，也有夏校、殷庠、周序之说。似乎校、庠、序只是三代时学堂的异名而已，但是也有古文献及汉代以来注疏把这几种不同的说法解释为国、乡之学堂的不同名称，似乎只是同一时期设立在不同区域内学堂的异名。从古文献来看，汉唐以来的注疏说法甚多，莫衷一是。

古文献及注疏中有关先秦时期学校有所谓"校""庠""序""学"四种说法，但是一种是以不同时代来区分，笔者把它概括为"异代学名说"；另一种是以贵族地域等差级别来划分的，可概括为"等差学名说"。

1. 异代学名说

异代学名说又有三种不同的说法。其中最主要的也是时代最早的一种见于《孟子·滕文公上》。其文谓三代"设为庠、序、学、校以教之。庠者，养也；校者，教也；序者，射也。夏曰校，殷曰序，周曰庠，学则三代共之，所以明人伦也"[①]。依孟子之说，夏代的学名为"校"，商代的为"序"，周代的为"庠"，而"学"则是夏商周三代的共名。《史记·儒林列传》所说与此相同。

异代学名说还有两种不同的说法，一种与《孟子·滕文公上》《史记·儒林列传》大同而小异，另一种则迥然而有别。大同而小异的见于《汉书》《说文》等书。《汉书·儒林传》云："夏曰校，殷曰庠，周曰序。"[②]《说文》广部也说：

---

* 本文为2012年国家社科基金重大招标项目"关中地区出土西周金文整理与研究"（12&ZD138）阶段性成果之一；本文承蒙匿名审稿专家惠赐宝贵意见，谨致谢忱！
① 〔清〕焦循：《孟子正义》，见《诸子集成》（第8册），中华书局，1988年，第202页。
② 〔清〕王先谦：《汉书补注》（下册），中华书局，1983年，第1515页。

"庠，礼官养老。夏曰校，殷曰庠，周曰序。从广，羊声。"①可见《汉书》《说文》所说夏代的学名与《孟子》是相同的，只是殷周的学名相互异位罢了。

迥然而有别的见于《礼记·王制》，其文云："有虞氏养国老于上庠，养庶老于下庠；夏后氏养国老于东序，养庶老于西序；殷人养国老于右学，养庶老于左学；周人养国老于东胶，养庶老于虞庠，虞庠在国之西郊。"郑玄注云："皆学名也。异者，四代相变耳……上庠、右学，大学也，在西郊。下庠、左学，小学也，在国中王宫之东。东序、东胶，亦大学，在国中王宫之东。西序、虞庠，亦小学也。"②依此说法，则有虞氏时代的学名为"庠"，分"上庠""下庠"；夏代的学名为"序"，分"东序""西序"；殷代的学名为"学"，分"右学""左学"；周代的学名有"东胶""虞庠"。"虞庠"在西郊；"东胶"是养国老之地，在国中王宫之东。这种说法与《孟子·滕文公上》等书篇完全不同。

2. 等差学名说

等差学名说也可以分为三种不同的说法。其一见于《礼记·学记》。其文云："古之教者，家有塾，党有庠，术有序，国有学。"③此说认为塾、庠、序、学是同一时代不同地域等差学堂的名称：家族学名为"塾"，一党之学名为"庠"，一术（"术"通"遂"）之学名为"序"，一国之学名为"学"。

其二见于汉班固《白虎通义》，其书《辟雍》篇谓"古者"之学堂："乡曰庠，里曰序。庠者庠礼义，序者序长幼也。"④《太平御览》卷五三五引《五经通义》云："三王教化之宫，总名为学。夏曰校，校之言教也。殷曰庠，周曰序。周家人兼用之。故乡为庠，里为序，家为塾。"⑤

其三，有"乡校""乡庠""州序"等不同的学堂之名。《左传》襄公三十一年谓春秋时郑国有"乡校"；《周礼·地官》说州有学宫，其名为"州序"；《礼

---

① 〔清〕段玉裁：《说文解字注》，上海古籍出版社，1981年，第443页。
② 〔唐〕孔颖达：《礼记正义》（上册），《十三经注疏》本，中华书局，1983年，第1346页。
③ 〔唐〕孔颖达：《礼记正义》（下册），《十三经注疏》本，中华书局，1983年，第1521页。
④ 〔清〕陈立：《白虎通疏证》（上册），中华书局，1994年，第261页。
⑤ 转引自〔清〕陈立：《白虎通疏证》（上册），中华书局，1994年，第261页。

记·乡饮酒义》谓"乡"学堂为"庠"。①可见先秦文献中的学名，即使是所谓州、乡的学名，其名称也并不一致。大概西周春秋时周王朝和各诸侯方国在不同的基层社会组织的学堂，存在着使用夏商以及西周时不同的学堂名称来命名的情况。不过《周礼》《礼记》等书是战国学者综合西周王朝以及杂糅春秋各国官制而写成的书，其"州序""乡庠"是否实际存在，尚待研究。②

从上面先秦秦汉古文献及汉唐注疏情况来看，所谓从有虞氏到三代学校名称的差异很大，仅就周代也有许多不同的学名。古人的说解也有很大的差异。汉唐直到清代学者对先秦学堂名称的考辨，往往是就名称之间的关系而立论，缺少辨识的直接证据。③其原因是殷商西周时古文献中直接提供的证据比较少，而战国以来文献典籍的说法又相互矛盾。除了各家说法相互矛盾外，有些说法是完全错误的。如上引《礼记·王制》有关有虞氏、夏后氏、殷人、周人养"国老""庶老"的说法和郑玄的注。《王制》是西汉文帝时期成书的，所说有的或许有其来源，但大体都是有问题的。汉代以来这种把不同时代（夏商周）、不同层次（国都与乡学）以及不同诸侯方国所使用的不同学名杂糅在一起，视之为一种学制下的各种学校（学堂）的看法，现在看来是完全错误的，但从古至今并未得到合理的分析批判。

近现代学者在研究殷商和周代学校制度时，不仅依据古文献资料，也大都注意殷商甲骨文和西周金文资料，但这些古文字资料虽然是当时遗留下来的第一手可贵资料，却往往比较零碎，要根据这些资料恢复当时一种成体系的学校制度是很有难度的，以至于近当代学者对过去像"庠""序"之类的学堂名称也就根本不愿再提及了。例如杨宽先生曾对西周"大学"教育进行了比较多的研究，但他并未涉及商

① 《左传》襄公三十一年说"郑人游于乡校，以论执政"〔〔唐〕孔颖达：《春秋左传正义》（下册），《十三经注疏》本，中华书局，1983年，第2015—2016页〕，说明春秋晚期郑国乡学堂名为"乡校"。《礼记·乡饮酒义》"乡饮酒之义，主人迎宾于庠门之外入"，郑玄注云："庠，乡学也。"〔〔唐〕孔颖达：《礼记正义》（下册），《十三经注疏》，中华书局，1983年，第1682页〕《周礼·地官·州长》云："春秋以礼会民，而射于州序。" 郑玄注云："序，州党之学也。"〔〔唐〕贾公彦：《周礼注疏》（上册），《十三经注疏》本，中华书局，1983年，第717页〕"序"古籍中还借"豫"表示，《仪礼·乡射礼》"豫则钩楹内，堂则由楹外"，郑玄注："今言豫者，谓州学也。"〔〔唐〕贾公彦：《仪礼注疏》（上册），《十三经注疏》本，中华书局，1983年，第999页〕

② 成书于汉代的《大戴礼记·保傅》篇引《学礼》说"帝"有五学："东学""南学""西学""北学""太学"，因为此说是指帝之学堂，明显是秦汉以来的帝制时代学校，与商周学校不同，在此姑且不论。

③ 如段玉裁《经韵楼集》卷一一、一二就刊载了段氏与顾千里、黄绍武等学者就学名、学制问题的反复论辩。参见〔清〕段玉裁：《经韵楼集》（附《补编·年谱》），钟敬华校点，上海古籍出版社，2009年，第295—337页。

和西周学名"庠""序"的问题，也未深入讨论西周"小学"和"大学"的教学内容及其关系问题。①

依笔者看来，今日发现的甲骨金文中有关殷商和西周时期学校教育的资料日益增多，结合先秦时期的古文献资料，可以解决古书众说不一的"庠""序"类学堂疑难问题。但是仅仅把古文字资料看作一种简单的史料，然后去直接印证古书上的某种说法，这样就会把甲骨金文资料的作用简单化。笔者认为应该把甲骨金文和古文献中的资料，根据先秦学校的内容进行分类，哪些是大学、小学的内容，哪些是文学堂和武学堂的内容，并利用音韵训诂学对先秦学名以及甲骨金文中有关学堂名称进行比较，然后把这些学名与大学、小学及文学堂、武学堂进行区分和衔接，以此诠释先秦古文献资料中所见学校名称及相关内容，辨正古文献资料中若干自相矛盾的说法以及谬误，才有可能比较彻底地解决先秦学堂制度的问题。

二、卜辞中"羑（庠）"即武学堂说

殷墟甲骨文中不仅有"学""教"等称谓，也有"大学""羑"等称谓。过去前贤将这些称谓结合甲骨文推进了商代学校教育的研究。陈梦家先生曾在《殷墟卜辞综述》引用甲骨文资料中有关"卑羑三百射"中的"羑"的材料，指出这个"羑"其实就是古文献中的"庠"。②但殷墟卜辞中的"羑（或盖）"用法是动词，它如何转变为作为名词的学校之称"庠"，陈氏并没有回答。因此学术界对此说信疑参半。

笔者认为，与我们上面所讨论的周代教育一样，如果说西周时代存在"小学"和"大学"之分，殷商时期也存在着这样的区别，只是名称有所不同罢了。

殷墟卜辞中有"大学"二字，出现在《小屯南地甲骨》（下简称《屯南》）60片中："王隹（唯）癸寻？勿寻？于甲寻？＼于且（祖）丁旦（壇）寻？＼于庭旦（壇）寻？＼于大学寻？"从此片看，"大学"一词与"且（祖）丁旦（壇）""庭旦（壇）"是具有并列关系的语词，"且（祖）丁旦（壇）""庭旦（壇）"是表示宗庙、宫廷处所的名词，那么"大学"也应是表示处所的名词，所以陈邦福先生把"大学"释作学校的"大学"；宋镇豪先生还进一步指出此即"后世学宫的雏形，是知商代确有受王朝直接掌管的教学场所'大学'"③，此说是对的。

① 杨宽：《西周史》，上海人民出版社，1999年，第664—683页。

② 陈梦家：《殷墟卜辞综述》，中华书局，1988年，第513页。

③ 宋镇豪：《从甲骨文考述商代的学校教育》，见王宇信等主编：《2004年安阳殷商文明国际学术研讨会论文集》，社会科学文献出版社，2004年，第221页。

不过，笔者认为商代"大学"还有自己的专有名词，这就是"庠"，卜辞中写作"羌"。

（1）贞：令宰羌三百射？

贞：叀（唯）令羌三百射？（《合集》5771）

（2）癸巳卜，㱿贞：令宰羌射？

癸巳卜，㱿贞：贞：叀（唯）令羌射？

贞：叀（唯）令羌射？

贞：勿……令……？

贞：令宰羌三百射？

贞：勿令宰羌三百射？（《合集》5772）

上面（1）（2）两条卜辞都是商王询问是否命令宰或去"羌射""羌三百射"，此字或隶作"盖"。"羌"字陈梦家曾释为"庠"，说："羌射之羌是动词，《说文》有蒹字，此假作养或庠。卜辞'令宰羌三百射'者令宰教三百射以射。《孟子·滕文公》上'夏曰校，殷曰序，周曰庠'，《说文》与《汉书·儒林传》则作'殷曰庠'。"但他只是简单地比附，并未进一步论证。从逻辑上看，卜辞中的"羌"是动词培养之"养"，距作为学堂之名的"殷曰庠"还有一定的距离。今日学者们并不接受此说，其因亦在此。王宇信、杨升南主编《甲骨学一百年》说："陈梦家说卜辞'令宰庠三百射'者，令宰教三百射以射，因为有'新射'（《合集》32996），故要训练。"[1]此说来自甲骨学综述类著述是很具有代表性的。这就是说学者们已接受"羌三百射"的"羌"读为训练、培养的"庠"，还未接受"羌"就是商代的学校之名。

笔者认为陈梦家所说是对的，但还有许多问题需要解释。其一是甲骨文中"羌"字的词义是否与古文献中所说"庠"的词义相同；其二是甲骨文中"羌"与古文献中"庠"的用法、功能是否相同？正因为陈氏对此未做回答，故需要对这些问题加以讨论。

首先，"庠"的词义在《孟子·滕文公上》中就有明确的解释："庠者，养也。"但殷墟甲骨文中的"羌射""羌三百射"中的"羌"虽可训为"养"，但为"培养（射手）""培育（射手）"之义，"羌三百射"是说"培养三百个射手"，不是古书所说的"养老"之义。甲骨文中"羌"是个谓语动词，而作为学校名称的"庠"是从原表示谓语动词的"培养""培育"射手转化过来的，从培养

---

① 王宇信、杨升南：《甲骨学一百年》，社会科学文献出版社，1999年，第495页。

的行为、活动转化为培养的场所、地点，"培养"也就从动词转化为名词。这就像"学"一样，既可以表示动词的"学习"之义，也可表示名词的"学校""小学"之义。这也和我们后面所说西周金文从动词"射"转化为名词"廎"表示射学堂（古书中又写作"榭""序"）的情况一样，亦即杨树达所说从动词引申出名词的"动名孳乳"①现象。而古书把"庠"视为"养老"之所，古训注则训为"养育""养老"之义，并非"羑""庠"的初义。《礼记·王制》云："有虞氏养国老于上庠，养庶老于下庠。"《说文》广部云："庠，礼官养老……从广，羊声。"此可谓本末倒置。从甲骨文看，"羑"就是"庠"，就是"培养""培育"射手，但其教育者是聘用一些曾担任一定官职的、有丰富的射箭等军事技能的、道德高尚的老人来担任，似乎"庠"也就具备了养老功能。但从卜辞中"羑""庠"的用法、词义看，培养射手才是最根本的目的，并非以"养老"为目的。宋镇豪先生曾结合甲骨文资料对商代学校教育的对象、内容及功能进行了比较全面的研究，特别是宋氏关于古训注殷商有"右学""左学"之分，认为"在'右学''左学'中敬养老人，实际上是选择有声望道德、礼教经验丰富及有社会地位的老人赡养于学宫，对贵族子弟进行传授教诲"②。此说是对的。

其次，"庠"在古书中作为古代学宫，其主要功能被认为是从事礼仪教化的。《荀子·大略》云："立大学，设庠序，修六礼，明七教，所以道之也。"③赵岐注《孟子·梁惠王上》也明确说："庠序者，教化之宫也。"④而在殷墟甲骨文中，上面（1）（2）两条卜辞所说"羑射""羑三百射"的"羑"，则明显是"培养"射手的，与古书中的说法是不同的，能否说"羑"就是"庠"呢？笔者认为周代的"射学宫"辟雍是培养射手的武学堂，但也是从事礼仪教化的场所；但在商代从事训练、培养射手的武学堂是否具有礼仪教化的功能，目前从商甲骨文中还是得不到答案的。后来随着时代的发展，战国之后学堂主要成了文化礼仪的教学场所，武学的学习归于军队训练的范围。学者也按照战国之后的情况去进行解释，也就不仅与西周情况不同，与商代可能相去甚远了。

再次，如果证明殷墟甲骨文"羑"就是古文献中的"庠"，这就说明班固《汉书·儒林传》与《说文》广部所云"殷曰庠"的说法是对的，而《孟子·滕文公

---

① 杨树达：《积微居小学述林全编》（上册），上海古籍出版社，2007年，第252—254页。

② 宋镇豪：《夏商社会生活史》（下册），中国社会科学出版社，2005年，第683页。

③ 梁启雄：《荀子简释》，中华书局，1983年，第373页。

④ 〔汉〕赵岐注，〔宋〕孙奭疏：《孟子注疏》（下册），《十三经注疏》本，中华书局，1983年，第2666页。

上》《史记·儒林列传》所说"殷曰序"的说法是错误的。

甲骨文中的"羑"还用作培养"多卫马"的动词：

（3）庚戌卜，古贞：令多马卫亡（无）羑？

贞：令多马卫于北？（《合集》5711）

例（3）询问是否命令驯养"多马卫"，"多马卫"是"羑"的宾语，也是宾语前置。羑"多马卫"就是培养许多御马者、卫士，可知此"羑"与"羑三百射"中"羑"的用法同。另外在殷商甲骨文中还有其他与军事教育有关的教学内容：

（4）丁酉卜，其乎（呼）以多方小子小臣，其教戍？

亚立，其于右利？其于左利？（《合集》28008）

例（4），大概是派"亚"训练教导"多方小子小臣"戍守，并询问："亚"是站立在阵列中的右边好呢，还是站立在左边好呢？宋镇豪曾解释说："'教戍'指教习攻守搏击及阵法。亚为教官，'亚立'即'亚位'，指教官所处位置。"[1]甚当。这是属于军事训练方面的教育。特别是"以多方小子小臣，其教戍"，与西周金文柞伯簋铭所说"王曰：'小子、小臣，敬又（友），又（有）隻（获）则取'"[2]相同。西周大射礼中的参加者为"小子"（前"多士"）、"小臣"，与商代军事训练者大致是相同的。

甲骨文"羑三百射"和"令多马卫亡（无）羑"中的"羑"，其本义就是"养"，是指培养射手、御马者、卫士等武士，引申出商代学堂之名。可见殷商已经有学习射箭、培养御马者、卫士方面的内容，称之为"羑"，亦即古文献中的"庠"。学堂之名的"羑"是由动词转化而来。这与下文西周时学堂之名"序"，也是由动词"射"转化为名词"廗""榭""序"而具有学堂之名的演变途径是相同的。

三、序、廗：西周时武学堂考

为什么《孟子·滕文公上》说"序者，射也"呢？实则"序"就是周代射学宫或武学堂。

据西周时大量金文资料可以证明，西周时期学堂之名为"射"，专用字作"廗""榭"，与动词的"射"也是"名动相因"，全称则是"射学宫"，正符合《孟子·滕文公上》所说"序者，射也"。古文献中所说的"序"反而是个假借字，古训注及今之学者把"序"作本字来分析周代的学校，就难以中的。而且

---

① 宋镇豪：《夏商社会生活史》（下册），中华书局，1983年，第688页。
② 王龙正、姜涛、袁俊杰：《新发现的柞伯簋及其铭文考释》，《文物》1998年第9期。

"射""廨"及全称"射学宫"只是"大学",亦即武学堂,古文献及西周金文中又称"辟雍""璧雍",兼有礼仪教化的训练功能。战国以来的后儒只看到"序"的礼仪教化功能,反而认为"大学"学射只是一种附带作用,甚至完全抹杀其武学堂的作用,是不对的,需要我们认真检讨并重新认识。

1. "射""廨""榭"与"射学宫"

先看看西周金文中"射""廨"的使用情况:
（5）隹（唯）十又五年五月既生霸壬午,龚（共）王才（在）周新宫,王射于射盧（庐）。（趞曹鼎铭,《集成》2784）

（6）懿王在射盧（庐）,乍（作）象兮,匡甫（布）乍（作）象䵺二,王曰:"休。"（匡卣铭,《集成》5423）

（7）隹（唯）十又二月初吉丙午,王才（在）周新宫射盧（庐）。（师汤父鼎铭,《集成》2780）

（8）隹（唯）二年正月初吉,王才（在）周邵宫,丁亥,王各（格）于宣射（榭）。毛白（伯）内（入）门,立中廷,右（佑）祝酆。（酆簋铭,《集成》4296—4297）

（9）王孔加（嘉）子白义,王各（格）周庙宣廨爰郷（饗）。（虢季子白盘铭,《集成》10173）

（10）隹（唯）六月初吉,王才（在）葊京。丁卯王令静嗣（司）射学宫,小子眔（暨）服、眔（暨）小臣、眔（暨）厥仆学射。（静簋铭,《集成》4273）

例（5）趞曹鼎、（6）匡卣、（7）师汤父鼎铭中的"射盧（庐）"之"盧",通"庐",是指学习射箭、培养射艺技术的场所。但笔者认为这种"射盧"也就是（10）静簋铭中所说的"射学宫"。"射盧"是指学习射艺的房屋,应该与"射宫"的词义相近,实则习射学校,静簋中加上"学"字,所表示学宫之义更为清楚。

例（8）酆簋铭中有"宣射",（9）虢季子白盘铭文中有"宣廨","廨"以"射"为声符,可以相通,但现代学者往往以"廨"是"榭"的通假字,却是不大准确的。这两字实际上是异体字。"榭"以"木"作意符,表明这类房屋建筑的材料是木质的;"廨"用"广"作意符,表明此类房屋供人居住的性质。

"宣榭"曾在先秦古文献中出现。《春秋经》宣公十六年:"夏,成周宣榭火。"杜预注:"成周,洛阳。宣榭,讲武屋,别在洛阳者。"孔颖达疏云:"名之曰宣，则其义未详。服虔云宣扬威武之处，义或当然也。"①这里的"宣榭"与鄀篮铭"宣射"、虢季子白盘中"宣廨"的词义肯定是相同的。杜预注"成周宣榭"为地处洛阳的"讲武屋"，是正确的；而为之作疏的唐孔颖达已不知其义了，却信服服虔所说意义并不恰切的"宣扬威武之处"，说明汉唐学者已经对"宣榭"的词义、性质不大明白了。

其实，从西周金文中看，不管是"射盧（庐）"，还是"宣射（榭）""宣廨"，都是学习射艺的学宫之名，亦即静篮铭"射学宫"。作为学宫之名，就是动词"射（箭）"的动词名用，亦即杨树达所说的"动名孳乳"。加意符"木"的"榭"，加意符"广"的"廨"，表示已为这个名词化的"射"制作了一个专用字。《春秋经》"榭"是从木、从射，射亦声的形声字；"廨"则是从广、从射，射亦声的形声字。至于"宣射"或"宣廨"之"宣"，笔者认为此"宣"与"轩"古音相同，应是"轩"字的假借字，"宣榭"即"轩榭"，是指高大、仅有木柱而少有墙壁的"明堂"类建筑，更有利于学习射艺。而在古文献中，这些表示射学宫的"榭""廨"被写作"序"。由于战国以来以学射为主的武学堂性质功能退化之后，学者仅从秦汉以来的通用义项入手，在解释"序"这种学堂时闹了许多误解，是需要我们多花些笔墨进行梳理的。

2. 学名"序"之初义及其性质考辨

前面我们已对古文献中所说商周学堂两种不同的说法做了辨正，肯定《汉书·儒林传》等书所说"周曰序"是对的。但"序"之初义或本义是什么呢？古文献及其古训注对"序"的说解多达四种。

（1）认为"序"是殷商时习射学堂或周代州之习射学堂。《孟子·滕文公上》云："殷曰序……序者，射也。"《周礼·地官·州长》之职云"春秋以礼会民，而射于州序"，此处认为"序"是周代州之学堂，也表明了"序"与乡射礼及射箭比赛的关系。朱熹《孟子集注·滕文公上》云："序以习射为义。"②（2）认为"序"之初义是东西之墙。《尔雅·释宫》："东西墙谓之序。"邢昺疏云："此谓室前堂上东厢、西厢之墙也。"③《说文》广部："序，东西墙也。"段玉裁注

---

① 〔唐〕孔颖达：《春秋左传正义》（下册），《十三经注疏》本，中华书局，1983年，第1888页。

② 〔宋〕朱熹：《孟子集注》，上海古籍出版社，1987年，第36页。

③ 〔晋〕郭璞注，〔宋〕邢昺疏：《尔雅注疏》（下册），《十三经注疏》本，中华书局，1983年，第2599页。

云："按堂上以东西墙为介，《礼经》谓阶上序端之南曰序南，谓正堂近序之处曰东序、西序。"①（3）认为"序"分东西，东序为"大学"，位处国中王宫之东；西序为"小学"，在东郊。《礼记·王制》郑玄注："东序，东胶，亦大学，在国中王宫之东；西序，虞庠，亦小学也，西序在西郊。"②（4）认为"序"是州党学堂。《周礼·地官·州长》郑玄注："序，州党之学也。"

上面四种说法中，笔者认为以孟子之说时代最早，也是对的。尽管孟子所说"殷曰序，周曰庠"把商周时代错置了，但其说"序者，射也"把"序"的性质功能说明了。但由于《孟子》只用"射"一字训释，言之不详，后世学者多不接受其说。如清代王引之就说：

> 《孟子·滕文公》篇"庠者，养也。校者，教也。序者，射也"……此皆缘词生训，非经文本意也。《州长》职云"春秋以礼会民，而射于州序"，谓在序中习射，非谓序以习射名也……庠、序、学、校，皆为教学而设，养老、习射，偶一为之，不得专命名之义。庠训为养，序训为射，皆教导之名，其义本相近也。③

清人陈立为《白虎通义·辟雍》作注也说："《州长》言'射于州序'，《孟子·滕文公》曰'序者射也'，皆缘词生训，非必立名之本义。"④汉以来学者很少不效法孔孟，但对于"庠序"的解释，接受孟子说法的很少，笔者以为其原因，上面王陈二氏的话很具有代表性。学者可能认为，三代学校学习内容很多，习射只是其中的一个方面，怎么可能用来作为学堂之名呢？这其实反映了古代学者认识上的一个误区。实际上，西周时养老是一附设功能，射御才是"序"——"大学"的主要课程，其他的"礼乐"教育功能反而是附属性的。战国以来的学者却以为礼乐是"大学"的主要学习内容。他们还把"序"分而为"东序""西序"，认为"东序"是"大学"，"西序"是"小学"；或者认为"序"作为学堂之名，来源于它的初义"东西墙"，以"东西墙"而分为"东序""西序"，进而才有"大

---

① 〔清〕段玉裁：《说文解字注》，上海古籍出版社，1981年，第444页。
② 郑玄为《礼记·王制》"上庠""下庠"作注说："上庠，右学，大学也，在西郊；下庠，左学，小学也，在国中王宫之东。"可见他说作为"大学"的"上庠"在西郊，作为"小学"的"下庠"在国中王宫之东。这与他"东序，大学，在国中王宫之东；西序，小学，在东郊"的说法似乎矛盾，但郑玄是说不同时代的大学与小学的不同位置，因此二者也不冲突。〔〔唐〕孔颖达：《礼记正义》（上册），《十三经注疏》本，中华书局，1983年，第1346页〕
③ 〔清〕王引之：《经义述闻》卷三一《养、射》，江苏古籍出版社，2000年，第744页。
④ 〔清〕陈立：《白虎通疏证》（上册），中华书局，1994年，第262页。

学""小学"之别。笔者认为这些战国以来学者的说法错得厉害，其原因在于认为"序"的本义是"东西墙"，而学堂名"序"，来源于这一本义，并且进一步认为这是仅有一墙之隔的"东序""西序"，而所谓"大学""小学"也仅有这一墙之隔。

笔者认为了解"序"的初义是解决上述问题的关键。《孟子·滕文公上》所说"序者，射也"是一个重要的途径，表明作为学校之名"序"的初义是教学"射箭"技艺。但从字源上说，它只是"榭""廨"的一个假借字，"榭""廨"才是本字。如前所说，古汉语名动相因，射箭之"射"为动词，转化为射箭之处则为名词，加"广"之"廨"就表示是射箭之处，西周虢季子白盘铭有"周庙宣廨"；加"木"之"榭"表示射箭之处的房屋是木架结构，《春秋经》宣公十六年有"宣榭"，杜注"讲武屋"，孔颖达疏云："此榭别在洛阳，讲习武事则往就之。《尔雅·释宫》云'无室曰榭'，又云：'阁谓之台，有木者谓之榭。'李巡曰：'台，积土为之，所以观望。台上有屋谓之榭。'则榭是台上之屋，居台而临观讲武，故无室而歊前。"《汉书·五行志上》也说："榭者，讲武之坐屋。"①

而古文献中称周代学堂为"序"，异体字或作"谢"或"豫"（《礼记·乡射礼》）也只是"廨"或"榭"的借字。"序"以"予"为声符，古音邪母鱼部，"射"在船母铎部，属阴入对转。"序"与在古文献中以"射"为声符的字有不少通假现象。《诗经·大雅·崧高》"亹亹申伯，王缵之事。于邑于谢，南国是式……王命申伯：式是南邦，因是谢人，以作尔庸。"②西周晚期宣王改封其母舅申伯于谢邑，其邑亦即《国语·郑语》"谢西之九州何如"之"谢"，其字异体作"序"。《潜夫论·志氏姓》曰："申城在南阳宛北序山之下，故《诗》云：'亹亹申伯，王荐之事。于邑于序，南国是式。'"③其字写法有异，古文毛诗作"谢"，而今文三家诗皆作"序"，《潜夫论·志氏姓》所引《诗》"于邑于序"应是今文三家诗。近人徐元诰《国语集解》引清人陈奂云：

《三家诗》作"序"，《毛诗》作"谢"。谢、序古字声通，盖谓宣王封申伯于序，在今汉南阳郡宛县北序山之下也。④

"谢"可与"序"通假，那么"序"也就可与"射"通假。"序"字在《仪礼》

---

① 〔清〕《汉书补注》（上册），中华书局，1983年年，第596页。

② 〔唐〕孔颖达：《毛诗正义》（上册），《十三经注疏》本，中华书局，1983年，第566页。

③ 〔汉〕王符：《潜夫论》，见《诸子集成》（第8册），中华书局，1988年，第170页。

④ 徐元诰：《国语集解》，王树民、沈长云点校，中华书局，第469页。

中写作"豫"，《仪礼·乡射礼》说"豫则钩楹内，堂则由楹外。当左物，北面揖"，郑玄注云："今言'豫'者，谓州学也。读如'成周宣谢灾'之'谢'，《周礼》作'序'。凡屋无室曰'谢'，宜从'谢'。州立'谢'者，下乡也……今文'豫'为'序'，'序'乃夏后氏之学，亦非也。"①郑玄指出《仪礼·乡射礼》中的"豫"就是《周礼》等文献中所说的"序"，亦即《春秋经》宣公十六年"成周宣谢灾"之"谢"（今本《春秋》作"榭"）②，是对的。因此，《孟子·滕文公上》所说"序者，射也"不仅是用"射"解释"序"的词义，而且也是说"序"即"射"的假借字。孙诒让《周礼正义·地官·州长》注云"州党之学为序，无室。序，正字当作谢，又即《尔雅·释宫》之榭。《书·泰誓》孔疏引孙炎云：'榭但有堂也。'……经典凡说州学，作'序'作'豫'者，并声近假借字"③。孙诒让的说法是对的，古籍中周代学堂之名"序""豫"都是"榭"的借字。唐兰先生结合古注及西周金文的用法也说："可见'榭'的特点就是只有楹柱而没有墙壁的……'榭'字在鄦簋里边只写做'射'字，虢季子白盘加上广旁，写作'廏'，表示是屋宇的意思。'廏'字在古书里又写作'序'，《周礼·地官》州长：'以礼会民而射于州序'（《仪礼·乡射礼》写作'豫'），可见是射箭的地方。"④古书中的"序"，或作"豫"，都是以"予"为声符的字，实际上就是只有楹柱而无墙壁的"榭"，或写作"谢"，是用来射箭之处，金文中一般直接写做"射"，西周后期才加上广旁为"廏"。

了解了"序"就是西周金文中"廏"的异体字，是动词"射"的名词化，则知作为周代学宫"序"的含义是指教学子学习射艺之处，是武学堂。《孟子·滕文公上》说"序者，射也"及《周礼·州长》云"射于州序"是对的，亦即杜预注《左传》宣公十六年所说的"讲武屋"。郑玄注《礼记·王制》把"序"分为"东序，大学"与"西序，小学"是错的，"序"与"射庐（庐）""宣榭（廏）"一样，为武学堂，亦即"大学"，与"小学"无关。

3. 射宫武学堂即"大学"辟雍说

西周金文中的"序"与"射庐（庐）""宣射（廏）""射学宫"，是学习

---

① 〔唐〕贾公彦：《仪礼注疏》（上册），《十三经注疏》本，中华书局，1983年，第999页。

② 郑玄注《仪礼·乡射礼》反对"序乃夏后氏之学"是对的；但他认为"谢"是本字则非。

③ 〔清〕孙诒让：《周礼正义》（第3册），中华书局，1987年，第864页。

④ 唐兰：《唐兰先生金文论集》，紫禁城出版社，1995年，第129页。

射箭技术的学宫，是武学堂，亦即西周时的"大学"。《白虎通义·辟雍》云："小学，经艺之宫；大学者，辟雍乡射之宫。"周代这种习射的学宫之中有圆形的大池，古文献中则称为"辟雍"，西周金文中也有这种"辟雍"，或称为"大池""辟池"。

（11）粤（粤）若二月，侯见于宗周，亡（无）述（尤），迨（会）王餕莘京彫（肜）祀。粤（粤）若翌日，才（在）璧（辟）盬（雍），王乘于舟，为大丰（礼）。王射大鼙（鸿）禽，侯乘于赤旆舟从，死咸。（作册麦方尊铭，《集成》6015）

（12）粤（粤）八月初吉庚寅，王以吴袋、吕刭（刚）卿（合）齔、蓝自（师）邦周［君］①射于大池。静学（教）亡（无）罘（尤），王易（赐）静鞞刜（璲）。（静簋铭，《集成》4273）

（13）佳（唯）六月既生霸，穆王才（在）莘京，乎（呼）渔于大池。王郷（饗）酒，遹御亡（无）遗（谴），穆王亲易（赐）遹雀（爵）。（遹簋铭，《集成》4207）

（14）乙卯，王餕莘京。［王］莘，辟舟临舟龙，咸莘，白（伯）唐父告备。王各（格），乘辟舟，临莘白旆，［用］射兕、挲（犀）虎、貉、白鹿、白狐于辟池，咸莘。　（伯唐父鼎铭，《近出》②356）

上例（11）作册麦方尊铭文中"璧盬"，即古文献所说"辟雍"，所以下文紧接着说"王乘于舟"。这种"辟雍"是一种圆形的大池塘，因为这种大池塘中间养殖有飞禽走兽，供习射者作为靶的来射猎，也作为"大射"等礼仪活动射击的靶的。从这个意义上说，西周金文中"璧盬"的"璧"才是本字，"辟"字应是假借字。借玉璧的圆形象征大圆池，玉璧中心皆有圆孔，用来表示圆池中心有养殖飞禽走兽的小岛。这种小岛上有"白鹭"。《诗经·振鹭》云："振鹭于飞，于彼西雍。我客戾止，亦有斯容。"③"西雍"就是地处西郊的辟雍，从这里飞出振动翅膀的白鹭，表明白鹭就养育在辟雍之中。作册麦方尊铭文中有"王射大鼙（鸿）禽"，郭沫若读"鼙"为"鸿"④，是对的。在西周金文这种"璧盬"又可称之为"大池"，如上例（12）静簋和例（13）遹簋铭中的"大池"。遹簋铭中"乎（呼）渔于大池"，

---

① 此字写作"周"，实际上应是"君"字的笔误。此说从唐兰先生。参见《西周青铜器铭文分代史征》，中华书局，1986年，第360页。

② 《近出》即刘雨、卢岩编著《近出殷周金文集录》（中华书局，2002年）的简称。

③〔唐〕孔颖达：《毛诗正义》（上册），《十三经注疏》本，中华书局，1983年，第594页。

④ 郭沫若：《两周金文辞图录大系考释》（下册），上海书店出版社，1999年，第41页上。

可知西周辟雍池中有"鱼"。例（14）伯唐父鼎铭文中"辟池"即辟雍大池，在辟雍大池中有兕、斑斓大虎、貉、白鹿、白狐等动物。有的学者认为兕、椃（麗）虎、貉、白鹿、白狐等不可能是实有动物，而是画有动物的侯靶。笔者认为此说是不对的。因为伯唐父鼎铭前面就说"乙卯，王饔葊京"，射礼显然是为了祭祀而举行的，下面所说"乘辟舟，临桼白旗，［用］射兕、椃（麗）虎、貉、白鹿、白狐于辟池，咸棽"，可见是为了祭拜白旗才在辟池射猎"兕、椃（麗）虎、貉、白鹿、白狐"。"咸棽"是说射猎得到的动物，全部用来祭拜白旗了。从此可知，辟雍的形制和功能还需要我们重新认识。

从西周金文和古文献资料来看，各种野生状态的飞禽走兽散养在像玉璧形状的大池塘中心岛屿上，学习射艺的学子和参加"大射"礼的小子和小臣们乘着舟船，用箭射击岛屿上的飞禽走兽。这种比艺的习射活动是在一片击鼓奏乐之声中进行的，《诗经·大雅·灵台》："於论鼓钟，於乐辟雍。鼍鼓逢逢，矇瞍奏公。"以此可知，辟雍小岛的各种飞禽走兽在击鼓奏乐声中处于惊慌失措的飞行狂奔状态，这对于比艺习射者来说是具有难度的，在这种情况下培养的射手水平也是很高的：射手只要能射中活动中的飞禽走兽，在战场上，也就能射中敌军的将士了。

四、周代"大学"以武学"廡（序）"为学名的原因

商代的"大学"学堂之名"庠"来源于"羑"，与周代的"大学"学射之处"廡（序）"为学名的情况一样，但商代"文献不足"，我们探讨了周代以"六艺"之一"射"的名词化"廡（序）"作为学堂之名，商代"庠（羑）"的情况也就其思过半了。

学射是武学堂难度很高的技术，尽管周代武学堂还有"六艺"的其他类，如"御（驭）""礼""乐"，但这几类都隶属于"射学宫""射盧（庐）""宣榭"。战国之后儒学者文武分职，且因军事战争方式也由车战改而为胡服骑射，学校教育多重视"礼""乐"，轻视"射""御"，解释"序""辟雍""大学"就出现了许多误解。不过，学射毕竟只是周代学宫教育内容"六艺"之一"射"，为何会代表"御（驭）""礼""乐"而成为"大学"学宫的名称，是需要考察的。

首先，"辟雍"是"射宫"，亦即"大学"学宫，是习射之处，因此也就有振武扬威功能。

（15）镐京辟雍，自西自东，自南自北，无思不服。（《诗经·大

雅·文王有声》）①

（16）明明鲁侯，克明其德。既作泮宫，淮夷攸服。 （《诗经·鲁颂·泮水》）②

从《诗经·大雅·文王之声》看，西周王朝在镐京辟雍"大学"中，通过对学子进行习射等教育活动，也通过"大射"等活动品评、遴选优秀士大夫等礼仪活动，东南西北的百姓、百官、士大夫诸侯以及戎狄蛮夷无不被慑服。《诗经·鲁颂·泮水》则告诉我们，德行高明的鲁侯修建了诸侯级的"大学"武学堂——泮宫③，这是南方淮夷被镇服的大事件。

其次，周代训练射箭、"大射"礼都是在武学堂的"大学"辟雍或诸侯泮宫中进行的。《礼记·射义》有比较详细的记述：

古者诸侯之射也，必先行燕礼；卿大夫士之射也，必先行乡饮酒之礼。故燕礼者，所以明君臣之义也；乡饮酒之礼者，所以明长幼之序也。故射者，进退周还必中礼，内志正，外体直，然后持弓矢审固。持弓矢审固，然后可以言中。此可以观德行矣。④

从《礼记·射义》之文可知，不仅各种礼仪教化涉及学习射艺，而且善德、美行、良操仁道也是通过射艺的训练培养出来的。其一，君臣之义、长幼之序必须通过诸侯、卿大夫、士的射艺比赛来完成。因为诸侯射艺比赛之前，一定要先进行燕礼，燕礼可以使人明白君臣之义；卿大夫、士的射艺比赛之前，一定要先进行乡饮酒

---

① 〔唐〕孔颖达：《毛诗正义》（上册），《十三经注疏》本，中华书局，1983年，第527页。

② 〔唐〕孔颖达：《毛诗正义》（上册），《十三经注疏》本，中华书局，1983年，第611页。

③ 毛传《泮水》云："天子辟雍，诸侯泮宫。"郑玄笺："泮之言半也。半水者，盖东西门以南通水，北无也。"可知泮水指泮宫之水，泮宫的形制，为辟雍之半，鲁国等诸侯国的"大学"学宫，相当于周天子的辟雍。参见〔唐〕孔颖达：《毛诗正义》（上册），《十三经注疏》本，中华书局，1983年，第610页。

④ 《礼记·射义》篇所记述的礼乐活动还有："其节，天子以《驺虞》为节，诸侯以《狸首》为节，卿大夫以《采苹》为节，士以《采蘩》为节。《驺虞》者，乐官备也；《狸首》者，乐会时也；《采苹》者，乐循法也；《采蘩》者，乐不失职也。是故天子以备官为节，诸侯以时会天子为节，卿大夫以循法为节，士以不失职为节。故明乎其节之志，以不失其事，则功成而德行立。德行立，则无暴乱之祸矣。功成则国安。故曰：射者，所以观盛德也。是故古者天子以射选诸侯、卿、大夫、士。射者，男子之事也，因而饰之以礼乐。事之尽礼乐而可数为以立德行者，莫若射，故圣王务焉……射者，仁之道也。射求正诸己，己正而后发，发而不中，则不怨胜己者，反求诸己而已矣。"（〔唐〕孔颖达：《礼记正义》（下册），《十三经注疏》本，中华书局，1983年，第1686—1689页）

礼，乡饮酒礼可以使人明白长幼之序。其二，可以通过射艺了解士大夫的德行。射箭手进退周旋归位，必须合乎礼仪：内心须心志端正，外形须体态正直，然后弓箭才拿得稳固，手持弓箭稳固了才能谈得上射中。这就是通过射箭来观察人品德行为的原因。其三，射艺训练以及比赛时候，必有音乐，而不同阶层须演奏不同的音乐，天子奏《驺虞》，诸侯奏《狸首》，卿大夫奏《采蘋》，士奏《采繁》，可以用射艺来体现天子、诸侯、卿大夫、士不同阶层的节操。不同阶层的贵族具有节操，则可德行立，功业成，也就会国泰民安。其四，周人认为立德行者必须通过礼乐教化来完成，而礼乐教化又是通过男子所从事射箭技能的训练来进行的，所以明君圣王很重视以射艺来选择诸侯、卿大夫、士。其五，射艺也是符合仁道的。射箭要求心正身正，然后才可能射而中的；发箭不中，不能怨人只能责己，这正合仁义之道。以此看来，周代礼仪德行的培养皆与射艺的培养有关，难怪周代那么重视的"大学"学名与"射"相关。

《周礼·大司马》郑玄注："大射、王将祭，射于射宫，以选贤也。"①段玉裁《说文解字注》"侯"下引用《礼记·王制》"王亲视学"云"谓习射、习乡〔射〕以化之，习射即大射，习乡〔射〕即养老"。②这就是说，周礼中的"大射礼"其实就是周天子视察学堂及学子习射的活动。"大射礼"在西周金文中也有记载。

（17）隹（唯）十月又一月既生霸甲申，王才（在）鲁，卿（合）即邦君、者（诸）侯、正又（有）嗣（司）大射。 （义盉盖铭，《集成》9453）

（18）隹（唯）八月辰才（在）庚申，王大射在周。王令南官逨（率）王多士，自（师）翏父逨（率）小臣。王偖赤金十反（版）。王曰："小子、小臣，敬又（友），又（有）隻（获）则取。" （柞伯簋铭，《文物》1998年9期，第53—58页）

从例（17）义盉盖铭与（18）柞伯簋铭看，都是周王亲自主持下进行的"大射"之礼，义盉盖铭记述是在鲁国举行，柞伯簋铭记述是在周都举行。义盉盖铭文说参加者有邦君、诸侯、正有司。"正"应是指卿士，"正有司"应是指卿士所属职能部门人员。柞伯簋铭文中参加"大射"之礼的有南宫所率领的"小子（多士）"和师翏父所率领的"小臣"。冯时先生认为"小臣"为"王臣"，柞伯簋"铭文讲周王

<hr>

① 〔唐〕贾公彦疏：《周礼注疏》（上册），《十三经注疏》本，中华书局，1983年，第839页。

② 〔清〕段玉裁：《说文解字注》，上海古籍出版社，1981年，第226页。

子弟中得爵之士与王臣两队较量"①。虽然这两器铭文都未说明举行"大射"礼的地点，但根据《礼记·王制》"王亲视学"所视察的是"习射"，所举行的都是"大射"，郑玄注《周礼·大司马》说"大射……射于射宫"来看，这些"大射"之礼应是在"射宫"学堂举行的。

此外，西周春秋时期许多重要的礼仪活动都是在"大学"辟雍或诸侯泮宫中举行。《泮水》第三章记述鲁僖公在泮宫举行燕饮酒礼的情况："鲁侯戾止，在泮饮酒……顺彼长道，屈此群丑"。在此饮用美酒，宣扬敬老之道，使百姓顺服。第四、五两章记述为了"敬慎威仪"，为了祭祀先祖，祈福求佑，鲁侯修建了泮宫。第五至七章记述修建了泮宫，征服了东南方的淮夷，并在泮宫举行了庆功献俘礼。第八章记述在泮宫举行宾礼，接见前来臣服并贡献宝物的南淮夷。从《泮水》之文还看到有关学宫教学的证据。第七章通过献俘礼反映了泮宫武学堂射艺教学在征伐淮夷战争中的效果："角弓其觩，束矢其搜"表现了射宫射箭教学的功效；"戎车孔博，徒御无斁"反映了学校教学内容六艺之一"御"的教学效果。这也是诗人歌颂鲁国修建泮宫而战胜南淮夷的直接作用和原因。

《泮水》记述了鲁侯在泮宫举行乡饮酒礼、祭祖礼，以及献俘礼、宾礼等内容，这些都反映了武学宫辟雍或泮宫的礼仪教化作用。这种情况亦见于西周金文：

（19）雩（粤）若翌日，才（在）璧（辟）盥（雍），王乘于舟，为大豐（礼）。（麦方尊铭，《集成》6015）

（20）隹（唯）六月既生霸，穆王才（在）莽京，乎（呼）渔于大池。王郷（饗）酒……。（遹簋铭，《集成》4207）

（21）不（丕）显子白……愽（搏）伐厰（猃）狁（狁）……折首五百，执讯五十……王孔加（嘉）子白义，王各（格）周庙宣廎爰郷（饗）。（虢季子白盘铭，《集成》10173）

麦方尊铭记述了周王在辟雍乘舟为大礼的情况，遹簋铭记述周穆王在莽京让人在辟雍捕鱼并举行食鱼飨酒的情况，虢季子白盘铭记述了虢季子白在讨伐猃狁战争中功劳卓著，周王在周庙宣榭为虢季子白举行庆功献俘饮至礼的情况。这与《礼记·王制》所说"天子将出征……受命于祖，受成于学。出征执有罪，反释奠于学，以讯馘告"②是一致的。这也说明西周王朝一些大礼，如饮酒礼、庆功饮至礼等重要礼仪活动，都是在武学堂辟雍举行的。

---

① 冯时：《柞伯簋铭文剩义》，见《古文字研究》（第24辑），中华书局，2002年。

② 〔唐〕孔颖达：《礼记正义》（上册），《十三经注疏》本，中华书局，1983年，第1333页。

了解了西周时期周天子和诸侯许多礼仪活动都是在武学堂辟雍或泮宫举行，则知为什么战国以来学者常把礼仪教化看作"大学"的主要教学内容。

（22）以宾射之礼，亲故旧朋友。（《周礼·春官·大宗伯》）

（23）谨庠序之教，申之以孝悌之义，颁白者不负戴于道路矣。赵岐注："庠序者，教化之宫也。"（《孟子·梁惠王上》）

（24）不富无以养民情，不教无以理民性……立大学，设庠序，修六礼，明七教，所以道之也。《诗》曰："饮之食之，教之诲之。"王事具矣。（《荀子·大略》）①

（25）人之于文学也，犹玉之于琢磨也……子赣、季路，故鄙人也，被文学，服礼义，为天下列士。（《荀子·大略》）②

从《周礼·春官·大宗伯》我们尚能看到"亲故旧朋友"这种礼仪教化的目的，是附属在"宾射之礼"之中的；但到战国以来，儒家学者认为"庠序"一类的"大学"学堂教育仅是"教化之宫"，内容仅是修礼明教的，培养出来的"列士"也仅"被文学，服礼义"则足矣，完全没有武学"射""御"方面的内容，所以战国时学者所说周代"大学"的内容往往有误。

这种情况的变化，笔者认为与士的角色转变基本一致。西周春秋时期，所谓的"士"尽管是文武兼修，但往往是以武士身份出现的。③战国以来二者便分开了，学文者不大习武，习武者不大学文，而一般称"士"者是指文士，称"武士"者则需要专门加"武"以别之。④

---

① 梁启雄：《荀子简释》，中华书局，1983年，第372—373页。

② 梁启雄：《荀子简释》，中华书局，1983年，第379页。

③ 如柞伯簋铭所说"王令南宫遣（率）王多士"，与"自（师）鬳父遣（率）小臣"相对，是武士而不是文士。特别是叔矢方鼎铭文中说："隹（唯）十又四月，王彤（肜）禴寨，才（在）成周。咸寨，王乎（呼）殷厥士，爵叔矢（虞）以兮（尚，裳）、衣、车、马、贝三十。敢对王休，用乍（作）宝隓（尊）彝，其万年扬王光（贶）厥士。"（参见李伯谦：《叔矢方鼎铭文考释》，《文物》2001年第8期；李学勤：《谈叔矢方鼎及其他》，《文物》2001年第10期）叔矢方鼎铭文中的"厥士"应包括叔矢（虞）在内，叔虞即唐叔虞，晋国的始封君，可见"士"不仅是指武士，也是贵族阶层的泛称。

④ 如《荀子·大略》所说"子赣、季路，故鄙人也，被文学，服礼义，为天下列士"，"列士"仅被限定在"文学""礼义"方面，不再涉及"射""御"等武事之类。其实，子赣（子贡）属于春秋晚期到战国早期人，子路只是春秋晚期人。他们作为孔子的弟子是文武兼修的，而且子路更喜好的还是武事方面。《荀子·大略》所言只是就战国中晚期情况而言，并不符合春秋晚期的情况。

五、周代文武（小学大学）学堂内容二分考

笔者以为，利用甲骨金文和古文献资料进行互证是解决学术疑案的有效途径；但是不同学案问题，具体解决的方法又不尽相同。对商周学堂名称疑案的研究，笔者以为有难有易。从易的一面看，利用商代甲骨文和周代金文资料，就可以解决商周时期两个不同时代的名称问题。而从难的一面看，庠、序、学的名称涉及训诂问题，而名称训诂问题又往往和商周学堂不同阶段的教育内容纠缠在一起，是古人训释不一、说法纷纭的根本原因。但这一问题，在甲骨金文资料甚为丰富的今天，是可以解决的。众说纷纭的关键原因，是商周时期文武学堂是分开的：商周文学堂皆称为"学"，同时是文武学堂的统称；商代的武学堂称为"善"，后世称为"庠"；周代武学堂称为"射"，异体作"榭""廁"，古文献通假字又作"序"。周代的武学堂不仅是进行射御技术教育的场所，而且也是礼仪教育培训的场所。把古文字资料与传世古文献及其古训注材料结合起来，有望解决商周文武学堂内容之别、名称异同问题。

先秦时期"小学""大学"教学内容是有区分的，把握这种区分不仅可以区分"大学"和"小学"，还可以看清楚"小学"与文学堂的关系，可以弄清楚"大学"与武学堂的关系。

要解决这一问题，首先还得从周代学堂教育的"六艺"入手。《周礼·地官·保氏》云："保氏掌谏王恶，而养国子以道，乃教之六艺。一曰五礼，二曰六乐，三曰五射，四曰五驭，五曰六书，六曰九数。"[1]这就是说，周代的学堂教学内容是礼、乐、射、驭、书、数。"礼"是指礼仪教化方面的内容，"乐"是音乐方面的教育，"射"和"驭"都是军事教育方面的内容，"书"是指文字学习，"数"是指数学方面内容，但包括卜筮方面的教育，所以古人常常"术数"连言。儒家创始人孔子也以"六艺"来教育自己的弟子，但一般排序是书、数、射、御、礼、乐。从《周礼·地官·保氏》篇看不出这六种教学内容如何被安排在"小学"和"大学"阶段，但我们可以通过战国及汉代的资料了解这时"小学"和"大学"的学校教育情况。

《大戴礼记·保傅》篇说："古者年八岁而出就外舍，学小艺焉，履小节焉；束发而就大学，学大艺焉，履大节焉。"[2]《礼记·曲礼上》则说"人生十年曰幼，

---

① 〔唐〕贾公彦疏：《周礼注疏》（上册），《十三经注疏》本，中华书局，1983年，第731页。

② 〔清〕王聘珍：《大戴礼记解诂》，中华书局，1992年，第60页。

学",是说幼年十岁开始上学。东汉初许慎《说文解字·叙》说:"周礼八岁入小学,保氏教国子,先以六书。"①古文献中关于周代"小学"与"大学"入学年龄和学习内容说得最详细的莫过于《礼记·内则》:

> 六年,教之数与方名。七年,男女不同席,不共食。八年,出入门户及即席饮食,必后长者,始教之让。九年,教之数日。十年,出就外傅,居宿于外,学书记。衣不帛襦裤。礼帅初,朝夕学幼仪,请肄简谅。十有三年,学乐、诵诗、舞《勺》。成童,舞《象》,学射御。二十而冠,始学礼,可以衣裘帛,舞《大夏》,惇行孝弟,博学不教,内而不出。②

上引先秦秦汉文献所说周代"小学"与"大学"入学年龄有所不同,但就大致情形看,可以说十五岁以上是"大学"阶段,十四岁以下是"小学"阶段。两个阶段的学习内容也有分工,按照"六艺"是礼、乐、射、御、书、数来看,"小学"阶段所学习的内容主要是"六艺"的书、数;"大学"阶段学习的内容主要是"六艺"的射、御、礼;至于"乐"是指音乐舞蹈,既有在"小学"阶段开设的,也有在"大学"阶段开设的,一般来说,"小学"阶段学习的是文乐,"大学"阶段学习的是武乐。

1. "小学"阶段的学习内容

按照古文献所叙述的情况,周代"小学"的教学以识字、认字为主,其次则是算术、卜筮一类的内容。《周礼·地官·保氏》所称"六书","书"在古汉语中有表示书写之义的文字,也可表示书籍等,但《保氏》篇的"六书"之"书"显然是前者。郑众作注说这"六书"就是"象事……假借",班固《汉书·艺文志》解释"六书"是象形、象事、象意、象声、转注、假借;许慎《说文解字·叙》说"六书"是指指事、象形、会意、形声、转注、假借。这是进入"小学"阶段最初要学习的教学内容。《汉书·艺文志》说"周礼八岁入小学,先以六书"。周代"小学"学习的内容为"六书",虽然是见于战国时代才成书的《周礼》之中,汉代学者才系统地进行说明,但笔者认为这是合乎情理的。因根据《说文·叙》,秦汉时初入学的"小学"学子都是以识字为主的,而且要求熟悉各种书体,掌握的字数要达到一定的数量才能担任一定的官职。秦汉后"小学"教学仍然延续这一模式,可能商周时也不能例外。

---

① 〔清〕段玉裁:《说文解字注》,上海古籍出版社,1981年,第754—755页。
② 〔唐〕孔颖达:《礼记正义》(下册),《十三经注疏》本,中华书局,1983年,第1471页。

战国长台关楚简云"教著（书）晶（三）岁，教言晶（三）岁，教射与【驭（御）】……"①。以此看教"书"和"言"②各三年，则共有六年，如"小学"八岁入学，则到十四岁了，接着十五岁则到了"大学"学习射御的年龄了。

"小学"一词在西周金文中已有记载，西周早期大盂鼎铭："女（汝）妹（昧）辰又（有）大服，余隹（唯）即朕小学，女（汝）勿（勉）㲋（弜）③余乃辟一人。"（《集成》2837）商周"小学"学习内容除汉字教学之外，其他学习内容最主要的可能还是算术和卜筮之类。这一点在先秦古文献中还没有多少证据，但从古文字的字形结构却有明证。商周甲骨金文的"学"字，或从爻、从宀、从子；或从爻、向下的双手、从宀、从子。表示学子在房子之中学习摆弄算爻、算筹。甲骨文的"教"字，从爻、从子、从攴（攵），表示用棍子或鞭子去逼迫孩子学习算筹一类的算术。这两字在商周甲骨金文中，不管字形结构怎么变，"爻"始终是一个主要的构字部件，其次是"子"。"子"表示学童，是商周时小学教学的对象；"爻"则应是教学的主要内容之一。"爻"字字形结构像是算筹交错之状，它的含义不仅表示用算筹来筮卦，也应表示用算筹来学习计数时算筹交错的情形。因为不管是利用算筹学习筮卦还是"小学"学童学习算术，都是要用算筹作为工具的。"爻"字是商周甲骨金文"学""教"这两个字形结构中最基本的构字部件，因此笔者认为商周时"小学"学童的学习内容应该包括使用算筹工具的算术和卜筮等内容。

---

① 武汉大学简帛研究中心、河南省文物考古研究所编著：《楚地出土战国简册合集》第2册《长台关楚墓竹简》，文物出版社，2013年，第136页。

② 此"言"盖相当于《国语·楚语上》中申叔时所说"教之语，使明其德，而知先王之务用明德于民也"之"语"，韦昭注"语，治国之善语"。[《国语》（下册），上海古籍出版社，1995年，第528页]

③ 大盂鼎铭文"女（汝）勿（勉）㲋（弜）余乃辟一人"，学者皆以"勿"作否定副词看待，但笔者认为此字不应是一般否定副词的用法，而应是一个实词，是"勉"的借字，是"尽力""努力"之义。《诗经·邶风·谷风》"黾勉同心"，《文选·为宋公求加赠刘将军表》李善注云："《韩诗》曰：'密勿同心，不宜有怒。'密勿，僶俛也。"可知《韩诗》作"密勿同心"。[〔梁〕萧统编：《文选》（第4册），上海古籍出版社，1997年，第1727页]《诗经·小雅·十月之交》"黾勉从事"，《汉书·楚元王传》[〔清〕王先谦：《汉书补注》（下册），中华书局，1983年，第956页]与《后汉书·傅毅传》《皇甫张段传》李注引《诗》或《韩诗》[《后汉书》（第8册），中华书局，1987年，第2135页；《后汉书》（第9册），中华书局，1987年，第2613页]皆作"密勿从事"。"勿"，古韵明母物部，"勉"明母元部，二字为旁对转。"㲋"字各家释读不一，笔者认为应隶定为"㲋"，读为"弜"。

2. "大学"阶段的学习内容

至于"六艺"中射、御、礼,笔者认为属于"大学"的学习内容。《大戴礼记·保傅》篇说:"束发而就大学,学大艺焉,履大节焉。""束发"是指男子十五岁,也就是《内则》中所说"成童"。《论语·为政》引孔子之语说"吾十有五而志于学,三十而立",孔子十五岁时所学的内容应是"大学"的内容。《保傅》虽未明言"学大艺"是什么内容,但明确说这是"大学"阶段。《汉书·艺文志》说周礼十五岁入"大学"学习礼仪,虽未说学习"射驭(御)"也在大学阶段,但我们认为不管是从情理上还是从西周金文的资料来看,射驭(御)应是其时"大学"的学习内容。从情理上来看,"射驭(御)"技术应是十五岁以上的学童才能胜任的事情,让八岁至十四岁的学童去学习拉弓射箭、驾驭车马的技术似乎是有困难的。《礼记·内则》说:"成童,舞《象》,学射御。二十而冠,始学礼,可以衣裘帛,舞《大夏》,惇行孝弟,博学不教,内而不出。"郑玄注:"成童,十五以上。"[①]《内则》所说"成童"十五岁之后的学习内容正好是"大学"阶段所学习的内容,其内容虽多,但概括起来不外乎就是"六艺"中的"射""御""礼"以及"乐"中的武乐、武舞之类。

西周金文静簋铭文云:"丁卯,王令(静)嗣(司)射学宫,小子眔(暨)服、眔(暨)小臣、眔(暨)厥仆学射。"这段铭文明确说周王命令静掌管"射学宫",学习射箭技术的不仅有"小子",还有"服""小臣""厥仆",其中"小子"和"服"我们还难以判断年龄情况,但是"小臣""厥仆",表明皆有一定的官职,年龄不会太幼小。可见"六艺"中的"射"应是属于"大学"的教学内容。同样,"六艺"中的"驭(御)"也应属于"大学"的教学。"驭(御)"是指驾驭车马,这种学习活动和"射"一样,不到一定的年龄是难以操作的,如果让十五岁以下的儿童去学习是不安全的。

"六艺"中的"礼"也应是"大学"的学习内容。古文献中也曾明确说明礼仪是"大学"的教学内容。《荀子·大略》云:"立大学,设庠序,修六礼,明七教,所以道之也。"荀子在此明确说古代"大学"教育是从事修礼明教的活动。《周礼·春官·大宗伯》说"以宾射之礼亲故旧朋友",也说明宾礼、射礼可以使"故旧朋友"更为亲近,也表明射礼和礼仪活动之间的关系。从《尚书》和西周金文中也可看出这一点。因为"大学"学堂又叫"辟雍"、"璧雍"或"璧宫",是

---

① 〔唐〕孔颖达:《礼记正义》(下册),《十三经注疏》本,中华书局,1983年,第1471页。

进行礼仪教化的场所，同时是射箭比艺的地方。而且周代的礼仪活动往往是安排在射击比赛和奏乐的活动中，到战国时期文武分职，"大学"以进行仪礼教化方面的内容为主，射箭骑马等军事技术被摈弃在"大学"学习之外，所以此后学者所言"大学"内容与西周春秋就大相径庭了。

附表　战国秦汉文献所见周代小学、大学学习内容及其年龄一览表

	年龄	战国长台关楚简	《礼记·内则》	《大戴礼记·保傅》《礼记》	《尚书大传》[①]	《白虎通义·辟雍》	《说文解字·叙》
小学	6至9岁	教著（书）晶（三）岁（1–03）	六年，教之数与方名。八年，出入门户及即席饮食，必后长者，始教之让。九年，教之数日。	《大戴礼记·保傅》："古者年八岁而出就外舍，学小艺焉，履小节焉。"	古之帝王者，必立太学、小学。使公、卿、大夫、元士之嫡子十有三年，始入小学，见小节焉，践小义焉。	以为八岁毁齿，始有识知，入学学书计。	周礼八岁入小学，保氏教国子，先以六书。
	10至14岁	教言晶（三）岁（1–03）	十年，出就外傅，居宿于外，学书记……礼帅初，朝夕学幼仪，请肄简、谅。十有三年，学乐诵《诗》，舞《勺》。	《礼记·檀弓上》："人生十年曰幼，学。"			
大学	15至19岁	教射与【驭（御）】……（1–03）	成童（郑注：十五以上），舞《象》，学射御。	《大戴礼记·保傅》："束发而就大学。学大艺焉，履大节焉。"		古者所以年十五入太学何……七八十五，阴阳备，故十五成童志明，入太学，学经术。	

---

① 《太平御览》卷一四六《皇亲部十二·太子一》引，中华书局，1963年，第712页。

	年龄	战国长台关楚简	《礼记·内则》	《大戴礼记·保傅》《礼记》	《尚书大传》①	《白虎通义·辟雍》	《说文解字·叙》
大学	20岁以上		二十而冠，始学礼，可以衣裘帛，舞《大夏》，惇行孝弟，博学不教，内而不出。		年二十，入太学，见大节焉，践大义焉。故入小学，知父子之道，长幼之序；入太学，知君臣之仪，上下之位。		

以此看来，"六艺"中的"书""数"应是属于"小学"学童的学习内容。

3. "乐"分文武，文乐归属小学，武乐归属大学

"六艺"中的"乐"是指音乐舞蹈，笔者认为根据文献以及殷商甲骨文资料，可以分为两类：（1）"小学"阶段乐器和舞蹈类归于"小舞"。《礼记·内则》："十有三年，学乐诵《诗》，舞《勺》。"根据《内则》等篇，十五岁为"成童"，进入大学学习，则可知十三岁"学乐诵《诗》，舞《勺》"，都是"小学"所学习的内容。《周礼·春官·乐师》云："乐师掌国学之政，以教国子小舞。"郑注："谓以年幼少时教之舞。""勺"字又作"籥"、"禴"或"礿"，也就是《南籥》，是"文王之文舞"①。《礼记·内则》中所说"舞《勺》"应是《周礼·乐师》所说的"小舞"之类。

（2）"大学"阶段的音乐舞蹈归于"大舞"，属于武舞之类。《礼记·内则》说："成童，舞《象》，学射御"；又说"二十而冠，始学礼，可以衣裘帛，舞《大夏》"。郑玄注云"成童，十五以上"，十五岁是进入"大学"的年龄，故称之为"成童"。这时开始学习"大学"阶段的教学内容如"射御"之类。也就是我们前面所讨论的情况，"射御"是属于"武学"，也是商周"大学"阶段学习的主要内容。而这时所学习的音乐舞蹈也是以武乐武舞为主。郑玄注《礼记·内则》又说："先学《勺》，后学《象》，文武之次也。"《象》是指《象箾》，是"文王

① 〔清〕孙希旦：《礼记集解》（中册），中华书局，1995年，第770页。

之武舞"。《内则》所说《大夏》,据郑玄注说是"禹乐",《周礼·夏官·大司乐》有"以乐舞教国子:舞《云门》《大卷》《大咸》《大磬》《大夏》《大濩》《大武》"。

《诗经》中有《周颂》《商颂》《鲁颂》,"十五国风"也是方国区域性曲谱。只是这些乐曲是商代"小学"之乐,还是"大学"之乐,已不得而知。不过从古文献中可知,"万舞"是由"万"做音乐舞蹈教师,属于"大学"的学习内容。《大戴礼记·夏小正》云:"丁亥万用入学。丁亥者,吉日也。万也者,干戚舞也。入学也者,大学也。谓今时大舍采也。"《公羊传》宣公八年云:"万者何?干舞也。"何休注:"万者,其篇名。"①《礼记·文王世子》云:"春夏学干戈。"郑玄注云:"干戈万舞,象武也。"②《诗经·邶风·简兮》前两章云:

> 简兮简兮,方将万舞。日之方中,在前上处。硕人俣俣,公庭万舞。

> 有力如虎,执辔如组,左手执籥,右手秉翟。赫如渥赭,公言锡爵。③

毛传云:"以干羽为万舞,用之宗庙山川,故言于四方。"从这些文献资料可知,"万"或"万舞"是一种干戚之舞,也是"大学"所进行的一种武乐类的舞蹈教育。所以这种舞蹈"有力如虎,执辔如组,左手执籥,右手秉翟"。

在殷商甲骨文中也有这种"万"或"万舞"类音乐舞蹈教育:

(26)丁酉卜,今日丁万其学(教)?吉。

于来丁廼(乃)学,于又(右)庚学?吉。

若呐于学?吉。 (《屯南》662)

(27)丙午……多万……入爻(教),若。 (《英藏》1999)

(28)丁丑卜,在棻,子其叀(唯)舞戉(钺),若?不用。

子弜叀(唯)舞戉(钺),于之若?用。

多万又(有)灾,引騺。 (《花东》206)

上述三条卜辞中都出现了"万"及"多万",基本上都是师职类音乐舞蹈老师身

① 〔汉〕何休注,〔唐〕徐彦疏:《春秋公羊传注疏》(下册),《十三经注疏》本,中华书局,1983年,第2281页。

② 〔唐〕孔颖达:《礼记正义》(下册),《十三经注疏》本,中华书局,1983年,第1404页。

③ 〔唐〕孔颖达:《毛诗正义》(上册),《十三经注疏》本,中华书局,1983年,第308页。

份。例（26）条中"万其学"应读为"万其教"①。（27）条中的"爻"亦应读为"教"。例（28）条前两条有"舞戉（钺）"，此"戉"是有一个大圆孔斧钺的象形字，②亦可见后一条中"多万"是教习斧钺之舞的教师。

从殷商甲骨文中可知，"万""多万"在商代学官中应是担任音乐舞蹈老师的。这就与古文献中所见"万舞"干戚之舞，亦即武乐武舞之类相印证。《大戴礼记·夏小正》解释"万用入学"的"学"是"大学也"。也就是说武乐武舞类的"万舞"是"大学"所进行的教学活动。这也与《礼记·内则》所说"成童，舞《象》，学射御""二十而冠……舞《大夏》"的情况完全一致了，而十四岁以下所学音乐舞蹈如《内则》所说"十有三年，学乐诵《诗》，舞《勺》"则是"小学"所学的乐舞。这说明尽管商周"小学""大学"都有音乐舞蹈方面的教学活动，但"小学"进行的是文乐文舞类的学习，而"大学"进行的是武乐武舞类的教学。正好这也与商周时"小学"学习"六艺"中的"书""数"，"大学"学习"六艺"中的"射""御（驭）""礼"相互一致。这种学习内容的安排也符合儿童、青少年发育阶段的特征：八（或六）到十四岁以下属于儿童和未束发的少年阶段，所以只能在"小学"学习书数类的知识，学习音乐舞蹈也是不拿干戈武器的文乐文舞——干戈斧钺类武器也不是十四岁以下的儿童少年所能拿起并能挥动的；十五岁以上则进入束发的"成童"阶段，可以进入"大学"学习射御类的武学，也就可以拿着干戈学习武乐武舞，而礼仪也是结合射御活动展开的。

了解了周代"小学"是学习以"书""数"及文乐文舞为主，"大学"是以学习"射"、"御"、建立在射御基础上的"礼"以及武乐武舞为主，也就对周代"大学"为什么是直接以"射箭"之"射（廟、榭、序）"为学名明了了；也就可以明白战国以来"大学"学习内容摈弃军事技术后，学者们所说"序"以及"大学"学习内容大多错误的原因了。

（王晖，陕西师范大学历史文化学院教授）

---

① 如《礼记·学记》引《兑命》曰"学学半"，第一个"学"应读为"斅"，即"教"之异体。郑玄注云："言学（通"教"）人乃益己之学半。"唐陆德明《释文》云："上学为教，下学者谓习也。"〔〔唐〕孔颖达：《礼记正义》（下册），《十三经注疏》本，中华书局，1983年，第1521页〕

② 参见中国社会科学院考古研究所编著《殷墟花园庄东地甲骨》第4册（云南人民出版社，2004年）第1224页局部放大图。

秦始皇帝陵考古的历史、现状与研究思路
——基于文献与考古材料的讨论

曹　玮　张卫星

自始皇入葬丽山后，秦始皇陵就成为古代中国最诱人的地下宝库。汉代学者司马迁《史记》对始皇陵寥寥数语的记载，更激起了人们对这座地下宝库的遐想，此后的两千多年间，上至帝王将相、文人雅士，下至草莽匹夫都对始皇陵有着无限的兴趣；但是囿于时代，即便是存于记载的游历、登临、凭吊等活动也仅限于传统意义上的游览。新中国成立后，特别是改革开放以来，现代意义上的秦始皇帝陵考古事业取得了惊人的进展，无论在社会大众范围内还是在学术界，秦始皇帝陵都再次成为引人注目的焦点之一，并已成为标志社会发展进程的文明符号之一。

从考古学史的角度看，广义的考古学历史不仅是伟大考古发现的历史，还是以新的视觉看待人类遗存和在工作中引进新方法的历史。所以考古学的历史，首先是观念、理论和看待过去视角的历史；其次是研究方法、运用观念和研究问题的历史；再次才是实际考古发现的历史。墓葬研究是考古学研究的重要组成部分，特别是在历史时期的考古中，陵墓的考古研究具有特殊意义。具体到田野考古发现上，以秦始皇陵等为代表的秦汉帝陵已取得了巨大的收获，业已形成辉煌的发现史；在研究的收获上也蔚为大观。在研究思路与方法上，作为最高级别的这些墓葬与一般墓葬的思路本无不同，但是由于秦汉陵墓在文献记载与发掘资料上相对丰富，学者投入的精力相对较多，取得的成果也相对较多，其思路方法在墓葬研究上具有指导意义。本文试以分析、梳理文献记载为基础，回顾近五十年来秦始皇陵地区的主要考古工作，从文献与考古认识出发讨论目前取得的考古收获，并从研究思路上讨论始皇陵考古的相关问题，不妥之处，敬请指正。

一、秦始皇帝陵考古历史

关于秦始皇陵的最初记载见于秦朝的秘档。《汉旧仪》载："使丞相李斯将天下刑人徒隶七十二万人作陵，凿以章程，三十七岁。"可见当初修建陵园时是以事

先规划好的设计章程来施工的。汉代时，我们现在看到的关于秦始皇陵的文献基本成形，太史公遍览前朝遗书，他在《史记》中对秦始皇陵的记载应该以某些秦王室档案为依据；其记载的准确性已为现代考古发现所逐步验证。而《汉书》的一些内容又对《史记》记载进行了补充。《史记》《汉书》基本奠定了关于秦始皇陵文献记载的基础，因而汉代是秦始皇陵文献的形成期。东汉以后至近代，文献中对于始皇陵的记载多基于前代文献，以考证、轶事居多，是秦始皇陵文献的积累演变期。现代则是文献材料与考古资料的结合扩充期。

一般认为，带有学术色彩的秦始皇帝陵考察首推明代的都穆。都穆（1459—1525），字玄敬，明代吴县（今江苏苏州）人。他一生好学不倦，曾奉使到秦川，访求山川形势、故宫遗址、金石遗文，致力摹拓缮写。他所著的《骊山记》曾描述了陵园内外城、门址，其文曰："秦始皇陵，内城周五里，旧有四门，外城周十二里，其址俱存。自南登之，二邱并峙。人曰：此南门阙也。石门石枢犹露上中，陵高可四丈。昔项羽黄巢皆尝发之。老人云：始皇葬山之中，此特其虚冢。其言当必有所授也。"都穆以及其他学人的考察记载虽然提供了秦代以后始皇陵遗迹的记载，但总体上这些考察有一定的局限性，文学性大于科学性。

晚清时期，中国门户洞开，西方列强涌入。19世纪末到20世纪初，对中国古代遗迹的考察特别是对中国西部地区的考察在西方形成一股热潮。据有关资料记载，清末民初"游历""探险""考察"陕西的有来自西方的，主要有法国人沙畹（Chavammes）及弟子伯希和（Paul Pel liot）、法古（Gilber de Voisins）、拉狄格（JeanLatirgue）、维克多·萨加伦（Victor Segalen，也译为色伽兰、谢阁兰、色伽兰），日本的有关野贞、伊东忠太、橘瑞超、吉川小一郎、足立喜六、松吕正登、田资事、福地秀雄、常盘大定等人。[1]其中有不少人考察过秦始皇帝陵。比较著名的有日本学者足立喜六、关野贞、常盘大定、伊东忠太，法国学者萨加伦等。由于这些人具备一定的自然科学知识，采用现代记录手段，留下了一批难得的陵园原始资料。国人中的学术精英如美术大师王子云（考察记中没有明确的记载，但其《从长安到雅典——中外美术考古游记》图版89为始皇陵出土的大型瓦当）、郑振铎（见陈直《〈史记〉新证》的记载）等在新中国成立前考察过始皇陵或研究过始皇陵遗物。

足立喜六1906年至1910年被日本帝国教育会选拔来清朝陕西高等学堂任教，授课之余，对西安附近的历史遗迹进行了实地考察，足立氏最早使用近现代先进的仪器去测量、研究关中古代遗迹，这些都是前无古人的。他所著的《长安史迹考》记

---

① 罗宏才：《百年陕西文物流失之痛》，《文物天地》2005年第1期。

载："实测陵高25丈，中部稍平坦且有台阶；顶上广阔平坦。陵基略呈方形，东西约1600尺，南北约1700尺。在陵基南700尺及东西各350尺的地方，残存着数尺高的围墙，围墙与墙基平行，呈长方形，东西2300尺，南北2700尺，周长可达万尺。陵南与周垣中央有南门遗址，高达丈余，散布瓦砾。"①这是目前见到的最早的秦始皇帝陵园科学测绘记录。他的考察成果中还有关于秦始皇帝陵封土最早的一批照片记录资料。

其后，也就是在20世纪20年代初，日本的东洋建筑史先驱者伊东忠太及关野贞等也来到中国，实地考察了大量的中国古代建筑，研究成果颇丰，他们的研究奠定了日本东洋建筑史研究的基础。他们的考察中也包括一些对秦始皇帝陵的客观记载，伊东忠太曾记载和转载了他和关野贞测得的始皇陵封土数据："始皇陵今仍巍然耸于平野之上，其轮廓之一部已崩坏，创建时之规模已不能明。今踏测之，其形式为方形，其一边之长，据关野贞博士调查为一千一百三十尺，据余之调查则约千尺许，其高度现在不足百尺，由全部之配置考之，创立时殆为百尺左右。其形为阶级式方锥形，但其确实之轮廓，已不可知。石兽及其他仪饰，今虽不留片影，然若发掘之，恐项羽运剩之几多明器类，仍可采集若干也。"②

民国六年（1917），法国人维克多·萨加伦等三人也考察过始皇陵。他们测得"封土方350米，自基至顶高48米，自外层地平至顶高60米。其体积土量有50万立方米，若合地下人工掘动之土量计之，其数当更多也。陵东南土台之外，有高五六米的土堆，似非偶然有之，盖周陵周围亦见有之，汉陵周围亦有之，其神道之中皆有建阙之基之迹"。③另外，王学理引用的外文文献提到："它有150英尺高，底座四边，每边有1000英尺长，外形有高低三层，设计良好，整座坟像是三座小山重叠在一起。"值得注意的是，萨加伦第一次观察到封土外形有高低不同的三层台阶。④他的考察成果还包括一批详细的秦始皇帝陵封土早期照相资料。

真正科学意义上的秦始皇陵园考古活动开始于新中国成立后的20世纪60年代。迄今为止，秦始皇陵的考古经过了大概三个阶段。

---

① ［日］足立喜六：《长安史迹研究》，王双怀等译，三秦出版社，2003年，第73—75页。足立氏采用的是日本曲尺度量长度，1曲尺约为0.303米。

② ［日］伊东忠太：《中国建筑史》，陈清泉译补，上海书店，1984年，第99—100页。

③ ［法］色伽兰：《中国西部考古记》，冯承钧译，商务印书馆，1930年，第74—76页。

④ Victor Segalen, The First Emperor's Army China's Incredible Find, *Nationalg eographic*, Vol.153, No.4. 转引自王学理的《秦始皇陵研究》（上海人民出版社，1994年）第83页表内容。

（一）第一阶段：1949年到1974年前

对秦始皇陵园第一次全面的考古勘察工作于1962年在陕西省文物管理委员会的组织下展开。王玉清、雒忠如及临潼县（今临潼区）文化馆的彭子健三位先生对陵园进行了为期数月的考古调查与勘探，测绘出第一张陵园平面布局图。其实在这次考察前，始皇陵园也零散出土有一些重要遗物，如1948年就发现过两件跽坐俑，1960年在始皇陵东侧的安沟村出土了一件丽山园铜钟，底部有铭文十七字"丽山园，容十二斗三升，重二钧十三斤八两"。1962年的调查资料与1949年前后零星出土的资料为以后的大规模陵园考古提供了基础与重要线索。1964年赵康民、丁耀祖二位先生又发现一件跽坐俑，此后十余年间赵康民依托临潼县文管会对秦陵地区做了不少田野工作。

（二）第二阶段：1974年到1997年

随着兵马俑的发现，考古工作者进驻秦始皇陵考古现场，正式开展科学的考古工作。这期间的重要考古发现基本上奠定了秦始皇陵考古的资料基础与学术框架。1976年袁仲一先生订正了对内城北区的认识，同年发现了上焦村马厩坑、上焦村秦墓，1977年局部试掘了陵北便殿建筑、郑庄石料加工场；1978年兵马俑一号坑正式发掘、第一次试掘了铜车马，发现了封土西北侧的"甲"字形大墓、姚池头墓地；1979年发现封土北侧的陪葬坑、寝殿、地宫宫墙、赵背户墓地；1979年到1982年间还发现了园寺吏舍、封土各方向的墓道、双门阙、饲官遗址等。此后，陵园考古工作基本上是配合当地经济建设而展开的局部清理工作，如1995年临马路拓宽发掘了陵北建筑遗址，1995年发掘了鱼池遗址动物坑、局部试掘了石甲胄坑等。

（三）第三阶段：1998年至今

以整理石甲胄坑发掘资料为契机，1998年陕西省考古所与秦俑博物馆联合组建了考古队，在秦始皇陵地区开展进一步的工作。这期间在发掘、调查两方面都取得了重大收获，进一步拓展了秦始皇陵的内涵、拓宽了学术研究的思路。主要工作有整理K9801石甲胄、局部发掘K9901、调查陵园内外城垣、发现了K9902等陪葬坑、发掘K0006、发掘K0007，并以国家863项目为依托对秦始皇陵进行了高科技物探试验。

经过长时期、大规模的考古工作，秦始皇陵地区的学术研究已具有一定的规模。目前已经出版了关于兵马俑一号坑、二号坑、铜车马坑以及秦始皇陵园1999

年、2000年、2001—2003年度六部考古报告，还出版了关于铜车马的修复报告，主要的遗迹都发表了考古报告与简报。这些报告与简报提供了学术研究的第一手资料。在此基础上，以袁仲一先生为代表的几代考古学者以及其他学科的学者发表了大量的研究成果，目前我们看到的学术著作与论文近千篇（部），在学术研究上，秦始皇陵研究的学术框架已基本奠定，正向更广阔与更深入的两个层次拓展。

2009年，秦始皇帝陵博物院成立。在秦始皇兵马俑博物馆科研力量的基础上，博物院加大了秦始皇陵考古工作的力度，成立了专门面向秦始皇帝陵的考古队伍，对秦始皇帝陵遗址进行系统全面的考古工作，目前已取得初步成果，使秦始皇帝陵的考古工作在前人的基础上进入一个新的时期。

二、秦始皇帝陵考古现状：文献与考古资料的衔接

中国古代文献虽然汗牛充栋，但是对于秦始皇陵的记载却相对有限，即便是这极其有限的记载内容，在学界仍存在着较大的争议。汉代以来，关于秦始皇陵的记载屡屡出现于各种文献，记载的内容虽不至于陈陈相因，但是也多有沿袭附会之处，这也是后代对秦始皇陵文献存在争议的原因之一。关于秦始皇相关文献的整理与研究，历来为治秦史的学者所重视，古今不少学者做过许多有益的工作。《秦会要》是较早的一部专治秦文献的著作，这部清代孙楷于光绪三十年（1904）撰成的专著，共二十六卷，其中也有专目对秦始皇陵文献进行梳理。其后徐复曾进行过订补工作。[1]马非百先生在《秦集史》中专辟有陵墓志，其中关于秦始皇陵的文献较为详细，分为穿治工程、墓室内布置、杀殉宫人生埋工匠三个专目，并吸收了秦始皇陵兵马俑坑的考古成果，将其单列为一部分。[2]马先生的另外一部著作《秦始皇帝传》也收集了大量的与秦始皇相关的文献记载，更为集中地呈现给读者文献中纷繁芜杂的始皇帝的资料。[3]

在没有与考古材料进行对比之前，传统史料对于秦始皇陵的认识仅来自文献，而直接、间接记载与传说、见闻杂陈其间，这种状态正如顾颉刚先生所论传统古史观一样。王国维先生在研究殷墟甲骨卜辞时，首创了"纸上材料"与"地下新材料"互相印证的研究方法即二重证据法；在考古学引入中国后，傅斯年先生主张文献考证结合文物考证，将考古材料真正利用起来，重建古史。随着现代科技的发展，考古学及史学研究也大量利用现代科技手段来进行深层次的研究。得益于研究

---

① 〔清〕孙楷撰、徐复订补：《秦会要订补》，中华书局，1959年。
② 马非百：《秦集史》，中华书局，1982年，第557—558页。
③ 马非百：《秦始皇帝传》，江苏古籍出版社，1985年。

方法论的进步，秦始皇陵的考古研究在与传统文献、现代科技的结合上取得了许多重要的成果。我们试从以下八个方面对文献记载的秦始皇陵与现代考古资料进行分析研究。

（一）葬地

文献记载的内容包括始皇葬地郦山、郦邑以及二者地望、关系。这类内容的考古工作虽开展不多，但也取得一些成果。

关于这方面的记载也是大多数文献的最初内容或主要内容，后期地理类书的记载对其中内容的考证较多。《史记·秦始皇本纪》"三十七年"条所记的"九月葬始皇郦山"成为所有文献记载之本。在《史记·黥布列传》《汉书·高帝纪》《汉书·陈胜项籍传》《汉书·周文传》《汉书·黥布传》《汉书·刘向传》《汉书·贾山传》中均提到始皇的具体葬地，但是行文中有"郦山"（如《史记·秦始皇本纪》）、"丽山"（如《史记·黥布列传》）、'骊山'（如《汉书·刘向传》）的不同。现代考古资料揭示了丽山是秦始皇陵的本称，陵园则称为丽山园。①这正与《史记》《汉书》中大量出现的丽山相符，郦道元在《水经注》中认为："秦名天子冢曰山，汉曰陵，故通曰山陵矣。"但是文献中还出现有"骊山""郦山"，与前述的丽山在秦代陶文的字形上本不相同，应有意义上的差别。现代学者中有人认为始皇陵因坐落于丽邑而为"郦山"，若说自然山脉则多用"骊山"一词。②但是从前述的文献看，"丽""郦""骊"三者也有通用的现象，这是否说明汉代学者也认识到郦山或丽山为始皇陵的专用称呼，值得进一步推敲。

东汉以后相当多的文献中考证了丽邑地望的问题，其中以《水经注》的考证最为详尽，也多为其他文献所引用。丽邑建立于始皇十六年，《史记》原文作"十六年九月，发卒受地韩南阳假守腾。初令男子书年。魏献地于秦。秦置丽邑"。对于文献中这句话有不同的理解。一种认为该年秦置丽邑；另一种观点认为秦受魏地而置丽邑。现代学界多认为两者应该无关。关于该地的前后相因关系，《括地志》云："雍州新丰县本周时骊戎邑。《左传》云晋献公伐骊戎。杜注云在京兆新丰县，其后秦灭之以为邑。"《史记·秦始皇本纪》"三十五年"条："因徙三万家丽邑，五万家云阳，皆复不事十岁。"《水经注》："渭水又东，戏水（在临潼东三十里）注之。水出丽山冯公谷，东北流，又北径丽戎城东。春秋晋献公五年伐之，获丽姬于是邑。丽戎男国也，姬姓，秦之丽邑矣。又北右总三川径鸿门东，又

---

① 袁仲一：《秦始皇陵的考古发现与研究》，陕西人民出版社，2002年。
② 王学理：《"秦始皇陵原名丽山"的再议》，《考古与文物》1982年第1期。

北径戏亭东。"宋程大昌《雍录·卷七》: "郡县新丰丽山,在周为丽戎国,即蓝田山也。晋献公伐戎得丽姬,入秦为丽邑,至汉为新丰。"对于丽邑的地理所在,考古工作者进行过一些调查,现在新丰的刘寨村发现有大量的秦汉时代遗存,由于历史上汉新丰沿用了秦的丽邑,传统上将此处定为秦丽邑遗址,目前此处仍需进一步的考古工作来确定其性质。

关于始皇葬地的地貌环境,文献中也多有记载。《汉书·刘向传》记载了始皇陵所处的地貌特征,刘向指出始皇"葬于骊山之阿",颜师古注: "阿,谓山曲也"。王逸《楚辞注》也认为: "阿,曲隅也。"郭璞《穆天子传注》则认为: "阿,山坡也。"显然前二者的探究符合始皇陵在骊山地区平面上的地貌特征,但是后说也可解释始皇陵在骊山山前地区地形高差上的特征。对于该地区的水文环境,除戏水外,文献记载最多的内容为鱼池水。《水经注》的作者郦道元指出: "水出丽山东北,本导源北流,后秦始皇葬于山北,水过而曲行,东注北转。"这一说法常被其他文献引用,如《史记·秦始皇本纪》之《正义》引《关中记》云: "始皇陵在骊山。泉本北流,障使东西流。"辛氏《三秦记》则说: "始皇作骊山陵,周回跨阴盘县界,水背陵障使东西流。"从以上文献看鱼池水对秦始皇帝陵园有着重要的影响,这表现为三点:一是原来该处即有南北向的河流,二是修陵时又人工形成了一种流向,三是现代又回到修陵前的水流方向,所以这种对环境的人工修整有重要的意义。近年在鱼池的南岸发现一系列的陪葬坑后,有学者提出应该将其视为一个整体来看待。①我们在调查了鱼池水体周边遗存后认为,应该将鱼池水体、鱼池北岸的大型夯土建筑、鱼池西侧的夯土道路遗存以及鱼池南岸的K0007、动物坑视为一体。这些内容共同营造了陵区内一处园林池沼建筑群,其中既有现实的需要,也有为陵园服务的目的。②

始皇选择骊山作为葬地的原因,郦道元在《水经注·渭水》中认为: "营建冢圹于丽戎之山,一名蓝田。其阴多金,其阳多玉,始皇贪其美名,因而葬焉。"同样的说法见于《太平御览》卷五六〇引《皇览冢墓记》: "始皇冢在骊山,古之骊戎国,其山阴多黄金,其阳多美玉,谓蓝田是也,故贪而葬焉。"也见于《文献通考》所引《汉旧仪》。此说的确切出处不得而知,但此说的真实性一直为学界所怀疑,需要进一步考证。更多的学者从风水观也即早期的环境观入手讨论始皇陵选址于骊山的原因。关于骊山与始皇陵的关系,《两京道里记》有更进一步的说明,其

① 焦南峰:《左弋外池——秦始皇陵园K0007陪葬坑性质蠡测》,《文物》2005年第12期。

② 张卫星、陈治国:《秦始皇陵鱼池遗址的考察与再认识》,《文博》2010年第4期。

书轶文有"始皇陵南有尖峰，名曰望峰，言筑陵者望此为准"的记载，此文献被学者广为引用，但是望峰的具体所在目前尚未得到考古资料的印证。

骊山之阿的丽山陵在山前的范围如何界定，是考古界长期以来一直探索的问题。秦始皇陵虽然与其祖辈的东陵相距不远，但是一般认为秦东陵仅包括临潼韩峪一带的几个陵园，与秦始皇陵无涉。①赵化成先生近年论证了始皇陵首先采用独立陵园模式，是独立陵墓的开端。②从两处陵园或陵区遗迹上看始皇陵园与其祖辈的东陵有相当近的距离，这是否意味着二者并不一定有着实质性的阻隔？近年临潼骊山北麓发现了数批以秦砖为椁室的小型秦墓，位置处于骊山的西北麓，界于秦东陵与始皇陵之间，东到临潼县城东部。这些秦墓的发现为研究东陵与始皇陵之间的关系，提供了重要的实物资料。

秦始皇陵地区的考古发现表明目前该地区遗迹形成于秦代晚期一个相对集中的时间段；两重城垣界定的陵园内不仅埋藏了大量的地下陪葬内容，而且在地面上还设置礼制性建筑用于陵园的祭祀与管理，因而城垣内是性质比较明确的陵园内容；两重城垣外还有大量的明显具有丧葬性质的地下陪葬坑以及地面建筑，如东侧及北侧的兵马俑诸坑、上焦村马厩坑、K0007，动物坑、鱼池北侧的大型建筑遗址及西侧的修陵人墓地、郑庄石料加工场以及临潼县城附近发现的大量秦墓等，这些遗迹的发现，引起了人们对始皇陵的最外围界限的思索。目前对这些遗迹的认识分为两大类。一类是对陵园外围环境的宏观界定，如王学理先生认为："丽山园的范围很大，东自代王东晏西侧的古鱼池水一带，西至姚池头、赵背户、五里河西边的古河道，南接骊山，北临鱼池安沟一线，纵横各7500米，占地约56平方公里。"袁仲一先生指出秦始皇陵的范围南起骊山脚下的陈家窑村，北至吴东、吴中村北，西至西安市砂轮厂东墙，东到代王镇，东西、南北各7.5公里，面积56.25平方公里。我们认为这种对陵园环境的宏观把握即陵区的概念的形成，有一定的道理，但四至的具体地标尚需一定考古材料的支持。近年在新丰零口一带又发现大批秦墓，发掘者认为此墓葬为新丰的戏亭提供了新线索，也为陵园的外围界限探索提供了新的材料和思路。③与此类分析不同的是，有些学者还注重分析一些小范围的陵园界限标志，如袁仲一先生曾分析了骊山北麓始皇陵区域所处的由河道所界定的六块台原地带，始

---

① 张海云、孙铁山：《对秦东陵有关问题的几点看法》，《考古与文物》1996年第5期。

② 赵化成：《从商周集中公墓制到秦汉独立陵园制的演化轨迹》，《文物》2006年第7期。

③ 孙伟刚：《戏、丽邑与丽山园——兼论秦始皇帝陵丽邑的功能与作用》，《考古与文物》2009年第4期。

皇陵比较重要的遗迹处于3号台原地带，此处台地在秦代恰被自然河道与人工河道界定，其范围内遗迹相对密集。①朱思红从陵园的自然水文环境入手，认为秦始皇陵不仅有墙垣，而且有表示墓地界限的围沟，更多的是采用传统的形式，即借用自然地理的形式来表示陵墓兆域的界限，客观上还有排水、环护的作用。他所认定的秦始皇陵园范围南起骊山脚下（陈家窑村），北至鱼池及其所在水沟，东至防洪大堤——暗桥村一线，西以山刘村、董沟的小河为界（赵背户刑徒墓地以东）。②

综上，骊山北麓秦代晚期与始皇陵相关的遗存不妨以三个范围来界定：第一个范围，是两重城垣界定的陵园核心区域；第二个范围，是以自然与人工河道界定的与始皇陵有直接联系的具有丧葬性质的遗存所处区域；第三个范围，骊山北麓秦代晚期遗迹分布区。在这个框架下，骊山山前地区的所有秦代遗存从性质上大致可以得到分类与定性。

（二）郦山陵的修建工程

郦山陵工程的修建是所有文献记载的主要内容，这些记载包括修建时段、修建人数、督修官员和吏徒等。

1.修建的时段与进程

《史记·秦始皇本纪》"三十七年"条所记的郦山陵修建过程中，提到了始建的时段以及工程进程的关键时段："始皇初即位，穿治郦山。及并天下，天下徒送诣七十余万人。""十六年"条还记载了丽邑的始建。"二十七年"条提到："作信宫渭南。已，更命信宫为极庙，象天极。自极庙道通骊山。""三十五年"条还提到："因徙三万家丽邑。"二世元年四月的诏书提到了陵园修建最后时段的一些线索："先帝为咸阳朝廷小，故营阿房宫。为室堂未就，会上崩，罢其作者，复土郦山。郦山事大毕，今释阿房宫弗就，则是章先帝举事过也。复作阿房宫。外抚四夷，如始皇计。"

袁仲一先生认为如果将二世修筑的陵园工程包括在内，始皇陵园的修建可分为三个阶段，前后历时三十八年：第一阶段从秦王政元年到二十六年统一全国，工程规模较小；第二阶段从统一到始皇三十七年死葬丽山，大规模地修建了陵墓工程；第三阶段是二世时期的修陵工程。③程学华认为陵园修建工程分成四个工期：第一工

---

① 袁仲一：《秦始皇陵的考古发现与研究》，陕西人民出版社，2002年。
② 朱思红：《秦始皇陵园范围新探索》，《考古与文物》2006年第3期。
③ 袁仲一：《秦始皇陵的考古发现与研究》，陕西人民出版社，2002年。

期，分前后两段，前段是秦王亲政的前十年，后段五年；第二工期，设置了郦邑，完成了陵园的城垣建设；第三工期，为统一后的十年，为陵园建设的高峰期；第四工期，二世在位的两年，主要为葬礼、葬仪后的复土工程。在他的讨论中，他认为二世二年所谓骊山事大毕，实际并未结束，因为同年冬，当陈涉所遣的周章等将打到陵东十里许的戏河时，少府章邯建议二世说，骊山徒多，请授兵以击之，方才草率地结束了陵园工程。①

在考古实践中，研究者对秦始皇陵园范围内发现的遗迹有着明确的断代认识。通过对兵马俑一号坑考古迹象的分析，其修建时间可能是在统一后大规模修建陵园工程时进行的。②近年二号坑的发掘验证了兵马俑坑应该在统一以后十年间修建起来的观点，并且二号坑的发掘还进一步证明兵马俑坑的修建在这十年间的最后两三年，并且稍晚于一号俑坑。③在发掘K9901时，考古工作者认为该坑的修建是与陵园工程同时进行的，在K9901上部填土的发掘中，先后出土了十余组石质铠甲的残片。这一迹象表明，K9901的修建晚于K9801。④而在发掘简报中K9801被界定形成于战国以后，而早于汉代，在大的时段上仍定位于秦始皇陵园建造阶段。⑤K0006、K0007的发掘报告中虽没有对建筑的时代进行相关推定，但是认为K0007陪葬坑被严重焚毁，报告作者认为当同兵马俑陪葬坑、动物陪葬坑、石质铠甲坑、百戏俑坑等秦始皇帝陵区众多被焚毁破坏的陪葬坑一样，为人为破坏所致，破坏时间与秦末那场世事更替有关，这样大规模的破坏可能为项羽及其部下所为，不是葬仪上的要求及沼气自燃所能释解的。⑥

除了以上学者对秦始皇陵建筑的时段进行了分期研究和发掘报告对始皇陵遗迹时代的认定外，在研究兵马俑坑和封土高度时，一些专家还就陵园工程最后阶段的内容提出了看法。袁仲一先生认为秦兵马俑坑修建的下限比较明确，即公元前209年由于农民起义被迫停工。⑦段清波先生在论述秦始皇陵封土的高度问题时，认为秦

① 程学华：《秦陵、秦俑研究中的几个问题》，《考古与文物》1988年第2期。
② 陕西省考古研究所、始皇陵秦俑坑考古发掘队编著：《秦始皇兵马俑一号坑发掘报告（1974—1984）》，文物出版社，1988年。
③ 秦始皇兵马俑博物馆编著：《秦始皇陵兵马俑二号坑发掘报告（第一分册）》，科学出版社，2009年。
④ 始皇陵考古队：《秦始皇陵园K9901试掘简报》，《考古》2001年第1期。
⑤ 陕西省考古研究所、秦始皇兵马俑博物馆编著：《秦始皇帝陵园考古报告（1999）》，科学出版社，2000年。
⑥ 陕西省考古研究院、秦始皇兵马俑博物馆编著：《秦始皇帝陵园考古报告（2001—2003）》，文物出版社，2007年。
⑦ 袁仲一：《秦俑坑的修建和焚毁》，《秦俑馆开馆三年文集》，1982年。

始皇陵封土原高五十丈是设计高度，现高度是陵园工程未完成所形成的。他认为秦始皇帝陵园最后的工作内容是下葬秦始皇和复土丽山以成封土。秦二世元年四月东巡归来就阿房宫复工的一段话则显示来年四月以后一部分人被送往阿房宫，剩余人员的工作任务仍是复土。①徐卫民先生也有专文论及历史文献记载中的陵高五十丈只是当时的一个设计高度，当农民起义军逼近秦始皇陵时，复土工程尚未完工，因而没有达到五十丈的设计高度。②王学理的《秦始皇陵研究》第三章为"丽山之作未成"，但是该部分正如其副标题，主要内容为丽山徭役与郦山徒的抗争，作者提到的丽山之作未成的材料主要来自秦俑坑：其一，二、三号坑间有未完成的空坑；其二，一号坑第21号探方有大堆叠放的条砖被推入坑中的残毁现象，可知一号坑是正在建筑而随之毁弃的俑坑。③李秀珍等从二号坑西北角发现大量的砖坯，分析了秦兵马俑三个坑的建筑顺序，认为二号坑是三个坑中最后完工的，因而不存在没建成的四号坑。④

综合以上研究，在陵园工程的宏观分期上，学者的观点虽有所不同，但大体趋向一致。段清波、徐卫民二位学者从文献出发认为郦山之作未成，他们认为复土是工程的最后阶段，复土工作没有完成，所以整个陵园也就是未成之作。另外一些学者主张，兵马俑坑的修建处于工程的最后阶段。《史记·秦始皇本纪》与《汉书·刘向传》在陵园工程进度的客观描述上并无不一致之处，但是在相同的材料下二者却对陵园工程有着不同的解释。从文献产生的背景看，刘向"郦山之作未成"的说法诞生于特定时期，具有政治说辞意味，不足为信，以刘向之说为本的结论也缺乏考古依据。但是从司马迁与刘向所据的客观事实出发，秦始皇陵的确不是主动结束的工程。通过对陵园工程时段的分析以及对不同时段施工对象的考察，陵园工程最后阶段施工的对象应该为城垣、门观以及陵园外的一些大型陪葬坑。此外，通过对陵园内外城垣以及内外城门观建筑的比较，可以发现，外城城垣仓促完成的痕迹明显；在所有的城门中，内、外城北门尤其是外城北门建筑简陋，应该是收尾阶段之作。⑤

① 陕西省考古研究院、秦始皇兵马俑博物馆编著：《秦始皇帝陵园考古报告（2001—2003）》，文物出版社，2007年。

② 徐卫民：《对秦始皇陵园规模的新认识》，《西北大学学报》（哲学社会科学版）2007年第6期。

③ 王学理：《秦始皇陵研究》，上海人民出版社，1994页。

④ 李秀珍、高俊：《秦俑二号坑西北角出土的砖坯及相关问题探讨》，见《秦文化论丛》（第14辑），三秦出版社，2007年。

⑤ 张卫星：《骊山之作未成的考古学观察》，《文物》2010年第6期。

2.修陵人数

自从《史记·秦始皇本纪》"三十七年"条提出七十余万人的说法后，修陵人数成为史书中较为关注的一项内容。《文献通考》卷一二四引《汉旧仪》："使丞相李斯将天下刑人徒隶七十二万人作陵，凿以章程"。凌义渠《湘烟录》引蔡质《汉仪》的数字也为七十二万人。但是还有一些不同的数字，如《汉书·黥布传》："骊山之徒数十万人。"《史记·黥布列传·正义》中也沿用这一数字："丽山之徒数十万人。"《汉书·贾山传》则说："吏徒十万人。"后世的文献多沿用七十万人的说法，如《后汉书·赵咨传》注、《后汉书·郡国志》引《帝王世纪》、郦道元《水经注》、《长安志》、《类编长安志》、《雍录》、《元和志》、《寰宇记》等。但是《太平御览》所引《关中记》却说是六十万人，原文作："陵虽高大，不足以销六十万人积年之功。"现代学者多从工程量入手来考证这一人数大致可靠。王子今认为，文献中关于秦始皇陵复土工程用工人数超过七十万的记载基本可信，大量的人力说明地宫的回填封堵必然在封土夯筑之前，秦始皇陵复土工程是在较短的时间内完成的，表现出当时大型工程的施工效率。[①]

3.督修的官员

文献可查的有丞相李斯、少府章邯。《文献通考》卷一二四引《汉旧仪》："使丞相李斯将天下刑人徒隶七十二万人作陵，凿以章程，三十七岁，锢水泉绝之。塞以文石，致以丹漆，深极不可入。奏之曰：'丞相臣斯昧死言：臣所将隶徒七十二万人治骊山者，已深已极，凿之不入，烧之不然，叩之空空，如下天状。'制曰：'凿之不入，烧之不然，其旁行三百丈，乃止。'"《史记·秦始皇本纪》："二世乃大赦天下，使章邯将，击破周章军而走，遂杀章曹阳。"关于始皇早期的丞相吕不韦是否也参与了陵园的督修，史无明载。

4.修陵人员

《史记·秦始皇本纪》"二世二年"条明确记述了修陵人员为丽山徒："少府章邯曰：盗已至，众强，今发近县不及矣。郦山徒多，请赦之，授兵以击之。二世乃大赦天下，使章邯将，击破周章军而走。"这一说法在《史记·黥布列传》《汉

---

① 王子今：《秦始皇陵复土工程用工人数论证》，《文博》1987年第1期。

书·高帝纪》《汉书·周文传》《汉书·黥布传》等去秦未远的文献记载中得到印证。但是《汉书·周文传》除了丽山徒外，还提到了人奴产子也是修陵人。服虔注曰："家人之产奴也。"师古曰："奴产子，犹今人云家生奴也。"始皇陵西侧的赵背户村、姚池头、五砂厂等地20世纪发现过一批修陵人墓地，考古人员对赵背户村墓地进行了发掘，认为其是修筑始皇陵的刑徒集中埋葬之地。[1]孙英民先生认为秦时墓志称其爵位者绝不可能并称以刑名，因而始皇陵西侧赵背户墓地，不能肯定为一处刑徒墓地，确切地说，应是参加修建始皇陵的劳役人员墓地。[2]刘云辉先生认为，结合文献和目前的考古材料，郦山徒的含义至少包括刑徒、人奴产子、居货赎债者、服徭役者。[3]

（三）葬礼与埋葬过程

《史记·秦始皇本纪》"三十七年"条与"二世元年"条基本上记述葬礼的全部过程，后世文献对此项内容的演绎很少。

"三十七年"条所记葬礼的过程较为详细。"二世曰：先帝后宫非有子者，出焉不宜。皆令从死，死者甚众。葬既已下，或言工匠为机，藏皆知之，藏重即泄，大事毕，已藏，闭中羡，下外羡门，尽闭工匠藏者，无复出者。树草木以象山。""二世元年"条："四月，二世还至咸阳，曰：'先帝为咸阳朝廷小，故营阿房宫。为室堂未就，会上崩，罢其作者，复土郦山。郦山事大毕，今释阿房宫弗就，则是章先帝举事过也。'复作阿房宫。外抚四夷，如始皇计。"

与始皇一同葬于丽山的除"三十七年"条所记的后妃、工匠等，《史记·李斯列传》中还明确提到有公子高。"二世元年"条中还有行诛大臣、诸公子的记载，还迫使将闾昆弟三人自杀，但是这些人是否葬于丽山，史无明载。上焦村秦墓、封土西北边缘与内城北半部东区发现的墓葬为印证这些记载提供了认识线索，上焦村发掘了8座秦墓，墓主初步被认为死于酷刑。[4]这些迹象初步印证了文献的记载，更进一步的认识还有待于深入的考古发掘。

---

① 始皇陵秦俑坑考古发掘队：《秦始皇陵西侧赵背户村秦刑徒墓》，《文物》1982年第3期；陕西省考古研究所、临潼县文物工作队合编：《秦陵徭役刑徒墓》，陕西旅游出版社，1992年。

② 孙英民：《〈秦始皇陵西侧赵背户村秦刑徒墓〉质疑》，《文物》1982年第10期。

③ 刘云辉：《丽山徒考》，《文博》1985年第1期。

④ 秦俑考古队：《临潼上焦村秦墓清理简报》，《考古与文物》1980年第2期。

（四）封土与墓室

1.封土与墓室的规制

《史记》的记载本无明确的说法。《秦始皇本纪》"三十七年"条记有穿三泉；《太平御览》卷五六〇引《皇览》：穿地洞三泉。据这一记载，学者多认为可以折算出墓室的深度，并进行了相关研究。

关于封土高度与范围，《汉书·刘向传》："下锢三泉，上崇山坟，其高五十丈，周回五里有余。"《集解》引《皇览》："坟高五十丈，周回五里有余。"《太平御览》四四引《三辅故事》："下锢三泉，上崇山坟，其高五十丈，周回七百步。"郦道元《水经注》："旁行周围三十余里，斩山凿石，下锢三泉。"杨守敬《水经注疏》对这些数据也进行了总结，他指出："《刘向传》，坟高五十余丈，《史记·始皇本纪·集解》引《皇览》同。《类聚》八十四引《三辅故事》则云，高五十丈。又《博物志》作高数十丈。《御览》五百五十九引《关中记》同。足征非五丈，亦可为此有十字之证。"关于广度的周回五里余，杨守敬指出："《刘向传》《皇览》并云，周回五里余。《博物志》《关中记》作周回六七里。"此外，凌义渠《湘烟录》引蔡质《汉仪》："其旁行三百步乃止。"

从上述记载看，规制方面的文献内容主要有深度、高度、范围。近年来学界在这方面进行了一些探索。

封土高度的问题至今没有得到圆满解决。虽然封土的高度是个客观事实，但是由于所处的测点不同，会有不同的测量结果，因而导致了对封土高度不同的认识。对于文献记载与测量的不同结果，学界主要有三类不同的解读：测点不同说，主要论述见袁仲一先生《秦始皇陵的考古发现与研究》；文献错误说，"五十丈"应是"三十丈"或"十五丈"（王学理、刘占成）；工程未完成说，五十丈为原设计高度，现今的秦陵封上高度站在陵墓北侧平台勘测是51.4米（段清波）。

实际上现存封土海拔高程为531米，而外城北门处的高程为435米左右，袁仲一先生曾判断刘向测量之处应该在北门之处。近年我们在北门外到吴西村一线，发现一系列夯土建筑遗存，高程也在430米左右，这也说明从陵园北侧仰视，大致符合坟高五十丈的记载。这也是当年刘向等人判断郦山之高的依据之处。

始皇墓室深度，《史记》记载为"穿三泉"，《刘向传》提出"下锢三泉"的概念，也为后代所沿用。刘云辉先生认为穿三泉即掘到第三层地下水，这个深度至少在50米以下。①

陵墓的范围，文献上有三组数据记载，一是旁行三百丈，二是周回五里余，三是《水经注》的周回三十余里。杨守敬在《水经注疏》就曾分析，旁行三百丈指圹内的广度。近年，国家863秦始皇陵物探项目对墓圹内的大型地下空间进行了科学工作，得出初步结论，"周回五里"指坟外的圆径。目前封土的底边大致呈方形，边长为350米左右。据20世纪初足立喜六的记载，其周边边长大致为500米，这组数据与"周回五里"的记载相互印证。对于《水经注》的"周回三十余里"，目前还不知其所指。这组数据最有可能指的是两重城垣的周长，至20世纪六七十年代在内城东垣和南垣地面尚存有城垣墙体的部分遗存，《水经注》成书时期地面墙垣应该基本保存完好，1999年勘探陵园外墙总长6312.6米，内城总长3870米，其和大致相当于周回三十余里。

《汉书·贾山传》还记载了封土上部的形状及中成观游。文曰："下彻三泉，中成观游，上成山林。"封土的形状至今仍有保存，但是目前还不知文献所指"中成观游"的具体内容。

2.葬具

始皇的葬具有铜椁说、石椁说、木椁说三种主要的说法。《史记·秦始皇本纪》对此的记载有两处：一是"三十五年"条的"发北山石椁"，二是"三十七年"条的"下铜而致椁"，但是后者前面有"穿三泉"三个字。对于后者有不同的理解，《集解》引徐广曰："一作锢。锢，铸塞。"否认铜椁说。《水经注》认为是以铜为椁，杨守敬作疏时更指出："盗贼销椁取铜，此以铜为椁之据。"清顾炎武《日知录》还指出："阖闾冢铜椁三重，秦始皇冢亦以铜为椁。"支持铜椁说。《刘向传》仍认为有石椁，原文作"石椁为游馆"，至于石椁内部的情况，则有不同的认识。李奇曰："坊中为游戏之观也。"师古曰："多累石作椁于坊中，以为离宫别馆也。"杨守敬解释："盖椁非一，或正椁用铜，余则用石也。"王望生认为石椁为游馆，指的是墓内由石条垒成折曲状。②其实早在《贾山传》中就有将二者调和的趋势："合采金石，冶铜锢其内，漆涂其外。"并"被以珠玉，饰以翡

① 刘云辉：《秦陵地宫之谜》，《文博》1987年第1期。
② 王望生：《始皇陵园石质文物综合研究》，见《秦俑秦文化研究——秦俑学第五届学术讨论会论文集》，陕西人民出版社，2000年。

翠"。袁仲一先生认为下铜而致椁的真正含义，是以铜饰件或构件装饰木椁。[①]

863项目的考古探测证实封土下有一个巨大的石质空间，这给石椁说提供了一定的材料支持。

3.墓室的内容与结构

地宫相关内容最先出现于《史记》的直接记载中，原文作："宫观百官奇器珍怪徙臧满之。令匠作机弩矢，有所穿近者辄射之。以水银为百川江河大海，机相灌输，上具天文，下具地理。以人鱼膏为烛，度不灭者久之。"这是关于秦始皇陵的记载中最为详尽的部分，但也是后世文献中发挥最多的部分。

关于宫观百官，国内外学术界亦多采用张守节的注释，认为"百官"即文武百官的位次，或言有一百个官员的位次。袁仲一先生认为从考古资料来看，未见在陵中置有文武百官的位次，或用文武百官俑的形象来陪葬者。"百官"，应作"百馆"。秦始皇陵墓中的所谓"宫观"当指的是正藏椁所藏内容，而"百官（馆）"指的是附藏椁。[②]

而地宫内其他内容的记载则更复杂。

《汉书·刘向传》："人膏为灯烛，水银为江海，黄金为凫雁，珍宝之臧，机械之变，棺椁之丽，宫馆之盛，不可胜原。"增加了"黄金为凫雁"这一内容。

《水经注》则对前二者的记载又进行了变通："上画天文星宿之象，下以水银为四渎百川，五岳九州岛，具地理之势。宫观百官，奇器珍宝，充满其中。令匠作机弩，有所穿近，辄射之。以人鱼膏为灯烛，取其不灭者，久之，后宫无子者，皆使殉葬，甚众。"

《书钞》卷九四引《三辅故事》："始皇葬骊山，以明月珠为日月，金银为凫雁，金蚕之物三十余簿。又刻玉石为松柏，即所谓奇器珍宝也。"

清代张澍《三辅故事》（《二酉堂丛书》本）引《太平御览》："秦始皇葬骊山，起高陵五十丈，下以水银为泉，以明珠为月，中多文贝。"另引宋敏求《长安志》："以明珠为日月，人鱼膏为脂烛，金银为凫雁，金蚕三十箔，四门施徽。奢侈太过。"

孙楷著、徐复订补《秦会要订补·礼六》："始皇冢中，以夜光珠为明，殿悬

---

① 袁仲一：《关于秦始皇陵原始文献解读的若干浅见》，见《周秦汉唐文化研究》（第1辑），三秦出版社，2002年。

② 袁仲一：《关于秦始皇陵原始文献解读的若干浅见》，见《周秦汉唐文化研究》（第1辑），三秦出版社，2002年。

日月珠，昼夜光明。"

研读以上文献，则始皇墓室内所藏内容的本来面目及演绎的过程与细节大体可知。袁先生曾评价：在司马迁的《史记》之后，到刘向时增益了"黄金为凫雁"；北魏郦道元增益了"五岳、九州岛"；晋代的王嘉又推演出江河大海中有舟楫、凫雁、龟鱼、鲸鱼等奇珍异宝。而始皇陵内是否以水银为江河大海，虽有一些科学探测，尚有待于始皇陵的正式发掘予以验证。

（五）陵园遗迹遗物

关于秦始皇陵园的遗迹、遗物，文献中提到的仅有寥寥数条。遗迹遗物有阁道、城垣、门阙、石麒麟、佷石等。

《史记·秦始皇本纪》提到"自极庙道通骊山"，辛氏《三秦记》引《太平御览》："始皇生时作阁道至骊山，八十里。人行桥上，车行桥下。今石柱见存山上。"

明代都穆《骊山记》："秦始皇陵，内城周五里，旧有四门，外城周十二里，其址俱存。自南登之，二邱并峙。人曰：此南门阙也。右门石枢犹露土中，陵高可四丈。昔项羽黄巢皆尝发之。老人云：'始皇葬山之中，此特其虚冢。'其言当必有所授也。"

《西京杂记》卷三："五柞宫有五柞树。皆连三抱，上枝荫覆数十亩。其宫西有青梧观。观前有三梧桐树。树下有石麒麟二枚。刊其肋为文字。是秦始皇郦山墓上物也。头高一丈三尺，东边者前左脚折。折处有赤如血。父老谓其有神。皆含血属筋焉。"同样的内容也见于《长安志》卷四。

宋代乐史的《太平寰宇记·关西道三·雍州》载："俱石在县东十里。初，始皇之葬，远采此石，将致之骊山，至此不复动。石高一丈八尺，周回十八步。"毕沅《关中胜迹图志》卷八："俱石在秦始皇陵东南二里，形似龟，初始皇运采此石，将置之骊山，不复动。石崇一丈八尺，周十八步。"此说也见于《长安志》卷一五。

近五十年来的实践证明，始皇陵的埋藏远非这些文献记载的规模。始皇陵的遗迹分为地面建筑与地下建筑两个层面。

目前基本可以确认秦始皇陵园的主要建筑被安置在两重城垣所构成的长方形区域内。地面遗迹主要有封土、两重城垣及其附属设施、寝殿、便殿、园寺吏舍、饮官遗址等。内外两重城垣都呈南北向的长方形，内城的中部由东向西有条长330米、宽约8米的隔墙，将内城分为南北两部分，内城北半部的中间又有一条南北向、宽约

8米的夹墙（复道），将内城北半部分为东西两部分。内城垣目前共发现6座城门，东、西、南三面各有一门，北垣上有二门，内城中部东西向隔墙上有一门。陵园外城基本上呈长方形。秦始皇陵园内城北部有大面积的地面建筑，分为三组。其中位于始皇陵封土北侧、面积3524平方米的一个遗存经过详细钻探，该建筑由主殿、侧殿、回廊、门道几部分组成，建筑材料和结构比较考究，推测此建筑为陵园的寝殿。在寝殿建筑之北，还曾发现大面积的建筑遗迹，20世纪70年代曾发掘了其中一组遗址，遗址内四座房址东西向排列。1995年，又在该建筑群之南发现了一组六座建筑，其中的四号建筑当是坐南面北的廊院式四合院建筑。①在西内外城间北部，发现了几处夯土建筑遗址，分布的范围较大，从现今的临马公路南侧向北到晏寨村，地下均是建筑基址，1981年和1995年曾分别清理发掘了建筑群南端的部分遗址，出土的饮食器上刻有"丽山飤官"等陶文，据此判断建筑群中应为飤官遗址。

秦始皇陵园内外主要的地下建筑有封土下的地宫、陪葬坑、陪葬墓以及地下阻排水系统等。近年的钻探与发掘主要集中在外围的地下阻、排水系统、地下宫墙、地下空间的确认等。秦始皇陵地区的地下陪葬坑已发现180余座，是目前认识秦始皇陵外藏系统的主要依据。迄今为止，已经发掘和发现的陪葬坑被陵园园墙分为外城以外、内外城之间、内城以内三个相对区域。其中陵园外共4处，包括兵马俑坑4座、动物坑1座、上焦村马厩坑98座、K0007号坑1座；②内外城之间已发现的有西部的49座小型坑，包括17个珍禽异兽坑、14个跽坐俑坑和16个葬仪坑，另外还有曲尺形马厩坑和双门道陪葬坑各1个；③西南部新发现K0004、K0005等，内外城之间的东南部发现K9901、K9801、K9902等陪葬坑，另外在K9902北面司马道北侧还发现

① 张占民：《秦始皇陵北寝殿建筑群的发现与初步研究》，见《考古与文物研究（1956—1996）——纪念西北大学考古专业成立四十周年文集》，三秦出版社，1996年。

② 始皇陵秦俑坑考古队：《临潼县秦俑坑试掘第一号简报》，《文物》1975年第11期；始皇陵秦俑坑考古队：《始皇陵东侧第二号兵马俑坑钻探试掘简报》，《文物》1978年第5期；始皇陵秦俑坑考古队：《始皇陵东侧第三号兵马俑坑清理简报》，《文物》1979年第12期；王兆麟：《秦始皇陵园发现罕见动物府藏坑》，《中国文物报》1997年6月22日；秦俑坑考古队：《秦始皇陵东侧马厩坑钻探清理简报》，《考古与文物》1980年第4期；秦俑坑考古队：《始皇陵东侧又发现马厩坑》，《考古与文物》1985年第2期；临潼县博物馆赵康民：《秦始皇陵东侧发现五座马厩坑》，《考古与文物》1983年第5期；陕西省考古研究所、秦始皇兵马俑博物馆：《秦始皇陵园K0007陪葬坑发掘简报》，《文物》2005年第6期。

③ 秦俑坑考古队：《秦始皇陵园陪葬坑钻探清理简报》，《考古与文物》1982年第1期。

一些陪葬坑，目前内涵还不是很清楚；[1]内城以内的陪葬坑位置一般紧靠封土，受其影响这些坑的数量和结构还有许多不清之处，根据钻探材料显示，陵的北侧有7座，封土西侧有铜车马坑1座、长方形坑1座、K0003，封土南侧自西向东有K0006、K0002、K0001，封土东侧自南向北为K0204、K0203。另据2002年的钻探资料，在封土的北侧及东侧新发现一组由砖坯围成的特大形组合陪葬坑，内含K0101、K0201、K0202、K0205。[2]秦始皇陵园内外发现的墓葬主要有7处，陵园内封土西北角一座"甲"字形墓[3]、内城东北部的小城内小型秦墓34座、东内外城之间小型墓葬3座、上焦村墓葬17座[4]、兵马俑坑附近"甲"字形墓1座、西内外城之间墓地墓葬61座[5]、砖房陪葬墓数十座[6]。

（六）陵园的使用

始皇死后，二世执掌大权，始皇入葬丽山，也标志着陵园进入使用阶段。这一时期陵园的使用以《史记》的记载较多，也最为重要。主要活动内容为祭祀、撤出丽山徒、埋入诸公子近臣等。

《史记·秦始皇本纪》："二世下诏，增始皇寝庙牺牲及山川百祀之礼。令群臣议尊始皇庙。"

《史记·秦始皇本纪》："四月，二世还至咸阳。复作阿房宫。"其原因是："先帝为咸阳朝廷小，故营阿房宫。为室堂未就，会上崩，罢其作者，复土郦山。郦山事大毕，今释阿房宫弗就，则是章先帝举事过也。"

二世为了保证自己的统治，还残酷地对待诸公子大臣。主要记载有《史记·秦

---

① 陕西省考古研究所、秦始皇兵马俑博物馆：《秦始皇帝陵园考古报告（1999）》，科学出版社，2000年；陕西省考古研究所、秦始皇兵马俑博物馆：《秦始皇陵园2000年度勘查简报》，《考古与文物》2002年第2期；秦始皇陵考古队：《秦始皇陵园K9801陪葬坑第一次试掘简报》，《考古与文物》2001年第1期；始皇陵考古队：《秦始皇陵园K9901试掘简报》，《考古》2001年第1期。

② 秦始皇兵马俑博物馆：《秦始皇陵铜车马发掘报告》，文物出版社，1998年；秦始皇陵考古队：《秦始皇陵园K0006陪葬坑第一次发掘简报》，《文物》2002年第3期；陕西省考古研究院、秦始皇兵马俑博物馆：《秦始皇帝陵园考古报告（2001—2003）》，文物出版社，2007年。

③ 程学华、王育龙：《秦始皇帝陵陪葬坑墓综述》，《考古与文物》1998年第1期。

④ 秦俑考古队：《临潼上焦村秦墓清理简报》，《考古与文物》1980年第2期。

⑤ 程学华：《秦始皇帝陵考察报告》，见《庆祝武伯纶先生九十华诞论文集》，三秦出版社，1990年。

⑥ 陕西省考古研究院、秦始皇兵马俑博物馆：《秦始皇帝陵园考古报告（2001—2003）》，文物出版社，2007年。

始皇本纪》："乃行诛大臣及诸公子，以罪过连逮少近官三郎，无得立者，而六公子戮死于杜。"《史记·秦始皇本纪》："公子将间昆弟三人皆流涕拔剑自杀。"《史记·李斯列传》："于是群臣诸公子有罪，辄下高，令鞫治之。杀大臣蒙毅等，公子十二人僇死咸阳市，十公主矺死于杜，财物入于县官。"《史记·李斯列传》："公子高欲奔，恐收族，乃上书曰：'先帝无恙时，臣入则赐食，出则乘舆。御府之衣，臣得赐之；中厩之宝马，臣得赐之。臣当从死而不能，为人子不孝，为人臣不忠。不忠者无名以立于世，臣请从死，愿葬郦山之足。唯上幸哀怜之。'书上，胡亥大悦，召赵高而示之，曰：'此可谓急乎？'赵高曰：'人臣当忧死而不暇，何变之得谋！'胡亥可其书，赐钱十万以葬。"

对于始皇的祭祀的方式，亦即墓侧出寝是历来重视的陵寝制度，文献中多认为始于秦，主要见于《后汉书·明帝纪注》及蔡邕《独断》的记载。

（七）历史上的破坏

历史上对始皇陵的破坏见诸文献记载的主要有项羽、牧羊儿、赤眉军、石季龙、黄巢、天下盗贼等。

关于项羽盗掘秦陵的记载主要见于《史记》《汉书》《水经注》等，所以此说源于汉代。《史记·高祖本纪》中记载："怀王约入秦无暴掠，项羽烧秦宫室，掘始皇帝冢，私收其财物，罪四。"《汉书·刘向传》："牧儿亡羊，羊入其凿，牧者持火照求羊，失火烧其臧椁。"《水经注》则记载："项羽入关发之。以三十万人三十日运物不见穷。"

同样是《水经注》的记载，还有另一种说法，《水经注·渭水》："牧羊人寻羊烧之，火延九十日不灭"。《水经注·渭水》："关东盗贼消椁取铜。"

天下盗贼的说法见于王充《论衡·四纬》《太平御览》。

《晋书·石季龙载记》："曩代帝王及先贤陵墓靡不发掘，而取其宝货焉。""又使掘秦始皇冢，取铜柱铸以为器。"

黄巢的破坏见于都穆的记载。也有人怀疑清朝土匪、民国时期刘镇华部孙连仲等也盗掘过始皇陵，但无明载，不足为据。

（八）历史上的保护

历史上始皇陵不仅受到破坏，而且还受到保护，与破坏相比，这些保护更有据可查。如《汉书·高帝纪·十二年》："十二月，诏曰：秦皇帝、楚隐王、魏安釐王、齐愍王、赵悼襄王皆绝亡后。其与秦始皇帝守冢二十家，楚、魏、齐各十家，赵及魏公子亡忌各五家，令视其冢，复亡与它事。"《隋书·炀帝本纪》："大业二年十二月庚寅，诏曰：前代帝王，因时创业，君民建国，礼尊南面。而历运推移，年世永久，丘垄残毁，樵牧相趋，茔兆湮芜，封树莫辨。兴言沦灭，有怆于怀，自古以来帝王陵墓，可给随近十户，蠲其杂役，以供守视。"《全唐文》中孙逖《天宝三载亲祭九宫坛大赦天下制》曾提到唐玄宗天宝三载十二月，诏："自古圣帝明王陵墓，有颓毁者，宜令管内量事修葺，仍明立标记，禁其樵采。"《宋史·太祖本纪》："甲辰，诏：西京、凤翔、雄耀等州，周文、成、康三王，……秦始皇，凡二十七陵，尝被盗发者，有司备法服、常服各一袭，具棺椁重葬，所在长吏致祭。"宋建隆年间、乾德初年间也有类似的诏令下达，其中秦始皇帝陵置守陵两户，三年一祭，祭以太牢。

近年在陵园内的考古勘探中，曾发现大量的秦代以后的遗迹、遗物，这些材料证明秦代以后，陵园内仍有不同程度的人为活动，这些活动也许就与以上的陵园破坏与保护行为有关。

三、秦始皇陵考古诸问题研究思路探讨

（一）关于陵寝制度的研究

对秦始皇陵陵寝制度的研究随着考古发现而逐渐引起学者们的注意。

1961年，国务院公布秦始皇陵为全国重点文保单位。1962年，陕西省文管会组织专家对秦始皇陵进行了第一次系统的考古调查，调查了包括陵园内外两重城垣、封土、地面建筑、地下排水设施等在内的遗迹，以及陶俑、建筑构件等遗物。[①]1974年兵马俑坑被发现后，考古工作者深入调查了秦始皇陵的遗存情况。学界在消化考古发现的同时，开始对陵寝制度和可纳入其中的内容或制度性因素着手思考。陵寝制度属于广义的陵墓制度或墓葬制度，但是作为帝王陵墓，特别是秦始皇陵，哪些具体内容应该纳入，学者们的认识有一个逐步深入的过程。20世纪80年代以来，杨宽、徐苹芳、袁仲一、程学华、王学理、黄展岳等先生分别发表了对秦始皇陵的研究文章和专著，讨论其陵寝制度。

比较早的对秦始皇陵陵寝制度的系统认识见徐苹芳先生的文章[②]。该文有专节内容讨论秦始皇陵园的相关问题。依据当时的资料，作者认为发现于封土北侧的建筑应是文献记载的起于墓侧的"寝"的一部分，陵墓为东西向，平面上右为陵墓，

---

① 陕西省文物管理委员会：《秦始皇陵园调查简报》，《考古》1962年第8期。
② 徐苹芳：《中国秦汉魏晋南北朝时代的陵园和茔域》，《考古》1981年第6期。

左为寝殿；秦始皇陵的意义在于它是中国封建帝王的第一个陵园，它所创立的陵园制度对后世有重大影响，特别是直接影响了汉代的陵园。综合其讨论内容，可以看出徐先生所讨论的实际上是陵墓制度，整个陵园发现的物质遗存都是陵墓制度的载体，而其布局、设计思想体现了制度的因素。

黄展岳先生也发表文章认为中国的陵寝制度创始于战国中期，成熟于秦汉时代，秦汉陵寝比先秦国君的陵墓制度复杂，除了坟丘式的陵和陵园外，秦代还有寝殿，西汉还有陵庙，瘗埋的乘舆车马、珍禽异兽、玉器，以及模拟军队送葬的俑群、陪葬墓等也都是随葬内容。①

袁仲一先生发表的《秦始皇陵考古纪要》是20世纪80年代对秦始皇陵考古发现与研究进行总结的重要论文之一。其主要内容在对秦始皇陵考古的主要发现进行综述的基础上，对秦始皇陵园的陵寝制度进行探讨，讨论的内容包括陵园的方向、陵域的范围及标志、陵园的设计意图、秦始皇陵的修建时间和用工人数、始皇陵的督造者和工徒的来源、始皇陵园在中国古代陵园史上的地位等问题。②在袁先生2002年的研究专著中，虽然没有明确论证陵寝制度这一概念，但是他将所有的发现均置于秦始皇陵这一宏观框架之中，具有制度性因素的内容除了物质遗存外还包括布局、选址、设计理念等方面。③

马振智先生从秦国陵寝制度发展演变的角度，论证了陵区的选择、陵园布局和形制、陵园的防御设施和门、陵墓形制、封土墓的出现、墓上建筑等诸方面与关东各国的不同之处。④他所论证的陵寝制度也具有宏观性和广泛性。此外，石兴邦⑤、韩伟⑥、王学理⑦、刘士莪⑧、尚志儒⑨、程学华⑩、张占民⑪、段清波⑫等先生也对始皇陵的陵寝制度有过不同程度的论述。

---

① 黄展岳：《秦汉陵寝》，《文物》1998年第4期；又收入《先秦两汉考古论丛》，科学出版社，2008年。

② 袁仲一：《秦始皇陵考古纪要》，《考古与文物》1988年第5、6期。

③ 袁仲一：《秦始皇陵的考古发现与研究》，陕西人民出版社，2002年。

④ 马振智：《试论秦国陵寝制度的形成发展及其特点》，《考古与文物》1989年第5期。

⑤ 石兴邦：《秦代都城和陵墓的建制及其相关的历史意义》，见《秦文化论丛》（第1辑），西北大学出版社，1993年。

⑥ 韩伟、程学华：《秦陵概论》，见《考古学研究》，三秦出版社，1993年。

⑦ 王学理：《秦始皇陵研究》，上海人民出版社，1994年。

⑧ 刘士莪、马振智：《秦国陵寝制度对西汉帝陵的影响》，《文博》1990年第5期。

⑨ 尚志儒：《秦始皇陵园布局结构渊源浅谈》，《文博》1987年第1期。

⑩ 程学华：《秦陵、秦俑研究中的几个问题》，《考古与文物》1988年第2期。

⑪ 张占民：《秦始皇陵园渊源试探》，《文博》1990年第5期。

⑫ 段清波：《秦始皇帝陵园相关问题研究》，博士学位论文，西北大学，2007年。

综合各家的研究，大家逐渐认识到秦始皇陵的陵寝内容包括陵园的地面界标性建筑、地面宫殿建筑、封土、墓室、棺椁葬具、墓室陪葬物、陵园陪葬坑等方面。在研究中，有些学者已将这些内容表现出的因素上升到制度层面，比如选址、布局、随葬、祭祀、设计思想等方面，这些构成了广义的秦始皇陵陵寝制度内容。

杨宽先生在20世纪80年代初致力于古代陵寝制度史的研究。他认为从战国中期到西汉是陵寝制度的创始时期，不过他所指的陵寝制度是指陵园建筑中设寝的制度。他从庙、朝、寝、宫入手，剖析生前与死后的宗庙、宫室、寝园等礼制性建筑，认为陵园中的寝是庙中的寝与朝分离、是庙中的寝与陵墓结合的产物。[①] 我们认为这应该属于狭义陵寝制度的研究。

文献记载与考古发现印证，秦始皇陵确已陵侧出寝，但是作为制度的源头与发展演变是两千年来一直争议不断的问题。从更广阔的范围看，这实际上是学术界"墓祭"问题争论的一部分。东汉蔡邕《独断》认为："古不墓祭，至秦始皇出寝起于墓侧，汉因而不改，故今陵上称寝殿。有起居、衣冠、象生之备，皆古寝之意。"不仅蔡邕，东汉其他学者对这一问题的见解也基本相同，王充《论衡》曾指出："古礼庙祭，今俗墓祀。"应劭《汉官仪》中认为："古不墓祭。……天子以正月上原陵。"

晋代司马彪在《后汉书》中就提出"西都旧有上陵"的说法，这与东汉史学家的见解并不一致。司马彪甚至认为"墓祭"实际在秦代已经产生："古不墓祭，汉诸陵皆有园寝，承秦所为也。"20世纪80年代，随着中山王墓、秦始皇陵等考古材料的公布，国内学者对这一问题再度进行了热烈的讨论。杨宽先生著文认为先秦墓上建筑不用于祭祀。从古代陵墓制度的源流来看，先秦墓上建筑只能是"陵寝"的"寝"；秦代以后的陵寝制度，当起源于这种先秦墓上建筑。[②] 后来他再度讨论了墓上建筑的用途问题，认为秦和西汉的陵园中，只存在寝和便殿等建筑，用于日常供奉，不用于举行祭礼；这一制度沿袭自战国，战国和秦汉的"寝"中都设有殿堂，并不是先秦陵墓只有"堂"而无"寝"，也不是秦开始在"堂"外添置了"寝"。[③] 杨鸿勋则认为河北平山战国中山王陵封土上的建筑遗迹，特别是《兆域图》的标示，提供了当时统治者陵墓上设置建筑物的实证，并且考古发现某些殷墓上也曾有建筑物，河南辉县固围村战国魏王陵、河北平山县战国中山王陵上设置建筑的制度与河南安阳小屯妇好墓以及大司空村殷墓M311、M312等之间，有着传统继承关系。

① 杨宽：《中国古代陵寝制度史研究》，上海人民出版社，2003年。
② 杨宽：《先秦墓上建筑和陵寝制度》，《文物》1982年第1期。
③ 杨宽：《先秦墓上建筑问题的再探讨》，《考古》1983年第7期。

他从三方面反驳了墓上建筑不具备祭祀功能的说法。他还指出中山王墓《兆域图》注明为"堂"的墓上建筑不应称作"寝",也不是"室";寝还是如东汉文献中所说,至秦始皇陵始墓侧出寝。①后来他针对杨宽先生的观点,指出殷代存在着墓祭,所谓墓祭者,在墓地祭祖之谓也;人牲埋于墓地,也是用于祭祀祖先,就是墓祭;至于祭祀的是个别先人还是先人集体,是祭祀这一墓地的先人还是包括祭祀埋在他处的祖先,则属于墓祭方式问题。所以他认为秦以前陵墓上的建筑,《兆域图》的铭文称之为堂,现在也可称之为享堂,而称之为寝则不合适。②

巫鸿的讨论着重分析前辈对"墓祭"一词的理解与应用所存在的差异。他认为杨鸿勋所理解的为广义上的"墓祭"一词,它只是所有在墓地上举行的仪式之一;司马彪与王世民所理解的为狭义上的"墓祭"一词,特指在陵寝上举行的帝王祭礼;汉代学者们,与顾炎武、徐乾学和杨宽一样,把"墓祭"一词理解为每年元月于皇陵上举行的盛大的皇家祭祖仪式,即东汉明帝时确立的"上陵礼"。所以他认为前述学者的争论源于对两种不同的历史问题的理解有误:一为于墓地上祭祀礼制的起源;另一为皇家"上陵礼"制度的定则。③

综上所述,以秦始皇陵为中心所讨论的秦汉陵寝制度有广义与狭义之分。前者研究的实际上是陵墓制度,随着考古发现的深入,学者们先是将大量的考古内容分类后定义为陵寝内容的一部分,继而将这些内容上升到制度层面,形成了广义的陵寝制度。狭义的陵寝制度,是指陵侧设有寝、便殿等礼制建筑的制度,秦始皇陵的考古发现验证了陵侧出寝的历史记载。

(二)陵墓象征意义的研究

秦汉时期帝陵实行独立陵园制度。④随着考古发现的丰富及研究的深入,学者们对陵园象征意义的认识也不断加深。首先大家考虑的是遗迹在陵园内的布局问题,其次是关注这种布局所体现出的象征意义,还有些学者的研究内容和观念触及陵园设计理念这一深层次内容。

杨宽先生在20世纪80年代总结秦始皇陵园布局有七个特点,特别指出安置陵寝的小城在西,面向东方,这是按照都邑的布局设计的,这种布局的原则有参照秦都

① 杨鸿勋:《关于秦代以前墓上建筑的问题》,《考古》1982年第4期。
② 杨鸿勋:《〈关于秦代以前墓上建筑的问题〉要点的重申——答杨宽先生》,《考古》1983年第8期。
③ 巫鸿:《中国古代艺术与建筑中的纪念碑性》,上海人民出版社,2009年。
④ 赵化成:《从商周集中公墓制到秦汉独立陵园制的演化轨迹》,《文物》2006年第7期。

咸阳、以西为上、以西南隅为尊的因素。①这种提法也就是"若都邑"说。

袁仲一先生的文章和专著也提出这种说法，并将其更为系统化。他认为秦始皇陵高大的封土及其下的地宫象征着生前的咸阳宫；地面上的两重夯土城垣，象征着京师的内外城或名之曰大小城；外城垣东侧的兵马俑坑，象征着守卫京城的宿卫军；上焦村的小型马厩坑群及西内外城垣之间的大型马厩坑，象征着京师的宫廷厩苑；陵封土西侧的铜车马坑，象征着宫廷的乘舆，为始皇的车驾卤簿；西内城垣之间的一批珍禽异兽和跽坐俑坑，象征始皇生前的苑囿，供其狩猎和游乐；陵封土北侧的寝殿，即《独断》所说的"有起居衣冠象生之备，皆古寝之意也"；陵园内的便殿，即《三辅黄图》所说的"以象休息闲晏之处也"。所以，在秦始皇陵的布局上他认为一切都模拟生前，把地上王国模拟于地下。他得出的结论认为秦始皇陵园的建筑布局，是根据"事死如事生"这一理念设计的，它是一幅宫城都邑图。②

程学华先生则以为陵区城垣的建置，似张仪仿咸阳所筑的成都城。实际上他所持的还是"若都邑"的观点。他根据考古材料对陵园布局进行了总结：城垣以内分布情况以地宫为中心，西侧是象征着后宫的官寺吏舍、苑囿等，北侧是寝殿、便殿所在，处于整个陵园西南尊位的地宫，恰是坐西而东的皇宫。③

秦始皇陵研究者中另一位重要学者王学理先生的认识也没有脱离"若都邑"的思路，但是他认为陵园"若都邑"的程度值得商榷。始皇陵园有园有寝，可同咸阳有城有宫相对应；从葬内容（马厩、铜车马、兵马俑、珍禽异兽诸坑）也同都城的设施（苑囿、御府、宿卫等）相仿佛。这是两者的共同点。但陵园规整、分布多变，两者结构完全一致，其原因首先在于始皇即位时，首都咸阳已发生很大的变化，所以营造陵园是无从仿造的；其次，陵墓制度有其本身发展的规律，为独立的序列，它必然也必定在此基础上增减内容（如由春秋之隍升到地面上的垣墙，墓上从有享堂建筑到代之以"坟"），也绝不可能脱离轨道去仿首都；再次，死者生前享用的一切，固然冀图"投入"地下王国，但这只能是在某些方面模仿。④在陵园建筑理念上王学理认为"事死如事生，事亡如事存"是秦始皇营造丽山陵园的指导思想。"设阙庭，为宫室；造宾阵也若都邑"也是秦始皇制订丽山陵园章程的理论根据。

最新讨论秦始皇陵园布局的观点来自赵化成先生。他比较了秦始皇陵布局研究

---

① 杨宽：《秦始皇陵园布局结构的探讨》，见《秦俑馆开馆三年文集》，1982年。
② 袁仲一：《秦始皇陵的考古发现与研究》，陕西人民出版社，2002年。
③ 程学华：《秦陵、秦俑研究中的几个问题》，《考古与文物》1988年第2期。
④ 王学理：《秦始皇陵研究》，上海人民出版社，1994年。

中的"若都城说"与"若宫城说"，总结了两派学者的不同观点，明确支持"若宫城说"。他首先分析了秦始皇陵的考古遗存情况，宏观把握了陵园规划设计的基本构想；其次以咸阳城考古工作为基础，讨论陵园并非咸阳城的象征；他还从中山王墓《兆域图》铜版内容出发讨论了陵园象征宫室、宫城的结构，并从西汉帝陵的考古收获讨论了秦始皇陵具有同样性质。①

以上关于秦始皇陵若都邑、若宫室的争论从更大的范围看，源自中国考古学研究中关于墓葬象征意义的命题。《仪礼·士丧礼》将墓葬称为"幽宅"，葬前筮宅，并希望"兆基，无有后艰"，可见幽宅的观念在春秋时期已相当成熟；《荀子》"故圹垄，其象室屋也"也表明战国时期墓葬与居室有着明确的对应思考，墓葬为死人居所的象征；更晚的《吕氏春秋·安死篇》还指出："世之为丘垄也，其高大若山，其树之若林，其设阙庭、为宫室、造宾阼也若都邑，以此观世示富则可矣，以此为死则不可也。"象征的范围扩大到阙庭、宫室、都邑。墓葬与居室的对应逻辑基于《春秋左氏传·哀公十五年》中提出的"事死如事生"，但是如何将墓葬考古内容与传统的都邑、宫室对应起来一直困扰着学界。

在考古实践中，墓葬中类似于居室结构的遗存内容发现已越来越多，如辉县固围村战国大墓M1在墓室墓道上口约1米下，涂着不同色彩的雉堞形以象城堡，"整个大墓墓坑自小墓视之，就变成死者的外庭与城堡，南墓道便是死者的停车处"②；浙江绍兴印山大墓的椁室为狭长条形"人"字坡的木屋结构，墓室东端外有"人"字形甬道，顶略低于室顶，结构与椁室相若③；战国晚期的新郑胡庄韩王陵也有一个屋顶形椁顶结构④；河北平山县中山王墓出土的《兆域图》铜版直接将陵园的建筑以宫室之名称之⑤。此外，汉代诸侯王墓中居室内容也有较多的发现。国外墓葬中也有类似情况，如埃及古王国时期不仅贵族墓地的布局可能仿自同时期首都的布局，而且考古发现还证明贵族墓地内附属有墓庙等建筑⑥。这些发现引起了学界越来越多的关于墓葬象征意义的思考。

---

① 赵化成：《秦始皇陵园布局结构的再认识》，见《远望集——陕西省考古研究所华诞四十周年纪念文集》，陕西人民美术出版社，1998年。

② 中国科学院考古研究所：《辉县发掘报告》，科学出版社，1956年。

③ 浙江省文物考古研究所：《浙江绍兴印山大墓发掘简报》，《文物》1999年第11期。

④ 河南省文物考古研究所：《河南新郑胡庄韩王陵考古发现概述》，《华夏考古》2009年第3期。

⑤ 河北省文物管理处：《河北省平山县战国时期中山国墓葬发掘简报》，《文物》1979年第1期。

⑥ Andrew Sheratt，*The Cambridge Encyclopedia of Archaeology*，Cambridge: Cambridge Unirersity Press，1980，p. 130.

高去寻先生曾推测殷墟西北冈王墓以及后冈大墓中"亚"字形椁室的"亚"字形象征了殷人地上宫殿建筑。[①]这种"亚"字形宫殿的性质，张光直先生认为是殷人的宗庙建筑。[②]在现代学者中，俞伟超先生也曾深入思考木椁墓与地上建筑的象征关系，他认为墓室结构实际上模仿了生人居宅的前堂后寝左右房，与墓主生前的居室及生前的身份地位有对应关系。这种对应他认为是头箱象征前朝（堂）、棺椁象征寝（室）、边箱象征房、足箱或即象征北堂和下室。[③]墓葬出土文献也指出当时确有这种思考，如包山二号墓出上遣册将东椁室称为食室，因其放置各种装有食物的器物[④]，这从文献上印证了上述对椁室分类及其象征的判断。郭德维也认为墓葬中椁室的形制依据当时宫室而建造，而封土则是参照宫室的四阿重屋形制，他将古代文献与曾侯乙墓椁室的平面布局以及随葬内容对照，认为需要重新思考椁室南向以及分中、北、东、西室等方面与宫室之制某些方面的一致。[⑤]西汉时代的诸侯王墓墓室中前堂后室、木构建筑等内容有较多的发现，文献中指出其称谓有梓宫便房，韩国河先生认为便房在两汉时期是椁室的总称。[⑥]这些文献与考古材料说明，在商周到西汉时期人们的思维中，墓室与居室的对应关系更加明显。但是这一思索链条中的具体细节也受到其他学者的质疑，如蒲慕州认为如果有这种对应关系存在的话，那么对于新石器时代就已出现的木椁的象征意义势必需要重新思考。[⑦]再如《史记·秦始皇本纪》记载的秦始皇陵墓室内容："以水银为百川、江河大海，机相灌输。上具天文，下具地理。以人鱼膏为烛，度不灭者久之。"研究者多认为始皇陵墓室被布置成微缩宇宙的形式，而类似的墓室内容在比秦代晚得多的西汉东汉时期才逐渐流行，始皇陵墓室对宇宙的象征显然也超出了居室范围。

在西汉帝陵的研究上，学者也基本上沿着陵园象征宫室、都邑的思考模式在探索。20世纪80年代刘庆柱、李毓芳两位先生曾讨论了帝陵陵园与都城长安的关系，认为："西汉帝陵陵园系模仿都城长安而筑，帝陵陵墓的封土，似皇帝的正殿，即

---

① 高去寻：《殷代大墓的木室及其涵义之推测》，《"中央研究院"历史语言研究所集刊》（39），1969年。

② 张光直：《说殷代的"亚形"》，见《中国青铜时代（二集）》，生活·读书·新知三联书店，1990年。

③ 俞伟超：《汉代诸侯王与列侯墓葬的形制分析——兼论"周制"、"汉制"与"晋制"的三阶段性》，见《先秦两汉考古学论集》，文物出版社，1985年。

④ 湖北荆沙铁路考古队包山墓地整理小组：《荆门市包山楚墓发掘简报》，《文物》1988年第5期。

⑤ 郭德维：《楚系墓葬研究》，湖北教育出版社，1995年。

⑥ 韩国河：《温明、秘器与便房考》，《文史哲》2003年第4期。

⑦ 蒲慕州：《墓葬与生死——中国古代宗教之省思》，中华书局，2008年。

所谓'象生制度为殿屋'，帝陵陵墓四条墓道，犹如帝王为'开四聪，延直言之路，下不讳之诏，立敢执之旗'而开辟的'四门'，帝陵封土四周的墙垣，犹如皇宫'宫墙'；陵园墙垣四面中央各辟一门，此犹皇宫四门；帝陵陵园象征未央宫，皇后陵陵园象征长乐宫。"①焦南峰先生最近的文章做了更进一步的讨论，他认为汉阳陵陵园的建设受到了长安城建筑布局的影响，汉阳陵的陵园有可能象征和代表的是西汉王朝的都城长安城。他提出的对应关系是这样的：帝陵、后陵、"罗经石"遗址、外城分别是未央宫、长乐宫、礼制建筑、城垣在阳陵的地下再现。②

从以上学者思考的轨迹看，在秦始皇陵与西汉帝陵的研究中，将陵园与都城、宫室对应是宏观认识陵园建筑遗存的主要思路。这一思路不仅有文献基础，也有东周秦汉时代的其他大中型墓葬发现的遗存可作为印证。秦汉帝陵，从个体上可视为一座座规模空前的墓葬，其与地面居室的对应自然也就从其居住的都城、宫室等同样是物质层面的内容来进行比对。在研究中，这一思路基本成功地解释了陵园与都城、宫城的象征关系，而同样的思路在解释秦始皇陵陵园内容时却遇到许多问题，还需要进一步从理论和实践上做些工作；同时，由于考古发现的欠缺，始皇陵墓室内容的象征关系目前也无法得到合理的解释。

（三）陵墓陪葬坑象征研究的新思路

秦汉帝陵除了地面建筑遗存外，还发现了大量的地下陪葬坑。在讨论陵园内的这类遗迹象征意义时，还有一种思路值得探讨。这一思路其实早在兵马俑坑发现后就为学者所用，近年来似乎走得更远，值得专门讨论其形成、发展与收获。总体上这一思路从属于陵墓与都城、宫室象征研究思路的探索，但是如果我们将墓葬与都邑、宫室对应的研究置于物质层面的话，则这一层次的讨论稍具有形而上的意味。

该思路也是随着考古发现的深入而逐步深入的。在早期仅发现秦始皇陵兵马俑坑与西汉景帝阳陵南区从葬坑时，就有学者采用这一思路讨论这些陪葬坑的象征意义。兵马俑坑被发现后，其军事内容的性质逐渐为学者所公认，但是对其所象征的军队的定位，大家有不同的认识。袁仲一先生在陵园象征都城的基础上提出，兵马俑象征京师宿卫军。黄今言先生曾在兵马俑象征军队的问题上认为，兵马俑三坑不是象征左、中、右三军，而是象征秦代中央军三系统的兵卫。③同样，在汉景帝阳陵

---

① 刘庆柱、李毓芳：《关于西汉帝陵形制诸问题探讨》，《考古与文物》1985年第5期。
② 焦南峰：《西汉帝陵建设理念》，《考古》2007年第11期。
③ 黄今言：《秦代中央军的组成和优势地位——兼说秦兵马俑所反映的军制内涵》，《文博》1994年第6期；黄今言：《论秦始皇兵马俑的主体精神及相关问题》，《江西师范大学学报》（哲学社会科学版）2002年第35卷第1期。

南区从葬坑的定位上，发掘者认为帝陵南、西两处军事内容的从葬坑是汉北军的缩影，南区和西区这两处从葬坑或象征着西汉北军的两个部分，或者就是北军的左、右两翼。[1]焦南峰也认为其可能与西汉当时的"南军""北军"有一定关系。[2]由于秦始皇陵与西汉阳陵最先发现的地下陪葬内容均为军事性质的陪葬坑，对这些军事内容象征意义的讨论最为深入。从公认的结论看，这些陪葬坑均是都城某支军队的象征，而这一推论的思路则来自对陪葬坑与制度层面的职官内容的象征理解。

在20世纪，秦始皇陵东侧的上焦村先后发现了100余座小型马厩坑，这些坑出土器物上的刻文有"中厩""左厩""宫厩""小厩""大厩""大厩四斗三升""左厩容八斗"等[3]，袁仲一先生认为这处陪葬坑象征了秦的宫廷厩苑。[4]这种由明确的文字材料对比得出的结论，多为学者所接受。同样的思路与认识也将大量的陪葬坑与其他秦代国家职官内容进行了联系，比如铜车马坑、曲尺形马应坑、动物坑等。但是，秦始皇陵范围内出土的这种以表明陪葬坑象征意义的文字材料实在太少，有相当多的关于陪葬坑象征意义的结论并不能为学界广为接受。尽管如此，这一将陪葬坑与宫室、都邑职官架构联系起来的研究思路，在现在看来确实有一定的开拓性和前瞻性。

而随着秦始皇陵、西汉帝陵（特别是汉景帝阳陵）的考古发现逐步深入和系统化，学者沿着这一思路的思考也更宏观和全面。段清波、张颖岚讨论了秦始皇陵陪葬坑可作为这一大型墓葬的外藏系统，在这一定义的基础上，认为秦始皇陵陪葬坑是秦帝国兴盛时期中央政权及皇权的各类运作机构在地下的模拟。[5]在这种研究思路下，K0006坑被认为是秦王朝中央政府中的一个官府机构在地下的模拟反映，其性质可能为秦代主管监狱与司法的廷尉。[6]封土西南角的K0003是一座形制较为复杂的陪葬坑，勘探结论认为该陪葬坑可能属于为皇室，甚或秦始皇本人提供饮食的官府机

---

① 王学理、梁云：《论阳陵南区从葬坑的军事属性》，《考古与文物》2004年增刊。

② 陕西省考古研究所阳陵考古队：《汉景帝阳陵考古新发现》，《文博》1999年6期；陕西省考古研究所：《汉阳陵》，重庆出版社，2002年。

③ 秦俑坑考古队：《秦始皇陵东侧马厩坑钻探清理简报》，《考古与文物》1980年第4期。

④ 袁仲一：《秦始皇陵的考古发现与研究》，陕西人民出版社，2002年。

⑤ 段清波、张颖岚：《秦始皇帝陵的外藏系统》，《考古》2003年第11期。

⑥ 陕西省考古研究所、秦始皇兵马俑博物馆：《秦始皇帝陵园考古报告（2000）》，文物出版社，2006年；秦始皇陵考古队：《秦始皇陵园K0006陪葬坑第一次发掘简报》，《文物》2002年第3期。

构。①对K0007陪葬坑内容的认识也沿袭了这一思路。②笔者也曾著文讨论在目前的秦始皇陵考古材料基础上，陪葬内容可分为三个层次，在三个层次上均有表现少府属官的内容、两个层次有太仆属官内容③。近来有学者将秦始皇陵的一些地下陪葬坑特别是兵马俑坑与郎官等秦汉职官系统结合起来讨论，也应是这一模式下的思考。④

在西汉帝陵的研究中，焦南峰先生认为汉阳陵不同的陪葬坑不是笼统地代表或象征"婢妾""厨""厩"之属，它还代表和象征了"宫观及百官位次"，代表不同的政府机构及设施（包括军队在内）。考古发现的空间、规模、内涵等方面的差异反映了它所代表的各个政府机构及设施在等级、功能及其与皇权之间关系的不同和区别，是西汉帝国各个政府机构、各种设施的真实再现。⑤后来他们还从汉阳陵DK11-21出土的封泥、印章角度讨论了这些陪葬坑的象征意义，包括有"卫尉"属下的"旅贲"，有"宗正"，有"少府"下属的"导官""徒府""太官""宦者""永巷""东织室"等官署机构。⑥在他们的论证系统中包括有一些文字证据，有一定的说服力。

这一将秦汉陵墓陪葬内容与国家职官架构结合起来进行思考的方法，不失为一种新的突破。但是如何将物质层面的考古发现与形而上的国家运作架构关联起来，在理论和实践层面上需要突破一些问题。如焦南峰等先生的研究中，视陪葬坑与政府机构、设施有着对应关系，但并没有突破物—物的层面，而有的学者将这一认识上升到物质—制度层面，似乎很难在理论上站得住脚。

从近三十年来对秦始皇陵以及西汉帝陵的研究思路来看，无论是陵园布局的"若都邑说""若宫室说"，还是陪葬坑的"官署说"，实际上还是遵循了考古学以物见人的思维方式，学者们还是努力复原物质遗存所反应的社会内容。这些思考也符合考古学特有的缜密逻辑推断，并未超出物质层面的内容。但是有的学者在研究中，将大量的物质层面的内容上达制度或系统这一层面，似乎已不属于考古学研究的

---

① 陕西省考古研究所、秦始皇兵马俑博物馆：《秦始皇帝陵园考古报告（2000）》，文物出版社，2006年。

② 陕西省考古研究院、秦始皇兵马俑博物馆：《秦始皇帝陵园考古报告（2001—2003）》，文物出版社，2007年。

③ 张卫星：《秦始皇帝陵陪葬坑に関する新研究》，见《東洋文化研究》（第9号），学習院大学東洋文化研究所，2007年。

④ 刘九生：《秦始皇帝陵近臣侍卫郎官俑与中国古代文明》，《唐都学刊》2009年第2期。

⑤ 焦南峰：《西汉帝陵建设理念》，《考古》2007年第11期。

⑥ 焦南峰、马永赢：《汉阳陵帝陵DK11-21号外藏坑性质推定》，见《汉长安城考古与汉文化》，科学出版社，2008年。

思维模式。

中国古代的墓葬特别是大汶口文化以来墓葬中开始出现的棺椁制度具有什么样的象征意义，一直困扰着学界。虽然从两汉时期的丧葬习俗看，其对居室的象征越来越明确，但是其从发生到定形，其中演变的具体细节及背后的信仰、思维的依据，还需要逐步厘清。而作为墓葬中最高级别的帝陵，在一般规律下还有其特殊的方面，以秦始皇陵为代表的秦汉帝陵的研究在思路与方法上取得的收获，或许为认识墓葬研究的一般理论与方法能够提供借鉴。

四、结语

综上，本文从考古工作的历史、现代考古与文献的结合、考古研究中主要的思路出发，回顾了近五十年来秦始皇帝陵考古工作的收获。

随着陵园考古工作的系统、深入展开，我们需要回顾、总结前人的成果。只有在总结前人工作的基础上，我们才能知道已经做了哪些工作，我们需要继续做哪些工作，知道我们的新起点在哪里；只有对前人工作进行系统总结与回顾，我们才能综合前人研究的视角，争取站在一个更全面、更新的角度来看陵园考古存在的诸问题。本文的写作初衷也在于此，内容有不当之处，敬请指正。

原载《秦始皇帝陵博物院》，陕西人民出版社，2011年

（曹玮，秦始皇帝陵博物院研究员；张卫星，秦始皇帝陵博物院副研究馆员）

骨签年代研究*

刘庆柱　李毓芳

　　1986年中国社会科学院考古研究所在汉长安城未央宫第三号建筑遗址考古发掘，出土了总数约64305片骨签，其中刻字骨签约57644片，无字骨签6661片。骨签以动物骨骼（主要是牛骨）制作而成。骨签制作过程是先把动物骨骼加工成长条形，大小相近，一般长5.8—7.2厘米，宽2.1—3.2厘米，厚0.2—0.4厘米。从汉长安城遗址考古发现的半成品骨签观察，骨签的制作是首先把动物骨骼分成长8—10厘米、宽3—4厘米、厚1厘米左右的骨料，对其上半部长约2厘米的正反两面进行磨光处理，然后把初步加工的骨料从其立面一分为二剖开，形成两个备用骨签。骨签形制一般为骨签上、下端呈圆弧形，下端较尖，背平，背面留有从骨料之上锯取骨片时的锯痕。骨签正面的横截面为圆弧形，弧面微起，有与背面方向一致的竖行锯痕。正面上部的圆弧面经进一步加工，形成一个磨光平面，此平面一般长3.5—4厘米，宽1.5—2厘米。骨签上的文字均刻于平面之上。骨签中腰一侧有一半月形凹槽。

　　骨签根据其刻文内容，分为工官类、中央官署类、列侯及其他类、兵器类、代号及数量类等。工官类有河南工官、南阳工官和颍川工官，其中河南工官类骨签数量最多。工官类骨签刻文从时间上区分，有两类：有纪年刻文的骨签与有年号的刻文骨签，一般来说，前一种时代较早，后一种时代较晚。

　　骨签出土于未央宫第三号建筑遗址的第三层（西汉时代文化层），这是骨签属于西汉时代遗物的考古地层学证据。骨签上的大量有关年代刻文内容，又为研究骨签的更为具体的年代提供了重要资料。

　　带有纪年刻文内容的骨签，其中的刻文有的有年号，有的无年号。有年号刻文的，其年代最早者为武帝太初年间的骨签，晚者是西汉晚期的汉成帝绥和年间刻文的骨签。本文以有纪年工官刻文的骨签为主，主要以出土数量最多的河南工官刻

---

　　* 本文所收录骨签均出自汉代长安城未央宫第三号建筑遗址。该遗址出土的骨签图片已全部收入笔者主编的《汉长安未央宫骨签》（中华书局，2020年，共90册）。本文中骨签编号与该书图版编号对应（个别或有出入），文中不再录入图版。

文骨签为例，兼及南阳工官与颍川工官刻文骨签的年代学探讨。本文探讨骨签时代以河南工官的材料为重点。骨签年代研究的关键是探讨有纪年而无年号的骨签时间范围。

一、河南工官

现将属于河南工官的无年号刻文骨签依照工官令与丞的组合，按照工官令、丞的组成及其年代，分组归类如下：

第1组（令"定"、丞"缓广"或"广缓"）

03941：
元年河南工官令定丞缓广
作府夫工春造

25981：
二年河南工官令定丞广缓
作府地工九造

46924：
三年河南工官令定丞缓广
□府贤福冗工毕何工舒德

04581：
四年河南工官令定丞缓广
作府夫工孝造

20946：
五年河南工官令定丞广
缓作府棣工根造

01258：
六年河南工官令定丞缓
广作府夫工成造

第2组（令"定"，丞"立广"或"广立"、"立"）

48519：
元年河南工官令定丞立广作
府思人工暨造

01592：

二年河南工官令定丞立广

作府迁攻遂造

01337：

三年河南工官令定丞立广

作府思人工暨造

02140：

四年河南工官令定丞立

广作府惠人工主造

43786：

五年河南工官令定丞立广

作府思工肩造

02443：

六年河南工官令定丞广

立广作府□工左造

第3组（令"定"，丞"广元"）

39730：

元年河南工官令定丞广

元作府满工乐造

09542：

二年河南工官令定丞广

元作府地工甘造

02366：

三年河南工官令定丞广

元作府弍工九造

09180：

四年河南工官令定丞广

元作府满工信造

01573：

五年河南工官令定丞广元

作府左工通造

11410：

六年河南工官令定丞广

元作府棣工重造

第4组（令"定"，丞"文立"或"立文"、"立"）

02824：

元年河南工官令定丞文

立作府地工易造

25982：

二年河南工官令定丞文立

作府夫工□造

21601：

四年河南工官令定丞文

立作府地工甲造

06276：

五年河南工官令定丞

立文作府廷工婴造

10300：

六年河南工官令定丞文立

令史不疑工鼠造

第5组（令"定"，丞"广骞"）

08071：

元年河南工官令定丞广

骞作府夫工寄造

04683：

二年河南工官令定丞广

骞作府满工元造

06332：

三年河南工官令定丞广

骞作府满工禄造

04126：

四年河南工官令定丞广

骞作府满工尧造

08461：

五年河南工官令定丞广

骞作府满工免造

17686：

六年河南工官令定丞广

骞作府夫工芣造

第6组（令"中意"，丞"安过"或"安"）

07658：

元年河南工官令中意丞安过作

府圣冗工德富工林造

38227：

四年河南工官令中意丞安过作府

□冗工何工惠造

10692：

五年河南工官令定中意丞安过作府

圣冗德富工校造

09030：

六年河南工官令中意丞安作

府他冗工鼠遂工宣造

第7组［令"霸顾成"（集中于二年与四年）、"霸"，丞"沄果成"、"广果
成"、"广成"〔"广"〕］

05247：

元年河南工官令霸丞广

成作府渠工惠造

01326：

二年河南工官令霸顾成丞沄

果成作府贤工周造

33632：

三年河南工官令霸丞

……府渠工宛造

05050：

四年河南工官令霸丞广

元作府胜工□造

46142：

五年河南工官令霸丞广成

□……

47154：

六年河南工官令霸顾成丞福

广成作府啬夫……

（令"霸"、丞"广成"〔"广""广果成"〕）

第8组（令"谢"、丞"种定"或"定种"）

02066：

元年河南工官令谢丞种

定作府啬夫辅始工外

亥河南郡残

02858：

元年河南工官令谢丞种

定作府啬夫辅始工始

昌造

09040：

二年河南工官（令）谢丞种

定作府辅工楚造

03945：

三年河南工官令谢丞种

定啬夫元工国造

02825：

四年河南工官令谢丞定

种作府距工乐造

04684：

五年河南工官令谢

丞种定作府啬夫

辅始工朔造

09776：

六年河南工官令谢丞种

定作府辅工伤造

第9组（令"俞初"或"俞利"，丞"果成沄"或"果成"）

07650：

元年河南工官令俞利丞果成沄作府

渠欁冗鼠何工通造

03209：

二年河南工官令俞利丞果成作

府胜冗工可嘉工明造

06780：

三年河南工官令俞利丞果成沄

作府渠鬱冗工鼠何工直造

01595：

四年河南工官令俞利丞果

成作府帽向工不何

工三造

10682：

五年河南工官令俞利丞□成沄

作府渠□冗工分工有工

捐造

42757：

六年河南工官令俞利丞果成作

成胜冗工□□德工胥造

第10组（令"朔"，丞"果成"）

19956：

元年河南工官令朔丞

……产冗工毕……

26452：

二年河南工官令朔丞广

……工□造

10834：

三年河南工官令朔丞果成

作府产冗工毕何工土造

019163：

四年河南工官令朔□□作

府产冗工毕于工偃造

01505：

五年河南工官令朔丞果成作府

雀冗工毕何工兹造

18504：

六年河南工官令朔丞果成作府

圣冗工鼠嘉工□造

第11组（令"巨令"，丞"成"、"成当时"）

01672：

二年河南工官令巨令守丞

□作府啬夫禄工建造

37772：

三年河南工官令巨守丞

圣作府尧禄工兑造

20945：

四年河南工官令巨令丞成当时

作府啬夫□工……

第12组（"河南工官令曾子醉"）

43206：

元年……曾子醉

□丞尧……

37213：

四年河南工官令曾子□

□尧猜作府充冗工□□

□造

47368：

五年河……

子醉丞尧猜作府……

……造

41880：

六年河南工官令曾子醉丞

□成作府啬夫明冗工如工胡造

与第12组无年号、有纪年的"河南工官令曾子醉"相连有年号"河南工官令曾子醉"骨签举例，有与第14组"河南工官令"相同的刻文骨签，如：

32472：

太初元年河南工官守令曾

……作府佐惠工未

01130：

太初元年河南工官令曾□

醉丞尧情作府充

冗工尧□造

43602：

太初三年河南工官令醉守丞

□作府安佐生工土直何于造

43652：

太初三年河南工官令醉守丞广

成作府□冗工德……

造

11390：

天汉二年河南工官令醉守

丞□作府佐□工直

□□造

11919：

天汉三年河南工官令醉守丞

喜作府啬夫光工尧充□

午造

43200：

天汉四年河南工官令醉守丞

喜作府□工直造

43213：

太始元年河南工官令曾子

醉丞尧猜作府佐

工尧德工喜造

11265：

太始四年河南工官令醉守丞

喜作府啬夫关工尧主工

各造

33371：

太始五年河南工官令曾子醉丞尧

□作府啬夫□冘工……充富工

凵造

　　鉴于上述有纪年的"河南工官令曾子醉"刻文骨签，其中有太初、天汉、太始等年号的刻文骨签发现，因此可以认为第12组刻文骨签时代是无年号刻文骨签的"最后"时期，其与刻文骨签中的"太初"及其以后的骨签年代相连接。

　　以上12组骨签刻文均无年号，只有纪年，其各组纪年范围均在元年至五年或六年，因此它们不属于汉景帝后元（共三年）与汉武帝后元（共二年）时期的。这次出土的5万多件刻文骨签中，未见历史文献记载的汉武帝太初之前年号的刻文骨签，因此我们推测上述12组刻文骨签时代应为太初之前至文景帝时期的遗物。

　　以下应为武帝后元时期刻文骨签，其刻文内容不见于后元之前的年号中，又与汉武帝后元时代相连的始元时期存在。

第13组（令"石"，丞"尚"、"福"）

28480：

元年河南工官守令石丞福文□

护工卒史直作府啬夫□□

乐成鼠佐熹冗工尧

工□造

06821：

二年河南工官守令石守丞福文

护工卒史直作府啬夫侍乐

成相冗工尧始工时造

52644：

三年河南工官守令

石丞赐德尚护工卒史尧

令史关中作府啬夫广

……

（52644号骨签属于汉武帝后元之超长纪年）

在昭帝始元时期的骨签之中，有与第13组河南工官令相同的刻文骨签，如：

50019：

始元年河南工官守令石丞尚赐德

护工卒史尧令史关萘中

作府啬夫广佐尊冗工充

工乐造

25770：

始元二年河南工官守令石丞

尚赐德护工卒史尧令史关萘

中作府啬夫广佐都冗工广

工禁造

第14组（令"它"，丞"福"、"福文成"，护工卒史"直"或"尧"）

54863：

元年河南工官守令它守丞福

护工卒史直作府啬夫

□于置其冗工尧宽

……

52880：

二年河南工官守令它守

丞福文成护工卒史直作府

啬夫侍乐成忠佐熹

冗工其异工方造

昭帝始元时期的骨签中有与第14组工官令之名字组合相同的刻文骨签，如：

32851：

始元年河南工官守令它守丞福护

工卒史尧作府啬夫侍乐成

……尧工德造

28211：

始元二年河南工官令它……

护工卒史尧作府啬夫关/乐冗工……

25721：

始元四年河南工官守令它守丞常

宽护工卒史元令史□作府啬夫

魏佐□冗工□劫世工□造

53775：

始元四年河南工官守令它守丞赐

尚护工卒史德作府啬夫

侍相乐成冗工尧□□

□德造

第15组（令"宽郐石""宽 ""宽""郐"，丞"福文成"、"福文"、"福"或"尚赐德"，护工卒史"直"或"尧"。此组应为武帝后元的骨签）

47361：

元年河南工官令宽郐守丞福

文成护工卒史直作府啬夫

□冗工□鼠造

55197：

二年河南工官令宽

□尚赐德护工卒史

尧作府啬夫关佐熹

冗工东异工福造

与第15组对应的昭帝始元时期的河南工官令名的骨签刻文，如：

07104：

始元年河南工官令宽郜丞福文成护

工卒史直作府啬夫市千秋都冗工尧

春工造

06966：

始元二年河南工官令宽

石丞尚赐德护工卒史尧作

府啬夫关冗工乐……

32819：

始元六年河南工官令宽郜守丞

福文成护工卒史直作府

啬夫庆子佐都冗工乐

建工鼠造

（始元年至始元六年的河南工官令为"宽郜石"，又简称"宽　"或"石"；丞为"福文成"、"赐德尚"或"尚赐德"）

第16组　（守令"若秦"）

20667：

元年河南工官守令若秦守丞毕

卒史不害作府啬夫丹佐尧

工克昌棣工守造

40767：

三年河南工官令若秦丞□

作府啬夫□德冗工/造

"始元"年间与第16组骨签刻文工官令名相同者，如：

02329：

始元年河南工官守令若秦守丞毕护
工卒史不害作府啬夫丹佐相冗工克
昌富工贞造

00838：

始元二年河南工官守令若秦
守丞□护工卒史不害作府
守啬夫□佐□冗工克昌强
工政造

00492：

始元三年河南工官守令若秦丞千
秋护工卒史不害令史都作府啬
夫庆佐不疑冗工充昌富工
世造

01655：

始元四年河南工官守令若秦丞千
秋护工卒史不害令史都作府啬
夫庆佐不疑冗工充昌工□工
光惠造

01285：

始元五年河南工官守令若秦丞千秋
护工卒史不害令史都作
府啬夫庆佐不疑冗工昌
克强工充造

00394：

始元六年河南工官守令若秦
丞千秋护工卒史不害作府
啬夫庆令史都佐护冗工
昌乐工建工安世造

第17组（令“彭沮”）

00347：

天汉四年河南工官令彭守丞喜

作府佐根工五脱造

53774：

元年河南工官令彭沮守令它守丞

成德护工宽作府啬夫关佐

乐婴冗工□直工忠造

54057：

元年河南工官令彭沮

守丞安护工卒史宽

作府啬夫佐熹冗工□

□□造

51759：

二年河南工官令彭沮守

令它守丞成丞福□□作

□啬夫关忠令史……

在始元时期刻文骨签，有与第17组骨签工官令名刻文相近者，如：

52361：

始元年河南工官令彭沮守……

守丞福护工卒史不害……

啬夫□于置其佐光冗……

充宽工圣造

53706：

始元四年河南工官令彭沮

□令它守丞成丞护工卒史□

作府啬夫德其□千秋成

冗工德工充工谈造

上述骨签刻文有纪年无年号的河南工官中，属于后元的"元年"与"二年"的骨签为第13至第17纪年组。在此基础之上，第1组至第12组有纪年、无年号的骨签，应该属于太初以前的无年号骨签（其中12组中有一部分有年号者属于太初及其以后的骨签）。在第1至第12纪年组（12组限于无年号者）中：有元年至六年纪年组的为第1组至第10组及第12组，第11纪年组为二年至四年。而太初之前汉武帝有六个纪年组为六年，汉景帝前元七年、中元六年，汉文帝后元七年，汉景帝与汉武帝六年以上纪年组共三个，也就是说汉武帝、汉景帝和汉文帝共有六年以上无年号纪年组九个。推测无年号骨签的时代上限可至汉文帝时期。

以下是汉昭帝及其以后的有年号刻文骨签。

始元年之后有年号的刻文骨签，一直延续至汉成帝"绥和"年间，骨签举例：

32859：

始元三年河南工官守令石丞赐德尚护

工卒史尧令史关口中作府啬夫广

□□□工克强工童造

06449：

始元四年河南工官守令石守丞常侍□

护工卒史尧令史月作府啬夫魏

□喜冗工□安世工宗造

13601：

始元五年河南工官令若秦丞

千秋护工卒史不害令史都作

府啬夫主□千秋冗工？昌

毕工□造

13358：

始元六年河南工官守令若秦守

丞毕护工卒史不害作府

啬夫日□奉□工克□

柱工政造

08265：

元凤元年河南工官守令若秦丞千秋

护工卒史安世作府啬夫相□直□

工充昌棣工守造

05399：

元凤二年河南工官令万岁丞千秋护

工卒史尧令史成作府啬夫魏□

□成□工克□□工胜

之造

40557：

元凤三年河南工官令万岁丞千秋

守丞常持护工卒史尧令史相作

府啬夫禾□佐千秋冗工充

乐□工宗造

49021：

元凤四年河南工官令万岁丞千

□护工卒史尧令史成作府啬夫

国佐奉冗工克昌强工同

49795：

元凤五年河南工官令万岁丞/□

02632：

元凤六年河南工官守令若秦丞千秋

护工卒史安世作府啬夫相□直□

工□□棣工□造

15342：

本始元年河南护工卒史关工……

万岁守丞嘉令史成作府啬夫□

佐□□工凤广口工调造

50450：

地节二年河南护工卒史富工官□

丞德令史邰作府啬夫广佐奉□

广忠工明造

55442：

元康元年河南护工……

丞胡德令史兽啬……

德冗工广□工……

12682：

元康四年河南守护工卒史口

工官令口军丞通令史林作

府啬夫□佐福冗工□工

寄造

15019：

神爵元年河南护工卒史直工官令□□

丞广令史护常持见作府啬夫□□

□火广冗工□工贡造

00489：

五凤二年河南工官工世之阳佐胜

啬夫也造令史宽掾□丞克令史

护工卒史群主

44380：

五凤四年南阳护工卒史关佐□

守令匡左丞尧令史田作府

德冗工……

15179：

甘露元年河南工……

52468：

甘露二年河南护工卒史

□丞宽令史广毕

□林工□造

06725：

甘露三年河南工官工益工

井千秋令史乐啬夫远

守令史甲守丞江夆

守令汤守护工卒史得造

00634：

甘露四年河南工官工□工尉□佐

赐啬夫田令史高掾看□丞脂

□守命令汤守护工卒史……

守主……

此外，有颍川工官、南阳工官、卫尉、光禄及其他不明工官的黄龙、永光、建昭、阳朔、绥和等年号的刻文骨签，如：

57352：

黄龙五年（应为"元年"）颍川工官令广守

□□护工福作府啬夫

□……

00683：

永光三年卫尉旅贲令

丞谊令史胜啬夫

工年缮

00495：

永光四年光禄弩官郎中

晏工辅缮力六石

14350：

建昭四年? □令

啬夫建工延年缮力

15003：

建昭五……

……

……

14976：

阳朔三年南阳工官护

……史□□□丞……

令史庐作府啬夫□

……造

00380：

绥和元年曾寿子工疆年

啬夫□令史□掾□

守丞□令寛省

弌六石□

在中央官署的少府所属骨签中，27093号骨签是未央宫中央官署遗址出土的唯一一件纪年超过"六年"的骨签。

27903：

七年内官

第五十四

而在太初之前，西汉皇帝纪年中只有景帝前元与文帝后元达到"七年"，文帝前元与高祖纪年超过"七年"。也就是说，这件骨签说明汉长安城未央宫中央官署遗址出土的骨签时代上限至迟可以至景帝前元时期。

关于西汉工官设置时代，长期以来学术界说法不一。陈直先生根据西安三桥镇高窑村出土的西汉铜器铭文推断："郡国工官之设最早在武帝末期"。方诗铭先生根据《史记·周勃世家》记载"条侯子为父买工官尚方甲楯五百被可以葬者"，推测关东六郡"最迟在景帝后元元年，郡国地方已有'工官'的设置"。

前面就刻文骨签时代进行了探讨，可以说汉代工官的设置时代绝不会在武帝末期，最晚要在汉景帝时期，甚至可能早至文帝时期。其中，河南工官设置较早，南阳工官和颍川工官较晚，但是其至迟在武帝初年或景帝末年已设置，蜀、广汉郡工官可能从秦代沿袭下来。

二、超长纪年研究

《汉书·律历志》记载，武帝建元、元光、元朔、元狩、元鼎、元封各六年，太初、天汉、太始、征和各四年，后元二年。昭帝始元、元凤各六年，元平一年。宣帝本始、地节、元康、神爵、五凤、甘露各四年，黄龙一年。但是在骨签刻文中出现一些超长纪年的骨签刻文，如：

（1）太始

汉武帝太始纪年为四年，骨签刻文中的超时纪年不但有"太始五年"，还有"太始六年"，例：

07655：

太始五年河南工官令曾子曾子

醉丞尧猜作府佐工尧猜

工□造

14346：

太始五年颍川……/□□……/

33371：

太始五年河南工官令曾子醉丞尧

□作府啬夫□冗工……充富工

□造

35250：

太始五年河南工官令曾子醉

丞尧猜作府啬夫喜冗工思

工□造

40000：

太始五年河南工官令……

护工卒史尧令史关荼……

夫广佐广都冗工……

43833：

太始五年南阳工官令

□□元作府啬夫……

冗工地工旦造

53362：

太始五年颖川工官令广□

毕护工福作府佐广□□

婴工赐造

55675：

太始五年河南工官守令……

□……

07024：

太始六年河南工官令曾子

醉丞尧猜作府佐工喜

工惠契奉造

29560：

太始六年河南工官令曾子

丞尧猜作府佐□□

工尧□年安造

39377：

太始六年河南工官令……

……

42114：

太始六年河南工官令曾子醉

丞尧猜作府啬夫充工□□□

足武造

49844：

太始六年河南工官□

……守丞福文成

……作府

……造

（2）征和

征和为汉武帝最后的年号之一，据文献记载，共有四年，相当于公元前92至公元前89年，之后为汉武帝后元纪年，无征和五年。未央宫出土了较多的刻文"征和五年"骨签，广见于颖川工官、南阳工官。"征和五年"曾见于居延旧简［居273.9（甲1443）："征和五年正月庚申朔"］。《汉书·赵充国传》亦载："至征和五年，先零豪封煎等通使匈奴，匈奴使人至小月氏。"

属于河南工官的"征和五年"骨签举例：

41439：

征和五年河南工官

令捐丞吉未作府啬

夫佐冗工□工尧造

属于南阳工官的"征和五年"骨签举例：

00337：

征和五年南阳工官令捐守

丞□作府啬夫□佐光

工土造丙

造

13309：

征和五年南阳工官令

捐守丞金铢作啬

夫飞冗工世工涅造

14667：

征和五年南阳工官令捐守丞

秋作府啬夫从冗工□

工尚造戍

属于颖川工官"征和五年"的骨签举例：

00643：

征和五年颖川工官令广守

丞奉护工福作府佐广

冗工春工高造

13612:

征和五年颍川工官令广守

丞重护工福作府佐光荼

冗工本工敕造

14515:

征和五年颍川工官令广

守丞□护工相□作府

佐众冗工□□工年造

52420:

征和五年颍川工官令安

丞奉护工福作府佐

冗工池工广造

57482:

征和五年颍川工官令广守

丞福作府佐德冗工

圣造甲

上述"征和五年"的超长纪年以南阳工官和颍川工官较多。

（3）武帝后元：根据前述河南工官令"宽郜"与守令"石"均为汉武帝后元及其后汉昭帝始元年号的骨签，而汉武帝后元只有二年，超过二年以上的纪年应该属于超长纪年。属于汉武帝后元时期骨签，前面已经探讨，根据上述认识，没有年号、只有纪年的河南工官令宽郜、守令"石"均属于这一时期的骨签，其中超长纪年骨签举例如下：

52377:

三年河南工官令宽郜丞

尚赐德护工卒史尧作

府啬夫关佐喜冗工德

广工回造

52644:

三年河南工官守令

石丞赐德尚护工卒史尧

令史关中作府啬夫广

《汉书·律历志》所载武帝年号先后为"建元""元光""元朔""元狩""元鼎""元封""太初""天汉""太始""征和",最后为无年号的"后元"。太初之前的武帝六组年号,每组为六年。太初至征和的武帝四个年号,每组年号为四年。后元计二年。关于武帝的纪年年号,从中古时代以来,学界就有多种说法。颜师古认为"自古帝王未有年号",汉武帝的"建元"可谓帝王年号"始起于此"①。也有一些学者提出不同观点,杨树达认为武帝年号始于"元狩"②;刘攽认为元鼎四年开始有年号,之前的武帝年号均为有司所追命③;沈钦韩提出武帝年号始于"元封"④。陈直认为传世器物中有"建元""元光""元封"等年号文字,于是提出武帝太初之前的六个年号并非"追命""追改"⑤,问题是上述"器物"或"传世"或"征集",均非考古发掘出土,在没有辨明真伪之前,对于上述资料的使用及推断需要审慎对待。近年辛德勇指出,年号之始应该是太初元年,此前为追记。⑥据此,武帝之建元、元光、元朔、元狩元鼎、元封均为追记,景帝三个纪年组(前元、中元、后元)和文帝两个纪年组(前元、后元)均无年号。若以十个无年号纪年组推算,上述刻文河南工官的时代应始于文帝时期。骨签27903"七年内官/第五十四",可能至迟不晚于汉景帝前元之七年,甚或不排除是汉文帝后元七年之可能。文帝后元至武帝太初之前的十个纪年组中,除文帝后元和景帝前元纪年为一至七年之外,其余诸纪年组纪年均在一至六年或六年以内。据此我们推断河南工官之设当在文景之际。

原载《长安学研究》(第3辑),科学出版社,2018年

(刘庆柱,中国社会科学院考古研究所研究员;

李毓芳,中国社会科学院考古研究所研究员)

---

① 《汉书·武帝纪》颜师古注。

② 杨树达:《汉书窥管》,上海古籍出版社,1984年。

③ 〔清〕王先谦:《汉书补注》,中华书局,1983年。

④ 〔清〕沈钦韩:《汉书疏证》卷二,浙江书局,光绪二十六年(1900)。

⑤ 陈直认为:"《日知录》及《廿二史札记》,皆以武帝建元、元光两年号为追记者,其实不然。筠清馆金石记卷五,三十九页,有'高阳右军,建元二年'戈。杭州邹氏藏建元元年砖。西安南郊曾出土有'建元四年长安高'陶尊(现藏西北大学历史系文物陈列室)。又小校经阁金文卷十一,一百四页,有元光二年尺,其非追记可知。"参见陈直:《汉书新证》,天津人民出版社,1979年,第26页。

⑥ 辛德勇:《建元与改元——西汉新莽年号研究》,中华书局,2013年。

汉未央宫"殿中"考[*]

陈苏镇

    《汉书》卷九九上《王莽传上》载：王莽居摄践阼后，礼遇比照皇帝，"庐为摄省，府为摄殿，第为摄宫"②。此事透露出西汉皇宫中有被称作"宫""殿""省"的三个区域。"宫"和"省"含义明确，前者指整个皇宫，后者指宫中皇帝的生活区。"殿"则比较模糊，有时指称作"某某殿"的单体建筑，有时指皇宫中的一个区域。西汉史籍常见"殿中"一词，所指多为后者。如《史记》卷一〇《孝文本纪》："以张武为郎中令，行殿中。"③《汉书》卷六六《杨恽传》："为诸吏光禄勋……居殿中，廉洁无私，郎官称公平。"④

    汉代皇宫中称作"某某殿"的建筑，通常都有内外两个庭院⑤，其门可称殿门。如《史记》卷九九《叔孙通列传》载汉七年十月朝会仪："谒者治礼，引以次入殿门，廷中陈车骑步卒卫宫，设兵张旗志。"⑥此处"殿门"即指长乐宫前殿外院之门。⑦但更常见的是，"殿门"指出入"殿中"区域的门。《太平御览》卷三五四引《汉名臣奏》丞相薛宣奏曰："汉兴以来……司马、殿、省门闼至五六重，周卫击刁斗。"⑧此证"殿门"在司马门和省门之间，是五六重门闼中的一重。贾谊《新书·等齐》："天子宫门曰司马，阑入者为城旦；诸侯宫门曰司马，阑入者为城旦。殿门俱为殿门，阑入之罪亦俱弃市。宫墙门卫同名，其严一等。"⑨所谓宫墙门

    * 本文是教育部人文社会科学重点研究基地北京大学中国古代史研究中心重大项目"两汉魏晋南北朝宫禁制度研究"（项目批准号14JJD770013）成果之一，并得到中山大学高等人文研究院驻院学人项目资助。

    ② 《汉书》，中华书局，1962年，第4086页。
    ③ 《史记》，中华书局，1959年，第417页。
    ④ 《汉书》，中华书局，1962年，第2890页。
    ⑤ 陈苏镇：《秦汉殿式建筑的布局》，《中国史研究》2013年第3期。
    ⑥ 《史记》，中华书局，1959年，第2723页。
    ⑦ 陈苏镇：《未央宫四殿考》，《历史研究》2016年第5期。
    ⑧ 《太平御览》，中华书局，1960年，第1629页上栏。
    ⑨ 〔汉〕贾谊撰，阎振益、钟夏校注：《新书校注》，中华书局，2000年，第47页。

卫同名，也意味着司马门和殿门都是"宫墙"之门，并都有"门卫"把守。阑入殿门之罪重于阑入司马，是因为殿门在宫门之内，警卫等级更高。《史记》卷一〇二《张释之传》：文帝时，"释之为公车令。顷之，太子与梁王共车入朝，不下司马门，于是释之追止太子、梁王无得入殿门。"①太子与梁王入朝，正是先入司马门，后入殿门。

宫门、殿门都须案籍出入。《汉官解诂》："凡居宫中者，皆施籍于门，案其姓名。"《汉官旧仪》："宫司马内，百官案籍出入。"②《汉书》卷九《元帝纪》："令从官给事宫司马中者，得为大父母、父母、兄弟通籍。"应劭曰："籍者，为二尺竹牒，记其年纪、名字、物色，县之宫门，案省相应乃得入也。"③同书卷七五《京房传》：房上书求"得通籍殿中，为奏事"④。"通籍殿中"就是"著引籍出入天子殿门"。同书卷四七《文三王传·梁孝王武》："梁之侍中、郎、谒者，著引籍出入天子殿门，与汉宦官亡异。"⑤若无籍而入殿门，便是阑入，其罪当死。昭帝时，"充国为太医监，阑入殿中，下狱当死"⑥，便是一例。

综上可知，未央宫宫墙之内还有一道殿墙，其内便是"殿中"。那么"殿中"的范围和大致布局如何？其中有哪些机构和设施？由于相关史料不足，答案若隐若现，但仔细爬梳、推敲，还是可以勾画出大致轮廓。下面让我们依据有限的资料，尝试做些考证和分析。

一、"殿中"的范围和布局

《汉书》卷七五《翼奉传》："孝文皇帝躬行节俭，外省徭役。其时未有甘泉、建章及上林中诸离宫馆也，未央宫又无高门、武台、麒麟、凤皇、白虎、玉堂、金华之殿，独有前殿、曲台、渐台、宣室、温室、承明耳。"⑦这条材料十分重要。它告诉我们，西汉初年未央宫中除了多用于宴飨等活动的曲台、渐台外，核心建筑只有前殿、宣室、承明、温室四殿。它们最早落成，必然承担着皇宫的基本功能。其中前殿是标志性建筑，宣室殿在前殿北，二者都建于依托龙首山改造而成的高大台基之上，主要用于朝廷礼仪活动。承明殿和温室殿在上述台基以北，分别是

① 《史记》，中华书局，1959年，第2753页。
② 〔清〕孙星衍等辑：《汉官六种》，中华书局，1990年，第14、30页。
③ 《汉书》，中华书局，1962年，第286页。
④ 《汉书》，中华书局，1962年，第3163页。
⑤ 《汉书》，中华书局，1962年，第2209页。
⑥ 《汉书》卷九七上《外戚传上》，中华书局，1962年，第3959页。
⑦ 《汉书》，中华书局，1962年，第3175页。

皇帝日常办公理政和生活起居之处。温室殿以北还有中宫和掖庭。①这些建筑自南向北排列，构成未央宫的核心区域。其四周则有围墙环绕，由殿门出入，形成所谓"殿中"。武帝以后，未央宫中陆续增修了许多建筑，但基本格局未变。

未央宫中的殿门，文献记载较清晰的只有前殿南、西两面的门。《史记》卷九《吕太后本纪》：代王于长安代邸即位为帝，"即夕入未央宫，有谒者十人持戟卫端门，曰：'天子在也，足下何为者而入？'代王乃谓太尉，太尉往谕，谒者十人皆掊兵而去。代王遂入而听政"②。《汉书》卷四〇《周勃传》亦载此事，师古注曰："端门，殿之正门也。"③可见未央宫中的端门是前殿正南之门。又《汉书》卷九九下《王莽传下》："群臣扶掖莽，自前殿南下椒除，西出白虎门，和新公王揖奉车待门外。莽就车，之渐台。"④此证前殿南侧西面的门是白虎门。此事发生于新莽时，但其上文所称"掖庭""承明""宣室""前殿"等皆为西汉旧称，故此门名"白虎"当是西汉之制。

《汉书》卷二七下之上《五行志下之上》：成帝时，有男子王褒"衣绛衣小冠，带剑入北司马门、殿东门，上前殿"⑤。此人先入北司马门，又入殿东门，然后登上前殿，可知"殿东门"是前殿南侧东面之门，应与白虎门相对。东汉灵帝时发生过类似事件。《续汉书·五行志五》载："光和元年五月壬午，何人白衣欲入德阳门，辞'我梁伯夏，教我上殿为天子'。中黄门桓贤等呼门吏仆射，欲收缚何人，吏未到，须臾还走，求索不得，不知姓名。"德阳殿是东汉洛阳北宫正殿，性质与西汉未央宫前殿相似。故蔡邕将此事与王褒之事加以比较，指出二者"相似而有异"，有异的是"被服不同，又未入云龙门而觉"⑥。东汉德阳殿前有三门，南面为端门，东面为云龙门，西面为神虎门。何人欲入之"德阳门"，据蔡邕说，是东面的云龙门，与王褒所入"殿东门"相似。蔡邕说何人"未入云龙门而觉"，言下之意，王褒是已入云龙门而觉。对蔡邕此言，可做两种解释：一是西汉"殿东门"相当于东汉云龙门，二是西汉"殿东门"就是云龙门。由于现存西汉史籍中未见"云龙门"字样，"殿东门"也只此一见，第一种解释比较稳妥，但第二种解释也不能完全排除。东汉以后将"白虎门"改称"神虎门"，"云龙"则与"神虎"对应。西汉称"白虎门"，与之对应的名称，应是"青龙门"或"苍龙门"。

① 陈苏镇：《未央宫四殿考》，《历史研究》2016年第5期。
② 《史记》，中华书局，1959年，第411、412页。
③ 《汉书》，中华书局，1962年，第2055页。
④ 《汉书》，中华书局，1962年，第4191页。
⑤ 《汉书》，中华书局，1962年，第1475页。
⑥ 《后汉书》，中华书局，1965年，第3346页。

王莽称帝后将未央前殿改名为王路堂。《汉书》卷九九中《王莽传中》：天凤三年（16）十月，"王路朱鸟门鸣，昼夜不绝。崔发等曰：'虞帝辟四门，通四聪。门鸣者，明当修先圣之礼，招四方之士也。'于是令群臣皆贺，所举四行从朱鸟门入而对策焉"①。朱鸟即朱雀，四神之一，代表南方。所谓"王路朱鸟门"，从名称看，应是王路堂南面的端门。刘庆柱、李毓芳指出："可能在王莽时，前殿之端门改称朱鸟门。"②其说是。由此推测，前殿东、西两侧之门，可能也改称为"王路苍龙门"和"王路白虎门"。既以四神为名，北面应当还有"王路玄武门"。王莽还"改……公车司马曰王路四门"，即将公车司马令、丞改称为王路四门令、丞。③"王路四门"一职应是由王路堂四面之门而得名。文帝入宫前，先令太仆夏侯婴和东牟侯刘兴居"清宫"，将少帝迁出。《史记》卷九《吕太后本纪》载：少帝身边侍卫"有数人不肯去兵，宦者令张泽谕告，亦去兵"④。不肯去兵者，既听从宦者令的谕告，应是宦官。温室殿是皇帝寝殿，由宦官负责宿卫，则少帝当时应在温室。而文帝入端门时，守门谒者不知少帝已被迁出，故曰"天子在也，足下何为者而入"。《汉书》卷四《文帝纪》载："皇帝即日夕入未央宫，夜拜宋昌为卫将军，领南北军，张武为郎中令，行殿中。还坐前殿，下诏曰……"⑤"还坐"二字透露出，文帝进入端门后，可能先至承明殿和温室殿接管权力，然后回到前殿，下诏大赦。可见端门不仅是前殿的正门，也是整个殿中区域的正门。

前殿、宣室殿以北，承明殿、温室殿和中宫附近，还有两座见于记载的门，一是金马门，一是长秋门。

金马门出现频率甚高。《史记》卷一二六《滑稽列传》褚先生曰："金马门者，宦者署门也，门傍有铜马，故谓之曰'金马门'。"⑥《后汉书》卷二四《马援传》载马援上表曰："孝武皇帝时，善相马者东门京，铸作铜马法献之，有诏立马于鲁班门外，则更名鲁班门曰金马门。"⑦《三辅黄图》："金马门，宦者署。武帝得大宛马，以铜铸像，立于署门，因以为名。"⑧这些说法，不完全相同，又都不见于《史记》和《汉书》。褚先生所谓"金马门，宦者署门也"，似不能理解为金马

① 《汉书》，中华书局，1962年，第4145页。
② 刘庆柱、李毓芳：《汉长安城》，文物出版社，2003年，第60页。
③ 陈苏镇：《"公车司马"考》，《中华文史论丛》2015年第4期，第339—348页。
④ 《史记》，中华书局，1959年，第411页。
⑤ 《汉书》，中华书局，1962年，第108页。
⑥ 《史记》，中华书局，1959年，第3205页。
⑦ 《后汉书》，中华书局，1965年，第840页。
⑧ 何清谷：《三辅黄图校释》，中华书局，2005年，第174页。

门就是宦者署的门，而应理解为宦者署在金马门内。此门的位置不见明确记载，毕沅认为在前殿、宣室之后，承明殿之前。①今案《汉书》卷六八《霍光传》载昌邑王被废之事曰："皇太后乃车驾幸未央承明殿……王入朝太后还，乘辇欲归温室……王入，门闭，昌邑群臣不得入……光使尽驱出昌邑群臣，置金马门外……顷之，有太后诏召王……太后被珠襦，盛服坐武帐中……召昌邑王伏前听诏"，遂废之。霍光"扶王下殿，出金马门，群臣随送，王西面拜，曰：'愚戆不任汉事。'起就乘舆副车"。②根据这段文字，金马门不是承明殿的门，也不是温室省的门。昌邑群臣从温室省门外被驱出后"置金马门外"，昌邑王离开承明殿后亦"出金马门"，这表明金马门是承明殿和温室省所在的一个更大区域的门。值得注意的是，昌邑王"出金马门"后"西面拜"。《汉书补注》引宋祁曰："西，疑作四。"王先谦曰："《汉纪》《通鉴》作西。"③宋祁不解"西"为何意，故疑为"四"之讹。今案《汉书》卷六三《武五子传》："昭帝崩"，昌邑王"至未央宫东阙……下车，乡（向）阙西面伏，哭尽哀止"④。昭帝灵柩时"在前殿"⑤，故昌邑王在东阙外向西遥拜。参照此例，昌邑王在金马门外"西面拜"，应是遥向金马门内承明殿上的皇太后拜别。这意味着金马门在承明殿东，有可能在前殿东侧的"殿东门"北。《汉书》卷二七上《五行志上》："东阙所以朝诸侯之门也。"⑥意指诸侯王入宫朝见皆走东司马门。《史记》卷九五《夏侯婴传》："以太仆事孝惠……赐婴县北第第一，曰'近我'，以尊异之。"⑦《汉书》亦载此文，师古注曰："北第者，近北阙之第，婴最第一也。"⑧是大臣入宫多走北司马门。东司马门和北司马门是出入未央宫的主要通道，而由此二门前往承明殿和温室殿须经金马门。此门屡见诸史传，当与此有关。

长秋门仅一见。《汉书》卷六三《武五子传》：戾太子反，"使舍人无且持节夜入未央宫殿长秋门，因长御倚华，具白皇后"⑨。王先谦《汉书补注》引缪荃孙曰："《黄图》有长秋殿，云'后宫在西，秋之象也'。此门即长秋殿门。"⑩

---

① 〔清〕毕沅：《关中胜迹图志》，张沛点校，三秦出版社，2004年，第117页。
② 《汉书》，中华书局，1962年，第2938、2939、2946页。
③ 〔清〕王先谦：《汉书补注》，中华书局，1983年，第1307页。
④ 《汉书》，中华书局，1962年，第2765页。
⑤ 《汉书》卷六八《霍光传》，中华书局，1962年，第2940页。
⑥ 《汉书》，中华书局，1962年，第1331页。
⑦ 《史记》，中华书局，1959年，第2667页。
⑧ 《汉书》卷四一《夏侯婴传》，中华书局，1962年，第2079页。
⑨ 《汉书》，中华书局，1962年，第2743页。
⑩ 〔清〕王先谦：《汉书补注》，中华书局，1983年，第1242页。

今案《三辅黄图》原文为："长信宫，汉太后常居之。按《通灵记》：'太后，成帝母也。后宫在西，秋之象也。秋主信，故宫殿皆以长信、长秋为名。'"①所言乃长信宫，非未央宫。文中所引《通灵记》不见著录。据传，武帝因思念钩弋夫人曾建通灵台。②《通灵记》疑是附会此事的小说类作品。成帝母王太后居长乐宫③，在未央宫东，而非"在西"，《通灵记》之文也显然有误。《汉书》卷九九上《王莽传上》载莽奏言："皇帝即位三年，长秋宫未建，掖廷媵未充。"④是皇后中宫可称"长秋宫"。毕沅据此而认为"长秋门"是中宫正门，所著《关中胜迹图志》卷四《汉长乐未央宫图》将此门绘于中宫椒房殿南。⑤然而在古人观念中，四季之"秋"对应四方之"西"。《水经·谷水注》：洛阳城中有"一水自千秋门南流，径神虎门下，东对云龙门"⑥。东汉以后，"长秋门"改称"千秋门"，"白虎门"改称"神虎门"。千秋门在神虎门北，正是一座西门。此制很可能承袭西汉而来。因此，未央宫中的长秋门也有可能在白虎门北，是承明、温室、中宫一线西侧的门。成帝为太子时，曾奉元帝"急召"由作室门入宫。⑦作室门是未央宫北墙西侧的门。⑧戾太子舍人若也由此门入宫，便须经长秋门至中宫。史家于此特意留下长秋门的信息，应是为了说明其入宫之路径。若长秋门即中宫之门，这一笔就多余了。

　　《史记》卷一○七《魏其武安侯列传》：武安侯田蚡与御史大夫韩安国等议事于长乐宫，"武安已罢朝，出止车门，召韩御史大夫载"⑨。该止车门在长乐宫中。未央宫中有没有止车门，不见确切记载。《关中记》："未央宫东有苍龙阙，北有

　　① 何清谷：《三辅黄图校释》，中华书局，2005年，第150页。
　　② 《太平寰宇记》卷三一《耀州·云阳县》"钩弋陵"条引《列仙传》："钩弋夫人……后武帝害之。及殡，尸香一月。"又引《云阳记》："钩弋夫人从至甘泉而卒，尸香闻十余里，葬云阳。武帝思之，为起通灵台于甘泉宫。"（王文楚等点校，中华书局，2007年，第668页）
　　③ 《汉书》卷二七上《五行志上》："永始四年四月癸未，长乐宫临华殿及未央宫东司马门灾。……长乐宫，成帝母王太后之所居也。"（中华书局，1962年，第1337页）
　　④ 《汉书》，中华书局，1962年，第4051页。
　　⑤ 〔清〕毕沅：《关中胜迹图志》，张沛点校，三秦出版社，2004年，第117页。
　　⑥ 〔北魏〕郦道元注，杨守敬、熊会贞疏：《水经注疏》，江苏古籍出版社，1989年，第1407页。
　　⑦ 《汉书》卷一○《成帝纪》，中华书，1962年，第301页。
　　⑧ 中国社会科学院考古研究所编著：《汉长安城未央宫———1980—1989年考古发掘报告》，中国大百科全书出版社，1996年，第13页。
　　⑨ 《史记》，中华书局，1959年，第2853页。

元武阙，所谓北阙也。阙中有闾阖门、止车门。"①《水经·渭水注》："北有玄武阙，即北阙也，东有苍龙阙。阙内有闾阖、止车诸门。"②这两段文字大致相同，后者可能来自前者。《关中记》乃晋人所作③，所言未央宫北阙或东阙中有闾阖门、止车门，在《史记》《汉书》等可靠文献中得不到印证④。但未央宫中的确有车马不得进入的门。《汉书》卷六六《田千秋传》："千秋为相……年老，上优之，朝见，得乘小车入宫殿中，故因号曰'车丞相'。"⑤此例表明群臣一般不得乘车"入宫殿中"，即使皇帝特许，也要换乘"小车"。文中所谓"宫殿中"，语义模糊。有证据表明，"司马门"和"殿门"是可以乘车出入的，只是经过门口时须下车步行。《汉书》卷五〇《张释之传》注引如淳曰："《宫卫令》：诸出入殿门、公车、司马门者皆下，不如令，罚金四两。"⑥出入司马门须下车，已见前引文帝太子与梁王之例，出入殿门须下车亦有实例。《汉书》卷六八《霍光传》："每出入下殿门，进止有常处，郎仆射窃识视之，不失尺寸。"⑦同书卷七七《盖宽饶传》："迁谏大夫，行郎中户将事。劾奏卫将军张安世子侍中阳都侯彭祖不下殿门，并连及安世居位无补。彭祖时实下门，宽饶坐举奏大臣非是，左迁为卫司马。"师古释"不下殿门"曰："过殿门不下车也。"⑧而参照前文所及，王莽离开前殿后出白虎门方得乘车，昌邑王离开承明殿后出金马门方得乘车，可知白虎、金马等门内通常是不能行车的。皇帝在此范围内多乘辇，群臣则步行。田千秋"得乘小车入宫殿中"，应指得入白虎、金马等门。白虎门、金马门如是，端门、"殿东门"、长秋门当亦然。

---

① 《玉海》卷一五五"未央宫"条引，见《文渊阁四库全书》（第947册），台湾商务印书馆影印本，1986年，第86页下栏。

② 〔北魏〕郦道元注，杨守敬、熊会贞疏：《水经注疏》，江苏古籍出版社，1989年，第1595、1596页。

③ 一说潘岳，一说葛洪。参见刘庆柱：《关中记辑注》，三秦出版社，2006年，第4页。

④ 《史记》卷一一七《司马相如传》载《大人赋》："排闾阖而入帝宫兮，载玉女而与之归。"《正义》引韦昭云："闾阖，天门也。"《汉书》卷二二《礼乐志》载《郊祀歌》之《天马》有"游闾阖，观玉台"一句，注引应劭曰："闾阖，天门。玉台，上帝之所居。"是汉人有天门名闾阖之说。张衡《西京赋》："正紫宫于未央，表峣阙于闾阖。"薛综注："天有紫微宫，王者象之。紫微宫门名曰闾阖。"吕向注："闾阖，天门也，言法紫微以造未央，立高阙以象天门。"（《日本足利学校藏宋刊明州本六臣注文选》，人民文学出版社，2008年，第40页上栏）显然，张衡只是用天门比喻未央宫门。《关中记》"阙中有闾阖门"的说法可能源于对《西京赋》的误解。"阙中有……止门"的说法不知从何而来，怕也并无可靠依据。

⑤ 《汉书》，中华书局，1962年，第2886页。

⑥ 《汉书》，中华书局，1962年，第2309页。

⑦ 《汉书》，中华书局，1962年，第2933页。

⑧ 《汉书》，中华书局，1962年，第3243页。

金马门在承明、温室一线东侧，位于"殿东门"北，意味着前殿东侧的围墙在前殿以北继续延伸。由此推测，前殿西侧的围墙应亦向北延伸，长秋门可能是其间的一个出入口。前殿、宣室、承明、温室、中宫、掖庭等建筑被这道墙围在其中，构成未央宫的核心区域。那么，这一区域就是所谓"殿中"吗？答案是：这是"殿中"的一部分，但非全部。因为端门、"殿东门"、白虎门、金马门、长秋门都不得乘车进入，而"殿门"是可以乘车出入的。这意味着在上述区域之外还另有"殿门"。

笔者仔细推敲相关记载，认为端门、白虎门和"殿东门"就是"殿门"。因为前殿是"殿中"的标志性建筑，"殿中"之"殿"本意即前殿，端门、白虎门和"殿东门"作为出入前殿之门，都是典型的"殿门"。三门之外也未见另有"殿门"。金马门和长秋门则不同，有迹象显示，它们之外另有"殿门"。如前述，诸侯王入未央宫朝见皆走东司马门。以此为背景，文帝太子和梁王共车入朝，应是由东司马门入宫，至殿门前被追止。《史记》卷五八《梁孝王世家》褚先生曰："诸侯王朝见天子，汉法凡当四见耳。始到，入小见；到正月朔旦，奉皮荐璧玉贺正月，法见；后三日，为王置酒，赐金钱财物；后二日，复入小见，辞去。"又曰："小见者，燕见丁禁门内，饮于省中，非士人所得入也。"[1]太子与梁王共车入朝，且"不下司马门"，表现出轻松随意，显然不是到前殿参加仪式隆重的"法见"，而是入温室省的"小见"。《史记·张释之传》载：释之追止太子、梁王，"遂劾不下公门不敬，奏之。薄太后闻之，文帝免冠谢曰：'教儿子不谨。'薄太后乃使使承诏赦太子、梁王，然后得入"[2]。可见薄太后当时也在温室省中，准备和文帝一起"燕见"太子和梁王。因此，太子和梁王所经之"殿门"应在东司马门和金马门之间。意识到这一点，前引《汉书·武五子传》所载戾太子舍人夜入"未央宫殿长秋门"一句，便可断为"未央宫、殿、长秋门"，而这又意味着长秋门和宫门之间也有"殿门"。《汉书》卷七八《萧望之传》："望之以射策甲科为郎，署小苑东门候"，光禄大夫给事中王仲翁"出入从仓头庐儿，下车趋门，传呼甚宠"，后望之"坐弟犯法，不得宿卫，免归为郡吏"。[3]小苑东门既由郎官守卫，门候称"宿卫"之职，应是"殿门"。王仲翁"下车趋门"，证明此门可乘车出入，也符合"殿门"制度。《后汉书》卷二八《桓谭传》载："谭以父任为郎……喜非毁俗儒，由是多见排抵。哀平间，位不过郎。"[4]桓谭《新论·离事》则称："余年十七

---

① 《史记》，中华书局，1959年，第2090页。
② 《史记》，中华书局，1959年，第2753页。
③ 《汉书》，中华书局，1962年，第3272、3273页。
④ 《后汉书》，中华书局，1965年，第955页。

为奉车郎中，卫殿中小苑西门。"①此亦证由郎中守卫的"小苑西门"是"殿中"之门，亦即"殿门"。桓谭所卫"小苑西门"既是"殿门"，萧望之所守"小苑东门"应当也是"殿门"。二门可能分别位于"殿中"区域的东西两侧，在金马门和长秋门外。由此看来，未央宫中的"殿中"区域可能呈"凸"字形，南部端门、白虎门、"殿东门"部分东西较窄，向南凸出，北部金马门和长秋门外还有小苑东门和小苑西门，东西较宽。

"殿中"区域北部的范围目前无法确定，但有一条线索可供参考。《汉书》卷三六《刘向传》："讲论五经于石渠。"师古曰："《三辅旧事》云石渠阁在未央大殿北，以藏秘书。"②同书卷八八《儒林瑕丘江公传》详载石渠阁会议始末，而曰"召五经名儒太子太傅萧望之等大议殿中"③。此证石渠阁位于"殿中"。今未央宫前殿遗址西北有一夯土台基，南北100米，东西80米，残高8.74米，相传为石渠阁遗址。陈直称："王廉先生藏有'石渠千秋'瓦当，文字极精，但未经著录。据我所知，此瓦出在石渠阁附近，是毫无疑义的。现天禄阁小学存有石渠一具，形制古朴，据小学某教师说，是从石渠阁遗址移来保存的。"④这些证据是否可靠，尚可存疑，但该遗址的位置与文献记载中石渠阁的方位大致相符。《汉长安城未央宫——1980—1989年考古发掘报告》将其定名为"未央宫第7号建筑遗址"，其"北距未央宫北墙60米"，其西紧邻作室门内大道。⑤若此遗址确是石渠阁，则其所处位置很可能是"殿中"区域的西北角。

金马门和长秋门之外既另有"殿门"，二门本身应非"殿门"。宋王应麟《玉海》卷一六九《宫室·门阙上》"汉金马门"下小注曰："又谓之黄门。"这是一个重要提示。今案《汉书》卷七五《李寻传》："（夏）贺良等皆待诏黄门，数召见。"⑥同书卷八八《儒林梁丘贺传》："宣帝时，闻京房为《易》明，求其门人，得贺……待诏黄门，数入说，教侍中。"⑦所谓"待诏黄门"就是"待诏金马门"。《汉书》常见"待诏金马门"或"待诏宦者署"的例子。如卷五八《公孙弘传》：

———————————

① 〔汉〕桓谭撰，朱谦之校辑：《新辑本桓谭新论》，中华书局，2009年，第49页。

② 《汉书》，中华书局，1962年，第1929页。

③ 《汉书》，中华书局，1962年，第3618页。

④ 陈直：《石渠阁王莽钱的背面范》，《考古通讯》1955年第2期，第48页。

⑤ 中国社会科学院考古研究所编著：《汉长安城未央宫——1980—1989年考古发掘报告》，中国大百科全书出版社，1996年，第18页。

⑥ 《汉书》，中华书局，1962年，第3192页。

⑦ 《汉书》，中华书局，1962年，第3601页。

"拜为博士，待诏金马门。"①卷五四《苏武传》："待诏宦者署，数进见。"②宦者署就在金马门内，故"待诏宦者署"与"待诏金马门"实为一事。最晚自元帝以后，金马门内增修了玉堂殿③，待诏金马门或宦者署的人员皆值于该殿。扬雄"待诏承明之庭"，自称"与群贤同行，历金门、上玉堂"④，实即待诏金马门。李寻"待诏黄门"，上书称："臣寻位卑术浅，过随众贤待诏，食太官，衣御府，久污玉堂之署。"⑤可见金马门又称"黄门"，王应麟说不误。由此推测，长秋门应当也是黄门。

金马门内还有"禁门"，其内是皇帝寝殿，是未央宫中警卫等级最高的区域。《汉书·霍光传》载：皇太后"诏诸禁门毋内昌邑群臣。王入朝太后还，乘辇欲归温室，中黄门宦者各持门扇，王入，门闭，昌邑群臣不得入"⑥。据此，温室省门为"禁门"，由中黄门看守。褚先生说"小见者，燕见于禁门内，饮于省中"，足证"禁门内"即为"省中"。《汉书》卷九八《元后传》："红阳侯立父子……顿首省户下。"王先谦《补注》引顾炎武云："省户即禁门也。"⑦"省户"即"禁门"，因而"省中"即"禁中"。《汉书》卷七《昭帝纪》：昭帝即位时"年八岁"，"帝姊鄂邑公主益汤沐邑，为长公主，供养省中"⑧。此事又见于同书卷九七上《外戚传上》，其文作："昭帝始立，年八岁，帝长姊鄂邑盖长公主居禁中，供养帝。"⑨此证"省中"就是"禁中"，在班固笔下，二者是可以互换的。⑩同书卷

---

① 《汉书》，中华书局，1962年，第2617页。

② 《汉书》，中华书局，1962年，第2468页。

③ 《汉书》卷二七中之上《五行志中之上》："元帝时童谣曰：'井水溢，灭灶烟，灌玉堂，流金门。'"（中华书局，1962年，第1395页）这是玉堂殿最早见于记载之处。

④ 《汉书》卷八七下《扬雄传下》，中华书局，1962年，第3566页。

⑤ 《汉书》卷七五《李寻传》，中华书局，1962年，第3183页。

⑥ 《汉书》，中华书局，1962年，第2939页。

⑦ 〔清〕王先谦：《汉书补注》，中华书局，1983年，第1673页。

⑧ 《汉书》，中华书局，1962年，第217页。

⑨ 《汉书》，中华书局，1962年，第3958页。

⑩ 蔡邕《独断》："禁中者，门户有禁，非待御者不得入，故曰禁中。孝元皇后父大司马阳平侯名禁，当时避之，故曰省中。"（上海古籍出版社，1990年，第3页）胡克家刻本《文选》卷六《魏都赋》"禁台省中"句李善注："《魏武集》荀欣等曰：汉制，工所居曰禁中，诸公所居曰省中。"（中华书局，1977年，第99页）周寿昌曰："是汉制原有禁与省之别，不自避王禁讳始。且昭帝下距元后时甚远，何以遽避禁讳？若为班氏追书，则班氏时已在中兴后，更何所忌于王氏而必为之讳也？"（〔清〕王先谦《汉书补注》）今案宋刊明州本六臣注《文选》李善注引荀欣等语作"汉制，王所居曰省中"（第104页上栏）。汉代并无"王所居曰禁中，诸公所居曰省中"之制，胡刻本此文及周寿昌"汉制原有禁与省之别"的说法都不足信据。蔡邕说西汉因避王禁讳而改禁中曰省中，也不能成立，周寿昌的反驳有理有据。

一九上《百官公卿表上》：少府属官有"中黄门"。师古注："中黄门，奄人居禁中在黄门之内给事者也。"①《续汉书·百官志三》："黄门令一人。"注引董巴曰："禁门曰黄闼，以中人主之，故号曰黄门令。"②可见禁中之门也是黄门。

以上考证大致勾画出"殿中"区域的布局。其中，金马门及长秋门性质特别。它们是未央宫中"五六重"门闼中的一重，介于"殿门"和"省户"之间，内外都是"殿中"。它们是"黄门"，却非"禁门"，无案籍出入之制，但肯定有出入限制。《汉官旧仪》载东汉制度曰："尚书郎宿留台……给尚书郎伯二人，女侍史二人，皆选端正。从直，伯送至止车门还，女侍史执香炉烧熏，从入台护衣。"③金马门和长秋门也不得乘车进入，与东汉止车门相类。由此推测，其功能可能是区分"殿中"的办公区和生活服务区。《汉官解诂》"卫尉"条载出入宫门之制曰："其有官位得出入者，令执御者官传呼前后以相通。"④"前后"当指随从人员。他们可随官员出入宫门。由前述王仲翁出入"小苑东门"时"从仓头庐儿……传呼甚宠"一例可知，殿中官员的随从家奴也可随其出入殿门，但恐不能进入金马、长秋等门。

二、"殿中"的机构和设施

对"殿中"的范围和布局有了大致认识，就可进而讨论其中的机构和设施了。可以肯定的是，光禄勋及其所属机构在"殿中"。前引《史记》《汉书》所载光禄勋"居殿中""行殿中"，《汉官旧仪》所载"殿内郎署属光禄勋"等都是显证，故光禄勋有"内卿"之称。⑤少府、太仆与光禄勋相似，其职掌与皇帝日常生活密切相关。《汉书》卷七八《萧望之传》："征入守少府……复以为左冯翊。望之从少府出为左迁，恐有不合意，即移病。"⑥同书卷一九上《百官公卿表上》："右扶风……与左冯翊、京兆尹是为三辅。"注引服虔曰："皆治在长安城中。"⑦是左冯翊府在长安城中。望之从少府"出"为左冯翊，可见少府在未央宫中。《百官公卿表上》：少府"掌山海池泽之税，以给供养。"师古曰："少府以养天子也。"属官有尚书、符节、太医、太官、中书、永巷、宦者等皇帝身边之机构，故少府

---

① 《汉书》，中华书局，1962年，第732页。
② 《后汉书》，中华书局，1965年，第3594页。
③ 〔清〕孙星衍等辑：《汉官六种》，中华书局，1990年，第33页。
④ 〔清〕孙星衍等辑：《汉官六种》，中华书局，1990年，第14页。
⑤ 《汉书》卷八八《儒林房凤传》，中华书局，1962年，第3619页。
⑥ 《汉书》，中华书局，1962年，第3274页。
⑦ 《汉书》，中华书局，1962年，第736、737页。

寺应在殿中①。太仆"掌舆马"，还要为皇帝御车。《汉书》卷四六《万石君石奋传》："少子庆……为太仆，御出，上问车中几马，庆以策数马毕，举手曰：'六马。'"师古释"御出"曰："为上御车而出。"②故太仆寺很可能也在殿中。"殿门"则由光禄勋属官"郎中"守卫。《百官公卿表上》"郎中令"条："郎掌守门户，出充车骑……郎中比三百石……有车、户、骑三将。"注引如淳曰："主车曰车郎，主户卫曰户郎"。又引《汉仪注》曰："左右车将主左右车郎，左右户将主左右户郎也。"③显然，郎中车将、骑将掌"出充车骑"，户将则"掌守门户"。前引《汉书·盖宽饶传》所载"郎中户将"劾奏侍中"不下殿门"事，证明其所守门户是"殿门"，三将所领郎中应皆宿卫"殿门"之中。

除上述机构外，殿中还有许多官员的住所"庐"。前引《汉书·董贤传》所载贤妻"得通引籍殿中，止贤庐"便是一例。同书卷九七上《外戚传上》："上官桀谋反时……其殿中庐有索长数尺可以缚人者数千枚，满一筐缄封"。师古曰："殿中庐，桀所止宿庐舍在宫中者也。"④同书卷九九下《王莽传下》：卫将军王涉、大司马董忠"数俱至国师殿中庐道语星宿"，师古曰："庐者，宿止之处"。⑤是大臣宿值殿中者皆有"庐"。既称"殿中庐"，当然在殿中。同书卷六八《霍光传》载：光以大司马大将军辅政，宿值殿中，其间"殿中尝有怪，一夜群臣相惊，光召尚符玺郎，郎不肯授光。光欲夺之，郎按剑曰：'臣头可得，玺不可得也。'光甚谊之。明日，诏增此郎秩二等"⑥。霍光夜宿殿中，肯定也有"殿中庐"。《汉官旧仪》："御史……其十五人衣绛，给事殿中为侍御史，宿庐在石渠门外。"⑦《汉

---

① 据《汉长安城未央宫——1980—1989年考古发掘报告》，石渠阁遗址以南300余米处有"第4号建筑遗址"。《报告》根据"文献记载未央宫西北部集中了织室、暴室和尚方等大量少府所辖官署"及"该遗址内曾出土了大量'汤官饮监章'封泥"等事实，推断该遗址"应是少府或所辖主要官署的建筑遗址"。但《报告》又称：该建筑规模宏大（主体建筑南殿和北殿面积分别为706和400平方米），屋内地面铺置地板，"还有储藏室、通道、门房类建筑，以及水池、水井等设施"，因而又"推断该建筑并非一般官署建筑物，它可能属于以大型殿堂为主体的多功能、大体量、高规格的宫室建筑群"。侯旭东《西汉御史大夫寺位置的变迁——兼论御史大夫的职掌》（《中华文史论丛》2015年第1期，第167—197页）一文认为，该遗址有许多房间"应属于储存易腐物品的空间"，少府属官"导官之署很可能就在四号遗址内"。其说亦可参。
② 《汉书》，中华书局，1962年，第2197页。
③ 《汉书》，中华书局，1962年，第727页。
④ 《汉书》，中华书局，1962年，第3964、3965页。
⑤ 《汉书》，中华书局，1962年，第4184、4185页。
⑥ 《汉书》，中华书局，1962年，第2933页。
⑦ 〔清〕孙星衍等辑：《汉官六种》，中华书局，1990年，第32页。

书》卷六四《严助传》：为中大夫，宿值"承明之庐"。注引张晏曰："承明庐在石渠阁外。"①《文选》卷一《西都赋》、卷四《蜀都赋》李善注引张晏此注，"石渠阁"皆作"石渠门"。②石渠阁是高台建筑，四周可能也有围墙，形成独立的院落，其位置已见前述。侍御史和中大夫的宿庐都在石渠门外，推测这一带可能是殿中官员的宿舍区。前引《萧望之传》载：光禄大夫给事中王仲翁出入"小苑东门"时，"从仓头庐儿，下车趋门，传呼甚宠"。仓头庐儿应是在"殿中庐"照料官员生活的家奴，他们也可随值宿殿中的官员出入殿门。由此看来，殿中之"庐"当有许多房舍，高级官员的"庐"可能还是独立的院落。

以上"殿中"机构和设施，应该都在金马门和长秋门外的生活服务区。其内的办公区则有承明殿、玉堂殿、高门殿等建筑，是皇帝及其辅助人员日常办公理政的场所。

如前述，金马门内的宦者署和玉堂殿是待诏人员侍值之处。除此之外，光禄勋属下的侍郎也在此处"给事"。《汉书》卷八一《孔光传》："子男放为侍郎，给事黄门。"③同书卷八七《扬雄传》赞曰："除为郎，给事黄门，与王莽、刘歆并。"又载《解嘲》曰："位不过侍郎，擢才给事黄门。"④桓谭《新论》："谭谓扬子曰：'君之为黄门郎，居殿中。'"⑤《汉书》卷九九上《王莽传上》："拜为黄门郎。"⑥同书卷三六《楚元王传附刘歆传》："待诏宦者署，为黄门郎。"⑦同书卷七五《李寻传》："待诏黄门……迁黄门侍郎。"⑧这些例子表明，侍郎"给事黄门"，故称"黄门侍郎"或"黄门郎"，"居殿中"，在金马门内备顾问。《汉书》卷二七中之下《五行志中之下》："有大声如钟鸣，殿中郎吏陛者皆闻焉。上以问黄门侍郎扬雄、李寻。"⑨这是黄门侍郎备皇帝顾问的具体例子⑩。《汉书》卷六五《东方朔传》：朔"待诏公车，俸禄薄，未得省见"；"待诏金马门，稍得亲

<hr />

① 《汉书》，中华书局，1962年，第2790页。
② 〔梁〕萧统编：《文选》，中华书局，1977年，第26页下栏、78页下栏。
③ 《汉书》，中华书局，1962年，第3353页。
④ 《汉书》，中华书局，1962年，第3583、3566页。
⑤ 〔汉〕桓谭撰，宋谦之校辑：《新辑本桓谭新论》，中华书局，2009年，第50页。
⑥ 《汉书》，中华书局，1962年，第4039页。
⑦ 《汉书》，中华书局，1962年，第1967页。
⑧ 《汉书》，中华书局，1962年，第3183、3192页。
⑨ 《汉书》，中华书局，1962年，第1429页。
⑩ 《汉书》卷三六《楚元王传附刘向传》："拜为郎中，给事黄门。"（中华书局，1962年，第1929页）刘向此前已为谏大夫，因铸黄金不成，下吏当死，以减死论。故其以郎中给事黄门，未必是常例。

<hr />

近";"为常侍郎，遂得爱幸";后著论自称"官不过侍郎"。①是黄门侍郎比待诏金马门者更为亲近。但侍郎并非都能像东方朔那样"得爱幸"，冯参"少为黄门郎、给事中，宿卫十余年……终不得亲近侍帷幄"②便是一例。

与侍郎职责相似的还有光禄勋属下的大夫。《汉书》卷一九上《百官公卿表上》："大夫掌论议，有太中大夫、中大夫、谏大夫，皆无员，多至数十人。武帝……太初元年更名中大夫为光禄大夫。"③中大夫为皇帝身边侍臣。《史记》卷五四《曹相国世家》："参子窋为中大夫……洗沐归，闲侍，自从其所谏参。参怒而笞窋二百，曰：'趣入侍，天下事非若所当言也！'"④是中大夫须在殿中宿值，休沐乃出。武帝初年，任用严助等人为中大夫，亦常在左右。《汉书》卷六四《严朱吾丘主父徐严终王贾传》："严助……郡举贤良，对策百余人，武帝善助对，由是独擢助为中大夫。后得朱买臣、吾丘寿王、司马相如、主父偃、徐乐、严安、东方朔、枚皋、胶仓、终军、严葱奇等，并在左右。"⑤其中，朱买臣、主父偃亦曾为中大夫，吾丘寿王曾为光禄大夫，终军、东方朔曾为谏大夫。史称"买臣为中大夫，与严助俱侍中"，又称严助"厌承明之庐，劳侍从之事"，⑥可见大夫为亲近之职。哀帝时，鲍宣为谏大夫，上书称："陛下擢臣岩穴，诚冀有益豪毛，岂徒欲使臣美食大官，重高门之地哉！"又称："高门去省户数十步，求见出入，二年未省。"⑦同书卷五〇《汲黯传》：武帝时，"浑邪王至，贾人与市者，坐当死五百余人。黯入，请间，见高门"。注引晋灼曰："《三辅黄图》未央宫中有高门殿也。"⑧今本《三辅黄图》引《三辅旧事》云："武帝于未央宫起高门、武台殿。"⑨自武帝后，未央宫中有了高门殿，大夫在其中侍值，皇帝有时也在其中会见大臣。该殿离温室省门仅数十步，应在承明殿附近。考虑到承明殿东、金马门内有玉堂殿，推测高门殿应在承明殿西。

"殿中"办公区内最重要的设施当然是承明殿。该殿也有内外两个庭院，内院称"殿下"或"中庭"，外院即所谓"廷中"⑩。秦和汉初，皇帝出现在殿上时，殿

① 《汉书》，中华书局，1962年，第2842、2843、2845、2864页。
② 《汉书》卷七九《冯奉世传附冯参传》，中华书局，1962年，第3306页。
③ 《汉书》，中华书局，1962年，第727页。
④ 《史记》，中华书局，1959年，第2030页。
⑤ 《汉书》，中华书局，1962年，第2775页。
⑥ 《汉书》，中华书局，1962年，第2791、2789页。
⑦ 《汉书》卷七二《鲍宣传》，中华书局，1962年，第3088、3093页。
⑧ 《汉书》，中华书局，1962年，第2320页。
⑨ 何清谷：《三辅黄图校释》，中华书局，2005年，第121页。
⑩ 陈苏镇：《未央宫四殿考》，《历史研究》2016年第5期。

下有郎中持兵警卫。《史记》卷八六《刺客列传》："秦法，群臣侍殿上者不得持尺寸之兵，诸郎中持兵皆陈殿下。"①同书卷九九《叔孙通列传》载汉七年长乐宫朝会仪：

> 传言"趋"，殿下郎中夹陛，陛数百人；功臣列侯诸将军军吏以次陈西方，东向；文官丞相以下陈东方，西向。大行设九宾，胪传。于是皇帝辇出房，百官执职传警，引诸侯王以下至吏六百石以次奉贺。②

但惠帝以后不再有郎中陛戟的记载。张家山336号汉墓出土竹简有《朝律》一篇，据参与整理的彭浩说，其内容"与叔孙通制定的朝见礼仪相近"。该墓还出土了文帝前元七年《历谱》，故彭浩推测这批简"大约是文帝时期的"③。在目前已刊布的四枚简的释文中，有如下两段文字："趋，下就位，少府、中郎进"；"后五步，北上，谒者一人立东陛者南面。立定，典客言具，谒者以闻。皇帝出房，宾九宾及朝者"④。其内容与上引《叔孙通列传》相似而较详。值得注意的是，《叔孙通列传》"趋"之下紧接"殿下郎中夹陛"，简文"趋"之下是"下就位，少府、中郎进"。"下就位"可能指赞礼的官员在殿上传言"趋"，然后下殿就位。"少府、中郎进"则指少府和中郎首先进入殿下。少府先进，可能是要安排或检查有关事务。中郎先进，应是在殿下持兵夹陛。如果是这样，便意味着殿下夹陛者由"郎中"变为"中郎"了。

《汉书》卷六五《东方朔传》：武帝姑窦太主寡居而近幸董偃，"上为窦太主置酒宣室，使谒者引内董君。是时，朔陛戟殿下，辟戟而前曰：'董偃有斩罪三，安得入乎！'……上默然不应，良久曰：'吾业已设饮，后而自改。'朔曰：'不可。夫宣室者，先帝之正处也，非法度之政不得入焉……'上曰：'善。'有诏止，更置酒北宫"⑤。案其上文，东方朔当时"为中郎"。这是中郎陛戟的实例。此例还表明，中郎在殿下陛戟，可听到殿上谈话，并可发表意见。《汉书》卷五〇

---

① 《史记》，中华书局，1959年，第2535页。

② 《史记》卷九九《叔孙通列传》，中华书局，1959年，第2723页。

③ 彭浩：《湖北江陵出土西汉简牍概说》，见［日］大庭脩编：《汉简研究の现状と展望》，关西大学出版会，1993年，第171页。

④ 胡平生：《中国湖北江陵张家山汉墓出土竹简概述》，见［日］大庭脩编：《汉简研究の现状と展望》，关西大学出版会，1993年，第273页；曹旅宁：《张家山336号汉墓〈朝律〉的几个问题》，《贵州师范大学学报》2008年第1期，第14页；刘海宇：《介绍一枚张家山三三六号汉墓〈朝律〉简的清晰图版》，复旦大学出土文献与古文字研究中心网站，2013年8月。

⑤ 《汉书》，中华书局，1962年，第2852、2856页。

《汲黯传》："臣愿为中郎，出入禁闼，补过拾遗。"①可见"补过拾遗"是中郎的一项职责。《史记》卷一〇二《冯唐列传》："为中郎署长②，事文帝。文帝辇过，问唐。"唐应答失礼，"上怒，起入禁中。良久，召唐让曰：'公奈何众辱我，独无闲处乎？'"③观此例，中郎署应在禁门外，金马、长秋门内。同书卷一〇一《袁盎列传》载：文帝"每朝，郎官上书疏，未尝不止辇受其言"④。文帝乘辇上"朝"，应是由温室省至承明殿或前殿，能在途中向文帝"上书疏"的郎官应是中郎。这也是中郎"补过拾遗"的一种方式。《汉书》卷六四《贾捐之传》："待诏金马门……数召见，言多纳用。"班固称其"出入禁门招权利"⑤。在金马门内供职的官员有较多机会奉召出入禁门。中郎亦然，上引《冯唐传》说文帝"入禁中"后"召唐"，就是将其召入禁中。汲黯称"愿为中郎，出入禁闼"，正是基于这一制度。

《汉书》卷二《惠帝纪》载惠帝即位恩诏有郎官赐爵之文："中郎郎中满六岁爵三级，四岁二级，外郎满六岁二级。中郎不满一岁一级，外郎不满二岁赐钱万。宦官尚食比郎中，谒者、执楯、执戟、武士、驺比外郎。"⑥这段文字常被引用，但疑点甚多，显然存在缺失和错乱之处。⑦其下文，有"上造以上及内外公孙耳孙有罪当刑及当为城旦舂者，皆耐为鬼薪白粲"一句。此句又见于张家山247号汉墓出土的《二年律令·具律》，其文为："上造、上造妻以上，及内公孙、外公孙、内公耳

---

① 《汉书》，中华书局，1962年，第2321页。

② "中郎署"，《汉书》卷五〇《冯唐传》作"郎中署"。从上下文看，当以《史记》为是。

③ 《史记》，中华书局，1959年，第2757页。

④ 《史记》，中华书局，1959年，第2741页。

⑤ 《汉书》，中华书局，1962年，第2830、2835、2838页。

⑥ 《汉书》，中华书局，1962年，第85页。

⑦ 先言"中郎郎中"赐爵待遇相同，"外郎"低一等；后言"中郎不满一岁一级，外郎不满二岁赐钱万"，未及郎中；最后言宦官尚食"比郎中"，谒者等"比外郎"，又不及中郎。"中郎不满一岁一级，外郎不满二岁赐钱万"尤为费解。照此规定，中郎不满四岁满一岁、外郎不满六岁满二岁者皆无着落。张晏意识到这一问题，故曰："不满一岁，谓不满四岁之一岁，作郎三岁也。不满二岁，谓不满六岁之二岁，作郎四岁也。"颜师古认为："此说非也，直谓作郎未经一岁二岁耳。"（《汉书》，中华书局，1962年，第86页）张晏的解释固然迂曲，且不能完全排除矛盾，师古否认疑点的存在，还不如张晏。王先谦《汉书补注》引刘颁曰："中郎二岁乃当一级，今不满一岁亦一级，恩优之也。又散郎三岁当赐一级，今断不满二岁赐钱万，则满二岁亦赐一级矣。"（《汉书补注》，中华书局，1983年，第60页上栏）所谓"中郎二岁乃当一级"和"散郎三岁当赐一级"都是刘颁推算出来的，且仍不能弥缝中郎满二岁和满一岁皆赐一级、外郎满三岁和满二岁皆赐一级的矛盾，"恩优"之说也不免牵强。

玄孙有罪，其当刑及当为城旦舂者，耐以为鬼薪白粲。"①两相对照，《汉书》之文简略且有失准确。据此推测，上引赐爵之文恐亦非照抄诏书原文，而是有所省略。若依逻辑补足省略和缺失的信息（用圆括号）、删去错乱之文（用方括号），诏书原文应是："中郎郎中满六岁爵三级，四岁二级，（一岁一级）。外郎满六岁二级，（二岁一级。）中郎（郎中）不满一岁〔一级〕，外郎不满二岁赐钱万。宦官尚食比（中郎）郎中。谒者、执楯、执戟、武士、驺比外郎。"

由此看来，惠帝时"中郎"和"郎中"的地位待遇大致相等。而在《汉书·百官公卿表》中，中郎"秩比六百石"，郎中"比三百石"，中郎有"五官、左、右三将，秩皆比二千石"，郎中有"车、户、骑三将，秩皆比千石"②，中郎和郎中有了不同的秩级，且分属郎中将和中郎将。这一变化应是文景以后出现的。《百官公卿表》称"郎掌守门户，出充车骑"，系指郎中而言，中郎的职掌则未明确交代。《惠帝纪》注引苏林曰："中郎，省中郎也。"③王先谦《汉书补注》引姚鼐曰："此中郎乃天子禁中亲近之人，其所任乃景武以后侍中、中常侍之职。"先谦曰："中郎、侍郎，亲近天子之官，郎中较疏……苏说中郎为省中郎，其说是矣。"④今案：史籍中未见西汉中郎值宿"省中"的例证，苏说无据。姚鼐、先谦之说由苏说而来，当然也不可信。但中郎"亲近"而郎中"较疏"的判断是正确的。中郎在禁门外值宿，除"陛戟殿下""补过拾遗"外，可能还负责金马、长秋门内的宿卫。《汉书》卷九九下《王莽传下》载：大司马董忠谋反，被黄门格杀于省户下，"省中相惊，传勒兵至，郎署皆拔刃张弩"⑤。消息从"省户"传开，必先惊动附近的中郎署，故首先做出反应的应是中郎。

西汉皇帝在殿上处理政务时，尚书、侍御史、谒者等官员常在左右。《汉书》卷六八《霍光传》：左将军上官桀与桑弘羊、燕王旦等诈令人上书，诬告霍光谋反，"书奏，帝不肯下。明旦……光入，免冠顿首谢。上曰：'将军冠。朕知是书诈也，将军无罪。'……是时帝年十四，尚书左右皆惊"⑥。同书卷六七《朱云

---

① 《张家山汉墓竹简〔二四七号墓〕》（释文修订本），文物出版社，2006年，第20页。
② 《汉书》，中华书局，1962年，第727页。
③ 《汉书》，中华书局，1962年，第86页。
④ 〔清〕王先谦：《汉书补注》，中华书局，1983年，第60页上栏。
⑤ 《汉书》，中华书局，1962年，第4185页。中华书局本将这段文字点作"省中相惊传，勒兵至郎署，皆拔刃张弩"，文意费解。案其上文："莽遣使者分召忠等。时忠方讲兵都肆，护军王咸谓忠谋久不发，恐漏泄，不如遂斩使者，勒兵入，忠不听。"据此，"传勒兵至"应是误传大司马董忠勒兵至，故"郎署皆拔刃张弩"，准备护驾。
⑥ 《汉书》，中华书局，1962年，第2935、2936页。

传》：云"上书求见"，于殿上当众弹劾丞相张禹，成帝大怒，"御史将云下"，云大呼抗争，"攀殿槛，槛折"①。同书卷九九上《王莽传上》：莽拜宰衡后，仿照皇帝待遇，"出，从大车前后各十乘，直事尚书郎、侍御史、谒者、中黄门、期门羽林"②皆从。由出行的排场可推想殿上之情形。尚书、侍御史、谒者既须侍于殿上，其所属机构必在附近。参照当时长官在内院办公、僚属在外院理事之通例，尚书、侍御史、谒者等机构应在承明殿之"廷中"。

《初学记》卷一一《尚书令》引《汉官》云："秦代少府遣吏四人在殿中主发书，故号尚书……汉因秦置之。"③西汉尚书肯定也在"殿中"，具体在殿中何处，史无明文。《汉书》卷九九上《王莽传上》：平帝选后，"庶民、诸生、郎吏以上守阙上书者日千余人，公卿大夫或诣廷中，或伏省户下"，要求立王莽之女为皇后。④"守阙"者是不能入宫的人，只能通过公车递交章疏。"伏省户下"者是有资格进入省中的官员，希望直接向平帝表达意见。而"诣廷中"者应当是那些可入殿中但不能进入省中的官员。他们"诣廷中"，是想通过尚书向平帝转达意见。

西汉制度，上报皇帝的文书应先由尚书接收并处理，然后上奏。《汉书》卷九九上《王莽传上》：哀帝即位，莽"移病求退"，哀帝下诏挽留，称"已诏尚书待君奏事"⑤。是一般情况下，尚书向皇帝奏事，若有大臣辅政，则经其审阅后上奏。尚书因此而有"枢机"之称。如张安世以大司马车骑将军领尚书事，史称"职典枢机"⑥；孔光先后任尚书、尚书仆射、尚书令、领尚书事，史称"凡典枢机十余年"⑦。除接收和处理文书外，尚书还常常代表皇帝直接与官员对话。如成帝曾"数使尚书责问丞相"⑧；哀帝益封董贤户邑，丞相王嘉"封还诏书"，哀帝"发怒，召嘉诣尚书，责问"，令嘉"对状"⑨。丞相朱博、御史大夫赵玄奉傅太后旨弹劾傅喜，哀帝"疑博、玄承指，即召玄诣尚书问状，玄辞服"⑩。大臣通过尚书奏事，尚书还有责任核实其内容。如博士夏侯常私下对光禄大夫龚胜说，"高陵有子杀母者"。"胜白之。尚书问：'谁受？'对曰：'受夏侯常。'尚书使胜问常。常连

① 《汉书》，中华书局，1962年，第2915页。
② 《汉书》，中华书局，1962年，第4068页。
③ 〔唐〕徐坚等：《初学记》，中华书局，1962年，第258页。
④ 《汉书》，中华书局，1962年，第4051、4052页。
⑤ 《汉书》，中华书局，1962年，第4042页。
⑥ 《汉书》卷五九《张汤传附张安世传》，中华书局，1962年，第2649页。
⑦ 《汉书》卷八一《孔光传》，中华书局，1962年，第3353页。
⑧ 《汉书》卷七〇《陈汤传》，中华书局，1962年，第3027页。
⑨ 《汉书》卷八六《王嘉传》，中华书局，1962年，第3500页。
⑩ 《汉书》卷八三《朱博传》，中华书局，1962年，第3407页。

恨胜，即应曰：'闻之白衣，戒君勿言也。奏事不详，妄作触罪。'胜穷，亡以对尚书。"①梅福曾建议"民有上书求见者，辄使诣尚书问其所言"②，正是希望扩展尚书的这一功能，进一步广开言路。霍光死后，霍氏子弟仍然控制着尚书。宣帝为了扩大自己的权力，"令吏民得奏封事，不关尚书，群臣进见独往来"③。这表明，在正常情况下，吏民奏事、群臣进见皆须经过尚书。在这一制度背景下，《王莽传》所言部分官员"诣廷中"，应是至廷中"诣尚书"。

《汉书》卷一九上《百官公卿表上》：御史中丞"在殿中兰台，掌图籍秘书，外督部刺史，内领侍御史，员十五人，受公卿奏事，举劾按章"④。按照这种说法，兰台既是收藏图籍秘书之处，也是御史中丞和侍御史们的办公场所。但《初学记》卷一二《职官部》"兰台"条引《汉官仪》曰："御史中丞二人，本御史大夫之丞，其一别在殿中，兼典兰台秘书，外督部刺史，内领侍御史，受公卿章奏，纠察百僚。"⑤"御史中丞二人"衍"中"字，应删。这条材料值得注意的是"兼典兰台秘书"之说。根据这种说法，兰台并非御史中丞的办公场所，而是由御史中丞"兼典"的收藏"图籍秘书"之处。从具体史实看，"掌图籍秘书"确实不是御史中丞的主要职责，因而《汉官仪》的说法更符合事实。侍御史的日常工作应是"受公卿奏事，举劾按章"。这一职掌与尚书相关，故其办公场所当去尚书不远，也应在"廷中"。

《汉书》卷三〇《艺文志》如淳注引刘歆《七略》曰："外则有太常、太史、博士之藏，内则有延阁、广内、秘室之府。"⑥刘歆所谓"延阁""广内""秘室"于汉代文献无考。观其语气，"外""内"应指宫外、宫内。宫外藏书由太常、太史、博士掌管，而太史、博士皆属太常，宫内藏书则未言由谁掌管。《汉书》卷六八《霍光传》载：霍山"坐写秘书"，光夫人显"为上书献城西第，入马千匹，以赎山罪"⑦。同书卷一九下《百官公卿表下》昭帝元凤四年（前77）："蒲侯苏昌为太常，十一年坐籍霍山书泄秘书免。"师古曰："以秘书借霍山。"⑧此事具体情形应是，霍山从太常苏昌处借得"秘书"并私自抄写，致使泄漏外传，二人因

---

① 《汉书》卷七二《龚胜传》，中华书局，1962年，第3082页。
② 《汉书》卷六七《梅福传》，中华书局，1962年，第2920页。
③ 《汉书》卷六八《霍光传》，中华书局，1962年，第2951页。
④ 《汉书》，中华书局，1962年，第725页。
⑤ 〔唐〕徐坚等：《初学记》，中华书局，1962年，第291页。
⑥ 《汉书》，中华书局，1962年，第1702页。
⑦ 《汉书》，中华书局，1962年，第2956页。
⑧ 《汉书》，中华书局，1962年，第796、797页。

此获罪。由此看来，"秘书"亦归太常掌管。《史记》卷一三〇《太史公自序》："迁为太史令，紬史记石室金匮之书。"《索隐》案："石室、金匮皆国家藏书之处。"又引小颜云："紬谓缀集之也。"①《初学记》卷一二《职官部》"兰台"条引环济《要略》曰："御史中丞有石室，以藏秘书图谶之属。"②《通志·职官略四》"中丞"条："中丞在殿中兰台，有石室以藏秘书图谶之属。"③环济乃晋人，其说之来源已无从查考。郑樵之说显然来自环济。但兰台"有石室"是完全可能的。太史令乃太常属官，司马迁能大量利用兰台藏书，当与此有关。

《史记》卷七〇《张仪列传》：张仪建议秦武王"出兵函谷而毋伐，以临周，祭器必出，挟天子，按图籍，此王业也"④。同书卷五三《萧相国世家》："沛公至咸阳，诸将皆争走金帛财物之府分之，何独先入收秦丞相、御史律令图书藏之……汉王所以具知天下厄塞、户口多少、强弱之处、民所疾苦者，以何具得秦图书也。"⑤《汉书》卷一上《高帝纪上》载此事，作"萧何尽收秦丞相府图籍文书"⑥。是秦汉人所谓"图籍""图籍文书""图书"等概念，都可指国家收藏的律令、户籍、舆图、诏令、章奏等。"秘书"则指宫中所藏，有更高的保密等级。秦之图籍在汉初有重要实用价值，最初应藏丞相府。今本《三辅黄图》曰："石渠阁，萧何造，其下砻石为渠以导水，若今御沟，因为阁名。所藏入关所得秦之图籍，至于成帝，又于此藏秘书焉。"⑦石渠阁曾藏萧何所得秦朝图籍之说，不见于《史记》《汉书》，不知是否可信。可以肯定的是，西汉此类文书是藏于兰台的。

成帝时，"齐人甘忠可诈造《天官历包元太平经》十二卷"，传于弟子夏贺良等。哀帝时，有大臣"白贺良等所挟忠可书"，参照上引龚胜之例，应是通过尚书向皇帝推荐此书。哀帝召贺良等待诏黄门，并听信其言，"改元易号"⑧。这场闹剧不久即宣告失败，但"甘忠可、夏贺良谶书在兰台"⑨，王莽还曾加以利用。由此可知，凡经尚书奏上皇帝的重要文书，都会由兰台保存以备查。元帝晚年欲改换

---

① 《史记》，中华书局，1959年，第3296页。
② 〔唐〕徐坚等：《初学记》，中华书局，1962年，第291页。
③ 〔宋〕郑樵：《通志二十略》，王树民点校，中华书局，1995年，第1070页。
④ 《史记》，中华书局，1959年，第2299页。
⑤ 《史记》，中华书局，1959年，第2014页。
⑥ 《汉书》，中华书局，1962年，第23页。
⑦ 何清谷：《三辅黄图校释》，中华书局，2005年，第339页。
⑧ 《汉书》卷七五《李寻传》，中华书局，1962年，第3192页。
⑨ 《汉书》卷九九上《王莽传上》，中华书局，1962年，第4094页。

太子，"数问尚书以景帝时立胶东王故事"①。当时去景帝已百余年，尚书必定要查阅相关诏令文书。《汉书》卷八一《孔光传》："光以高第为尚书，观故事品式，数岁明习汉制及法令。"②可见，作为尚书，"观故事品式"是经常性的工作。关于西汉尚书之职掌，《汉书》卷一九上《百官公卿表上》只有"成帝建始四年……初置尚书，员五人，有四丞"③一句，语焉不详。《续汉书·百官志三》"尚书"条本注曰："成帝初置尚书四人，分为四曹。"其下详载四曹分工④。《初学记》卷一一《尚书令》"通掌图书"条引司马彪《续汉书》曰："成帝建始四年，罢中书官，初置尚书员五人，一人为仆射，分为四曹，通掌图书秘记章奏，各有曹任。"其下详载四曹之分工⑤。《初学记》所引《续汉书》之文比《续汉志》更详，且多"通掌图书秘记章奏"一句。《晋书·职官志》《通典》《太平御览》等书所载皆与《初学记》同。据此，西汉尚书有"通掌图书秘记"之职。此尚书"通掌"之"图书秘记"与御史中丞"兼典"之"图籍秘书"应是一码事，即兰台所藏。因此，西汉殿中之兰台应去尚书和御史不远。

张衡《西京赋》："内有常侍、谒者，奉命当御。外有兰台、金马，递宿迭居。次有天禄、石渠，校文之处。重以虎威章沟严更之署，徼道外周，千庐内附，卫尉八屯，警夜巡昼。"⑥这段描述是由内而外展开的。常侍、谒者是皇帝侍臣，常在承明殿上侍帷幄，故曰"内"⑦。兰台、金马相对于常侍、谒者而称"外"，可知去承明殿不远。天禄、石渠都在殿门之内⑧，故曰"次"。"虎威章沟"以下则指殿门外、司马门内的警卫设施。兰台、金马连称，可见兰台在金马门内。班固《西都赋》也有类似的描述："左右庭中，朝堂百寮之位……又有天禄、石渠，典籍之

---

① 《汉书》卷八二《史丹传》，中华书局，1962年，第3377页。

② 《汉书》，中华书局，1962年，第3353页。

③ 《汉书》，中华书局，1962年，第732页。

④ 《后汉书》，中华书局，1965年，第3597页。

⑤ 〔唐〕徐坚等：《初学记》，中华书局，1962年，第259、260页。

⑥ 《日本足立学校藏宋刊明州本六臣注文选》，人民文学出版社，2008年，第41页上栏。

⑦ 薛综曰："常侍阉官，谒者寺人也。"案《汉书》卷一九上《百官公卿表上》：中常侍为加官，"所加或列侯、将军、卿大夫、将、都尉、尚书、太医、太官令至郎中"，显然不是阉官；少府所属宦官有中书谒者或中谒者，而谒者为光禄勋属官，显然也不是寺人。薛综说误。

⑧ 据《汉长安城未央宫——1980—1989年考古发掘报告》，"天禄阁遗址在北宫墙以南60米，其与未央宫前殿遗址南北相对，二者间距730米"，石渠阁遗址"东距天禄阁遗址520米，北距未央宫北宫墙60米"，皆在"殿中"区域最北侧。

府……又有承明、金马，著作之廷……周以钩陈之位，卫以严更之署。"①《西京赋》"兰台、金马"，《西都赋》作"承明、金马"，可见兰台与承明关系密切，应是承明殿的附属设施。但兰台是高台建筑，面积也不会太小，应当不在"廷中"。据考古勘探，前殿台基北侧偏西有一块较大的长方形夯土遗迹②，或许与兰台有关。

三、所谓"中朝"

"中朝"概念不见于《史记》，而屡见于《汉书》。如《汉书》卷七三《韦贤传》：元帝"诏中朝臣具复毁庙之文"③。同书卷八四《翟方进传》：司隶校尉弹劾丞相，"愿下中朝特进列侯、将军以下，正国法度"④。同样的概念，有时称作"内朝"。如《翟方进传》："诏举方正直言之士"，陈咸"对策，拜为光禄大夫、给事中"。方进奏："咸前为九卿，坐为贪邪免……不当蒙方正举，备内朝臣。"⑤"中朝"也在"殿中"，是西汉中后期颇为重要的一项制度，但史家未留下明确记载，后世学者也存在一些误解。现基于上文对"殿中"的认识，再对"中朝"问题略做考证如下。

《汉书》卷七七《刘辅传》："中朝左将军辛庆忌、光禄勋师丹、太中大人谷永俱上书。"注引孟康曰："中朝，内朝也。大司马、左右前后将军、侍中、常侍、散骑、诸吏为中朝。丞相以下至六百石为外朝也。"⑥王先谦《汉书补注》引刘奉世曰："案文，则丹、永皆中朝臣也。盖时为给事中、侍中、诸吏之类。"⑦钱大昕《三史拾遗》卷三"刘辅传"条对孟康此注做了进一步考证：

> 《汉书》称中朝官，或称中朝者，或称朝者，其文非一，唯孟康此注最为分明。《萧望之传》："诏遣中朝大司马车骑将军韩增、诸吏富平侯张延寿、光禄勋杨恽、太仆戴长乐问望之计策。"《干嘉传》："事下将军中朝者。光禄大夫孔光、左将军公孙禄、右将军王安、光禄勋马官、光禄大夫龚胜……"《龚胜传》又有司隶鲍宣。光禄大夫非内朝官，而孔光、龚胜得与议者，加给事中故也，此《传》太中大夫谷永亦以给事中故

---

① 《日本足立学校藏宋刊明州本六臣注文选》，人民文学出版社，2008年，第27页上栏。

② 此信息承中国社会科学院考古研究所徐龙国先生告知，特此致谢。

③ 《汉书》，中华书局，1962年，第3123页。

④ 《汉书》，中华书局，1962年，第3413页。

⑤ 《汉书》，中华书局，1962年，第3419页。

⑥ 《汉书》，中华书局，1962年，第3253页。

⑦ 〔清〕王先谦：《汉书补注》，中华书局，1983年，第1405页。

得与朝者之列，则给事中亦中朝官。孟康所举不无遗漏矣。光禄勋掌官殿掖门户，在九卿中最为亲近。昭、宣以后，张安世、萧望之、冯奉世、辛庆忌皆以列将军兼领光禄勋。而杨恽为光禄勋，亦加诸吏，故其与孙会宗书自称"与闻政事"也。然中外朝之分，汉初盖未之有。武帝始以严助、主父偃辈入直承明，与参谋议，而其秩尚卑。卫青、霍去病虽贵幸，亦未干丞相、御史职事。至昭、宣之世，大将军权兼中外，又置前、后、左、右将军，在内朝预闻政事，而由庶僚加侍中、给事者，俱自托为腹心之臣矣。①

综合上述说法，所谓"中朝"和"外朝"是由不同职位组成的，"外朝"包括"丞相以下至六百石"，"中朝"包括大司马、前后左右将军以及光禄勋、光禄大夫、太中大夫、司隶校尉、列侯等，有侍中、中常侍、散骑、诸吏、给事中等加官者。学人论及"中朝"，皆以此认识为前提。然而这一认识并不准确。

今案《汉书》无"外朝"一词。孟康乃曹魏时人，其"外朝"概念应来自当时流行的礼书及汉儒之说。《周礼·小司寇·朝士》："掌建邦外朝之法。"郑玄注引郑司农云："王有五门，外曰皋门，二曰雉门，三曰库门，四曰应门，五曰路门……外朝在路门外。"郑玄则提出，五门顺序应是皋、库、雉、应、路，"然则外朝在库门之外，皋门之内与？今司徒府有天子以下大会殿，亦古之外朝哉？"②同书《地官·槁人》："掌共外、内朝冗食者之食。"郑玄注："外朝，司寇断狱弊讼之朝也。今司徒府中有百官朝会之殿，云天子与丞相旧决大事焉。是外朝之存者与？"③是《周礼》及汉儒所谓"外朝"皆指场所，而非官职。《汉书》卷八九《循吏黄霸传》载：宣帝时，霸为丞相，"与中二千石、博士杂问郡国上计长吏守丞"，令为条教者"先上殿"。当时"有鹖雀飞止丞相府屋上"，霸误以为"皇天报下神雀"，遭在场"郡国吏"耻笑。④

此"殿"当即郑玄所谓"百官朝会之殿"。郑玄认为两汉丞相府和司徒府中的"百官朝会之殿"，可能是"古之外朝"或"外朝之存者"。可见在郑玄的意识中，两汉的"百官朝会之殿"并无"外朝"之称，只是性质与西周"外朝"相似，因而可能是后者之遗存。郑玄既不知西汉有"外朝"，孟康之说恐系杜撰，是用儒生心目中的西周之制进一步比附西汉之制的产物，同时又根据《汉书》中的"中朝

① 《嘉定钱大昕全集》（第4册），江苏古籍出版社，1998年，第84、85页。
② 《十三经注疏》（第3册），台湾艺文印书馆，第532页下栏。
③ 《十三经注疏》（第3册），台湾艺文印书馆，第254页上栏。
④ 《汉书》，中华书局，1962年，第3632页。颜师古释此丞相府中之"殿"曰："丞相所坐屋也。古者屋之高严，通呼为殿，不必宫中也。"不过，非皇家和诸侯王建筑而称"殿"的例子在《汉书》中仅此一见。颜氏的证据不够充分。

臣""内朝臣"等概念，将"中朝"和"外朝"指实为各种具体官职。

《礼记·玉藻》："朝服以日视朝于内朝……君日出而视之，退适路寝听政。"郑玄注："此内朝，路寝门外之正朝也。"①《周礼·夏官·司士》："王入，内朝皆退。"郑玄注："王入，入路门也。王入路门，内朝朝者皆反其官府治处也。"贾公彦疏："王视朝讫，王入路门于路寝听事，其群臣等各退向治事之处。"②是礼书所谓"内朝"亦为场所，指路门外天子视朝处。西汉之"中朝"，本意应仍是场所，因为"中朝臣"的主要职责是奉诏集体议事。如《汉书》卷六六《杨恽传》："中书谒者令宣持单于使者语，视诸将军、中朝二十石。"③卷七八《萧望之传》："五凤中匈奴大乱……诏遣中朝大司马车骑将军韩增、诸吏富平侯张延寿、光禄勋杨恽、太仆戴长乐问望之计策。"④卷八六《王嘉传》：哀帝怒丞相王嘉，"事下将军中朝者。光禄大夫孔光、左将军公孙禄、右将军王安、光禄勋马宫、光禄大夫龚胜劾嘉迷国罔上不道，请与廷尉杂治。"⑤卷八六《师丹传》："丹使吏书奏，吏私写其草。丁、傅子弟闻之，使人上书告丹上封事行道人遍持其书。上以问将军中朝臣，皆对曰：'……宜下廷尉治。'"⑥礼家所谓"路门"外的"内朝"，相当于承明殿前外院之"廷中"，而"中朝臣"议事的场所正是"廷中"。《汉书》卷六八《霍光传》：霍光废黜昌邑王后，"坐庭（庭同廷）中，会丞相以下议定所立"⑦。卷七五《夏侯胜传》：宣帝令群臣议武帝庙乐，"于是群臣大议廷中"。⑧班固《西都赋》描述未央宫，有"左右廷中，朝堂百僚之位，萧曹魏邴，谋谟乎其上"⑨之文。是"廷中"有"朝堂"。《汉书》卷一〇《成帝纪》：建始元年（前32）六月"有青蝇无万数，集未央宫殿中朝者座"。注引服虔曰："公卿以下朝会座也。"又引晋灼曰："内朝臣之朝座也。"师古曰："朝臣座之在宫殿中者也。"⑩笔者认为，此"朝者座"应是承明殿廷中朝堂内群臣的座位。所谓"议廷中"就是在廷中朝堂内议事，所谓"中朝臣"则是有资格参与廷中议事的殿中官员。

西汉"中朝臣"最重要的成员是将军，包括大将军、车骑将军、卫将军和前、

① 《十三经注疏》（第5册），台湾艺文印书馆，第545页下栏。
② 《十三经注疏》（第3册），台湾艺文印书馆，第471页下栏。
③ 《汉书》，中华书局，1962年，第2891页。
④ 《汉书》，中华书局，1962年，第3279页。
⑤ 《汉书》，中华书局，1962年，第3500、3501页。
⑥ 《汉书》，中华书局，1962年，第3506、3507页。
⑦ 《汉书》，中华书局，1962年，第2947页。
⑧ 《汉书》，中华书局，1962年，第3156页。
⑨ 〔梁〕萧统编：《文选》，中华书局，1977年，第26页上栏。
⑩ 《汉书》，中华书局，1962年，第304页。

后、左、右将军。《汉书》卷一九上《百官公卿表上》："前、后、左、右将军，皆周末官，秦因之，位上卿，金印紫绶。汉不常置，或有前、后，或有左、右，皆掌兵及四夷。"①案史传所载，诸将军确有"掌兵"者。《史记》卷一〇《孝文本纪》：文帝即位，"拜宋昌为卫将军，镇抚南北军"。除此之外，卫将军还有自己的军队。二年十一月，文帝为表示"务省繇费以便民"，诏"罢卫将军军"。此"军"当然不是南北军，而是卫将军属下的军队。三年六月，文帝"发中尉材官属卫将军，军长安"②，又恢复了"卫将军军"。《汉书》卷六〇《杜周传附杜钦传》："大将军王凤……奏请钦为大将军军武库令。"③是大将军亦有"军"，且有自己的武库。同书卷六八《霍光传》：宣帝"更以（霍）禹为大司马，冠小冠，无印绶，罢其右将军屯兵官属"④。是霍禹所任右将军有"屯兵"。同书卷五九《张汤传附张安世传》："拜为大司马车骑将军，领尚书事。数月，罢车骑将军屯兵，更为卫将军，两宫卫尉、城门、北军兵属焉。"⑤是张安世任车骑将军时有"屯兵"，改任卫将军后统领两宫卫尉、城门、北军兵，但无"屯兵"。故以上二事在《汉书》卷八《宣帝纪》中作"罢车骑将军、右将军屯兵"⑥。同书卷九八《元后传》：王音由御史大夫晋升大司马车骑将军，成帝诏称其"前为御史大夫，以外亲宜典兵马，入为将军"⑦。卷七一《彭宣传》：哀帝策免左将军彭宣，理由是宣乃诸侯国人，"不宜典兵马"⑧。所谓"典兵马"可能是统领卫士、北军等，也可能是自有"屯兵"。

西汉大司马及诸将军似皆须宿值殿中。前述大司马大将军霍光宿值殿中，休沐乃出，就是一例。又《汉书》卷八二《傅喜传》："哀帝初即位，以喜为卫尉，迁右将军"，有大臣上书，称其为"内辅之臣"；后为大司马，因得罪傅太后被免，策免诏称其"辅政出入三年"⑨。案同书卷一九下《百官公卿表下》，傅喜为右将军在成帝绥和二年（前7），十一月免，拜侍中、光禄大夫，哀帝建平元年（前6）四月拜大司马，次年二月免⑩。是其"辅政出入三年"包括任右将军期间。即曰"辅政出入"，必然在殿中办公。东汉王隆《汉官解诂》曰："前、后、左、右将军，宣元以后，虽不

① 《汉书》，中华书局，1962年，第726页。
② 《史记》，中华书局，1959年，第417、422、425页。
③ 《汉书》，中华书局，1962年，第2667页。
④ 《汉书》，中华书局，1962年，第2952页。
⑤ 《汉书》，中华书局，1962年，第2648页。
⑥ 《汉书》，中华书局，1962年，第249页。
⑦ 《汉书》，中华书局，1962年，第4025页。
⑧ 《汉书》，中华书局，1962年，第3052页。
⑨ 《汉书》，中华书局，1962年，第3380、3381页。
⑩ 《汉书》，中华书局，1962年，第843—845页。

出征，犹有其官。"①《汉书》卷八一《孔光传》："右将军（廉）褒、后将军（朱）博……免为庶人。以光为左将军，居右将军官职。执金吾王咸为右将军，居后将军官职。罢后将军官。"②是宣元以后，诸将军不仅常设且有固定职掌，除"典兵马"外，还像傅喜那样在殿中办公，并参与中朝议政，故有"内辅"之称。

"中朝臣"中与诸将军情况相近的是光禄勋和太仆。前引《汉书》卷七七《刘辅传》有"中朝……光禄勋师丹"，卷七八《萧望之传》有"中朝光禄勋杨恽、太仆戴长乐"，卷八六《王嘉传》有"中朝……光禄勋马宫"。《汉书》卷一九下《百官公卿表下》：师丹永始二年由少府迁光禄勋，无加官；杨恽神爵元年为诸吏、光禄勋，有加官；戴长乐神爵元年为太仆，无加官；马宫元寿元年为光禄勋，无加官。③这表明光禄勋、太仆亦无须加官便可参与中朝议政。其原因当在于光禄勋、太仆同诸将军一样，亦在殿中办公。

"中朝臣"中还有大夫和博士。《汉书》卷七七《刘辅传》有"中朝……太中大夫谷永"，卷八六《王嘉传》有"中朝……光禄大夫孔光……光禄大夫龚胜"，卷八六《师丹传》有"中朝……给事中博士申咸、炔钦"。大夫是光禄勋属官，博士是太常属官。《汉书》卷一九上《百官公卿表上》"郎中令"条："大夫掌论议……多至数十人。"奉常条："博士，秦官，掌通古今……员多至数十人。"④大夫、博士都有数十人，但"中朝臣"似乎只有十余人。《汉书》卷七二《龚胜传》："丞相王嘉上书荐故廷尉梁相等，尚书劾奏嘉'言事恣意，迷国罔上，不道。'下将军中朝者议。左将军公孙禄、司隶鲍宣、光禄大夫孔光等十四人皆以为嘉应迷国不道法。胜独书议曰……"⑤赞成者十四人，反对者一人，参与此次中朝议的共十五人。这意味着并非所有大夫、博士都是中朝臣。上引《师丹传》中博士申咸、炔钦有"给事中"加官。这提示我们，加"给事中"是中朝臣的重要标志。《汉书》卷八五《谷永传》："为太中大夫，迁光禄大夫，给事中。元延元年，为北地太守。"临行上书，自称"幸得给事中，出入三年"⑥。考谷永在永始二年（前15）二月王商执政后迁梁州刺史，"明年"即永始三年（前14）为太中大夫，至元延元年（前12）迁北地太守，正好三年。此证，谷永任太中大夫和光禄大夫期间皆加"给事中"。同书卷八一《孔光传》："迁诸吏光禄大夫，秩中二千石，给事

---

① 〔清〕孙星衍等辑：《汉官六种》，中华书局，1990年，第12页。
② 《汉书》，中华书局，1962年，第3356页。
③ 《汉书》，中华书局，1962年，第836、807、848页。
④ 《汉书》，中华书局，1962年，第726、727页。
⑤ 《汉书》，中华书局，1962年，第3081页。
⑥ 《汉书》，中华书局，1962年，第3465、3466页。

中，领尚书事。"①卷七二《龚胜传》："徙光禄大夫，守右扶风。数月，上知胜非拨烦吏，乃复还胜光禄大夫、诸吏、给事中。"②是孔光、龚胜任光禄大夫时亦加"给事中"。据《龚胜传》，博士夏侯常曾在中朝议政时与龚胜发生争执，而夏侯常亦"得给事中，与论议"③。《百官公卿表上》："给事中亦加官，所加或大夫、博士、议郎，掌顾问应对。"④结合上引资料可知，大夫、博士等加"给事中"方得"与论议"，参与中朝议事。

以上所述表明，"中朝臣"主要由诸将军、光禄勋、太仆及大夫、博士加给事中者组成。

但也有例外。如《龚胜传》有"中朝……司隶鲍宣"，《萧望之传》有"中朝……诸吏富平侯张延寿"。鲍宣所任司隶"属大司空，比司直"。富平侯张延寿有"诸吏"加官，但"诸吏得举法"⑤，职掌与"给事中"不同。这两个例子表明，"中朝臣"并不限于上述范围。又《王嘉传》载："将军中朝者"讨论了对王嘉的弹劾后，"请谒者召嘉诣廷尉诏狱"，哀帝制曰："票骑将军、御史大夫、中二千石、二千石、诸大夫、博士、议郎议"。于是，"卫尉云等五十人""议郎龚等""永信少府猛等十人"分别提出三种意见。⑥这次会议的参加者至少有六十余人，而中朝臣孔光等十五人已经表达了意见，肯定不在其中。因此，参加这次会议的"大夫、博士"应是孔光、龚胜、夏侯常之外的非中朝者。哀帝制中提到的"票骑将军"，也没有出现在之前的中朝议中。据《百官公卿表下》《外戚传下》《孔光传》，外戚丁明此时"为大司马票骑将军辅政"，但哀帝"不甚假以权势"⑦，实际"领尚书事"、主持中朝议事的是孔光。所以丁明虽为票骑将军，却非中朝臣。这个例子又表明诸将军也不是天然的中朝臣。看来，西汉的"中朝臣"虽有一定范围，但并不是由某些固定的职务组成的，而是另有任命机制，很可能是由皇帝根据需要指定的。

原载《文史》2016年第2辑

（陈苏镇，北京大学历史系中国古代史研究中心教授）

---

① 《汉书》，中华书局，1962年，第3353页。
② 《汉书》，中华书局，1962年，第3081页。
③ 《汉书》，中华书局，1962年，第3082页。
④ 《汉书》，中华书局，1962年，第739页。
⑤ 《汉书》，中华书局，1962年，第737、739页。
⑥ 《汉书》，中华书局，1962年，第3500、3501页。
⑦ 《汉书》，中华书局，1962年，第4002页。

语学与史学的会通

——三十而立，再证"长安论韵开皇六年说"

鲁国尧

一、经典《切韵》与谜题"开皇初"

音韵学是中国传统语言文字学的三大分支学科之一，隋文帝仁寿元年（601）陆法言撰作的《切韵》是中国音韵学的经典。"切韵系韵书"长期高居中国音韵学的主流地位，是汉语语音史、汉语音韵学史的重要研究对象。

《切韵》孕育于隋文帝开皇年间的一次文化精英的燕集。陆法言《切韵序》开篇云："昔开皇初，有刘仪同臻、颜外史之推、卢武阳思道、魏著作彦渊、李常侍若、萧国子该、辛咨议德源、薛吏部道衡等八人，同诣法言门宿。夜永酒阑，论及音韵。"史称"长安论韵"。论韵诸公对当时各地区的语音及行世的若干韵书做了评点，结论"定"在求切正。这次论韵对于《切韵》的编著以至一千多年来的汉语音韵学史都具有十分重要的意义。这篇《切韵序》开头的"开皇初"显然是一种模糊的表述，因是经典，陆法言不经意间的三字，遂成谜题，而且是具有高度吸引力的谜题，引得众多语言学家、历史学家和文学史家竞相奋力破解：此"开皇初"究竟是隋文帝开皇何年？

二、1957年李荣说与1984年王显说[①]

"长安论韵"是中国音韵学史上至为重要的大事，这次论韵的学术成果孕育了中国音韵学的经典《切韵》。根据陆法言《切韵序》的记述，"长安论韵"的地点、人物都很明确[②]，但是论韵的具体时间近百年来学术界却意见纷纭。我于 1990

---

① 此文涉及师辈和同辈友人甚多，为节减计，一般不加"先生"或"同志"，祈请原谅。

② 这篇《切韵序》中提及的人物有刘臻、颜之推等"八人"及"烛下握笔，略记纲纪"的作者陆法言本人。此外，尚有一位"隐身"者，即此番燕集的主人陆爽，系法言父，何故"隐身"？涉废太子杨勇案获罪。前贤时彦于此论述甚多，兹不赘。

年撰《长安论韵开皇六年说》，当时引起我研究兴趣的主要有两说，拙文均提及，但是由于篇幅受限，未做较详的引录与阐释。而欠此背景资料则有碍读者对拙文的理解与评估，故在此略补叙。

中国科学院语言研究所李荣（1957）《陆法言的〈切韵〉》，其第二节"《切韵序》略释"里讲道："《切韵序》说'昔开皇初'，刘臻等八人都到陆法言家里讨论音韵，我们不能确指开皇初是开皇哪一年，现在姑且假定为开皇元年（581）。"又加了个注："不过总在开皇五年九月以前。开皇五年九月，李若使于陈。开皇六年，卢思道死于长安。"

中国社会科学院语言研究所王显（1984）[34-35]《〈切韵〉纲纪讨论制订的年份》，认为上述的"两说都不能成立"，"只能寻找别的途径来加以解决。从《切韵序》把刘臻等八人按照年龄大小，先后相次，有条不紊来看，自应认为，陆序对于刘臻等八人的称呼也有个统一的准则，不可能这个用最高的头衔，那个用最近的头衔，随随便便，信手拈来的。底下可以看到，他对八人的称呼，绝不用隋朝以前的官衔，就是一个严格的准则。虽然他们八人各自有着复杂的仕宦经历，有一连串的官衔；但在具体的年月里，其官衔则是固定的，不是可此可彼的。通过头衔的考察，如果发现开皇初的某一年，他们八人的头衔基本上都跟陆序的称呼相合，那就有理由认定《切韵》纲纪的讨论大概在这一年"。王显对刘臻等八人的头衔逐一做了考证后，认为在开皇九年四月间，他们的官衔跟陆法言《切韵序》中的称呼相合。最后，王显（1984）[44]认为："把《切韵》纲纪的论定定在开皇九年四月十七日前后，是考之史实而基本相合，揆之情理而最能圆通的。"

与李荣、王显的观点不同，我提出"长安论韵开皇六年说"。我曾将在1990年两岸音韵学者交流会上宣读的拙文复印件寄呈王显先生乞正，他坚持己见，又撰《陆序"开皇初"为九年四月十七日前后说的补充》（王显，1997）示我。1994年王先生仙逝后，我将他的手写遗稿复印件寄《古汉语研究》杂志社请求发表，《古汉语研究》刊于1997年第3期。

三、《切韵序》"开皇初"谜题破解之热

就我浅闻，《切韵序》于公元601年"诞生"以来，似乎在1928年以前一直无人探究"开皇初"的具体年份问题，即使在考据学大盛的清代，即使以《切韵考》一书而名垂音韵学史的陈澧都未曾措意于此。[①]1928年《国立中山大学语言历史研

---

① 如有方家揭示1928年之前的关于长安论韵具体年份的学说，笔者不胜感谢之至。

究所周刊》第三集第二五、二六、二七期合刊发表了董作宾《切韵年表》、罗常培《切韵序校释》、丁山《陆法言传略》，开启了"开皇初"谜题的破解之旅。

近七十年来，出版的汉语音韵学的通论书和中国语言学史的著作、辞典很多，在述论陆法言的《切韵》时，必然要介绍《切韵序》和长安论韵，一般不触及"昔开皇初"的具体年份问题。但也有不少论著予以探究，正如王启涛（2005）《〈切韵·序〉之"隋开皇初"蠡测》所云："其中的'隋开皇初'究竟是何时？一直是语言学史和文化史中一个激烈争论的话题。"就本文笔者耳目所及，有10种说法，非谜题而何？下面胪陈诸说并做评议，但未见论证者则不置评。

卅年前拙作《长安论韵开皇六年说》开头就说，"元年说不予讨论"显得很是突兀，实因"开皇元年说"系"姑且假定之言"，见上引李荣文。周祖谟（1966）《切韵的性质和它的音系基础》和《中国大百科全书·语言文字》①"切韵"条皆言"开皇初"为开皇元年，但均未见论证。

主张"开皇二年说"的学者颇多。最早是董作宾（1977），其《切韵年表》："开皇二年（公历五八二）""刘臻、颜之推、卢思道、魏彦渊、李若、萧该、辛德源、薛道衡等八人燕集陆爽家论韵，议定后命法言即烛下握笔记其纲要"②。罗常培（2008）《切韵序校释》赞成此说："董彦堂云：'昔开皇初，当指二年，据《卢思道传》，思道于开皇元年方为武阳太守，是岁解职归，三年卒于京师。是在法言家论韵当在解职以后、未卒之前也。'其说亦颇可信。"此后有吕朋林（1996）《〈切韵〉议纲年份考辩》，最近有张雨（2018）《〈切韵〉成书缘起与长安论韵时间再探》，均有阐述。王启涛（2005）持"元年或二年"说，他以《颜氏家训》与《史记索隐》所载同一史事互证，及《旧唐书》与《册府元龟》所载同一事互证，结论为"'隋开皇初'可能是隋开皇元年或开皇二年，不会是开皇三年或之后"。

读上述诸文，可见，"开皇二年说"的支柱有二：第一，开皇初年燕集论韵的十人中卢思道最早下世，因此燕集必在卢卒之前，这是最正常的逻辑推理。董作宾《切韵年谱》："周静帝大象二年（公历五八〇）卢思道为武阳太守时年四十九"，"（隋文帝）开皇三年（公历五八三）卢思道卒，年五十二"。《隋书·卢思道传》文末叙述卢思道两次"上奏"，一为大理不可除，二为殿庭非杖罚

---

① 《中国大百科全书·语言文字》（大百科全书出版社，1988年）"切韵"条撰作者为邵荣芬。
② 参见《董作宾先生全集》甲编第三册（台湾艺文印书馆，1977年，第1095页）。此承王松木教授提供照片。

之所。此后的文字是："是岁，卒于京师，时年五十二，上甚惜之。""是岁"紧承两次上奏，似乎时间与之同一，因而可以据以确定卒年。可是《隋书》对这两次"上奏"的时间都未明确交代。而且两次"上奏"未必同一年份，于此，王显、吕朋林、祝尚书、张雨四位以及文学史家倪其心（1981）都做过考证，各抒己见。我认为祝尚书之言可从①，所以这关键的"是岁"绝不能认定是开皇三年。《隋书·卢思道传》的作者就这样给后人留下了一个"疑案"。董作宾定北周静帝大象二年（580）卢思道49岁，自然将卢思道卒于52岁系于开皇三年（583）之下，他同时将诸人燕集论韵之事系于开皇二年。其实，细推物理，除非卢思道死于开皇三年正月初一，则十人燕集才不可能发生在开皇三年。

"开皇二年说"的第二根支柱是人们对"初"意义的直觉认知。张雨（2018）说："若单从'初'之字义来看，'开皇初'当以开皇元年、二年、三年说最为可信。"张雨之文最终将燕集论韵定在开皇二年，而且因陆法言序中有"夜永"二字，考虑到天气问题，遂进一步定在二年初。

既然长安论韵被定在开皇二年，那么史传上好些有关人物在开皇头几年的行踪就只能被压缩在元年和二年的时间之内。如此，就不能不面临许多难以解释的困难。

"开皇二年说"的信从者最多，影响最大，当与董作宾的高知名度不无关系。赵少咸（2010）《广韵疏证》："据《隋书·卢思道传》推算，开皇初为开皇二年。"洪诚（2000）选注《中国历代语言文字学文选》："有人据《隋书·卢思道传》考证开皇初是开皇二年（公元582年）。"濮之珍（2017）《中国语言学史》："据《隋书·卢思道传》考证开皇初当是开皇二年（公元582年）。"另，历史学家缪钺（2017）《颜之推年谱》在"开皇二年"下云："'开皇初'未言何年，姑系于此。"

但是这两根支柱都成问题。开皇元年、二年、三年固然可以称作"开皇初"，而其后的开皇六年就不可以称作"开皇初"吗？可以！这次，即2020年我再读《隋书》，大有收获，现在我可以拿出铁证来。又，困扰"开皇初"谜题破解的关键之一是卢思道的卒年，可以说，不是董作宾、张雨诸位所认作的开皇三年，而应是开皇六年。下均有详论。

---

① 祝尚书《卢思道年谱》："或误将《隋书》本传所述思道奏大理不可除及殿庭非杖罚之所理解为同在一年，因前奏在开皇元年，后奏又恰在卒年，因合而系之。其实，两事并非同年。合数年、数事而叙之，史法如此，其例甚多。"参见祝尚书：《卢思道集校注》，巴蜀书社，2001年，第238页。

长安论韵"开皇三年说"见于黄典诚（1994）《切韵综合研究》、祝尚书（2001）[237]《卢思道集校注》，"开皇四年说"见于何九盈（2013：232/234）《中国古代语言学史》，"开皇五年说"亦见于黄典诚（1994）《切韵综合研究》，皆欠证明。文学史家曹道衡认为"开皇初""有可能指三年至四年间事"，因为他认可卢思道卒于开皇六年。

"五年九月以前说"见于李荣《陆法言的〈切韵〉》一文，理由是"开皇五年九月，李若使于陈。开皇六年，卢思道死于长安"。王显不同意此说，笔者亦以为此说嫌宽泛。

笔者提出"长安论韵开皇六年说"有论证，全文见本篇附录，今再大幅增补。

最后是"开皇九年说"，王显著两篇长文，有论证，有影响，陆萌一的《陆法言》一文采取王显之说[1]，胡裕树（1992）主编的《中国学术名著提要·语言文字卷》亦持是说。对王说，笔者在卅年前的《长安论韵开皇六年说》文中提出质疑。近张雨（2018）云："王显所主张的开皇九年说，其实是最不符合'初'字之意的观点。"张雨有考辨，颇详。

四、三十而立，再证"开皇六年说"

我在1990年海峡两岸音韵学者学术讨论会上提出"开皇六年说"。光阴似箭，至2020年，"三十而立"，现再证前说，应有进步。

再证之甲："开皇六年"可以称作"开皇初"。

上引张雨文认为"开皇初"该是开皇的前一、二、三年。我认为，这种语感直觉未必完全可靠，"开皇初"可不可以不限于头三年？

我首先采取"以今例古法"。这"以今例古"四字取自鲁迅先生的名作《魏晋风度及文章与药及酒之关系》一文。[2]时间，古与今当然有异，因为事物是发展的；但是同一种或类的事物，其古与今必也有相同之处。《荀子·非相篇》："类不悖，虽久同理。"《吕氏春秋·察今》："有道之士，贵以近知远，以今知古，以所见知所不见。"古哲之言，甚是！现在叙述我做过的一个社会调查如下。如果以

---

① 吉常宏、王佩增编：《中国古代语言学家评传》，山东教育出版社，1992年，第128—129页。

② 鲁迅《魏晋风度及文章与药及酒之关系》："比方操破袁氏兄弟，曹丕把袁熙的妻甄氏拿来，归了自己，孔融就写信给曹操，说当初武王伐纣，将妲己给了周公了。操问他的出典，他说，以今例古，大概那时也是这样的。"参见《鲁迅全集》（第3卷），人民文学出版社，1981年，第505页。

开皇元年（581）为起点算，那么陆法言撰写《切韵序》的仁寿元年（601）则为第21年，在这一年称说开皇六年（586）为"开皇初"可不可以？以今例古，今者，当今仍健在的中国人的语感也。众所周知，在中国近71年的当代史上有两个最重要的时间节点，首先是1949年，如果1970年写文章，称1949年、1950年、1951年为"解放初""建国初"是绝没有问题的，而称第六个年份即1954年为"解放初""建国初"可不可以？我分别调查了六位经历过这一时段的老人，他们都一致认可。再说另一个关键年份，1978年是改革开放的第一年，在1999年称说1983年为改革开放的初期行不行？被调查的七位过来人都不约而同回答说"行！"。

至于开皇六年是否可以称为"开皇初"，当然更需要可靠的典籍为证，这就是"历史文献考证法"！过了30年我再次读《隋书》，从中找到三条书证。《隋书·五行志》："开皇初，梁王萧琮改元为广运。江陵父老相谓曰：'运之为字，军走也。吾君当为军所走乎？'其后，琮朝京师而被拘留不反。"《隋书·萧琮传》："琮年号广运，有识者曰：'运之为字，军走也。'吾君将奔走乎？"（按，隋时"運"字，从辶，声符为"軍"，故当时后梁民间有此说。"軍"今简化为"军"，"運"今简化作"运"）又，《隋书·五行志》："开皇初，梁主萧琮新起，后有鹎鸟集其帐隅。未几，琮入朝，被留于长安，梁国遂废。"为了理解这三则史料，需要简叙一段历史。自西晋王朝覆亡至隋灭陈统一（316—589），中国南北分裂达273年之久，在此期内，政权更迭频繁，战祸连年不断。梁武帝萧衍后期，收纳东魏叛将侯景，致成大乱，549年梁武帝饿死建康台城，此后其子孙争立，叔侄相残，乱局更甚，552年梁武帝第七子萧绎在江陵称帝，是为梁元帝。554年梁武帝太子萧统之子萧詧引西魏军攻陷江陵，梁元帝出降，不久遇害。555年西魏立萧詧为梁（史书或称"梁王""梁主"），史称后梁，辖地仅三百里，乃西魏附庸。此后，在宗主国，西魏（元氏）—北周（宇文氏）—隋（杨氏）相继，在后梁，萧詧—萧岿—萧琮父子祖孙相继。《周书·萧岿传》："（开皇）四年，岿来朝长安，隋文帝甚敬待之。……岿在位二十三载，年四十四。（开皇）五年五月薨。……隋文帝又命其太子萧琮嗣位，年号广运。"按通例，萧岿死之次年，即隋开皇六年，后梁新君萧琮改元广运。上引《隋书·五行志》"开皇初，梁王萧琮改元为广运"，又《隋书·萧琮传》"琮年号广运"皆为开皇六年事，这三则文献史料证明了"开皇初"可以指称"开皇六年"，无可置疑！

再证之乙：唐代张说《齐黄门侍郎卢思道碑》不可否认、不可改易。

准确破解《切韵序》"开皇初"谜题的关键之一是长安论韵的参与者卢思道究竟卒于何年。张雨（2018）云："最早主张开皇二年说的董作宾就没有提及张说

《齐黄门侍郎卢思道碑》与《隋书·卢思道传》对其卒年的不同记载。"按，《卢思道碑》云，卢思道"隋开皇六年，春秋五十有二，终于长安"，而《隋书·卢思道传》只是说"是岁，卒于京师，时年五十二"，并没有明确给出卒年（本文前有论议）。卢思道卒于开皇三年这句话，是董作宾讲的，是推论。张雨（2018）文中有"董作宾之所以不据卢碑，而径据卢传"的话，这说明张文认为董作宾知道卢碑但不提及也不依据。我的看法则是，董作宾、罗常培两先生在1928年并不知道有张说作的《齐黄门侍郎卢思道碑》一文的存在。按照学术常规，如知晓而不信其说，则必先提出，然后驳正，何况张说乃历史名人，其文掩盖不了的。学人有一种常见心理，即出于对名家的尊崇或膜拜，而不能历史地看问题。《国立中山大学语言历史研究所周刊》发表关于《切韵》的系列文章，时为1928年，董作宾时年34岁，罗常培29岁，虽然他们那一代人比起近几十年的处于同一年龄段的学人，书读得多得多，学问成熟得早得多，然而中国古书浩如烟海，"术业有专攻"，谁能读遍古书？不为贤者讳，清初大学者朱彝尊认为颜之推、刘臻为"北方之学者"，罗常培（2008）《切韵序校释》袭用其误说，是未能将郡望与里居区别开。其实颜、刘都是二百多年前的北方移民的后裔，至南北朝后期，他们应该都是南人而非北人，犹如1620年由英国乘坐五月花号轮船至北美的移民，他们在19世纪末的裔孙应该称作美国人而非英国人。将张说《齐黄门侍郎卢思道碑》引进语言学者视野的当是研究"不今不古"之学的陈寅恪，他是20世纪研究魏晋南北朝隋唐史的最杰出的专家，卢思道及其玄孙卢藏用和张说三人都是在他的专业研究范围内的历史人物，《张说之文集》必然是他熟谙的典籍。陈寅恪（2015）《从史实论切韵》是研究《切韵》的一篇经典论文，他在引述《隋书·卢思道传》后写了按语："寅恪案，张说之文集二五卢思道碑云'隋开皇六年春秋五十有二，终于长安'，是周武平齐之岁思道年四十有三。"

《齐黄门侍郎卢思道碑》的这则史料十分重要，但却或未被认可或遭到更改。王显为了维护他的长安论韵"开皇九年七月十四日左右"说，将"开皇六年"改为"开皇十年"，将"春秋五十有二"改为"六十"。张雨持长安论韵"开皇二年说"，是认可董作宾推算出的卢思道卒于开皇三年，而不认可唐人张说作的《齐黄门侍郎卢思道碑》的"开皇六年""终于长安"。

我认为，张说《齐黄门侍郎卢思道碑》文中的卢思道卒于开皇六年的记载应可信，论证于下。存世至今的《齐黄门侍郎卢思道碑》碑文见于宋太宗时官修的《文苑英华》、四部丛刊初编影印明嘉靖丁酉年刊本《张说之文集》、清乾隆时四库全书本《张燕公集》、清嘉庆内府刻本《全唐文》，诸本一致作"开皇六年"。未见

"六"字有异文。

在我国古代，通常的情况是，埋在地下的墓志和树在地上的墓碑，其上的文章都是孝家请当时文士写就的，作者与死者一般是同时人。而此《齐黄门侍郎卢思道碑》很特殊，碑文作者张说与死者卢思道相差130多年，怎么会出现这种情况？原来作者张说（667—730）是应卢思道的玄孙卢藏用（约666—约718）①之请写的，张说、卢藏用二人在《旧唐书》《新唐书》均有传。张说在盛唐历史上是位名人，他经历唐高宗、武则天、中宗、睿宗、玄宗五朝，官至宰相，封燕国公。他是当时著名文学家，与许国公苏颋并称"燕许大手笔"。卢藏用也是著名文士，但官位及文名皆逊于张说，如今知晓张说的只是很专业的文史学者，可是卢藏用在国史上留下的痕迹使得他至今仍广为人知，这是因他而产生的"终南捷径"四字成语在当今任何一本《成语词典》里都能找到。②卢藏用为何请同僚张说为其高祖卢思道撰作碑文？文中云，系因"邑里多改，先人封树，岁久将平"，似乎树碑的目的在保护祖先墓园。依我之见，在唐代初年由魏徵领衔编写的《隋书》中，卢思道形象很不佳，"不持操行，好轻侮人"，"每居官多被谴辱，后以擅用库钱免归于家"，"思道自恃才地，多所陵轹，由是宦涂沦滞"，可以说，卢思道玄孙卢藏用请张说撰写碑文旨在美化祖先。碑文和墓志几乎都具有这种功能，人们所熟知的是《新唐书·韩愈传》记载的一个故事，韩愈弟子刘义"因持愈金数斤去，曰：'此谀墓中人得耳，不若与刘君为寿。'"丧家请文士撰写此类文字，必须准备可观的钱财作润笔酬金，还需要提供死者的生平仕履等资料，以便作者采择。请看这篇《齐黄门侍郎卢思道碑》总括卢思道一生历仕齐、周、隋三朝的仕宦经历为："凡更臣三代，易官十七：再降，一免，二去职，八平除，擢迁者四而已。"③（按，我在"十七"后施加的是冒号）历数细致，总括无误，何等准确！非卢藏用提供精确资料而谁？《隋书》是唐初修的官书正史，卢藏用和张说不可能没有认真读过，张说碑文有些词句就是抄袭！请比勘二者，《隋书》："高祖为丞相，迁武阳太守。""开皇初，以母老，表请解职，优诏许之。"《齐黄门侍郎卢思道碑》："隋高祖为丞相也，迁武阳太守。以母老，乞解职，优诏许之。"何其相似乃尔！张说的《齐黄门侍郎卢思道碑》添加的卢思道卒年为"隋开皇六年"，显然是对

---

① 据陶敏《全唐诗作者小传补正》（辽海出版社，2010年，第159页）。此承武秀成教授赐告。

② 如《汉语成语小词典》（商务印书馆，2003年）第498页。

③ 鲁迅《魏晋风度及文章与药及酒之关系》："例如看北朝的墓志，官位升进，往往详细写着，再仔细一看，他是已经经历过两三个朝代了，但当时似乎并不为奇。"参见《鲁迅全集》（第3卷），人民文学出版社，1981年，第516页。

《隋书》的补充，用现在的语言，就是"增补本"，这当是以卢藏用提供的准确年份为依据的。传世的张说《齐黄门侍郎卢思道碑》"隋开皇六年，春秋五十有二，终于长安"的记载应该得到后世学人的认可，并以此作为考史的基石。

总之，1928年董作宾是不知有《齐黄门侍郎卢思道碑》文存世，而推算卢思道卒于开皇三年，从而提出长安论韵"开皇二年说"。后来者知晓有张说的《卢思道碑》，就不应再拘守董作宾的旧说。

依据卢思道《劳生论》《孤鸿赋》等文学作品中的模糊词语推算其年龄及参与长安论韵的时间，其准确性是很难说的。因为嗟叹时光流逝、壮志未酬几乎是古今文人的通习，尤其在失意抑郁之时，往往"虚报年龄""倚'老'卖老"。卅年前拙文举欧阳修（1007—1072）《醉翁亭记》为例，修自称"翁"，实际上其时年仅四十，这与他遭弹劾贬官心情郁闷有关。[①]现回忆多年前读《宋史·程颢传》，时任知县的程颢（1032—1085）断一民事案件，一叟称富人张某为张三翁，程颢质问道："才四十，安得有'翁'称？"程颢与欧阳修是同时代人，于此可见《醉翁亭记》有夸张成分。祝尚书（2001）[238]《卢思道集校注》之见可取，他说："叹老嗟卑，乃古代文人常态，将四十余说成五十忽至，未为不可，似不足信以为真。"曹道衡（1992）的证明亦可取。

五、破解谜题的方法：齐一律

笔者在1990年《长安论韵开皇六年说》中云："我们的办法是考察主人父子及八位客人什么时候都能聚集在长安，而且有可能燕集论韵。反过来说，只要某一段时间内有一人不在长安或不可能参与论韵，则陆府论韵绝不会在此时发生。"

聚集宴饮论韵，十人必须都在长安而且有可能燕集。笔者现在（2020）命其名为"齐一律"，且看其实践效果如何，即在"开皇初"这一谜题破解中的运用。下面主要利用正史《隋书》《周书》《陈书》所载史料考证。

首先探究薛道衡的经历。薛道衡，河东汾阴人，本为北齐文臣。周武帝平齐，随至长安而仕于周。我们关注的是他入隋后的经历。《隋书·薛道衡传》："高祖受禅，坐事除名。河间王弘北征突厥，召典军书。还，除内史舍人，其年，兼散骑常侍，聘陈主使。"按，"高祖受禅"指开皇元年（581）二月杨坚取代周静帝，自立为帝，国号隋，其庙号为"高祖"。杨弘是杨坚的从祖弟，《隋书·高祖纪》载

---

① 胡适《欧阳修的两次狱事》："狱起时，欧公止三十九岁，他谪滁州后，即自号醉翁，外谪数年而头发皆白。"参见耿云志、李国彤编：《胡适传记作品全编》（第4卷），东方出版中心，2002年，第52页。

开皇元年五月杨弘进位为河间王。杨弘北征突厥事在开皇三年（583），何以知之？《隋书·赵仲卿传》："高祖受禅，进爵河北郡公。开皇三年，突厥犯塞，以行军总管从河间王弘出贺兰山，仲卿别道俱进，无虏而还。"上引《薛道衡传》中的"其年"，乃开皇四年，请阅《隋书·高祖纪》："（四年）冬十一月壬戌遣兼散骑常侍薛道衡……使于陈。"从上引史料等可知薛道衡在开皇元年、二年"因事除名"，按，"除名"即"为民"①。开皇三年薛道衡从军北征突厥，"典军书"，自不在京城，四年方返朝廷任职。即此一条史料就可以说，长安论韵"元年说""二年说""三年说"皆不能成立。②

再看魏澹。张雨文述及，甚是。拙文《长安论韵开皇六年说》漏考，今补。《隋书·魏澹传》："及高祖受禅，出为行台礼部侍郎。寻为散骑常侍聘陈主使。还除太子舍人。"按，"行台：魏晋至金代尚书台（省）临时在外设置的分支机构。""隋开皇二年（582）在并、洛、益三州各置河北道、河南道、西南道行台尚书省，文帝以其子杨广、杨俊、杨秀各为行台尚书令。"③此在《隋书·高祖纪》开皇二年正月辛酉有记载。《隋书·百官志中》："行台在令无文，其官置令、仆射，其尚书丞、郎皆随权制而置员焉。"《百官志下》："行台省则有……礼部、膳部、兵部、驾部、库部、刑部、度支、户部、金部、工部、屯田侍郎各一人。""行台诸曹侍郎为视正六品。"可见魏澹官位不高。《高祖志》："（三年）闰十二月乙卯，遣……通直散骑常侍魏澹使于陈。"魏澹开皇二年初即外出任职，至三年末才回长安。

再看辛德源。《隋书》本传："及齐灭仕周，为宣纳上士。因取急诣相州，会尉迥作乱，以为中郎。德源辞不获免。遂亡去。高祖受禅，不得调者久之，隐于林虑山。郁郁不得志，著《幽居赋》以自寄，文多不载。德源素与武阳太守卢思道友善，时相往来，魏州刺史崔彦武奏德源潜为交结，恐其有奸计，由是谪令从

---

① 《隋书·高颎传》："于是除名为民。"《隋书·陆爽附子法言传》载，隋文帝废太子杨勇，迁怒太子洗马陆爽，云："其身虽故，子孙并宜屏黜，终身不齿，法言竟坐除名。"陆法言《切韵序》："今返初服"，"屏居山野"。

② 《陈书·阮卓传》："至德元年入为德教殿学士，寻兼通直散骑常侍，副王话聘隋。隋主夙闻卓名，乃遣河东薛道衡、琅邪颜之推等与卓谈燕赋诗。"按，陈后主至德元年即隋文帝开皇三年，而《隋书·高祖志》开皇三年所载为：二月癸酉陈遣贺彻、萧褒来聘，十一月庚辰陈遣周坟、袁彦来聘。《陈书》所载之王话、阮卓聘隋一事，于《隋书·高祖志》，系于开皇五年七月庚申，"陈遣兼散骑常侍王话兼通直散骑常侍阮卓来聘"。当以《隋书》为是。《隋书》未言薛道衡、颜之推接待陈使。

③ 中国大百科全书总编辑委员会、《中国历史》编辑委员会：《中国大百科全书·中国历史》，中国大百科全书出版社，1997年，第840—841页。

军讨南宁。岁余而还。"《隋书·地理志上》："开皇三年,遂废诸郡。"《隋书·百官志下》:开皇三年四月,"罢郡,以州统县"。既然《隋书》称崔彦武为魏州刺史,那么告发辛德源与卢思道秘密交结则是三年事。于是辛德源受处分从军讨南宁,讨蛮事毕,"岁余归",当在四年甚或五年还。于此可知,辛德源在开皇元年、二年,久隐山区,三年被"谪令从军讨南宁","岁余而还",当在开皇四或五年。关于隋初南宁州东爨、西爨的情况,《隋书》梁睿传、韦冲传、王长述传皆述及。兹录《韦冲传》:"俄而起为南宁州总管,持节抚慰,复遣柱国王长述以兵继进。"《王长述传》:"开皇初,复献平陈之计。……后数岁以行军总管击南宁,未至,道病卒。"我们可以从这条史料"开皇初""后数岁"这些表时间的词语推知辛德源"从军讨南宁"当在开皇三年或四年。

再探究另一位陆府宴会参与者卢思道在开皇初的行踪。《隋书》本传:"高祖为丞相,迁武阳太守,非其好也。为《孤鸿赋》以寄其情……。开皇初,以母老表请解职,优诏许之。思道自恃才地,多所陵轹,由是宦涂沦滞。既而又著《劳生论》,指切当时。岁余,被征,奉诏郊劳陈使。顷之,遭母忧。未几,起为散骑侍郎奏内史侍郎事。于时议置六卿,将除大理,思道上奏曰……又陈殿庭非杖罚之所,……。上悉嘉纳之。是岁卒于京师,时年五十二。上甚惜之。"卢思道出身于当时的北方头等高门大族。在"五胡乱华"南北分裂的时代,原在北方的汉人高等士族,一部分逃至南方,成为南朝政权的支柱。而留在原地的,少数民族的帝王利用他们,仍旧给予权力与地位,如魏孝文帝时,卢、崔、郑、王为四姓高门,范阳卢氏有"北州冠族"之称。卢思道"自恃才地","地"即地望,他在北齐时官至黄门侍郎,这是皇帝近侍之官,参与机要。周武帝平齐,将十八朝士带至长安,其一为卢思道。可是他次年参与原齐地的反周叛乱,几被处死,后因文才优异获免。杨坚为周丞相时,只给了他一个武阳太守这样不大的地方官,他不满意。至开皇初,以母老辞职。"岁余,被征,奉诏郊劳陈使"。张雨文认为此"陈使"所指是开皇二年正月戊辰"陈遣使请和"(《隋书·高祖纪》)。按,需注意《隋书》"岁余"二字,杨坚称帝是在开皇元年二月甲子,至开皇二年正月戊辰,即使卢思道在杨坚称帝登基大典的同一天"表请解职",也不到一年。只要打开《隋书·高祖纪》,杨坚自登基之日起,百事俱兴,赏功臣,封百官,立皇后,定太子……连他很喜爱的从祖弟杨弘,也要待到五月才进位河间王。在建国初期,杨坚还大肆杀戮北周皇室、镇压反对派,《隋书·宇文恺传》:"(高祖)及践阼,诛宇文氏。"《隋书·高祖纪》载,开皇元年正月原来的皇帝周静帝宇文阐被贬为介国公,五月杀之,时年九岁。因此一个北齐旧臣且官位不高的武阳太守辞职奉母,下诏许之，不会在那开国之初政务极其繁忙、众多要事亟须处理之时。卢思道解职居乡，体味《隋书》的"岁余，被征，奉诏郊劳陈使"，这"岁余"，岂能在开皇二年正月戊辰？只能在开皇三年。因此根据《隋书》，卢思道在开皇三年进京郊劳陈使以前，据其自作《劳生论》"罢郡屏居"则不可能待在长安。《隋书·卢思道传》叙述了"郊劳陈使"一事后，"顷之，遭母忧"。在那个时代，遭父母之丧，必须解职返乡，守制三年（实际上二十七个月），《隋书·卢思道传》的"未几，起为散骑侍郎奏内史侍郎事"，是指母死服丧毕后的"未几"，被任命新官。因此卢思道只能在开皇六年回到京城，任新职。张雨（2018）为了圆其长安论韵开皇二年说，既将郊劳陈使一事提前置于开皇二年正月，又将礼制"居丧三年"略过，于是提出卢思道"夺情"说："不久虽又遭遇母丧丁忧，但是很快就被夺情任命为散骑侍郎，奏内史侍郎事。"按，张文之言不能成立，《隋书》本传和张说《齐黄门侍郎卢思道碑》皆未言"夺情"，王显文与拙文均指出此点。现据史实再做有力的申说于下。绝大多数官员丁父母忧，立即自动去职返乡居丧三年，而"夺情"则必须皇上诏命，只有极个别高官、重臣才"夺情"，战时的高级将领则"金革夺情"，他们是受皇帝高度信任，肩负重任，经办军国大事，"不可须臾离"的大臣。《隋书·高颎传》载"高祖受禅"拜高颎为相，"朝臣莫与为比"。"母忧去职，二旬起令视事，颎流涕辞让，优诏不许"。《旧唐书·房玄龄传》：贞观十六年"玄龄抗表陈让，太宗遣使谓之曰：……国家久相任，使一朝忽无良相，如失两手，公若筋力不衰，无烦此让"。"其年玄龄丁继母忧，去职。特敕赐以昭陵葬地，未几，起复本官。太宗亲征辽东，命玄龄京城留守，手诏曰：公当萧何之任，朕无西顾之忧矣。"《隋书·韦冲传》："以母忧去职。俄而起为南宁州总管，持节抚慰。""冲上表固让。诏曰：'西南夷裔，屡有生梗，每相残贼，朕甚愍之，已命戎徒，清抚边服。以开府器干堪济，识略英远，军旅事重，故以相任。知在艰疚，日月未多，金革夺情，盖有通式。宜自抑割，即膺往旨。'"像卢思道这样的留用文职人员，级别不高，不是"非他不可"的高官重臣武将，岂需"夺情"？他必须居乡守孝二十七个月，也不至于丧期一满，立即赶赴长安。因此他在京师获得新职，后又应邀赴陆府燕集，就只能在开皇六年了。丁忧守孝需要两年多，这么长的时段！所以持长安论韵开皇二年说者，就不得不以典籍不载的"夺情"以圆其说。而卢思道不可能"夺情"，他不配！他必须待在家乡守丧，自然谈不上参与陆府聚饮。欲获长安论韵具体年份的正解，就必须破"夺情"说。

关于入隋后的卢思道的行踪，尚有为董作宾、罗常培、李荣、王显、鲁国尧、吕朋林、张雨等所不知者。宋初官修《文苑英华》载卢思道两文：卷六四五《为隋檄陈文》，卷六八三《为高仆射与司马消难书》，又唐徐坚等《初学记》卷七载《祭潨湖文》。《祭潨湖文》尤为重要，开篇有"维开皇元年十二月朔甲子"。这三篇文章皆为祝尚书辑入《卢思道集校注》，显然这是卢思道参与首次隋陈之役的明证。祝尚书（2001）[154]在《祭潨湖文》首句后注曰："据所署时间，当亦是代高颎等伐陈之军作。"这一次隋陈交战，《隋书·高祖纪》有记载："（开皇元年九月）庚午，陈将周罗睺攻陷胡墅，萧摩诃寇江北。""壬申，以上柱国薛国公长孙览、上柱国宋安公元景山，并为行军元帅，以伐陈，仍命左仆射高颎节度诸军。""（二年正月戊辰）陈遣使请和，归我胡墅。""二月己丑，诏高颎等班师。"《高颎传》亦叙此役，较简略。然而张雨文云开皇二年正月陈使求和，卢思道奉命接待。按，二月己丑高颎等班师，卢思道当随军返回，不可能在正月郊劳陈使。关于首次隋陈之战，《隋书》及其后的宋司马光《资治通鉴》、明王袆《大事记续编》皆载，但皆未提及典军书的卢思道。笔者以为，卢思道从军当与高颎有关。高颎本为北齐渤海郡蓚人，《隋书》本传载其父高宾"背齐归周"。按，蓚在今河北省景县南，与卢思道的家乡涿县距离甚近，范阳卢氏是北方豪族，高颎岂能不晓？故高颎受文帝之命节度诸军，即征卢思道典军书。因此，可做如下推测：卢思道可能在开皇元年九月或其前"以母老"辞去武阳太守职返乡，而后为高颎征聘。二年二月班师后，卢思道未获重用，因著《劳生论》发牢骚。然而，"岁余，被征，奉诏郊劳陈使"，天生我才必有用，他及其他北齐时的同僚们在开皇三年、四年、五年陆续被召用任官。

开皇五年九月李若使于陈。长安论韵的其他几人，未发现在开皇六年以前离开长安的史料。

六、"知世论人说"之甲：隋开皇元年、二年严峻局势下的北齐旧臣

卅年前的拙文云："我们的办法是考察主人父子及八位客人什么时候都能聚集在长安，而且有可能燕集论韵。反过来说，只要某一段时间内有一人不在长安或不可能参与论韵，则陆府论韵绝不会在此时发生。"这一命题有两层意思：长安燕集，首先是必须十位参与者同时皆在长安；其次是，即使皆在长安，还必须有可能燕集。笔者上一节运用"齐一律"爬梳、排比史书提供的信息，证明十人只有在开皇六年才都在长安。这一节我们要讲的是，开皇元年、二年时即使参与者都在长安，也不可能燕集。

在此我们提出"知世论人说"。所谓知世，就是了解、知晓燕集参与者的历史背景、所处的时代、当时的政局形势。"论人"意为考察在那样的背景、条件下，

他们能或不能有什么行动。这也是考证长安论韵的学者如陈寅恪、董作宾、罗常培、李荣等大家所疏于考据者。

在这一节里，我们的研究对象主要是陆爽、颜之推、卢思道、魏澹、李若、辛德源、薛道衡等七人。陆爽是燕集的主人，所以将他置顶。他们主要生活在北朝末期，入隋后的时间并不长，短者六年即逝（卢思道），最长者二十三年（薛道衡）。这就促使我们去了解北朝末至隋初的历史，我们特别截取577—582年这一时段，因为这六年的政治形势非常动荡，可以十六字概括：两朝兴亡，一场内战，开国伊始，血雨腥风。凡事总有头，我们先考察更广阔的历史背景：316年西晋覆亡，从此中国南北分裂，南方为东晋宋齐梁陈五王朝相继；北方先是五胡十六国时期，386年统一于鲜卑族的北魏。534年起北魏分裂为二：东魏—北齐，西魏—北周，东西争战不已。总体上说，北齐在地域、人口、经济、文化都强于北周。但是577年，北周却灭了北齐，唐人李商隐诗："小怜玉体横陈夜，已报周师入晋阳。"这是英主与昏君的对决。577年周武帝灭齐，齐旧臣十八人"同征，令随驾后赴长安"（《北齐书·阳休之传》），其中有后来参与长安论韵的李若、卢思道、颜之推、薛道衡、辛德源、陆爽六人。这十八人入周后除个别人外并未受到重用，不似齐桓公待管仲，唐太宗待魏徵。他们实际上是被俘而降周，虽为官，我思索久之，以1949年的"留用人员"一词名之颇为适合。平齐一年后即宣政元年（578）六月周武帝病死，闰六月立即在原齐地范阳发生反周叛乱，卢思道参与。《隋书·卢思道传》："未几，（思道）以母疾还乡。遇同郡祖英伯及从兄昌期、宋护等举兵作乱，思道预焉。"周廷派兵镇压，卢思道列处死名单中，因统兵将领怜惜其才而免。周武帝死后，其子继位，是为周宣帝。《隋书·刑法志》云，"宣帝性残忍暴庚"，"内外不安，俱怀危惧"。宣帝于大象二年（580）五月死，子周静帝时年8岁，外戚杨坚为丞相，总揽朝政，一场大规模的内战立即发生。《隋书·高祖志》："周室旧臣，咸怀愤惋。""相州总管尉迟迥自以重臣宿将，志不能平，遂举兵东夏。赵魏之士，从者若流，旬日之间，众至十余万。"其他尚有司马消难、王谦等在所统管地区起兵响应。应该特别注意的是，尉迟迥部的"赵魏之士"，何许人也？《周书·尉迟迥传》："（尉迟迥）以开府小御正崔达拏为长史，余委任亦多用齐人。"按，崔达拏是周武帝平齐时，与陆爽、颜之推等一同被带回长安的北齐十八朝士之一。齐人踊跃涌入尉迟迥部，旬日之间，众至十余万。于此可见齐人不服，企图借北周内战之机复国。580年的大内战中，杨坚获胜，失败的一方齐人为多受到严厉的惩罚，其家口被没为奴婢。①次年即581年二月杨坚发动政变，自立为帝，血腥屠杀。开皇元年五月杀介公（被废的周静帝，时年9岁），"及践阼，诛宇文氏"（《隋书·宇文恺传》）。王鸣盛（2008）《十七史商榷》卷六八《周宗室诸王名》云，隋文帝屠杀宇文泰后裔达五十九人。赵翼（2008）《廿二史札记》卷一五《隋文帝杀宇文氏子孙》，列举其名，笔者统计为六十一人，宇文氏宗族无有存者，"残忍惨毒，岂复稍有人心"。《隋书·辛德源传》载辛德源被尉迟迥任为中郎，后逃出，杨坚称帝后，被迫隐于林虑山。"德源素与武阳太守卢思道友善，时相往来。魏州刺史崔彦武奏德源潜为交结，恐其有奸计，由是谪令从军讨南宁。"于此可见北齐旧臣们处于被监视中。杨坚称帝的头两年全力镇压反对派，血雨腥风，形势严峻，四年前"留用"的北齐旧臣们必然惶惶不安，心怀危惧，敢在这非常敏感的时刻拉帮结派？敢成规模地深夜宴饮，酒酣耳热，高谈阔论，不畏地方长官崔彦武们侦知？

治史有著史、考史、评史三途。笔者认为，考史应避免局限于史书字面做考据，宜视野开阔高远，了解政治形势。人有生物之人与社会之人的区分。社会之人属性纷繁复杂，譬如有工人、农人、军人、文化人，自然还有"政治人"。凡官员都是"政治人"，欲考其史，必须考他们所处的政治之史，无论古今，概莫能外。

那么，"长安论韵"的燕集发生在何时？这次燕集的性质为何？

七 "知世论人说"之乙：宽松环境下的文酒之会

研究隋代初年的历史，就可发现，约在开皇三年起，政治局势趋于平缓，逐渐出现了宽松的气氛，兹举几条史料于下。《隋书·高祖纪》：三年正月庚子，"将入新都，大赦天下"；三月丁巳，"诏购求遗书于天下"；②四月丙戌，"诏天下劝学行礼"；十一月己酉，"发使巡省风俗"。《隋书·李谔传》更记载了一场全国性的"整顿文风"运动："开皇四年，普诏天下，公私文翰，并宜实录。其年九月，泗州刺史司马幼之文表华艳，付所司治罪。自是公卿大臣咸知正路，莫不钻仰坟集，弃绝华绮，择先王之令典，行大道于兹世。"一个地方长官因为"文表华艳"而遭治罪，大概古今中外仅此一例！如是，堪称"中华一绝"。笔者认为，中国历史上多次改朝换代，有这么个规律：开国"宣武"，治国"崇文"。大凡到

---

① 《隋书·刑法志》载开皇六年"诏免尉迥、王谦、司马消难三道逆人家口之配没者，悉官酬赎，使为编户"。

② 《隋书·经籍志一》："隋开皇三年，秘书监牛弘表请分遣使人，搜访异本，每书一卷，赏绢一匹。"

了重视文化建设之时，便是政局稳定，环境宽松之际，今古皆然。经过了五六年，隋王朝政局安稳，经济繁荣。《隋书·食货志》："由是内外率职，府帑充实，百官禄赐及赏功臣，皆出于丰厚焉。"这也表现在放松严刑峻法。《隋书·刑法纪》：开皇六年，"诏免尉迥、王谦、司马消难三道逆人家口之配没者，悉官酬赎，使为编户，因除孥戮相坐之法"。

按，尉迥即尉迟迥。请注意，其时为开皇六年！宽松还表现在，作为"留用人员"的北齐旧臣纷纷被起用，据《隋书·高祖纪》，开皇三年闰十二月乙卯魏澹使陈，四年十一月壬戌薛道衡使陈，五年九月丙子李若使陈。《隋书·卢思道传》："被征，奉诏郊劳陈使。顷之遭母忧。未几，起为散骑侍郎奏内史侍郎事。"他们四人都陆续被任命做外事工作，这叫作"因材施用"。

严峻期以后，政治环境宽松，臣下燕集聚饮，便成了常态，此亦当为国史通则。

不少学者认为，长安论韵是一次专门为音韵问题而召开的专题学术讨论会，犹如1980年创立的中国音韵学研究会的历届学术讨论会。我的观点则异于是，我认为，刘臻、颜之推等八人与陆爽父子的晚宴是一些文士官员们的"文酒之会"或"诗酒之会"。这在那个时代是习见之事，可举三条书证。《隋书·庾季才传》："季才局量宽弘，术业优博，笃于信义，志好宾游。常吉日良辰，与琅琊王褒、彭城刘毅、河东裴政及宗人信等为文酒之会。次有刘臻、明克让、柳䇺之徒虽为后进，亦申游款。"（请注意，名单中有刘臻，可见他是乐于参加会饮者）《陈书·阮卓传》："以目疾不之官，退居里舍，改构亭宇，修山池卉木，招致宾友，以文酒自娱。"《旧唐书·吴筠传》："开元中，南游金陵，访道茅山，久之，东游天台。筠尤善著述，在剡与越中文士为诗酒之会。"

隋王朝到了开皇六年，政治环境宽松，昔日不得意的"留用人员"都被"用"了，有了官职，自然就有不菲的俸禄，也有了愉悦的心情，这都是聚集宴饮的必备条件，于是就发生了中国语言学史上大书特书的长安陆府论韵。宴饮十人中，有八人为旧齐人，其中七位是曾仕于北齐二十年的旧臣，577年齐亡入周成了"留用人员"，仅仅四年，即581年再次改朝换代，"自动转为"隋臣，他们是颜之推、卢思道、李若、魏澹、辛德源、薛道衡、陆爽；另一人陆法言，是周武帝平齐时尚为未成年的齐民。八人中卢思道、辛德源二人有叛周反杨的重大历史污点，薛道衡"坐事除名"不知是因政治问题还是他事犯有过错。这些原齐人在血雨腥风的开皇元年、二年悚惧不宁，甚或被监视，但是开皇三年以后形势好转，或任官，或出使。开皇六年时他们都官运亨通，心情舒畅，于是置酒高会，畅谈阔论，"物以类聚，人以群分”，这八人可以称作北齐帮。

至于刘臻、萧该，本为南方的梁元帝旧属，554年江陵为西魏军所破，其后萧、刘被掳入长安。颜之推是他们的同僚，也被掳，但伺机逃往北齐。577年齐为周所灭，隔了二十二年，颜之推又与刘、萧同朝，但不在江陵，而在长安。卢思道等七人也与颜之推一同到了长安。历史这个冥冥之手将这班历尽艰辛的十人聚拢在一地，又在开皇六年安排他们坐在长安的一张酒桌边，使他们随兴畅叙。开皇六年陆府燕集实际上是隋初一群中层官员的聚饮。这些官员宴饮聚餐谈论的主要话题是什么？大凡“义酒之会”，其话题必然多元，现实感强，随机性明，偶发性多，转移度高。以今例古，在这样的“酒会”里，他们的话题因与会者的身份、素养、爱好而决定，焦大们的大碗喝酒跟林妹妹们的吟诗雅集，那话题必然大不一样。爆发新的话题、变换话题更是司空见惯。现实中最令与会者关心的问题更可能是主要话题。可以想象，刘臻、颜之推他们，作为官员，能不谈论他们最关心的政治问题、国际形势？他们都是文士，诗歌创作、文章评骘自然也是少不了的内容，等等。对于这次开皇六年陆府文酒之会，我们应该细细咀嚼陆法言《切韵序》的“夜永酒阑，论及音韵”八字：（1）从前四字可见此次宴饮时间之长，与会者兴致之高，他们的话题必很多，议论必热烈，因与《切韵》无关，便被陆法言“隐身”；（2）只是到了快收场，来宾该打道回府歇息的时候了（按，此与序文“宿”义理解有关，本文从吴葆勤《“同诣法言宿”校议》之说），“及”这是第二个关键词，表示此时话题忽然一转，方论“及”音韵。从《切韵序》的叙述，十人议论的音韵话题可以略分为二：（1）评论南北东西的各地方言的歧异及优劣；（2）评骘前此众多韵书的得失。无论方音与辞书，宗旨在削疏缓而定精切。音韵是这场晚宴的最后一个话题！压轴！多亏这次宴饮到最后冒出了这么一个话题，天幸！

中国人自古迄今的宴饮活动，该有恒河沙数，然而给文化史留下印记的并不多，而值得大书特书的更少。首当推东晋永和九年（353）的山阴兰亭雅集，留下了书法史上的第一名帖和一篇一流散文，隋初开皇六年（586）的长安雅集孕育了音韵学的经典《切韵》和语言学史上一篇一流序文。我们后人应该感谢魏澹，他指令陆法言：“向来论难，疑处悉尽，何不随口记之？我辈数人，定则定矣。”要不是有这位准“策划者”，这场热烈的“论韵”必风流云散，湮没在历史长流中。颜外史、萧国子两位“学术带头人”做结论，自是功不可没。当然更应该感谢的是陆法言，他记下纲纪，十余年后据之成一代伟著。我们还不可忘记的有隋文帝，他废太子迁怒陆爽，一声金口玉言，陆法言“除名为民”，于是“屏居山野”，不得不专心撰作。清人赵翼《题遗山诗》名句：“国家不幸诗家幸，赋到沧桑句便工。”后人点化为"诗人不幸诗家幸",我们后世的音韵学者不妨作如是言:"陆家不幸韵家幸,经典千年孰竟工?"

八、结语

甲,卅年前为文,卅年后旧题新做,若有寸进,皆受启沃于先贤程颢:"须是大其心使开阔,譬如为九层之台,须大做脚始得。"①

乙,本文是一篇考据语史学的论文。多年前我提倡"文史语言学",如今我拟改名为"考据语史学",即充分占有史料,使用考据方法以研究语言的历史和语言学的历史。陈寅恪先生的《从史实论切韵》、周祖谟先生的《切韵的性质和它的音系基础》,都是考据语史学的经典之作。笔者不揣谫陋,踵继前贤,曾撰《长安论韵开皇六年说》《颜之推谜题及其半解》,今以十余月之功著《语学与史学的会通——三十而立,再证"长安论韵开皇六年说"》。

丙,我认为,治学撰作既需要充分占有可靠的材料以做严谨的逻辑推理,也需要具有思想、理论,故本文提出"以今例古法""知世论人说""齐一律"等。唐人张说《邺都引》诗如此形容魏武帝:"昼携壮士破坚阵,夜接词人赋华屋。"今人曰"两手硬",是谓得之,于我心有戚戚焉。

丁,忆1962年在中国科学院语言研究所,吕叔湘先生谆谆教诲:"你们写一篇论文应该花一两年时间,不要急于求成。"敢不书绅践行?

戊,此文过长,笔者不得不将另半内容割出,拟撰《长安论韵群体剖析与〈切韵〉思想归因探研》,欲知后事如何,且听下篇分解。

参考文献

曹道衡,1992. 从《切韵序》推论隋代文人的几个问题[M]//文史. 北京:中华书局.

陈寅恪,2015. 从史实论切韵》[M]//金明馆丛稿初编. 上海:三联书店:399.

董作宾,1977. 切韵年表[M]//董作宾先生全集:甲编. 台北:艺文印书馆.

何九盈,2013. 中国古代语言学史[M]. 4版. 北京:商务印书馆:232;234.

洪诚,2000. 洪诚文集[M]. 南京:江苏古籍出版社:135.

胡裕树,1992. 中国学术名著提要:语言文字卷[M]. 上海:复旦大学出版社:3.

---

① 程颢、程颐《二程遗书》卷二上。胡适1925年作《读书》,认为此条作者是程颢。

黄典诚，1994.《切韵》综合研究［M］. 厦门：厦门大学出版社：2.

李荣，1957. 陆法言的《切韵》［J］. 中国语文，1.

罗常培，2008. 罗常培文集：第七卷［M］. 济南：山东教育出版社：44.

吕朋林，1996.《切韵》议纲年份考辩［J］. 语言研究，增刊.

缪钺，2017. 读史存稿［M］. 增订本. 北京：北京大学出版社：378.

倪其心，1981. 关于卢思道及其诗歌［J］. 文学遗产，（2）.

濮之珍，2017. 中国语言学史［M］. 上海：上海古籍出版社：200.

王鸣盛，2008. 十七史商榷［M］. 南京：凤凰出版社：450.

王启涛，2005.《切韵·序》之"隋开皇初"蠡测［M］//汉语史研究集刊：第7辑. 成都：巴蜀书社.

王显，1984.《切韵》纲纪讨论制订的年份［C］//中国社会科学院语言研究所古代汉语研究室. 古汉语研究论文集，北京：北京出版社.

王显，1997. 陆序"开皇初"为九年四月十七日前后说的补充［J］. 古汉语研究，（3）.

张雨，2018.《切韵》成书缘起与长安论韵时间再探［J］. 唐史论丛，（26）

赵少咸，2010. 广韵疏证［M］. 成都：巴蜀书社：36.

赵翼，2008. 廿二史札记［M］. 南京：凤凰出版社：225–226.

周祖谟，1966. 切韵的性质和它的音系基础［M］//问学集. 北京：中华书局：441.

祝尚书，2001. 卢思道集校注［M］. 成都：巴蜀书社.

附录

由台湾师范大学陈新雄教授倡议，香港浸会学院中文系主办，大陆音韵学者积极支持的海峡两岸音韵学者相隔四十一年后的首届学术讨论会于1990年6月11—12日在香港浸会学院举行，隆重热烈，两岸一家亲。这次会议开启了两岸音韵学者的密切交流，是为"香江论韵"。很荣幸，当年我亦与会，宣读论文《长安论韵开皇六年说》。卅年沧桑，与会诸公辞世者匪鲜，"空怀可作之叹"。兹将拙文在《古汉语研究》杂志刊布，谨以此纪念音韵学史上具有重要意义的海峡两岸音韵学者的"香江论韵"。当年海峡两岸音韵学者的首届学术讨论会，成了历史。拙文已过卅载，也成了历史，自应保存文本原貌，除了将原手稿繁体字改为简化字以外，不做任何更改（包括错误）。

长安论韵开皇六年说

每读文史，辄感汉文学史家有优于汉语史家之处，前者于研究对象之里贯交游、出处行藏多能深入探讨，如李白之经济来源，曹沾之耽心风筝，皆有专论，而汉语史家不免逊色。然关于《切韵序》所涉史实，若干语言学家与历史学家均曾致力于考订，成绩斐然。笔者不揣谫陋，两年前也曾阅读有关史籍，今春受平山久雄先生《切韵序和陆爽》一文的激发，再度研读史籍，觉诸师、诸贤之说尚有可补可正之处，于五月初基本完成这项研究。但香港论韵会在即，而教学、教务缠身，只得就长安论韵的时间问题草成此文，祈方家指正。

一

《切韵》是汉语音韵学最重要的经典，《切韵序》开头就说："昔开皇初，有刘仪同臻、颜外史之推、卢武阳思道、魏著作彦渊、李常侍若、萧国子该、辛咨议德源、薛吏部道衡等八人同诣法言门宿，夜永酒阑，论及音韵。"这就是著名的"长安论韵"。主人陆爽之子陆法言"烛下握笔，略记纲纪"，十余年后，于仁寿元年（601）撰成《切韵》一书。

陆法言只说了句"昔开皇初"，那么"长安论韵"究是何年？审慎的说法是，"我们不能确指开皇初是开皇哪一年，现在姑且假定为开皇元年（581）"（李荣《陆法言的〈切韵〉》），"大约在公元五百八十九年"（陈振寰《音韵学》）。确指年份的有开皇二年说（董作宾《切韵年表》）；"不过总在开皇五年九月以前。开皇五年九月，李若使于陈。开皇六年，卢思道卒于长安"（李荣）；"《切韵》纲纪的论定是在开皇九年（589）四月十七日前后"（王显《〈切韵〉纲纪讨论制定的年份》）。

元年说不予讨论。二年说之理由为卢思道卒于三年，陈寅恪1948年发表之《从史实论切韵》引用张说之《卢思道碑》云："隋开皇六年，春秋五十有二，终于长安。"故二年说也毋庸讨论。

那么可以讨论的是开皇五年九月李若使陈以前说和开皇九年说，先讨论后者。

二

《隋书·卢思道传》末云："是岁，卒于京师，时年五十二。"张碑确指五十二岁卒时为开皇六年。王显云："所谓'时年五十二'，'二'字是误衍，'五'字则是'六'的讹误。"未免改动过多，虽然典籍数字因传刻讹误乃常事。

定为九年四月十七日前后，似已不是开皇初，而近乎开皇中了，开皇二十年整，法言于仁寿元年作序，于开皇之初中应有较清晰的印象。

据张碑，卢卒于六年，年五十二，则为535年生；依王说，卢十年卒，年六十，那是531年生。哪种说法较合于史籍？

卢思道《孤鸿赋》："余志学之岁，自乡里游京师。"如真是十五岁（文人用辞，往往大致如此），即549年至邺。《隋书》本传云："年十六，遇中山刘松。"则是550年。后师事邢邵，"就魏收借异书，数年之间，才学兼著。……齐天保中，《魏史》未出，思道先已诵之，由是大被答辱"。据《北齐书·魏收传》，收天保二年（551）受诏撰魏史，天保五年（554）成。《史通·古今正史篇》："齐秘书监魏收博采旧闻，勒成一史，……于是大征百家谱状，斟酌以成《魏书》。"此时异书必多，卢与魏交密，故得泄其未公开的著作，遂涉谤史案。若是年生，较之535年生，与上段史实距离颇远。

《孤鸿赋》："年登弱冠，甫就朝列"，"通人杨令君、邢特进已下，皆分庭致礼，倒屣相接"。《隋书》本传："左仆射杨遵彦荐之于朝，解褐司空行参军，长兼员外散骑侍郎，直中书省。"《北齐书·文宣帝纪》："天保八年尚书右仆射杨愔为尚书左仆射。"《北史·樊逊传》："（天保）八年，……杨愔言于众曰：'后生清俊，莫过卢思道。……'遂以思道长兼员外郎。"《北齐书·崔瞻传》述卢思道直中书省向杨愔推荐崔瞻事。天保八年（557）解褐，如是535年生，那"年登弱冠，甫就朝列"，就较合；若531年生，就较远。

《孤鸿赋》云"笼绊朝市且三十载"，此赋作于杨坚为北周丞相时，即580年。《史记·张仪传》："争名者于朝，争利者于市。"后以朝市泛指名利之场。如以卢思道卷入谤史案计，554年《魏书》成，553年思道"先诵之"，至作赋时恰近三十年，且，将也。

《孤鸿赋》："余五十之年，忽焉已至。"王显先生指出，这是套用孔融成话，其时实四十六岁。文人偏老时，易夸张其老（如欧阳修作《醉翁亭记》时四十岁，自称翁）。约在582年著《劳生论》："余年五十，羸老云至。"举成数也。又云："年在秋方，已迫知命。"接近五十也，迫，近也。

根据以上理由，我认为还是承认张碑与史传，卢思道卒于开皇六年，五十二岁。不过，我们也佩服王文对史传的若干处的解释很有道理，笔者还无法提出另说。

三

如果卢思道卒于开皇六年，那么长安陆府论韵绝不会在七年及其后。因为卢死的具体月份不知道，但最迟在六年底。长安论韵只可能在开皇元年二月甲子至六年底之间，无论发生在哪一年，"昔开皇初"都是贴切的。

我们的办法是考察主人父子及八位客人什么时候都能聚集在长安，而且有可能燕集论韵。反过来说，只要某一段时间内有一人不在长安或不可能参与论韵，则陆府论韵绝不会在此时发生。

据《隋书·高祖本纪》，开皇三年闰十二月乙卯魏澹使陈，四年十一月壬戌薛道衡使陈，五年九月丙子李若使陈。假定每次出使往返为六个月，这可从下两事推出：据《隋书·高祖纪》，元年四月辛丑，陈使"来聘于周，至而上巳受禅"，二月甲子杨坚即帝位，陈使当是二月甲子前由建康出发；又，四年秋七月丙寅，陈使来聘，八月壬子享陈使，陈使在长安前后呆了四十七天。

特别要考虑到三个人。

一是薛道衡。《隋书》本传："高祖受禅，坐事除名。河间王弘北征突厥，召典军书，还除内史舍人。其年，兼散骑常侍，聘陈主使。"据《隋书》杨弘传、燕荣传、赵仲卿传（文繁不录），杨弘三年初击突厥，六月胜利。那么薛道衡三年初最早二年底从军，三年下半年回长安。而开皇元年、二年坐事除名，这期间似不太可能赴陆府宴集。

二是辛德源。《隋书》本传："因取急诣相州，会尉迥作乱，以为中郎。德源辞不获免，遂亡去。高祖受禅，不得调者久之，隐于林虑山，郁郁不得志，著《幽居赋》以自寄，文多不载。德源素与武阳太守卢思道友善，时相往来。魏州刺史崔彦武奏德源潜为交结，恐其有奸计。由是谪令从军讨南宁，岁余而归。秘书监牛弘以德源才学显著，奏与著作郎王劭同修国史。"

案，北周静帝大象二年（580）六月相州总管尉迟迥反对杨坚，"举兵东夏，赵魏之士，从者若流，旬日之间，众至十余万"，七月失败。辛德源涉嫌，故在杨坚取得帝位后，只得隐居林虑山。《隋书·地理志中》，魏郡有林虑县，内有林虑谳。魏郡太守自有监视德源行动之责。《地理志上》："开皇三年，遂废诸郡。"《百官志》：开皇三年四月后，"罢郡，以州统县"。既传称魏州刺史，则是三年事。那么三年从军讨南宁，"岁余归"，即四年归。

关于讨南宁一事，王显先生文认为"是在史万岁的统率下"（王文注二十六）。《隋书·史万岁传》未明言时间，但从苏沙罗传可知，史万岁征西爨当在开皇十年后。

从梁睿传、韦冲传、王长述传知西爨三代酋领为爨瓒、爨震、爨翫（文繁不引），韦、王征抚的对象是爨震，史万岁的征讨对象是爨翫。王长述传："后数岁，以行军总管至南宁，未至，道病死。"辛德源当是从王军南下，当为开皇三四年间事。

总之，辛德源从涉嫌反隋至从南宁归来前夕皆不可能在长安，在此期间内，不可能有论韵事。

但存在一难点：秘书监牛弘推荐辛德源与著作郎王劭同修国史。《牛弘传》：开皇初秘书监，三年拜礼部尚书。《王劭传》："高祖受禅，授著作佐郎。……于是起为员外散骑侍郎。"在谄谀杨坚后，拜著作郎。而本纪载，王劭三年四月聘陈时，头衔为员外散骑侍郎。这段史文似可这样解释：王劭十月返，上表请改史，谄谀，然后晋升为著作郎，牛弘荐辛德源与王劭共事，不久牛弘由秘书监改任礼部尚书。这都发生在三年最后两月。但是细玩史文，王劭升为著作郎似乎不那么快，此其一。如辛三年底与王劭共事，则二年征南宁，不可能，王长述传只说"后数岁"，又，隋初边患主要在北方突厥，韦冲、王长述也是恩威并用，文帝开皇二年即征南宁于理难绎，此其二。《音乐志》：开皇"十四年三月，乐定。秘书监奇章县公牛弘……等奏曰"。其时牛弘早不任秘书监了，因此辛德源传的"秘书监牛弘"可能也是用的旧头衔，而实是开皇三年后的事，此其三。

最后要讨论的是卢思道。本传云："开皇初，以母老，表请解职，优诏许之。思道自恃才地，多所陵轹，由是官涂沦滞。既而又著劳生论，指切当时。……岁余，被征，奉诏郊劳陈使。顷之，遭母忧。未几，起为散骑侍郎，奏内史侍郎事。于时议置六卿，将除大理。思道上奏曰，……又陈殿庭非杖罚之所，……是岁，卒于京师，时年五十二。"

读这段史文，我们可以做如下推测：开皇元年二月开国，卢辞职与皇上优诏许之，最早也得在元年中。辞去武阳太守职后，官途沦滞，牢骚满腹，《劳生论》当著于二年。"岁余，被征，奉诏郊劳陈使"，当是三年事。《隋书》记载，开国后，三年二月陈使首次来聘，三年十一月第二次来聘，不知卢是哪一次郊劳陈使。"顷之，遭母忧"，卢思道乃孝子，577年周武帝平齐，以十八知名朝士之一被征入长安，"未几，以母疾还乡"，因而参与乡人的反周之乱；开皇元年，又以母老辞职还乡奉养，此次遭母忧，当是母卒于父后。"顷之"何时？假定陈使来长安后，外事活动一个多月，设陈使来后第三月遭母忧。《仪礼·士虞礼·记》："中月而禫。"郑玄注："中犹间也。禫，祭名也。与大祥间一月。自丧至此凡二十七月。禫之言澹澹然平安也。"则是居母丧在乡二十七个月。王显先生说，史书未言夺情，当是居丧时期全然不在长安。"未几"，当是丧毕后隔一个短时间再至京师任职。

那么卢思道开皇元年中至被征郊劳陈使前在乡奉母。如是三年二月劳陈使，则三年四月至五年五月（三年有闰十二月）丁忧，亦在乡；如是三年十一月劳陈使，则闰十二月至六年二月居乡丁母忧。

四

史书未言其他人在开皇初不在长安。

现在我们可以根据薛、辛、卢、魏、李在开皇元年至六年的行踪来考证陆府论韵的时间。

开皇元年、二年、三年、四年皆无可能。薛一二年坐事除名，三年从军。辛一二年隐居林虑山，三年从军，四年归。卢元年中至二年（甚或三年中）无职居乡，三年四月（或闰十二月）起，丁忧回乡。三年十二月魏使陈。四年十一月薛使陈。

开皇五年六月卢思道居丧毕，未几复出任职，如果很短，那可赶在李若使陈（九月）前回长安。如果隔三四个月，就不可能了。卢乃范阳涿人（《北史》如是，《隋书》本传只言范阳人），朝廷征书至涿，由涿至长安皆需不少时间。《周书·武帝纪》载平齐后二月乙卯自邺启程，四月乙巳至长安，前后共四十九天，当然卢思道之返京速度要快些。

开皇六年二月李若由陈回长安，卢思道如是六年二月居丧毕，那么起复后回京任职，诸贤毕至，少长咸集。杨坚代周的政变已过去六年，隋的统治已很稳定，这些由北齐或南朝而来的诸文士都很安定，隐居、从军、泄愤都成为过去的事了。于是陆府开文酒之会，"夜永酒阑，论及音韵"就是恰如其时的了。

初年定纲纪，十余年后陆法言撰《切韵》，垂之千古。

鲁国尧于颜之推故里2021年3月

原载《古汉语研究》2021年第3期

（鲁国尧，南京大学文学院教授）

新出隋墓志所见大兴城城郊地名释证三题

周晓薇　　王其祎

一个地名及其沿革，往往就是一段当地历史人文演化的镜像。叶昌炽《语石》卷六"碑版有资考订"一则讲道："关中碑志，凡书生卒，必云终于某县某坊某里之私第，或云葬于某县某村某里之原。以证《雍录》《长安志》，无不吻合。推之他处，其有资于邑乘者多矣。"①黄永年师在《碑刻学讲义》中亦特别指出："碑志所记地理，大别有三类：一所记逝者任地方官之州郡县邑名称；一所记第宅在长安或洛阳之坊里名称；一墓葬在长安某原某谷诸名称。中华版《文史》第4辑有据墓葬原谷以考唐长安郊区地理之文。搜辑碑志所记长安、洛阳坊里，则早为徐松撰集《唐两京城坊考》所取材。徐氏以后出土两京唐志其数逾千，可更大事补辑。"②笔者尝撰作《隋代墓志铭汇考》，并依据其中的地理史料对隋代长安与洛阳两京的城坊与其四郊地名等予以梳理考证，所获甚多。如今又有大量新出土的隋代墓志被纳入新出隋代墓志铭整理与研究的课题，这些新资料中的地理信息尤以长安地区为多，本文谨拣取有关隋代大兴城城郊地名的三则史料而予以释证。

一、雍州大兴县高望原

2014年6月，笔者获藏隋开皇十一年（591）《梁衍墓志铭》及《梁衍枕铭》拓本各一帧。梁衍其人，曾在周隋两朝任官，史传与志文多有可以互证之处。而颇为奇特的是梁衍其人除了有一方墓志铭刻石以外，还出现了一方枕铭刻石，这在中古墓志中尚无前例。对此墓志的考证业已发表在《唐史论丛》③，这里仅就其葬地问题予以详细疏释，原因是其葬地"雍州大兴县高望原"的"高望原"名称在隋唐以前文献中迄为仅见。

---

① 〔清〕叶昌炽：《语石》卷六，王其祎校点，辽宁教育出版社，1999年，第170页。
② 黄永年：《古文献学四讲》，鹭江出版社，2003年，第232—233页。
③ 周晓薇、王其祎：《枕上浮生：长安新出隋代梁衍墓志铭与枕铭疏证》，见《唐史论丛》（第21辑），三秦出版社，2015年，第196—211页。

墓志云梁衍"以开皇十一年岁次辛亥十月廿五日癸酉迁窆于雍州大兴县高望原"（图1），其枕铭亦曰"以十月廿五日葬于大兴县南高望原"（图2）。因墓志与枕铭的出土地信息不详，而遍检周、隋碑志及传世文献，"高望原"之名在唐宋以前也不见有第二例，故"大兴县高望原"的地理位域需要特别讨论。

首先高望原属大兴县，而且在大兴县南，故当位于大兴城郊的东南方位，亦即正好与位于大兴城郊西南方位的辖于长安县的高阳原一东一西遥遥相对。

其次，唐墓志有贞观十九年（645）《谢统师暨妻姬氏湘源夫人墓志》曰"同窆于雍州万年县高望里"[①]，又有一例太和八年（834）《杨迥墓志》曰"安厝于万年县高平乡高望里附先茔"[②]，可知唐代万年县有一个"高望里"，属高平乡。又依据出土的相关唐代墓志的地理信息分析，可知高平乡在唐代位于长安城南郊的凤栖原与少陵原之间。因为隋大兴县即唐万年县，故隋代大兴县的高望原与唐代万年县的高望里是否有直接的关联，很值得注意。

图1　《梁衍墓志铭》拓本　图2　《梁衍枕铭》拓本

再次，虽然迄今未见到唐代有辖于万年县的高望原名称，但是宋代以后的地理文献在万年县下却出现了"高望堆"的地名（图3）。《太平寰宇记》卷二五《关西道·雍州》"万年县"记："高望堆。潘岳《西征赋》云'凭高望之阳隈'是也。"[③]宋敏求《长安志》卷一一"万年"又曰："高望堆。《长安图》曰在延兴门南八里。潘岳《西征赋》曰'冯高望之阳隈'。"[④]张礼《游城南记》则说："出启夏门，览南郊百神、灵星三坛。次杜光村。东南

<hr />

① 赵力光主编：《西安碑林博物馆新藏墓志续编》（上册），陕西师范大学出版总社，2014年，第61页。

② 周绍良主编：《唐代墓志汇编》（下册），上海古籍出版社，1992年，第2151页。

③ 《太平寰宇记》，王文楚等点校，中华书局，2007年，第523页。

④ 〔宋〕宋敏求：《长安志》，辛德勇、郎洁点校：三秦出版社，2013年，第362页。

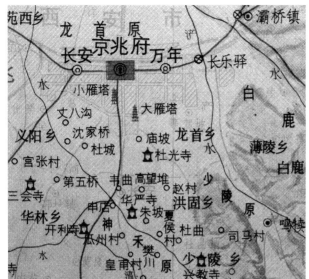

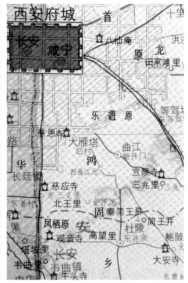

图3 《西安历史地图集》第110页北宋时期图（宋徽宗政和元年）中所示"高望堆"

图4 《西安历史地图集》第117页明长安县、咸宁县乡镇图（万历三十九年）中所示"高望里"

历仇家庄。过高望，西南行，至萧灌墓，读碑。"①据张礼注知三坛的方位大约在启夏门外西南二里。杜光村（杜光寺）即今之南窑村，大体方位在今南三环与翠华路的相交处以东。仇家庄即唐代宦官仇士良别业及墓茔所在②，其南为郭子仪父郭敬之与郭子仪第六子郭暧所尚升平公主墓，即今金浮沱村以南的航天大道附近。高望即高望堆，萧灌墓在高望堆西南坡下，即今蕉村所在，亦即高望堆在今蕉村东北。元代骆天骧《类编长安志》卷一○"石刻"述及《唐赠太保郭敬之碑》亦云"在凤栖原高望堆坟前，见存"③。至明清已降，"高望堆"之名于地志文献中恒见矣（图4）。然"高望原"名称的出现，据笔者所见，隋唐以后最早的传世文献当是元代李好文的《长安志图》，其卷上《城南名胜古迹图》中赫然标示出"高望原"的字样④，其地理方位约在曲江的东南、郭敬之墓的西北。⑤此地与《长安志》所谓高望堆"在延兴门南八里"之

① 〔宋〕张礼撰，史念海、曹尔琴校注：《游城南记校注》，三秦出版社，2006年，第87—96页。

② 《文苑英华》卷九三二载郑薰撰《内侍省监楚国公仇士良神道碑》云其葬于"万年县宁安乡凤栖原社季村"（中华书局，1956年，第4905页）。

③ 〔元〕骆天骧：《类编长安志》，黄永年点校，中华书局，1990年，第310页。

④ 〔元〕李好文：《长安志图》，辛德勇、郎洁点校，三秦出版社，2013年，第24页。

⑤ 〔元〕李好文：《长安志图》，辛德勇、郎洁点校，三秦出版社，2013年，第24页。卷上"城南名胜古迹图"在高望原西北方向，误将郭敬之墓标作郭子仪墓。

说差相符合。由知高望堆即高望原，其地在唐又适与凤栖原的地理位域相契合。今之高望堆村犹存，方位正在曲江直南约3.5公里、华严寺直北约3.5公里及杜陵西南亦约3.5公里的交汇处，推其村名由来，当即地处古之高望堆（亦即高望原）之故。由此推之，隋之高望原应该就在今高望堆村（又叫高望村）一带。

若从地理沿革的角度来小结上述史料，则"高望"的名字大约首先出自西晋潘岳的《西征赋》，至隋代始出现"高望原"的称谓，但只是因其所处地形地势而偶然出现，并未成为约定俗成的地名。[①]到了唐代，此地有了"高望里"的名字，其得名当与地处高望原上有关。宋代以后，此地更有了"高望堆"的称谓，且一直沿用至今。

二、大兴县城东马头空

2014年三月新见开皇十三年（593）《曹瑾墓志》拓本，然出土地点不得而知。此志有两点信息引人注目：一是详细记录了曹瑾从北周到隋代所经历的六次官职迁转，不仅官名十分具体而清楚，而且迁转时间更详细到某年某月某日。二是葬地所在的地名出现了"马头空"，这在隋以前的文献中为仅见，故值得探讨一番。

兹据志云"开皇十三年九月十三日薨，十月十七日葬于大兴县大城东七里土名马头空北一里蔺村南八十步"（图5），可以基本锁定大致的方位，即属于大兴县，位于城东七里，地名叫马头空。

"马头空"又称"马头崆"，直到清代以后才因为一音之转而称为"马登空"与"马腾空"[②]，今西安东南郊的等驾坡以南一带，仍有马腾空村的地名。

"马头空"这个名称虽然在隋代仅此一见，但在隋代以前与隋代以后都是可以找到沿革关系的。向前代寻找，可以找到此地早有"马头原"的名称。如《晋书》卷一一五《苻登载记》云"（苻）登去曲牢繁川，次于马头原"[③]；《晋书》卷一一六《姚苌载记》又

图5 《曹瑾墓志》拓本

---

① 唐墓志中也有径称"高望之平原"者，如唐长寿三年《邹峦昉墓志》云"葬于城南高望之平原"。参见胡戟：《珍稀墓志百品》，陕西师范大学出版总社，2016年，第94页。

② 史念海主编：《西安历史地图集》，西安地图出版社，1996年，第133页《民国后期西安市郊区乡镇图》。

③ 《晋书》卷一一五《苻登载记》，中华书局，1974年，第2952页。

云"（姚）苌与（苻）登战，败于马头原"①。这里提到的"马头原"，其地正在长安城东，亦即与隋代的"马头空"地理方位相一致。若做合理推测，则隋代的"马头空"名称应该就是源于晋代的马头原。

向后代寻找，从唐墓志中亦可以找到印证，如显庆六年（661）《大唐故董夫人墓志铭》云"葬于京兆长安之城南马头空"②。开元十七年（729）彭王李志暕撰《大唐故兴圣寺主尼法澄塔铭》云："今上在春宫，幸兴圣寺，施钱一千贯，充修理寺。以法师德望崇高，敕补为兴圣寺主。法师修缉毕功，不逾旬月。又于寺内画花严海藏变，造八角浮图，马头空起舍利塔，皆法师指受规模及造。……卧讫迁神，春秋九十，开元十七年十一月三日也。以其月廿三日安神于龙首山马头空塔所。"③出土于西安雁塔区马腾空乡的开元廿七年（739）《裴闻一墓志》亦云"迁窆于京兆延兴门东马头空之原"④等等，由此可知马头空在唐代长安城郊的地理位置是延兴门外偏东南方向，且在龙首山亦即龙首原上。而延兴门乃是长安城外廓城东城三门中最南门的城门，龙首渠流经此地，故马头空的大致方位就在今西安东郊等驾坡以南与缪家寨以西交汇点的浐河西岸一带，今犹有马腾空村在焉。又，延兴门外数里即龙首原，还可以据西安南郊延兴门外出土的唐开元十一年（723）《阿史那哲墓志》云"葬于京延兴门外五里龙首之原"⑤，以及1952年西安南郊新开门（今曲江遗址旁，东距马登空约三公里）出土的唐天宝十四载（755）《宋应墓志》云"权瘗于咸宁县延兴门外龙首乡之原"⑥等得以印证。

小结上述史料，可知隋代的"马头空"当因地处前秦与后秦交战的"马头原"而得名，唐代以后一直沿用此名（图6），直到清代至民国初期，或因为一音之转始出现了"马登空"（图7）和"马腾空"的名称，并沿用至今。

---

① 《晋书》卷一一六《姚苌载记》，中华书局，1974年，第2970页。

② 周绍良、赵超主编：《唐代墓志汇编续集》，上海古籍出版社，2001年，第114—115页。

③ 周绍良主编：《唐代墓志汇编》（上册），上海古籍出版社，1991年，第1362页。

④ 西安碑林博物馆藏石。参见赵力光主编：《西安碑林博物馆新藏墓志汇编》（中册），线装书局，2007年，第425页；杨娟：《新见唐〈裴闻一墓志铭〉释证》，《考古与文物》2007年第4期，第85页。

⑤ 西安碑林博物馆藏石。参见周绍良、赵超主编：《唐代墓志汇编续集》，上海古籍出版社，2001年，第494页。

⑥ 西安碑林博物馆藏石。参见周绍良、赵超主编：《唐代墓志汇编续集》，上海古籍出版社，2001年，第658页。

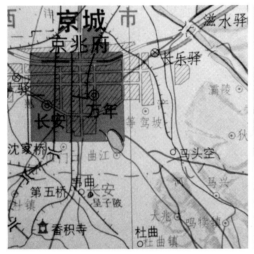

图6 《西安历史地图集》第77页唐时期图（唐玄宗开元二十一年）中所示"马头空"

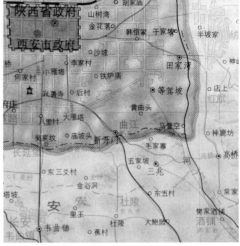

图7 《西安历史地图集》第133页民国后期西安市郊区乡镇图（民国三十五年）中所示"马登空"

三、北周万年县轵道乡与隋代泾阳县鸿川乡

大约在2006，隋开皇八年（588）《朱幹墓志》年出土于咸阳北原。墓志云："（天和）六年二月四日卜兆于万年县轵道乡，大隋膺运，迁都改筑，窀穸之所，迩于王城，以开皇八年十一月廿日移坟泾阳县鸿川乡诚义里。"（图8）轵道乡在北周属万年县，故墓志言"万年县轵道乡"，而入隋以后的开皇三年（583）便改北周的万年县为大兴县，并以新都大兴城沿朱雀大街为中轴线南北划分为西边属长安县和东边属大兴县。

先说轵道的位置。所谓轵道，又作枳道，是秦时自都城咸阳而东出霸上的大道，有轵道亭设在西汉文帝刘恒霸陵以西的灞河西岸。（图9）如《战国策》卷一九《赵策二》云"夫秦下轵道则南阳动"，鲍彪注轵道曰："《秦纪》注：亭名，在霸陵。"[1]再如《史记》卷六《秦始皇本纪》曰："子婴为秦王四十六日，楚将沛公破秦军入武关，遂至霸上，使人约降子婴。子婴即系颈以组，白马素车，奉天子玺符，降轵道旁。"（《集解》徐广曰："在霸陵。"裴骃案：苏林曰"亭名，在长安东十三里"。）[2]

图8 《朱幹墓志》拓本

---

① 〔汉〕刘向集录：《战国策》卷一九《赵策二》，上海古籍出版社，1985年，第637页。
② 《史记》卷六《秦始皇本纪》，中华书局，1959年，第275—278页。

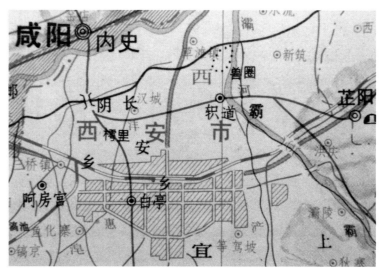

图9　《西安历史地图集》第46页秦时期图（秦二世三年）中所示"轵道"

《史记》卷八《高祖本纪》亦曰："汉元年十月，沛公兵遂先诸侯至霸上。秦王子婴素车白马，系颈以组，封皇帝玺符节，降轵道旁。"（《索隐》"枳音只"。《汉宫殿疏》云："枳道亭东去霸城观四里，观东去霸水百步"。苏林云"在长安东十三里也"。《正义》"轵音纸"。《括地志》云："轵道在雍州万年县东北十六里苑中。"）①由此可知位于汉长安城以东十三里和霸陵以西四里之间的轵道亭，乃是当年秦王子婴以组系颈、素车白马、奉天子玺符向刘邦投降的所在。

再说朱幹移坟的缘由。北周的都城大体建立在西汉与前秦后秦的国都长安城的遗址上，故轵道亭的位置也就是在北周长安城的城东十三里处（图10），到了隋代迁建新都大兴城，正好新都迁建在了距北周长安城东南数十里之地，故秦汉时期的轵道亭亦即北周时期的轵道乡已经被罗入隋大兴城北部的禁苑，于是志文中才有了因为"大隋膺运，迁都改筑"，以及朱幹的"窀穸之所，迩于王城"，遂在其卒后十八年的隋"开皇八年十一月廿日移坟泾阳县鸿川乡诚义里"的特别说明。当然，纳入大兴城禁苑的前朝旧坟，在大兴城建成后恐怕是允许百姓们陆续迁出的，至于朱幹的旧坟何以直到开皇八年才迁出禁苑，尚不能解释，是否有先行迁出而暂时安厝于某地的可能，也无从找到合理的依据。另外，志文所称的"轵道乡"应当是北周时的乡名，至隋代建立大兴城后，随着轵道亭一带被纳入禁苑，于是轵道乡或有可能就被移置到了禁苑以外的某个地域，也或者可能就干脆在入隋后即省废了这

---

① 《史记》卷八《高祖本纪》，中华书局，1959年，第362—363页。唐代李泰等著《括地志》（贺次君辑校本）作"轵故亭在雍州万年县东北十六里苑中"（中华书局，1980年，第9页）。

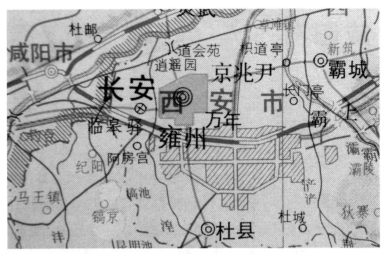

图10　《西安历史地图集》第71页北周时期图（北周武帝建德元年）中所示"轵道亭"

一乡名，所以在隋代文献中竟仅此一见，即便是检索唐代墓志等文献，亦未见有此乡名。

最后再附带说一下隋代泾阳县的"鸿川乡"。泾阳县也是隋代的县名，是开皇初废北周的咸阳县而改，其所辖地域大致在汉长安城遗址到隋大兴城禁苑以北的渭河北岸地区。笔者推测此"鸿川乡"之设应该与咸阳北原辖于泾阳县的"洪渎川"与"洪渎原"有直接关系。可资考据的案例甚多，传世文献有北周庾信《庾子山集注》卷一一《周使持节大将军广化郡开国公丘乃敦崇传》："以天和六年某月日葬于长安之洪渎原"①。《隋书》卷八〇《兰陵公主传》："主忧愤而卒，时年三十二。临终上表曰：'昔共姜自誓，着美前诗，郎妣不言，传芳往诰。妾虽负罪，窃慕古人。生既不得从夫，死乞葬于柳氏。'帝览之愈怒，竟不哭，乃葬主于洪渎川，资送甚薄。朝野伤之。"②《北齐书》卷八《幼主纪》："至大象末，阳休之、陈德信等启大丞相隋公，请收葬，听之，葬长安北原洪渎川。"③碑志文献记载有新出建德二年（573）庾信撰《宇文显墓志》："以今建德二年二月廿五日迁葬于咸阳石安县之洪渎原。"④庾信撰北周天和元年（566）《豆卢恩碑》："天和元年二月六日葬于咸阳之洪渎川。"⑤1998年出土于咸阳市底张湾飞机场

① 〔清〕倪璠注，许逸民校点：《庾子山集注》（中册），中华书局，1980年，第666页。
② 《隋书》卷八〇《兰陵公主传》，中华书局，1973年，第1798页。
③ 《北齐书》卷八《幼主纪》，中华书局，1972年，第111—112页。
④ 王其祎、李举纲：《新出土北周建德二年庾信撰〈宇文显墓志铭〉勘证》，见《纪念西安碑林九百二十周年华诞国际学术研讨会论文集》，文物出版社，2008年，第491页。
⑤ 石存咸阳市博物馆。

候机楼基址的北周宣政元年（578）《若干云墓志》云"窆于泾阳洪渎川赵村东北"①。1988年出土于咸阳底张湾的北周宣政元年（578）《独孤藏墓志》云"窆于泾阳胡渎川"②。1988年前后出土于咸阳市底张湾的北周大成元年（579）《尉迟运墓志》云"反葬于咸阳郡泾阳洪渎乡永贵里"③。1988年出土于咸阳市底张湾飞机场候机楼基址的隋开皇三年（583）《王士良墓志》云"粤其年岁次癸卯十一月丙申朔十四日己酉迁葬泾阳县洪渎川"④。咸阳市底张湾出土的隋开皇十五年（595）《段威暨妻刘妙容墓志》云："以十五年岁次乙卯十月丙戌朔廿四日己酉合厝于洪渎川奉贤乡大和里"⑤。2009年出土于咸阳渭城底张镇咸阳国际机场二期扩建工程征地区域的隋开皇十五年（595）《鹿善暨妻刘氏墓志》云"合葬于洪渎原"⑥。1953年出土于咸阳市底张湾的隋开皇廿年（600）《独孤罗志》云"粤廿年岁次庚申二月庚申朔十四日癸酉厝于雍州泾阳县洪渎原奉贤乡静民里"⑦。2010年出土于咸阳市底张镇布里村的隋仁寿元年（601）《元威妻于宜容墓志》云"以仁寿元年五月十九日气疾而终，时年五十有八。即以其年十月廿二日合葬于咸阳洪渎川"⑧。1951年出土于咸阳市底张湾的贺知章撰唐开元十五年（727）《杨执一墓志》云"与故夫人独孤氏同祔于京兆府咸阳县洪渎原"⑨。近日又见新出唐显庆三年（658）独孤信曾孙女《独孤大惠墓志》拓本，云"葬于咸阳县洪渎川使君之旧茔"⑩。综上，可知从北周至唐，"洪渎原"与"洪渎川"名称一直沿用。其中以前举北周大成元年《尉迟运墓志》"反葬于咸阳郡泾阳洪渎乡永贵里"最与此《朱幹墓志》的葬地"泾阳县鸿川乡"相似，故可推断隋代的"泾阳县鸿川乡"可能就是北周的"咸阳郡泾阳洪渎乡"，其设乡得名之缘由也一定是与其所处的"洪渎川"和"洪渎原"有直接关系。

---

① 负安志：《中国北周珍贵文物》，陕西人民美术出版社，1993年，第72页。
② 负安志：《中国北周珍贵文物》，陕西人民美术出版社，1993年，第89页。
③ 负安志：《中国北周珍贵文物》，陕西人民美术出版社，1993年，第101页。
④ 王其祎、周晓薇编著：《隋代墓志铭汇考》（第1册），线装书局，2007年，第93页。
⑤ 王其祎、周晓薇编著：《隋代墓志铭汇考》（第2册），线装书局，2007年，第196页。
⑥ 《陕西咸阳隋鹿善夫妇墓发掘简报》，《考古与文物》2013年第4期。
⑦ 王其祎、周晓薇编著：《隋代墓志铭汇考》（第2册），线装书局，2007年，第312页。
⑧ 石存陕西省考古研究院。参见《隋元威夫妇墓发掘简报》，《考古与文物》2012年第1期。
⑨ 西安碑林博物馆藏。
⑩ 赵力光主编：《西安碑林博物馆新藏墓志续编》（上册），陕西师范大学出版总社，2014年，第106页。

归结前述史料，北周的"万年县轵道乡"至隋因新都的建设而不复存在，而隋代的"泾阳县鸿川乡"当与北周的"泾阳洪渎乡""泾阳县洪渎川"等存在沿革关系，其地理位域大致在今咸阳市渭城区底张镇一带。

原载《中国历史地理论丛》2016年第4辑

（周晓薇，陕西师范大学历史文化学院教授；王其祎，西安碑林博物馆研究员）

枕上浮生：长安新出隋代梁衍墓志铭与枕铭疏证

周晓薇　王其祎

枕上一声残梦醒，千秋胜迹总苍茫。

——〔清〕朱集义《关中八景之一雁塔晨钟》

2014年6月，笔者获藏隋开皇十一年（591）《梁衍墓志铭》及《梁衍枕铭》拓本各一帧，据悉这两种刻石新近出土于西安南郊长安区而流散在民间，尚未进入公藏。墓志铭首题"大隋故上开府仪同三司宜阳郡公梁君墓志铭"，枕铭首题"大隋故使持节上开府仪同三司泽州诸军事泽州刺史宜阳郡开国公梁君枕铭"。梁衍其人，曾在周隋两朝任职，史传与志文或有可以互证之处。而依据墓志及枕铭，不仅可以梳理梁衍家族世系与籍贯等情况，亦可发现其葬地"雍州大兴县高望原"之"高望原"名称在隋唐以前文献中迄为仅见。另外，在墓葬中发现的石刻枕铭，其文字内容乃是其墓志铭文字的缩写，这种功用在中古墓志史料与墓葬随葬品中亦似属首例，故令人颇感兴趣。本文谨将梁衍墓志铭与其枕铭分别予以探讨疏证。

一、《梁衍墓志铭》疏证

《梁衍墓志铭》（图1），志石拓本高57厘米、宽57厘米。志文32行，满行31字，正书，有方界格。志盖呈覆斗形，盝顶高45厘米、宽44.5厘米。盖题"大隋故上开府宜阳郡公梁使君之墓志"（图2），共16字，4行，行4字，阳文篆书，有方界格。为行文方便，谨移录并标点志文如下：

大隋故上开府仪同三司宜阳郡公梁君墓志铭

公讳衍，字庆衍，安定朝那人也。自轩丘膺箓，嘉瑞肇于游麟；华渚降祥，设官分于命雁。其有知名曲阜，功预八师；避世箕峰，遗荣万垂。大夫定筭，佐王业于东京；校尉临戎，建殊勋于西域。基构连华，郁乎史载。祖允，泾州刺史，誉动缙绅，声冠蕃牧。父照，任安定本郡太守、东宫左卫率、岐州刺史，振羽承华，芳猷载远，宣条畿服，遗爱在民。莫不豹蔚当年，鹰扬前代。公降灵纯粹，授精房昴，辉含珠泽，三树照其英

图1 《梁衍墓志铭》拓本

图2 《梁衍墓志》盖拓本

华；润挺钟山，十德擅其符采。怀锋颖而夙成，蕴风飚于弱岁。岂直狙丘惭对，龙门揖辩而已。魏大统十四年袭封槐里县公。周大祖二分定业，三顾求贤，升大阶而秉六符，履乘石而隆九命。德举之选，未易其人。乃召公为亲信都督，既而金石迁响，鼎业惟新，凡厥勤王，皆蒙赏册。转帅都督、大都督，六军之任，绝席尤高；三事之尊，弼谐为重。诏授车骑大将军、仪同三司，改封武威公。周武皇帝，志苞宇宙，将壹文轨，席卷东邻，事符西怨。以公素晓军谋，引参帷幄。于是屈指陈筭，拔距训兵，献奇正之雄图，佐经纶之大业。虽复南巢将窜，而轵道未降，漂杵之阵徒严，流汤之势犹阻。公乃率其貔虎，执锐前驱，七步以齐，一戎便定。畴咨懋赏，允答勋庸。大启旌麾，戎崇僚采。乃授上开府仪同大将军、司次中大夫、勇猛大夫，公累陟荣涂，智效斯显。楛薪传其雅咏，衮黼称其得人。拜洵州刺史，下车敷政，停轩求瘼。四民悦仁明之化，百姓吟来晚之歌。威被属城，誉宣蕃牧。皇隋登庸，太室受命，神宗伫梦贤能，咸熙庶政，推毂之选，允归明德。进爵宜阳郡公，拜蔚州刺史。此州地连亭鄣，俗迩獯夷，封豕屡侵，射鹏弥劲。公统率轻兵，伐其匈丑，榆溪既静，柳室咸奔。旬月之间，廓清戎塞。乃授上开府仪同三司，迁泽州刺史。宽猛相济，绩誉兼宣。秋蝗弭飞，春蚕布野。或有未明元旱，玄稷未登。公靡爱斯牲，亲祷群望，行轮才动，有弇载兴。临淮愧其惠泽，徐部惭其善化。葙庚增咏，礼节以隆。既石坠武山，流奔逝水，过隙不追，解悬斯促。以开皇十一年六月三日薨于官舍，春秋五十三。皇情轸悼，赠赙有加。夫人韩氏讳，昌黎人。大将军普安公欢之女也。世承载德，家有庭训。质秀夭桃，誉芬流荇。沃盥之仪已肃，闺门之礼弗逾，穆是瑟琴，恭惟朝夕。克广柔明之范，用享众多之祚。奉案如宾，冀获偕老。以大象二年四月廿八日没于京第。涂车在餝，遽此同归。以开皇十一年岁次辛亥十月廿五日癸酉迁穸于雍州大兴县高望原。乃为铭曰：

长虹启瑞，玄鸟吉祥。在虞立德，佐汉传芳。门承积善，世载贤良。诞兹人杰，英华早秀。誉发纨绮，名欐领袖。气轶耿贾，志逾冯寇。百金膺选，六郡登朝。时逢版荡，世属道消。频从戎斾，屡被嘉招。声高绝漠，威横渡辽。帝业初基，光升后命。龙衮裁餝，熊轩增映。恤隐求民，胜残为政。遗爱斯在，去思流咏。百龄遽促，九泉云启。毁奠戒期，虞筐备礼。颓山已痛，绝弦挥涕。猗炜邦媛，懋是听从。承亲以睦，逮下唯恭。双鸾掩镜，两剑埋锋。透迟广柳，萧瑟寒松。式刊沉石，永播高踪。

根据墓志的内容大约可以梳理出如下需要解读的问题：

1. 梁衍家族世系

《梁衍墓志铭》未记其远祖，仅云其"祖允，泾州刺史"，"父照，任安定本郡太守、东宫左卫率、岐州刺史"，其父祖二人，史传皆无载。《梁衍枕铭》则有所补充，云"汉大将军商之后也。曾祖恒，河州刺史"。曾祖恒，史传亦未见载，而大将军梁商在东汉则赫赫有名，是武威太守梁统的曾孙，事载《后汉书》卷三四《梁统传》附传，略云："商字伯夏，雍之子也。少以外戚拜郎中，迁黄门侍郎。永建元年，袭父封乘氏侯。三年，顺帝选商女及妹入掖庭，迁侍中、屯骑校尉。阳嘉元年，女立为皇后，妹为贵人，加商位特进，更增国土，赐安车驷马，其岁拜执金吾。二年，封子冀为襄邑侯，商让不受。三年，以商为大将军，固称疾不起。四年，使太常桓焉奉策就第即拜，商乃诣阙受命。……商自以戚属居大位，每存谦柔，虚己进贤，辟汉阳巨览、上党陈龟为掾属，李固、周举为从事中郎，于是京师翕然，称为良辅，帝委重焉。"[1]梁商女儿梁妠做了顺帝刘保的皇后，梁商的妹妹封为贵人，梁商以外戚起家，"属居大位"，且"每存谦柔，虚己进贤"，"称为良辅，帝委重焉"。[2]若《梁衍枕铭》所记不虚，则梁衍一支乃系出史传有载的东汉显

① 《后汉书》，中华书局，1965年，第1175页。
② 《后汉书》卷八九《南匈奴列传》还记述"大将军梁商以羌胡新反，党众初合，难以兵服，宜用招降"的表奏被皇帝采纳。（中华书局，1965年，第2960页）

赫外戚安定乌氏人梁统、梁松、梁雍、梁商、梁冀一族。

2. 安定梁氏的旧望与新贯

中古梁氏多以晋大夫梁益耳为先祖，亦多有称汉武威太守梁统或将军梁冀之后者。梁氏郡望在隋前概称安定，即今甘肃泾川县一带。《后汉书·梁统传》云："梁统字仲宁，安定乌氏人，晋大夫梁益耳，即其先也。统高祖父子都，自河东迁居北地，子都子桥，以赀千万徙茂陵，至哀、平之末，归安定。"[①]《元和姓纂》卷五"梁氏"曰："嬴姓，伯益之后。秦仲有功，周平王封其少子康于夏阳，是为梁伯。后为秦所灭，子孙以国为氏。晋有梁益耳、梁弘、梁由靡，并其后也。"且记梁氏郡望唯安定乌氏一房，曰"汉初以豪族自河东徙乌氏"。[②]又据《魏书·官氏志》"余部诸姓内入者"有："拔列氏，后改为梁氏。"[③]知梁氏又有本为凉州西胡一族，即匈奴休屠种之拔列兰氏。石刻文献所见隋前安定梁氏试举数例，前秦建元十二年（376）《梁舒墓表》"凉故中郎中督护公国中尉晋昌太守安定郡乌氏县梁舒，字为仁"。[④]北魏延昌四年（515）《皇甫骓墓志》："妻安定梁氏，州主薄郡功曹洪敬女。"[⑤]东魏天平二年（535）《杨机墓志》："夫人安定梁氏，散骑常侍梁伯珍女。"[⑥]北齐河清四年（565）《梁伽耶墓志》："君讳伽耶，字巨威，安定乌氏人也。曾祖金奴，清徽素范，标映一时。祖长命，德业优通，勋载盟府。父标，恪勤无怠，匪躬□风。仕至秘书监、魏尹、北豫州史。"[⑦]北齐武平二年（571）《梁子彦墓志》："公讳子彦，字子彦，安定天水人也。"[⑧]可知隋前梁氏称郡望皆为安定或安定乌氏，《梁子彦墓志》称"安定天水"者盖误。隋前安定郡属县无天水，汉隋之间有天水郡与安定郡并存，且属县亦无天水。又，子彦"葬于野马岗，北去王城廿里"，而墓志亦出安阳县，子彦父又为"云州使君"，则子彦一族似自其父辈已从安定向东流徙进入中原，志文所记"安定天水人"之说盖为模糊记忆，将安定郡与天水郡混为一谈矣。

---

① 《后汉书》，中华书局，1965年，第1165页。

② 〔唐〕林宝：《元和姓纂》（附四校记），中华书局，1994年，第582—583页。

③ 《魏书》卷一一三《官氏志》，中华书局，1974年，第3007页。

④ 《武威金沙公社出土前秦建元十二年墓表》，《文物》1981年第2期。

⑤ 〔清〕陆增祥：《八琼室金石补正》卷一四，文物出版社，1983年，第83页。

⑥ 石存洛阳博物馆。参见毛远明：《汉魏六朝碑刻集释》（第7册），线装书局，2009年，第132页。

⑦ 石存沈阳市博物馆。参见毛远明：《汉魏六朝碑刻集释》（第9册），线装书局，2009年，第170页。

⑧ 毛远明：《汉魏六朝碑刻集释》（第9册），线装书局，2009年，第374页。

今见梁衍墓志与枕铭皆称"安定朝那人"。朝那在今宁夏固原东南，乌氏在今甘肃平凉西北，均为汉代所设安定郡的属县，两县南北相邻，皆位于泾水与乌水上游地区。隋代朝那县犹存，亦属安定郡，而乌氏县已于西魏时期废止。故隋代梁姓称乌氏人者，皆为郡望旧称。检《隋书》梁姓著族，皆为安定乌氏人，有梁御、梁睿、梁洋祖孙三代，有梁士彦、梁刚父子，有梁越、梁茂、梁毗、梁敬真四世，有梁茂、梁显、梁彦光、梁文谦四世。检《隋代墓志铭汇考》，有开皇二年《梁邕志》与开皇三年《梁坦志》皆称天水冀人①，开皇九年《杨景妻梁氏志》称天水乌氏人②，开皇十七年《梁寂志》称安定乌氏人③，大业六年《梁璨志》称安定安定人④。除此而外，还有称新贯洛阳的开皇二年《梁暄志》和葬于大兴县的开皇十四年《梁𪩘志》。则隋代梁氏犹以著籍在今甘肃一带为多。另外隋代以后又有称天水梁氏者，如天水冀人、天水乌氏人，唐贞观十九年《周故甘宁二州刺史王约暨夫人梁氏墓志》亦曰："夫人梁氏，天水盛族，百两言归，四德光备。大业四年十二月八日，奄从风烛。"⑤盖梁氏一族后有徙籍天水郡之一支，然"天水乌氏人"之说似不确切，因为乌氏县未见有隶属天水郡者。至于称天水冀人、天水乌氏人，可以认为梁氏早有一支著籍于天水，但将乌氏县附在天水郡下实为不确，乌氏县自汉至北周一直辖于安定郡，从未辖于天水郡。又据唐贞观十五年《梁凝达墓志》："君讳凝达，字静通，洛州河南人也。其先自少昊五帝之宗，灵源始系；伯益九官之望，休带方华。其后良宰之辅东京，鼎臣之佐西晋，人焉代有，世载不显。祖将，魏将军广平太守；妙精戎律，深察治方，允武允文，是著是扞。父憘，魏陇东王参军事开府参军事。"⑥唐贞观二十二年梁凝达子《梁基墓志》："君讳基，字知本，安定乌氏人也。即汉大将军冀之后胤，源流自远，龟组相辉，列茅土于上卿，分枝条于帝族。祖憘，魏东平王开府参军，权摄长史；委临州部，吏绝朝喧，奸盗屏除，穿窬敛迹。父达，志逸风云，情驰物表，丘园纵性，高上为怀，有意好于恬虚，无心干乎禄仕。"⑦结合开皇二年《梁暄墓志》已署新贯洛阳，可以确知安定梁氏之一支在隋唐间已著籍于洛阳，并可推测隋之梁暄与唐之梁凝达或为同族。

① 王其祎、周晓薇编著：《隋代墓志铭汇考》（第1册），线装书局，2007年，第80、85页。
② 王其祎、周晓薇编著：《隋代墓志铭汇考》（第1册），线装书局，2007年，第320页。
③ 王其祎、周晓薇编著：《隋代墓志铭汇考》（第2册），线装书局，2007年，第269页。
④ 王其祎、周晓薇编著：《隋代墓志铭汇考》（第4册），线装书局，2007年，第106页。
⑤ 胡戟、荣新江主编：《大唐西市博物馆藏墓志》（上册），北京大学出版社，2012年，第72页。
⑥ 周绍良主编：《唐代墓志汇编》（上册），上海古籍出版社，1992年，第58页。
⑦ 周绍良主编：《唐代墓志汇编》（上册），上海古籍出版社，1992年，第105页。

再以开皇十四年《梁𡵻志》葬于长安推之，梁氏应有著籍于京兆者，如唐贞观二十年《隋处士傅叔墓志》云"夫人京兆梁氏"①。又据《周书·梁昕传》云："梁昕字元明，安定乌氏人也。世为关中著姓。其先因官，徙居京兆之鄠邑焉。祖重耳，漳县令。父劝儒，州主簿、冠军将军、中散大夫，赠泾州刺史。"②据本传知梁昕一支乃是早在北魏随着尒朱天光入关，并成为三辅望族的。以此则可以推断，安定梁氏一族先是著籍于长安，再次大概于隋唐之间始有徙籍于洛阳的分支。

关于安定郡与安定县、乌氏县、朝那县的沿革，大致是西汉元鼎三年（前114）析北地郡置安定郡，治高平县（今宁夏固原市原州区），领县十二，有乌氏（今平凉市西北）、安定（今泾川县北）二县。东汉三国安定郡改治临泾县（今镇原县东南），领县六，有乌氏（乌支）、朝那（今灵台县西北）二县。西晋安定郡改治安定县，领县七，有安定、乌氏、朝那三县。北魏改治临泾县，领县五，有安定、朝那、乌氏（徙置今泾川县东北）三县。北周安定郡改治安定县，领县三，安定、乌氏、临泾。朝那县则改为西魏新置的安武郡治所。隋亦治安定县，领县十，有安定、朝那二县，并废安武郡县。乌氏县自隋始废。唐安定郡属县有安定县，而朝那县亦废矣。

3. 梁衍事略与相关史料

梁衍，史传未载。志云"魏大统十四年袭封槐里县公"，周大祖召为"亲信都督"，"转帅都督、大都督"。"诏授车骑大将军、仪同三司，改封武威公"。周武皇帝"以公素晓军谋，引参帷幄"，"公乃率其貔虎，执锐前驱，七步以齐，一戎便定"。"乃授上开府仪同大将军、司次中大夫、勇猛大夫"，又"拜洵州刺史"，"威被属城，誉宣蕃牧"。其对梁衍身历北周的描述较笼统而空泛，仅载仕履职任而已。梁衍"率其貔虎，执锐前驱，七步以齐，一戎便定"之事，不知是指保定四年的东伐北齐战争，还是建德年间的东伐北齐之战？西魏时槐里县为始平郡治所（今兴平市西），废于北周。梁衍在西魏袭爵槐里县，适与其枕铭所记"父照，试守本郡，复除使持节岐州刺史、槐里县公"相合。武威公为郡公，隋开皇三年废郡，所属各县直隶凉州。大业三年复改州为郡。入隋之后，梁衍"进爵宜阳郡公，拜蔚州刺史"。宜阳郡初置于北魏孝昌初，废于隋开皇三年，治所在宜阳县（今河南宜阳县西）。蔚州，《隋书·地理志中》雁门郡统县五，有灵丘县，小

① 周绍良主编：《唐代墓志汇编》（上册），上海古籍出版社，1992年，第88页。
② 《周书》卷三九《梁昕传》，中华书局，1971年，第695页。

注云："后周置蔚州，又立大昌县。开皇初郡废，县并入焉。大业初州废。"[1]志又云当时蔚州情状为"此州地连亭鄣，俗迩獯夷，封豕屡侵，射雕弥劲"。检《隋书·韩僧寿传》，有如下记述适可佐证："开皇初，拜安州刺史。时擒（韩擒虎）为庐州总管，朝廷不欲同在淮南，转为熊州刺史。后转蔚州刺史，进爵广陵郡公。寻以行军总管击突厥于鸡头山，破之。后坐事免。数岁，复拜蔚州刺史。突厥甚惮之。"[2]又有《隋书·韩洪传》："时突厥屡为边患，朝廷以洪骁勇，检校朔州总管事。寻拜代州总管。仁寿元年，突厥达头可汗犯塞，洪率蔚州刺史刘隆、大将军李药王拒之。"[3]由此知隋开皇至仁寿时期，蔚州的确是"地连亭鄣"，正为"封豕"与"射雕"者屡侵之地。梁衍能在"旬月之间，廓清戎塞"，成绩显著，"乃授上开府仪同三司"，"迁泽州刺史"。梁衍在此任上犹能"宽猛相济，绩誉兼宣"，灭秋蝗，养春蚕，抗旱减灾，亲自为百姓祈福。虽然墓志之词或有谀墓之嫌，然或抑确有值得称颂的功绩。

4. 葬地雍州大兴县高望原

志云梁衍以开皇十一年六月三日薨于官舍，春秋五十三。"以开皇十一年岁次辛亥十月廿五日癸酉迁窆于雍州大兴县高望原"，枕铭亦曰"以十月廿五日葬于大兴县南高望原"。因墓志与枕铭的出土地不详，故"大兴县高望原"之谓不知与隋唐间出现的"雍州长安县西南高阳原"有无关联。如隋开皇六年《于宽墓志》"窆于长安之高阳原"[4]，开皇十四年《刘仁恩墓志》"还葬长安县高阳原"[5]，大业十二年《于纬暨妻唐氏墓志》"合葬于京兆郡长安县之高阳原"[6]，再如唐贞观九年《李药王墓志》"迁厝于雍州长安县之高阳原"[7]，唐永徽四年《牛文宗墓志》"合殡于京兆杜城西高阳原山"[8]，可知高阳原属长安县，位于长安城西南，而高望原属

① 《隋书》卷三〇《地理志中》，中华书局，1973年，第853页。
② 《隋书》卷五二《韩僧寿传》，中华书局，1973年，第1342页。
③ 《隋书》卷五二《韩洪传》，中华书局，1973年，第1342—1343页。
④ 胡戟、荣新江主编：《大唐西市博物馆藏墓志》（上册），北京大学出版社，2012年，第20页。
⑤ 胡戟、荣新江主编：《大唐西市博物馆藏墓志》（上册），北京大学出版社，2012年，第36页。
⑥ 王其祎、周晓薇编著：《隋代墓志铭汇考》（第5册），线装书局，2007年，第277页。
⑦ 胡戟、荣新江主编：《大唐西市博物馆藏墓志》（上册），北京大学出版社，2012年，第68页。
⑧ 胡戟、荣新江主编：《大唐西市博物馆藏墓志》（上册），北京大学出版社，2012年，第102页。

大兴县，当位于长安城东南。又，遍检周、隋碑志及传世文献，"高望原"之名更无二例。再检今存陕西省富平县的北魏太昌元年（532）《樊奴子造像记》有"北雍州北地郡高望乡东向北鲁川佛弟子樊奴子"云云①，"北雍州"即雍州，"北地郡"即雍州属郡，彼时管领富平、云阳、宜君等七县②，可知此"高望乡"盖属富平县，而不属京兆郡。唐大和八年《太府寺主簿弘农杨迥墓志》曰"合安厝于万年县高平乡高望里附先茔"③，是知唐代万年县有"高望里"名，属高平乡。又《长安志》卷一四"武功县"属乡有"高望乡，在县东，管望乡里"，又曰"武太后行宫在县东五里高望乡"及"髙望川在县东二十五里"，④是知唐以后属京兆郡的武功县亦有"高望乡"。然上举三例"高望乡"或"高望里"之名似皆与此"雍州大兴县高望原"无涉。

5. 梁衍妻韩氏为韩欢之女

志云："夫人韩氏，昌黎人。大将军普安公欢之女也。"韩欢，正史无传，唯《周书》卷一二《齐炀王宪传》与卷二九《刘雄传》皆载天和六年"大将军韩欢"与齐将段孝先交战不利一事。故韩欢封普安公爵，墓志适可为史传补阙。

二、《梁衍枕铭》疏证

《梁衍枕铭》（图3）高23厘米、宽38.5厘米，厚度不详。铭文25行，满行14字，正书，有方界格。据悉枕铭正面一如其背面，无有凹陷且十分光洁，质地似为青砖。枕铭全文如下：

> 大隋故使持节上开府仪同三司泽州诸军事泽州刺史宜阳郡开国公梁君
> 枕铭
>
> 公讳衍，字庆衍，安定朝那人，汉大将军商之后也。曾祖恒，河州刺史。祖允，泾州刺史、安定县公。父照，试守本郡，复除使持节岐州刺史、槐里县公。公幼号神童，长称俊士。襟情朗秀，风格□凝。累迁使持节、上开府仪同三司、蔚州刺史、宜阳郡公。奋平东夏，独擅高勋；近莅北蕃，孤挺清白。胡床挂柱，今去尚存；小驹留厩，昔来犹在。又拜使持节泽州刺史，余官爵如故。民迎竹马，非唯郭汲；诏赐公阙，岂比乔卿。

① 《北京图书馆藏中国历代石刻拓本汇编》（第5册），中州古籍出版社，1989年，第165页。
② 《魏书》卷一〇六下《地形志下》，中华书局，1974年，第2609页。
③ 周绍良主编：《唐代墓志汇编》（下册），上海古籍出版社，1991年，第2151页。
④ 〔北宋〕宋敏求：《长安志》，乾隆四十九年毕沅灵岩山馆校刻本。

图 3　《梁衍枕铭》拓本

俄而构疹，至乎大渐。开皇十一年六月己亥奄薨于官，时年五十有三。即以十月廿五日葬于大兴县南高望原。昔马援之亡交址，生平已焉；廉颇之丧寿春，悲夫何逮。是知岘山僚吏，终立坠泪之碑；狭外民黎，必有甘棠之颂。呜呼哀矣，敬为铭曰：

> 来晚之歌，仁明之曲。绰余此咏，盛膺兹录。方弘荣绪，奄随风烛。仲宣可痛，子吾何酷。空树悲松，长辞生谷。以期镌纪，庶流温玉。

显而易见，这方枕铭既是《梁衍墓志》的简写，又对墓志有所补充。如《梁衍墓志》仅叙述了梁衍的祖、父辈，而《梁衍枕铭》则补充了远祖、曾祖，从而使其家族世系脉络有了纵向延伸。再从出土《梁衍枕铭》这一特殊情形来考察，核检南北朝隋唐出土墓志资料，在墓葬中发现供死者使用的石枕且镌刻有"枕铭"者，似仅此一例，因而应予特别关注。

《说文解字》曰："枕，卧所荐首者。"①《释名》卷六"释床帐第十八"云："枕，检也，所以检项也。"②检者，约束也，就是说枕是用以承托颈项而促使安睡的物什。古代与枕相关的故事甚多，这里不妨举一例与梁氏家族有关者。晋王嘉《拾遗记》云："汉诛梁冀，得一玉虎头枕，云单池国所献。检其额下，有篆书字，云是帝辛之枕，尝与妲己同枕之，是殷时遗宝也。"③不过要论及枕铭的话，可资证见的文献记载大都是将其纳入一种文学体裁即铭的一类，而其铭文因为只是写在日常生活用品的枕具上，限于体积和面积，通常以书写短小的格言警句诗词为多，就如常见的砚铭、灯铭、笔铭、剑铭、琴铭等的性质和功用一样。枕铭在唐以前尚不多见，传世仅有几则著名人物的作品。如东汉蔡邕《警枕铭》曰："应龙蟠蛰，潜德保灵。制器象物，示有其形。哲人降鉴，居安闻倾。"④枕铭作为警句，主要突出"居安闻倾"的含义。又有李尤《读书枕铭》曰："听政理事，怠则览书。倾倚偃息，随体兴居。寤心起意，由愈宴娱。"⑤李尤，东汉著名文学家，曾任兰台

---

① 〔汉〕许慎《说文解字》第六上"木部"，中华书局，1963年，第121页。
② 〔汉〕刘熙《释名》卷六"释床帐"，《丛书集成初编》本，中华书局，1989年，第94页。
③ 〔晋〕王嘉：《拾遗记》卷七，〔梁〕萧绮录，齐志平校注，《古本小说丛刊》本，中华书局，1981年，第169页。
④ 《艺文类聚》卷七〇《服饰部下·枕》（下册），上海古籍出版，1982年版，第1218页。
⑤ 《艺文类聚》卷五五《杂文部一·读书》（上册），上海古籍出版社，1982年，第985页。

史令、谏议大夫等职。①此铭当在其任职时作，表达了理政闲暇时倚枕读书的舒适愉悦心境。崔骃《六安枕铭》曰："枕有规矩，恭一其德。承元宁躬，终始不忒。"②崔骃，《后汉书》卷五二有传，博学多才，文辞典雅，与班固、傅毅齐名。六安即六面，以枕头的形状借喻服务朝廷应鞠躬尽瘁，始终如一。晋代苏彦《楠榴枕铭》则云："珍木之奇，文树理鲜。櫼㮿方正，密滑贞坚。朝景西翳，夕舒映天。书卷接引，酣乐流连。继以高咏，研精上玄。颐神靖魄，须以宁眠。寝贵无想，气和体平。御心以道，闲邪以诚。色空无着，故能忘情。"③从楠榴枕的质地写起，接着叙述枕上阅读、高咏、休眠的情趣，最后落到"御心以道，闲邪以诚。色空无着，故能忘情"的养心境界。唐代诗人刘禹锡也曾在友人段君醉卧的枕头上题诗"自羞不是高阳侣"，以志彻夜对酒联句之雅集，遂留下一段诗坛佳话。再举一例传世实物，即安徽六安博物馆藏宋代瓷枕，正面所写枕铭为"白雪（"雪"似应为"云"之误）朝朝走，清山日日来"（图4）。将这些纯粹具有文学属性的枕铭与《梁衍枕铭》相比较，可知它们在性质、用途与内容上竟全不相同，亦即《梁衍枕铭》是刻在为死者安葬用的石枕上，而传世的"枕铭"则是书刻在生人日用的枕具上；《梁衍枕铭》的内容犹如墓志铭文，字数较长，兼具志墓性质，而传世文献所见的枕铭文字则大多片言只语，内含丰富，如同座右铭一般，旨在砥砺主人在日常生活中正己修身和为人处事，故这些枕铭是不作为葬具出现的。

图4　安徽六安博物馆藏宋代瓷枕

① 《后汉书》卷八〇上《李尤传》云："李尤字伯仁，广汉雒人也。少以文章显。和帝时，侍中贾逵荐尤有相如、杨雄之风，召诣东观，受诏作赋，拜兰台令史。稍迁，安帝时为谏议大夫，受诏与谒者仆射刘珍等俱撰《汉记》。后帝废太子为济阴王，尤上书谏争。顺帝立，迁乐安相。年八十三卒。所著诗、赋、铭、诔、颂、《七叹》、《哀典》凡二十八篇。"（中华书局，1965年，第2616页）
② 《太平御览》卷七〇七《服用部九·枕》，中华书局，1963年，第3150页。
③ 《艺文类聚》卷七〇《服饰部下·枕》（下册），上海古籍出版社，1982年，第1218页。

如果要在性质、功用与内容上寻找可以与《梁衍枕铭》直接相较者，或许2009年河南省安阳县安丰乡西高穴村曹操高陵所出的长方形石枕最有典型意义（图5）。其背面题刻"魏武王常所用慰项石"（图6），慰者，安也，适也，即使颈项得以安适。安阳高陵的主人已经国家文物局证实，可知此石枕确是曹操棺床上的葬具，只是在形状上梁衍的枕铭不是正面有放置脖项凹槽的枕形条石，而是如同汉砖一样的六面平直的长方体条石。另外，从曹操的慰项石到梁衍的枕铭，在文字内容上有了很大不同，即曹操的慰项石仅仅点明了它的功用和所有者，而梁衍的枕铭石却除了点明其功用，竟还将墓志义简约地记录在上面，这是最大的功用性质上的变化，值得重视，毕竟明确以"枕铭"为首题的墓志文字仅此一见。

图5　曹操高陵出土枕石顶面

图6　曹操高陵出土枕石底面

与《梁衍墓志铭》相比较，《梁衍枕铭》在文辞上基本上是墓志铭内容的凝练。譬如"奋平东夏，独擅岛勋；近莅北蕃，孤挺清白。胡床挂柱，今去尚存；小驹留厩，昔来犹在"的叙述，恰当地利用几则典故，总结梁衍在"累迁使持节、上开府仪同三司、蔚州刺史、宜阳郡公"职任上的功绩。"胡床挂柱"，讲的是三国时期魏国"为人材博，有雅（要）容"的裴潜，在离开兖州职任时，将自制胡床"留以挂柱"[1]，以此契合梁衍在任蔚州刺史的艰苦环境中，留下了以身作则、廉政清白的好名声。北周庾信撰《宇文显墓志》亦曰："在州遘疾，解任还朝。小马留

---

[1]　《三国志》卷二三《魏书·裴潜传》小注："《魏略》曰：（裴）潜为兖州时，尝作一胡床，及其去也，留以挂柱。又以父在京师，出入薄軬车；群弟之田庐，常步行；家人小大或并日而食；其家教上下相奉，事有似于石奋。其履检校度，自魏兴少能及者。潜为人材博，有雅（要）容，然但如此而已，终无所推进，故世归其絜而不宗其余。"（中华书局，1959年，第673页）

厩，余床挂柱。吏民扳恋，刊石陉山。"①以挂柱与留厩为用典对句大盖始于庾信，而《梁衍枕铭》的对句似乎也是受到了庾信的影响。枕铭又云"又拜使持节泽州刺史，余官爵如故。民迎竹马，非唯郭伋；诏赐公阙，岂比乔卿"，则用了东汉郭伋（汲）与郭乔卿的事迹来比附梁衍的执政是如何地受到民众拥戴。②凡此种种，都说明梁衍枕铭的作用不但是对其墓志铭的补充，且在文辞上更趋生动华丽，更富文学趣味。至于此种或可视为"枕上浮生"性质与内涵的枕铭，何以所见稀缺？则还需再做审慎追究。

2014年11月于西安南郊启夏门遗址西畔系日山房寓所

原载《唐史论丛》（第21辑），三秦出版社，2015年
（周晓薇，陕西师范大学历史文化学院教授；王其祎，西安碑林博物馆研究员）

---

① 王其祎、李举纲：《新出土北周建德二年庾信撰〈宇文显墓志铭〉勘证》，见《纪念西安碑林九百二十周年华诞国际学术研讨会论文集》，文物出版社，2008年，第491页。该墓志亦见于《庾子山集》卷一五与《文苑英华》卷九四七。

② 郭伋，见《后汉书》卷三一《郭伋传》："郭伋字细侯，扶风茂陵人也"。任并州牧时，"素结恩德，及后入界，所到县邑，老幼相携，逢迎道路。所过问民疾苦，聘求耆德雄俊，设几杖之礼，朝夕与参政事。始至行部，到西河美稷，有童儿数百，各骑竹马，道次迎拜。伋问'儿曹何自远来'。对曰：'闻使君到，喜，故来奉迎。'伋辞谢之。及事讫，诸儿复送至郭外，问'使君何日当还'。伋谓别驾从事，计日（当）告之。行部既还，先期一日，伋为违信于诸儿，遂止于野亭，须期乃入。"（中华书局，1965年，第1092—1093页）郭乔卿，见《后汉书》卷二六《郭乔卿传》："贺字乔卿，雒（阳）人。祖父坚伯，父游君，并修清节，不仕王莽。贺能明法，累官，建武中为尚书令，在职六年，晓习故事，多所匡益。拜荆州刺史，引见赏赐，恩宠隆异。及到官，有殊政。百姓便之，歌曰：'厥德仁明郭乔卿，忠正朝廷上下平。'显宗巡狩到南阳，特见嗟叹，赐以三公之服，黼黻冕旒。敕行部去襜帷，使百姓见其容服，以章有德。每所经过，吏人指以相示，莫不荣之。永平四年，征拜河南尹，以清静称。在官三年卒，诏书慜惜，赐车一乘，钱四十万。"（中华书局，1965年，第908—909页）

望高天下：隋唐京兆杜氏再考察

——以长安新出唐杜式方夫妇墓志为案例

王其祎　　周晓薇

2012年5月，获读长安新出土唐《杜式方墓志》与杜式方妻《李氏墓志》拓本，遂收藏箧中，以备暇时研讨。复缘拙文《长安新出隋大业九年〈杜祐墓志〉疏证——兼为梳理隋唐墓志所见京兆杜氏世系》发表时[①]，尚未见知此墓志信息，故未能纳入考察范畴，使得隋唐间"族茂中京"的京兆杜氏家族研究中缺失了在中唐时期最见显赫且颇为重要的一系——杜式方家族。杜式方为德顺宪三朝宰相杜佑之次子、武懿两朝宰相杜悰之父。是故，今此撰作，既是一例个案的解析，也是对前此京兆杜氏世系研究的补苴。因为前此披露的隋大业九年（613）《杜祐墓志》与此《杜式方墓志》正是同一房分家族的血脉递传[②]，亦即隋代杜祐（字虔祐，一作乾祐）的曾祖杜颙乃是杜式方的八世祖，而杜祐则是杜式方的五代叔伯祖。惟此，则对于杜式方夫妇墓志的考察，自然关联到这一"望高天下，宗族当今为大"[③]的家族世系之梳理与厘定，以及关涉杜式方夫妇行事姻亲与相关人物之疏证。最后，再将新近读到的隋唐墓志所见京兆杜氏世系新材料归结为附论，以补前此梳理研究之所未备。

一、杜式方夫妇墓志基本要素与录文

先将杜式方夫妇墓志要素与文字一并简述移录于后，以便展开考察和疏证。

---

① 王其祎、周晓薇：《长安新出隋大业九年〈杜祐墓志〉疏证——兼为梳理隋唐墓志所见京兆杜氏世系》，见杜文玉主编：《唐史论丛》（第14辑），三秦出版社，2012年，第1—25页。

② 又有2012年入藏西安碑林博物馆的新出显庆元年（656）《杜楚客墓志》，也是研讨京兆杜氏的珍贵材料，杜楚客即太宗朝宰相杜如晦的弟弟，其家族也是京兆杜陵杜氏一房的重要一支，因此对于梳理前唐时期京兆杜氏世系乃至考察政治社会史皆颇具史料价值。参见王其祎、周晓薇：《长安新出隋大业九年〈杜祐墓志〉疏证——兼为梳理隋唐墓志所见京兆杜氏世系》，见杜文玉主编：《唐史论丛》（第14辑），三秦出版社，2012年；王连龙：《唐〈杜楚客墓志〉跋》，《中国书法》2011年第2期。

③ 语出开成五年（840）杜式方孙女、杜悰长女：《杜公长女墓志》，见赵力光主编：《西安碑林博物馆新藏墓志汇编》（下册），线装书局，2007年，第717页。

《杜式方墓志》（图1、图2）刊葬于长庆二年（822），志石拓本高75厘米、宽75.5厘米，志文31行，满行38字，隶书，李宗闵撰，王无悔书。志盖拓本边长78厘米，盝顶边长62.5厘米，盝顶正中盖题"大唐赠礼部尚书杜公墓志铭"12字，3行，行3字，阴文篆书，盝顶四周线刻团花纹饰，四杀线刻四神纹饰。志文如下：

　　唐故正议大夫使持节都督桂州诸军事守桂州刺史兼御史中丞充桂州本管都防御观察处置等使上柱国南阳县开国男食邑三百户赐紫金鱼袋赠礼部尚书京兆杜公墓铭

　　朝请大夫守太常少卿上柱国李宗闵撰　　处士王无悔书

　　公讳式方，字孝元，京兆杜陵人也。杜氏历秦汉至周隋，世有显人。公之高祖父曰行敏，为唐荆益二州长史，以功封南阳，谥曰襄公。襄公生愆，为尚书右司员外郎、详正殿学士。学士生希望，为御史大夫、西河太守，以节镇河湟陇右，赠司空。司空生太保，讳佑，太保仕于建中、鼎元之间，遂为上公，国于岐，相德宗、顺宗、宪宗三帝，直道进退，以太保归老于家，薨，赠太师。公，太师第二子也。释褐参扬州大都督府军事，以母太夫人忧罢去，免丧，复命旧官。会太师镇淮南，换常之晋陵尉。时王纬以工部尚书廉浙右六郡，爱公谨饬有立，召置幕府，寻以例征至阙下。再迁太常主簿。始德宗孝文皇帝以诸侯方强，质其子于京师邸第，富盛皆以弋猎球酒相倾，唯公弟兄闭门读书，不与交通。上嘉之，拜太常丞，遂刻心为政，擒摘奸吏，而整齐乐工，使有节法。曹事修治，高郢为太常，岁终奏课，以为第壹。公于是诣宰相，请理剧自效，拜昭应令，果有能名。迁少司农，加金印紫绶，遂拜太仆。为太仆凡五年，居公卿之间，名誉益洽。今上即位，迁御史中丞、桂州刺史，充桂管都防御观察处置等使。南方仍岁寇盗，百姓十无一存。公至则抚柔伤残，划削烦弊。旬岁之内，人心遂安。当此时，容帅犹与贼接战，军储不给，使使告于公，州吏以为未奉诏书，不宜赡恤。公曰：俱王事也。命输之，桂与潭、鄂，各以卒三百戍钦州，每至交代，瘴死者十七八。公上书，悉罢之。有军吏受贼饷口壹人，公立杀之。官司置吏，杂擢率于人者，凡四十余所，壹皆除去。所治二十七州之地，方数千里，法令如壹，熏然大和。长庆二年三月二十九日薨于位。上闻之，为之不视事壹日，赠礼部尚书。命尚书郎籍吊祭之。以其年十一月四日葬于京兆少陵原，祔于先太师之茔。夫人陇西郡君李氏，歙州长史则之女，严明而有法制。有子四人，长曰恽，京兆富平尉；次曰憕，兴平尉；少曰恂，润州句容尉，皆有学行。其第三子曰

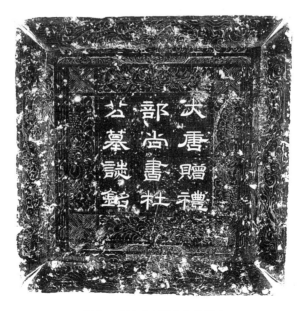

图 1　《杜式方墓志》拓本

图 2　《杜式方墓志》盖拓本

惊，最知名，元和中，河南独孤郁为中书舍人，以文敏为宪宗所爱，因
问："卿妇氏为谁？"对曰："臣妻故相德舆之女也。"他日谓宰臣曰：
"吾贵为天子，为女择胥，岂得不如臣下乎？公为我求郁之比者。"宰臣
以惊名闻，上召见与语，益奇之。喜曰："吾真不愧德舆矣。"遂拜殿中
少监，诏尚岐阳公主。惊素以文雅持身，及治主第，如儒者之室。主又柔
和慈孝，其奉舅姑如士妻。由是，朝论翕然，擢拜太常少卿。女子子三
人，一适陇西李播，播佳士也，今为大理评事、河中节度判官。一适范阳
张遽，为太子文学。公之将葬，其犹子万年尉愹，奉公功行，请铭于予，
予尝陪公末姻，又与惊同官而善其可以辞。铭曰：

  族大且贵，莫如杜氏。周秦汉魏，贤者继轨。马牛之王，公相相望。
文风武谊，尤盛于唐。不显太师，全德冠世。劬劳壹心，相我三帝。公自
成幼，用儒饰身。克奉严训，遂为德人。乃作公卿，乃登侯伯。朝有休
誉，人蒙慧泽。我闻诏旨，方召公归。奈何不淑，竟没南垂。公有令子，
为王卿士。不忝于前，必复其始。公乎有灵，永享庙祀。

  杜式方妻《李氏墓志》（图3、图4）刊葬于大和七年（833），志石拓本高79厘
米、宽78厘米，志文36行，满行37字，楷书，崔郸撰。志盖拓本高78、宽79厘米，
盝顶高50、宽49厘米，盝顶正中盖题"唐赠凉国太夫人墓志"9字，3行，行3字，阴
文篆书，盝顶四周线刻团花纹饰，四杀线刻四神纹饰。志文如下：

  唐故陇西郡太夫人赠凉国太夫人李氏墓志铭并序

  外弟朝议大夫守中书舍人上柱国赐紫金鱼袋崔郸撰

  夫人之先，陇西成纪人也。自汉前将军广十有六代，以至于凉武昭
王暠，暠曾孙承始封姑臧侯，洪源演流，遂为冠族，地望清甲，不同群
伦。夫人即绵州司马府君讳献之曾孙，德州平昌尉府君讳全一之孙，歙州
长史府君讳则之第二女，寿州刺史河南元公从之外孙也。幼挺明识，长修
懿行，教义不资于母训，礼范自契于生知。年未及笄，归于故桂管观察
等使、桂州刺史、御史中丞、南阳县公杜公。时公之祖母在堂，性尚严
察，群下祗畏，礼加常度。而夫人励繁帙箴管之职，竭问衣侍膳之诚，上
承祖母之慈，次顺舅姑之旨，皆曲尽孝敬，而光昭礼容。而复以信让敦族
姻，以和柔亲娣姒，以法度正闺阃，以仁惠抚羁孤。蔼然休风，配河洲而
摽图史矣。无何，祖母及姑，相次违养，而夫人哀奉丧数，得礼之节焉。
元和七年，南阳公丁先司徒岐公之忧也，疑慕哀戚，不遑理事，而闺门之
内，丧纪之制，悉夫人主之。事皆适宜，礼无违者，非敏用精识，曷以专

图3　杜式方妻《李氏墓志》拓本

图4　杜式方妻《李氏墓志》盖拓本

干家之称乎？始南阳公自卑秩而升周行，由九列而居藩翰，徊翔显重，绵历岁时，而夫人皆秉其中馈，修其内职，雅叶肃雍之道，实彰辅佐之功。有以见叶德承家，为妇教之宗师者矣。有子三人，女二人。长子曰恽，华州郑县令；次曰憬，监察御史里行、转运巡官；次曰悰，捡校（检校）礼部尚书、兼御史大夫、凤翔陇州节度观察等使，皆幼禀慈训，夙彰茂器，克荷门绪，而恢其令名。长女未及有行，抱沉痼之疾。次女适炖煌李播，皆不寿而终于短期。元和中，悰以令族长才尚宪宗嫡女岐阳公主，即今皇帝之姑也。公主柔明而贤，不以天属自贵，躬执妇道，以奉仁姑，虽崇筑馆之恩，颇叶宜家之庆。搢绅之族，咸共荣之。悰由少奉常、大司农而尹京兆，累振官业，实扬政声。任能举劳，遂有登坛之拜。所期彩服戎轩，迎养高堂，举寿觞于板舆之前，侍常膳于辕门之内。而阴阳生寇，风树成哀，未慰承欢之心，遽迫流年之数。以大和七年四月二十五日弃孝养于京师之安仁第，享龄六十七。翌日，诏赗布帛三百段。秋七月十六日，特制追封凉国太夫人，从子之贵。故特加恩礼焉。自南阳公捐馆之岁，而夫人栖心道门，玄言秘诀，无不探究，期年之内，已受毕箓。虽素有乖恙，及是顿除，其修行之明效也。如此，必谓长年可待，景福攸臻，克保大椿之期，终会三清之境。而隙光莫驻，流运空驰，所以蓼莪之哀，倍人伦而增孝思者矣。以其年七月二十四日奉裳帷于京兆府万年县洪源乡司马村，遵合祔之礼也。于戏，初夫人与诸子护南阳公之灵旐，自桂林而归葬上京，至是周一纪矣。墓树成拱，陈荄累换，而夫人之輶车贝来，秦台镜掩，延津剑合，旧垄不改，玄扃重开，安神寿堂，万古昭泰。恽等以郸外族之家，最为密亲，荷伯舅之深慈，知仁姊之素行，刊铭撰德，宜在鄙词。是用含悲秉笔，直书事实，且以附彤管之末而虞陵谷之变焉。文曰：

茂族承休，高门合庆。殷雷取象，采蘩兴咏。钟郝礼法，姬姜志行。妇教克宣，壸仪斯盛。播德六姻，保贵高堂。爱子成列，如珪如璋。侍膳承颜，位显名扬。戚里联荣，闺闱有光。既慕玄教，爰修秘箓。味绝荤腥，心遗尘俗。期登上寿，以享多福。晞露不留，逝波逾速。前直中南，北瞰都门。迥野重垄，斯为九原。列柏成楸，惨淡晨昏。封瞻马鬣，地识龙蹲。哀哀令嗣，孝思不遗。归祔礼成，安亲道备。芳徽永往，玄壤终闷。恭扬德馨，琢石幽邃。

二、杜式方家族世系梳理

诚如《杜式方墓志》铭文所言"族大且贵，莫如杜氏"，"文风武谊，尤盛于唐"，故对于唐代杜氏尤其是杜氏本宗京兆杜陵杜氏房分的梳理与研究，显然有着重要的政治与社会史意义，且相关的出土墓志文献也不断有更多新的可资利用者，《杜式方墓志》正是可资补充且有利于前此关于京兆杜氏家族研究的重要一环。

杜式方家族世系在《新唐书》卷七二上《宰相世系二上》有记载，《新表》系杜式方一族在襄阳房，并略记襄阳房始祖为南徐州刺史、袭池阳侯杜洪泰次子"颙字思颙，后周雍州刺史、安平公"，颙次子"景秀，后周渭州刺史、思宁公"，景秀次子"逊，柏仁令"，逊长子"淹，本县中正"，淹长子"行敏，益州长史、南阳襄公"，行敏次子"崇悫，宫尹丞、右司员外郎、丽正殿学士"，崇悫次子"希望，河西陇右节度使、太仆卿、襄阳县男"，希望第六子"佑字君卿，相德、顺、宪三宗"，佑次子"式方字考元，桂管观察使"，式方五子，长曰"恽，富平尉"，次曰"憓，兴平尉"，三曰"悰字永裕，相武宗、懿宗"，四曰"恂"，五曰"惂，泗州刺史"。①其实《新表》将杜颙一支系在襄阳房是错误的。与杜式方同时代人林宝编纂的《元和姓纂》卷六即将杜式方一族系在京兆房，这与隋《杜祐墓志》、两《唐书》杜佑本传、权德舆撰《杜佑遗爱碑》与此《杜式方墓志》等大量文献云"京兆杜陵（或曰万年）人"者尽皆相符，因此完全可证《新表》所记房分之误②。惟《元和姓纂》记杜行敏以上世次名讳多有舛误，还误记行敏子崇悫为崇懿，又限于《元和姓纂》的编纂年份截止于元和，故仅记杜式方为"昭应令"时官，③而不及《杜式方墓志》记其在穆宗长庆初"今上即位，迁御史中丞、桂州刺史，充桂管都防御观察处置等使"之终官耳。以《杜式方墓志》对照《新表》与《元和姓纂》，可补杜式方少子恂时任润州句容尉，亦可补杜式方另有一位"犹子万年尉憓"，至于第五子"惂，泗州刺史"者，则不见于墓志，亦不见于杜式方本

① 《新唐书》，中华书局，1975年，第2423—2430页。关于杜颙、杜景秀以下世次之考察，还可参详隋大业九年（613）《杜祐墓志》、唐仪凤元年（676）《杜大德墓志》、长安二年（702）《韦瑱妻杜氏墓志》、开成五年（840）《杜悰长女墓志》等，见王其祎、周晓薇：《长安新出隋大业九年〈杜祐墓志〉疏证——兼为梳理隋唐墓志所见京兆杜氏世系》，见杜文玉主编：《唐史论丛》（第14辑），三秦出版社，2012年，第1—25页。

② 关于《新表》所记杜氏房分的舛误，王力平《〈元和姓纂〉杜氏郡望史料刍议》（《文献》2001年第4期）一文认为《新表》是"将杜希望的封爵等同于郡望，遂误以京兆为襄阳"。

③ 〔唐〕林宝：《元和姓纂（附四校记）》，中华书局，1994年，第919—923页。

传（本传所记四子与墓志同），疑杜慆为《新表》窜乱，而杜慥盖杜式方继子耳。

《杜式方墓志》云："公之高祖父曰行敏，为唐荆益二州长史，以功封南阳，谥曰襄公。"此与《旧唐书》杜佑本传所记"曾祖行敏，荆益二州都督府长史、南阳郡公"[①]、《姓纂》所记"行敏，常州刺史、荆益二长史、南阳襄公"[②]及《新唐书·宰相世系表》所记杜淹长子"行敏，益州长史、南阳襄公"[③]可以互证。又，权德舆撰元和八年（813）《杜佑墓志》云"曾王父行敏，皇银青光禄大夫、荆益二州大都督府长史、南阳郡公"[④]，权德舆又撰《杜佑遗爱碑》亦同[⑤]。史载行敏事迹不多，检读唐墓志得一史料，即垂拱三年（687）《襄州长史司马寔墓志》云："贞观中，□以门调事于齐府。府王纵狼成暴，刻鹤为妖，江都载□子之旗，楚厉置将军之秩，乃与燕□作逆，擅相招聚，亮欲授君四品之位，君叱而言曰：吾当驱尔为俘，何敢授吾伪职。因与杜行敏等同志正城，畴庸有典，乃加上骑都尉，赐物二百四十段。"[⑥]亮者，盖即贞观中行相州大都督长史并豢养义儿五百而被太宗视为"正欲反耳"的张亮。这里记载的贞观中与司马寔一道"同志正城""雅杖名节"而不屈授伪职的杜行敏，当即杜式方的高祖，备此参考。式方父祖二人官职，墓志作"襄公生悫，为尚书右司员外郎、详正殿学士。学士生希望，为御史大夫、西河太守，以节镇河湟陇右，赠司空"，"详正殿学士"，旧书杜佑本传作"详正学士"，《杜佑墓志》作"详定学士"，《新表》与《杜佑遗爱碑》皆作"丽正殿学士"，《元和姓纂》失载。"御史大夫"，《杜佑遗爱碑》作"御史中丞"，《元和姓纂》、《新表》、旧书杜佑本传及《杜佑墓志》皆不载。"赠司空"，旧书杜佑本传作"赠右仆射"，《杜佑墓志》作"饰终三加至尚书左仆射"，《杜佑遗爱碑》亦作"赠尚书左仆射"，《元和姓纂》与《新表》皆不载。案：详正殿学士归于弘文（修文、昭文）馆，属门下省机构，掌详正图籍、教授生徒，详正学士掌校理图书，始置于仪凤中，五品以上为之。丽正殿学士归于丽正（集贤）殿修书院，属中书省机构，掌刊缉经籍，学士分掌四库书，始置于开元中，五品以上为之。二者非为一事，宜以"详正"为准，而《杜佑墓志》作"详定"者，虽然语意略同，

---

① 《旧唐书》卷一四七《杜佑传》，中华书局，1975年，第3978页。

② 〔唐〕林宝：《元和姓纂（附四校记）》，中华书局，1994年，第921页。

③ 《新唐书》卷七二上《宰相世系二上》，中华书局，1975年，第2426页。

④ 〔唐〕权德舆：《权德舆诗文集》卷二二，郭广伟校点，上海古籍出版社，2008年，第334页。

⑤ 《杜佑遗爱碑》云："曾祖讳行敏，皇银青光禄大夫、荆益二大都督府长史、南阳郡公"。参见〔唐〕权德舆：《权德舆诗文集》卷一一，郭广伟校点，上海古籍出版社，2008年，第181页。

⑥ 周绍良主编：《唐代墓志汇编》（上册），上海古籍出版社，1992年，第753页。

而实无此官职，且"详定学士"之说似仅见于权德舆文集，未详是否有家讳因素。"御史大夫"为正三品，"御史中丞"为正四品下，不详孰是。

三、杜式方夫妇及其子杜悰行事疏证

杜式方夫妇墓志所记杜式方与其第三子杜悰事迹颇详，可与二人本传及相关文献互为疏证。杜式方与杜悰父子本传皆载在《旧唐书》卷一四七与《新唐书》卷一六六，而杜式方夫妇墓志所记仅止于大和七年（833）七月以前，故有关杜悰贵为宰相之前的职事颇有可补本传之阙者。

杜式方传在两唐书中以旧传稍详，兹录旧书本传云："式方字考元。以荫授扬府参军，转常州晋陵尉。浙西观察使王纬辟为从事，入为太子通事舍人，改太常寺主簿。明练钟律，有所考定，深为高郢所赏。时父坐镇扬州，家财巨万，甲第在安仁里，杜城有别墅，亭馆林池，为城南之最。昆仲皆在朝廷，与时贤游从，乐而有节。既而佑入中书，出为昭应令。丁父忧，服阕，迁司农少卿，赐金紫，加正议大夫、太仆卿。时少子悰选尚公主，式方以右戚移病不视事。久之，穆宗即位，转兼御史中丞，充桂管观察都防御使。长庆二年三月，卒于位，赠礼部尚书。式方性孝友，弟兄尤睦。季弟从郁，少多疾病，式方每躬自煎调，药膳水饮，非经式方之手，不入于口。及从郁夭丧，终年号泣，殆不胜情，士友多之。子悁、憻、悰、恂。悁嗣，富平尉；憻，兴平尉。"[1]本传所记职官大多可与墓志互证，惟"太子通事舍人"（当即墓志所云"寻以例征至阙下"者）一职为墓志所未明言。而墓志所记杜式方上柱国与南阳县男的勋官爵位，虽不为本传所载，却可据时人文献以为印证，如《白居易集》云："故桂州本管都防御观察等使、正议大夫、使持节都督桂州诸军事守桂州刺史、兼御史中丞、上柱国、南阳县开国男、赐紫金鱼袋杜式方……可赠礼部尚书。"[2]至于墓志所记"太常丞"一职，则可补新旧本传所俱阙。又据杜式方妻《李氏墓志》，可知杜式方卒世十年以后的大和七年其爵位已加赠为"南阳县公"。至于杜式方擢任桂刺的时间，《旧唐书》卷一六《穆宗纪》云元和十五年二月"乙未（二十三日），以太仆卿杜式方为桂州刺史，充桂管观察使"。[3]是年正月庚子（二十七日）宪宗崩，闰正月丙午（三日）穆宗即位。适与墓志所记"今上即位，迁御史中丞、桂州刺史，充桂管都防御观察处置等使"时段相合。又

① 《旧唐书》，中华书局，1975年，第3984页。
② 〔唐〕白居易撰，朱金城笺注：《白居易集笺校》卷五一《杜式方可赠礼部尚书制》，上海古籍出版社，1988年，第2996页。
③ 《旧唐书》，中华书局，1975年，第476页。

以此逆推，可知墓志言式方"为太仆凡五年"的时段应在元和十年（815）至十五年（820）初。

新旧本传与《新唐书·宰相世系表》皆云"式方字考元"，而墓志云"公讳式方，字孝元"，似宜以墓志作"孝"为确，而本传作"考"字盖因与"孝"字形近致书写误焉。又本传记杜式方卒于长庆二年三月，墓志记为长庆二年（822）三月二十九日，而《旧唐书》卷一六《穆宗纪》则云长庆二年夏四月"庚辰（二十日），桂管观察使杜式方卒"。①是知旧纪盖误。而关于杜式方在桂刺任上的死因，墓志与本传皆未言及，《李氏墓志》亦只说"夫人与诸子护南阳公之灵旐，自桂林而归葬上京"。其实在已经残佚的晚唐武宗朝文人卢肇的传奇小说《逸史》中倒是留下了一则可资了解杜式方死因的具有报应色彩的传奇故事，不妨引录于此：

> 唐中丞杜式方，为桂州观察使，会西原山贼反叛，奉诏讨捕。续令郎中裴某，承命招抚，及过桂州，式方遣押衙乐某，并副将二人当直。至宾州，裴命乐生与副将二人，至贼中传诏命，并以书遗其贼帅，招令归复。乐生素儒士也，有心义。既至，贼帅黄少卿大喜，留宴数日。悦乐生之佩刀，恳请与之，少卿以小婢二人酬其直。既复命，副将与生不相得，遂告于裴云："乐某以官军虚实露于贼帅，昵之，故赠女口。"裴大怒，遣人搜检，果得。乐生具言本末，云："某此刀价直数万，意颇宝惜，以方奉使，贼帅求之，不得不与，彼归其直，二口之价，尚未及半，某有何过！"生使气者，辞色颇厉，裴君愈怒，乃禁于宾州狱，以书与式方，并牒诬为大过，请必杀之。式方以远镇，制使言其下受赂于贼，方将诛剪，不得不置之于法，然亦心知其冤。乐生亦有状具言，式方遂令持牒追之，面约其使曰："彼欲逃避，汝慎勿禁，兼以吾意语之。"使者至，传式方意，乐生曰："我无罪，宁死；若逃之，是有罪也。"既至，式方乃召入，问之，生具述根本，式方乃以制使书牒示之曰："今日之事，非不知公之冤，然无路以相救矣，如何？"遂令推讯，乐生问推者曰："中丞意如何？"曰："中丞以制使之意，押衙不得免矣。"曰："中丞意如此，某以冤诉！"遂索笔通款，言受贼帅赃物之状。式方颇甚悯恻，将刑，引入曰："知公至屈，有何事相托？"生曰："无之。"式方曰："公有男否？"曰："一人。""何职？"曰："得衙前虞候足矣。"式方便授牒，兼赠钱百千文，用为葬具。又问所欲，曰："某自诬死，必无逃逸，

---

① 《旧唐书》，中华书局，1975年，第497页。

请去桎梏，沐浴，见妻子，嘱付家事。"公皆许。至时，式方乃登州南门，令引出，与之诀别。乐生沐浴巾栉，楼前拜启曰："某今死矣，虽死不已。"式方曰："子怨我乎？"曰："无，中丞为制使所迫耳。"式方洒泣，遂令领至球场内，厚致酒馔。餐讫，召妻子别，问曰："买得棺未？可速买，兼取纸一千张，笔十管，置棺中。吾死，当上诉于帝前。"问监刑者曰："今何时？"曰："日中。"生曰："吾日中死，至黄昏时，便往宾州，取副将某乙。及明年四月，杀制使裴郎中。"举头见执捉者一人，乃虞候所由，乐曾摄都虞候，语之："汝是我故吏，我今分死矣，尔慎忽折吾颈，若如此，我亦死即当杀汝。"所由至此时，亦不暇听信，遂以常法，拉其头杀之，然后笞，笞毕，拽之于外。拉者忽惊蹶，面仆于地死矣。数日，宾州报，副将以其日黄昏，暴心痛疼。制者裴君，以明年四月卒。其年十月，式方方于球场宴敕使次，饮酒正洽，忽举首瞪目曰："乐某，汝今何来也？我亦无过。"索酒沥地祝之，良久又曰："我知汝屈，而竟杀汝，亦我之罪。"遂暗不语，舁到州，及夜而殒。至今桂州城南门，乐生死所，方圆丈余，竟无草生。后有从事于桂者，视之信然。自古冤死者亦多，乐生一何神异也。①

这虽然是一则采摭于民间的笔记，但毕竟是出自岁月并未淹远的武宗朝人的记述，譬如撰者卢肇在会昌三年（843）得状元，次年杜悰即拜任宰相，因此卢氏的记述或许还真不是空穴来风，故也不妨可以作为墓志与本传之补充。至于《逸史》记杜式方死在十月，则显然有误。

《杜式方墓志》云："再迁太常主簿。始德宗孝文皇帝以诸侯方强，质其子于京师邸第，富盛皆以弋猎球酒相倾，唯公弟兄闭门读书，不与交通。上嘉之，拜太常丞，遂刻心为政，擒摘奸吏，而整齐乐工，使有节法。曹事修治，高郢为太常，岁终奏课，以为第壹。公于是诣宰相，请理剧自效，拜昭应令，果有能名。"其"整齐乐工，使有节法"之谓，适可与旧书本传"明练钟律，有所考定，深为高郢所赏"和新书本传"考定音律，卿高郢称之"互证，而本传失载杜式方兄弟不与京城节镇质子相与交通唯闭门读书之事则适可据墓志而知详。至于拜昭应令之缘由，本传以为"佑既相，出为昭应令"，墓志则言"公于是诣宰相，请埋剧自效，拜昭应令，果有能名"，当即一事。此外，墓志还记杜式方在桂管防御观察处置使任上，"南方仍岁寇盗，百姓十无一存。公至则抚柔伤残，划削烦弊。旬岁之内，

① 《太平广记》卷一二二《报应》注出《逸史》"乐生"条，中华书局，1961年，第862—864页。

人心遂安。当此时，容帅犹与贼接战，军储不给，使使告于公，州吏以为未奉诏书，不宜赡恤。公曰：俱王事也。命输之，桂与潭、鄂，各以卒三百成钦州，每至交代，瘴死者十七八。公上书，悉罢之。有军吏受贼饷口壹人，公立杀之。官司置吏，杂擢率于人者，凡四十余所，壹皆除去。所治二十七州之地，方数千里，法令如壹，熏然大和"，亦是足以丰富史传记载之不足且有助于研讨彼时西南地区军戍与政治经济史的珍贵资料。

两《唐书》之杜悰传亦以旧传为详，所记大和七年七月以前行事依旧传大抵为："悰，以门荫三迁太子司议郎，元和九年，选尚公主，召见于麟德殿。寻尚岐阳公主，加银青光禄大夫，殿中少监、驸马都尉。岐阳，宪宗长女，郭妃之所生。自顷选尚，多于贵戚或武臣节将之家。于时翰林学士独孤郁，权德舆之女婿，时德舆作相，郁避嫌辞内职，上颇重学士，不获已许之，且叹德舆有佳婿，遂令宰臣于卿士家选尚文雅之士可居清列者。初于文学后进中选择，皆辞疾不应，唯悰愿焉。累迁至司农卿。太和六年，转京兆尹。七年，检校刑部尚书，出为凤翔尹、凤翔陇右节度。丁内艰，八年，起复授忠武军节度使、陈许蔡观察等使，就加兵部尚书。"[1]又据新传，知悰字永裕，且尝"由澧州刺史召为京兆尹"，杜牧撰《唐故岐阳公主墓志铭》亦云杜悰"出为澧州刺史""在澧州三年"。[2]

对照《杜式方墓志》，则云："第三子曰悰，最知名，元和中，河南独孤郁为中书舍人，以文敏为宪宗所爱，因问："卿妇氏为谁？"对曰："臣妻故相德舆之女也。"他日谓宰臣曰："吾贵为天子，为女择胥，岂得不如臣下乎？公为我求郁之比者。"宰臣以悰名闻，上召见与语，益奇之。喜曰："吾真不愧德舆矣。"遂拜殿中少监，诏尚岐阳公主。悰素以文雅持身，及治主第，如儒者之室。主又柔和慈孝，其奉舅姑如士妻。由是，朝论翕然，擢拜太常少卿。"《李氏墓志》亦云："次曰悰，捡挍（检校）礼部尚书、兼御史大夫、凤翔陇州节度观察等使……元和中，悰以令族长才尚宪宗嫡女岐阳公主，即今皇帝之姑也。公主柔明而贤，不以天属自贵，躬执妇道，以奉仁姑，虽崇筑馆之恩，颇叶宜家之庆。搢绅之族，咸共荣之。悰由少奉常、大司农而尹京兆，累振官业，实扬政声。任能举劳，遂有登坛之拜。"显然墓志所记杜悰尚岐阳公主故事更加鲜活生动且细腻，而最为详赅的当然要数杜牧撰写的《唐故岐阳公主墓志铭》[3]，文长不赘录。据《旧唐书》卷一五《宪宗纪下》，知在元和九年（814）三月十九日"召大理卿裴棠棣男损、前昭应令杜式

① 《旧唐书》卷一四七《杜悰传》，中华书局，1975年，第3984—3985页。
② 〔唐〕杜牧：《樊川文集》卷八，何锡光校注，巴蜀书社，2007年，第637页。
③ 〔唐〕杜牧：《樊川文集》卷八，何锡光校注，巴蜀书社，2007年，第635—639页。

方男惊见于麟德殿前，各赐绯，许尚公主"①。《岐阳公主墓志》亦云"以元和九年某月日，主下嫁于杜氏"。准此还可推算杜式方在元和九年三月已卸任昭应令故加"前"字，而杜式方在元和十年（815）后始任太仆卿，在任太仆之前又尝任过少司农，则司农少卿之任即当在元和十年之前，据墓志又知式方"加金印紫绶"亦在同时。复以《元和姓纂》成书于元和七年（812）十月且记杜式方为昭应令而无"前"字以及权德舆元和七年撰《杜佑墓志》亦云嗣子"昭应县令式方"②推算，杜式方元和七年犹在昭应令任上，亦即其任少司农似当在元和八年至十年之间。反之，亦可证得《姓纂》所记杜悰为"驸马、平章事"者，确如岑仲勉氏校记所断言"故知自此以下，多是后人羼增"③，而非林宝所纂焉。

以杜悰本传与杜式方夫妇墓志互证，可补史传所缺杜悰尚主后在殿中少监与司农卿之间还曾"擢拜太常少卿"一职，且在大和七年还任过"兼御史大夫"。而岐阳公主的"柔和慈孝""躬执妇道"，亦可与杜牧撰《岐阳公主墓志》与毕諴撰《杜悰长女墓志》等记载互为补证。又以《李氏墓志》所记杜悰时官推证，其大和七年七月所任为"捡校（检校）礼部尚书""凤翔陇州节度观察等使"，旧传则作"检校刑部尚书""凤翔尹、凤翔陇右节度"，似皆当以墓志为准。

《杜式方墓志》云"夫人陇西郡君李氏，歙州长史则之女，严明而有法制"。《李氏墓志》云："夫人之先，陇西成纪人也。自汉前将军广十有六代，以至于凉武昭王暠，暠曾孙承始封姑臧侯……夫人即绵州司马府君讳献之曾孙，德州平昌尉府君讳全一之孙，歙州长史府君讳则之第二女，寿州刺史河南元公从之外孙也。"由知杜式方妻李氏乃歙州长史李则的次女，而李氏的母亲乃是寿州刺史元从的女儿。此李氏以上三代世系人物虽不载于正史，却适可与李翱撰写的宝历三年（827）《李则墓志》互为印证，《故歙州长史陇西李府君墓志铭》云："府君讳则，字某，凉武昭王十三世孙。大父献，眉州别驾，时宰相有请婚者，力不可止，因去官居家。……别驾生令一，侍中源乾曜以子求婚，府君拒之固，以词抵之，贬黔州彭水尉，遂以寿终。……（李则）善草隶书，弓矢、博弈，皆得其妙。既冠，得濠州定远尉……从事岭南，得试左武卫兵曹，于福建得试太子通事舍人、大理司直，授歙州长史，宣歙观察使请为判官，奏未下，以疾卒，年七十四。夫人河南元氏，寿州刺史从之女，年六十八，先府君而终，生子某、子某，皆未仕卒。女子五人，长

<hr />

① 《旧唐书》，中华书局，1975年，第449页。
② 〔唐〕权德舆：《权德舆诗文集》卷二二，郭广伟校点，上海古籍出版社，2008年，上册第336页。
③ 〔唐〕林宝：《元和姓纂》（附四校记）卷六，中华书局，1994年，第924页。

女婿礼部员外郑锡,次女婿桂州观察使杜式方……"①互证所见李献、李全一两代官职皆不同,不能遽定孰是。李则卒世前尝有宣歙观察判官之调竟未能赴命。李翱亦凉武昭王之后,盖为李则晚辈族亲,并与李则幼子克恭有文学之交,故受请于克恭而为李则撰写墓志焉。

由《李氏墓志》还可知杜式方子女中为李氏所出者有三男二女,即"长子曰恽,华州郑县令;次曰憻,监察御史里行、转运巡官;次曰憬,捡挍(检校)礼部尚书、兼御史大夫、凤翔陇州节度观察等使","长女未及有行,抱沉痼之疾。次女适炖煌李播,皆不寿而终于短期"。那么,《杜式方墓志》中所记四子中的"少曰恂,润州句容尉"和"犹子万年尉慥",以及三女中的"一适范阳张逵,为太子文学"者,当皆非李氏所出。亦即可知杜式方于李氏原配之外,还应娶有二房妻妾焉。至于墓志又云大和"秋七月十六日,特制追封凉国太夫人,从子之贵,故特加恩礼焉",其凉国封号盖亦与其出凉武昭王后有关。

四、杜式方夫妇墓志所涉相关人物释说

墓志云杜式方之丧,朝廷"命尚书郎籍吊祭之",此"尚书郎籍"盖即诗人张籍。墓志撰在长庆二年(822)十一月,张籍在元和十五年(820)迁秘书郎,长庆元年(821)为国子博士,长庆二年春除水部员外郎,至四年(824)拜水部(一曰主客)郎中。水部隶属尚书省工部,员外郎品阶为从六品上。墓志"尚书郎"之谓即指张籍时官水部员外郎,因其隶属尚书省,故通称"尚书郎",亦即泛指尚书省之郎官,唐书中多见此称。②此可见证张籍与杜式方及其家族之关系,亦可为张籍生平添一行事。揆诸制度,百官之丧葬吊赠,皆当由礼部郎官前往,而张籍身为水部员外,按理不当受任此责,究为何故,还待探究。

《杜式方墓志》为"朝请大夫守太常少卿上柱国李宗闵撰",此李宗闵者,初疑即文宗朝宰相、牛党之领袖耳。然与两《唐书》李宗闵本传相较,墓志撰者之李宗闵于长庆二年署衔为朝请大夫守太常少卿上柱国,而正史有传之李宗闵不仅在长庆元年由中书舍人贬为剑州刺史,次年复入为中书舍人,三年权知礼部侍郎,且其一生未尝任过"朝请大夫守太常少卿"焉,故又颇疑两李宗闵恐非同一人。墓志又云:"公之将葬,其犹子万年尉慥,奉公功行,请铭于予,予尝陪公末姻,又与憬

---

① 〔唐〕李翱:《李翱集》卷一五《墓志铭》,郝润华校点,甘肃人民出版社,1992年,第123—124页。

② 《新唐书》卷一一五《狄光嗣传》:"光嗣,圣历初,为司府丞。武后诏宰相各举尚书郎一人,仁杰荐光嗣,由是拜地官员外郎,以称职闻。"(中华书局,1975年,第4214页)

同官而善其可以辞。"所谓同官者,即指"将葬"之长庆二年,撰者李宗闵与杜悰皆任太常少卿耳。而所谓"予尝陪公末姻",则疑李宗闵乃杜式方之三女婿。

杜式方妻《李氏墓志》题撰者为"外弟朝议大夫守中书舍人上柱国赐紫金鱼袋崔郸",墓志复云杜式方长子"恽等以郸外族之家,最为密亲,荷伯舅之深慈,知仁姊之素行,刊铭撰德,宜在鄙词",因知崔郸是李氏的姑表弟,杜恽等遂以"外族之家"视之,而崔郸则自称李氏"外弟",并呼李氏为"仁姊",呼李氏父为"伯舅"焉。崔郸,文宗与武宗两朝宰相,有传见《旧唐书》卷一五五、《新唐书》卷一六三。《李氏墓志》撰在文宗朝大和七年七月,早在崔郸开成四年(839)出任宰相之前六年,故其署衔可补本传记其时官之阙略。如旧书本传云郸"大和三年,以本官(考功郎中)充翰林学士,转中书舍人。六年,罢学士。八年,为工部侍郎、集贤殿学士,权知礼部,真拜兵部侍郎,本官判吏部东诠事"[1]。由墓志可以确知崔郸在大和七年七月尚署"守中书舍人"职衔。复据2006年河南偃师出土的大中四年(850)《崔郸墓志》[2],亦可确证崔郸大和七年的确"出守本官"亦即"守中书舍人"。另外,《崔郸墓志》还提到"先母夫人姑臧李氏,赠秦国太夫人",而此"秦国太夫人"正是杜式方妻子赠凉国太夫人李氏的姑姑。

《杜式方墓志》书者王无悔,史籍无考。检新出唐代墓志,见一出土于西安南郊的开成元年(836)王无悔妻《义兴蒋夫人墓志》,墓志首行题下署"无悔书",志文略云"大唐前岭南观察支使监察王御史无悔妻义兴蒋夫人年三十八,开成元年正月三日寝疾终于万年县崇义里之私第,侍御泣谓夫人姊聟起居舍人集贤殿直学士周墀曰:无悔偕老之期,先秋而落……有他出子一人曰荣郎,年尚幼……即以其月八日葬于当县高平乡凤栖原,祔先茔之右,请为铭,以志其族氏年月而已。"[3]由知两王无悔为同一人。证据有二:一是时间相当,《杜式方墓志》书于长庆二年,《义兴蒋夫人墓志》书于开成元年,相距十四年,书《杜式方墓志》时署"处士",十四年后书《义兴蒋夫人墓志》时署"前岭南观察支使监察王御史",时间与迁官合理。二是书法绝类,两墓志皆为隶书,风格一致,此是力据。观其隶书,颇为古雅,且保留着充满丽泽风尚的"开元天宝体"余韵,笔画丰腴、体态宽博、字势横逸,是其显著表征。甚至其字样还带有"十一蹈篆"的复古特点,是故最近于徐浩的隶法,并由此可以见出中唐隶书或受徐浩一派古隶之影响甚大。此外,据《义兴蒋夫人墓志》还可知撰文者为王无悔的姐夫,亦即两《唐书》有传的宣宗朝

---

① 《旧唐书》卷一五五《崔郸传》,中华书局,1975年,第4119页。
② 齐运通编:《洛阳新获七朝墓志》,中华书局,2011年,第352页。
③ 赵君平、赵文成编:《秦晋豫新出墓志搜佚》,国家图书馆出版社,2012年,第959页。

宰相周墀。

五、杜式方的宅第与其家族茔地

《杜式方墓志》未言其在京师之宅第，而其卒所乃在桂管任上，据《李氏墓志》"初夫人与诸子护南阳公之灵旐，自桂林而归葬上京，至是周一纪矣"云云可证。复据《李氏墓志》"弃孝养于京师之安仁第"，可知安仁里即杜式方家第所在。此与《旧唐书》杜式方本传"时父坐镇扬州，家财巨万，甲第在安仁里，杜城有别墅，亭馆林池，为城南之最"适可互证[①]。而权德舆撰《杜佑墓志》亦云"启手足于京师安仁里"[②]，更足资依据。又，杜式方侄儿杜牧《上宰相求湖州第二启》云："某幼孤贫，安仁旧第，置于开元末，某有屋三十间，去元和末，酬偿息钱，为他人有，因此移去。八年中，凡十徙其居……奔走困苦，无所容庇，归死延福私庙，支拄敧坏而处之。"[③]徐松《唐两京城坊考》卷二据此云："然牧自撰墓志铭云：某月某日终于安仁里。是其后仍得旧居也。"[④]卷三"西京外郭城"又据《石林燕语》"文潞公知长安，得唐杜佑旧庙于曲江一堂四室，旁为两翼"云云而归杜佑家庙在曲江。[⑤]后张穆在《唐两京城坊考》校补记中再据杜牧启文将杜氏家庙归在延福坊。[⑥]若依杜式方妻《李氏墓志》，则至少在长庆二年（距元和末仅两年）以前杜氏已然"仍得旧居"于安仁里焉。遂疑或者只是杜牧一家尝遭徙居奔走之苦，而杜佑、杜式方、杜悰一脉大宗实未有迁宅之举。若此，则京兆杜氏家庙似不当在延福坊，亦不当在曲江，而所谓"延福私庙"则恐是居住在延福坊的濮阳杜氏之家庙焉[⑦]，容再考之。

《杜式方墓志》云"葬于京兆少陵原，祔于先太师之茔"，《李氏墓志》云

---

① 《旧唐书》，中华书局，1975年，第3984页。

② 〔唐〕权德舆：《权德舆诗文集》卷二二，郭广伟校点，上海古籍出版社，2008年，第333—334页。

③ 〔唐〕杜牧：《樊川文集》卷一六，何锡光校注，巴蜀书社，2007年，第1058页。

④ 〔清〕徐松：《唐两京城坊考》卷二《西京外郭城安仁坊》，中华书局，1985年，第37页。《旧唐书》卷一四七《杜牧传》亦云："以疾卒于安仁里。"（中华书局，1975年，第3987页）

⑤ 《唐两京城坊考》卷三又据《石林燕语》归杜佑家庙在曲江。（中华书局，1985年，第92页）

⑥ 《唐两京城坊考》张穆校补记"卷四西京"。（中华书局，1985年，第208页）

⑦ 唐建中三年（782）《有唐故云麾将军右武卫大将军东京副留守上柱国濮阳郡开国公杜府君夫人扶风郡夫人京兆韦氏墓志铭》云"终于上都延福里之私第"。参见西安市长安博物馆编：《长安新出墓志》，文物出版社，2011年，第204页。

"奉裳帏于京兆府万年县洪源乡司马村，遵合祔之礼也"。杜式方祔葬杜佑之茔，而李氏则合祔于杜式方茔，是知杜佑一族大茔乃位于少陵原上的万年县洪源乡司马村。又检开成三年（838）杜牧撰《岐阳公主墓志》云"祔葬于万年县洪原乡少陵原尚书先茔"①，"尚书"即指杜悰，"先茔"即指悰父杜式方及悰祖杜佑茔墓。开成五年（840）毕諴撰杜式方孙女、杜悰长女《杜公长女墓志》云"葬于万年县少陵原下洪原乡主茔之隅故土也"②，"主茔"即指其母岐阳公主茔墓，而此志1979年出土于西安市长安区大兆乡司马村，适可对应于今时的地理位置。再检杜牧为其弟所撰大中六年（852）《杜顗墓志》云"归葬先茔，实万年县洪原乡少陵西南二里"③，杜牧父杜从郁即杜佑季子、杜式方季弟。杜牧为其从父兄撰《杜诠墓志》亦云"归葬于长安城南少陵原司马村先茔"④，杜诠即杜牧弟，亦即杜佑孙、杜师损次子。咸通四年（863）杜佑第六孙《杜陟墓志》复云葬于"万年县洪原乡司马村先茔"⑤，据此正可以推知杜式方夫妇墓志出土地及《杜佑墓志》"返真宅于少陵原大墓"⑥之所在当位于今之大兆乡司马村焉。若此，则中唐杜佑一族茔域似与初唐杜如晦一族茔域在同一区域⑦，亦即京兆杜陵杜氏家族大茔自初唐至中晚唐二百年间一直位于少陵原西南段的今大兆乡司马村地界。

"杜氏大族，枝蔓蝉联"，由杜式方夫妇墓志延展开来以检视其京兆本宗一房"望高天下"的社会地位与"族茂中京"的政治势力，似在中唐百年凡高门茂族者略无伦比，"长安韦杜，去天尺五"，"杜氏首关中甲族，冠海内世家"，不亦确

① 〔唐〕杜牧：《樊川文集》卷八，何锡光校注，巴蜀书社，2007年，第639页。

② 赵力光：《西安碑林博物馆新藏墓志汇编》，线装书局，2007年，第717页。志云杜公长女为"宪宗皇帝之外孙。曾祖佑，司徒、平章事，赠太师；祖式方，桂管观察使，赠司徒。公名悰，是时为丁部尚书、判度支"。

③ 〔唐〕杜牧：《樊川文集》卷九，何锡光校注，巴蜀书社，2007年，第691页。

④ 〔唐〕杜牧：《樊川文集》卷九，何锡光校注，巴蜀书社，2007年，第704页。

⑤ 《西安碑林全集》卷一九六"陕西卷"，广东经济出版社、深圳海天出版社，1999年，第1153页。

⑥ 〔唐〕权德舆：《权德舆诗文集》卷二二，郭广伟校点，上海古籍出版社，2008年，第334页。

⑦ 杜如晦墓在今大兆乡西司马村。《游城南记》："东次杜曲，前瞻杜固，盘桓移时"条注云："杜氏家族，无论北杜南杜也当在杜曲近处。且杜氏祖茔在西司马村，村南有杜如晦墓，三十余年前墓冢青青，平整后墓基已为泡桐苗圃。再南则有诸杜之墓。西司马村距杜曲约四里。祖茔和聚居之地皆在少陵原，所谓杜固或称杜坡的凤凰嘴乃在神禾原，当非杜氏家族的居地。"（〔宋〕张礼撰，史念海、曹尔琴校注：《游城南记校注》，三秦出版社，2006年，第144—145页）又，新出土杜如晦弟《杜楚客墓志》云"祔葬于平公之旧茔"，平公即楚客父杜吒，谥平公。其旧茔当亦在司马村焉。

如《杜悰长女墓志》所诩"宗族当今为大"，谅不虚也。即从前述京兆杜陵杜氏族茔大墓几贯有唐一代而不之他徙之一端，其积厚积昌、"可久可大"之隆且盛，盖已全然可征矣。

六、附论

在研讨杜式方夫妇墓志的同时，笔者复检读到十八例新出隋唐杜氏墓志，概为此前梳理隋唐墓志所见京兆杜氏世系的研究中所未有涉及者，故一并归入附论而说明之，借以充实隋唐杜氏世系之基本素材。这十八例墓志中，凡京兆本宗十五例（析为十一支），襄阳房一例，濮阳房一例，洹水房一例，疑为洹水房一例。

1. 出京兆本宗之杜恭一支

大业十二年（616）《长孙汪暨妻杜氏墓志》云："夫人京兆杜氏，祖柱国太尉公某之孙，上开府康成公恭之女。"①杜恭即杜景恭，官廓州刺史、康城公；柱国太尉公某即杜颙字思颜，官后周雍州刺史、安平公。《新唐书》卷七二上《宰相世系表》"襄阳杜氏"与《元和姓纂》卷六"杜氏京兆房"有载，惟《元和姓纂》误"康成公"为"庆成公"。

2. 出京兆本宗之杜怀让一支

永徽五年（654）《大唐故始州阴平县令杜怀让墓志》略云："君讳怀让字履谦，京兆杜陵人也。曾祖攒，后魏驸马都尉、黄门侍郎、度支尚书、西道大行台、始平公。祖士峻，周秘书郎、礼部大夫。父口，皇朝员外散骑侍郎、苏州别驾。长兄刑部员外郎怀古。归葬于雍州万年县少陵之西原。"②志文缺书杜怀让父亲的名讳。杜怀让一门四代不载于《新表》。《元和姓纂》京兆房有始平公一支，然云："始平公攒，后魏度支尚书，生士峻、士琳。士峻孙瓛之，比部郎中、楚州刺史。"③《北史》卷七〇《杜杲传》云："京兆杜陵人也。祖建，魏辅国将军，赠蒙州刺史。父皎，仪同三司、武都郡守。……其族父攒，……时仕魏，为黄门侍郎，

---

① 石存大唐西市博物馆。参见王其祎、周晓薇编著：《隋代墓志铭汇考》，线装书局，2007年，第353页。

② 石存大唐西市博物馆。图版见胡戟、荣新江主编：《大唐西市博物馆藏墓志》，北京大学出版社，2012年，第108页；赵君平、赵文成编：《秦晋豫新出墓志搜佚》，国家图书馆出版社，2012年，第156页。

③ 〔唐〕林宝：《元和姓纂（附四校记）》卷六，中华书局，1994年，第912页。

兼度支尚书、卫大将军、西道大行台，尚孝武妹新丰公主，因荐之朝廷。"①《周书》卷一〇《宇文亮传》又有大象初豫州"长史杜士峻"。今据墓志可补《姓纂》所阙士峻孙怀让、怀古二人及史传所阙士峻"周秘书郎、礼部大夫"官职，而最惜所阙士峻之子时任"苏州别驾"者依然未能知其名讳。

3. 出京兆本宗之杜冲一支

显庆三年（658）《大唐国子学生京兆杜冲墓志》（后称《杜冲墓志》）略云："君讳冲，字损之，京兆杜陵人也。曾祖徽，周昌城河内二郡守、随怀州长史、丰乡侯；祖公素，随怀州司户；父思仁，皇朝济源昌乐二县令、司农寺丞。"杜冲"永徽二年任国子学生，以显庆三年五月廿五日遇疾终于安兴里第，春秋廿有七，以其年九月廿七日葬于少陵之原"。②杜徽即太宗朝宰相杜淹的父亲，亦即太宗朝宰相杜如晦的祖父，《旧唐书·杜如晦传》曰"祖徽，周河内太守"③。《新唐书·宰相世系表》"杜氏"记："徽字晔，隋怀州长史、丰乡侯。生咤、淹。"④《元和姓纂》"杜氏京兆房"云："晔，隋怀州刺史，生咤、淹。"⑤今据《杜冲墓志》可知杜徽除咤、淹二子外，复有一子公素、一孙思仁、一曾孙冲皆为史所阙。而《杜冲墓志》的出土地也应在杜淹、杜如晦、杜楚客一族的大茔近处，亦即今天的长安区大兆乡西司马村的少陵原畔。

4、出京兆本宗之杜知谦、杜知谨一支

圣历三年（700）《大周故来庭县丞杜知谦墓志》（后称《杜知谦墓志》）略云："公讳知谦，字知谦，雍州京兆人也。曾祖懿，随殿内监、甘棠郡开国公；祖乾祐，唐符玺郎；父续，唐主客郎中、鄜州长史。"知谦"秩满授洛州来庭县丞，以圣历三年正月四日寝疾终于洛州合宫县淳化里之私第，春秋卅五，其年二月十日即安于雍州明堂县洪原乡少陵原"。⑥长安四年（704）《大周公故通议大夫使持节邢州诸军事邢州刺史上柱国杜知谨墓志》略云："君讳知谨，字知谨，京兆杜陵人也。自杜城分壤，灵根以固，京兆迁居，世胄弥郁。曾祖懿，随殿内监，甘棠郡开

① 《北史》，中华书局，1974年，第2428页。《周书》卷三九《杜杲传》"瓒"作"瓒"。（中华书局，1972年，第701页）

② 石存西安碑林博物馆，2012年12月入藏。

③ 《旧唐书》卷六六《杜如晦传》，中华书局，1975年，第2467页。

④ 《新唐书》卷七二上《宰相世系表》，中华书局，1975年，第2419页。

⑤ 〔唐〕林宝：《元和姓纂（附四校记）》卷六，中华书局，1994年，第913页。

⑥ 石存西安碑林博物馆，2012年12月入藏。

国公；祖乾祐，随符玺直长，父续，唐雍州司户、度支员外郎、主客郎中、鄜州长史。"知谨春秋六十，"长安四年岁次甲辰四月景辰朔廿五日庚辰无禄于州之官舍，即以其年十月癸丑朔十八日庚午归葬于雍州万年县洪原乡少陵原，从先大夫之旧茔"。①杜懿、杜乾祐、杜续、杜知谨四代皆见载于《新唐书》卷七二上《宰相世系表》"襄阳杜氏"与《元和姓纂》卷六"杜氏京兆房"，惟杜知谨为所缺载，且为知谦兄长。据墓志又知《新表》记知谦为邢州刺史、《元和姓纂》记知谦为天官员外、邢州刺史，皆误，邢刺乃为知谨官职，知谦乃终官来庭县丞。又杜续终官鄜州长史，亦不为《新表》与《元和姓纂》所记。杜乾祐，《新表》与《元和姓纂》皆不载其官职，《杜知谦墓志》记为"唐符玺郎"，《杜知谨墓志》记为"随符玺直长"。其实杜乾祐即杜祐字虔祐，唐以后文献多作"乾祐"。今《杜祐墓志》已经出土，笔者亦已撰文考证②，据其墓志可知杜祐仁寿三年（603）迁符玺直长，卒于大业六年（610），葬于大业九年（613），葬地在"大兴县洪原乡小陵原"，与杜知谦、杜知谨葬地"雍州明堂县（万年县）洪原乡少陵原"正相一致。而杜祐既然隋代已卒，又岂能任唐符玺郎，可知《杜知谦墓志》所记有误，复可证碑志材料在记忆三代祖以上职官时，往往会有差错而须谨慎对待。

5. 出京兆本宗之杜崇基一支

景龙三年（709）《唐雍州乾封县尉裴某墓志》略云："夫人京兆杜氏，杜公之胤，杜伯之苗，大夫执法于汉朝，尚书举口于晋帝。曾祖懿，随银青光禄大夫、太子内舍人、金部礼部二侍郎、殿内监、甘棠县开国公。祖乾福，皇朝遂曹二州司马。考崇基，皇朝文成二州刺史。自府君殂殁，号泣婴疹，以垂拱四年终于安邑里第，春秋卅，粤以景龙三年七月迁葬少陵原礼也。"③"迁葬少陵原"者，疑是杜氏，而非裴某，故杜氏应即葬于杜乾福一房的族茔。《新唐书》卷七二上《宰相世系表》"襄阳杜氏"失见懿子乾福，而记懿长子乾播有子崇胤任成州刺史④。《元和姓纂》卷六"杜氏京兆房"载："乾福生崇允、嗣及。崇允，成州刺史。"⑤以成州刺史职衔推之，崇允与崇胤当即同一人，而墓志所记"文成二州刺史"崇基亦当与崇允、崇胤为同一人。

---

① 石存西安碑林博物馆，2012年12月入藏。
② 王其祎、周晓薇：《长安新出隋大业九年〈杜祐墓志〉疏证——兼为梳理隋唐墓志所见京兆杜氏世系》，见杜文玉主编：《唐史论丛》（第14辑），三秦出版社，2012年。
③ 赵君平、赵文成编：《秦晋豫新出墓志搜佚》，国家图书馆出版社，2012年，第400页。
④ 《新唐书》卷七二上《宰相世系表》，中华书局，1975年，第2424页。
⑤ 〔唐〕林宝：《元和姓纂（附四校记）》卷六，中华书局，1994年，第920页。

6. 出京兆本宗之杜该一支

天宝元年（742）《大唐故括州缙云县令杜该墓志》略云："公讳该，字该，京兆杜陵人也。曾祖懿，随殿内监、甘棠公。祖乾福，皇大皇太中大夫、曹遂二州司马。父嗣及，皇曹宁青三州刺史。公则青州府君之第三子也。起家尚舍直长，亲累，贬思州宁夷县尉，移括州括苍县丞，转青州司法参军，迁括州缙云县令。以开元廿九年（741）六月三日遘疾卒于官舍，春秋五十有六。用天宝元年十一月十九日权殡于洛阳县平阴乡之原。嗣子韶等。"①《新唐书》卷七二上《宰相世系表》"襄阳杜氏"失载懿子乾福，而记懿长子乾播有子崇胤任成州刺史。《元和姓纂》卷六"杜氏京兆房"则载"懿生乾福、乾右、乾祚""乾福生崇允、嗣及""嗣及，青州刺史"，②杜该与杜韶父子则为史所失载。据《元和姓纂》知《新表》之杜懿长子杜乾播应即杜乾福。杜该权葬洛阳，则意味着日后还将迁葬回长安杜氏族茔。以杜该与前举杜知谦为同曾祖兄弟，则其族茔亦当在长安城南郊之洪原乡少陵原。

7. 出京兆本宗之杜守立一支

天宝四载（745）《唐故德阳郡金堂县尉杜守立墓志》略云："君讳守立，字干，京兆人也。高祖宽，皇朝吴郡司马。曾祖忝，籧□惟皇历梓潼郡盐亭县令。祖嗣，□历明时，迁鄂郡蒲圻县令。父师度，皇京兆府五丈府折冲。"③《新唐书》卷七二上《宰相世系表》"濮阳杜氏"有滕王府咨议、苏州司马义宽与无忝父子，④《元和姓纂》卷六"杜氏濮阳房"所记略同，⑤疑即墓志所载吴郡司马杜宽和盐亭县令杜忝父子。

8. 出京兆本宗之杜昪　支

贞元六年（790）《唐故滑州司马杜昪墓志》略云："公讳昪，字玒，京兆杜陵人也。曾祖崇基，监察御史、文成两州刺史。大王父正心，贰邑广都，驰声益部。皇考齐之，作掾右辅，莅职尤精。公即扶风府君第六子也。解褐调补鄜州洛交尉，寻以制举，宰于梁泉。寻迁郿县丞，复改大理评事，充租用判官，转司直，拜

---

① 石存大唐西市博物馆。图版见胡戟、荣新江主编：《大唐西市博物馆藏墓志》，北京大学出版社，2012年，第530页。
② 〔唐〕林宝：《元和姓纂（附四校记）》卷六，中华书局，1994年，第920页。
③ 石存西安碑林博物馆，2012年12月入藏。
④ 《新唐书》，中华书局，1975年，第2438页。
⑤ 〔唐〕林宝：《元和姓纂（附四校记）》，中华书局，1994年，第936—937页。

京兆府功曹参军，调补渑池令，转滑州司马。以贞元元年六月廿日寝疾终于大梁之旅馆，春秋三百六十甲子。以六年十月廿八日归葬于□□县神禾原以祔先茔。嗣子好礼等。"①杜昇当即《新表》中之京兆功曹参军杜南昇。《新唐书》卷七二上《宰相世系表》将杜正心窜乱作杜崇胤（据前文考证即杜崇允，亦即杜崇基，《新表》以正心、齐之系作崇胤子孙尤是的证）的曾孙，显然误低两代。②《元和姓纂》卷六"杜氏京兆房"载："乾福生崇允、嗣及。崇允，成州刺史，生正仪、正心。正仪生望之，溱州刺史。正心生昇、南荣。昇，京兆功曹。南荣，长安主簿。"③以此推判，崇基乃与崇胤（崇允）为同一人，而昇子好礼则可补史之阙。又以杜昇先茔在神禾原推之，则京兆杜氏在杜懿以下的茔域也不在一处，懿子乾祐一支仍葬在杜氏大茔少陵原，而乾福子杜崇基以下已将族茔向西迁到神禾原一带。

9. 出京兆本宗之杜俱一支

大和二年（828）《唐故尚食奉御杜俱墓铭》略云："朝散大夫守殿中省尚食奉御上柱国京兆杜公讳俱，字正卿，户部郎中赠刑部侍郎良辅孙，丹王傅赠尚书右仆射演长子，年六十七，大和元年十月九日终于安仁里第，有子七人。第十六弟鸿胪少卿知四方馆事赐紫金鱼袋例。大和二年二月二十三日葬于万年县洪原乡，依先茔，祔崔氏夫人之墓。"④长庆元年《杜俱妻崔氏墓志》记其"元和十五年五月廿六日殁于安仁里杜氏私第，长庆元年二月五日葬于少陵原，从杜氏之先茔也"，"有子三人，曰宗鲁、家宝、鹤年，皆惠而未仕，女四人"。⑤京兆杜良辅、杜绛、杜俱一支，《新唐书·宰相世系表》与《元和姓纂》皆不载。

10. 出自京兆本宗之杜黄裳一支

大和九年《裴澣妻杜氏墓志》略云"夫人京兆杜氏。夫人曾大父讳含章，任左千牛，累赠郑州刺史；夫人大父讳绾，任京兆府司录，累赠尚书左仆射；夫人父讳黄裳，任检校司空、同中书门下平章事兼河中、晋、绛、慈、隰等州节度使，累赠太尉。外族李氏，出赵郡，封东祖，世有大官。有弟兄四人，皆服勤儒业；姊妹五人，举其显者，由次姊适宰相韦执谊。夫人享年卅七，大和乙卯岁，殁于崇贤里偶

① 石存大唐西市博物馆。图版见胡戟、荣新江主编：《大唐西市博物馆藏墓志》，北京大学出版社，2012年，第678页。
② 《新唐书》卷七二上《宰相世系表》，中华书局，1975年，第2424页。
③ 〔唐〕林宝：《元和姓纂》（附四校记）卷六"杜"，中华书局，1994年，第920页。
④ 石存西安碑林博物馆，2012年12月入藏。
⑤ 石存西安碑林博物馆，2012年12月入藏。

宅。以其年十一月廿九日权窆万年县宁安乡杜光里。"①志文撰者为杜氏胞弟"朝议郎前守太子少詹事上柱国新野县开国男食邑三百户赐绯鱼袋"杜宝符。《新唐书》卷七二上《宰相世系表》"京兆杜氏"一房记："玄道，左千牛"，子"含章，定州司法参军"，含章次子"绾，京兆府司录参军"，绾长子"黄裳字遵素，相宪宗"，黄裳二子，长曰"胜字斌卿，天平节度使"，次曰"载"。②《元和姓纂》则失载杜黄裳一支。杜黄裳籍贯，《旧唐书》本传曰"京兆杜陵人"，《新唐书》本传曰"京兆万年人"，与墓志"京兆杜氏"契合，而新旧本传皆言黄裳二子长幼为"载弟胜"，则可证新表之误。今据墓志更可补杜黄裳一子杜宝符，且知杜黄裳有子四人，有女五人，其中一女"适宰相韦执谊"，亦与《旧唐书》黄裳本传"女嫁韦执谊"相符。"宁安乡"，约当今西安东南郊的曲江池到杜陵一带，因疑杜氏之权窆地当即杜黄裳一支之族茔所在。又据会昌三年（843）《杨宇妻杜骃墓志》略云"夫人京兆杜氏，唐丞相黄裳之孙，竟陵太守宝符之长女。会昌二年秋，太守终竟陵"，③及大中五年（851）《杨宇墓志》略云"夫人京兆杜氏，故相国黄裳之孙，复州刺史宝符之女"，④可知宝符之女联姻于弘农杨氏，且知宝符之卒年与终官。

11. 出京兆本宗之杜浩一支

开成二年（837）《唐故扬州江阳县韦府君继室京兆杜娩墓志》略云："夫人讳娩，字娩，其先京兆人也。曾祖讳敬同，皇中书舍人、鸿胪卿、袭封东阳公。大父从则，皇银青光禄大夫、工部侍郎、蒲州刺史。烈考浩，皇左卫录事参军。"杜娩"开成二年五月十□窆于京兆府万年县义善乡凤栖原，与府君同兆异穴。"⑤杜敬同父即太宗朝宰相杜淹，敬同与其子从则，皆载在《新唐书》卷七二上《宰相世系表》与《元和姓纂》卷六"杜氏京兆房"。

12. 出京兆本宗之杜绛一支

大中四年（850）《李郎夫人杜氏墓志》略云："五代祖从则，京兆人也，银

---

① 《北京图书馆藏中国历代石刻拓本汇编》（第30册），中州古籍出版社，1989年，第180页。

② 《新唐书》，中华书局，1975年，第2422—2423页。

③ 《北京图书馆藏中国历代石刻拓本汇编》（第31册），中州古籍出版社，1989年，第104页。

④ 《北京图书馆藏中国历代石刻拓本汇编》（第32册），中州古籍出版社，1989年，第69页。

⑤ 石存西安碑林博物馆，2012年12月入藏。

青光禄大夫、冬官侍郎、蒲州刺史；蒲州生自远，通议大夫、广平郡别驾，赠给事中；给事生俏，皇朝散大夫、洋州刺史，赠吏部尚书；尚书生佐，皇朝散大夫、大理正，赠太傅；太傅生绛，皇太子宾客。赠工部尚书。夫人即宾客之次女也。以大中三年归于虢州弘农县令、宗室郎，合好二姓，年才一周，以二月蓰中寝疾，明月二日卒于官舍，享年廿四。兄，吏部员外郎审权，深哀同气。郎以其年十一月廿八日窆于京兆府长安县福阳乡高阳原祔先茔礼也。"①《新唐书》卷七二上《宰相世系表》即杜从则为杜淹孙、杜敬同子，又记从则子自远，自远子繁，繁子佐，大理正，佐次子元绛，太子宾客，元绛孙审权字殷衡，相宣宗懿宗。②对照墓志，《新表》所记杜繁当即杜俏，而杜审权应为杜绛子，《新表》误作杜绛孙。《元和姓纂》卷六"杜氏京兆房"载："从则生自远、昌远、志远。自远生佐，大理正。佐生元颖、元绛。元绛生审权。"③由墓志可知杜淹以下一支京兆杜氏族茔乃在京城正南偏西的高阳原，而京兆杜氏之茔域亦可知有三处，即城南的少陵原、神禾原、高阳原。

13. 出襄阳房之杜孝友一支

万岁通天二年（697）《故卫南令杜孝友墓志》（后称《杜孝友墓志》）略云："君讳孝友，字承亲，本京兆杜陵人也。五代祖随宋武南迁，因居襄阳，今为襄阳人也。……父剻，梁散骑常侍、安南将军、武江二州刺史，……祖怀瑶，梁尚书比部郎、晋安湘东二王府司马、梁秦豫三州刺史"，"夫人钱塘朱氏"，"以通天二年八月廿一日合葬于缑氏县景山之原"。④案志文明言此一支京兆杜氏早在南朝宋武帝永初年间便已南迁襄阳着籍了，故其祖茔乃在河南偃师的"缑氏县景山之原"。杜孝友及其父、祖一支《新表》不载。《元和姓纂》襄阳房云"当阳侯元凯少子耽，晋梁州刺史；生顾，西海太守；生逊，过江，随元帝南迁，居襄阳。逊官至魏兴太守，生灵启、乾元（光）。灵启生怀瑀、怀瑶。……怀瑶，蔡州刺史，生岑、巆、岩、嵏、岸、剻、幼安。……剻，江州刺史。剻生中规、孝友。友孙行纪、行

---

① 石存大唐西市博物馆。图版见胡戟、荣新江主编：《大唐西市博物馆藏墓志》，北京大学出版社，2012年，第906页。

② 《新唐书》卷七二上《宰相世系表》，中华书局，1975年，第2419—2420页。

③ 〔唐〕林宝：《元和姓纂（附四校记）》卷六，中华书局，1994年，第916—917页。

④ 石存大唐西市博物馆。图版见胡戟、荣新江主编：《大唐西市博物馆藏墓志》，北京大学出版社，2012年，第300页；赵君平、赵文成编：《秦晋豫新出墓志搜佚》，国家图书馆出版社，2012年，第326页。

绎。"①怀琉,《梁书》卷四六与《南史》卷六四的杜崱本传及《周书》卷三三与《北史》卷六九的《赵刚传》皆作"怀宝",而库本则作"怀瑶",故岑仲勉校记以此认为库本作"瑶"误。今据撰写于万岁通天二年的《杜孝友墓志》,或恐作"怀瑶"不误,而正史作"怀宝"与《姓纂》作"怀琉"皆误。又墓志所云"五代祖随宋武南迁因居襄阳"者,当即杜逊。至于墓志"本京兆杜陵人……今为襄阳人"之说,亦可与杜崱本传"京兆杜陵人也。其先自北归南,居于雍州之襄阳,子孙因家焉"②云云互证。另外,墓志亦可补史传所阙杜孝友及其父、祖官职之阙略。

14. 出濮阳房之杜荣观一支

长安三年(703)《雍州咸阳县丞杜荣观(字荣观)墓志》略云:"今为濮州濮阳人也","曾祖北齐侍御史、冀州长史讳绍,大父随本郡大中正征秘书郎讳昂,显考讳仁端,唐濮阳县令、濮州别驾、润州曲阿县令、简州司马","享年卅有九,唐仪凤二年正月一日卒于长安崇贤里第,其月八日权窆于万年县之韦曲北原","一子天亡,终然无嗣","侄杭州余杭县尉晏","大周长安三年八月廿四日迁窆于洛州龙门山之西麓"。③案杜荣观一支定著濮阳盖自其父仁端仕唐濮阳县令始,故杜荣观虽以终官咸阳县丞而权窆万年县韦曲,然终究在长安三年归葬于"洛州龙门山"之祖茔。又《新表》濮阳房记隋雁门太守杜保有一子义博,义博有一子仁端,皆无官职,仁端一子元搎,天官员外郎④,知两仁端不是同一人。《元和姓纂》濮阳房无载。

15. 出洹水房之杜宇亮一支

开元二年(714)《杜宇亮墓志》云:"周绛州翼城县尉京兆杜府君讳宇亮,中书令、南阳公之从孙,汝阳府君之中子也。凤挺孝友,天资明睿,弱冠以旧德为清庙台斋郎,寻补此职。长安四年十二月晦,为凶人周丕所害。君闻恶若遇仇,有善必忠告,不违其短,人或难堪,故及此祸,时年二十有九。呜呼,奋九万之势而天阙北溟,睹三千之日而踟蹰东岱。以皇唐开元二年甲寅之岁二月己酉安厝于缑氏山汝阳君新茔之左礼也。悲夫,从闻与善,不遇孟光;终验无知,仍伤伯道。何嗟及矣,遂作铭云:颜空髮白兮杜君短世,梁鸿未匹兮邓攸无裔,孤坟一恸兮从弦几

---

① 〔唐〕林宝:《元和姓纂(附四校记)》卷六,中华书局,1994年,第930页。
② 《梁书》卷四六,中华书局,1973年,第641页。
③ 齐运通编:《洛阳新获七朝墓志》,中华书局,2012年,第131页。
④ 《新唐书》卷七二上《宰相世系表》,中华书局,1975年,第2438页。

岁。"①案开元二年岁值甲寅，二月朔值己丑，己酉为二月二十一日。"中书令南阳公"者即杜正伦，正伦无嗣，而以兄正藏子志静嗣。杜正伦本传记其有从子求仁与从孙咸二人，而杜咸开元中尝任河北按察使、睦州司马。惟求仁"永淳中，授监察御史，坐事为黝令。与徐敬业举兵，为兴复府左长史，死于难"②。《新表》又记志静"出继叔正伦，安福令、嗣襄阳公"，志静惟一子"侨，怀州刺史"，侨二子，长子"咸，凉州都督"，次子"损，大理少卿"。此外，正伦兄正玄、弟正仪与正德皆不记子嗣。故杜宇亮是否志静子尚不能确定。而墓志记正伦为南阳公，杜宇亮父为汝阳府君，正伦本传则记其为南阳侯、襄阳公，志静亦嗣襄阳公，未详孰是。又，杜求仁尝参与文明元年（684）徐敬业举兵而死于难，则距长安四年（704）杜宇亮被害二十年，求仁卒时宇亮九岁。但墓志云"开元二年甲寅之岁二月己酉安厝于缑氏山汝阳君新茔之左"，即言"新坟"，则汝阳君盖亦卒世未久，故宇亮恐不可能是求仁之子。再以杜宇亮葬于襄阳房祖茔缑氏山而未葬于安阳一带推之，或杜宇亮一支自其父始已着籍襄阳矣。至于墓志之所以称族望为京兆，而不言洹水，盖自正伦入相后，其从子嗣们便多有冒为京兆房者。但以正伦为首的洹水房着籍京兆的一支，似一直不为京兆本宗所接纳。最典型的故事是《新唐书》杜正伦本传："正伦与城南诸杜昭穆素远，求同谱，不许，衔之。诸杜所居号杜固，世传其地有壮气，故世衣冠。正伦既执政，建言凿杜固通水以利人。既凿，川流如血，阅十日止，自是南杜稍不振。"③杜宇亮父子的"安厝于缑氏山"，或亦可说明洹水房杜氏难为京兆本宗所接纳。

16. 疑出洹水房之杜昌一支

天宝九载（750）《魏故京兆杜君神道记文》略云："君讳昌，字灵晖，厥先京兆人。……曾祖业，祖威，……父思齐，先朝授轻车都尉。……合葬于故邺城南卅五里杜固村北三里先人旧茔"。④杜昌卒在天宝九载，其墓志何以题"魏故"？容有

---

① 石存大唐西市博物馆。图版见胡戟、荣新江主编：《大唐西市博物馆藏墓志》，北京大学出版社，2012年，第374页；赵君平、赵文成编：《秦晋豫新出墓志搜佚》，国家图书馆出版社，2012年，第429页。

② 《新唐书》卷一〇六《杜正伦传》附杜求仁传，中华书局，1975年，第4039页。

③ 《新唐书》卷一〇六《杜正伦传》，中华书局，1975年，第4039页。其实京兆杜氏之所谓有北杜在杜曲而南杜在杜固之分，尚待考察，恐非京兆杜氏两大家族分支之区别，而是仅仅缘于地理位置上的区分。杜曲在北，因称北杜，杜固在南，因称南杜。参详前文"中唐杜佑一族茔域似与初唐杜如晦一族茔域在同一区域"注释。

④ 赵君平、赵文成编：《秦晋豫新出墓志搜佚》，国家图书馆出版社，2012年，第708页。

疑问。又杜昌享年七十三，则其父是否可能在"先朝"即隋朝任职也有可疑。邺城有"杜固村"是否与京兆的杜氏地望名"杜固"（今长安城南神禾原上）者有所照应，以证明邺城杜氏也有"厥先京兆人"一支，亦值得考虑。《新表》与《元和姓纂》皆未载杜业、杜威、杜思齐、杜昌一支。

笔者在此前的研究中曾认为"即便是北朝以迄于隋唐的杜姓墓志之总合，今之所见亦不过六七十例，其中葬地在长安者还真是屈指可数，故能在隋唐京师尤其是城南杜陵故地发现隋唐杜姓墓志，委实并不易得"[①]，然而就上举新近检读到的十八例杜姓墓志而言[②]，不仅大为丰富了隋唐杜姓墓志的总量，而且墓主葬在长安城南者竟达十三例之多，更有七例出自杜陵杜氏大茔所在的少陵原畔，这不啻为后续研讨唐代京兆杜氏本宗世系与其政治社会地位的起伏迁变有着颇为重要的史料价值。

2013年1月于唐长安城启夏门遗址西畔寓所

2013年6月修订于西安碑林博物馆

原载《唐史论丛》（第17辑），陕西师范大学出版社，2014年

（王其祎，西安碑林博物馆研究员；周晓薇，陕西师范大学历史文化学院教授）

---

① 王其祎、周晓薇：《长安新出隋大业九年〈杜祐墓志〉疏证——兼为梳理隋唐墓志所见京兆杜氏世系》，见杜文玉主编：《唐史论丛》（第14辑），三秦出版社，2012年，第1—2页。

② 西安碑林博物馆2012年新入藏墓志中又有葬于长安县永寿乡永尹原的大和四年（830）《大唐故邠坊丹延等州节度监军太中大夫行内侍省内给事员外置同正员上柱国赠紫金鱼袋京兆杜英琦墓志》，因志主为宦官，故其祖亮，父俊，子全则、全略、全真四代世系暂不纳入本文研讨范畴。

神禾郁郁正相望

——隋唐间长安"神和原"与"神禾原"名称的沿革及其人文地理

王其祎

> 严家卖药长安市,种德流芳已三世。孝思独在神禾原,更筑樊川植兰桂。
> 亭台高下春风香,神禾郁郁正相望。白云时负阑干起,翠柏应参云汉长。
> 终南山色年年好,富贵荣华似秋草。但能岁活千万人,对酒看花可终老。
>
> ——〔元〕程文海《雪楼集》卷二九《题樊川别墅》

四郊秦汉国,八水帝王都。从长安城南的秦岭终南山北麓到长安城北的渭水流域,因水流的侵蚀冲刷以及地势的高低错落,在长安城四郊形成了以龙首原为主体而鳞次栉比的大小川原,神禾原就是其中的一座。其地理位域,大致在终南山北坡的太乙宫与五台镇之北,杜曲、樊川与韦曲之东南,潏水与滈水(御宿川水)之间,东望少陵原,西瞻高阳原,北临毕原,略呈东南趋西北走向,佛教净土宗祖庭香积寺与创始人善导大师灵塔即为神禾原上自唐以来最为显著的地标。[①](图1)其在隋唐时期的行政管辖,则是东段属于万年县,西段属于长安县,分界处大约为今申店乡以南沿长安大道直抵五台乡一线。

---

① 史念海:《长安城外龙首原上及其邻近的小原》,见《史念海全集》(第6卷),人民出版社,2013年,第157—169页。《游城南记》曰:"复相率济潏水,陟神禾原,西望香积寺塔。原下有樊川御宿之水交流,谓之交水,西合于沣,北入于渭。"史念海、曹尔琴校注云:"神禾原起自终南山北坡,与少陵原同为东南、西北走向,隔樊川东西对峙。……神和原也就是神禾原。则神禾原名唐代已有。"(〔宋〕张礼撰,史念海、曹尔琴校注:《游城南记校注》,三秦出版社,2006年,第123—124页)《类编长安志》卷九《胜游·樊川》"潏水"条:"一水瓜洲村起梁山堰至申店上神禾原,凿深五六十尺,谓之坑河,至香积寺西合御宿川交河。(〔元〕骆天骧:《类编长安志》,黄永年点校,中华书局,1990年,第273页)

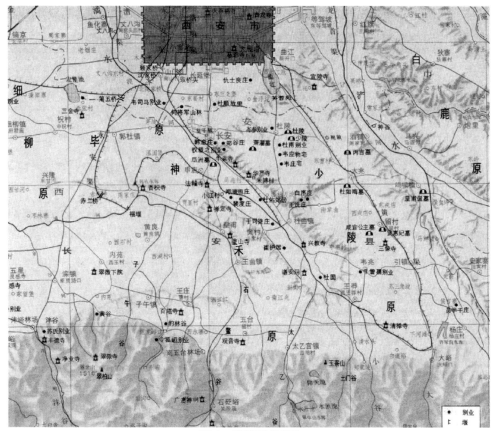

图1　唐长安城南图

（出自史念海主编：《西安历史地图集》，西安地图出版社，1996年，第99页）

长安四郊的川原以"原"字命名者，除白鹿原在汉代已出现外①，余则大多始自北朝以降，譬如较早的有高阳原、凤凉原、新丰原、阴盘原等②，其次有"小陵原"（即唐以后改称的"少陵原"，亦称杜原、杜陵原）、龙首（山）原、神和（禾）原、高望原、毕原、洪（鸿）固原（实为少陵原北段）、凤栖原（亦少陵原北段而与洪固原为同地异名，又曰栖凤原）、霸陵原、细柳原、马祖原等等，皆在西魏北周与隋唐间陆续出现。至于这些川原的得名，或缘地势地貌，或缘地名建置，也有附丽于祥瑞传说而得获嘉名，唐代神禾原的得名即属于后面一种，只是"神禾"的

---

① 参见史念海：《西安地区地形的历史演变》，见《史念海全集》（第6卷），人民出版社，2013年，第129—143页。

② 〔北魏〕郦道元：《合校水经注》卷一九《渭水注》，〔清〕王先谦校，巴蜀书社，1985年，第325—348页。2005年西安南郊神禾原西北侧潏水东畔西安外国语大学长安校区出土北魏正光四年（523）《杜龙首铭记》刻石曰"葬在高阳南乡子午道右"，亦可证北魏时期此地确有高阳之名。参见张全民、徐晶：《北魏〈杜龙首铭记〉考鉴》，《书法丛刊》2018年第4期，第24—28页。

名称并非最早，其初始的名称本叫"神和"，故本文的撰作旨趣，就是要梳理出隋唐之间由"神和原"到"神禾原"名称的嬗变沿革，并对其人文地理给予关照和揭示。

一

以目前所能知见的史料来看，"神和原"之名，最早出现在隋代开皇年间，而"神禾原"之名，则始见于唐武周时期，以其有先后之别，则亦自有其名称嬗变之缘由与其人文历史之联系。

史念海先生在《西安地区地形的历史演变》一文中写道："是什么时候才有神禾原的？有人说，晋天福六年（941），这里的原上所产的禾，一茎六穗，重六斤，故以神禾为原名。这是不符合史实的说法。唐高祖武德六年（623），欧阳询所撰的《苏玉华墓志》就已经说过：葬于京兆之神和原。唐武后长安三年（703）《赵智偘墓志》和唐睿宗景云三年（712）《萧思亮墓志》皆谓葬于长安县神禾原，唐睿宗景云二年（717）《裴氏小娘子墓志》，谓归葬于长安里御宿川神禾原。神和原当即神禾原，明确如此，如何能曲于解释，以晋天福年间充数？"[①]以如今所能见到的更加丰富的史料来充实史念海先生的认知，无疑将得到一些新的修正。神和原当即神禾原无疑是正确的，只是神和原的名称要更早于初唐，就目前所见史料，至少在隋代开皇间已经出现，故亦可说明"神和原"作为原名的形成应不晚于隋代。主要文献依据有：隋开皇二十年（600）《席渊墓志》云："以建德四年正月薨于王壁，春秋五十有六，以开皇廿年八月廿七日葬于大兴城神和之原。"[②]（图2）志文言卒所曰"薨于王壁"，王壁即王城，此指北周国都长安城。"葬于大兴城神和之原"即长安城南之神禾原。史氏文章所举唐高祖武德六年欧阳询所撰《苏玉华墓志》虽为伪志而不足以取信，但可资依据的唐代墓志颇不乏举证焉。如贞观八年（634）《随故汲县令大唐赠瀛洲刺史戴君（龙字承伯）墓志铭》云："以大业三年三月六日遘疾终于安阳里第，时年七十三，瘗于汲县之乐山里。……有诏追赠瀛州诸军事瀛洲刺史，谥曰良，礼也。……世子至德，亲受顾命，奉崇先旨，以贞观八年岁次甲午正月甲戌朔廿四日丁酉迁葬于长安之神和原。南望商山，遵园绮之迹；东瞻华岳，咏松侨之风。"[③]贞观十九年（645）《周故使持节骠骑大将军甘宁二州诸军事甘宁二

① 史念海：《西安地区地形的历史演变》，见《史念海全集》（第6卷），人民出版社，2013年，第137页。
② 王其祎、周晓薇编著：《隋代墓志铭汇考》（第2册），线装书局，2007年，第332页。
③ 胡戟：《珍稀墓志百品》，陕西师范大学出版总社，2016年，第48页。

州刺史王约墓志》云"合葬于神和原之旧茔"①。永徽六年（655）《韩相国墓志》云："春秋七十，大唐贞观十二年二月十日终于禅院，粤以永徽六年岁次乙卯二月辛丑朔二日壬寅迁窆于万年县东隅神和之原。"②显庆四年（659）《韦君妻成德县主李瑶墓志》云：县主"以显庆四年六月三日薨于永宁里之私第，春秋廿有一"，"粤以其年岁次己未闰十月甲子朔廿九日壬寅迁厝于万年县北山乡长原里神和之原"。③景云二年（711）《韦纪妻长孙氏墓志》云"陪葬迁于旧茔雍州万年县北山乡神和原"④。天宝二载（743）《实际寺故寺主怀恽奉敕赠隆阐大法师碑铭》云："遂于凤城南神和原崇灵塔也。其地前终峰之南镇，后帝城之北里。"⑤其余从盛唐至晚唐书写"神和原"名称之文献案例，实不烦枚举（参见附录一），可知"神和原"名称在唐代犹一直沿用，即便是同时期已经出现了"神禾原"的名称以后，依然并用而不绝。

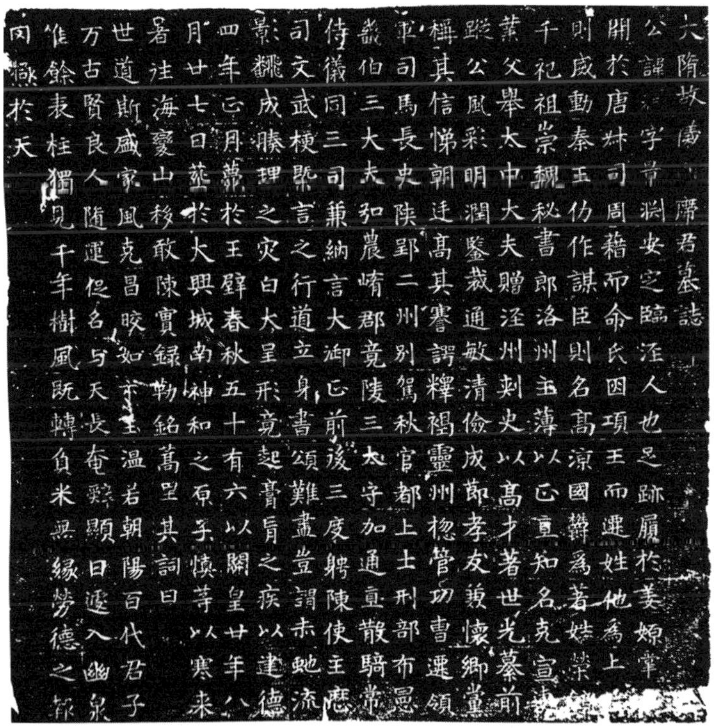

图2　隋开皇二十年（600）《席渊墓志》拓本

① 齐运通编：《洛阳新获七朝墓志》，中华书局，2012年，第71页。
② 西安市文物稽查队编：《西安新获墓志集萃》，文物出版社，2016年，第42页。
③ 赵君平、赵文成编：《秦晋豫新出墓志搜佚》（第1册），国家图书馆出版社，2012年，第173页。
④ 齐运通编：《洛阳新获七朝墓志》，中华书局，2012年，第148页。
⑤ 西安碑林博物馆藏石。

那么，神和原的名称缘何而来？或者说有何人文内涵？目前的材料尚未发现能够揭示"神和原"得名的直接理由，所知汉代樊哙墓与隋代史万岁别业皆在此原上，然与神和原得名似亦无甚瓜葛。北魏太安二年（456）《嵩高灵庙碑》有云"天清地宁，人神和会"①，唐代张说《为留守奏嘉禾》又云"天听自人，神和在德"②，则将"前终峰之南镇，后帝城之北里"之间的这座川原取名为"神和"，推其或许含有受天之祚，神和四畅之意焉。

二

目前所见"神禾原"名称出现最早的材料当是唐武周天授二年（691）《梓州飞乌县令南阳郡公王九功墓志》云"归葬于雍州明堂县神禾原从祔先茔"③。同年，神禾原上又有了神禾乡之设。天授二年《王九言暨妻崔氏墓志》云："以咸亨四年归葬先考及诸父昆弟凡一十一丧于明堂县之旧营。明年，有嘉禾廿六茎生于坟侧，县令元知让乃改其所居里为神禾乡。……以今天授二年十月廿四日合葬于神禾乡之旧茔礼也。"④（图3）此或可推知"神禾原"名称的出现缘由，盖因咸亨五年（674）在原上发现了廿六茎的神禾巨穗，遂有了神禾乡之名，同时理应出现神禾原的名称。此事在两《唐书》中未见记载，明堂县令元知让，史传亦无其人。然陈子昂撰《周故内供奉学士怀州河内县尉陈君硕人墓志铭》云"开耀元年制举太子舍人司议郎太府少卿元知让应制荐君于朝堂"⑤者，或即斯人。检读近年新出唐代墓志，复有天授三年（692）韦承庆撰《王守真墓志》云"粤以天授三年岁次壬辰三月一日丁卯朔六日壬申，迁窆于雍州明堂县神禾乡兴盛里使君公之旧茔礼也"⑥。天授三年（692）《润州刺史王府君夫人李正因墓志》又云："显庆四年三月十八日终于崇仁里之私第，春秋卅二。以天授三年岁次壬辰二月丁酉朔廿四日庚申窆于雍州明堂县神禾乡兴盛里，礼也。"⑦墓志云李正因"年十有七，适琅耶润州府君"，此王府君者，盖即王约，前揭《王守真墓志》曰"父约，唐太子洗马、尚书吏部郎中、博州

---

① 石存河南登封嵩山中岳庙内。

② 〔唐〕张说：《张燕公集》卷一四，见《四库唐人文集丛刊》，上海古籍出版社，1992年，第110页。

③ 赵君平、赵文成编：《秦晋豫新出墓志搜佚》（第1册），国家图书馆出版社，2012年，第284页。

④ 西安市文物稽查队编：《西安新获墓志集萃》，文物出版社，2016年，第96页。

⑤ 〔唐〕陈子昂：《陈子昂集》卷六"志铭"，徐鹏校点，上海古籍出版社，2013年，第155页。

⑥ 胡戟：《珍稀墓志百品》，陕西师范大学出版总社，2016年，第88页。

⑦ 西安市文物稽查队编：《西安新获墓志集萃》，文物出版社，2016年，第99页。

刺史、赠润州刺史"，又曰迁葬于"使君公之旧茔"，可知王约所葬亦在雍州明堂县神禾乡兴盛里之地，而且王守真比其母李正因祔葬于其父旧茔的时间仅晚六天。另外，景龙三年（709）《法琬法师碑》亦曰"奉敕起塔于雍州长安县之神禾原礼也"①。这些案例无疑为"神禾乡"与"神禾原"名称的出现及其时间提供了有力的佐证。嗣后，直至晚唐，神禾原的名称在墓志中的出现渐多渐广，并最终在视听上超越了"神和原"而基本成为约定俗成并影响至今的名称。不过，实际上在宋代以后，神禾与神和的名称也往往互见的。如范仲淹撰《东染院使种君（士衡）墓志铭》曰"葬于京兆万年县之神和原"②，欧阳修撰《尚书比部员外郎陈君墓志铭》曰"葬于京兆府万年县洪固乡神禾原"③。

图3　武周天授二年《王九言墓志》拓本

从上举史料来看，神禾原当是缘灵征而得嘉名。嘉禾为古代十瑞之一，柳宗元《为京兆府请复尊号表》三首之第三表云："黄龙皓兔，甘露庆云，神禾嘉瓜，祥莲瑞木，万物畅遂，百谷茂滋，此天之至灵也。"④古来传说"尧时嘉禾七茎，

---

① 西安碑林博物馆藏石。
② 〔宋〕范仲淹：《范文正公集》卷一三，商务印书馆，1937年，第192页。
③ 〔宋〕欧阳修著，李之亮笺注：《欧阳修集编年笺注》卷三〇，巴蜀书社，2007年，第503页。
④ 〔唐〕柳宗元：《柳河东集》（下册），上海古籍出版社，2008年，第583页。

连三十五穗"①，后世遂多有神禾瑞应的美谈，所谓"神禾郁乎浩京，巨穗横我玄台"②，所谓"王者德至于地，则嘉禾生"③，又所谓"嘉禾者，五谷之长也，王者德茂则生"④，皆以赞喻盛世明君与国泰民安。又见《册府元龟》卷二四《帝王部·符瑞第三》记贞观二年（628）"六月，长安县献嘉禾"⑤，未详此次所献嘉禾是否也生于神禾原上。另外，考察"和"与"禾"的字形字义，可知"禾"字与"和"字有相通的义项，如《吕氏春秋》卷一四《必己》曰："一上一下，以禾为量。"陈奇猷校释云："高注：'禾两三变，故以为法也。'一曰：'禾，中和。'俞樾曰：'"禾"当作"和"，《庄子·山木篇》"一上一下，以和为量"，是其证。"禾"即"和"之坏字。'杨树达曰：'和从禾声，《说文》谓"禾得时之中和"（《系传》本），故谓之禾，知禾本含和义。谓禾当读为和可矣，谓"禾"为误字则非也。'于省吾先生曰：'禾乃和之借字。'"⑥又如马王堆汉墓帛书《战国纵横家书·苏秦自赵献书燕王章》云："今臣欲以齐大〔恶〕而去赵，胃（谓）齐王：赵之禾（和）也，阴外齐，谋齐。齐赵必大恶矣。"⑦则从"神和"到"神禾"的嬗变，恐非仅仅缘灵征而得嘉名的附会，似也有顺乎其理的字形字义的借用因素，唐宋之间犹见"神和"与"神禾"参差并用的情形，或亦可资佐证。

三

元代骆天骧《类编长安志》卷七《原丘·原》载："神禾原：在御宿川北樊川之原，东西三四十里。《剧谈录》曰'晋天福六年，生禾一穗，重六斤，故号为神

---

① 《太平御览》卷八七三《休征部二》"嘉谷"引《诗含神雾》，中华书局，1963年，第3872页。

② 语出梁陶弘景《真诰》卷一五"阐幽微第一"引蜀汉杜琼《重思赋》。〔梁〕陶弘景著，〔日〕吉川忠夫、麦谷邦夫编：《真诰校注》卷一五，朱越利译，中国社会科学出版社，2006年，第486页。

③ 韩愈：《奏汴州得嘉禾嘉瓜状》引《符瑞图》，见〔唐〕韩愈著，马其昶校注：《韩昌黎文集校注》"遗文"，上海古籍出版社，2014年，第812页。

④ 〔唐〕权德舆《权载之文集》卷四四《中书门下贺恒州华州嘉禾合穗表》引孙柔之《瑞应图》，见《四部丛刊初编》，上海书店，1989年，第1036页。

⑤ 《册府元龟》卷二四《帝王部·符瑞第三》（第1册），中华书局，1960年，第254页。

⑥ 〔战国〕吕不韦：《吕氏春秋新校释》（上册），陈奇猷校释，上海古籍出版社，2002年，第840页。

⑦ 马王堆汉墓帛书整理小组编：《马王堆汉墓帛书：战国纵横家书》，文物出版社，1976年，第1页。

禾原。'"①后此，凡言神禾原得名之由者，皆援引此说。然今本唐骈《剧谈录》中并未见此文字，是此书成于唐乾宁二年（895），自不可能记载数十年后的后晋天福六年（941）事，显然是骆天骧所记有误焉。而据前文所考，亦知"神禾原"名称早在唐武周时期已出现，并非晚至后晋天福六年。至于"生禾一穗，重六斤"的说法，恐亦为"嘉禾廿六茎"或一茎六穗之类的讹转。

梳理史料，从行政地理的角度考察，可以获知隋唐两朝在神禾原上有北山（山北）乡长原里、神禾乡兴盛里、万春乡、永寿乡姜尹村、神禾乡任王村及不知属乡的尹村等四个乡、两个里、三个村，而这些乡、里、村名皆为《长安志》所未载，案例可参详文末的附录一与附录二。其中北山（山北）乡与神禾乡属万年（明堂）县，万春乡与永寿乡属长安（乾封）县，北山乡方位又当在神禾乡之南，万春乡方位也当在永寿乡之南，而兴盛里应该就是今天的长安区皇甫乡兴盛村所在，长原里约当今杜曲附近，任王村属神禾乡，神禾乡属万年县，则任王村当位于神禾原的东段，尹村只知属长安县，未详与姜尹村是否为同一村，且两村的具体所在皆未能考详。②《隋书》卷三九《地理上》"京兆郡大兴县"条小注曰："开皇三年置，后周旧郡置县曰万年，高祖龙潜，封号大兴，故至是改焉。有长乐宫。有后魏杜城县、西霸城县、西魏山北县，并后周废。"③由是知隋唐之北山（山北）乡盖缘西魏北周时期的山北县得名。且依据材料的时段，盖先有北山乡之名，大约在唐玄宗朝又改为山北乡焉。又，唐麟德二年（665）《韦整暨妻杜氏崔氏墓志》云"合葬于神和原之新城礼也"④，此处的"新城"恐非地名，而应是指新修的茔墓。贞元九年（793）《卢俛第三女十七娘墓志》云"葬于万年县神禾乡毕原"⑤，贞元十七年（801）《裴匠墓志》亦云"归葬于京师万年县神禾乡之毕原"⑥，神禾乡在神禾原东段的偏北部，故得与潏水北岸的毕原接壤，而如果特别说明葬地在毕原，那么神禾乡或有可能还管辖到了潏水以北的毕原（或称御宿北原、韦曲原），这样的话，这两方墓志的葬地也有可能不在神禾原上，而在偏北的毕原上了。1948年冬出土于长安县神

① 〔元〕骆天骧：《类编长安志》，黄永年点校，中华书局，1990年，第209页。
② 武伯纶：《唐万年长安县乡里考》，《考古学报》1963年第2期，第87—99页；徐畅：《唐万年长安县乡里村考订补》，见《唐史论丛》（第21辑），三秦出版社，2015年，第151—172页。
③ 《隋书》卷二九《地理上》，中华书局，1973年，第808页。
④ 齐运通、杨建锋编：《洛阳新获墓志（二〇一五）》，中华书局，2017年，第88页。
⑤ 西安市长安博物馆编：《长安新出墓志》，文物出版社，2011年，第208页。
⑥ 贾二强：《唐裴匠墓志考》，见《唐史论丛》（第18辑），陕西师范大学出版社，2014年，第295页。

禾原贾里村的唐大中四年（850）《裴氏小娘子墓志》云"归葬于长安里御（御）宿川神禾原祔先茔之侧也"①，墓志出土地贾里村在御宿川南岸的神禾原上，其行政区划在当时属长安县管辖，可知葬地所在的"长安里"即今香积寺东边的贾里村一带。

神禾原的地理方位，借墓志文献也可窥其一斑。唐景云二年（711）《蒋义忠墓志》云："合葬于京兆神和原礼也，依周公之制，遵孔氏之典，北眺毕陌，南瞻杜原。"②毕陌即毕原，又称韦曲原，方位在神禾原正北面，两原之间有潏水间隔。杜原即杜陵原，也称少陵原，方位在神禾原东南，两原之间有樊川间隔。

四

地名的嬗变沿革理当聚现着密切的人地关系，亦即人文社会的影响直接关系地名的演化。因此，从社会文化地理的视域，人们常常会以"人杰地灵"的历史人文观念去关照自然地理的变迁。因此，关于神禾原的人文地理，也确有值得寻绎的累累历史印迹。所谓关中胜迹繁夥，实以号为"神京善地"的隋唐都邑之地为精华所在，而长安胜游之处，则又多萃于城南。"韦曲城南锦绣堆"，展读宋代张礼的《游城南记》（图4）和明代赵崡的《游城南》，无疑最能唤起人们对隋唐长安城南郊以樊川及其两畔的神禾原与少陵原为中心的那一片号为胜游之区的向往和追忆，以及对彼时世族显宦广置宅园与高僧大德驻锡弘法的联想和钦羡，当然也会为那些渐行渐远的人事代谢与模糊记忆的往来古今而心生留恋和喟叹。也正是因这些依稀尚存的辙迹，才得以长远地固化着地名与人文的关系，并进而影响着人们的文化观念与历史情怀。

上溯汉代，潏水与滈水之间的神禾原作为一片洪积平原，虽然已有其独立的形态，却还没有它专门的名称。那时的神禾原这一片川原是属于皇家上林南苑（御宿苑）范围的，故不得使人往来游观，也就没有百姓在这里聚居生息。只是因为汉将军樊哙被"赐食邑杜之樊乡"③，这一带遂有了樊乡亦曰樊川的名称，特别是当樊哙的茔墓葬在了神禾原上④，从此神禾原便有了可以算得上人杰地灵的人文印记，正所

---

① 吴敏霞主编：《长安碑刻》（上册），陕西人民出版社，2014年，第191页。
② 周绍良、赵超主编：《唐代墓志汇编续集》，上海古籍出版社，2001年，第443页。
③ 《史记》卷九五《樊郦滕灌列传》，中华书局，1959年，第2655页。
④ 《长安志图》载："樊川：本樊哙食邑，故名。人云：'今其墓在神禾原上。'"参见〔元〕李好文：《长安志图》，辛德勇、郎洁点校，三秦出版社，2013年，第55页。

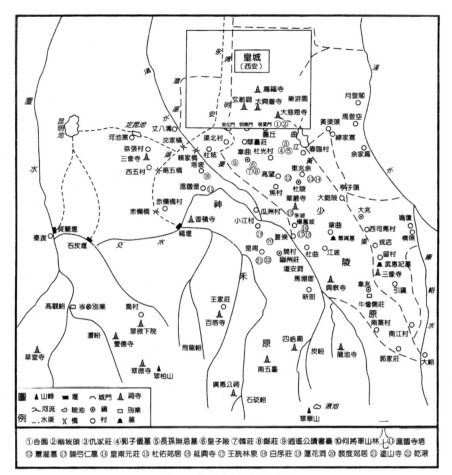

图4　《游城南记》城南图

（出自〔宋〕张礼撰，史念海、曹尔琴校注：《游城南记校注》，三秦出版社，2006年，第189页）

谓"此人既云往，地灵亦以移"①。不过遗憾的是，樊哙墓究竟在神禾原上的什么地方，今天已经难以考实。揆诸文献，降至隋代出现了一个与樊哙墓相关的精彩故事。《太平广记》卷三二七注出《两京记》"史万岁"条曰："长安待贤坊，隋北（左）领军大将军史万岁宅。其宅初常有鬼怪，居者辄死。万岁不信，凶即居之。夜见人衣冠甚伟，来就万岁。万岁问其由，鬼曰：'我汉将军樊哙，墓近君居厕，常苦秽恶，幸移他所，必当厚报。'万岁许诺。因责杀生人所由，鬼曰：'各自怖而死，非我杀也。'及掘得骸柩，因为改葬。后夜又来谢曰：'君当为将，吾必助君。'后万岁为隋将，每遇贼，便觉鬼兵助己，战必大捷。"②待贤坊为隋大兴城内朱雀门街西第五街街西从北第九坊，属长安县管辖。据元代李好文《长安志图》卷中"图志杂说"之"樊川"条注曰："本樊哙食邑，故名。人云今其墓在神禾南原

①〔明〕赵崡：《石墨镌华》卷八"杜曲"，见《石刻史料新编》（第1辑第25册），新文丰出版公司，1982年，第18660页。

②《太平广记》，中华书局，1961年，第2597—2598页。

上。"①元代骆天骧《类编长安志》卷八《山陵冢墓》亦云："汉樊哙墓在樊川南原上。樊乡，乃哙食邑。"②神禾原在樊川南，故曰樊川南原。实则当时也有将神禾原称为樊川原者。由此推知史万岁当时是将樊哙墓从城内的待贤坊改葬到在了神禾原的南段，尽管这只是基于唐人韦述载录的一则传闻，但至少说明樊哙墓在隋唐人的认知中已属于神禾原上的旧迹矣。

魏晋北朝时期，神禾原渐渐成为世家贵族置业宴游与佛门僧侣修行悟道乃至僧俗聚葬的形胜之地。宋代张礼《游城南记》尝记其登神禾原，"上道安洞"，并自注曰："南行四里至道安洞，今为尼院。院中起小塔，西倚高崖，东眺樊川之景，举目可尽。"③元代骆天骧《类编长安志》卷九《胜游》之"道安洞"条又云："樊村之东南，靠神禾原凿出，晋道安和尚所居，东眺樊川之景。洞中塑道安像，前起塔立碑。俗呼为憨师控是也。"④明代赵崡《石墨镌华》卷七亦曰："渡潏水，寻道安洞，葬塔半倾，寺亦寥落。道安事无考，有金人所为碑，独叙安生平，而不及洞所始。但至此，'西倚高崖，东眺樊南之景，举目可尽'，茂中（张礼）言不虚也。"⑤道安为东晋僧人，后被前秦苻坚尊为国师，在佛门影响广大，亦被鸠摩罗什誉为"东方圣人"，《高僧传》卷五有传。道安所居洞窟位于神禾原东麓，即今杜曲街道彰仪村的护国道安寺所在。今存道安寺的金代兴定二年（1218）《大金重修京兆府咸宁县义安院苻秦国师和尚塔碑记》略云："府城之南有义安院，实苻秦国师之遗迹也……国师姓卫氏，讳道安，常山人也……京兆谚曰：学不师安，义不中难……是塔以碑石无存，漫不可考。庆历中，有尼智悟大师惠修者，断肱励志，行业清苦。为楚国公主所知，出入宫禁，赐予甚厚。悉以所藏，命甄工起二塔，□□□之泗州，竹谷之寿圣院者，而重葺此塔焉。《长安城南记》云：此释道安栖隐之所，薨瘗于此，信不诬矣！院倚西冈，东望玉山，南眺太一，殿塔宏丽，华木扶疏，真胜境也。"⑥碑阴刻大定年间《尚书礼部特赐义安院牒》与兴定二年（1218）《议葬碑阴记》。由此可知义安院即道安洞，又称国师洞。《游城南记》所说的"今为尼院"乃建于北宋庆历间，院主为尼智悟大师惠修。1935年，西京筹备委员

① 〔元〕李好文：《长安志图》，辛德勇、郎洁点校，三秦出版社，2013年，第55页。
② 〔元〕骆天骧：《类编长安志》，黄永年点校，中华书局，1990年，第255页。
③ 〔宋〕张礼撰，史念海、曹尔琴校注：《游城南记校注》，三秦出版社，2006年，第163页。
④ 〔元〕骆天骧：《类编长安志》，黄永年点校，中华书局，1990年，第2833页。
⑤ 〔明〕赵崡：《石墨镌华》，见《石刻史料新编》（第1辑第25册），新文丰出版公司，1982年，第18653页。
⑥ 吴敏霞主编：《长安碑刻》（上册），陕西人民出版社，2014年，第238页。

会曾在义安院遗址上为"金人所为碑"建立碑楼，冀以永固焉。①

隋唐时期，长安成为渐次兴起的中国化佛教六大宗派的祖庭之地，其中净土宗的祖庭香积寺及其创始人善导大师的灵塔就建立在神禾原西麓，至今香火鼎盛。《游城南记》张礼自注云："香积寺，唐永隆二年建，中多石像，塔砖中裂，院中荒凉，人鲜游者。"②明代赵崡也说："迢迢御宿川，落落香积寺，殿颓塔裂不记年，断碑犹拂'开元'字。"③香积寺虽然自宋代以后渐趋荒凉颓败，但是唐代王维《过香积寺》的诗句早已广为流传，"不知香积寺，数里入云峰。古木无人径，深山何处钟。泉声咽危石，日色冷青松。薄暮空潭曲，安禅制毒龙"的幽深意蕴，使香积寺的名声不仅在佛门更在世俗社会越千载以下而显耀古今。除了香积寺的善导塔外，唐代佛家弟子瘗身神禾原者，还有景龙三年（709）唐中宗三从姑《法琬法师碑》"奉敕起塔于雍州长安县之神禾原礼也"④，开元十四年（726）《唐大荐福寺故大德思恒律师志文》"葬神禾原涂山寺东名"⑤，开元十七年（729）《敬节法师塔铭》"窆于神和原律也……恐岸成川，起塔崇礼"⑥，开元十二年（724）《大唐龙兴大德香积寺主净业法师灵塔铭》"陪窆于神禾原大善导阇梨域内崇灵塔也"⑦，天宝二载（743）《隆阐法师碑》"遂于凤城南神和原崇灵塔也"⑧，乾元元年（758）《大唐大荐福寺主临坛大德法振律师墓志》"门人玄宗等迁神起塔于万年县神禾原"⑨，贞元六年（790）《法界寺比丘尼正性墓志》"迁神于城南神禾原□郎中之茔，从俗礼也"⑩，不胜枚举。可见，神禾原这一片窗外好山、竹间流水的富

① 1935年西京筹备委员会为《荷奉国师塔记》建立碑楼的纪念刻石，今存西安碑林博物馆。

② 〔宋〕张礼撰，史念海、曹尔琴校注：《游城南记校注》，三秦出版社，2006年，第123页。

③ 〔明〕赵崡：《石墨镌华》卷八《宿香积寺》，见《石刻史料新编》（第1辑第25册），新文丰出版公司，1982年，第18661页。

④ 石存西安碑林博物馆。

⑤ 周绍良主编：《唐代墓志汇编》（下册），上海古籍出版社，1992年，第1321—1322页。

⑥ 周绍良主编：《唐代墓志汇编》（下册），上海古籍出版社，1992年，第1356页。

⑦ 周绍良主编：《唐代墓志汇编》（上册），上海古籍出版社，1992年，第1296页。明代赵崡《石墨镌华》卷七云："（香积）寺前壁上有毕彦雄撰《净业禅师塔铭》，书虬健，有登善法。寺僧言是塔上坠落者。"见《石刻史料新编》（第1辑第25册），新文丰出版公司，1982年，第18655页。

⑧ 石存西安碑林博物馆。

⑨ 胡戟：《珍稀墓志百品》，陕西师范大学出版总社，2016年，第148页。

⑩ 周绍良主编：《唐代墓志汇编》（下册），上海古籍出版社，1992年，第1858页。

饶田园，在隋唐之间不仅是世俗官宦吟咏娱乐的胜游之地，也已然成为释门信徒灭罪度亡的寄托之所。

神禾原上还有一处叫莲花洞的唐代人文胜迹颇为著名。宋代张礼《游城南记》"循（神禾）原而东，诣莲花洞"条张礼自注曰："自（张）思道之居东行五六里，直樊川之上，倚神禾原，有洞曰莲花，旧为村人郑氏之业。郑氏远祖乾耀，尚明皇之女临晋公主。杜甫诗有《宴郑驸马洞中》云'主家阴洞细烟雾'，疑即此地也。"①元代李好文《长安志图》卷中"图志杂说"之"樊川"条亦云："莲花洞在神禾原，即郑驸马之居，所谓主家阴洞者也。"②元代骆天骧《类编长安志》卷九《胜游》之"莲花洞"条所记更详："在杜曲南樊村，倚神禾半原，高百尺，凿数洞，俗呼莲花控，亦云郑驸马洞。按《唐书》：'明皇临晋公主下降郑虔侄郑潜曜，临崖筑洞以避暑。'杜甫《郑驸马宴洞中》诗曰：'主家阴洞细烟雾，留客夏簟青琅玕。春酒杯浓琥珀薄，冰浆椀碧玛瑙寒。误疑茅堂过江麓，已入风磴霾云端。自是秦楼厌郑谷，时闻杂佩声珊珊。'今为野僧之居。"③明代赵崡《石墨镌华》又云："（自道安洞）又东南行，过郑家庄，唐郑驸马乾曜后族尚百人。据《记》，郑氏居莲花洞，在道安洞西北，今乃在东南，岂年久迁徙耶？似不可晓。"④郑潜曜，《游城南记》误作"乾耀"。其人入《新唐书·孝友传》："郑潜曜者，父万钧，驸马都尉、荥阳郡公。母，代国长公主。开元中，主寝疾，潜曜侍左右，造次不去，累三月不靧面。主疾侵，刺血为书请诸神，丐以身代。火书，而'神许'二字独不化。翌日主愈，戒左右无敢言。后尚临晋长公主，历太仆、光禄卿。"⑤杜甫受托于郑潜曜而撰写的《唐故德仪赠淑妃皇甫氏神道碑》亦云："有女曰临晋公主，出降代国长公主子荥阳潜曜，官曰光禄卿，爵曰驸马都尉。"⑥可知潜曜为睿宗外孙，所尚公主为玄宗第十二女，其所居莲花洞，在宋代尚为"村人郑氏之业"，到元代则已成"野僧之居"，至今更无遗迹可寻，其大体位置约在今神禾原北崖的樊村乡小江村禅经寺后，诚所谓"昔日最多风景处，今人偏动黍离愁"⑦。

① 〔宋〕张礼撰，史念海、曹尔琴校注：《游城南记校注》，三秦出版社，2006年，第163页。

② 〔元〕李好文：《长安志图》，辛德勇、郎洁点校，三秦出版社，2013年，第56页。

③ 〔元〕骆天骧：《类编长安志》，黄永年点校，中华书局，1990年，第283页。

④ 〔明〕赵崡：《石墨镌华》卷七，见《石刻史料新编》（第1辑第25册），新文丰出版公司，1982年，第18653页。

⑤ 《新唐书》卷一九五《孝友·郑潜曜传》，中华书局，1975年，第5581页。

⑥ 萧涤非主编：《杜甫全集校注》卷二二，人民文学出版社，2014年，第6349页。

⑦ 〔宋〕柴望：《多景楼》，见傅璇琮等主编：《全宋诗》卷三三四〇，北京大学出版社，1998年，第39908页。

郑潜曜以其父子两代皆为驸马而著名于时，其父郑万钧在正史无传，其子嗣亦无载记，所幸新近出土的唐天宝七载（748）《郑鼎（字万钧）墓志》适可稍补遗憾，并可据以见证唐代郑氏驸马家族在当时的社会地位与影响。①又，唐独孤及《毗陵集》卷一七《郑驸马孝行记》载郑潜曜生平甚详，亦可补唐书孝友传之不足。

自道安洞南行七八里，在神禾原的最东南首，直抵终南山北麓，还有一道一佛两大宗教文化遗迹，东边是汉太乙宫与唐太乙观遗址，西边是唐百塔寺遗址。太乙又曰太一，相传太乙真人尝于此修炼而立观祭祀。遗址在西安城南五十里太乙山谷口，传说汉元封初，南山谷间云气融结，阴翳成象，武帝于此建宫。元代骆天骧《类编长安志》卷六"太一山"条引《三秦记》云："在长安东方南八十里太一谷。中有太一元君湫池。汉武帝元封二年，祀太一于此，建太一宫。"②然而尤为脍炙于口的则是王维《终南山》"太乙近天都，连山到海隅。白云回望合，青霭入看无"的诗句，竟将此地渲染成一处胜游之域。王维又有《过太乙观贾生房》诗，知太乙观在唐代香火颇盛。百塔寺北距长安城约五十里，是隋唐三阶教的祖庭所在，创始人为隋代的信行禅师③，后收骨立塔于此，初名至相道场，唐大历年间，已有小塔累累逾百，遂改名百塔寺。宋代张礼《游城南记》曰："百塔在槲梓谷口，唐信行禅师塔院，今谓之兴教院。唐裴行俭妻库狄氏尝读《信行集录》，及殁，迁窆于终南山鸱号堆信行塔之后，由是异信行者往往归葬于此。今小塔累累相比，因谓之百塔。"④明代赵崡《石墨镌华》卷七云："又东南五里，为百塔寺，本信行禅师塔院。山畔，唐裴行俭妻库狄氏葬塔尚存。余小塔，《记》所谓'累累相比，谓之百

---

① 赵文成、赵君平编：《秦晋豫新出墓志搜佚续编》（第3册），国家图书馆出版社，2015年，第760页。墓志首题"大唐故银青光大夫卫尉卿赠工部尚书驸马都尉上柱国荥阳郡开国公郑府君墓志铭"，志文略云："公讳鼎，字万钧，荥阳开封人也。曾祖道援，随武陵郡守。祖怀节，皇赠使持节卫州诸军事卫州刺史。父远思，皇赠使持节博郑二州诸军事郑州刺史太常卿。"又云："嗣子潜曜，尚临晋公主，银青光禄大夫、光禄卿、驸马都尉、荥阳县开国男；少子讳明，中散大夫、太子洗马，清平县开国公。"尾款复云"题盖大字潜曜书"，可知郑潜曜亦长于大字榜书。

② 〔元〕骆天骧：《类编长安志》，黄永年点校，中华书局，1990年，第164页。

③ 隋开皇十四年（594）僧法纟林撰《信行禅师传法碑》与唐武后时立越王李贞撰、张廷珪书《信行禅师碑》及唐神龙二年（706）越王李贞撰、薛稷书《信行禅师碑兴教碑》皆已不存，仅《兴教碑》有拓本传世。

④ 〔宋〕张礼撰，史念海、曹尔琴校注：《游城南记校注》，三秦出版社，2006年，第154—155页。《文苑英华》卷八八三载唐张说《赠太尉裴行俭神道碑》云："夫人深戒荣满，遽悟真筌，固辞羸惫，超谢尘俗。每读《信行禅师集录》，永期尊奉。开元五年四月二日归真京邑，其年八月迁窆之于终南山鸱鸣堆信行禅师灵塔之后。"宋代李复所谓"裴公看尽因缘在，百塔龛前首重回"诗句，亦典出唐裴行俭故事。

塔'者，今止存三五而已。殿前石经幢，无可书，殊绝。"①此外，唐《梁师亮墓志》也曾存于此寺，而今存西安碑林的传为唐代国长公主驸马郑万钧草书《心经》刻石，亦尝为百塔寺旧物。

神禾原皇甫村附近今天还有一处大洼地，当地人皆以为是唐代著名的自然景观旧迹——乾㵘。其传说大约始于唐代，有韩愈的诗为证，一曰《题炭谷㵘祠堂》，诗中道出了㵘池"厌处平地水，巢居插天山"的缘由②。二曰《龙移》："天昏地黑蛟龙移，雷惊电激雄雌随。清泉百丈化为土，鱼鳖枯死吁可悲。"韩愈又尝题注云："此诗谓南山㵘也。㵘初在平地，一日风雷，移居山上。其山下㵘遂化为土。"③之后长安人遂谓之"乾㵘"。至于㵘池的移去之处，当即终南山太乙谷的唐代澄源夫人㵘庙所在地，韩愈亦有《南山》"因缘窥其㵘，凝湛闷阴兽"与《秋怀》"清晓卷书坐，南山见高棱。其下澄㵘水，有蛟寒可罾"诗句为之写照。④《游城南记》"壬子，渡潏水而南，上原观乾㵘"条张礼注曰："乾㵘在神禾原皇甫村之东。"⑤元代骆天骧《类编长安志》卷之九《胜游·御宿川》"乾㵘"条云："在神禾原兴盛坊。旧有㵘池，龙移去，遂涸，谓之乾㵘。韩退之诗曰：'天昏地黑蛟龙移，雷惊电击雌雄随。清泉百尺化为土，鱼鳖枯死吁可悲。'谓龙移于太一㵘池也。"⑥可见自然景观亦往往有赖于人文底蕴而得以张大其形象与影响。

五、余论

黍离麦秀，沧海桑田。宋代张礼在《游城南记》结尾的自注中尝不无怅惜地总结道："城南之景，有闻其名而失其地者，有具其名得其地而不知其所以者，有见于近世而未著于前代者。若牛头寺碑阴记永清公主庄，《长安志》载沙城镇、薛据南山别业，罗隐《杂感》诗有景星观、姚家围、叶家林，闻其名而失其地者也。翠台庄、高望楼、公主浮图、温国塔、朱坡，具其名得其地而不得其所以者也。杨

---

① 〔明〕赵崡：《石墨镌华》卷七，见《石刻史料新编》（第1辑第25册），新文丰出版公司，1982年，第18655页。

② 〔清〕方世举：《韩昌黎诗集编年笺注》（上册），郝润华、丁俊丽整理，中华书局，2012年，第84页。

③ 〔清〕方世举：《韩昌黎诗集编年笺注》（上册），郝润华、丁俊丽整理，中华书局，2012年，第87页。

④ 〔清〕方世举：《韩昌黎诗集编年笺注》（下册），郝润华、丁俊丽整理，中华书局，2012年，第431页。

⑤ 〔宋〕张礼撰，史念海、曹尔琴校注：《游城南记校注》，三秦出版社，2006年，第154页。

⑥ 〔元〕骆天骧：《类编长安志》，黄永年点校，中华书局，1990年，第290页。

舍人庄、唯释院、神禾少陵两原、三清观、涂山寺、陈氏昆仲报德庐、《刘翔集》之蒙溪、刘子衷之樊溪、五台僧坟院，见于近世而未著于前代者。故皆略之，以俟再考。至于名迹可据，而暴于人之耳目者，皆得以详书焉。"①其中的"神禾少陵两原"与"涂山寺"皆是列在"见于近世而未著于前代者"，故为张礼所略而以俟再考也。然则，神禾原之名实递嬗，本文已基本梳理出来，其"见于近世而未著于前代者"之谓可以休矣，亦即唐之"神禾"乃由隋之"神和"而来，且在字形字义的关系上也应有所瓜葛，因丰年祥瑞而得获嘉名当然也是一个主要缘故。至于"少陵原"，其实也已经厘清了其早著于前代的名称递嬗，亦即是由周隋时期的"小陵原"到唐代贞观末年初始改为"少陵原"焉。②又譬如涂山寺，张礼列之为"见于近世而未著于前代者"，而约为金元间人著的《续注》也只说"涂山寺在皇甫村神禾原之东南"③，今以开元十四年（726）《唐大荐福寺故大德思恒律师志文》"葬神禾原涂山寺东"相与印证④，可知涂山寺在唐代已有，且确实在神禾原上，其遗址当在今皇甫村东的东寺附近。又以思恒号为律师推之，涂山寺或亦为律宗寺院。

归纳本文的基本内容与观点：神禾原又称神和原，是隋唐以来长安城南直抵终南山北麓的一座丘原的名称。其名称的沿革，在隋代以前尚不明晰，隋代始称神和原，唐代武周时期开始出现神禾原的称谓，并且有了因神禾巨穗的瑞应传说而得名的人文背景和史料依据。不过，神禾与神和之名迄于唐末犹并用互见，直到唐代以后神禾之名始渐趋普及稳定而约定俗成。神禾原的四至以及史料所见知的乡里村落，也是值得梳理与关注的行政地理元素。至于神禾原的人文内涵，则十分丰富而不胜枚举。诸如樊哙墓所昭示的悠久的历史渊源，道安洞与太乙宫所凸显的佛教与道教的早期印迹，香积寺与百塔寺所象征的净土宗与三阶教的祖庭标志，莲花洞所代表的唐代显宦与文人的宅园胜游之地，以及乾湫这一自然景观所深深烙印着的唐代文学色彩，等等，皆能传递给我们这样的认知：作为一种特定的文化象征，地名无疑烙印着深深的人文色彩，因而它绝不单纯是一个指示方位的地理坐标，它必然

---

① 〔宋〕张礼撰，史念海、曹尔琴校注：《游城南记校注》，三秦出版社，2003年，第173页。

② 周晓薇、王其祎：《片石千秋：隋代墓志铭与隋代历史文化》，科学出版社，2014年，第287—292页。

③ 〔宋〕张礼撰，史念海、曹尔琴校注：《游城南记校注》，三秦出版社，2003年，第154页。

④ 周绍良主编：《唐代墓志汇编》（下册），上海古籍出版社，1992年，第1321—1322页。

还蕴含着自然条件、历史状况和过往的故事等诸多人文信息。所以说地名的传承性与稳定性特质，使得古今时空下的人文历史真实面目得以保存，而这种保存正可以为人们催生出一种由衷的温情与敬意。从隋唐之间"神和原"到"神禾原"的名称沿革，从其中的文化意蕴和所载负的承上启下的人文内涵，从地名语言及其地理风貌的表象，正可以感悟到基于民族心理与信仰、观念与情怀而呈现出来的深厚的历史积淀和强大的文化定力。

附录一　碑志所见"神和原"名称表览（仅据笔者所见随手采录而非谓于斯已尽）

年代与名称	内　　容	材料出处
隋开皇二十年（600）《席渊墓志》	以建德四年正月薨于王壁，春秋五十有六，以开皇廿年八月廿七日葬于大兴城神和之原	王其祎、周晓薇编著：《隋代墓志铭汇考》（第2册），线装书局，2007年，第332页
唐贞观八年（634）《戴龙墓志》	以贞观八年岁次甲午正月甲戌朔廿四日丁酉迁葬于长安之神和原。南望商山，遵园绮之迹；东瞻华岳，咏松侨之风	胡戟：《珍稀墓志百品》，陕西师范大学出版总社，2016年，第48页
唐贞观十九年（645）《王约墓志》	合葬于神和原之旧茔	齐运通编：《洛阳新获七朝墓志》，中华书局，2012年，第71页
唐永徽六年（655）《韩相国墓志》	春秋七十，大唐贞观十二年二月十日终于禅院，粤以永徽六年岁次乙卯二月辛丑朔二日壬寅迁窆于万年县东隅神和之原	《西安新获墓志集萃》，文物出版社，2016年，第42页
唐显庆四年（659）《韦君妻成德县主李瑶墓志》	以显庆四年六月三日薨于永宁里之私第，春秋廿有一。粤以其年岁次己未闰十月甲子朔廿九日壬寅迁厝于万年县北山乡长原里神和之原	赵君平、赵文成编：《秦晋豫新出墓志搜佚》（第1册），国家图书馆出版社，2012年，第173页；赵文成、赵君平编选：《新出唐墓志百种》，西泠印社出版社，2010年，第20页
唐麟德二年（665）《房德墓志》	以麟德二年二月卅日合葬于神和原	《西安新获墓志集萃》，文物出版社，2016年，第53页
唐麟德二年（665）《韦整暨妻杜氏崔氏墓志》	以麟德二年岁次乙丑二月癸酉朔十日壬午合葬于神和原之新城	齐运通、杨建锋编：《洛阳新获墓志（二〇一五）》，中华书局，2017年，第88页
唐圣历三年（700）《戴希晋墓志》	迁窆于雍州乾封县神和原之	周绍良主编：《唐代墓志汇编》（上册），上海古籍出版社，1992年，第964页

年代与名称	内　容	材料出处
唐景云二年（711）《萧思亮墓志》	迁窆于神和原	周绍良主编：《唐代墓志汇编》（上册），上海古籍出版社，1992年，第1122页
唐景云二年（711）《蒋义忠墓志》	合葬于京兆神和原礼也，依周公之制，遵孔氏之典，北眺毕陌，南瞻杜原	周绍良、赵超主编：《唐代墓志汇编续集》，上海古籍出版社，2001年，第443页
唐景云二年（711）《韦纪妻长孙氏墓志》	陪葬迁于旧茔雍州万年县北山乡神和原	齐运通编：《洛阳新获七朝墓志》，中华书局，2012年，第148页
唐开元十五年（727）《于士恭墓志》	权祔于京兆神和原	周绍良主编：《唐代墓志汇编》（下册），上海古籍出版社，1992年，第1343页
唐开元十七年（729）《敬节法师塔铭》	窆于神和原律也……恐岸成川，起塔崇礼	周绍良主编：《唐代墓志汇编》（下册），上海古籍出版社，1992年，第1356页
唐开元十七年（729）《独孤昱墓志》	安窆于万年县神和原，祔先茔也	王书钦：《从唐独孤昱墓志看北朝隋唐独孤部史事》，见《碑林集刊》（第14辑），陕西人民美术出版社，2009年，第34页
唐开元二十九年（741）《裴积墓志》	旋窆于长安万春乡神和原	周绍良主编：《唐代墓志汇编》（下册），上海古籍出版社，1992年，第1515—1516页
唐天宝二载（743）《隆阐法师碑》	遂于凤城南神和原崇灵塔也。其地前终峰之南镇，后帝城之北里	原立于神禾原香积寺，清代移藏西安碑林。吴敏霞主编：《长安碑刻》，陕西人民出版社，2014年，第108页
唐天宝十四载（755）《裴公夫人郑氏墓志》	（裴公）迁窆于神和之原	周绍良主编：《唐代墓志汇编续集》，上海古籍出版社，2001年，第660—661页
唐大历十一年（776）《李元琮墓志》	以大历丙辰岁子月辛未薨于家，享年七十。右胁而卧，同佛化灭。……丑月己酉，窆于神和原，刱荼毗之制	《西安新获墓志集萃》，文物出版社，2016年，第156页
唐贞元八年（792）《独孤君夫人李氏墓志》	以贞元八年五月三日寝疾终于上都开元观之旅舍，春秋廿有七，……以其年八月廿日归葬于万年县神和原从先茔	赵君平、赵文成编：《秦晋豫新出墓志搜佚》（第3册），国家图书馆出版社，2012年，第822页
权载之撰唐元和十年（815）《殇孙进马（权顺孙）墓志》	敛手足形于万年县神和原	《新刊权载之文集》（第2册），上海古籍出版社，宋蜀刻本唐人集丛刊，2013年，第261页

年代与名称	内容	材料出处
唐会昌三年（843）《李德余墓志》	以会昌三年十一月卅日葬于万年县神和原祔先茔也	齐运通、杨建锋编：《洛阳新获墓志（二〇一五）》，中华书局，2017年，第323页
唐会昌四年（844）《严厚本墓志》	公不幸暴疾，以会昌四年七月卅日终于升道里第，享年六十七……岁十月十八日葬公于万年县神和原，夫人薛氏合焉	《西安新获墓志集萃》，文物出版社，2016年，第210页
唐大中五年（851）《孟氏墓志》	殡于长安县神和原权也	周绍良主编：《唐代墓志汇编》（下册），上海古籍出版社，1992年，第2287页
唐大中六年（852）《韦君夫人崔氏墓志》	祔于万年县洪原乡洪济里少陵原之西、神和原之北、先舅先姑茔之东、夫家外王父外王母茔之西，卜兆之日，勒石之时，其兄乃叩问四封，哭记年月，血笔书甲子日事哀也，书庚午日事礼也	齐运通、杨建锋编：《洛阳新获墓志（二〇一五）》，中华书局，2017年，第336页
唐咸通十年（869）	卜宅于京兆长安县之尹村神和原，祔于先茔	胡戟、荣新江主编：《大唐西市博物馆藏墓志》（下册），北京大学出版社，2012年，第988页

附录二 碑志所见"神禾原"名称表览（仅据笔者所见随手采录而非谓于斯已尽）

年代与名称	内容	说明	材料出处
天授二年（691）《王九功墓志》	归葬于雍州明堂县神禾原从祔先茔		赵君平、赵文成编：《秦晋豫新出墓志搜佚》（第1册），国家图书馆出版社，2012年，第284页
天授二年（691）《王九言暨妻崔氏墓志》	以咸亨四年归葬先考及诸父昆弟凡一十一丧于明堂县之旧营。明年，有嘉禾廿六茎生于坟侧，县令元知让乃改其所居里为神禾乡。……以今天授二年十月廿四日合葬于神禾乡之旧茔	明堂县即万年县，总章元年（668）分长安地置乾封县，分万年地置明堂县。长安二年（702）废乾封县入长安县，废明堂县入万年县。可知神禾乡位于神禾原东段偏北部	《西安新获墓志集萃》，文物出版社，2016年，第96页

年代与名称	内　容	说　明	材料出处
天授三年（692）韦承庆撰《王守真墓志》	粤以天授三年岁次壬辰三月一日丁卯朔六日壬申，迁窆于雍州明堂县神禾乡兴盛里使君公之旧茔	今有兴盛村在皇甫乡北，当即彼时兴盛里所在	胡戟：《珍稀墓志百品》，陕西师范大学出版总社，2016年，第88页
天授三年（692）《润州刺史王府君夫人李正因墓志》	显庆四年三月十八日终于崇仁里之私第，春秋卅二。以天授三年岁次壬辰二月丁酉朔廿四日庚申窆于雍州明堂县神禾乡兴盛里	墓志云李正因"年十有七，适琅耶润州府君"，此王府君者，盖即王约，天授三年韦承庆撰《王守真墓志》曰"父约，唐太子洗马、尚书吏部郎中、博州刺史、赠润州刺史"，《王守真墓志》又曰迁葬于"使君公之旧茔"，可知王约所葬亦在雍州明堂县神禾乡兴盛里之地，而且王守真比其母李正因祔葬于其父旧茔的时间前后相差仅有十六天	《西安新获墓志集萃》，文物出版社，2016年，第99页
长安三年（703）《赵智偘墓志》	合葬窆于长安县神禾原		周绍良主编：《唐代墓志汇编》（上册），上海古籍出版社，1992年，第1009—1010页
景龙三年（709）《法琬法师碑》	奉敕起塔于雍州长安县之神禾原礼也。崇构岩巇，前临黄峤之曲；层基固护，却枕青城之隅	原在长安县贾里村，清代始移藏西安碑林	吴敏霞主编：《长安碑刻》（上册），陕西人民出版社，2014年，第87页
开元三年（715）《韦纪墓志》	合葬于万年县山北乡神禾原夫人之旧茔	韦纪为隋韦总曾孙、韦匡伯孙、唐韦思齐子。志文记韦纪"祖匡伯，随左千牛尚衣奉御袭封郇国公食江夏户三千"，父思齐，司稼卿，卒于大宁里。《韦匡伯墓志》已收入《隋代墓志铭汇考》。山北乡当在神禾原东段的偏南部	齐运通编：《洛阳新获七朝墓志》，中华书局，2012年，第155页

年代与名称	内　容	说　明	材料出处
开元十一年（723）《王泰墓志》	卜厝于万年县神禾原之旧茔	其父德真，高宗朝宰相。其祖武安，尝任隋礼泉县令。王泰又尝拜昭陵令，奉园寝	胡戟、荣新江主编：《大唐西市博物馆藏墓志》（中册），北京大学出版社，2012年，第414页
开元十二年（724）毕彦雄撰《大唐龙兴大德香积寺主净业法师灵塔铭》	陪窆于神禾原大善导阇梨域内崇灵塔也	原立于长安县香积寺内，1956年移藏西安碑林	周绍良主编：《唐代墓志汇编》（上册），上海古籍出版社，1992年，第1296页
开元十四年（726）《唐大荐福寺故大德思恒律师志文》	葬神禾原涂山寺东		周绍良主编：《唐代墓志汇编》（下册），上海古籍出版社，1992年，第1321—1322页
开元十五年（727）《于恭墓志》	开元十五年权祔京兆神禾原		《全唐文补遗》（第7辑），三秦出版社，2000年，第370页
开元十五年（727）《杜氏墓志》	粤以大唐开元十五年九月三日迁葬于京兆之南神禾原，陪先茔		齐运通、杨建锋编：《洛阳新获墓志（二〇一五）》，中华书局，2017年，第175页
开元十七年（729）《李无虑墓志》	归葬于万年县神禾旧京，陪先茔		周绍良主编：《唐代墓志汇编》（下册），上海古籍出版社，1992年，第1354—1355页
开元二十九年（741）《裴积墓志》	旋窆于长安万春乡神禾原	因辖于长安县，故万春乡当在神禾原西段	周绍良主编：《唐代墓志汇编》（下册），上海古籍出版社，1992年，第1515—1516页
乾元元年（758）《大唐大荐福寺主临坛大德法振律师墓志》	以乾元元年十一月十六日乘□迁神于寺之方丈室，春秋卌有六，僧腊廿有二……门人玄宗等迁神起塔于万年县神禾原		胡戟：《珍稀墓志百品》，陕西师范大学出版总社，2016年，第148页
乾元二年（759）《王践庆墓志》	以乾元二年岁次己亥十一月甲子朔七日庚午命葬于万年县神禾乡□□□先茔		赵力光主编：《西安碑林博物馆新藏墓志续编》（上册），陕西师范大学出版总社，2014年，第350页
权德舆撰大历七年（772）《裴倩神道碑》	归全于万年县神禾原之大墓		《权载之文集》卷一七，见《四部丛刊初编》，上海书店，1989年，第397页

年代与名称	内　容	说　明	材料出处
建中元年（780）《陆邑墓志》	葬于长安城南神禾原先茔之侧		《长安新出墓志》，文物出版社，2011年，第200页
建中元年（780）《元谏墓志》	以建中元年秋八月旬有一日厝于神禾原，非先茔也		胡戟：《珍稀墓志百品》，陕西师范大学出版总社，2016年，第156页
建中四年（783）《裴婴妻崔氏墓志》	建中四年四月十六日终于长兴里第，春秋卅有八。呜呼哀哉，粤若以八月既望，陪葬于万年县神禾原先茔之侧		《西安新获墓志集萃》，文物出版社，2016年，第163页
贞元六年（790）《法界寺比丘尼正性墓志》	迁神于城南神禾原□郎中之茔，从俗礼也		周绍良主编：《唐代墓志汇编》（下册），上海古籍出版社，1992年，第1858页
贞元九年（793）《卢俀第三女十七娘墓志》	葬丁万年县神禾乡毕原，附依堂伯祖之旧茔	神禾乡当在神禾原东段的偏北部，故得与毕原接壤	《长安新出墓志》，文物出版社，2011年，第208页
贞元十二年（796）《裴婴墓志》	迁祔于京兆府万年县神禾原故夫人崔氏之茔		新近出土，据笔者自藏拓本著录
贞元十四年（798）《李绪墓志》	以（贞元）十四年十二月廿一日奉公之灵桃祔于长安县神禾原大茔，报永思也		齐运通、杨建锋编：《洛阳新获墓志（二〇一五）》，中华书局，2017年，第248页
柳宗元撰贞元十六年（800）《亡姊前京兆府参军裴君夫人墓志》	安厝于长安县之神禾原，从于先茔，祔于皇姑，宜也		〔唐〕柳宗元：《柳河东集》（上册），上海古籍出版社，2008年，第210—212页
贞元十七年（801）《裴匠墓志》	归葬于京师万年县神禾乡之毕原，从先茔		贾二强：《唐裴匠墓志考》，见《唐史论丛》（第18辑），陕西师范大学出版总社，2014年，第295页
韩愈撰贞元十八年（802）《施先生墓铭》	县曰万年，原曰神禾，高四尺者，先生墓耶		《韩昌黎文集校注》卷六《碑志》，上海古籍出版社，2014年，第395页
元和元年（806）《独孤士衡夫人窦氏墓志》	葬于万年县神禾原		胡戟：《珍稀墓志百品》，陕西师范大学出版总社，2016年，第174页

年代与名称	内　容	说　明	材料出处
元和十二年（817）《独孤士衡墓志》	葬于万年县山北乡神禾原祔先茔		吴振锋编著：《字里千秋：新见碑志拓片集粹》，陕西师范大学出版社，2017年，第83页；王连龙：《新见唐〈独孤士衡墓志〉考略》，《书法丛刊》2011年第5辑
元和十□年（816—820）《萧澈亡女墓志》	安葬于京兆府万年县神禾原		赵力光主编：《西安碑林博物馆新藏墓志续编》（下册），陕西师范大学出版总社，2014年，第486页
长庆二年（822）《王师正夫人房敬墓志》	我之先茔居函镐，帝城南原曰神禾，考时不协，未得归葬		周绍良主编：《唐代墓志汇编》（下册），上海古籍出版社，1992年，2066—2067页
长庆三年（823）《武公素墓志》	从葬先尚书于万年县神禾原		赵君平、赵文成编：《秦晋豫新出墓志搜佚》（第4册），国家图书馆出版社，2012年，第913页
大和元年（827）《郑溥墓志》	归葬于长安县永寿乡姜尹村神禾原		《隋唐五代墓志汇编·陕西卷》（第4册），天津古籍出版社，1991年，第96页
大和四年（830）《严厚本妻薛夫人墓志》	葬于万年县神禾原		《西安新获墓志集萃》，文物出版社，2016年，第198页
大和九年（835）《萧遇妻卢夫人墓志》	权窆于万年县神禾原		赵力光主编：《西安碑林博物馆新藏墓志续编》（下册），陕西师范大学出版总社，2014年，第534页
大中四年（850）《裴氏小娘子墓志》	归葬于长安里御（御）宿川神禾原祔先茔之侧也	1948年冬出土于长安县神禾原贾里村	吴敏霞主编：《长安碑刻》（上册），陕西人民出版社，2014年，第191页
大中七年（853）《韦瓛墓志》	唐大中六年十一月廿二日，秘书监京兆韦公薨于位，明年将祔于先茔……即以大中七年正月十八日祔于万年县神禾乡神禾原归先茔也	韦瓛父即韦正卿，神禾原即北周龙门县公韦遵一房的家族茔域	吴振锋编著：《字里千秋：新见碑志拓片集粹》，陕西师范大学出版社，2017年，第86页

年代与名称	内　容	说　明	材料出处
大中十二年（858）《高氏墓志》	窆于京兆府万年县神禾乡神禾原任王村		齐运通、杨建锋编：《洛阳新获墓志（二〇一五）》，中华书局，2017年，第346页
王维撰《故右豹韬卫长史赐丹州刺史任君神道碑》	葬于京兆神禾原		〔唐〕王维撰，〔清〕赵殿成笺注：《王右丞集笺注》卷一三，上海古籍出版社，1961年，第421页。宋本与述古堂本均作"神和"

2018年8月修订于长安城南神禾原畔隋斋

原载《长安学研究》（第4辑），科学出版社，2019年

（王其祎，西安碑林博物馆研究员）

韦述的《两京新记》与8世纪前叶的长安

［日］妹尾达彦

序言

试图复原建于583年而毁于904年的隋大兴城、唐长安城的都市景观的种种尝试，已经有着近千年的历史了。

对其正式的文献研究与遗迹调查始于北宋，11世纪下半叶相继产生了宋敏求的《长安志》20卷、吕大防的《长安图》、张礼的《游城南记》1卷。此后，试图再现长安城的复原研究经南宋程大昌《雍录》10卷、元骆天骧《类编长安志》10卷、李好文《长安志图》3卷等的刊行，终于出现了清徐松的《唐两京城坊考》5卷。徐松的《唐两京城坊考》堪称此前研究之集大成之作，对于此后的唐两京研究产生了决定性的影响，此后的长安史研究，包括本文，都是在以增补《唐两京城坊考》的形式进行的。

进行唐长安城复原研究的有利条件，如前所述，在于自北宋以来的研究的积累，其质与量，均堪称道，研究的基础业已得到确立。加之唐代同时期留下了丰富的史料，这也为长安的具体复原研究提供了很好的条件。特别是由在开元十年（722）供职于丽正殿（后之集贤殿）的韦述（？—757）编纂的《两京新记》5卷，详尽地记载了以韦述生活的8世纪前叶为中心的两京城内的情景。作为一部都市生活实录，《两京新记》具有无可比拟的史料价值。开元十年成书后，可能直至开元末年，韦述一直不断从事《两京新记》的增补工作。①

韦述《两京新记》以前记载隋唐长安的建筑物之书，有长安弘福寺僧彦悰的

---

① 《玉海》卷一六〇"唐延英殿"条有"韦述两京记成于开元十年"。然而《两京新记》实际草稿完成于开元初期，开元十年成书后直至开元末年一直不断增补，关于这一点可参见［日］福山敏男：《校注两京新记卷第三及解说》，见《福山敏男著作集》（6）《中国建筑与金石文研究》，中央公论美术出版，1983年，第179—182页。另参见辛德勇：《隋唐两京丛考》，三秦出版社，1993年，第2、6—7页，注5；辛德勇：《〈唐两京城坊考〉评述》，1995年《历史地理》第12辑，第228页。关于《两京新记》的特点，参见黄永年：《唐史史料学》，上海书店出版社，2002年，第93—94页。

《大唐京师寺录》10卷［大约成书于贞观九年（635）前夕，龙朔元年（661）修订］，可惜于宋代散佚，故《两京新记》成为现存史料中年代最早的著作。此外，还有北宋宋敏求的《长安志》与《河南志》，两书基本上是在《两京新记》的基础上增补其后的史料而成。总之，《两京新记》作为隋唐长安城、洛阳城研究的最基本的同期史料，是唐两京研究的最为重要的出发点。

令人遗憾的是，《两京新记》原书在中国宋代以后亡佚[①]，现存本为日本前田育德会尊经阁文库所藏之所谓尊经阁藏卷子本《两京新记》残卷第三卷（卷三缺首文）抄本。[②]一般认为，尊经阁藏卷子本《两京新记》大约抄写于镰仓时代初期，江户时代林述斋所编《佚存丛书》将其收录，从而广为人知。[③]

不过尽管现存《两京新记》仅为没有了首文的第三卷残卷，但通过将残卷部分与《长安志》及其他史料互为校勘，基本可以恢复原书第二、三卷关于外郭城叙述部分的原文全貌。这样，基于《两京新记》的记述，对于主要记述8世纪前叶的长安城的复原研究来说，就有了描绘出外郭城内情况的依据。

对于《两京新记》的研究，由校订过尊经阁藏卷子本的福山敏男先生确立了基础[④]，最近又有辛德勇先生的研究将其进一步深化[⑤]。笔者近年来一直致力于韦述《两京新记》中所叙述（或者说作者想要叙述）的长安城内情况的再整理研究，研究的目的之一，是依据《两京新记》的记述将8世纪初的长安城的情况尽可能详细地进行复原。同时，在做成的复原图的基础上，将《两京新记》中所记述的韦述的空间认识与当时的国内外的政治文化形势相关联进行深入探讨，也是研究的目的之

① ［日］福山敏男：《校注两京新记卷第三及解说》，见《福山敏南著作集》（6）《中国建筑与金石文研究》，中央公论美术出版，1983年，第163页。

② 尊经阁卷子本为上下宽26.6厘米、全长9.7米的长卷，本为设立于镰仓时代（12世纪末—1333）的金泽文库（位于今天的横滨市金泽区）藏书。大约在元禄年间（1688—1704），始为加贺前田家的尊经阁文库所藏，现为负责管理加贺前田家历史文化遗产的财团法人前田育德会（位于东京目黑区驹场）收藏。1955年2月被指定为日本国宝。《两京新记》第三卷残卷的复制本，作为尊经阁丛刊之一于1934年刊行，本文即据此复制本写成。影印本见平冈武夫编：《唐代の长安と洛阳·资料》，京都大学人文科学研究所，1956年，第179—196页。

③ 《佚存丛书》在1799—1807年间共刊行6次，《两京新记》卷三残卷作为第一帙中的一种于1799年刊行。后又传到中国，为《知不足斋丛书》与《粤雅堂丛书》等所采。1924年商务印书馆的《佚存丛书》影印缩刷本亦刊行。

④ ［日］福山敏男：《校注两京新记卷第三及解说》，见《福山敏南著作集》（6）《中国建筑与金石文研究》，中央公论美术出版，1983年。

⑤ 辛德勇：《隋唐两京丛考》，三秦出版社，1993；辛德勇：《古代交通与地理文献研究》，中华书局，1996年；辛德勇：《两京新记辑校》，三秦出版社，2006年。

一。在此研究展开之际，笔者在目前奉职的中央大学的大学院演习课上，从2000年度起，开始进行《两京新记》的日语译注工作。

2001年6月，在我出席北京大学中国古代史研究中心等主办的"唐宋妇女史研究与历史学"国际研讨会之际，荣幸地获准列席该中心荣新江教授的《两京新记》读书班，从而得知了有关《两京新记》研究的最新状况。本文拟在中日两国有关《两京新记》研究的最新进展基础上，对目前依然遗留的几个问题点进行梳理，以备将来研究之需。

一、韦述的《两京新记》第三卷残本与宋敏求的《长安志》

1. 韦述的经历

关于韦述的经历，在正史列传等相关史料中记载甚多，对此福山敏男、牛致功、瞿林东先生已有论述。①在此，本文聚焦于韦述与长安城的关系考述如下：韦述为关中六姓之一的京兆韦氏一族出身，族中多出著名文人。编纂《东都记》20卷的司农韦弘机即韦述之祖父。父韦景骏，明经科出身，景龙（707—710）中就任洺州肥乡县令，后任房州刺史。韦述随父任迁居肥乡县，不久即赴京应考进士科，景龙三年（709）进士及第②，开始了他在长安的生活。

韦述于开元五年（717）在长安附近的华州任栎阳县尉，同时参加秘书省未整理图书的整理工作，详录四库之书4800余卷，于开元八年（720）撰成四库总目《群书四部录》200卷，同年春移丽正殿（丽正修书院）校勘官，其间编纂《开元谱》20卷。《两京新记》5卷完成于任职丽正殿两年后的开元十年，成书后又陆续增补。经右补阙（左补阙），开元十三年（725）四月任集贤院直学士，移起居舍人。同年十月扈从玄宗泰山封禅，经洛阳十一月到达泰山。根据此次经历撰成《东封记》。

其后，韦述任集贤院学士、知史官事，开元十八年（730）兼屯田员外郎、职方

---

① 关于韦述的事迹，参见［日］福山敏男：《校注两京新记卷第三及解说》，见《福山敏南著作集》（6）《中国建筑与金石文研究》，中央公论美术出版，1983年，164—165页；牛致功：《有功于唐代史学的韦述》，见《唐代史学与〈通鉴〉》，陕西师范大学出版社，1989年；瞿林东：《韦述史学的成就与风格》，见《唐代史学论稿》，北京师范大学出版社，1989年；等等。关于京兆韦氏，参见黄利平《长安韦氏宗族论述》，见《陕西历史博物馆馆刊》（第1辑），三秦出版社，1994年。《旧唐书》卷一〇二《韦述传》曰："自唐已来，氏族之盛，无逾于韦氏。"

② 关于韦述景龙三年进士科及第一事，有陈尚君：《〈登科记考〉正补》，见《陈尚君自选集》，广西师范大学出版社，2000年，第219—220页；孟二冬：《登科记考补正》（上），燕山出版社，2003年，第176页。

郎中、吏部郎中，开元二十七年（739）转国子司业，旋兼任史官，为集贤院学士。天宝初经左右庶子任银青光禄大夫，天宝九载（750）兼礼仪使，同年转尚书工部侍郎，封方城县侯。天宝十五载（756）二月撰《集贤注记》3卷，在编纂《唐六典》中也发挥了重要核心作用，完成《国史》112卷和《史例》1卷。

天宝十四载（755）十一月安禄山叛乱，翌年安禄山兵入长安，韦述仅携带《国史》112卷隐遁南山。但因不久被安禄山逮捕，在安禄山政权下于东都任伪职，乱后于至德二年（757）被流放山南西道的渝州，卒于其地。韦述所著之书，除以上列举外，还有《唐春秋》30卷、《唐职仪》30卷、《高宗实录》30卷、《御史台记》10卷、《集贤书目》1卷、《国朝宰相甲族》1卷、《百家类例》3卷，并参加了《初学记》［开元十三年（754）］的编集。

从以上经历可以看出，韦述"在书府四十年、居史职二十年"①，除了在任官初期离开长安城任附近畿县的县尉外，中宗、睿宗、玄宗时期约40年之久一直居住在长安城内，作为丽正殿、集贤殿的学士活跃在当时学术活动的中心。②可以说，详细叙述了8世纪前叶两京城内情况的《两京新记》，正是由于作者有着如此的经历和居住环境才得以诞生的。③

《两京新记》卷三残卷中，对长安城街西各坊的寺院、道观、官厅、官人邸宅的位置及沿革有着很具体和详细的描写。之所以能够完成这样的记载，与作者多年来任职于可以阅览宫内丰富藏书的丽正殿和集贤殿并史馆，自身于长安城内颇多见闻等因素有着不可或缺的联系。说其详细，是因为它不仅仅停留在对建筑物本身的记述，而且对于周围建筑物的邻接状况以及所有者的变迁等也都有说明，对于盛唐长安城内的建筑配置复原研究来说，实在具有独一无二的原始史料价值。

如上所述，韦述的高祖韦弘机以贞观年间写下关于洛阳的《东都记》30卷而闻名，上元年间（674—676）任司农卿，负责洛阳上阳宫的营造及在洛水上架设中桥的移建工程。其在长安的居住地属于普宁坊（A2）北门西的区划（《长安志》卷一〇普宁坊），在洛阳的积善坊（D8）也拥有邸宅（《河南志》）。或许可以说，韦弘机对两京的关注由四代孙韦述所继承，从而产生了《两京新记》这一著作。

---

① 《旧唐书》卷一〇二《韦述传》，中华书局，1975年，第3184页。

② 有关韦述开元年间在集贤院的作用，参见［日］池田温：《盛唐之集贤院》，见《唐研究论文选集》，中国社会科学出版社，1999年。

③ 关于韦述的著述意义，参见Denis Twithcett, *The Writing of Official History Under the T'ang*, Cambridge：Cambridge University Press，1992，pp. 175-178.

2. 韦述《两京新记》的历史意义

早于《两京新记》的都市志，有北魏杨衒之《洛阳伽蓝记》5卷及梁刘璆《京师寺塔记》20卷，隋宇文恺《东都图记》20卷、诸葛颖《洛阳古今记》1卷（隋炀帝朝撰）、唐彦悰《大唐京师寺录》10卷（龙朔元年修订）、杜宝《大业杂记》10卷［贞观年间（627—649）撰］、邓世隆《东都记》30卷（贞观年间撰）、韦弘机《东都记》20卷（贞观年间或贞观以后撰）等。韦弘机为韦述的曾祖父。《两京新记》后又有段成式《寺塔记》［会昌三年（843）撰］与张彦远《历代名画记》［大中三年（849）撰］，对唐代两京的寺观壁画作了概括性描述。①

与这些都市志相比，《两京新记》的特色在于，它一方面继承了前人都市志的记述方法，同时不仅记述寺院，对于都城的宫殿及官厅街、王府、官员邸宅、佛寺以外的道观及袄祠等宗教设施的由来与历史，都做了系统而整然的记述。《两京新记》作为记述都城全体的都市社会志，开创了前所未有的叙述方法。因此它也给后代的都城都市志以极大影响，而对《两京新记》不断增补的历史本身也就成了唐两京研究史的一部分。

《两京新记》的另外一个特色就是它是历史同时代的史料。在这一点上，《两京新记》不同于对消失了的昔日王都充满怀古之情的北魏杨衒之的《洛阳伽蓝记》、南宋孟元老的《东京梦华录》以及对《两京新记》进行增补的北宋宋敏求的《长安志》。根据《两京新记》的记述，韦述从事编纂工作时的玄宗开元年间长安城内的建筑物，可以生动地浮现在读者的眼前。

在《两京新记》卷三残卷中"今云云"这样的词语频出，可以想见韦述是在基于自己的见闻进行着《两京新记》的叙述。按其记述的顺序，依次为：①太平坊（D5）东南隅舒王元名宅之注释"今为户部尚书尹思贞居之"；②通义坊（D6）西南隅兴圣尼寺之注释"高祖寝堂。今见在"；③兴化坊（D7）西门之北之语后"今邠王守礼宅"；④颁政坊（C3）南门之东龙兴寺之注释"西北隅本隋之惠云寺。旧有佛殿，今见在"；⑤延福坊（C9）东南隅郯王府之注释"旧新都寺。寺废，今为郯王府"；⑥归义坊（B12）全一坊隋蜀王秀宅之注释"今周垣旧迹见在。秀死后没官，今为家令寺园"；⑦修真坊（A1）之注释"今坊之南门门扉即周之太庙门板也"；⑧同一修真坊（A1）坊内有汉灵台之注释"今余趾高五尺，周回一百廿

① ［日］福山敏男：《校注两京新记卷第三及解说》，见《福山敏男著作集》（6）《中国建筑与金石文研究》，中央公论美术出版，1983年，第163—164页；辛德勇：《隋唐两京丛考》，三秦出版社，1993年，"绪说"第1—8页。

步"；⑨居德坊（A4）之注释"像，今见在先天寺"；⑩群贤坊（A5）东南隅中宗昭容上官氏宅之注释"今为南阳县主所居之"；等等。这些"今"字在《长安志》中就理所当然地消失了。

以上所提及之建筑物，大概是韦述编纂《两京新记》时存在于开元年间的官员邸宅、王府、寺院和官有地。其中推定"今"的具体时期的依据为：①户部尚书尹思贞宅、③邠王守礼宅、④龙兴寺、⑤郯王府、⑨先天寺等语句[①]。首先，①尹思贞（？—716）任户部尚书的时期为开元二年（714）至开元三年（715）[②]。③高宗第六子章怀太子之子李守礼封邠王在唐隆元年（710），卅元二十九年（741）薨[③]。④颁政坊（C3）南门之东的龙兴寺的名称定于神龙元年（705）[④]。⑤玄宗长子李琮封郯王（？—752）在先天元年（712）至开元十三年[⑤]。⑨居德坊（A4）注"像，今见在先天寺"中提及的先天寺于先天元年由宝国寺改称先天寺[⑥]。如前所述，《两京新记》完稿于开元十年。

从以上事实看来，"今"字的用法并非指某一特定的时期，而是韦述在开元年间创作原稿时按照当时行文的时间记述的。正如福山敏男所论述的，可以认为《两京新记》的草稿完成于开元二年至三年左右，开元十年完稿成书，其后一直到开元末年陆续修订。[⑦]

3. 尊经阁卷子本《两京新记》卷三残卷的版本特征

韦述的《两京新记》5卷原本业已散佚，现在我们若想了解《两京新记》5卷本的内容，只有三个途径：①通过分析大致推定抄写于镰仓时代初期的尊经阁卷子本

---

① 前⑩中"今为南阳县主所居之"的南阳县主不明。南阳县主在《长安志》卷一。延福坊处作"南阳郡王"，如果确为南阳郡王，则很可能是神龙元年五月为南阳郡王的袁恕己（《新唐书》卷六一《表第一·宰相上》，中华书局，1975年，第1671页）。

② 严耕望：《唐仆尚丞郎表》，《"中央研究院"历史语言研究所专刊》（36），1956年，第638页。

③ 《旧唐书》卷八六《高宗中宗诸子·章怀太子贤附传》，中华书局，1975年，第2833—2834页；《新唐书》卷三一《三宗诸子·章怀太子贤附传》，中华书局，1975年，第3591—3592页。

④ 《长安志》卷一〇"颁政坊"。

⑤ 《旧唐书》卷一〇七《玄宗诸子·李琮》，中华书局，1975年，第3258页；《新唐书》卷八二《十一宗诸子·奉天皇帝琮》，中华书局，1975年，第3606页。

⑥ 《两京新记》卷三"居德坊"；《长安志》卷一〇"居德坊"。尊经阁本《两京新记》先天寺作"光天寺"。

⑦ ［日］福山敏男：《校注两京新记卷第三及解说》，见《福山敏男著作集》（6）《中国建筑与金石文研究》，中央公论美术出版，1983年，第180—182页。

卷三残卷；②见于各书引用《两京新记》佚文之辑佚；③根据《两京新记》编纂而成的北宋宋敏求《长安志》及吕大防《长安图》等复原《两京新记》的方法。

其中，①对于尊经阁卷子本《两京新记》的研究有福山敏男①的详细校勘和注释，以及平冈武夫②的校勘，已经奠定了研究的基础。关于②，有曹元忠③、周叔迦④、岑仲勉⑤、平冈武夫⑥、辛德勇⑦、陈尚君⑧等人的研究，佚文的搜集工作正在逐渐完备⑨。关于③，现在刚刚开始进行系统的分析，有待于今后的研究进展。本文就属于这第③类研究，具体地讲，即通过北宋宋敏求《长安志》根据《两京新记》的记述，试着描绘出《两京新记》所记录的8世纪前叶长安城的复原图。我今天的研究之所以得以进行，多亏了尊经阁藏卷子本《两京新记》卷三残卷的存在。

尊经阁藏卷子本《两京新记》卷三残卷本为原本的抄本、节略本，韦述《两京新记》原本中存在的各坊坊名旧称以及废止了的宗教建筑、汉代遗迹、官员邸宅、朝廷建筑物的沿革，还有很多注文也都被省略⑩。现存的尊经阁藏卷子本《两京新记》，抄写者出于自己的兴趣，将焦点集中在与寺院有关的记述部分，而将与寺院无关的建筑物的记述大都有意舍弃。因此，要想再恢复韦述《两京新记》的原文，就必须参照其他史料予以补足。毋庸赘言，宋敏求的《长安志》就是其中最为重要的一部史料。我的结论是：《长安志》的记述中所明示的外郭城坊内的环境布局

---

① ［日］福山敏男：《校注两京新记卷第三及解说》，见《福山敏男著作集》（6）《中国建筑与金石文研究》，中央公论美术出版，1983年，第105—184页。

② ［日］平冈武夫：《唐代の長安と洛陽・资料》，京都大学人文科学研究所，1956年，第15—34页；［日］平冈武夫：《唐代の長安と洛陽・索引》，京都大学人文科学研究所，1956年，第189—195页。

③ 曹元忠《两京新记》（集本）光绪二十一年序文。平冈武夫《唐代の長安と洛陽・资料》第199—210页收录该书的南菁札记本。

④ 周叔迦：《订正两京新记》，见《服部先生古稀祝贺记念论文集》，富山房，1934年，第503—521页。

⑤ 岑仲勉：《两京新记卷三残卷复原》，《中央研究院历史语言研究所集刊》1947年第9本第1册，第545—580页。

⑥ ［日］平冈武夫：《两京新记续拾》，见《唐代の長安と洛陽・资料》，京都大学人文科学研究所，1956年，第211—214页。

⑦ 辛德勇：《两京新记辑校》，三秦出版社，2006年。

⑧ 陈尚君：《晏殊〈类要〉研究》，见《陈尚君自选集》，广西师范大学出版社，2000年，第309页。

⑨ 在北京大学荣新江教授的《两京新记》读书班上，对于原来不为人知的晏殊《类要》所收《两京新记》的佚文进行了系统的整理，其成果我想亦将在近年公开发表。

⑩ ［日］福山敏男：《校注两京新记卷第三及解说》，见《福山敏男著作集》（6）《中国建筑与金石文研究》，中央公论美术出版，1983年，第176—179页。

（"北门之北""东南隅""十字街东之北"等）的建筑物都是本于韦述的《两京新记》原本——这样认为恐无大过。①

尊经阁藏卷子本《两京新记》卷三残卷对于坊内建筑物的布局区划，几乎都有着清晰记述。对这些标明了布局位置的地方与《长安志》进行比较，就会发现《两京新记》所有有地名表记的建筑物共85例，除1例外，其他全部与《长安志》吻合②，则《长安志》地名表记的记载依据《两京新记》这一点，不言自明。这85处有明确环境布局记载的建筑物，如果细分的话，其中：①寺院54处、②道观9处、③祆祠、波斯胡寺5处、④官员邸宅5处、⑤官厅3处、⑥王府1处、⑦庙2处、⑦汉遗址4处、⑧商人1处。（参照表1）

此外，在《长安志》中有明确位置布局记载而在《两京新记》卷三残卷中没有对应记载的建筑物共有34例，其具体内容分为：①官员邸宅22例（其中1例为官员私园）、②废寺5例、③寺院2例、④废弃公共建筑2例（废明堂县廨、汉明堂）、⑤公共建筑1例（折冲府）、⑥水渠2例（永安渠、清明渠）。从中我们可以看到，尊经阁藏卷子本的抄写者主要抄写寺院和宗教建筑的部分，而对官员邸宅及废寺等的记述有意没有抄录。

根据尊经阁卷子本《两京新记》卷三残卷与《长安志》卷九至卷十街西的场所相吻合的上述结果来类推，《长安志》卷七至卷九街东部分表明布局位置的建筑物也当依据《两京新记》原本而来，宋敏求在编纂《长安志》时将韦述《两京新记》的有关记载原封不动地照录了过来。这一点通过《长安志》的建筑物的配置与北宋吕大防《长安城图》残图的配置大致相同来看，也可以确定（参照附表）。因为当初北宋吕大防制作《长安城图》时主要依据的就是当时存在的旧长安城图（内容不

---

① 对此，妹尾达彦《唐开元长安城图作制试论》（《历史人类》1998年第26号，第74—87页）一文有过简单论述，本文即在其基础上，依据《长安志》卷七—九街东部分的记述努力复原《两京新记》的原文。

② 《两京新记》卷三"怀德坊"（A6）注中只有"南门之东，旧有富商邹凤炽宅"的记载，《长安志》没有。这大概是《长安志》注重史实，对《两京新记》卷三中所载众多小说、传奇、逸话之类的内容遵循了尽力排除的方针的缘故吧。另外，尽管地名表记大致共通，但是《两京新记》与《长安志》不同地名表记的例子有以下三例：①醴泉坊（B4）之祆祠（《两京新记》作"西北隅"，《长安志》作"西门之南"）；②淳和坊（淳贤坊，A10）之隐太子庙（《两京新记》作"东南隅"，《长安志》作"东北隅"）；③常安坊（A11）之章怀太子庙（《两京新记》作"东南隅"，《长安志》作"东北隅"）。

详）和韦述的《两京新记》^①。

《两京新记》卷三残卷和《长安志》中所记述的有位置布局的建筑物，大部分为隋至唐开元年间的建筑物（一部分有天宝年间的记载。这个部分可能是宋敏求编纂《长安志》之际改字的地方）。总之，韦述在写作《两京新记》之际，参考了彦悰《大唐京师寺录》等当时宫中存在的史料和记录，加以自己的实地见闻，记述了自己生活的开元年间长安城建筑物的沿革。

如果上述思考成立的话，那么通过宋敏求《长安志》中有地名表记的建筑物的记载，就可以复原《两京新记》中记述西京外郭城整体的文章。其结果：①使详细复原韦述生活的以开元年间为中心的盛唐时期的长安城内的建筑配置成为可能；②可以通过考察韦述记述的官员情况了解韦述的交友范围和价值观等；③可以推定宋敏求的《长安志》中哪些记述是后来宋代新增添进去的内容、哪些是宋敏求《长安志》中所独有的部分。

二、8世纪前叶长安城的复原

1. 唐两京的文献学研究和传统的长安复原图

如前所述，韦述的《两京新记》是韦述基于所生活的8世纪前叶开元年间的长安城的情景写作而成，作为唐长安城复原的基本史料的宋敏求的《长安志》和吕大防的"长安图"也都是依凭《两京新记》而作。因此通观自583年至904年的隋唐长安城的历史，只有8世纪前叶的开元年间才是可以最准确、具体地复原长安城景观的时期。实际上大多的传统唐长安城图都是在对开元年间的长安城进行复原的尝试。

复原长安城图的前提，有赖于韦述的《两京新记》5卷以及北宋宋敏求《长安志》20卷、清徐松《唐两京城坊考》5卷等对唐长安城复原的文献学研究的积累。随着近年来新出土墓志等最新史料的大量公布，对徐松的《唐两京城坊考》这一集大成之作进行进一步的大幅增订的条件业已具备。这项增订徐松的《唐两京城坊考》的研究工作，已有贺梓城、中岛比、陈久恒、赵超、张忱石、高敏、张剑、杨希

---

① 关于吕大防的长安城图，参见〔日〕福山敏男：《唐长安城的东南部：吕大防长安图碑的复原》，见《福山敏男著作集》（6）《中国建筑与金石文的研究》，中央公论美术出版，1983年；〔日〕平冈武夫：《唐代の長安と洛陽·地圖》，京都大学人文科学研究所，1956年，第47—58页，第13图《長安の坊里图》（4）。又，关于北京大学所藏吕大防《长安城图》拓本，参见宿白《现在城市中古代城址的初步考查》，《文物》2001年第1期，注〔9〕。

义、陈忠凯、程存洁、熊存瑞（Victor Cunrui Xiong）、蒂洛（Thomas Thilo）等人在进行①。前面提及的辛德勇先生的研究以及阎文儒、阎万钧《两京城坊考补》（河南人民出版社，1992年）、李健超《增订唐两京城坊考》（三秦出版社，1996年）、杨鸿年《隋唐两京坊里谱》（上海古籍出版社，1999年）都是文献学研究的代表性成果。在此基础上，描绘出更加准确的唐长安城的复原图，将是今后研究的课题。

试将以开元、天宝年间的所谓盛唐时期为核心的长安城复原研究的历程整理如下②：

（1）北宋吕大防《长安城图〈唐长安城京城图〉》残图（平冈武夫编：《唐代の長安と洛陽·地圖》，京都大学人文科学研究所，1956年，图版2《长安城图（二）（吕大防）》中收录复原图）。

（2）清王森文《汉唐都城图》［中国科学院考古研究所编《唐长安大明宫》（中国田野考古报告集考古学专刊丁种第十一号，科学出版社，1959年，第59—62页附图I-Ⅳ）］。

（3）福山敏男《长安城坊推定图（开元三至十年）》（福田敏男：《校注两京新记卷第三及解说》，见《福山敏男著作集》（6）《中国建築と金石文の研究》，中央公论美术出版，1983年［初出1953年］，第112—113页。但不包括官员住宅）。

（4）平冈武夫《长安的坊里图》（平冈武夫编：《唐代の長安と洛陽·地圖》，京都大学人文科学研究所，1956年。所收第13图《长安的坊里图（4）》将嘉庆二十四年［1819］刊《咸宁县志》卷三历代疆域水道城郭宫室名胜图中《唐皇城南朱雀街东诸坊图》《唐皇城东诸坊图》《唐皇城东南诸坊图》重新绘成一图）。

（5）宿白《隋大兴、唐长安城布局的复原》（宿白：《隋唐长安城和洛阳城》，《考古》1978年第6期，第412页。对隋唐的官厅、宫、苑、王府、宗室庙、寺观、胡寺等都以符号图示）。

（6）郭声波《唐代长安城名人住宅分布图》（邹宗绪主编：《千年古都西安》，商务印书馆香港分馆、陕西人民美术出版社，1987年。以天宝十四载［755］的建筑构造为基础对官员邸宅的时期性变迁予以图示）。

---

① 关于徐松《唐两京城坊考》的增订研究的源流，参见［日］妹尾达彦：《唐长安城的官人居住地》，《东洋史研究》1996年第55卷第2号，第35—74页；［日］妹尾达彦：《唐代洛阳城的官人居住地》，《东京大学东洋文化研究所纪要》，1997年第133册，第67—111页；［日］妹尾达彦：《长安的都市计划》，讲谈社，2001年，第238—243页，"为了解长安的读书指南"中对研究史的整理。

② 欲了解更加详细的情况，参见［日］妹尾达彦《唐开元末长安城图复原试论》，《历史人类》，1998年第26期，第43—91页。

（7）李健超《唐长安城图》（开元二十九年，《西北大学学报》1993年第2期）。

（8）史念海主编《西安历史地图集》（西安地图出版社，1995年）所载的《唐长安城图（唐初—唐玄宗天宝十四年）》《唐长安城图（唐肃宗至德元年—唐末）》《唐长安城住宅图》《唐长安城商业及娱乐场所图》《唐长安城园林池沼井泉分布图》《唐长安城寺观图》。其他关于长安的宗教建筑方面，有塚本善隆《唐长安寺观一览图》［塚本善隆：《著作集》（4），东京大东出版社，1976年］和小野胜年《隋唐长安寺院配置图》（小野胜年：《中国隋唐长安寺院史料集成·史料篇》，京都法藏馆，1989年）2种。后者图示了整个隋唐时期的寺院分布。此外，还有夏承焘《唐代诗人长安事迹图初稿》［夏承焘：《夏承焘集》（第2册），浙江古籍出版社、浙江教育出版社，1997年。原载1959年］，对唐代诗人的邸宅和诗人的活动与相关建筑物作了图示。

本研究是在总结以上前人诸研究成果的基础上，试图更加具体、准确地复原8世纪前叶长安城图的作业的一部分。作为本论文的第一步，根据基于韦述的《两京新记》原本而成书的、记载了坊内布局区划的《长安志》的文章，将可以查明的坊内的区划表示（东南隅、西门之北、十字街东之北等）的建筑物的布局予以图示。之所以要将韦述《两京新记》中记载的地名进行图式化，是因为这样做就可以将完成的8世纪前叶的长安城复原图作为长安史研究的基点，对300多年唐代长安的社会变迁今后就能够更加有实感地把握。另外，将原来分散的有关长安的信息图式化，还可以建立起一个空间的体系。

2. 坊内的区划表示的确定

复原韦述《两京新记》中记载的长安城的前提，必须首先确定坊内的布局区划。外郭城的坊的形态存在有两种：（a）皇城东与皇城西的诸坊、（b）皇城南的诸坊，又分为（a）-16区划、（b）-12区划的区划表示。其中，（a）皇城东与皇城西的诸坊指的是：外郭城的皇城西第一街、第二街、第三街（图2C列、B列、A列）以及皇城东第一街、第二街、第三街（图2H列、I列、J列）。这个诸坊的区划表示，根据宿白先生的文献学研究和考古学发掘这两方面，都已经判明为16区划（见图1长安城内的区划表示）①。剩下的问题是（b）皇城南的诸坊的坊内区划表示。

从《两京新记》卷三残卷和《长安志》卷七、卷九中的皇城南诸坊，即朱雀街

---

① 宿白：《隋唐长安城和洛阳城》，《考古》1978年第6期，第409—410页，图1《〈两京新记〉〈长安志〉记录坊内方位的图解》；马得志：《唐代长安与洛阳》，《考古》1982年第6期，第42页。

东第一街（G列）、第二街（F列），朱雀街西第一街（E街）、第二街（D列）的记载来看，有东南隅、西南隅（西南）、东北隅、西北隅、东门之南、东门之北、西门之北、半以南、半以西、尽一坊、横街之南、横街之北、南街之北的称法（见图1及表1）。其中除了横街之南、横街之北、南街之北，其他的区划名都与（a）皇城东与皇城西的诸坊的名称共通。由此就产生了确定横街之南、横街之北、南街之北的位置的必要。

皇城南的诸坊（东西4列、南北9列，计36坊）"在宫城直南，（隋文帝）不欲开北街，泄气以冲城阙"（《长安志》卷七），没有十字街，只有连接东西两门的横街。各坊的面积为南北500—590米、东西558—700米，在外郭城内的坊中面积最小。皇城东的诸坊的面积为东西1022—1125米，南北500—838米，皇城西的诸坊的面积为东西1020—1115米（南北与皇城东的诸坊相同）[1]。

横街之南、横街之北的横街，当然就指的是连接坊内东西两门的东西向的街道。那么，南街之北的南街指的是哪里呢？围绕坊壁（坊墙）的东西南北的街道分别称作东街、西街、南街、北街，这一点已经得到各种史料的证明。[2]上述的"在宫城直南，（隋文帝）不欲开北街"（《长安志》卷七）的"北街"，指的就是皇城南各坊北壁的北侧的街道。

如此看来，似乎认为皇城南的诸坊分为：东南隅、西南隅、东北隅、西北隅、东门之南、东门之北、西门之北、西门之南、横街之南、横街之北、北街之南、南街之北（下划线的区划名称为根据上述史料补充）这12个区划比较妥当。将这12个区划参考16区划的诸坊图示描绘出来，就形成了图1那样的图示。总而言之，外郭城的诸坊基于街（坊内的十字街、横街和坊外的南街、北街）、门（东门之北、东门之南、南门之东、南门之西、西门之南、西门之北、北门之东、北门之西）、隅（东南隅、西南隅、东北隅、西北隅）这三个指标，形成了坊内的区划分割。

随着大明宫的重修（662年），为了连通大明宫南门的丹凤门至南边的丹凤门街，将大明宫前的翊善坊（H1）和永昌坊（H2）分割为东西两部分。其结果，在翊善坊（H1）西侧形成光宅坊，永昌坊（H2）的东侧出现了来庭坊。关于这四坊的区划表示，《长安志》卷八光宅坊有"横街之北光宅寺"的记载。关于南北对称的光

---

[1] 中国科学院考古研究所西安唐城发掘队：《唐代长安城考古纪略》，《考古》1963年第11期，第603—605页。

[2] "南街"一词的用例，见《两京新记》卷三残卷。其中，"安乐坊"有"坊南街抵京城之南面"，"居德坊"有"南街西出通金光门"，"丰邑坊"有"南街西through延平门"，都指的是坊南侧的街道。关于东街、西街、南街、北街的位置的研究，详见杨鸿年：《隋唐两京考》，武汉大学出版社，2000年，第229—238页。

宅坊与永昌坊这二坊，可以认为与皇城南的诸坊相同，亦为12区划的表示。

3. 韦述《两京新记》记述的建筑物的布局特征

基于以上的考察，将韦述的《两京新记》与宋敏求的《长安志》所载的建筑物的布局图式化的结果，是为图2及表1。通过图2及表1，可以察知8世纪前叶的长安外郭城的情景。关于朱雀街西各种建筑物的布局倾向，前文已经将尊经阁卷子本《两京新记》卷三残卷中表明布局区划处与《长安志》的相应处进行了对比探讨。朱雀街东的布局区划，亦可如此图基于《长安志》的记述进行复原。由此，我们就能够整体把握《两京新记》所记载的外郭城建筑物的布局倾向。

可以判明布局区划的外郭城建筑物总数为291个，其中又细分为：寺院数101处（包括废寺8处）、道观20处、祆祠4处、波斯胡寺2处、官员邸宅（包括王宅、公主宅、县主宅）119处、公共建筑19处、汉代遗址5处、庙7处（包括废庙）、渠3处。宗教建筑物数为127处，占建筑物总数的一半左右，其次为官员邸宅。这是由于韦述是以官员邸宅和宗教寺院为轴心来对长安城内进行描写的。

从宗教建筑和官员邸宅的分布来看，城内并非到处都住满了居民，自延平门至延兴门连接东西的街道以北大约占到了九成。其中，70%的寺院位于街西，官员邸宅的约80%位于街东。寺院大都位于街西，可以考虑是由于寺院的大半都建立于隋唐初期，隋大兴城建城之时，街西地区深蒙都市水利之惠，又便于与西域各城市直接往来，城内居民大都愿意住在街西。①而另一方面，官员邸宅集中于街东的理由是，以大明宫的重修（662）和兴庆宫的建筑（714）为契机，从街东的东市周围到大明宫以南的诸坊对官员来说，成为上朝和生活都很方便的区域。②总而言之，韦述的《两京新记》将长安城的都市社会构造开始出现巨大变革的开元年间的街市情景，通过当时生活在那里的人的眼睛，非常具体、富于视觉效果地描写了出来。

另外，城内的4个祆教建筑（祆祠）中的3个和2个波斯胡寺〔义宁坊（A3）十字街东北和醴泉坊（B4）十字街东南（707—710年成为官员邸宅）〕都集中分布在西市北的诸坊。从此也可以看出，正如学者们指出的那样，这一地区是来自伊朗高原

---

① 〔日〕布目潮渢、妹尾达彦：《唐代长安的都市形态》，见布目潮渢编：《唐宋时代的行政、经济地图的作制研究成果报告书》，大阪大学教养部，1981年，第65—67页。
② 〔日〕妹尾达彦：《唐长安城的官人居住地》，《东洋史研究》，1996年第55卷第2号，第48—49页。

的外来人口聚居的区域。①

试将坊内的区划表示整理如下：基于街（坊内的十字街、横街和坊外的南街、北街）的表示45处，门（东门之北、东门之南、南门之东、南门之西、西门之南、西门之北、北门之东、北门之西）61处，隅（东南隅、西南隅、东北隅、西北隅）117处。其中，127处宗教建筑（佛教寺院、道观、祆祠、波斯胡寺）的布局表示为街28处、门21处、隅60处。官员邸宅为街15处、门38处、隅39处。宗教建筑与官员邸宅的大约一半位于坊内"隅"的区划内，大概是由于坊内的四隅在面积上比较充裕，容易拥有较大面积的土地，另外可能有宗教建筑及官员邸宅的大多数都被允许独自于坊墙造门出入的缘故吧。②

图3是根据《两京新记》《长安志》《唐两京城坊考》，加上新出土的墓志所记载的居住坊的材料归纳完成的③。从图3来看，8世纪前叶官员居住于街东的倾向更加明显。形成于开元年间的官员大都居住于街东的倾向，在安史之乱后进一步加强，街东成了官员的居住街区。④8世纪以后，官员的居住街区不是在佛教寺院居多的街西而是在街东，可以认为与以外来宗教佛教盛行为象征的唐初的国际主义逐渐转向传统的、国粹的方向这一8世纪的政治动向有着密切的联系。

三、韦述《两京新记》中的传说与8世纪前叶的长安

1. 韦述《两京新记》中的传说

韦述《两京新记》的特色之一就是，《两京新记》对所言及的建筑物，不仅就其布局和沿革进行记述，而且还丰富地引用了有关那些建筑物的传说和传闻。这些传说和传闻都是在当时的长安城内广为流传的，是我们了解韦述生活时代的长安城情况的好材料。不过这些《两京新记》中的传说、传闻，在宋敏求编纂《长安志》

① 关于长安城内的祆祠与波斯胡寺，参见林悟殊：《唐代长安火祆大秦寺考辨》，见《波斯拜火教与古代中国》，新文丰出版公司，1995年；林悟殊：《唐代首府景寺考略》，见《唐代景教再研究》，中国社会科学出版社，2003年。西市周边诸坊粟特人聚居的情况，参见荣新江：《北朝隋唐粟特人之迁徙及其聚落》，见《中古中国与外来文明》，生活·读书·新知三联书店，2001年，第76—85页。

② ［日］宫崎市定：《汉代的里制与唐代的坊制》，见《宫崎市定全集》（7）《六朝》，岩波书店，1992年，106—107页。

③ 图3为妹尾达彦基于《唐长安城的官人居住地》所载的图4，根据近年公布的墓志资料增补而成。本图的史出处将作为《唐两京官人居住表》公开刊行。

④ ［日］妹尾达彦：《唐长安城的官人居住地》，《东洋史研究》，1996年第55卷第2号，第45—46页的图5、图6。

时，被不喜欢奇异怪谈的宋敏求本着合理主义的价值观，几乎删削殆尽。①从被《长安志》删除了的《两京新记》所载的传说、传闻的内容上看，都是有关佛教寺院和官员住宅、官厅、宫殿等建筑物及物品、各种各样职业的人物和鬼的故事传说。可以认为，《两京新记》一书对于无论公私、圣俗的建筑物，在对其大量的记述中注记了有关的传说、传闻。

被《长安志》删除了的《两京新记》所载的有关佛教寺院的传说故事有：布政坊（C4）秦庄襄王的鬼魂访法海寺的故事（《两京新记》卷三残卷）、同坊的明觉尼寺的寺钟自鸣的传闻（同上）、延寿坊（C5）懿德寺禅院内所置大石臼的由来（同上）、延康坊（C7）西明寺杨素宅的美貌女子的故事（同上）、永平坊（B10）宣化尼寺拥有灵力的金刚的故事、义宁坊（A3）化度寺僧盗取寺藏黄金的故事（同上）、同坊的化度废寺中的被称作蚁宫的石头的传闻（同上）、居德坊（A4）凝观寺突然暴卒而又复生的和尚的传说（同上）等等。

被《长安志》删除了的《两京新记》所载的有关官厅邸宅的传说故事有：延寿坊（C5）潜入东南隅的裴行俭宅庭院中大柳树下给裴宅带来凶运的猪被移动到北邻的宅院的故事（《太平御览》卷一八〇所引《两京新记》佚文）、待贤坊（A9）的住在隋北领军大将军史万岁宅的鬼的故事（《太平广记》卷三二七所引《两京新记》佚文）、延康坊（C7）的杨素宅的美妾的故事（《太平御览》卷七三五所引《两京新记》佚文）等等。

被《长安志》删除了的《两京新记》所载的有关官厅的传说故事有：位于皇城的尚书省左司郎厅事北侧的古冢的传说（《太平御览》卷七三五所引《两京新记》佚文）、尚书都省的都堂门外的大槐树像唱歌似的发声的传闻（《说郛》卷四所引《两京新记》佚文）、老吏们凭借进宫参见时跑过石桥的马的速度来占卜京兆尹的能力的故事（同上）等等。关于宫殿的有大明宫宣政殿落成之际出现鬼（汉的楚王戊太子）的故事（《太平御览》卷七三五所引《两京新记》佚文）。随着《两京新记》佚文的整理工作的不断进展，今后会有更多的故事被发现列举出来。

根据韦述《两京新记》的记述，我们可以知道自6世纪末的大兴城建成以来，经过了100年以上的时间后，8世纪前叶的长安城内的大多数建筑物都产生了各自固有

---

① 参见［日］福山敏男：《校注两京新记卷第三及解说》第177—179页所举诸例。第167页："宋敏求的《长安志》20卷中，卷六至卷一〇的唐宫室、皇城、京城诸坊的部分皆为踏袭《新记》（指《两京新记》）之体裁，削除《新记》好引之长篇故事，加之以《新记》以后的史实，并补充以其他资料。"［参见《福山敏男著作集》（6）《中国建筑与金石文研究》，中央公论美术出版，1983年。括号内为笔者补］

的传说故事，并在人群中流传。这些传说故事，以我们今天的价值观看来属于迷信之类，但在当时，韦述和其他长安城内居住的很多民众都是对其深信不疑的吧。一般而言，前近代社会不像近代社会那样否定超自然界的存在代之以人类对自然界的支配意识，在前近代社会里，动植物的自然界、神神鬼鬼的超自然界以及人间界是浑然未分的，人类力量所及的范围是极其有限的。人间中心的理念不断增强，最终将人间界与自然界和超自然界分离、独立，是近代以后的事了。

在这种意义上可以说，对于《两京新记》所记载的传说故事进行删除的宋敏求的编集态度，是基于宋代以后才开始产生的近代思想。由于存在于韦述的《两京新记》中的这些传说故事被宋敏求的《长安志》予以删除，所以基于《长安志》编纂而成的元李好文《长安志图》以及元骆天骧《类编长安志》、清徐松《唐两京城坊考》等，几乎都未将其收录。①

《两京新记》中有关寺院的逸闻传说大都是在道宣《续高僧传》30卷（645年完成）、彦悰《大唐京师寺录》（661年修订）、道世《法苑珠林》100卷（668年完成）等当时业已存在的图书基础上修订、记录而成，但也有韦述进行独自的实地调查，在自身见闻基础上记述的部分。如通义坊（D6）兴圣尼寺中时存唐高祖的寝堂，景云二年（711）堂前的柿子树枯死复活的故事，还有前面提到过的尚书省的故事等，大概都是韦述自己取材。如前所述，《两京新记》中"今云云"的表述频出，说明韦述是基于自身的见闻记述的《两京新记》。辅兴坊（C2）的"（玉真女冠观）与金仙同此二观南街，东当皇城之安福门，西出京城之开远门，车马往来，实为繁会。而二观门楼、绮榭，耸对通衢，西土夷夏，自远而至者，入城遥望，窅若天中"，这样一种影像化的描述，应该说也是来源于韦述的实际见闻。

2. 都城的变迁与传说的诞生

若要探讨韦述搜集、整理长安城内的故事、传说的意义，就不得不触及8世纪前叶长安城的都市社会构造的变化。长安城作为上天的秩序在地上投影的宇宙之都，是确立政治权力正统化的王朝礼仪的舞台。长安城在王朝初期，以基于宇宙论的都市计划下建设而成的理想都市为舞台，通过举行王朝礼仪，而使社会秩序达到可视化和戏剧化的效果，并以此维护工朝权利的正统化。然而在王朝的存在自身成为既成事实，政权安定以后，王朝礼仪中世俗的礼仪色彩就开始加强，以大明宫的重修

---

① 徐松《唐两京城坊考》中，也有如永平坊（B10）宣化尼寺金刚的传说对《两京新记》的原文进行简略化转载的例子。因为没有迹象表明徐松看过《两京新记》的原文，所以应当为基于《两京新记》的其他史料或相同数据源的史料而记述的。

作为直接契机，长安城的都市构造的变化开始加速。①长安城从重视象征性、普遍性逐渐转向重视机能性和固有性。②

至7世纪后半期，比起重视寻求与宇宙关联的象征性都市规划来，皇帝、官僚以及庶民希望在机能上进一步充实居住环境的欲望开始加强，在当时活跃的商业活动的背景下，都市构造呈现出机能性分化。长安城的这样一种变化，在韦述8世纪前叶搜集的长安城内为数众多的故事传说中，有着具体的描写。进入8世纪，长安城成为无数的诗歌、小说、故事、传说、逸闻、传闻、市井闲话、民间说唱等的大舞台，通过这些作品和故事传说等，居住在长安的人们开始有了共同感受悲喜哀欢的契机。各种各样的场所的记忆，随着时间一层一层地在居民们的意识中加深，并作为一种长安的历史为人们所共有。长安城内各建筑物的固有的故事因时间的流逝日积月累，对这些故事有着共同记忆的人群就大量从街市上产生了。结果，不同于因政治权力建立起的自上而下的联系，而是加强了居民之间的联结，长安的都市社会得以形成。

换言之，讲述城内外的特定场所和建筑及物品的起源和由来的故事传说产生。这些故事传说描述出长安城内外特定场所各自的特性特征，带来了使长安城迥别于其他城市的长安城整体的神圣化和特别化。有关皇帝常驻的宫殿和中央官厅的传说，是长安所独有的；关于寺院和官员邸宅的很多逸话，也是非聚焦大小伽蓝和中央官员邸宅群集的长安城所不能有的。或许也可以说，韦述通过采录人们的传说逸闻，使用了与建筑当初立基于普遍的宇宙论使长安城神圣化、特别化不同的方法，进行了新的长安城的神圣化尝试。③

---

① 关于大明宫的建筑构造的变迁，参见〔日〕妹尾达彦：《大明宫的建筑形式与唐后期的长安》，《中国历史地理论丛》1997年第4辑；王静：《唐大明宫的构造形式与中央决策部门职能的变迁》，《文史》2002年第4辑。

② 关于唐前半期与唐后半期的长安城的都市构造的变迁，参见〔日〕妹尾达彦：《长安的都市计划》，讲谈社，2001年，第109—214页。

③ 这一变化或许也是古今东西计划都市所共通的变化。例如，元明清北京城的变化，也可以看到相同的倾向。作为宇宙的镜子诞生的北京，随着居民的聚居生活，逐渐形成北京独有的神话传说，伴以商业网络的安定和扩大，北京独有的宗教设施成了全国巡礼的中心，产生了北京这一场所的神圣化（Jeffrey F. Meyer, *The Dragons of Tiananmen, Beijing as a Sacred City*, University of South Carolina Press, 1991）。又参见Susan Naquin, *Peking, Temples and City Life, 1400-1900*, Berkeley, Los Angeles, London：University of California Press, 2000。

结语

《两京新记》的作者韦述，自景龙二年（708）科举进士及第，开始步入中央官僚的仕途。其生活的年代，正值705年武则天退位后中宗复位、韦后执掌权力（710年）、玄宗通过宫廷政变即位（712年）、肃清太平公主派（713年）等一系列事件之后，直至开元（713—741）之治，正好处于7世纪末到8世纪前叶的中央政治的巨变期。这一时期发生的事件，在《两京新记》中得到详尽的记述，这反映出作者韦述想要把自己生活的时代的两京仔细描绘出来的愿望。

从这一时期两京关系的变化来看，从置都洛阳的武周政权时期（690—705）到武则天退位唐王朝复兴之后，形成了中央政权向长安回归的潮流，处于政治、经济的重心从洛阳向长安的转移时期。武则天退位后，展开权力斗争并最终赢得胜利的玄宗以长安为舞台，开始了唐王朝的再建事业。开元年间的长安官学权威机构（丽正殿书院、集贤殿书院）以及史馆活跃的文化事业，在以长安为中心发扬唐王朝威信的玄宗时期，作为政治的核心部分发挥了作用。而韦述则是在官学权威机构和史馆两方面的文化事业中，都担当了主力的学者。

记录两京建筑物沿革的《两京新记》5卷，作为在当时文化政策的中枢部门活跃的知识分子记录下来的反映8世纪前叶长安的政治社会动向的具体和详细的同时期史料，具有无可比拟的价值。本文试图将《两京新记》所描绘的8世纪前叶为主的长安城的情景，作为跨越了300多年的长安城景观史中的定点坐标。希望本文复原的情景可以作为比较的基准，为今后的长安史研究做出贡献。本稿仅仅是未成熟的尝试，敬请先生们的垂教。

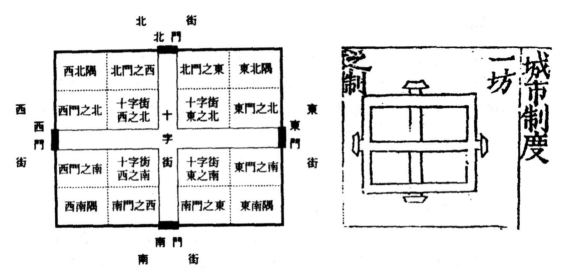

16区划（A划~C列、H列~J列诸访）   明嘉靖本《长安志图》

[出自宿白：《隋唐长安城和洛阳城》，《考古》1978年第6期，第410页图1《〈两京新记〉〈长安志〉记录坊内方位的图解》（部分改订）]

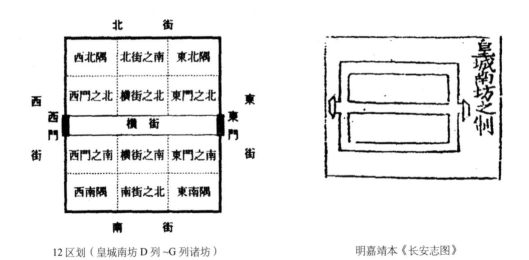

12区划（皇城南坊D列~G列诸坊）   明嘉靖本《长安志图》

（出自［日］妹尾达彦：《唐长安城における官人の居住環境》，《历史人类》1999年第27期，第29页）

图1 长安城内的区划表示——16区划和12区划

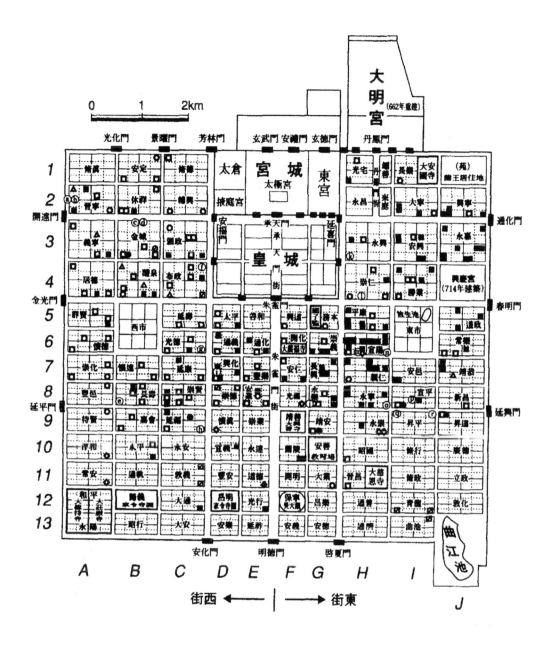

图2 8世纪前叶的长安城:《两京新记》《长安志》所载建筑物的位置

■ 官人邸宅（■表示复数邸宅的邻接）	
□ 佛教寺院（▣ 废寺）	
◎ 道观（◎ 废观）	
◆ 庙（◈ 废庙）	
▲ 祆祠	
♨ 折冲府	

ⓐ 汉太学遗址
ⓑ 汉辟雍
ⓒ 汉戾园
ⓓ 汉博望苑
ⓔ 长安县廨
ⓕ 金吾卫
ⓖ 京兆府廨
ⓗ 郯王府（玄宗之子李踪王府）
ⓘ 邠王府（高宗第六子章怀太子之子李守礼王府）

ⓙ 废明堂县廨
ⓚ 左金吾卫
ⓛ 礼会院
ⓜ 皇后归宁院
ⓝ 万年县廨
ⓞ 京兆府籍坊
ⓟ 鼓吹局
ⓠ 东宫药园
ⓡ 汉乐游庙

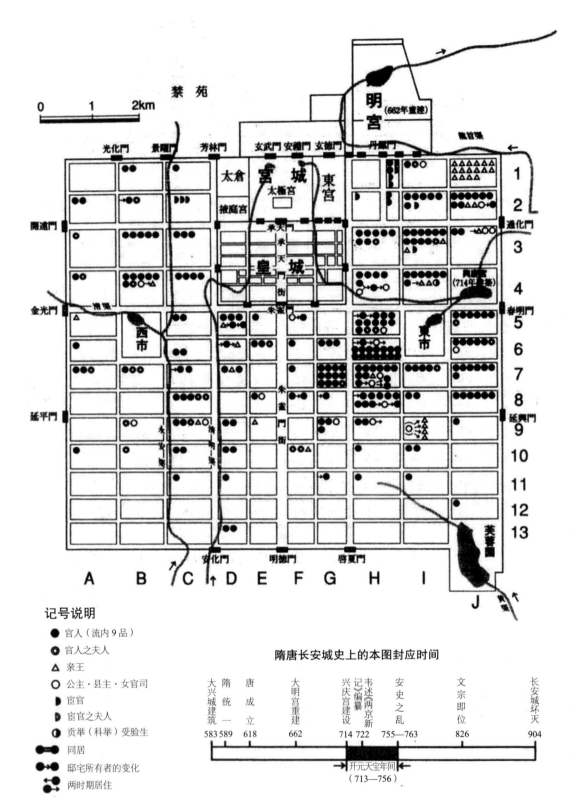

图3　开元、天宝年间长安城的居住动态

表1 《两京新记》卷三残卷与《长安志》有布局区划的建筑物一览

坊名	坊内位置	建筑物名（沿革）	出典
兴道坊 （F5）	西南隅	至德女冠观［隋开皇六年（586）立］	《长安志》卷七，6b
开化坊 （F6）	半以南	大荐福寺［寺院半以东，隋炀帝在藩旧宅。文明元年（684）立为大献福寺。天授元年（690）改为荐福寺］	《长安志》卷七，7a
	西门之北	法寿尼寺［隋开皇六年（586）立］	《长安志》卷七，7a
安仁坊 （F7）	西北隅	荐福寺浮图院［景龙中（707—710）立］	《长安志》卷七，7b
	东南隅	赠尚书左仆射刘延景宅［宁王宪（679—741）之外祖。睿宗初，追赠尚书右仆射。《新唐书》卷一〇六，第4055页］	《长安志》卷七，7b
	坊西南	汝州刺史王昕宅［薛王业（？—734）之舅］	《长安志》卷七，7b
光福坊 （F8）	东南隅	旧永寿公主庙［永寿公主中宗女。景云中（710—711）废庙，赐姜皎（玄宗即位，自润州长史，召授殿中少监）为鞠场］	《长安志》卷七，8a
	旧永寿公主庙北隔街	旧窦怀贞（？—713）宅。怀贞诛后，赐皇后妹夫窦庭芳	《长安志》卷七，8a
靖善坊 （F9）	尽一坊之地	大兴善寺［初曰遵善寺。隋文承周武之后，置此寺以其本封名焉。神龙中（705—707）为鄷国寺。景云元年（710）复旧］	《长安志》卷七，8a
兰陵坊 （F10）	东南隅	尚书右仆射韦待价宅［垂拱二年（686）为文昌右相。《旧唐书》卷六，第118页］	《长安志》卷七，8b
	韦待价宅西	工部尚书李珍宅［高宗末（683）或其后官至工部尚书。《唐仆尚丞郎表》（一），第235页］	《长安志》卷七，8b
保宁坊 （F12）	尽一坊之地	昊天观［贞观（627—649）初，晋王宅。显庆元年（656）立］	《长安志》卷七，9a
务本坊 （G5）	半以西	国子监	《长安志》卷七，9a，吕大防图
	南街之北	先天观［光天观。景龙二年（708）立为翊圣女冠观。景云元年（710）改景云观。天宝八载（749）改为龙兴道士观。至德三载（758）改先（光）天观。辛德勇《隋唐两京丛考》，第65页］	《长安志》卷七，9b，吕大防图为"景云观"

坊名	坊内位置	建筑物名（沿革）	出典
崇义坊（G6）	横街之北	招福寺［乾封二年（667）立。本隋正觉寺］	《长安志》卷七，9b，吕大防图
	西南隅	太子左庶子驸马都尉苏勖宅［贞观中（627—649）］，尚南康公主。《旧唐书》卷八八，2882页）。后为英王［中宗李显。仪凤二年（677）封英王］园	《长安志》卷七，9b—10a
	南街之北	博陵郡王崔元晖宅［则天季年（705）擢拜中书令，封博陵郡公。《旧唐书》卷九一，第2935页］	《长安志》卷七，10a
	崔元晖宅西	秘书监马怀素（659—718）宅［开元（713—741）初，三迁秘书监。《旧唐书》卷一〇二，第3164页］	《长安志》卷七，10a
长兴坊（G7）	东北隅	侍中驸马都尉杨师道宅［贞观十年（636）为侍中。《旧唐书》卷六二，第2383页］	《长安志》卷七，10b
	横街之南	中书令张嘉贞宅［开元八年（720）中书令。《旧唐书》卷九九，第3091页］	《长安志》卷七，10b
	张嘉贞宅西	太子宾客元行冲宅［开元七年（719）拜太子宾客。《旧唐书》卷一〇二，第3177页］	《长安志》卷七，10b
	元行冲宅次北隔街	礼部尚书致仕王邱宅［开元二十一年（733），寻拜礼部尚书，仍听致仕。天宝二年（743）卒。《旧唐书》卷一〇〇，第3133页］	《长安志》卷七，10b
永乐坊（G8）	西南隅	废明堂县廨［总章元年（668）分万年县置。中略长安三年（703）废］	《长安志》卷七，11b
	废明堂县东	清都观［开皇七年（587）立。本在永兴坊。武德（618—626）初徙于此地。本隋宝胜寺］	《长安志》卷七，11b
	清都观东	永寿寺［景龙三年（709）立］	《长安志》卷七，11b
	横街之北	资敬尼寺［隋开皇三年（583）立］	《长安志》卷七，11b
	东南隅	左丞相燕国公张说宅［景云二年（711），授尚书左丞。《新唐书》卷一二五，第4405页］	《长安志》卷七，11b
	东门之南	夏官尚书王璿宅［长寿元年（692），由营缮大匠迁守夏官尚书同平章事。《唐仆尚丞郎表》（一），第239页］	《长安志》卷七，12a
靖安坊（G9）	西南隅	崇敬尼寺［本僧寺，隋文帝所立。大业中（605—617）废。龙朔二年（662）改立为尼寺］	《长安志》卷七，12a
	崇敬尼寺东	乐府（隋置）	《长安志》卷七，12a

坊名	坊内位置	建筑物名（沿革）	出典
安善坊（G10）	尽一坊之地	教弩场（高宗时，立中市署。武太后末年废为教弩场。其场隶威远将军）	《长安志》卷七，12b
大业坊（G11）	东南隅	太平女冠观［仪凤二年（677）立。初以颁政坊（C3）宅为太平观。寻徙于此。其颁政坊（C3）观改为太清观］	《长安志》卷七，12b
	太平女冠观西	驸马都尉杨慎交山池［杨慎交（675—724），本宅在靖恭坊（J7）西北隅。本徐王元礼之池（高祖第十子），贞观六年（632），徙封徐王］。	《长安志》卷七，12b
光宅坊（H1西）	横街之北	光宅寺［仪凤二年（677）立。武太后始置七宝台，因改寺额焉］	《长安志》卷八，1a，吕大防图为"七宝台寺"
永兴坊（H3）	西南隅	左金吾卫［神龙中（705—707）自崇仁坊（H3）徙］	《长安志》卷八，2a
	街西之北	荷恩寺［景龙元年（707）立］	《长安志》卷八，2a，吕大防图
	西门之北	太了太师郑国公魏微宅［贞观十八年（642），开太子太师。开元中（713—741），此堂犹在。《旧唐书》卷七一，第2550页；《封氏闻见记》卷五，第23页］	《长安志》卷八，2a，吕大防图置东北隅
崇仁坊（H4）	西南隅	玄真观［半以东，本尚书左仆射高士廉（576—647）宅。西北隅本左金吾卫。神龙元年（705）并为长宁公主第。东有山池别院。即旧东阳公主亭子。韦庶人败，为景龙观。天宝十二载（753）改为玄真观］	《长安志》卷八，2b，吕大防图为"景龙观"
	东南隅	资圣寺［龙朔三年（663）为尼寺。咸亨四年（673）改为僧寺］	《长安志》卷八，2b，吕大防图
	北门之东	宝刹寺［隋开皇中（581—600）立］	《长安志》卷八，3a，吕大防图
	东门之北	尚书左仆射许国公苏瓌宅［景龙三年（709），转尚书右仆射同中书门下三品，进封许国公。《旧唐书》卷八八，第2878页］。本中书令薛元超（622—683）宅	《长安志》卷八，3a，吕大防图
	南门之西	礼会院［本长宁公主（中宗女，下嫁杨慎交）宅。主及杨慎交奏割宅向西一半。官市为礼会院。《德宗实录》曰，初开元中（713—741）置］	《长安志》卷八，3a

坊名	坊内位置	建筑物名（沿革）	出典
平康坊 （H5）	南门之东	菩提寺［隋开皇二年（582）立］	《长安志》卷八，3a，吕大防图
	街之北	阳化寺（隋立）	《长安志》卷八，3b，吕大防图
	西北隅	隋天师申国公李穆宅。景龙中（707—710）为长宁公主府及鞠场。景云中（710—712）废。并鞠场散卖与居人	《长安志》卷八，3b，吕大防图
	西门之南	尚书左仆射河南郡王褚遂良（596—658）宅［永徽四年（653）为尚书右仆射。《旧唐书》卷八〇，第2738页］	《长安志》卷八，3b，吕大防图
	西南隅	国子祭酒韦澄宅［武德（618—626）初，国子祭酒。《旧唐书》卷七五，第2631页］	《长安志》卷八，3b
	东南隅	右相李林甫（？—752）宅。本尚书左仆射卫国公李靖（571—649）宅［贞观四年（630）为尚书左仆射。《唐仆尚丞郎表》（二），23页］。景龙中（707—710）韦庶人妹夫陆颂（？—709）所居。韦氏败，靖侄孙散骑常侍令问（李令问，开元中左散骑常侍）居之。后为林甫宅	《长安志》卷八，3b，吕大防图为"李靖"
	南门之西	刑部尚书王志愔（？—722）宅［开元五年（717）七月以前，迁刑部尚书。《旧唐书》卷一〇〇，第3123页，《唐仆尚丞郎表》（四），第986—987页］	《长安志》卷八，3b—4a，吕大防图
	王志愔宅次北	户部尚书崔泰之（？—723）宅（开元中，官至工部尚书。《旧唐书》卷一八五上，第4791页；《千唐志斋藏志》上，第630页；崔沔《崔公墓志铭》）	《长安志》卷八，4a
	东南隅	万年县廨	《长安志》卷八，4a
	西南隅	净域寺［隋文帝开皇五年（585）立］	《长安志》卷八，4a
	街之西北	秋官尚书谯国公李海（627—689）宅［垂拱（685—688）］初，（中略）转秋官尚书。《旧唐书》卷六〇，第2350页）。后为韦温［？—710，韦庶人从父兄，景龙三年（709）迁太子少保］宅。韦氏诛后赐恩国公主。	《长安志》卷八，4a4b，吕大防图为"李口"
	南门之西	杞国公窦毅（？—582）宅［太穆皇后（高祖李渊皇后窦氏）之父。开皇二年（582）上柱国窦毅卒。《隋书》卷一，第18页］	《长安志》卷八，4b

坊名	坊内位置	建筑物名（沿革）	出典
宣阳坊（H6）	窦毅宅西	皇后归宁院。后施净域寺	《长安志》卷长4b，
	窦毅宅南	杞国庙	《长安志》卷八，4b
	西门之北	尚书左仆射舒国公韦巨源宅［景龙三年（709），拜尚书左仆射。《旧唐书》卷九二，第2965页］	《长安志》卷八，4b，吕大防图
	韦巨源宅东	有陕州刺史刘布进	《长安志》卷八，4b
	同上	少府监杨务廉（？—728）宅（自中兴之初，斥少监杨务廉。《新唐书》卷一一八，第4262页）	《长安志》卷八，4b
	刘布进、杨务廉宅次西北隔巷	国子祭酒韦叔夏［神龙三年（707），拜国子祭酒。《旧唐书》卷一八九下，第4964页］	《长安志》卷八，4b
	同上	光禄卿单思远宅［先天二年（713），魏州刺史。开元四年（716）河南尹、岐州刺史。《唐刺史考全编》1，第153、587页，《唐刺史考全编》2，第1372页］	《长安志》卷八，4b
	街东之北	刑部尚书李乂（？—716）宅［开元二年（714）检校刑部尚书。《唐仆尚丞郎表》（四），第986页］	《长安志》卷八，4b
	李乂宅次西	益州长史李裒	《长安志》卷八，4b
	同上	太子宾客郑惟忠（？—722）宅［开元（713—741）初，为礼部尚书，转太子宾客。《旧唐书》卷一〇〇，第3118页］	《长安志》卷八，4b
	东北隅	兵部尚书郭元振宅［景云二年（711），无几，转兵部尚书。《旧唐书》卷九七，第3048页］	《长安志》卷八，4b
	西门之南	右羽林军大将军高仙芝（？—755）宅［天宝九载（750）为右羽林大将军。《旧唐书》卷一〇四，第3206页］	《长安志》卷八，5a
	东门之北	京兆尹李齐物（？—761）宅［至德（756—758）初，拜太子宾客，迁京兆尹。《旧唐书》卷一一二，第3336—3337页］	《长安志》卷八，5a

坊名	坊内位置	建筑物名（沿革）	出典
亲仁坊（H7）	西南隅	咸宜女冠观［睿宗在藩之第。开元初，置昭成、肃明二皇后庙。谓之仪坤庙。睿宗升遐，昭成迁入太庙。而肃明留于此。开元二十一年（733）肃明皇后亦祔入太庙。遂为肃明道士观。宝应元年（762）咸宜公主入道，（肃明观）与太真女冠观敕换所居，（太真女冠观）更名曰咸宜女冠观。辛德勇《隋唐两京丛考》，第68页］	《长安志》卷八，5b
	西北隅	尚书右仆射燕国公于志宁宅［永徽元年（650），进封燕国公。永徽二年（651）拜尚书左仆射。《旧唐书》卷七八，2697、2699页］。后敕赐贵妃豆卢氏（662—740），后左金吾大将军程伯献（开元中，左金吾大将军），黄门侍郎李暠（开元初，三迁黄门侍郎）等数家居焉	《长安志》卷八，5b
	街东之北	太子詹事韦琨宅（高宗在东宫，琨以右中护为詹事。《新唐书》卷一九七，第5629页）	《长安志》卷八，5b
	韦琨宅次东	中书侍郎杨宏武（？—6680）宅［麟德中（664—666），俄迁西台侍郎。《旧唐书》卷七七，第2675页］	《长安志》卷八，5b
	同上	太仆卿王希隽（658—718）宅［开元三年（715）检校太仆卿。《全唐文》卷二九三，张九龄，王府君墓志铭，第2968页］	《长安志》卷八，5b
	北门之东	驸马都尉郑万钧宅（尚睿宗第四女永昌公主）	《长安志》卷八，5b
	东门之北	滕王元婴（？—683）宅［贞观十三年（639）受封。《旧唐书》卷六四，第2436—2437页］	《长安志》卷八，5b
永宁坊（H8）	东南隅	京兆府籍坊	《长安志》卷八，6b
	南门之东	隋尚书左仆射房国公苏威宅	《长安志》卷八，6b
	西门之北	隋兵部尚书田宏宅	《长安志》卷八，6b
	南门之西	礼部尚书裴行俭宅［仪凤四年（679），拜礼部尚书。《旧唐书》卷八四，第2803页］	《长安志》卷八，6b

坊名	坊内位置	建筑物名（沿革）	出典
	东门之北	赠太尉祁国公王仁皎（？—719）宅（玄宗即位，封祁国公。《旧唐书》卷一八三，第4745页）。本礼部尚书郑善果宅。后临江王器买之。神龙（705—707）初，宗正卿李晋［先天中（712—713）殿中监兼雍州刺史，《旧唐书》卷六〇，第2346页］居焉。晋诛后敕赐仁皎	《长安志》卷八，6b
	西北隅	中书令裴炎宅［弘道元年（683），为中书令。《资治通鉴》卷二〇三，第6416页］	《长安志》卷八，6b
永崇坊（H9）	东南隅	七太子庙。其地本万、夔六州之邸。总章中（668—670）以为明堂县。后徙县于永乐坊（G8）。神龙初（705），立懿德太子庙（其后诸太子庙，比各别坊，今并移就此庙，号为七太子庙也）	《长安志》卷八，7b；《唐会要》卷一九引《两京新记》
	庙西	灵应观（隋道士宋道标所立）	《长安志》卷八，7b
	街西之南	刑部尚书韦抗宅［开元十一年（723），为刑部尚书，十四年（726）卒。《旧唐书》卷九二，第2963页］	《长安志》卷八，7b
昭国坊（H10）	西南隅	崇济寺［本隋慈恩寺。开皇三年（583）立。神龙中（705—707）改］	《长安志》卷八，8a
晋昌坊（H11）	半以东	大慈恩寺［隋无漏寺之地。武德初（618）废。贞观廿二年（648），以慈恩为名］。寺西院浮图。六级崇三百尺［永徽三年（652）沙门玄奘所立］	《长安志》卷八，8a
	西南隅	楚国寺［本隋兴道寺之地。大业七年（611）废。高祖，立寺］	《长安志》卷八，8b
长乐坊（I1）	大半以东	大安国寺［睿宗在藩旧宅。景云元年（710）立］	《长安志》卷八，10a，吕大防图
	西南隅	兴唐观［本司农园地。开元十八年（730）造观］	《长安志》卷八，10b
大宁坊（I2）	东南隅	兴唐寺［神龙元年（705），太平公主立为罔极寺。开元廿六年（738）改为兴唐寺］	《长安志》卷八，9a，吕大防图为"罔极寺"
	西门之南	左侍御兼右相陆敦信宅［龙朔中（661—663），至左侍御，同东西台三品。《旧唐书》卷一八九上，第4945页］	《长安志》卷八，9a，吕大防图
	陆敦信宅次南	大理卿孙伏伽（？—658）宅［贞观元年（627），转大理少卿。《旧唐书》卷七五，第2638页］	《长安志》卷八，9a，吕大防图

坊名	坊内位置	建筑物名（沿革）	出典
	南门之东	户部尚书许圉师（？—679）宅［上元中（674—676），再迁户部尚书。《旧唐书》卷五九，第2330页］	《长安志》卷八，9a，吕大防图
	北门之南	太子詹事陆余庆宅［开元初，（中略）终太子詹事。《旧唐书》卷八八，第2877页］	《长安志》卷八，9a，吕大防图
安兴坊（I3）	南门之东	宁王宪（679—741）宅［开元四年（716）改名宪，封为宁王。《旧唐书》卷九五，第3011页］	《长安志》八，10b，吕大防图为"宁王宅"
	宁王宪宅以东	岐王范宅［睿宗践祚（710），进封岐王。《旧唐书》卷九五，第3016页］	《长安志》A，10b，吕大防图为"岐王宅"
	西门之北	户部尚书陆象先（？—736）宅［开元十年（722）春夏或上年迁户部尚书。《唐仆尚丞郎表》（三），第638—639页］	《长安志》八，10b，吕大防图
	陆象先宅次北	开府仪同三司宋璟（663—737）宅［开元七年（719），俄授开府仪同三司。《旧唐书》卷九六，第3034页］	《长安志》八，10b，吕大防图
	街之西北	净住寺［本隋吏部尚书裴宏齐宅。开皇七年（587）立。辛德勇《隋唐两京丛考》，第60—61页］	《长安志》卷八，9b，吕大防图
	街北之东	尚书左仆射郇国公韦安石宅［睿宗践祚（710），改封郇国公。景云二年（711）加开府仪同三司，（中略）俄而迁尚书左仆射。《旧唐书》卷九二，第2957页，辛德勇《隋唐两京丛考》，第61页］	《长安志》卷八，9b
胜业坊（I4）	西南隅	胜业寺［武德初（618）立］	《长安志》卷八，11a，吕大防图
	街北之西	修慈尼寺［本宏济僧寺。隋开皇七年（587）立］	《长安志》卷八，11a
	修慈尼寺西	甘露尼寺［隋开皇五年（585）立］	《长安志》卷八，11a
	西北隅	薛王业宅［先天（712—713）之后，薛王业于胜业西北角赐宅。《旧唐书》卷九五，第3011页］。本赠礼部尚书韦行侁宅	《长安志》卷八，11a，吕大防图为"薛王宅"
	东北隅	宁王宪（679—741）山池院	《长安志》卷八，11a，吕大防图为"宁王山池院"

坊名	坊内位置	建筑物名（沿革）	出典
	街北之东	银青光禄大夫薛绘宅［父绘，累绩至银青光禄大夫。瞿蜕园笺证《刘禹锡集笺证》上卷三，薛公（薛謇，749—815）神道碑，上海古籍出版社，1989年，第72页］。绘兄弟侄数十人同居一曲。坊人谓之薛曲	《长安志》卷八，11a，吕大防图为"薛曲"
东市（I5、I6）	东市当中	东市局	《长安志》卷八，11b
	东市局次东	平准局	《长安志》卷八，11b
	东北隅	放生池	《长安志》卷八，11b，吕大防图
安邑坊（I7）	街之北	玄法寺［本隋礼部尚书张颖宅。开皇六年（586）立］	《长安志》卷八，11b
	西南隅	左卫大将军范阳公张延师（？—663）宅［永徽（650—656）初，授左卫大将军、封范阳公。《旧唐书》卷八三，第2776页］。其地景龙中（707—710），司农卿赵履温居焉	《长安志》卷八，11b
	张延师宅次东	金吾大将军杨执一宅［神龙（705—707）初，累至右金吾卫大将军。《旧唐书》卷六二，第2383页］	《长安志》卷八，11b
宣平坊（I8）	西南隅	法云尼寺［隋开皇三年（583）立］	《长安志》卷八，12a
	法云尼寺东	义阳府［贞观中（627—649）置］	《长安志》卷八，12a
	街南之西	鼓吹局	《长安志》卷八，12a
	街东	宗正卿李琇宅［淮安郡公宗正卿琇。《新唐书》卷七〇上，第2009页］	《长安志》卷八，12a
升平坊（I9）	东北隅	汉乐游庙［长安中（701—705），太平公主于原上置亭游赏。后赐宁、申、岐、薛王］	《长安志》卷八，12b
	西北隅	东宫药园	《长安志》卷八，12b
青龙坊（I12）	东南隅	废普耀寺［隋开皇三年（583）立。开元二年（714）废］	《长安志》卷八，13b
	西南隅	废日严寺［仁寿元年（601）所造，贞观六年［632］废］	《长安志》卷八，13b

坊名	坊内位置	建筑物名（沿革）	出典
曲池坊 （I13）	东北隅	废建福寺［龙朔三年（663）立。其地本隋天宝寺。开元二年（714）废］	《长安志》卷八，13b
苑（J1）	尽坊之地	十六宅［先天（712—713）之后，为十王宅。其后，六王又就封。《旧唐书》卷一○七，第3271页］	《长安志》卷九，1a，吕大防图为"十六宅"
兴宁坊 （J2）	南门之东	清禅寺［隋开皇三年（583）立］	《长安志》卷九，2b，吕大防图
	西南隅	开府仪同三司姚元崇（650—721）宅［开元四年（716），俄授开府仪同三司。《旧唐书》卷九六，第3025页］	《长安志》卷九，1b，吕大防图为"姚崇"
	姚元崇宅其东	本太平公主（？—713）宅。后赐安西都护郭虔瓘［开元二年（714），俄转安西副大都护。《旧唐书》卷一○三，第3188页］	《长安志》卷九，1b
	本太平公主宅北	特进王毛仲宅［开元七年（719），进位特进，上元元年（760）致仕。《旧唐书》卷一○六，第3253页］	《长安志》卷九，1b
	东南隅	左卫大将军泉男生（634—679）宅［总章元年（668），授右卫大将军。泉君墓志《唐代墓志汇编》上，第668页］	《长安志》卷九，1b，吕大防图
永嘉坊 （J3）	坊南	龙首渠［一名浐水渠。隋开皇三年（583）开］	《长安志》卷九，1b，吕大防图
	东北隅	太子太保李纲（547—631）宅［贞观四年（630），拜太子少师。《旧唐书》卷六二，第2377页］。纲子孙茂盛，四代总麻服同居	《长安志》卷九，2a，吕大防图
	东门之南	侍中张文瓘（605—677）宅［上元二年（675）拜侍中。《旧唐书》卷八五，第2815页］。后并入兴庆宫	《长安志》卷九，2a
	张文瓘宅东	兖州都督韦元琰宅（肃宗韦妃，父元珪，兖州都督。《旧唐书》卷五二后妃下，第2186页）	《长安志》卷九，2a
	西南隅	申王扐宅［睿宗践祚（710），进封申王。《旧唐书》卷九五，第3015页］。本中令许敬宗（592—672）宅。后为无量寿寺。寺废赐申王扐宅。	《长安志》卷九，2a
	申王扐宅南	赠礼部尚书永兴公虞世南庙	《长安志》卷九，2a
	街南之西	成王千里宅［中兴（705）初，进封成王。《旧唐书》卷七六，第2650页］	《长安志》卷九，2a，吕大防图

坊名	坊内位置	建筑物名（沿革）	出典
	南门之东	蔡国公主宅［玄宗女。开元十八年（730）舍宅立通义坊（D6）九华观］	《长安志》卷九，2a
	蔡国公主宅次东	礼部尚书窦希玠宅［中宗时（683—710），为礼部尚书。《旧唐书》卷六一，第2371页］	《长安志》卷九，2a
	西北隅	凉国公主（687—724）宅（睿宗女，下嫁薛伯阳。《文苑英华》卷九三三，5a，苏颋《凉国公主神道碑》）	《长安志》卷九，2a，吕大防图
兴庆坊（J4）	西南隅	勤政务本楼［开元八年（720）造］	《长安志》卷九，2b，吕大防图为"勤政楼"
	勤政务本楼其西旁	花萼相辉楼	《长安志》卷九，2b，吕大防图为"花萼楼"
道政坊（J5）	北门之西	史部尚书侯君集（？—643）宅［贞观十二年（638）拜吏部尚书。《旧唐书》卷六九，第2510页）。后为申王府］	《长安志》卷九，3b，吕大防图
	南门之西	尚书右仆射张行成（587—653）宅［永徽二年（651），拜尚书左（？）仆射。《旧唐书》卷七八，第2705页］	《长安志》卷九，3b，吕大防图
	张行成宅西	罗国公张平高宅［贞观初（627）出丹州刺史，（中略）还第，卒。后改封罗国公。《旧唐书》卷五七，第2297页］	《长安志》卷九，3b
	东门之北	工部尚书刘知柔宅［开元三年（715）工部尚书。《唐仆尚丞郎表》（一），第1047—1048页］	《长安志》卷九，3b—4a，吕大防图
常乐坊（J6）	街之东	大冢。俗误以为董仲舒墓，亦呼为虾蟆陵。	《长安志》卷九，4a
	西南隅	赵景公寺［隋开皇三年（583）立］	《长安志》卷九，4a，吕大防图
	南门之西	灵花寺［本隋大司马窦毅宅，开皇六年（586）舍宅为寺］	《长安志》卷九，4a，吕大防图
	街南之东	中书令来济（610—662）宅［永徽六年（655）迁中书令。《旧唐书》卷八〇，第2742页］	《长安志》卷九，4a，吕大防图
	街南之西	祆祠	《长安志》卷九，4a

坊名	坊内位置	建筑物名（沿革）	出典
靖恭坊（J7）	西北隅	驸马新尉杨慎交宅［杨睿交（675—724）。睿交（慎交）尚中宗女长宁公主。神龙中（705—707）为秘书监。《旧唐书》卷六二，第2382页，《全唐文》卷二九二，第2966页］	《长安志》卷九，4a
	杨慎交宅南隔街	司农卿韦玢宅（玢，司农卿。《新唐书》卷七四上，宰相世系表，第3053页）	《长安志》卷九，4a
新昌坊（J8）	南门之东	青龙寺［本隋灵感寺。开皇二年（582）立。武德四年（621）废。龙朔二年（662）复奏立为观音寺。景云二年（711）改为青龙寺］	《长安志》卷九，5a
升道坊（J9）	西北隅	龙华尼寺［高宗立。寻废。景龙二年（708）复置］	《长安志》卷九，5b
	龙华尼寺东	侍中李日知宅［景云二年（711），拜侍中。《旧唐书》卷一八八，第4927页］	《长安志》卷九，5b
	龙华尼寺南	曲江	《长安志》卷九，5b
通化坊（E6）	东门之北	都亭驿（福山敏男《校注两京新记卷第三及解说》174—175页，辛德勇《隋唐两京丛考》，第77—82页）	《长安志》卷九，6b，敦化坊
	南街之北	净影寺（隋文帝立。同上福山敏男文）	《长安志》卷九，6b，敦化坊
	东南隅	行台左仆射郇国公殷开山宅［武德二年（619），吏部尚书。（中略）以功进爵郇国公。赠陕东道大行台右仆射。《旧唐书》卷五八，第2312页］。本隋蔡王智积宅（同上福山敏男文）	《长安志》卷九，6b，敦化坊
	西门之北	秘书监颜师古（581—645）宅［贞观十五年（641）俄迁秘书监。《旧唐书》卷七三，第2595页。同上福山敏男文］	《长安志》卷九，6b，敦化坊
丰乐坊（E7）	西南隅	法界尼寺（隋文帝立）	《长安志》卷九，6b
	横街之北	大开业寺［本隋胜光寺，仪凤二年（677）废。复立为开业寺］	《长安志》卷九，6b
	西南隅	资善尼寺（隋兰陵公主舍宅立）	《长安志》卷九，7a

坊名	坊内位置	建筑物名（沿革）	出典
安乐坊 （E8）	东南隅	济度尼寺［隋太师申国公李穆之别宅。穆妻元氏立为修善僧寺。其济度尼寺本在崇德坊，贞观二十三年（649）徙于此］	《长安志》卷九，7a
	横街之北	郇国公主（689—725）宅（睿宗女。下嫁薛儆又嫁郑孝义。开元初封郇国公主。《金石萃编》卷七五，28a，张说《郇国公主神道碑铭》）	《长安志》卷九，7a
	郇国公主宅次南	唐昌观	《长安志》卷九，7a
道德坊 （E11）	东南隅	废崇恩庙［神龙（705—707）初立，景云元年（710）废］	《长安志》卷九，8a
光行坊 （E12）	东南隅	华州刺史宇文经野宅	《长安志》卷九，8b
太平坊 （D5）	西南隅	温国寺［景龙元年（707）立］	《两京新记》《长安志》卷九，8b
	西门之北	定水寺［隋开皇十年（590）立］	《两京新记》《长安志》卷九，8b
	东南隅	舒王元名宅（高宗第18子）。今为户部尚书尹思贞（640—716）居之［开元二年（714），迁户部尚书。《唐仆尚丞郎表》（三），第638页］	《两京新记》《长安志》卷九，8b
通义坊 （D6）	西南隅	兴圣尼寺［贞观元年（627）立］。高祖潜龙旧宅。	《两京新记》《长安志》卷九，9a
	西北隅	右羽林大将军邢国公李思训（653—718）宅［开元（713—741）初，左羽林大将军。《旧唐书》卷六，第2346页］。后为九华观［开元十八年（730）立］	《长安志》卷九，9a
	东南隅	户部尚书长平公杨纂宅［贞观八年（634），后迁户部尚书。永徽（650—656）初卒。《旧唐书》卷七七，第2673页］	《长安志》卷九，9a
	西南隅	空观寺［隋开皇七年（587），右卫大将军驸马都尉洵阳公元孝矩舍宅立］	《两京新记》《长安志》卷九，9b
	空观寺东	尚书右仆射密国公封德彝宅［武德八年（625）进封道国公，寻徙封于密。太宗嗣位，为右仆射。贞观元年（627）寻薨。《旧唐书》卷六三"传"］。中宗时（684—710）嗣虢王邕居之	《长安志》卷九，9b

坊名	坊内位置	建筑物名（沿革）	出典
兴化坊（D7）	西门之北	邠王守礼宅［章怀太子子。神龙中（705—707）遗诏进封邠王，开元二十九年（741）薨。年七十余。《旧唐书》卷八六，第2833页］	《两京新记》《长安志》卷九，9b
	邠王守礼宅南隔街	邠王府	《两京新记》《长安志》卷九，9b
	东门之南	京兆尹孟温礼宅［开元元年（713）孟温礼为京兆尹。《长安志》卷十，3a，光德坊］	《长安志》卷九，9b
崇德坊（D8）	西南隅	崇圣寺［隋仁寿元年（601）秦孝王后舍宅所立］	《两京新记》《长安志》卷九，9b
	东北隅	证果尼寺［隋开皇二年（582）立］	《两京新记》
	西北隅	废报恩寺［嗣虢王邕景龙中（707—710）娶韦庶人妹，舍宅立寺］	《长安志》卷九，9b
怀真坊（D9）	东北隅	废乾封县廨（本施巫等八州邸）。户部尚书毕构宅［景云二年（711）迁户部尚书。开元四年（716）迁户部尚书，遇疾寻卒。《唐仆尚丞郎表》（三），第636、638页］，即乾封县廨。	《长安志》卷九，10a
	西南隅	御史大夫乐思晦（？—691）宅［天授二年（691），鸾台侍郎，同凤阁鸾台平章事。《旧唐书》卷六，第121—122页］。宅后为介公庙。	《两京新记》《长安志》卷九，10a
	横街之北	尚书右仆射唐休璟（627—712）宅［中宗即位（683），未几，拜中书右仆射。《旧唐书》卷九三，第2980页］	《长安志》卷九，10a
宣义坊（D10）	东门之北	燕国公张说（667—731）宅［景云三年（712）封燕国公。《旧唐书》卷九七，第3052页］	《长安志》卷九，10a
修德坊（C1）	西北隅	兴福寺［本左领军大将军彭国公王君廓宅。贞观八年（634）立］	《两京新记》《长安志》卷十，1a，吕大防图
辅兴坊（C2）	东南隅	金仙女官观［金仙女冠观。景云二年（711）立］	《两京新记》《长安志》卷十，1a，吕大防图为"金仙观"
	西南隅	玉真女官观［玉真女冠观。本工部尚书莘国窦诞宅。景云二年（711）立］	《两京新记》《长安志》卷十，1a

坊名	坊内位置	建筑物名（沿革）	出典
颁政坊 （C3）	南门之东	龙兴寺［贞观五年（631），太子承乾所立。西北隅本隋之惠云寺］	《两京新记》《长安志》卷十，1b，吕大防图为"龙□□"
	十字街东之北	建法尼寺［隋开皇三年（583），坊人田通所立。时陈临贺王叔敖母与邻居，又舍宅以足之］	《两京新记》《长安志》卷十，1b，吕大防图为"建法寺"
	十字街北之东	澄空尼寺［贞观十七年（643）立］。本工部尚书段纶之祖庙	《两京新记》，《长安志》卷十，1b—2a，吕大防图为"澄空寺"
	西北隅	大崇福观［大业崇福观。咸亨元年（670）立为太平观。寻改太清观。垂拱三年（687）改为魏国观。载初元年（689）改为大业崇福观。开元二十七年（739）为昭成观。辛德勇《隋唐两京丛考》，第67页］。本杨士达宅	《两京新记》《长安志》卷十，2a
	西南隅	尚书左仆射芮国公豆卢钦望宅［证圣元年（695），封芮国公。中宗即位（705），拜尚书左仆射。《旧唐书》卷九〇，第2922页］	《长安志》卷十，2a
	东南隅	右散骑常侍徐坚宅［睿宗即位（710），拜左散骑常侍，开元十三年（725）再迁左散骑常侍。《旧唐书》卷一〇二，第3176页］	《长安志》卷十，2a
布政坊 （C4）	西门之南	法海寺［开皇七年（587）立］。本隋江陵总管清水公贺拔华宅	《两京新记》，《长安志》卷十，2a
	北门之东	济法寺［开皇二年（582）立］。	《两京新记》，《长安志》卷十，2a
	十字街东之北	明觉尼寺［开皇中（581—600）立］。本隋御史大夫裴蕴宅	《两京新记》，《长安志》卷十，2a
	东北隅	右金吾卫	《两京新记》，《长安志》卷十，2a
	西南隅	胡祆祠［武德四年（621）立］	《两京新记》，《长安志》卷十，2a
	西南隅	善果寺（旧图西南隅）	《长安志》卷十，2b
	东南隅	废镇国公波若寺［景龙三年（709）立。景云中（710—712）废］。本蒋王恽（？—689）园地	《长安志》卷十，2b

坊名	坊内位置	建筑物名（沿革）	出典
	东门之北	侍中魏知古（647—715）宅［先天元年（712）为侍中。《新唐书》卷一二六，第4414页］	《长安志》卷十，2b
延寿坊（C5）	南门之西	懿德寺［开皇六年（586）立］	《两京新记》《长安志》卷十，2b
	东南隅	驸马都尉裴巽宅（尚中宗女宜城公主，及睿宗女薛国公主。《新唐书》卷八三，第3653、3656页）。本隋齐州刺史卢贲宅。高宗末，礼部尚书裴行俭［619—682。调露元年（679）为礼部尚书］居之。武太后时河内王武懿宗［神龙元年（705）降为国公］居之	《长安志》卷十，2b
光德坊（C6）	东南隅	京兆府廨	《两京新记》《长安志》卷十，3a
	西南隅	胜光寺（本隋幽州总管燕策宅）	《两京新记》《长安志》卷十，3a
	十字街东之北	慈悲寺［武德元年（618）高祖立］	《两京新记》《长安志》卷十，3a
	南门之东	尚书左仆射刘仁轨（581—685）宅［上元二年（675），拜尚书左仆射。《旧唐书》卷八四，第2795页］。仁轨薨后，尚官柴氏居之。后立为光德寺［景云（710—712）初废］	《长安志》卷十，3a
延康坊（C7）	西南隅	西明寺。本隋尚书令越国公杨素宅。［武德（618—626）初为万春公主宅。贞观中（627—649）赐濮王泰（618—652）。泰死后官市之立寺］	《两京新记》《长安志》卷十，3b
	东南隅	静法寺［隋开皇十年（590）立］	《两京新记》《长安志》卷十，3b
	北门之西	中书令阎立本（？—673）宅［总章元年（668）迁右相。《旧唐书》卷七七，第2680页］。后申王（？—724）傅符太元居之	《长安志》卷十，3b
崇贤坊（C8）	南门之西	海觉寺［隋开皇四年（584）淮南公元伟舍宅立］	《长安志》卷十，3b
	十字街北之西	大觉寺［隋开皇三年（583）文帝医人周子粲立］	《两京新记》《长安志》卷十，3b
	西门之南	法明尼寺［隋开皇八年（588），长安富商王道买舍宅立］	《两京新记》《长安志》卷十，3b—4a

坊名	坊内位置	建筑物名（沿革）	出典
	街东之南	崇业尼寺［本宏业寺。隋开皇十年（590）尼法觉立于法界之西。神龙元年（705）改为崇业］	《长安志》卷十，4a
	西南隅	秘书监嗣虢王邕宅［神龙（705—707）初，封嗣虢王，转秘书监。景云二年（711）复嗣虢王。开元十五年（727）卒。《旧唐书》卷六四，第2432页］	《长安志》卷十，4a
	西门之北	黄门监卢怀慎宅［开元三年（715）迁黄门监。《旧唐书》卷九八，第3068页］	《长安志》卷十，4a
延坊（C9）	西南隅	纪国寺［隋开皇六年（586）立］	《两京新记》《长安志》卷十，4a
	东南隅	郯王府（玄宗长子，李琮王府）。旧新都寺。寺废，今为郯王府	《两京新记》《长安志》卷十，4a
	街东之北	宣平府	《长安志》卷十，4a
	西北隅	琼山县主宅（开元中，适慕容氏）	《长安志》卷十，4a
敦义坊（C11）	东北隅	废福田寺［本隋灵觉寺。开皇六年（586）立。武德初（618）废。乾封二年（667）为崇福寺。仪凤二年（677）改福田寺。开元二年（714）废］	《长安志》卷十，4b
	东南隅	废法觉尼寺［隋置。开元二年（714）并入资善寺］	《长安志》卷十，4b
大通坊（C12）	东南隅	左羽林将军窦连山宅	《长安志》卷十，4b
大安坊（C13）	西街	永安渠［隋开皇三年（583）引］	《长安志》卷十，5a
	东街	清明渠［隋开皇（581—600）初引］	《长安志》卷十，5a
安定坊（B1）	东南隅	千福寺［咸亨四年（673）立。本章怀太子（653—684）宅	《两京新记》《长安志》卷十，5a，吕大防图
	西南隅	福林寺［武德元年（618）立］	《两京新记》《长安志》卷十，5a—5b
	东北隅	五通观［隋开皇八年（588）立］	《两京新记》《长安志》卷十，5b，吕大防图

坊名	坊内位置	建筑物名（沿革）	出典
休祥坊（B2）	东北隅	崇福寺［咸亨元年（670）立为太原寺。垂拱三年（687）改为魏国寺。载初元年（689）又改为崇福寺］。本开府仪同三司观国公杨恭仁宅	《两京新记》《长安志》卷十，5b，吕大防图
休祥坊（B2）	东南隅	万善尼寺［本在故城中。周宣帝大象二年（580）置。开皇三年（583）移于此］	《两京新记》《长安志》卷十，5b
	万善尼寺西	昭成尼寺［大业元年（605）立。永徽元年（650）废崇德坊之道德寺，乃移额及尼于此寺。先天二年（713）改为昭成寺］	《两京新记》《长安志》卷十，5b—6a
	南门之西	武三思（？—707）宅。本驸马都尉周道务宅。开元中［713—741］道务子励言（少府少监、汝南恭男）复居之。	《长安志》卷十，6a
金城坊（B3）	西南隅	匡道府即汉思后园	《长安志》卷十，6a
	北门	汉戾园	《两京新记》《长安志》卷十，6a
	汉戾园东南	汉博望苑	《两京新记》《长安志》卷十，6a
	东南隅	开善尼寺［开皇中（581—600）立］	《两京新记》《长安志》卷十，6a
	开善尼寺北	废太清观［本安乐公主宅。及诛后敕太清观道士史崇玄居焉。崇玄以先天二年（713）谋逆伏法。其观遂废］	《长安志》卷十，6a
	西南隅	会昌寺［武德元年（618）立］	《两京新记》《长安志》卷十，6a—6b
	十字街南之东	乐善尼寺［本名舍卫寺。隋开皇六年（586）立。景龙元年（707）改为温国寺。二年（708）又改为乐善寺］	《两京新记》《长安志》卷十，6b
醴泉坊（B4）	西南隅	三洞女官观［三洞女冠观。本灵应道士观。隋开皇七年（587）立。贞观二十二年（648）自永崇坊换所居于此］	《两京新记》《长安志》卷十，6b
	三洞女官观北	妙胜尼寺［隋开皇三年（583）立］	《两京新记》《长安志》卷十，6b
	十字街北之西	醴泉寺［隋开皇十三年（593）立］	《两京新记》《长安志》卷十，6b
	十字街南之东	波斯胡寺［仪凤二年（677）波斯王卑路斯奏请，于此置波斯寺。景龙中（707—710），宗楚客筑此（宅），寺地入其宅。遂移寺于布政坊西南隅祆祠之西］	《两京新记》《长安志》卷十，6b

坊名	坊内位置	建筑物名（沿革）	出典
	西北隅	祆祠	《两京新记》《长安志》卷十，6b，为"西门之南"
	东南隅	太平公主（？—713）宅（公主死后没官为陕王府）	《长安志》卷十，6b
	太平公主宅北	异僧方回宅（太平公主为造之）	《长安志》卷十，6b
	南门之东	中书令宗楚客宅［神龙（705—707）初，未几迁中书令。韦氏败（710），楚客伏诛。《旧唐书》卷九二，第2972页］。楚客谋死，其宅后赐申王㧑［开元十二年（734）薨］	《长安志》卷十，6—7a
怀远坊（B7）	东南隅	大云经寺［本光明寺。隋开皇四年（584）立。武太后初，改为大云经寺］	《两京新记》《长安志》卷十，7a
	十字街东之北	功德尼寺［本在安定坊。隋开皇七年（587）立。武德中（618—626）移于此］	《两京新记》《长安志》卷十，7a—7b
长寿坊（B8）	西南隅	长安具廨	《两京新记》《长安志》卷十，7b
	南门之东	永泰寺［开皇四年（584）立为延兴寺。神龙中（705—707）改为永泰寺］	《两京新记》《长安志》卷十，7b
	北门之东	大法寺［本宏法寺，武德中（618—626）立。神龙元年（705）改为大法寺］	《两京新记》《长安志》卷十，7b
	十字街西之北	崇义寺［武德二年（619）立］	《两京新记》《长安志》卷十，7b
	街北之西	酈国公杨温（隋文帝七世孙）宅	《长安志》卷十，7b
嘉会坊（B9）	西南隅	褒义寺（本隋太保吴武公尉迟刚宅。初刚兄回置妙象寺于故都城中。移都后，刚舍宅复立于此。改名褒义寺）	《两京新记》《长安志》卷十，7b
	十字街西之北	灵安寺［武德三年（620）立］	《两京新记》《长安志》卷十，8a
永平坊（B10）	东门之北	宣化尼寺［隋开皇五年（585）立］	《两京新记》《长安志》卷十，8a
	东南隅	宜城公主（中宗女）宅。公主薨后，太子太师窦希球［玄宗即位，官至太子宾客。开元二十七年（739）卒。《旧唐书》卷一八三，第4725页］居之	《长安志》卷十，8a

坊名	坊内位置	建筑物名（沿革）	出典
归义坊 （B12）	全一坊	隋蜀王秀宅	《两京新记》《长安志》卷十，8a
昭行坊 （B13）	街之南	汝州刺史王昕园（薛王业之舅。《长安志》卷七，7b，安仁坊）	《长安志》卷十，8a
普宁坊 （A2）	坊西街	汉大学余趾	《两京新记》《长安志》卷十，8b
	汉大学余趾次东	汉辟雍	《两京新记》《长安志》卷十，8b
	汉辟雍次东	汉明堂	《长安志》卷十，8b
	东南隅	东明观［显庆元年（656）立］	《两京新记》《长安志》卷十，8b
	十字街东之北	灵化寺［隋开皇二年（582）立］	《两京新记》《长安志》卷十，8b
	西南隅	大尉英国公李勣宅［贞观十一年（637）改封英国公。总章二年（669）寻薨。年七十六。《旧唐书》卷六七，第2486页］	《长安志》卷十，8b—9a
	北门之西	司农卿韦机宅［韦弘机。上元中（674—676），迁司农卿。《旧唐书》卷一八五上，第4796页］	《长安志》卷十，9a
	西北隅	祆祠	《两京新记》《长安志》卷十，9a
义宁坊 （A3）	南门之东	化度寺［本真寂寺。隋开皇三年（583），隋左仆射齐国公高颎舍宅为寺。武德二年（619）改为化度寺］	《两京新记》《长安志》卷十，9a
	西北隅	积善尼寺［隋开皇十二年（592），左仆射高颎妻贺拔氏所立。其地本贺拔氏之别第］	《两京新记》《长安志》卷十，9a
	十字街东之北	波斯胡寺	《两京新记》《长安志》卷十，9a
	东南隅	尚书右仆射戴至德宅［咸亨中（670—674），俄迁尚书右仆射。仪凤四年（679）薨。《旧唐书》卷七〇，第2535页］	《长安志》卷十，9a
居德坊 （A4）	东南隅	先天寺［本宝国寺。隋开皇三年（583）立。时人谓之县寺。其地本汉之圜丘。先天元年（712）改为先天寺］	《两京新记》《长安志》卷十，9a
	西北隅	普集寺［开皇七年（587）突厥开府仪同三司鲜于遵义舍宅立寺］	《两京新记》《长安志》卷十，9a

坊名	坊内位置	建筑物名（沿革）	出典
	南门之西	奉恩寺［本将军尉迟乐宅。神龙二年（706）立］	《两京新记》《长安志》卷十，9a
	南门之东	司礼大常伯刘祥道（596—666）宅［麟德元年（664）拜右相。罢为司礼太常伯。《新唐书》卷一〇六，第4050页。宅接先天寺，兼据汉圜丘旧址。因基高筑亭焉］	《长安志》卷十，9a—9b
群贤坊（A5）	东门之南	真心尼寺［隋开皇八年（588）立］	《两京新记》《长安志》卷十，9b
	十字街东之北	真化尼寺［隋开皇十年（590）立］	《两京新记》《长安志》卷十，9b
	东南隅	中宗昭容上官氏（664—770，上官婉儿）宅。今为南阳县主所居之。	《两京新记》《长安志》卷十，9b
怀德坊（A6）	南门之东	旧富商邹凤炽宅	《两京新记》
	西南隅	罗汉寺［隋开皇六年（586）立］	《两京新记》《长安志》卷十，9b
	十字街西之北	辩才寺［本郑孝王亮隋代旧宅。隋开皇十年（590）立此寺于群贤坊。武德二年（619）移于此］	《两京新记》《长安志》卷十，9b
	东门之北	慧日寺［隋开皇六年（586）立。本富商张通宅。舍而立寺］	《两京新记》《长安志》卷十，9b
崇化坊（A7）	东南隅	龙兴观［本名西华观。贞观五年（631）立。垂拱三年（687）改为金台观。神龙元年（705）又改为中兴观。三年（707）改为龙兴观］	《两京新记》《长安志》卷十，10a
	东门之北	经行寺［本长安令屈突盖宅。隋开皇十年（590）立］	《两京新记》《长安志》卷十，10a
	西南隅	净乐尼寺［静乐尼寺。隋开皇七年（587）立］	《两京新记》《长安志》卷十，10a
丰邑坊（A8）	东北隅	净虚观［静虚观。隋开皇七年（587）立］	《两京新记》《长安志》卷十，10a
待贤坊（A9）	东北隅	会圣观［会昌观。隋开皇七年（587）立。开元二十八年（740）改千秋观。天宝七载（748）又改天长观］	《两京新记》《长安志》卷十，10a，为"天长观"
淳和坊（A10）	东南隅	隐太子（李建成）庙	《两京新记》《长安志》卷十，10b，为"东北隅"

坊名	坊内位置	建筑物名（沿革）	出典
常安坊（A11）	东南隅	章怀太子（651—684）庙［神龙中（705—707）立］	《两京新记》《长安志》卷十，10b
和平坊（A12）	半已东	大庄严寺［隋仁寿三年（603）立为禅定寺。武德元年（618）改为庄严寺］	《两京新记》《长安志》卷十，10b
永阳坊（A13）	半已西	大总持寺［隋大业元年（605）立。初名禪定寺。制度与庄严寺同。武德元年（618）改为庄严寺］	《两京新记》《长安志》卷十，10b—11a

注：

1. 排列基于《长安志》及《两京新记》。

2.《两京新记》《长安志》与吕大防《长安图》记录不一处，在"出典"栏记载。

3. 出典如下：

①〔唐〕韦述：《两京新记》，前田育德会藏尊经阁卷子钞本（影印本见［日］平冈武夫编：《唐代の長安と洛陽・資料》，京都大学人文科学研究所，1956年），第179—196页。校注本见［日］福山敏男：《校注两京新记卷第三及解说》，见《福山敏男著作集》（6）《中国建筑与金石文研究》，中央公论美术出版，1983年（原载1953年），第114—162页。

②〔宋〕宋敏求：《长安志》，乾隆四十九年（1784）毕沅校本（经训堂丛书本）及日本东洋文库所藏嘉靖十一年（1532）李经刻本。

③〔宋〕吕大防：《长安城图》，见［日］平冈武夫编：《唐代の長安と洛陽・地圖》，京都大学人文科学研究所，1956年所载图。

④《旧唐书》，中华书局校点本。

⑤《新唐书》，中华书局校点本。

⑥〔宋〕王溥：《唐会要》，上海古籍出版社校点本。

⑦《文苑英华》，中华书局影印本。

⑧《册府元龟》，中华书局校点本。

⑨《全唐文》，中华书局校点本。

⑩〔清〕王昶：《金石萃编》，石刻史料新编第1辑所载影印本。

⑪《千唐志斋藏志》，文物出版社，1983年。

⑫周绍良主编：《唐代墓志汇编》，上海古籍出版社，1992年。

⑬严耕望：《唐仆尚丞郎表》，《"中央研究院"历史语言研究所专刊》（36），1956年。

⑭赵贞信编：《封氏闻见记校证》，哈佛燕京学社，1966年。

⑮辛德勇：《隋唐两京丛考》，三秦出版社，1993年。

⑯郁贤皓：《唐刺史考全编》，安徽大学出版社，2000年。

拙文汉译之际，得到韩岩先生的帮助，在此表示衷心的感谢。

原载《唐研究》（第9卷），北京大学出版社，2003年

（妹尾达彦，日本中央大学文学部教授）

唐大明宫内的几处建筑物的方位与职能
——以殿中内省、翰林院、学士院、金吾仗院、望仙观为中心

杜文玉

关于唐长安大明宫内建筑物的方位，历代学者均有不少研究，如宋敏求《长安志》、程大昌《雍录》、李好文《长安志图》、骆天骧《类编长安志》、徐松《唐两京城坊考》等。近代以来也有不少学者涉及这方面的问题，然未尽之处尚多，本文拟对殿中内省、翰林院、学士院、金吾仗院、望仙观等建筑的方位与职能，进行一个初步的研究，以求教于方家。

一、殿中内省的方位

杨鸿勋的《大明宫》一书附有一幅《唐长安大明宫复原平面图》，此图较之以往之图，不论是古人所绘之图，还是今人所绘之图，都要详尽得多，主要是所绘的大明宫中建筑的方位增加了很多，可以说是关于大明宫建筑研究的最新成果①。然而，此图却把殿中省绘在了御史台之西，而把御史台绘在中书省的西面，与史籍的记载全然不符。宋敏求《长安志》卷六《大明宫》载："月华门西有中书省，省北曰殿中内省。"徐松《唐两京城坊考》卷一《大明宫》载：宣政门"其内两廊为日华门、月华门，……月华门外为中书省，省南为御史台，省北为殿中外院、殿中内院"。此书注云："《长安志》不载外院。'内院'作'内省'，据《大典》《阁本》改。《通鉴》引《阁本大明宫图》，中书省与延英殿，其间仅隔殿中外院、殿中内院，与《大典》本合。《长安志》内省之北有亲王侍制院，《阁本图》不载，故不取。"②

---

① 杨鸿勋：《大明宫》，科学出版社，2013年，第25页。古人所绘图指：宋人吕大防《大明宫图》、程大昌《雍录》所附《六典大明宫图》和《阁本大明宫图》、元人李好文《长安志图·唐大明宫图》、清《陕西通志·唐大明宫图》、清毕沅《关中胜迹图志·唐大明宫图》、清徐松《唐两京城坊考·西京大明宫图》等；今人主要指史念海主编《西安历史地图集》所绘的两幅《大明宫图》。

② 〔清〕徐松：《唐两京城坊考》，中华书局，1985年，第20—21页。

如此看来，徐松是极为看重《阁本大明宫图》的，此图相对其他有关大明宫的古图的确最为详尽，然亦不是无懈可击。如此图没有标绘出御史台的方位，其所标绘的左、右金吾仗院、玄武门、玄元皇帝庙等的方位，存在很大的错误。其实此图的错误并不仅限于此，就不一一列举了。故徐松以此为据，删去了亲王待制院并不可取。殿中内院与殿中外院仅见于《阁本大明宫图》，可靠与否，值得怀疑，且图中将它们的方位东西并列，也不知其内院与外院是如何划分的。实际上唐朝在皇城内仍然设置有殿中省，其与置于大明宫内的为同一系统的机构，故应该称殿中内省，而不应以"院"相称，就如同中书省置于禁中，置于皇城内的同一机构则称中书外省，而不能称中书外院一样。徐松说《长安志》不载殿中外院，而把"内院"作"内省"，于是他便据《阁本大明宫图》改为"内院"，其实是过分迷信《阁本大明宫图》的缘故。即使大明宫中的殿中省的确分为内外院，也应该统称为殿中内省。

综上所述，殿中内省在大明宫中的方位应该在月华门外的中书省以北。傅熹年主编的《中国古代建筑史》一书中所附的《唐长安城大明宫平面示意图》，也是这样标绘的。①

二、翰林院与学士院

关于翰林院在大明宫中的方位，诸书记载不一。《长安志》卷六《大明宫》载：

> 右银台门内侍省、右藏库，次北翰林门，内翰林院、学士院，又东翰林院。

程大昌《雍录》卷四《东内西内学士及翰林院图》载：

> 翰林院、学士院皆在三殿西廊之外，其廊既为重廊，其门必为重门也。自翰苑穿廊而趋宣召，必由重门而入，故谓复门之召也。……而金銮殿又在学士院之左。……翰林院又北则近内苑，其宫城垂转北处，城之西北角有九仙门，文宗引入郑注，即自此门也。

其书卷四《大明宫右银台门翰林院学士院图》又曰：

> 翰林院在大明宫右银台门内，稍退北有门，榜曰翰林之门，其制高大重复，号为胡门（原注：或疑此是复门）。门盖东向（原注：韦执谊曰："开元学士院在翰林之南，别户东向。"），入门直西为学士院。

---

① 傅熹年主编：《中国古代建筑史》第二卷《两晋南北朝隋唐五代建筑》，中国建筑工业出版社，2001年，第379页。

徐松《唐两京城坊考》卷一《大明宫》载：

> 翰林院，在麟德殿西重廊之后，以其在银台门之北，故草制其间者，
> 因名"北门学士"。开元二十六年，于院南别置学士院，户皆东向。学士
> 院南厅五间，翰林院北厅五间，中隔花砖道。承旨居北厅第一间。

《类编长安志》《关中胜迹图志》《咸宁县志》《陕西通史》等书所载的内容
大同小异。《唐长安大明宫》一文说：

> 在右银台门内的北边10余米，于上述沿城大路的东边，有房屋和夯土
> 墙等建筑遗址。我们在此发掘了一部分，由房址破坏得严重，已看不出它
> 的形制，仅存部分有白灰墙皮的墙基和西南角的少许散水砖基等。……我
> 们在右银台门以北50米处，并发掘出25米长的一段散水，散水的西边与沿
> 城大路的东边相接，散水宽0.9米，散水上面的铺砖已无，现仅存底部的填
> 砖一层。

考古人员根据以上发掘结果和文献记载，认为文献记载在右银台门以北、麟德
殿西边的翰林院，"从位置来看，这与发掘的散水等遗址及在散水以东所钻探的情
况完全相符。……上述散水等遗址，可能就是当时翰林院的遗址，发掘出来的散水
或即是翰林院西侧散水的一部分"。又曰："在所谓翰林院遗址的北边200余米，与
上述散水南北对照处，有南北向的夯土墙一段，长达40余米，墙宽1.3米多，残存高
0.6米。墙向南向北均遭破坏。墙的西边与上述西城内的南北路相接，在墙的东边探
得有砖瓦和居住面的遗址，惟扰乱太甚，其范围不详。据《雍录》等记载和前述各
图来看，在翰林院以北（麟德殿之西北），有'少阳院'，发掘出的夯土墙，或即
少阳院之西墙，也未可知"[①]。

马得志所撰的《1959—1960年唐大明宫发掘简报》载：

> 位于右银台门北侧60余米处，与右银台门同时进行了发掘。这一门址
> 也是一个门道，但保存得较好，门道宽5.36米，进深8米多（加门基两侧
> 砖壁之厚度在内），较右银台门为窄，是就原来的宫墙所开，没有加宽基
> 座。……这一门是由宫内通向西夹城的（即所谓"右藏库"之南部），夹
> 墙的南壁距该门的南侧仅1.9米。在1959年未发现九仙门之前，曾疑此门
> 或即是九仙门，现在九仙门遗址既已确定，则此门当是另外的门了。但距
> 史献记载大明宫西城只有右银台门与九仙门，并无别的门，而此门距右银

---

① 中国社会科学院考古研究所、西安市大明宫遗址区改造保护领导小组编：《唐大明宫
遗址考古发现与研究》，文物出版社，2007年，第21页。此文原载《唐长安大明宫》，科学
出版社，1959年。

台门很近，却仅是从宫内通往夹城，其东面紧邻所谓翰林院遗址，据此来看，或即为《雍录》等书所谓的翰林院之胡门（或复门）也未可知。此门是开在城墙处，如是胡门（或复门），则学士院似在西夹城之内。①

如果说此文中学士院遗址在西夹城内的观点，仅是一种推测的话，1985年马得志发表的《西安市唐大明宫翰林院遗址》一文②，则进一步肯定了这一观点。1987年，马得志又发表了《唐长安城发掘新收获》一文，仍然坚持以上观点。③这种观点不仅与上引文献的记载矛盾，也与诸古大明宫图的标绘矛盾，因此并不能令人信服。

有人针对这一观点撰文提出商榷，认为西夹城发现的建筑遗址可能是内侍省或内侍别省、右藏库、掖庭宫。关于内侍别省的方位，文献与《阁本大明宫图》均载其在大明宫内，而不在西夹城内，故可能性不大。至于掖庭宫，文献中从未记载大明宫还置有此宫，其宫人多居住在野狐落，至于女性官奴婢仍可聚于西内之掖庭宫，不一定非要在大明宫中也另搞一处掖庭宫，故可能性不大。笔者认为唯一的可能，西夹城内这处遗址应是右藏库之所在。一是这里曾发现大量的封泥；二是这里封闭性甚佳，适合建库；三是此门门道较宽，且"在两道门槛的中部都凿有车轨的沟辙，宽度为1.35米，这与玄武门门槛的车轨宽度基本相同"。那么，翰林院与学士院的方位到底在什么地方？此文作者认为中国科学院考古所所撰的《唐长安大明宫》一文所提出的"以右银台门内北边10余米处的房屋遗址作为翰林院和学士院还是差相仿佛的，但仍略嫌偏南，距麟德殿稍远，而在此'所谓翰林院遗址的北边200余米'残存的南北向夯土墙则更接近于文献记载中翰林院和学士院的位置"④甚是。

需要说明的是，翰林院与学士院为两处建筑群，后者建于开元二十六年（738），从上引诸书看，其位于翰林院之南⑤。又据韦执谊的《翰林院故事》载：

① 中国社会科学院考古研究所、西安市大明宫遗址区改造保护领导小组编：《唐大明宫遗址考古发现与研究》，文物出物版，2007年，第64页。此文原载《考古》1961年第7期。

② 马得志：《西安市唐大明宫翰林院遗址》，见中国考古学会编：《中国考古年鉴》，文物出版社，2007年，1985年。

③ 马得志：《唐长安城发掘新收获》，《考古》1987年第4期；又收入中国社会科学院考古研究所、西安市大明宫遗址区改造保护领导小组编：《唐大明宫遗址考古发现与研究》，文物出物社，2007年，第73页。

④ 辛德勇：《大明宫西夹城与翰林院学士院诸问题》，《陕西师大学报》1987年第4期。

⑤ 洪遵：《翰苑群书》卷四韦执谊《翰林院故事》载："学士院者，开元二十六年之所置，在翰林院之南。"见文渊阁《四库全书》（第595册），上海古籍出版社，1987年，第353页。

"其后，又置东翰林院于金銮殿之西，随上所在而迁，取其便稳。"①这样的话在大明宫中至少有一处翰林院和两处学士院，翰林院与学士院位于麟德殿重廊之西，右银台门偏北，另一处位于金銮殿之西。位于金銮殿之西的叫东学士院，位于麟德殿以西的应该称西学士院。

宋人程大昌曰："若驾在大内，则于明福门置院，驾在兴庆宫，则于金明门内置院（原注：在勤政楼东北），亦名翰林院，与此大明宫制不同。"②这里所谓"大内"，指西内太极宫，这样在唐长安三大内中皆置有翰林院，其中以大明宫所置最为重要，因为有唐一代，毕竟大部分时间都以大明宫作为统治中心。

关于学士院的内部结构，程大昌据李肇的《翰林志》和韦执谊的《翰林院故事》的记载，记述如下：

> 翰林院在大明宫右银台门内，稍退北有门，牒曰翰林之门，其制高大重复，号为胡门（原注：或疑此是复门）。门盖东向（原注：韦执谊曰："开元学士院在翰林之南，别户东向。"），入门直西为学士院。院有两厅，南北相峙，而各自为门，旁有板廊，自南厅可通北厅（原注：李肇曰："南北两厅皆设铃，待诏者撼铃为信。"若是同为一门，不必各设铃索），又皆南向，院各五间。北厅从东来第一间常为承旨阁，余皆学士居之，厅前阶砌花砖为道（原注：花砖别有说）。南厅本驸马张垍为学士时以居公主，此其画堂也，后皆以居学士，其东西四间皆为学士阁，中一阁不居（原注：并李肇记）。北厅又北则为翰林院。初，未有学士时，凡为翰林待诏供奉者，皆处其中。后虽有学士，而技能杂术与夫有学可备询访之人，仍亦居之。故王叔文、王伾辈以书棋得入也。③

这一段引文的大部分文字实际上论述了西学士院的结构情况，最后一小部分文字记述了翰林院的情况。

然据洪遵编《翰苑群书》卷一所收的李肇《翰林志》记载，程大昌之书对学士院的描述并不齐全，主要是缺漏了以下几点内容：①"出北门横屋六间"；②"前庭之南横屋七间"；③"又西南为高品使之马厩"；④"北厅之西南小楼"。再把这些与程大昌的记述综合起来，可知学士院内由南向北，依次是前庭之南有横屋7

---

① 洪遵：《翰苑群书》卷四韦执谊《翰林院故事》，见文渊阁《四库全书》（第595册），上海古籍出版社，1987年，第353页。

② 〔宋〕程大昌：《雍录》卷四《东内西内学士及翰林院图》，中华书局，2002年，第72页。

③ 〔宋〕程大昌：《雍录》卷四《大明宫右银台门翰林院学士院图》，中华书局，2002年，第73页。

间，南厅5间，由南厅出北门，有横屋6间，北厅5间，北厅之西有南小楼。此外，在前庭7间横屋的西南还有高品之马厩。北厅皆以花砖砌成小道，两厅之间有铃索，用之以呼召。

据李肇《翰林志》载：学士院还藏有各类书籍8000余卷，其中两间屋专门用来"贮远岁诏草及制举词策"。前庭南面横屋7间，"小使居之，分主案牍诏草纸笔之类"。整个学士院内种满了花草、树木、水果等，环境十分幽静。

《翰林志》还说，学士院的"北门为翰林院"。意即学士院的北面为翰林院。翰林院本来是一个供奉内廷的待诏场所，这种场所唐初就已有之，《旧唐书·职官志二》说，唐朝在三大内"皆有待诏之所。其待诏者，有词学、经术、合练、僧道、卜祝、术艺、书弈，各别院以廪之，日晚而退。其所重者词学。"只不过此时尚无翰林院之名而已。关于翰林院之名的出现，《唐会要》卷五七《翰林院》说开元初置，诸书所记基本相同。当时尚无学士之名，而是称翰林待诏、翰林供奉，翰林学士之名始于开元二十六年（737）。

由于供奉在翰林院的人，三教九流，颇为复杂，各以其技求得皇帝一欢，所以长期以来并不为人们所重视。在学士院未设置前，凡任翰林待诏或供奉者，皆居于其内。自开元二十六年设置学士院以后，翰林院仍然保留，原因就是"技能杂术与夫有学可备询访之人，仍亦居之。故王叔文、王伾辈以书棋得入也"①，但是在政治上的地位却大大地下降了。

至于翰林学士的由来，可以追溯到唐初，如太宗"精选天下贤良文学之士"，"听朝之隙，引入内殿，讲论文义，商量政事，或至夜分方罢"②。所谓"武德、贞观时，有温大雅、魏徵、李百药、岑文本、许敬宗、褚遂良……乾封中，刘懿之刘祎之兄弟、周思茂、元万顷、范履冰，皆以文词召入待诏，常于北门候进止，时号北门学士。天后时，苏味道、韦承庆，皆待诏禁中。中宗时，上官昭容独当书诏之任。睿宗时，薛稷、贾膺福、崔湜，又代其任。玄宗即位，张说、陆坚、张九龄、徐安贞、张垍等，召入禁中，谓之翰林待诏。王者尊极，一日万机，四方进奏、中外表疏批答，或诏从中出"③他们虽然没有翰林学士之名，却已有了翰林学士之实。至开元二十六年时，遂正式为这些待诏禁中的文学之士定名为翰林学士，并另置学士院以安置之。

---

① 〔宋〕程大昌：《雍录》卷四《大明宫右银台门翰林院学士院图》，中华书局，2002年，第73页。
② 〔宋〕王溥：《唐会要》卷六四《弘文馆》，上海古籍出版社，2006年，第1316页。
③ 《旧唐书》卷四三《职官志二》，中华书局，1975年，第1853—1854页。

如果说翰林学士在玄宗时期的职能是草拟表疏批答，以备顾问的话，那么安史之乱后，由于战争频繁、军情紧急，深谋密诏皆从中出，遂使翰林学士的职任更加重要。唐德宗贞元时期，藩镇叛乱，天子迁播，军国机密多由翰林学士掌之，史载："贞元末，其任益重，时人谓之'内相'。"①而宰相备相而已。自从翰林学士有了诏敕的起草权后，中书省制作诏敕的权力便大大地削弱了。翰林学士所撰制敕，直接从禁中发出，故称内制，而中书舍人所撰制敕，则称为外制。内制不经过中书门下，更不经门下省审议，自然不能加盖天子印玺，实际上只能算是"墨敕"，可是这种墨敕却更加重要，于是便在元和初置"书诏印"，由学士院掌之。关于学士院的职能以及东学士院的详细情况，笔者已有过研究②，这里就不多说了。

需要补充的是，任翰林学士者并无一定之规，只要有才干并得到皇帝的赏识，就可充任之，故唐人曰："凡学士无定员，皆以他官充，下自校书郎，上及诸曹尚书，皆为之。所入与班行绝迹，不拘本司，不系朝谒。"③元和时期设置了承旨学士，由学士中资望最高者一人任之，位在诸学士之上，号称学士院长。至于东学士院，"大抵召入者一二人，或三四人，或五六人，出于所命，盖无定数。亦有鸿生硕学，经术优长，访对质疑，主之所礼者，颇列其中。崇儒也"④。东学士院人数虽少，但由于接近皇帝，故职任最为重要。

学士院不仅有翰林学士，不少宦官亦供职于其中，据李肇《翰林志》载："署有高品使二人，知院事。每日晚执事于思政殿，退而传旨。小使衣绿黄青者，逮至十人，更番守曹。"以高品使二人"知院事"，即负责学士院日常事务。学士院内部之杂事，则由这些着绿、黄、青的小宦官们承担，如掌管本院藏书，"前庭之南横屋七间，小使居之，分主案牍、诏草、纸笔之类"，再如学士院使之马厩等，均需要他们负责。⑤

唐后期在翰林学士院置翰林使与学士院使，均由宦官充任。从目前的史料看，前者最早出现在宪宗元和年间，如"吕如金，宪宗时为翰林使。元和四年杖四十，

---

① 洪遵：《翰苑群书》卷一李肇《翰林志》，见文渊阁《四库全书》（第595册），上海古籍出版社，第345页。

② 杜文玉：《唐大明宫金銮殿的功能及地位研究》，《陕西师范大学学报》2012年第3期。

③ 洪遵：《翰苑群书》卷一李肇《翰林志》，见文渊阁《四库全书》（第595册），上海古籍出版社，第346页。

④ 洪遵：《翰苑群书》卷四韦执谊《翰林院故事》，见文渊阁《四库全书》（第595册），上海古籍出版社，第353页。

⑤ 洪遵：《翰苑群书》卷一李肇《翰林志》，见文渊阁《四库全书》（第585册），上海古籍出版社，第347—348页。

配恭陵"①。杜元颖《翰林院使壁记》载："圣明以文明敷于四海，详择文学之士，置于禁署，实掌诏命，且备顾问。又于内朝选端肃敏裕、迈乎等伦者为之使，有二员，进则承睿旨而宣于下，退则受嘉谟而达于上。军国之重事，古今之大体，庶政之损益，众情之异同，悉以关揽，因而启发。"②在文后署"时庚子岁夏五月一日记"，庚子岁指元和十五年（820）。据此可知翰林院使的职责是沟通皇帝与学士之间的联系，皇帝有旨宣于学士，学士的意见需要送达于皇帝，皆通过翰林使进行，于是军国大事，政治机密，翰林院使不仅知悉，而且还可以参与讨论，从"因而启发"一句可知。

但是唐后期又设置了学士院使，而且时间还要早于翰林院使，据《梁守谦墓志铭》载："贞元末，解褐授征事郎、内府局令、充学士院使。公艺业精通，器宇沈邃，性不苟合，发言成规。"③又，薛廷珪《授学士使郤文晏将军金紫光禄大夫制》云："国家设翰墨之林，延髦硕之士，以润色鸿笔，发挥王猷。妙选内官，修辞立诚者，以与我言语，侍从之臣，朝夕游处。……自擢居密署，言奉词臣。"说明学士使与学士们关系很近，"朝夕游处"，但是从"言奉词臣"之语，学士使为学士们服务的色彩还是很浓的。又据宦官《吴承泌墓志铭》载："加内侍充学士使。严徐论思之地，枚马视草之司。公之精识通才，光膺是选。丝纶夜出，得以讲陈；鸳鹭会同，靡不宴洽。"④"丝纶夜出，得以讲陈"，说的是学士使也参与政事的讨论。正因为学士使也参与政事的讨论，所以有人认为其为翰林使的改称，或为异称，而"实是一使"⑤。

其实这是两种使职，并非同一种使职，这一点从《闾知诚墓志铭》所载可知："（大中）三年秋，拜染坊使，俄迁监学士院使。……至十年六月，入觐，充内坊使，累迁翰林院使。"⑥很明显学士使与翰林使为两种不同的使职。从监学士院使的使名看，学士使的责任在于监院，需要长驻院中，且地位也较翰林使略低。由于学士使的职能在于监院，所以长驻在学士院中，并且掌管院内日常事务，上引李肇

---

① 《册府元龟》卷六六九《内臣部·谴责》，中华书局，1960年，第7998页。
② 《文苑英华》卷七九七，中华书局，1966年，第4220页。
③ 周绍良主编：《唐代墓志汇编》"大和〇一二"，上海古籍出版社，1992年，第2103页。
④ 周绍良主编：《唐代墓志汇编》"乾宁〇〇五"，上海古籍出版社，1992年，第2533页。
⑤ 唐长孺：《山居存稿》，中华书局，1989年，第260页。
⑥ 郑晦：《大唐故右神策军护军副使朝散大夫行内侍省掖庭局令员外置同正员上柱国赐紫金鱼袋闾府君墓志铭并序》，见吴钢主编：《全唐文补遗》（第3辑），三秦出版社，1996年，第236页。

《翰林志》所说的"知院事"的高品使,就是指学士使。由于其长驻院中,自然不免要与学士们议论政事。而翰林使的主要职能是沟通学士与皇帝之间的联系,由于工作关系也时常与学士商讨诏敕当否,他们都实际参与了军国大政的议定,因而职事便显得非常重要。上引的有关学士使的史料,只提到其参与政事的讨论,从未有其沟通皇帝与学士之间联系的字词,这就说明两者的职能是不同的。学士使实即学士院使的简称,这种现象在当时比较普遍。如内诸司使中有翰林医官使,实则为监翰林医官使的简称。①

三、左右金吾卫仗院

左、右金吾卫仗院,又称金吾仗舍,是左、右金吾卫设在宫中的机构。左、右金吾卫的历史渊源可以追溯到秦汉时期,秦置有中尉,掌京师巡警。汉朝建立后,沿袭未变,直到汉武帝时,才改名为执金吾。历代或置或废,隋朝置左右武候府,隋炀帝改为左右武候卫。唐朝在高宗龙朔二年(662)改为左、右金吾卫。

左、右金吾卫各置大将军1员、将军2员,为正副长官,其下有长史、诸曹参军事等文职官员和司阶、中候、司戈、执戟等武职官。左、右金吾卫作为十六卫之一,其下辖有外府,即折冲府50个,内府即翊府1个。折冲府以折冲都尉、果毅都尉为正副长官,翊府以中郎将、左右郎将为正副长官。唐德宗贞元二年(786),诸卫各置上将军1员,位在大将军之上,实际上是用来安置罢节镇的勋臣,待遇优给,并无实际职权。

左、右金吾卫的主要职能是:"掌宫中及京城昼夜巡警之法,以执御非违。……凡车驾出入,则率其属以清游队,建白泽朱雀等旗队先驱,如卤簿之法。从巡狩畋猎,则执其左右营卫之禁。"②具体掌管京城巡警之责的则是其所属之翊府,"中郎将掌领府属,以督京城内左、右六街昼夜巡警之事;左、右郎将贰焉"③。他们通常兼任左右街使,史载:"左右街使,掌分察六街徼巡。凡城门坊角,有武候铺,卫士、彍骑分守,大城门百人,大铺三十人,小城门二十人,小铺五人。日暮,鼓八百声而门闭;乙夜,街使以骑卒循行嚣呼,武官暗探。五更二点,鼓自内发,诸街鼓承振,坊市门皆启,鼓三千挝,辨色而止。"④可知长安城中

---

① 傅滔:《唐故宣德郎行内侍省内府局丞弘农杨府君(居实)墓铭并序》,见吴钢主编:《全唐文补遗》(第3辑),三秦出版社,1996年,第242—243页。
② 《旧唐书》卷四四《职官志三》,中华书局,1975年,第1901页。
③ 《唐六典》卷二五《左右金吾卫》,中华书局,1992年,第639页。
④ 《新唐书》卷四九上《百官志四上》,中华书局,1975年,第1285—1286页。

分布着大大小小的所谓武候铺和暗探，以维护京师的安全。左右街使只负责坊里以外的安全事务，关于这一点有一段史料说得很清楚。宪宗元和十一年（816），新任京兆尹柳公绰上任，神策军小将骑马横冲其前导，被柳公绰当街杖死。宪宗质问其专杀之状，柳公绰回答说："陛下不以臣无似，使待罪京兆。京兆为辇毂师表，今视事之初，而小将敢尔唐突，此乃轻陛下诏命，非独慢臣也。臣知杖无礼之人，不知其为神策军将也。'上曰：'何不奏？'对曰：'臣职当杖之，不当奏。'上曰：'谁当奏者？'对曰：'本军当奏；若死于街衢，金吾街使当奏；在坊内，左右巡使当奏。'"①。文中所提"金吾街使"，就是左右街使；所提到的"左右巡使"，则由殿中侍御史充任。可见两者的分工是非常清楚的。

左右街使还负有其他方面的一些职责，如开元二十九年（741）正月诏曰："古之送终，所尚乎俭，比来习俗，渐至于奢，苟炫耀于衢路，复何益于泉壤！又凡庶之中，情理多阙，每因送葬，或酣饮而归，及寒食上墓之时，亦便为宴乐。在于风俗，岂成礼教！自今已后，其缘葬事，有不依礼法者，委所由州县并左右街使，严加捉搦，一切禁断。其有犯者，官人殿黜，白身人所在决一顿。"②文宗太和九年（835）八月敕："诸街添补树，并委左右街使栽种，价折领于京兆府。"③其实这些方面本不在金吾卫的职责范围之内，只是皇帝认为由其执行比较便利而已。

除了掌宫中、京师昼夜巡查外，左、右金吾卫的职能远不止以上这些，凡京师处决死囚，金吾卫要派官员与御史一同监刑；凡大功役，金吾卫也要派官与御史巡查；京师中的病坊也是其巡查的对象，主要目的是察看是否有奸人隐藏其间，"凡敝幕、故毡，以给病切"④。

皇帝坐朝，由诸卫将士组成仗卫，其规模大小，视礼仪之轻重而定。其中，以千牛卫仗与金吾卫仗最为重要，前者将士要进入殿内，负责皇帝安全，并承接进状；后者由于负责宫内巡警，所以每次坐朝，由金吾将军一人奏"左右厢内外平安"⑤。然后唤仗入阁门，称为"仗入"。文宗时发生甘露之变，当时的左金吾大将军韩约"不奏平安"，说其仗舍内的石榴树夜降甘露，诱使宦官前往观看，欲聚而杀之。⑥德宗时太子少保、工部尚书于颀年老，"因入朝仆地，为金吾仗卫掖起，改

① 《资治通鉴》卷二三九"唐宪宗元和十一年十一月"，中华书局，1956年，第7726页。
② 《册府元龟》卷一五九《帝王部·革弊一》，中华书局，1960年，第1926页。
③ 〔宋〕王溥：《唐会要》卷八六《街巷》，上海古籍出版社，2006年，第1868页。
④ 《新唐书》卷四九上《百官志四上》，中华书局，1975年，第1285页。
⑤ 《新唐书》卷二三上《仪卫志上》，中华书局，1975年，第489页。
⑥ 《旧唐书》卷一八四《宦官·王守澄传》，中华书局，1975年，第4770页。

太子少师致仕"①。敬宗童昏,每次坐朝皆晚,史载:"上视朝每晏,戊辰,日绝高尚未坐,百官班于紫宸门外,老病者几至僵踣。谏议大夫李渤白宰相曰:'昨日疏论坐晚,论上坐朝之晚也。今晨愈甚,请出阁待罪于金吾仗。'"这里所谓的"金吾仗"则指举行朝会时的金吾仗卫,而非金吾仗院,故胡三省曰:"金吾左、右仗,在宣政殿前。"②之所以说金吾仗在宣政殿前,是因为皇帝此时尚未在紫宸殿坐朝,待坐朝定,始唤仗卫入阁门。又,"贞元十四年闰五月,侍御史殿中邹儒立以太子詹事苏弁入朝,班位失序,对仗弹之。弁于金吾仗待罪数刻,特放"③,指的也是金吾仗卫。

关于大明宫中的左、右金吾卫仗院的方位,诸书的记载完全一致,即左金吾仗院在大明宫望仙门内,右金吾仗院在建福门内。其具体方位,徐松的《唐两京城坊考》所附之图将右金吾仗院标绘在光范门外偏东,左金吾仗院标绘在昭训门外偏西的位置上。史念海主编的《西安历史地图集》之《唐大明宫图(文献)》,将右院标绘在光范门外偏西,左院在昭训门外偏东的方位上。有人引《新唐书》卷一十九《李训传》:"明日,召群臣朝,至建福门,从者不得入,光范门尚闭,列兵谁何。乃繇金吾右仗至宣政衙,兵皆露持。"这段记载记述了此次入宫的线路,即从建福门入宫,经过光范门至宣政殿。由于光范门未开启,所以经右金吾仗院通过其他宫门进至宣政门前。"这说明,右金吾仗院当在光范门之东,若在光范门西则无法到达宣政门"④。

唐朝的十六卫除左、右金吾卫外,其余诸卫的廨署皆置在皇城内,唯独左、右金吾卫的廨署置在宫中,之所以如此,主要与其负责宫中巡警的职能密切相关。既然如此,为什么将其廨署称为仗院呢?这是因为其在宫中除了负责巡查之外,还要承担仗卫,所以习惯上称之为金吾仗院、金吾仗舍,还有的书索性记载为金吾仗。关于这个问题,还有史料可以证明,如贞元八年(792)四月,"以雅王傅李翰为金吾卫大将军。翰前为窦参所恶贬官,至是参败,上遽召翰,口授将军,便令金吾仗上事,翌日除书方下"⑤。这里所说的"金吾仗"就是指金吾仗院,所谓"上事",就是上任理事之意。

---

① 《旧唐书》卷一四六《于颀传》,中华书局,1975年,第3966页。
② 《资治通鉴》卷二四三"唐穆宗长庆四年三月",中华书局,1956年,第7834页。
③ 〔宋〕王溥:《唐会要》卷六二《知班》,上海古籍出版社,2006年,第1279页。
④ 尚民杰:《关于大明宫的几个问题》,见中国社会科学院考古研究所、西安市大明宫遗址区改造保护领导小组编:《唐大明宫遗址考古发现与研究》,文物出版社,2007年,第233页。
⑤ 《旧唐书》卷一三《德宗纪下》,中华书局,1975年,第373—374页。

左、右金吾仗院的规模很大，其内可以驻兵，史载："初，武元衡之死，诏出内库弓矢、陌刀给金吾仗，使卫从宰相，至建福门而退。"①可知这些保卫宰相上朝的禁兵皆是从金吾仗院派出的。平定朱泚之乱时，大将李晟率大军攻入长安城，史载："晟军入京城，勒兵屯于含元殿前，晟舍于右金吾仗。"并在这里发号施令②，实际上将这里作为临时的司令部。又，文宗太和九年（835）四月，"大风，含元殿四鸱吻并皆落，坏金吾仗舍。废楼观城四十余所"③。可见金吾仗院的建筑规模的确不小。

金吾仗院还设有监狱。史载："至德中，有吐蕃囚自金吾仗亡命，因敕晚开门，宰相待漏于太仆寺车坊。"④这里所谓的"吐蕃囚"就是从金吾仗院内的监狱逃亡的，因此晚开宫门，以便搜捕。再如："严郢为京兆尹，宰臣杨炎恶其异己，阴令御史张著廷尉劾郢，诬以他罪，拘于金吾仗。京师百姓，日数千百人，将诣阙救郢于建福门。德宗微知之，乃削郢兼御史中丞。百姓知郢得不坐，皆迎拜喧呼，声闻数里。"⑤这里所说的"金吾仗"，就是指设在金吾仗院内的监狱。自从武则天在朝堂设置铜匦之后，历朝皆有人前来投状。唐代宗宝应元年（762）敕："如有告密人登时进状，分付金吾留身待进止。今缘匦院无械系之具，忽虑凶暴之徒，难以理制，请勒安（建）福门司领付金吾仗留身，然后牒送御史台、京兆府，冀绝凶人喧竞。"⑥意即将告密人暂时羁押在右金吾仗院，然后再把相关公文（牒）送到御史台和京兆府，以查明实际情况。

由于左、右金吾仗院十分重要，事关宫廷安全，所以时常要有将军以上军官值班，如有违反，则要受处罚。如武宗会昌四年（844）三月，"御史台奏：'今月三日，左右金吾仗当直将军乌汉正、季玕并不到，准会昌三年二月四日敕：'比来当日多归私第，近晚方至本仗宿直，事颇容易，须有提撕。今日以后，昼日并不得离本仗，纵有公事期集，当直人亦不得去，仍令御史台差朝堂驱使官觉察，如有违者，录名闻奏。'敕旨：宜各罚一月俸。"⑦即使有公事要办，当值军官也不得离开仗院，可见管理还是十分严格的。

---

① 《资治通鉴》卷二四五"唐文宗太和九年十二月"条，中华书局，1956年，第7922页。

② 《旧唐书》卷一三三《李晟传》，中华书局，1975年，第3669页。

③ 《旧唐书》卷一七下《文宗纪下》，中华书局，1975年，第558页。

④ 《旧唐书》卷一五上《宪宗纪上》，中华书局，1960年，第421页。

⑤ 《册府元龟》卷六八三《牧守部·遗爱二》，中华书局，1960年，第8154页。

⑥ 《册府元龟》卷四七四《台省部·奏议五》，中华书局，1960年，第5658—5659页。

⑦ 〔宋〕王溥：《唐会要》卷八二《当直》，上海古籍出版社，2006年，第1797页。

还有一件事需要分辨清楚，即程大昌所撰《雍录》曰：

> 唐大明宫朝堂外左右金吾仗之侧，有曰侧门者，以其在端门旁侧也。景龙中，于侧门降斜封墨敕，授人以官，号斜封官；又十三年敕，谏官如要侧门论事，即令引对；元宗时，诸王退朝，于侧门候进止；其后又于侧门受词讼；开元元年敕，都督、刺史之官，皆引面辞，侧门取进止；十二年，御史出使，于侧门进状取处分。皆取正殿旁侧为义也。[①]

徐松在《唐两京城坊考》一书中，将以上文字的大意附在金吾左右仗院之下，并说"其侧有门，曰侧门"[②]。《雍录》中所说这些现象在今本史籍中皆可查找得到，仔细推敲，发现其所指并非同一处建筑物的侧门，程大昌与徐松之说皆大误。程大昌说端门为宫殿正门，侧门指端门旁侧之门，是正确的。但是其认为以上这些现象皆发生在大明宫金吾仗院之侧门，则有误，而且这里所谓的左右金吾仗实际上是指其仗卫，并非指仗院。

如"中书门下五品以上及诸司长官，谢于正衙，复进状谢于侧门"，这里的侧门，则指宣政门之侧门。再如"监察御史分日直朝堂，入自侧门，非奏事不至殿庭，正门无籍。天授中，诏侧门置籍，得至殿庭"[③]，这里所谓侧门是指朝堂之侧门，所以分值朝堂的监察御史在侧门置门籍后，便可进至殿庭。如是指金吾仗院之侧门，那么上述的监察御史又是如何进至朝堂的呢？至于中宗时，韦后与安乐公主所搞的墨敕斜封官，虽于侧门颁降，但当时在太极宫中，与大明宫并无关系，而且也不是指太极宫的金吾仗院。另据《新唐书》卷一九七《循吏传序》载："始，都督、刺史皆天子临轩册授。后不复册，然犹受命日对便殿，赐衣物，乃遣。玄宗开元时，已辞，仍诣侧门候进止，所以光宠守臣，以责其功。"仔细研读这段话，这里所说的侧门，明显是指便殿之侧，在大明宫则是指紫宸殿，与金吾仗院丝毫无涉。关于玄宗时诸王在侧门候进止之事，主要来自《新唐书》卷八一《睿宗六子传》，原文如下：

> 及先天后，尽以隆庆旧邸为兴庆宫，而赐宪及薛王第于胜业坊，申、岐二王居安兴坊，环列宫侧。天子于宫西、南置楼，其西署曰"花萼相辉之楼"，南曰"勤政务本之楼"，帝时时登之，闻诸王作乐，必亟召升楼，与同榻坐，或就幸第，赋诗燕嬉，赐金帛侑欢。诸王日朝侧门，既归，即具乐纵饮，击球、斗鸡、驰鹰犬为乐，如是岁月不绝……

---

① 〔宋〕程大昌：《雍录》卷二《端门掖门（谳门侧门）》，中华书局，2002年，第28—29页。
② 〔清〕徐松：《唐两京城坊考》卷一《大明宫》，中华书局，1985年，第19页。
③ 《新唐书》卷四八《百官志三》，中华书局，1975年，第1238页。

很明显这里所谓侧门，是指兴庆宫之侧门，也与大明宫无涉。类似事例还很多，就不一一列举了。程大昌的这种说法，影响甚大，元代著名史家胡三省也深受影响，他在注《通鉴》时不止一次地引用了这一观点。如"处士韦月将上书告武三思潜通官掖，必为逆乱；上大怒，命斩之。黄门侍郎宋璟奏请推按，上益怒，不及整巾，屣履出侧门"，胡注曰："侧门，非正出之门。程大昌曰：唐大明宫朝堂外左、右金吾仗之侧，有曰侧门者，以其在端门旁侧也。"①意即唐中宗看到宋璟的上奏后，心中愤怒，来不及整理衣冠，就跑到了侧门，显然宋璟是通过侧门上表的，故中宗跑出来找他。这时中宗尚在洛阳，这一点胡三省倒没有说错，问题是即使洛阳宫城的金吾仗院也建在距宫门不远的前朝区域中，而从当时中宗慌乱的情况看，显然是从便殿很可能也是从寝殿跑出来的，试想一个趿拉着鞋的皇帝能跑到距宫门不远的地方去见一位朝臣吗？因此这里的侧门一定在距便殿或寝殿不远之处。从这些情况看，这几位学者显然对唐朝制度了解得还不够深入。②

自从唐朝的府兵制度崩溃后，十二卫皆无兵可掌，唯有左右金吾卫因负有巡警宫内与京师之责，所以尚掌握了为数不多的军队。然而在唐后期其兵力也不断地呈下降趋势，在这种情况下，为了保证金吾卫掌握一定的兵力，遂于唐德宗建中元年（780）七月，"诏以鸿胪寺所统左右威远营隶金吾"③。

四、望仙观

望仙观，或称望仙台，其实望仙台仅仅是观内一高台而已，而望仙观应该是一处颇具规模的建筑群。关于望仙观的始建时间，《旧唐书》卷一八上《武宗纪》载：会昌三年（843）五月，"筑望仙观于禁中"。《新唐书》卷八《武宗纪》曰：会昌三年，"是夏，作望仙观于禁中"。《资治通鉴》卷二四七会昌三年五月条："筑望仙观于禁中。"

望仙台的兴建却在这年以后，《旧唐书》卷一六五《柳公绰传附柳仲郢传》载：会昌五年（845），"武宗筑望仙台，仲郢累疏切谏，帝召谕之曰：'聊因旧趾

---

① 《资治通鉴》卷二〇"八唐中宗神龙二年四月"条及胡注，中华书局，1956年，第6602页。
② ［日］松本保宣：《唐代の侧门论事》，《东方学》1993年第86辑；又收入［日］松本保宣：《唐王朝の宫城と御前会议——唐代聴政制度の展开》，晃洋书房，2006年，第225—247页。作者也不同意《雍录》的这一说法，认为侧门并不仅限于大明宫左右金吾仗院，而是分布于宫中各处，指出侧门在"唐前半期是指临时设置的待制官等待的场所，在中书、门下两省、武德殿西门（太极宫）、弘文馆、章善门、明福门（洛阳宫）等处都有存在，均位于宫城内部，是距禁中最近的门和机构"。
③ ［宋］王溥：《唐会要》卷七一《十二卫》，上海古籍出版社，2006年，第1520页。

增葺，愧卿忠言。'"《新唐书》本传亦载："武宗延方士筑望仙台，累谏谆切，帝遣中人愧谕。"《旧唐书》所记是武宗召柳仲郢当面谕之，新书却记为命中使代为谕之。值得注意的是，《旧唐书》所记的"聊因旧趾增葺"一句，似乎武宗只是在旧址上增葺而已。那么，大明宫在此之前是否已有类似建筑呢？具体情况已不可考了。

关于望仙台的具体修筑时间，诸书记载颇不相同，引录如下。《唐会要》卷三〇《杂记》："（会昌）五年正月，造仙台。其年六月，修望仙楼及廊舍，共五百三十九间。"《册府元龟》卷一四《帝王部·都邑二》："（会昌五年）六月，修望仙楼及廊舍共五百三十九间。"《旧唐书》卷一八上《武宗纪》："（会昌五年）六月丙子，……神策奏修望仙楼及廊舍五百三十九间，功毕。"《新唐书》卷八《武宗纪》："五年……六月甲申，作望仙楼于神策军。"

综合上引诸书记载看，望仙台及望仙楼建于会昌五年是不成问题的，从《唐会要》所载看，这年正月先建的望仙台，后来才建的望仙楼，这两处建筑并非同时开工，这一点倒是有可能的。只是《新唐书》说"作望仙楼于神策军"，则大误矣，因为右神策军驻于西内苑，左神策军驻于东内苑，这里显然是指左神策军驻地。若如此，则望仙楼建在东内苑之中，这不仅与诸书所记不同，而且也与考古探测的结果不同，这一点后面还要详述。此外，如果望仙台与望仙楼在当年开建，六月就建成，如此之大的规模显然是不可能的。

日本僧人圆仁所撰的《入唐求法巡礼行记》一书对此也有记载，引录如下：

敕令两军于内里筑仙台，高百五十尺。十月起首，每日使左、右神策军健三千人，搬土筑造。皇帝意切，欲得早成，每日有敕催筑。

这里所说的十月，是指会昌四年（844）十月。圆仁当时就在长安，当时人记当时事，故可信度较大。既然如此，为什么上引诸书均把此事记在会昌五年呢？这一点其实上引《旧唐书》已经说得很清楚了，这年六月是工程"功毕"，即完工的时间，故神策军向武宗奏建成了望仙楼及廊舍539间。这一条记载应该出自《唐武宗实录》，是可信的。

还有一点需要说明，望仙台与望仙楼既非同时兴建，其建成也并非同一时间。据圆仁记载：会昌五年"三月三日，筑台成就。进仙台，人君上台。两军中尉、诸高班、道士等，随皇帝上。两军中尉语赵归真曰：'今日进仙台了，不知公等求得仙否？'归真低头不语"。①这说明望仙台建成于这年三月，而望仙楼及廊舍建成于

---

① ［日］圆仁：《入唐求法巡礼行记》卷四，上海古籍出版社，1986年，第181页。

同年六月。从这段记载看，左右神策军护军中尉对道士赵归真十分不满，原因不仅在于筑台是出自他的建议，更在于修筑过程中武宗催促甚急，致使神策军吃了很大的苦头。所谓"每日有敕催筑。两军都虞候把棒检校，皇帝因行见，问内长官曰：'把棒者何人？'长官奏曰：'护军都虞候勾当筑台。'皇帝宣曰：'不要你把棒勾当，须自担土。'便交搬土。后时又驾筑台所，皇帝自索弓，无故射煞虞候一人，无道之极也。"①都虞候是负责军纪的军官，其把棒检校，就是持杖督促监工。武宗竟然命其亲自运土，其急切心情可见一斑，又射死了一名虞候，故神策军上下有怨气也是难免的。两军中尉不敢对皇帝发泄，只好找赵归真的麻烦了。

由此可见，望仙台、降真台（后述）、望仙楼及其廊舍，均为望仙观的组成部分，它们共同构成了一处规模宏大的建筑群。既然如此，为什么后世学者对望仙台十分关注，却对望仙观的兴建不甚重视？原因就出在宋代学者身上。如王溥的《唐会要》根本就未提望仙观，仅记载了望仙台。宋敏求的《长安志》卷六在记载大明宫内的建筑物时，也记载了望仙台，而忽视了望仙观，所谓'望仙台，武宗时命神策军士修望仙楼及廊舍五百余间。大中八年，复命葺之，补阙陈嘏上疏谏而止，改为文思院"。元人骆天骧的《类编长安志》亦是如此，仅记载了望仙台。元人胡三省为《资治通鉴》作注时，在卷二四"七会昌三年五月"条的"筑望仙观于禁中"一句下，注云："《会要》，是年修望仙楼及廊舍，共五百三十九间。"显然胡三省把这时所建的望仙观与后来所建的望仙楼视为同一回事，而今本《唐会要》明确记载望仙楼及廊舍建成于会昌五年。受宋元学者的这种影响，加之后世学者对这个问题没有详加考辨，误以为望仙台就是望仙观。

望仙观是一组规模宏大的建筑群，关于其规模及其豪奢情况，有两则记载，录之如下：

> 仙台高百五十尺，上头周圆，与七间殿基齐；上起五峰楼，中外之人尽得遥见；孤山高耸，般终南山盘石作四山崖，龛窟盘道，克饰精妙；便栽松柏奇异之树，可笑称意。②

这是现存描写望仙台最为详细的记载，其余记载比较简略，只是说"武宗好长生久视之术，于大明宫筑望仙台，势侵天汉"③。另一段史料则记载了降真台的情况，其文曰：

> 上好神仙术，遂起望仙台以崇朝礼。复修降真台，舂百宝屑以涂其

---

① ［日］圆仁：《入唐求法巡礼行记》卷四，上海古籍出版社，1986年，第180页。
② ［日］圆仁：《入唐求法巡礼行记》卷四，上海古籍出版社，1986年，第181—182页。
③ ［唐］裴庭裕：《东观奏记》卷上，中华书局，1994年，第93页。

地，瑶楹金拱，银槛玉砌，晶荧炫耀，看之不定。内设玳瑁帐、火齐床，焚龙火香，荐无忧酒。此皆他国所献也。上每斋戒沐浴，召道士赵归真已下共探希夷之理。由是室内生灵芝二株，皆如红玉。又渤海贡马脑横、紫瓷盆。马脑横方三尺，深色如茜所制，工巧无比，用贮神仙之书，置之帐侧。紫瓷盆量容半斛，内外通莹，其色纯紫，厚可寸余，举之则若鸿毛。上嘉其光洁，遂处于仙台秘府，以和药饵。后王才人掷玉环，误缺其半菽，上犹叹息久之。①

降真台与望仙台均处于望仙观内。

唐武宗兴建望仙观及望仙、降真二台，自然是出于尊崇道教、求取神仙之术，所谓"武宗好长生久视之术"。关于这一点，道士赵归真说得更为详尽，其曰：

> 佛生西戎，教说不生。夫不生者，只是死也。化人令归涅槃。涅槃者，死也。盛谈无常苦空，殊是妖怪，未涉无为长生之理。太卜老君闻生中国，宗乎大罗之天。逍遥无为，自然为化。飞练仙丹，服乃长生。广列神府，利益无疆。请于内禁筑起仙台，练身登霞，逍遥九天。康福圣寿，永保长生之乐。②

如果说唐武宗兴建望仙观是出于尊崇道教的目的，其建筑望仙台则是相信了赵归真的这一说辞，练身登霞，获取仙丹，求取长生之道。武宗服食丹药死后，宣宗遂于大中八年（854）将其改为文思院，成为制造金银器的机构。

关于望仙观在大明宫中的方位，一说"望仙台，在清思殿西"③。另一说"武宗于宣政殿东北筑台曰望仙"④。清思殿的方位，考古实测说它在大明宫左银台门内西北280余米处。⑤宣政殿的遗址考古人员已经发现，位于含元殿以北300米处，而紫宸殿在宣政殿以北95米处，在紫宸门以北60米处。⑥考古人员在紫宸殿与紫宸门之间的东面发现一高高的夯土台，认为其应是望仙台遗址。这个位置正好处在宣政殿东

---

① 〔唐〕苏鹗：《杜阳杂编》卷下，见《唐五代笔记小说大观》（下册），上海古籍出版社，2000年，第1390页。

② 〔日〕圆仁：《入唐求法巡礼行记》卷四，上海古籍出版社，1986年，第180页。

③ 〔清〕徐松：《唐两京城坊考》卷一《大明宫》，中华书局，1985年，第23页。

④ 〔宋〕赵彦卫：《云麓漫钞》卷八，中华书局，1996年，第142页。

⑤ 马得志：《唐长安城发掘新收获》，见中国社会科学院考古研究所、西安市大明宫遗址区改造保护领导小组编：《唐大明宫遗址考古发现与研究》，文物出版社，2007年，第70页。

⑥ 中国社会科学院考古研究所、西安市大明宫遗址区改造保护领导小组编：《唐大明宫遗址考古发现与研究》，文物出版社，2007年，第38—39页。

北，但是却在清思殿遗址的西南，并非清思殿西，证明这一说法并不准确。史念海主编的《西安历史地图集》第89页《大明宫图（考古）》，将望仙台遗址标绘在紫宸门正东，而杨鸿勋《大明宫》一书第25页《唐长安大明宫复原平面图》，把望仙台标绘于紫宸殿与紫宸门之间的正东方位上，应该说后一书的标绘更为精确一些。由于望仙台只是望仙观内的一处建筑，搞清了其具体方位虽然可以确定望仙观在大明宫中的方位，但对其全部建筑群的范围到底有多大，尚无法论定，只好有待于考古工作的新发现了。

原载《唐史论丛》（第19辑），三秦出版社，2019年

（杜文玉，陕西师范大学历史文化学院教授）

唐代的翰林待诏和司天台

——关于《李素墓志》和《卑失氏墓志》的再考察

赖瑞和

　　1980年在西安出土的《李素墓志》和他夫人的《卑失氏墓志》，为一个波斯景教家族在中国做官的情况，提供了绝佳的材料。笔者最近始有机会拜读北京大学荣新江教授的《一个入仕唐朝的波斯景教家族》[①]一文，颇感兴趣和兴奋。此文对李素（744—817）和他儿子李景亮（生于约792年后；活跃于817—847年）的波斯背景，他们入仕唐朝的始末，以及他们的景教信仰，都有很精辟的考释，但对李素父子任翰林待诏、翰林待诏的官衔问题，以及李景亮后来在司天台所任何职，却着墨不多。笔者年来研究唐代职官，涉及正字、校书郎、县丞、县尉和翰林待诏等一系列官职，深感《李素墓志》和《卑失氏墓志》不但有助于我们了解一个波斯家族在中国的生活，更有助于我们考察唐代的翰林待诏制度以及翰林待诏的官衔，且草此文，就教于荣新江教授及其他专家。

一、翰林待诏制度和官衔

　　李素任职于唐代司天台，历代、德、顺、宪四朝，这点荣新江的文章已有详细讨论，此不赘述。但应当注意的是，李素在司天台任职期间，同时是个"翰林待诏"。据《李素墓志》，当初他的父亲在广州都督府任别驾，李素原本是跟随他父亲在广州的。大历（766—779）中，"特奉诏旨，追赴阙廷"，"除翰林待诏，四朝供奉，五十余年"。他夫人的《卑失氏墓志》，更明确透露他以翰林待诏任司天监时的全套官衔："夫皇朝授开府仪同三司行司天监兼晋州长史翰林待诏上柱国开

---

　　① 荣新江：《一个入仕唐朝的波斯景教家族》，见叶奕良编：《伊朗学在中国论文集》（第2集），北京大学出版社，1998年，第82—90页；又收入《中古中国与外来文明》，生活·读书·新知三联书店，2001年，238—257页。

国公食邑一千户李素"①。这长串官衔，意味着什么？笔者底下将细考。

更可留意的是，李素本人在元和十二年（817）去世时，皇帝为了感谢他长期的服务，还特别召他的儿子李景亮为翰林待诏："帝泽不易，恩渥弥深，遂召子景亮，诘问玄微，对扬无玷，擢升禄秩，以续阙如，起复拜翰林待诏襄州南漳县尉。"换句话说，李景亮也跟他父亲一样，以翰林待诏起家（"襄州南漳县尉"是翰林待诏例常所带的职事官衔，以秩品位，下面再论）。此后，据我们所知，他一直都在任翰林待诏，并任职于司天台。最后，他也跟他父亲一样，官至司天监（司天台的长官，从三品的高官）。

晚唐大诗人李商隐（812—858）在大中元年（847）任桂管观察使郑亚的幕僚时，曾经代郑亚（荥阳公）②写过一篇《为荥阳公贺老人星见表》。文一开头就说："臣得本道进奏院状报，司天监李景亮奏：八月六日寅时，老人星见于南极，其色黄明润大者。"③这是笔者无意中发现的一条极佳史料，过去似未为人所注意和引用。李商隐此表的写作年月很清楚。文中所说的"进奏院"，又是其"本道"即桂管派驻京城的机构。它是从京城所发来的"状"，消息当最及时、准确和可信④，可证李景亮于大中元年八月正任司天监。从元和十二年他初任翰林待诏算起，李景亮此时已经在唐宫中服务至少三十年了。

除李商隐此文之外，《南部新书》也收了一条关于李景亮的资料，并且引了他的一小段奏文，可以证明李景亮一直到大中九年（855）还在任司天监：

　　大中九年，日官李景亮奏云："文星暗，科场当有事。"沈询为礼

① 《李素墓志》和《卑失氏墓志》的录文见周绍良主编：《唐代墓志汇编》，上海古籍出版社，1992年，第2039—2040、2072—2073页；又见《全唐文补遗》（第3辑），三秦出版社，1996年，第179、186页。但荣新江引文说："周编所据拓本欠佳，录文有些缺误，本文据图版重录。"因此笔者引此两墓志，皆根据荣新江的最新录文。参见荣新江：《中古中国与外来文明》，生活·读书·新知三联书店，2001年，第239—243页。下同，不另出注。

② 郑亚生平事迹最详细的考订，参见周建国：《郑亚事迹考述》，《文史》1988年第31辑。

③ 刘学锴、余恕诚校注《李商隐文编年校注》（中华书局，2002年，第1563页）把此文系于"大中元年八月底或九月初"。张采田《玉溪生年谱会笺》卷三（上海古籍出版社，1983年，第131页）同样系于大中元年，但未系月份。李商隐此文又收在《全唐文》卷七七二（中华书局，1983年，第8041页）。

④ 关于唐代的进奏院，详见张国刚《唐代进奏院考略》（《文史》1983年第18辑）。至于"进奏院状"这种公文的格式和内容，参见张国刚《敦煌唐代"进奏院状"辨》（见《唐代政治制度研究论集》，文津出版社，1994年，第267—286页）引两件敦煌发现的"进奏院状"文书，考辨详细而清晰。李商隐所见到的其本道进奏院状，当和在敦煌所发现者相同或相似。

部，甚惧焉。至是三科尽覆试，宏辞赵柜等皆落下。①

按"日官"指古代掌天文历算之官，典出《左传》桓公十七年："天子有日官，诸侯有日御。"李景亮任司天监时，应当也跟他父亲一样，还带有翰林待诏等官衔，下面将再细论。这样说来，李素和李景亮便是父子两代都担任翰林待诏和司天台的工作，而且前后时间竟长达七八十年，很有汉代司马谈、司马迁父子两代都为太史令的遗风，也让我们想起高宗、玄宗朝印度籍天文学家瞿昙罗、瞿昙悉达和瞿昙谟等人，接连几代都在唐天文机构担任要职的事。②

但什么是翰林待诏？这是一种怎样的官职？为什么司天台的工作，要由翰林待诏来担任？而且，为什么翰林待诏除了司天监这职称外，又有"兼晋州长史"这样的职事官衔？有什么意义？这些正是本文所要讨论的。

唐代大诗人李白，当年到长安大明宫，风光一阵，还要高力士为他脱靴。③当时他任的正是这个翰林待诏。笔者已有一篇三万多字的长文《唐代待诏考释》④，专论唐代两种类型的待诏（王绩等人的门下省待诏和李白、王叔文、王伾等人的翰林待诏），以及翰林待诏的官衔、社会地位、命运等课题，此不再论。至于翰林院的发展脉络，翰林待诏和翰林学士的分别，翰林供奉的指称意义，近年的专书和论文其

---

① 〔宋〕钱易：《南部新书》戊卷，黄寿成点校，中华书局，2002年。关于大中九年这场考试风波的详细背景和讨论，参见王勋成：《唐代铨选与文学》，中华书局，2001年，第290—291页。

② 江晓原：《六朝隋唐传入中土的印度天学》，《汉学研究》1992年第10卷第2期；葛承雍：《唐代长安印度人之研究》，见荣新江主编：《唐研究》（第6卷），北京大学出版社，2000年，第314—315页。按汉代的太史令，既管天文，又是史官。唐代的司天台早期即称为"太史局"，司天监为"太史令"。详见《唐六典》卷一〇，中华书局，1992年，第302页；《新唐书》卷四七，中华书局，1975年，第1215—1216页。

③ 朱玉麒：《脱靴的高力士——一个文学配角的形成史》，见荣新江主编：《唐研究》（第7卷），北京大学出版社，2001年，第71—90页。文章探讨高力士替李白脱靴的传说及其文化意义，很有新意。

④ 赖瑞和：《唐代待诏考释》，《中国文化研究所报》2003年第43期，第69—105页。

多，所论已详①，这里只简单交代。

唐代的翰林院是在玄宗开元初即位时设立的，但设置年月史书不载，难以考订。早期的翰林院有两种人：一种是像张说、张九龄等有文采的高官，负责掌制诰，备顾问等，地位崇高；另一种是书画工艺、医卜天文等杂色人，地位较低。这两类人当时都泛称"翰林供奉"。但从开元二十六年（738）起，为了把张说、张九龄等文词高官和书画医卜等杂色供奉区分开来，翰林院之南便另外建了一座学士院，专处像张说、张九龄等高官。从此，翰林院便分为两个部分：一为翰林待诏院，一为翰林学士院。在待诏院供奉的，称为翰林待诏；在学士院供奉的，称为翰林学士。至于"翰林供奉"，可说是个不明确的统称。在开元二十六年之前，它可以指翰林杂色待诏，也可以指张说等高官。但自从翰林学士院成立之后，翰林供奉这个称号在史料中便越来越少见，中晚唐偶尔出现，一般也多指翰林待诏。

翰林待诏是一种没有品秩的差遣职。任此官者大多出身寒微，没有功名科第，纯以个人才艺如书、画、琴、棋、医、天文、五行、僧道等入翰林院待诏，以侍候皇上在这些方面的需要。他们都以皇帝名义征召，非经吏部铨选，可说是皇上的亲信近侍。任待诏数年之后，他们可能取得各种官衔，包括散官、职事官、勋官，甚至爵位。翰林待诏当中，有官衔高至从三品的司天监和秘书监，也有低至八九品的参军和主簿。有些翰林待诏还挂外官职，如"晋州长史"等。

顾炎武的《日知录》，对翰林待诏有过一段精辟的考据：

> 《旧书》言翰林院，有合练、僧道、卜祝、术艺、书奕，各别院以廪

① 袁刚《唐代翰林院诸伎术杂流》（《江西社会科学》1990年第1期）、孙永如《唐代的翰林待诏》（《扬州师院学报》1995年第3期）最先提及翰林待诏和翰林学士的区别。毛蕾的专书《唐代翰林学士》第五章"附论：唐代的翰林院与翰林待诏"（北京社会科学文献出版社，2000年，第156—180页）则更深入和全面探讨此课题。毛蕾此书也对翰林院的前后发展脉络有清楚论述。过去中、日、韩、英、法学者对翰林院论述甚多，详见胡戟等编《二十世纪唐研究》（中国社会科学出版社，2001年，第95页）的学术史回顾。主要论文有刘健明：《论唐代的翰林院》，《食货》1986年第15卷第7—8期合刊；辛德勇：《大明宫西夹城与翰林院学士院诸问题》，《陕西师大学报》1987年第4期；袁刚：《唐代的翰林学士》，《文史》1990年第33辑；赵雨乐：《唐代翰林学士院与南北司之争》，《唐都学刊》2001年第1期。近年傅璇琮开始发表一系列论翰林学士的论文，先后有：《李白任翰林学士辨》，《文学评论》2000年第2期；《唐玄肃两朝翰林学士考论》，《文学遗产》2000年第4期；《唐代宗朝翰林学士考论》，《中华文史论丛》2001年第67辑；《唐德宗朝翰林学士考论》（和施纯德合写），《燕京学报》2001年新第10期；《唐永贞年间翰林学士考论》，《中国文化研究》2001年秋之卷；《翰林供奉》，《文史知识》2001年第10期。最近的两篇论文是：王定勇、李昌集：《唐翰林制沿革考》，《扬州大学学报》2001年第5期；马自力：《唐代的翰林待诏、翰林供奉、翰林学士》，《求索》2002年第5期。

之。《职官志》。陆贽与吴通玄有隙，乃言承平时，工艺书画之徒，待诏翰林，比无学士，请罢其官。《通玄传》。其见于史者，天宝初嵩山道士吴筠，乾元中占星韩颖刘烜，贞元末奕棋王叔文，侍书王伾，元和末方士柳泌，浮屠大通，宝历初善奕王倚，兴唐观道士孙准，待诏翰林。小说，玄宗时有翰林善围棋者王积薪。又如黎幹虽官至京兆尹而其初亦以占星待诏翰林。而贞元二十一年二月丙午，罢翰林医工相工占星射覆冗食者四十二人。《顺宗纪》。宝历二年，十二月庚申，省教坊乐官，翰林待诏伎术官，并总监诸色职掌内冗员，共一千二百七十人。《文宗纪》。此可知翰林不皆文学之士矣。赵璘《因话录》云，文帝赐翰林学士章服，续有待诏欲先赐，本司以名上，上曰，赐君子小人不同日，且待别日。《雍录》曰，汉吾丘寿王以善格五，召待诏，坐法免，上书愿养马黄门。金日磾与弟伦，没入官，输黄门养马。师古曰，黄门之署，职任亲近，以供天子，百物在焉。故亦有画工。又武帝令黄门画《周公负成王图》，以赐霍光。则是黄门之地，凡善格五者，能养马者，能绘画者，皆得居之。故知唐世杂艺之士，供奉翰林者，正用此则也。①

李白非科第出身，纯以诗名为玄宗所知，待诏翰林，前后约三年。李阳冰为李白诗文集所写的《草堂集序》，生动描写了李白刚入宫时的情景：玄宗"降辇步迎，如见绮、皓。以七宝床赐食，御手调羹以饭之"②。但李白最后又被皇上"赐金放还"，走的时候还是翰林待诏一个，没有得到任何职事官衔。现代研究者如傅璇琮，对李白任翰林待诏却没有得到任何官衔（翰林待诏不算是职事官衔），深感不解。③和李白差不多同时入宫的道士吴筠，任的也是翰林待诏，几年后离去时，同样没有任何官衔。

据笔者在《唐代待诏考释》中的考察，以李白、吴筠等人为证，一般人初任翰林待诏，很可能都是没有任何职事官衔的。墓志中也有好些案例。他们要在待诏许多年后，才可得到一个职事官衔，然后以此职事官衔来秩品位，升迁时此职事官衔也随之变更。例如，翰林待诏中有一位书待诏唐玄度，身份地位不高，在两《唐书》中都无传。然而，由于他是个书待诏，曾经负责为不少墓志碑石篆盖或篆额，结果他的名字、手迹和结衔，反而保存在出土石刻中。从这些石刻材料可以考见他

---

① 〔清〕顾严武：《日知录》卷二五，文史哲出版社，1979年，第702页。小字为原书所有。

② 此序收在安旗主编《李白全集编年注释》（巴蜀书社，2000年，第1831页）。

③ 傅璇琮《翰林供奉》（《文史知识》2001年第10期，第63页）说："如果刚召入，有待考查，暂不带官衔，还可理解；第二年整整一年，还是没有，直到第三年，李白离去，也还仅仅是个'高士'（其友人李华语）。"

任翰林待诏十多年的官衔变化，见表1。

表1　石刻中所见唐玄度的待诏年代和官衔表

所书碑志及年代	结衔	材料出处
《左威卫将军李藏用碑》[大和四年（830）]	礼部侍郎翰林学士王源中撰；翰林待诏唐玄度篆额	《集古录目》卷九，叶十一下
《六译金刚经》[大和六年（832）]	经刻于上都兴唐寺，文宗诏取其本使待诏唐玄度集王羲之书	《集古录目》卷九，叶十二上
《升元刘先生碑》[大和七年（833）]	刑部侍郎冯宿撰；右司郎中柳公权书；翰林待诏唐玄度篆额	《集古录目》卷九，叶十二下
《新加九经字样序》[开成二年（837）]	覆定石经字体官朝议郎权知沔王友翰林待诏上柱国赐绯鱼袋臣唐玄度撰	《金石萃编》卷一〇九，叶一六下
《唐玄度十体书》（无年代）	翰林待诏沔王友唐玄度书	《集古录目》卷十，叶三上
《何进滔德政碑》[开成五年（840）]	翰林丞旨兼侍书工部侍郎柳公权撰并书，翰林待诏梁王府司马唐玄度篆额	《集古录目》卷十，叶二上下
《大唐故安王墓志铭并序》[开成五年（840）]	翰林待诏朝议郎守梁王府司马上柱国赐绯鱼袋臣唐玄度奉敕篆额	《唐代墓志汇编续集》
《司徒刘沔神道碑铭》[大中二年（848）]	翰林待诏朝议郎守越州都督府司马上柱国唐元□模勒并篆额	《八琼室金石补正》卷七四

　　注：此表据毛蕾《唐代翰林学士》（社会科学文献出版社，2000年，第161页）的书待诏表重编。但笔者所用《集古录目》为清代缪荃孙校辑（台湾艺文印书馆，1967年，《石刻史料丛书乙编》本），卷数和毛蕾所引不同。此外，《安王墓志》和《刘沔神道碑》亦为笔者所添补。安王即李溶，唐穆宗的第四子。此碑为唐玄度"奉敕篆额"，可知翰林书待诏和皇室的亲近，经常在皇室的敕命下从事书碑篆额的工作。

　　从上表看来，唐玄度在大和四年到七年任翰林待诏，是没有任何职事官衔的，仅有翰林待诏的名号。七年后，到了开成二年，我们才见到他有了"覆定九经字体官朝议郎权知沔王友"等称号。"覆定九经字体官"亦非唐代九品三十阶内的正式员官，仅是临时编派的一个差遣职位。《旧唐书·文宗纪》"开成二年"条下，仍称唐玄度为"翰林勒字官"[①]，可证这是他在翰林院的职务。至于"朝议郎"，则为正六品上的文散阶，"沔王友"则是他"挂职领俸"的寄禄官。沔王即李恂，宪宗的儿子，在长庆元年（821）封王。

　　到了开成五年，我们又在两通石碑上见到唐玄度新的职事官衔："梁王府司马"，而且还可知道他的勋官衔"上柱国"。他显然升官了，但此时他已经在翰林院充当了至少十年的待诏。又过了约八年，在大中二年，唐玄度的名字又再次出现

---

　　① 《旧唐书》卷一七下，中华书局，1975年，571页。

在石碑上，这回是替一个高官司徒刘沔的神道碑"模勒并篆额"。此时他任翰林待诏应当已有至少十八年了，而且他的职事官衔也改为"越州都督府司马"，显然又升官了。①

唐玄度的这个案例，很清楚地显示了翰林待诏的整套官衔结构是怎样的。其中最特别的一点，就是翰林待诏竟带有一个"虚"的职事官衔。他显然并没有担当该职事官衔所标示的职务。我们知道，唐玄度一直都在长安大明宫中任翰林待诏。这是表1中他的八个结衔唯一固定不变的职称。他不可能同时在越州都督府任司马。此职事官衔是个"虚位"，类似"检校"一类的，也很像宋初官制所谓的"寄禄官"②。像唐代翰林待诏所带的这种职事官衔，也正是宋代"寄禄"制度的渊源。这也意味着，翰林待诏除了以文散阶来秩品位外，他们还带有一职事官以"挂职领俸"。这也可说是唐代职事官"阶官化"的另一种实例。研究唐代官制的现代学者，一般以为这种"阶官化"仅见于唐的方镇使府中③。其实，它也应用在翰林院等宫内官署。

像唐玄度这种翰林待诏的结衔，有散位，有勋位，又带个"虚"的职事官衔者，墓志中还有不少。且举数例如下：

（1）将仕郎守衡州司仓参军翰林待诏毛伯良书。④

（2）承务郎行饶州余干县尉翰林待诏郜从周撰并书。⑤

（3）朝议郎守梁州都督府长史武阳县开国男翰林待诏韩秀实书。⑥

这三个例子也显示，翰林待诏若服务一段时间以后，有了官衔，则他们的官衔包含至少两个部分，一是散官，如上引的"将仕郎""承务郎"和"朝议郎"等；另一则是职事官衔，如"衡州司仓参军""饶州余干县尉"和"梁州都督府长史"等。第三例的韩秀实，甚至还多了个爵号"武阳县开国男"。

再如书待诏刘讽的官衔变化，更可让我们考察他的升迁：

---

① 因为避讳的关系，唐玄度的名字也常作"唐元度"。刘沔神道碑上虽缺"度"字，但从官衔和时代来看，应当是"唐元度"，亦即唐玄度无疑。

② 关于宋初的寄禄官制，参见〔日〕梅原郁：《宋初的寄禄官及其周围》，《东方学报》1975年第48册；又收入刘俊文主编：《日本学者研究中国史论著选译》（第5册），中华书局，1993年，第392—450页。

③ 张国刚在《唐代官制》（三秦出版社，1987年，第160—161页），最先提到唐代职事官的"阶官化"。他后来在《唐代阶官与职事官的阶官化》（见《唐代政治制度研究论集》，文津出版社，1994年）中有更深入的讨论。

④ 周绍良、赵超主编：《唐代墓志汇编续集》，上海古籍出版社，2002年，第800页。

⑤ 周绍良、赵超主编：《唐代墓志汇编续集》，上海古籍出版社，2002年，第800页。

⑥ 〔清〕胡聘之：《山右石刻丛编》卷七，山西人民出版社，1988年，第37下页。

（1）翰林待诏儒林郎守常州司仓参军骑都尉刘讽书［大和三年
（829）］①

（2）翰林待诏儒林郎守汴州司户参军骑都尉刘讽书［大和九年
（835）］②

刘讽从大和三年到大和九年，都在任翰林待诏。他结衔上唯一的改变，是他的职事
官衔，从"常州司仓参军"改为"汴州司户参军"。常州和汴州都在外地，离长安
千里以上。刘讽既然在长安宫中任翰林待诏，当不可能同时在常州或汴州任判司
（唐制：诸曹参军通称"判司"），可证他的两个判司职都是"虚"衔，亦可证翰
林待诏的升迁，可以用这种职事衔的官品上升来表示，不一定用散官。他的文散官
儒林郎和勋官骑都尉，六年之间反而都没有改变。

又如另一个书待诏毛伯贞：

（1）朝议郎行吉州司功参军上柱国翰林待诏毛伯贞撰并书［开成元年
（835）］③

（2）翰林待诏朝请大夫行舒州长史上柱国赐绯鱼袋毛伯贞撰并篆［大
中五年，（851）］④

（3）翰林待诏朝请大夫守襄州长史上柱国赐绯鱼袋毛伯贞篆盖［大中
十二年，（858）］⑤

毛伯贞此例最值得注意的是，他在翰林院待诏的年岁相当长，至少从开成元年到
大中十二年都在任翰林待诏，前后长达二十二年（李素父子不也待诏长达数十年
吗？），他所挂的职事官都是外官，从司功参军升到长史。他的上柱国是勋官当中
最高的一转。

再如张宗厚：

（1）翰林待诏将仕郎前守右威卫长史臣张宗厚奉敕书［咸通四年
（863）］⑥

（2）翰林待诏将仕郎守凉王府咨议参军臣张宗厚奉敕书［咸通七年，

---

① 周绍良、赵超主编：《唐代墓志汇编续集》，上海古籍出版社，2002年，第898页。
② 周绍良、赵超主编：《唐代墓志汇编续集》，上海古籍出版社，2002年，第921页。
③ 周绍良、赵超主编：《唐代墓志汇编续集》，上海古籍出版社，2002年，第927页。
④ 周绍良、赵超主编：《唐代墓志汇编续集》，上海古籍出版社，2002年，第991页。
⑤ 周绍良、赵超主编：《唐代墓志汇编续集》，上海古籍出版社，2002年，第1015页。
此例中原为"侍诏"，应是"待诏"之误。
⑥ 周绍良、赵超主编：《唐代墓志汇编续集》，上海古籍出版社，2002年，第1044页。

（866）］①

和毛伯贞不一样的是，张宗厚似乎没有勋官。他的结衔有"奉敕"两字，是因为他
所写的那两通碑，都是公主的墓志。他挂的两个职事官，都属京官（其中"右威卫
长史"，也出现在李景亮的官衔中）。但这并不表示，翰林待诏只能单挂京官，或
单挂外官。我们也找到先挂外官、后挂京官的例子，如董咸：

（1）翰林待诏承奉郎守建州长史董咸书篆［咸通五年（864）］②

（2）翰林待诏承奉郎守殿中省尚药奉御臣董咸奉敕篆盖（咸通七年）③

即先挂外官"建州长史"，两年后即有升迁，改挂京官"殿中省尚药奉御"。董咸第
二例有"奉敕"两字，因为他篆盖的墓志，乃《唐故朗宁公主墓志铭》，即文宗第四
女的墓志。这显示翰林待诏和皇室亲近的程度。隔了约五年，在咸通十二年（871）
的一方墓志上，我们发现董咸又升官了，不但有上柱国的最高勋衔，还有赐紫金鱼
袋，而且他的文散阶也从承奉郎（从八品上）升为朝散大夫（从五品下）：

翰林待诏朝散大夫守殿中省尚衣奉御上柱国赐紫金鱼袋臣董咸奉敕
篆盖。④

从唐代官制演变上看，翰林待诏以职事官作为他们"寄禄"的方式，很有意
义。这可说是唐朝把职事官"阶官化"的实例之一。过去，已有学者注意到，中
晚唐士人在京城外的各方镇使府任官，都纷纷带有一个京官职事衔，而把这种现
象称为"职事官的阶官化"⑤。但此现象其实不仅仅出现在方镇使府，也出现在翰
林院等京城官署。上引的石刻史料例子，全属中晚唐时期，这是因为中晚唐的例
子最多，但唐前期的例子也并非没有，只是比较少见，如《集古录目》卷七录《礼
部尚书徐南美碑》，下云："大理评事陶翰撰。翰林待诏左卫率府兵曹参军蔡有邻
八分书。……碑以天宝九年（750）立。"⑥此即为可考的最早一例。此翰林待诏蔡
有邻所带的职事衔"左卫率府兵曹参军"，应当只用作他的阶官而已。此外，上元
二年（761）所立的《刘泰芝志》，由"朝议郎行卫尉寺丞翰林待诏刘秦书"⑦，刘

① 周绍良、赵超主编：《唐代墓志汇编续集》，上海古籍出版社，2002年，第1065页。

② 周绍良、赵超主编：《唐代墓志汇编续集》，上海古籍出版社，2002年，第1051页。

③ 周绍良、赵超主编：《唐代墓志汇编续集》，上海古籍出版社，2002年，第1069页。

④ 周绍良、赵超主编：《唐代墓志汇编续集》，上海古籍出版社，2002年，第1091页。

⑤ 张国刚：《唐代阶官与职事官的阶官化》，见《唐代政治制度研究论集》，文津出版
社，1994年，第207—232页。

⑥ 〔宋〕欧阳棐：《集古录目》卷七，〔清〕缪荃孙校辑，台湾艺文印书馆，1967年，
《石刻史料丛书乙编》本，叶五上。

⑦ 周绍良主编：《唐代墓志汇编》"上元〇〇一"，上海古籍出版社，1992年，

秦所带的职事官衔"卫尉寺丞"，也仅是他的阶官。由此可证，石刻中的翰林待诏结衔，可以为我们查考唐代职事官的阶官化，提供许多珍贵的佐证资料。《李素墓志》和《卑失氏墓志》保存了唐代两个天文待诏的名字和官衔，更是罕见而珍贵。

二、李素父子的入仕和官衔

不过，以上所引用的翰林待诏全套结衔，全都属于书待诏的。由于书待诏的工作之一，是负责书写碑石，所以他们的结衔才得以随着碑石在后代出土而流传下来。至于画待诏、医待诏和其他色艺待诏，他们的结衔又是怎样的呢？据笔者所知，其他色艺待诏的官衔，在墓志中偶尔可见，但为数不多。至于天文待诏的官衔，则仅见于《李素墓志》和《卑失氏墓志》了。然而，笔者在《太平御览》中发现棋待诏王叔文（即永贞事件的主角二王之一）相当完整的一套官衔。《太平御览》引《唐书》曰：贞元二十一年（805）二月，"以将仕郎前苏州司功参军翰林待诏王叔文为起居舍人充翰林学士"①。王叔文以棋艺待诏十八年，长期陪皇太子李诵（后来的顺宗）下棋。②结果顺宗一上台，不到一个月，他即以"起居舍人充翰林学士"，升官特快，令韩愈在《永贞行》一诗中，赋了两句，嘲讽一番："夜作诏书朝拜官，超资越序曾无难。"③我们知道，王叔文在陪皇太子下棋的那十多年，一直都在唐大明宫，并没有离宫，所以他的"苏州司功参军"，其实也是个虚衔。

了解了翰林待诏的这种官衔，我们回过头来看波斯人李素父子以翰林待诏任职司天台时的官衔，当会有新的领悟。《李素墓志》和《卑失氏墓志》，除了透露一个波斯家族在中国朝廷任官的史事外，还有最珍贵、最重要的一点，就是它们保存了唐代翰林天文待诏的全套官衔。这是其他地方找不到的，也是极罕见的史料。正因为罕见，毛蕾在她那本专书中，一时不察，以为墓志上所见的翰林待诏，都是书待诏，结果把李素父子错列入书待诏来制表，不知道这对父子原来是管天文的。④

李素在大历中，"特奉诏旨，追赴阙廷"，"除翰林待诏"时，他的职事官衔是什么？可惜他的墓志未书，我们不得而知。或许他跟李白一样，初任翰林待

① 《太平御览》卷一一三，中华书局，1960年，第768页。《太平御览》"引《唐书》"的这句引文，不见于今本新旧《唐书》，很可能引自今已失传的某一唐实录或唐国史。它清楚告诉我们王叔文的散官是"将仕郎"，唐文散官的最低一阶。这是其他史料所没有的。

② 王叔文当棋待诏十八年，据柳宗元《唐故吏部侍郎王君先太夫人河间刘氏志文》（《柳宗元集》卷一三，中华书局，1979年，第344页）："贞元中，待诏禁中，以道合于储后，凡十有八载。"

③ 钱仲联集释：《韩昌黎诗系年集释》卷三，上海古籍出版社，1984年，第333页。

④ 毛蕾：《唐代翰林学士》，社会科学文献出版社，2000年，第161页。

诏，可能一时并没有职事官衔也说不定。至于朝廷为何万里迢迢，把一个波斯人从广州召到长安京城任翰林待诏，管天文星历，荣新江已有一解："显然，李素所学的天文历算之学，不是中国传统的一套，而是另有新意，否则唐中央朝廷似不会如此远求贤才。另外一个原因，恐怕是投掌司天台的印度籍司天监瞿昙谭于大历十一年（776）去世，需要新的人才补充其间。"[1] 这当然都是可能的事。不过，笔者认为，《唐会要》有一条材料，或许更能够解释为什么李素会被万里征召：

> 大历二年正月二十七日敕："艰难以来，畴人子弟流散，司天监官员多阙，其天下诸州官人百姓，有解天文玄象者，各委本道长吏，具名闻奏，送赴上都。"[2]

李素被召，正是在"大历中"，跟上引此敕的年代完全相合，看来主要原因是当时安史乱后，"畴人子弟流散，司天监官员多阙"。而且，他极可能是由广州岭南道的长吏（甚至他自己的父亲广州都督府别驾），"具名闻奏，送赴上都"的（上都指长安）。按李素死于元和十二年（817），享年七十四，则他当生于天宝三载（744），大历中还非常年轻，才不过二十刚出头。他刚被召回时，应当也只是以翰林待诏的名义，在司天台从一个低层小官做起。这里可以注意的是，李素入仕，是被皇上征召为翰林待诏，非经吏部铨选。这点也跟李白、吴筠等人被召为待诏的过程，完全一样。

大历十一年，印度籍司天监瞿昙谭去世时，李素也才不过三十三岁，似乎太年轻，不足以当上司天监这种从三品的高官。他当上司天监，应是后来的事。至少，我们从其他史料知道，德宗贞元八年（792）的司天监都还不是他，而是徐承嗣。《唐会要》卷四二《日蚀》部分记录了德宗朝的七次日蚀。且看其中一次的记载：

> （贞元）八年十一月壬子朔，日有蚀之，上不视朝。司天监徐承嗣奏："据历数，合蚀八分，今退蚀三分，计减强半。准占，君盛明则阴匿而潜退。请宣示朝廷，编诸史册。"诏付所司[3]。

唐代的司天监只有一员。[4] 贞元八年，李素才四十九岁，还算中年。这年的司天监是徐承嗣，不是他。他死时七十四岁，墓志上的确有司天监的职称："公往日历司天

---

① 荣新江：《中古中国与外来文明》，生活·读书·新知三联书店，2001年，第246页。
② 〔宋〕王溥：《唐会要》卷四四，上海古籍出版社，1991年，第933页。
③ 〔宋〕王溥：《唐会要》卷四二，上海古籍出版社，1991年，890页。此条亦见于《旧唐书》卷三六《天文志》（中华书局，1975年，第1318页），但文字略简。
④ 《旧唐书》卷四三《职官志》，中华书局，1975年，第1855页。

监，转汾、晋两州长史，出入丹墀"，看来他很可能是在五十岁以后，继徐承嗣之后，才当上此官的；至少，应当是792年以后的事。

徐承嗣也是唐代有名的天文历算家。《资治通鉴》"建中三年"（782）条下载："司天少监徐承嗣请更造《建中正元历》。从之。"①可知他早在十年前就当上司天少监（司天台的第二号人物），而且请更造"建中正元历"。此历到宋代犹存。《宋史·艺文志》即列有"徐承嗣《唐建中贞元历》三卷"，又列他的另一天文著作"《星书要略》六卷"②。

我们不禁要问：德宗建中三年，李素不也正在司天台任职吗？而且已经服务十多年了（从大历中他被召回长安算起），资历不可说不深，但为何造德宗建中正元历的，不是他，而是徐承嗣？或许李素那时的资历还不如徐承嗣？

更进一步考察，宪宗朝又颁行新历。《新唐书·天文志》说："宪宗即位，司天徐昂上新历，名曰《观象》。起元和二年用之"③。这里仅称徐昂为"司天"，不知是否脱一"监"字？李素这年六十四岁，亦不知是否已升任司天监。但显然他并没有参与徐昂所上的《观象历》。到了长庆二年（822），穆宗即位后，更把徐昂的《观象历》改编为《宣明历》来颁行。④如此看来，李素墓志上所说"四朝供奉，五十余年"的确实含意，以及他对唐代司天台的真正贡献，或许应当重新检讨。

顺此一提，《李素墓志》说他"四朝供奉，五十余年"，恐怕只是一个大略的说法，并非表示他真的在司天台工作了五十余年，因为，即使他早在大历二年那道征"解天文玄象者"的敕令发出时，就马上被召回长安，到他817年去世时，也只不过是刚好五十年罢了。这五十年的算法，是假设他一直工作到去世时的高龄七十四岁为止，不曾退休。

李素刚入翰林待诏，是否带有职事官衔，史料不详。不过，在他死后，他的儿子继承父业任待诏，倒是很快就有一个职事官衔："起复拜翰林待诏襄州南漳县尉"。"襄州南漳县尉"即他任待诏时的职事官衔。按李素死于元和十二年（817），于元和十四年迁葬，《李素墓志》即刻于819年。李景亮的这个职事官衔，见于《李素墓志》，所以应当是他在817年到819年任待诏时所获得的。如果和上引唐玄度待诏了约七年始有职事官衔相比，李景亮可说很快就获授职事官衔。但这也是很可理

---

① 《资治通鉴》卷二二七，中华书局，1956年，第7337页。
② 《宋史》卷二〇六，中华书局，1985年，第5233、5271页。"贞元历"应为"正元历"之误。新旧《唐书》的《天文志》和《历志》中，只有"正元历"，没有"贞元历"一词。
③ 《新唐书》卷三〇上《历志》，中华书局，1975年，第739页。
④ 《资治通鉴》卷二四二，中华书局，1956年，第7823页。

解的，正如墓志上所说，可视为"帝泽不易，恩渥弥深"的结果，是一种恩泽，因为他父亲曾以翰林待诏在司天台工作长达四五十年。荣教授说：

> 李景亮"袭先君之艺业，能博学而攻文，身没之后，此乃继休"，
> "起复拜翰林待诏襄州南漳县尉"（《李素志》），是诸子中唯一继承父
> 业的人。襄州在山南道，《卑失氏志》说他任"宣德郎起复守右威卫长史
> 翰林待诏赐绯鱼袋"，表明他后来回到京城，在右威卫任长史，但不知他
> 以后的情形如何。[①]

从这段引文看来，荣教授显然把李景亮的"襄州南漳县尉"和他后来的"右威卫长史"，都看成"真有其事"的实职，即他曾经去襄州担任南漳县尉，后来又回到京城十六卫之一的右威卫任长史。但从我们以上所考的翰林待诏官衔结构来看，这是不太可能的事，因为第一，翰林待诏许多照例都带有一个"寄禄"的职事官衔；第二，皇上既然召他任翰林待诏，又怎么会同时要他跑去襄州南漳任县尉？此"襄州南漳县尉"，应当只是他的寄禄官而已。至于"右威卫长史"，应当跟上引唐玄度的"沔王友"和"梁干府司马"等官一样，也都是寄禄官。否则，李景亮又怎能"袭先君之艺业"？他的"先君"所任的，不就是翰林待诏和司天台的工作吗？

再深一层考察，我们知道，李景亮的那两套官衔，都有很明确的年代。他最初的"起服拜翰林待诏襄州南漳县尉"，见于元和十四年他父亲的墓志上。至于"宣德郎起复守右威卫长史翰林待诏赐绯鱼袋"，则见于长庆三年他母亲的《卑失氏墓志》上。但两者都有"翰林待诏"此衔，可以证明这才是他一直都在担任着的职务，而且可知他至少从819年到823年都在任翰林待诏，已有大约四年。但由于翰林待诏本身没有品秩，所以他的升迁，是以职事官衔"襄州南漳县尉"升为"右威卫长史"来表示。这跟上引许多翰林书待诏的结衔是一致的。

其实，唐代中叶以后这种用职事官来"寄禄"的方式，并不只限于翰林待诏而已。据笔者的考察，举凡没有品秩的差遣职，都可能用此方法。比如，最常见的翰林学士，即例必带一个职事官衔。白居易任此职时，即以"左拾遗"这个职事官衔，"充翰林学士"。[②]他自己也常以此两官并提，如在《香山居士写真诗并序》中即说："元和五年，予为左拾遗、翰林学士。"[③]又在《曲江感秋二首并序》中说："元和二年、三年、四年，予每岁有《曲江感秋》诗，凡三篇，编在第七集卷。是

---

① 荣新江：《中古中国与外来文明》，生活·读书·新知三联书店，2001年，第253页。
② 朱金城：《白居易年谱》，上海古籍出版社，1988年，第41页。
③〔唐〕白居易：《白居易集》卷三六，顾学颉校点，中华书局，1979年，第824页。

时予为左拾遗、翰林学士。"①

唐代的集贤院校理，与翰林学士及翰林待诏一样，也是个没有品秩的差遣职，所以集贤校理例必带一职事官衔，尤以带县尉职最常见。例如，段文昌"授登封尉、集贤校理"②。又如冯宿的弟弟冯定："权德舆掌贡士，擢居上第，后于润州佐薛苹幕，得校书郎，寻为鄠县尉，充集贤校理。"③再如杨鳞，"登第后补集贤校理，蓝田尉。"④这样的例子太多了，不赘引。这三个集贤校理所带的"登封尉""鄠县尉"和"蓝田尉"，都是寄禄官。他们真正的工作场所，是在长安大明宫中的集贤院。李景亮"起复拜翰林待诏、襄州南漳县尉"，应当也作如是观。

荣新江说"不知他以后的情形如何"。其实，我们对李景亮后来的情况，倒是略知一二。白居易的文集中还保存了当年李景亮授另一官的任命敕：

> 翰林待诏李景亮授左司御率府长史，依前待诏制
>
> 敕：某官李景亮：夫执艺事上者，必揆日时，计劳绩，而后进爵秩，以旌服勤。况待诏宫闱，饬躬晨夜，比于他职，宜有加恩。宫坊卫官，以示优奖。可依前件。⑤

这是他授"左司御率府长史"的敕书。"左司御率府长史"是太子东宫中的一个职事官，但此敕上清楚注明"依前待诏"。换句话说，李景亮得了"左司御率府长史"这个职事衔，只是"宜有加恩"，"以示优奖"他的"劳绩"而已。他还是"依前待诏"，即继续担任翰林待诏。这点正可证明前面所说，翰林待诏的职事官衔，为秩品位、升迁和寄禄罢了。可惜的是，白居易所写的这篇敕，没有明确的日期。但我们知道，他是在元和十五年（820）十二月二十八日开始以主客郎中的身份"知制诰"⑥，到次年长庆元年（821）十月十八日，他即"转中书舍人"⑦。所以此敕应当作于821年。如此看来，李景亮的官职变化可以列如下表2：

---

① 〔唐〕白居易：《白居易集》卷一一，顾学颉校点，中华书局，1979年，第224页。

② 《旧唐书》卷一六七，中华书局，1975年，第4368页。

③ 《旧唐书》卷一六八，中华书局，1975年，第4390—4391页。

④ 《旧唐书》卷一七七，中华书局，1975年，第4600页。赖瑞和《唐代基层文官》（中华书局，2008年）第三章"县尉"有一节专论这种以县尉作阶官充馆职的事例。

⑤ 《白居易集》卷五一，中华书局，1979年，第1077页。

⑥ 朱金城：《白居易年谱》，上海古籍出版社，1988年，第110页。

⑦ 朱金城：《白居易年谱》，上海古籍出版社，1988年，第117页。

表2 已知的李景亮官衔和年代

年代	官衔	出处
元和十四年（819）	翰林待诏襄州南漳县尉	《李素墓志》
长庆元年（821）	翰林待诏李景亮授左司御率府长史，依前待诏	《白居易文集》卷五一
长庆三年（823）	宣德郎起复守右威卫长史翰林待诏赐绯鱼袋	《卑失氏墓志》
大中元年（847）	司天监	李商隐《为荥阳公贺老人星见表》
大中九年（855）	日官（司天监）	《南部新书》戊卷

上引李商隐的《为荥阳公贺老人星见表》，可证明李景亮在大中元年时为司天监，但他是在哪一年成为司天监的？又在哪一年离职？可惜史料残缺，我们不得而知，只知道晚至开成年初，他还不是司天监，因为文宗开成年间有一位司天监叫朱子容，见于《旧唐书·天文志》：

> （开成）二年……三月甲子朔，其夜，彗长五丈，岐分两尾，其一指氐，其一掩房，在斗十度。丙寅夜，彗长六丈，尾无岐，北指，在亢七度。文宗召司天监朱子容问星变之由，子容曰："彗主兵旱，或破四夷，古之占书也。然天道悬远，唯陛下修政以抗之。"①

可知837年的司天监是朱子容。李景亮任司天监应当至少在朱子容之后，即837年之后。他最迟在847年当上司天监，此时距离他刚开始待诏翰林那年（817年），已有足足三十年之久了。然而，司天监是从三品的高官。这样的高官得花上三十年才能当上，亦不出奇。

此外，李商隐也没有告诉我们，李景亮任司天监时的全套官衔是什么。但我们推测，他任司天监时，应当也带翰林待诏，更带另一职事官衔，以及散官、勋官、爵和食封②等等，正如他父亲李素官至司天监时的官衔一样：开府仪同三司行司天监兼晋州长史翰林待诏上柱国开国公食邑一千户。李素的每个官阶都很高。以上"开府仪同三司"是从一品的文散官；"司天监"和"晋州长史"都是职事官；"上柱国"是最高一转的勋官；"开国公食邑一千户"是正二品的爵和食封。这里最可注意的是，以李素为例，翰林待诏若出任司天监，则司天监本身已经是个很高层的职事官（从三品），但他依然照例另带一个职事官，而且是品阶较低的"晋州长史"

---

① 《旧唐书》卷三六，中华书局，1975年，第1333页。

② 关于食封，参见韩国磐：《唐代的食封制度》，见《唐代社会经济诸问题》，文津出版社，1999年，第127—142页；黄正建：《关于唐代封户交纳封物的几个问题》，《中国史研究》1983年第4期。

（晋州属上州，长史从五品上）。这可能是翰林待诏出任司天监时的特殊情况，也反映了翰林待诏任职司天台是一种特别安排，因为天文星历不但是一种专业，而且是一种相当机密的工作（论见下）。翰林待诏是皇帝的亲近侍从。由他们来出任司天台机密的工作，是很巧妙的安排。

翰林待诏的种类很复杂，主要有书待诏、画待诏、棋待诏、医待诏、琴待诏、僧道、五行待诏等等，各以个人的本事服侍皇上。他们一般隶属翰林待诏院（翰林学士则在翰林学士院轮值，和翰林待诏不同），但从史料上可以发现，翰林待诏可能奉皇帝所召，充当指派的工作。例如，永贞事件的主角王叔文，任的是棋待诏，但他是被派去陪皇太子李诵下棋的，而且时间长达十八年之久。另一主角王伾，任的是书待诏，他也被派去东宫教李诵写字：

> 上（指顺宗李诵）学书于王伾，颇有宠；王叔文以棋进：俱待诏翰林，数侍太子棋。[①]

难怪二王可以和李诵建立那么深厚的友谊和信任，以致在李诵上台后迅速夺得大权。

波斯人李素，专长天文星历，比书画琴棋等待诏更专业，需有专门仪器以观察天文星象。所以他任翰林待诏时，奉皇帝之命，派驻司天台。也因为这样，他最后才得以官至司天台的长官司天监。但值得注意的是，他任司天监时，依然还保留翰林待诏的称号，而且跟许多翰林待诏一样，还兼带另一个"虚"的职事官"晋州长史"。这可说是天文待诏和其他待诏有些不同的地方。

还可一提的是，李素和他儿子李景亮，显然皆非科第出身[②]，纯以本身专业的天文星历知识入仕。这样的入仕，不在吏部的铨选范围内。最好的办法自然是由皇室征召为翰林待诏，就像李白、王叔文、王伾等人入仕的方法一样。印度籍天文学家

---

① 《顺宗实录》卷一，见〔唐〕韩愈著，马其昶校注：《韩昌黎文集校注》，上海古籍出版社，1987年，第696页。

② 〔清〕徐松《登科记考》卷二七（中华书局，1984年，第1098页），引韩愈《李素墓志》，即《河南少尹李公墓志》，把一位李素列为明经及第。但韩愈的《河南少尹李公墓志》（见〔唐〕韩愈著，马其昶校注：《韩昌黎文集校注》卷六，中华书局，1972年，第367页）说："元和七年二月一日，河南少尹李公卒，年五十八。"这位李素不论在官职、去世年月和年龄各方面，都跟本文所论的司天监李素不合，显然另有其人。《登科记考》卷一三（中华书局，1984年，第493页），又引《册府元龟》和《唐会要》，说有一位李景亮中制科。细查《唐会要》卷七六（上海古籍出版社，1991年，第1645页），此李景亮乃贞元十年（794）十二月中制举及第。但本文所论的李景亮，生年虽不详，却应当生于贞元八年（792）以后，因为他父亲李素，是在他原配夫人去世后，"以贞元八年，礼聘卑失氏"的，而李景亮是卑失氏的"长子"（俱见《李素墓志》），在794年若已出生，最多也只有三岁，不可能制举及第，所以《唐会要》和《登科记考》中的李景亮，也是另有其人。

瞿昙罗、瞿昙悉达和瞿昙巽几代，是否也如此以待诏办法入仕，史料阙如，不得而知。但李素父子以翰林待诏官至司天监，在唐史上却不是唯一的案例。唐代至少还有一人，即肃宗朝的韩颖，也像李素父子一样，既是翰林待诏，又是司天监。

三、韩颖和司天监

关于韩颖，我们不但可以考他任翰林待诏升官的年月，还可以明确知道他如何执行司天监的职务。《新唐书·历志》说：

> 至肃宗时，山人韩颖上言《大衍历》或误。帝疑之，以颖为太子官门郎，直司天台。又损益其术，每节增二日，更名《至德历》，起乾元元年用之，讫上元三年。[①]

《唐会要》卷四二"历"条下说：

> 乾元元年六月十七日，颁山人韩颖等所造新历，每节后加旧历二日。[②]

《资治通鉴》"肃宗乾元元年"条下的记载当即根据以上两条：

> 山人韩颖改造新历，（六月）丁巳，初行颖历。[③]

刚开始待诏时，韩颖显然没有官衔，所以《新唐书》《唐会要》《资治通鉴》都只称他为"山人"，即从事占卜五行职业者。[④]他上言唐僧一行所创的《大衍历》[⑤]"或误"，于是肃宗就给了他"太子官门郎"的官衔，召他"直司天台"。到了乾元元年六月十七日，他所创的新历《至德历》，便取代沿用了数十年的《大衍历》。再隔不到四个月，在乾元元年十月一日的时候，我们发现他竟升官了，升为"权知司天监"。从太子官门郎（从六品下）升为司天监（从三品），韩颖可说升官极快。《唐会要》说：

> 乾元元年十月一日，权知司天监韩颖奏："司天台五官正，既职配五

---

① 《新唐书》卷二七下，中华书局，1975年，第635页。

② 〔宋〕王溥：《唐会要》卷四二，上海古籍出版社，1991年，第880页。

③ 《资治通鉴》卷二二〇，中华书局，1956年，第7056页。

④ 关于唐代的占卜，参见黄正建：《敦煌占卜文书与唐五代占卜研究》，学苑出版社，2001年。

⑤ 关于一行和他的大衍历的计算，详见曲安京：《正切函数表在唐代子午线测量中的应用》，《汉学研究》1998年第16卷第1期；又见Ang Tian Se（洪天赐）的博士论文（由何丙郁教授指导）"I-Hsing（683—727AD）：His Life and Scientific Work"（Ph. D. Dissertation, Kuala Lumpur, Univer-sity of Malaya, 1979）。最新的一行生平研究见 Jinhua Chen, "The Birth of a Polymath: The Genealogical Background of the Tang Monk-Scientist Yixing（673-727），" *T'ang Studies*，18/19（2000-2001）：pp.1-40。此文也细考一行应当生于673年，非过去学界所接受的683年。

方，上稽五纬。臣请每至正冬朔望朝会及诸大礼，并奏本方事，各依本方正色，其冠上加一星珠，仍永为恒式。"从之。①

《通典》亦载此事，但文字略有不同：

乾元元年十月，知司天台事韩颖奏："五官正，奉敕创置，其官职配五方，上稽五纬。臣请冠上加一星珠，衣从本方正色。每至正冬朔望朝会及诸大礼，即服以朝见，仍望永为恒式。"奉敕旨宜依。②

从他所奏的事项看来，韩颖明确是在行使司天监的职务，代表司天台条陈他台内的事。"五官正"是乾元元年刚设的官职，为正五品官，"有春、夏、秋、冬、中五官之名"③。他此奏的主旨，就是要争取在五官正这些新官的"冠上加一星珠，衣从本方正色"。值得注意的是，《唐会要》称他为"权知司天监"，《通典》则称他为"知司天台事"，两者含义约略相同：司天监即司天台的长官，但俱带一个"知"字，表示他这时还不是真正的司天监，"权知"而已。

但到了上元二年（761），史籍已称他为司天监，如《旧唐书·天文志》：

其年建子月癸巳亥时一鼓二筹后，月掩昴，出其北，兼白晕；毕星有白气从北来贯昴。司天监韩颖奏曰："按石申占，'月掩昴，胡王死。'……"④

至于韩颖的翰林待诏称号，见于《新唐书》："有韩颖、刘烜善步星，乾元中待诏翰林，颖位司天监，烜起居舍人，与辅国昵甚。"⑤又见于《代宗实录》（据《资治通鉴考异》所引）："乾元中待诏翰林，颇承恩顾，又与李辅国昵狎。"⑥但这时他又"权知司天监"，的确在行使司天监的职务，可知他一边保留翰林待诏的称号，一边又在执行司天监的职务。换言之，他是以翰林待诏的身份出任司天监的，和后来的李素一样。

李素和李景亮父子以翰林待诏任职司天台，其方式应当也像韩颖一样。不同的是，韩颖更官至秘书监（皇室藏书库秘书省的长官）。而且，天文待诏有其职业上的"危险"。韩颖没有好的下场，因其专业而丢了命。《新唐书》说：

有韩颖、刘烜善步星，乾元中待诏翰林，颖位司天监，烜起居舍人，

---

① 〔宋〕王溥：《唐会要》卷四四，上海古籍出版社，1991年，第933页。
② 《通典》卷五七，中华书局，1989年，第1615页。亦见《唐会要》卷三一（上海古籍出版社，1991年，第675页），文字略同。
③ 《旧唐书》卷四三，中华书局，1975年，第1856页。
④ 《旧唐书》卷三六，中华书局，1975年，第1325页。
⑤ 《新唐书》卷二〇八，中华书局，1975年，第5882页。
⑥ 《资治通鉴》卷二二二，中华书局，1956年，第7130页。

与辅国昵甚。辅国领中书，颖进秘书监，炟中书舍人，裴冕引为山陵使判官，辅国罢，俱流岭南，赐死。[1]

《资治通鉴考异》引用今已失传的《代宗实录》，对此事有进一步的交代：

秘书监韩颖、中书舍人刘炟善候星历，乾元中待诏翰林，颇承恩顾，又与李辅国昵狎。时上轸忧山陵，广询卜兆，颖等不能精慎，妄有否臧，因是得罪，配流岭南，既行，赐死于路。[2]

据此看来，韩颖和刘炟之所以被赐死，主要不是因为他们跟宦官李辅国"昵甚"，而是因为他们在代宗筑山陵时，卜兆失准，因是得罪而被赐死。天文待诏管天文占卜等事，若有占卜失误，可能招来杀身之祸，其实可算是一种"危险行业"。这令人想起懿宗朝的翰林医待诏韩宗绍等人，因治不好同昌公主的病，结果被杀，还连累亲族三百余人。[3]幸好，李素父子入仕唐朝，倒没有遇到这样不幸的事。

最后，还有两点可以进一步申论。一是翰林待诏的服务年月都很长，更有父子相继为待诏的事，如李素父子。二是司天台的工作属"高度机密"。这可能是司天台官员常由皇帝身边的亲信如翰林待诏来出任的一大原因。

四、翰林待诏的服务年月

前文提过，翰林待诏不属于吏部铨选的范围。出任待诏者，几乎也都没有科第，如李素父子、李白、王叔文、王伾等人。他们全都纯以个人所专长的本事入仕。由于不在吏部的铨选范围，待诏照例是由皇室征召的，而且可以长期任官，不受一般品官每任一官只有三四年，即需"守选"的限制。[4]王叔文任待诏即长达十八年。上引书待诏唐玄度等人任待诏都是十多二十年的。李素任待诏达四五十年。他儿子李景亮任待诏也至少有三十年。由于服侍皇室的年月如此长，待诏这种近侍，也像宦官一样，很容易和皇上建立感情，成为亲信。李素死后，他的儿子马上就被召为待诏，正是这种亲密关系的延续。王叔文和王伾能夺大权，更和他们的长期待诏背景有关，可惜今人几乎毫不注意。

至于翰林待诏子承父业的事，也不只限于李素家一例。比如，晚唐有个能棋善琴的"前翰林待诏"王敬傲，即自称："某家习正音，奕世传受，自由德、顺

---

① 《新唐书》卷二〇八，中华书局，1975年，第5882页。
② 《资治通鉴》卷二二二，中华书局，1956年，第7130页。
③ 《旧唐书》卷一九上，中华书局，1975年，第675页。
④ "守选"制度过去几乎无人提及。王勋成《唐代铨选与文学》（中华书局，2001年，第102—137、304—310页）在这方面有极详细清晰的论述。

以来，待诏金门之下，凡四世矣。"①这比李素两代相传更进一步。又如咸通五年（864）《金氏夫人墓志》载，她的祖父是"翰林待诏检校左散骑常侍内府监内中尚使"；她父亲也任待诏，全衔是"翰林待诏将作监丞充内作判官"，可知父子两代都待诏翰林。更可一提的是，她的"亲叔"竟也是翰林待诏，职事官衔为"前昭王傅"②。又如《翰林待诏陈府君故夫人杨氏墓志铭》，志主杨氏夫人（793—867）的丈夫陈克敬，本身已是翰林待诏，先她而去。她有儿子五人。长子正珣，也继承父业，任翰林待诏："去大中四年六月十五日入院充翰林待诏"，"去咸通八年五月十四日赐绯鱼袋，依前翰林待诏"。③以上这些，都是一家几代都任翰林待诏的例子。至于陈正珣，待诏了十七年，才得赐"绯鱼袋"，也很有意义。他母亲的墓志上如此详细地记载他当初入院任待诏，以及十七年后赐绯鱼袋的年月日，但却完全没提他是否被授予那种"虚"的职事官衔。看来是没有。相比之下，李白待诏不到三年，没有获授任何职事官衔，也就不足为奇。

五、司天台的机密性质

上文说过，李素父子都是从翰林待诏起家，而且以翰林待诏的身份官至司天监。这是《李素墓志》和《卑失氏墓志》上清楚记载着的，也是此两志最有史料价值的部分。毕竟，唐代翰林天文待诏的资料太少了。过去，我们只知道肃宗朝的韩颖，既是待诏，又是司天监。如今多了李素父子的案例，我们应当可以合理地推测，司天台内恐怕还有不少翰林待诏，只不过他们没有像李素父子和韩颖那样，官至司天监，所以才没有在史料中留下名字。

荣教授的文中，引《通志》，也提到波斯天文历算著作《聿斯四门经》，由一位"唐待诏陈辅重修"的事④。这位陈辅显然也跟李素父子一样，以翰林待诏的身份任职于司天台。唐司天台官员众多，看来不可能全部都由待诏出任，但其中的主要官员，应当有不少带有翰林待诏的身份。唐代翰林待诏原是皇帝私人的近臣，而司天台则为行政机构，两者初看似不应当有关联，但实际上，中国历史上的司天台、太史局或钦天监等天文机构，掌管天文、历算、占卜等重大事项，一向是"皇帝的禁脔"，是皇权统治的重要工具。⑤天文和星占始终息息相关，紧紧结合在一起，不

---

① 《太平广记》卷二○三，中华书局，1961年，第1541页。
② 周绍良、赵超主编：《唐代墓志汇编续集》，上海古籍出版社，2002年，第1051页。
③ 周绍良、赵超主编：《唐代墓志汇编续集》，上海古籍出版社，2002年，第1085页。"去大中四年"和"去咸通八年"中的"去"字，当作"以"解，唐墓志中很常见。
④ 荣新江：《中古中国与外来文明》，生活·读书·新知三联书店，2001年，第249页。
⑤ 江晓原：《天学外史》，上海人民出版社，1999年，第28—29页。

像现代天文学已跟星占学分离。因此，唐皇室经常需选派它所信任的翰林待诏到司天台任职，形成司天台和皇室极密切的关系，有异于一般的行政单位。

司天台的工作，由翰林待诏这种皇室亲信近侍来出任，其实也是很恰当的一种安排，因为司天台还有一点有别于一般行政机构，即它的工作许多时候属高度"机密"性质，当然最好由皇室的亲近人员如待诏等来充任。天文知识、天文书和天文器物都是"高度敏感"的东西，朝廷亦常有敕令不得"私习天文"。《唐律疏议》即规定：

> 诸玄象器物，天文，图书，谶书，兵书，《七曜历》，《太一》、《雷公式》，私家不得有，违者徒二年。私习天文者亦同。①

这类禁令在唐史上常出现，如《旧唐书·代宗纪》大历二年（767）：

> 天文著象，职在于畴人；谶纬不经，蠹深于疑众。盖有国之禁，非私家所藏。……其玄象器局、天文图书、《七曜历》、《太一雷公式》等，私家不合辄有。今后天下诸州府，切宜禁断，本处分明榜示，严加捉搦。先藏蓄此等书者，敕到十日内送官，本处长吏集众焚毁。限外隐藏为人所告者，先决一百，留禁奏闻。所告人有官即与超资注拟，无官者给赏钱五百贯。两京委御史台处分。各州方面勋臣，泊百僚庶尹，罔不诚亮王室，简于朕心，无近憸人，慎乃有位，端本静末，其诚之哉！②

举报者还可得官，或"给赏钱五百贯"。既然唐皇朝禁止私习天文，我们要问：天学知识又如何传授？朝廷怎么培养天文学人才？答案应当是在司天台内师徒相授。《唐律疏议》有一条疏解释说："习天文业者，谓在太史局天文观生及天文生，以其执掌天文。"③"太史局"即唐初天文台的名称，后来改称司天台。④据《旧唐书·职官志》，司天台有"天文观生九十人，天文生五十人，历生五十五人"⑤。学生人数真不少。

天文生若犯了流、徒等罪，甚至连惩罚的方式都另有一套规定，跟其他人不

---

① 《唐律疏议》卷九，刘俊文校点，中华书局，1983年，第196页。关于此条律文的解读，见刘俊文：《唐律疏议笺解》，中华书局，1996年，第768—770页。

② 《旧唐书》卷一一《代宗纪》，中华书局，1975年，第285—286页。此敕又见于《全唐文》卷四一〇，中华书局，1983年，第4203—4204页，署常衮撰《禁藏天文图谶制》，文字略有不同。

③ 《唐律疏议》卷三，刘俊文校点，中华书局，1983年，第75页。

④ 《旧唐书》卷四三，中华书局，1975年，第1855—1856页；《新唐书》卷四七，中华书局，1975年，第1215—1216页。

⑤ 《旧唐书》卷四三，中华书局，1975年，1856页。

同：“天文生等犯流罪，并不远配，各加杖二百。”“犯徒者，皆不配役，准无兼丁例加杖。……还依本色者，习天文生还归本局。”①似乎不愿让习天文生流徙，只是加杖，仍要他们还归本局。由于天学在古代中国是“皇权的来源”和“皇权的象征”，所以“天学是一门被严厉禁锢的学问”②，不轻易外传。洋州刺史赵匡著名的《举选议》，其中一条即建议不考天文律历：“天文律历，自有所司专习，且非学者卒能寻究，并请不问。惟五经所论，盖举其大体，不可不知。”③即透露天文等学问，“自有所司专习”，但传统五经中所论的天文律历，“盖举其大体”，则当时举人又不可不知。

在这样的历史背景下，司天台恐怕是唐代所有官署当中最机密的机构。这点在《唐会要》所收的一道敕中，颇有详细的说明和透露：

> 开成五年十二月敕：“司天台占候灾祥，理宜秘密。如闻近日监司官吏及所由等，多与朝官并杂色人交游，既乖慎守，须明制约。自今以后，监司官吏并不得更与朝官及诸色人等交通往来，仍委御史台访察。”④

此敕说“司天台占候灾祥，理宜秘密”，在天文星占皆为皇帝禁脔的中古唐代，自然很可理解，似不为奇。但最让人惊讶的是，司天台的“官吏及所由”（“所由”指下层胥吏）竟被禁止和“朝官”及“杂色人”交游，以免泄漏“玄机”。在这种讲求机密的环境下，司天台的好些官员和司天监，由皇室亲近的翰林诏来出任，而且让他们长期服务，可以严防天文玄机的泄漏，看来正是最妥备的刻意安排。这可以充分解释，为什么李素父子既是翰林待诏，又曾任职司天台，而且最后两人都官至司天台的长官司天监。

像韩颖和李素父子以翰林待诏官至司天监的例子，在五代至少还可找到一个，即赵温珪和赵廷义（有些史料作“义”）父子。此例不但让我们知道，天学有所谓“家法”，司天监有父子相传的习性，而且也让我们看到司天监和皇帝的密切利害关系，对于我们了解李素父子任司天监的处境，很有些帮助。《旧五代史·赵廷义传》说：

> 赵廷义，字子英，秦州人。曾祖省躬，以明术数为通州司马，遇乱避地于蜀。祖师古，黔中经略判官。父温珪，仕蜀为司天监。温珪长于

---

① 《唐律疏议》卷三，刘俊文校点，中华书局，1983年，第75页。
② 江晓原：《天学真原》，辽宁教育出版社，1991年，第62—68、113—122页。
③ 《通典》卷一七，中华书局，1989年，第423页。
④ 宋王溥《唐会要》卷四四（上海古籍出版社，1991年，第933页）、《新唐书》卷三六《天文志》（中华书局，1975年，第1336页）、《全唐文》附《唐文拾遗》卷七（中华书局，1983年，第10444页）都载此敕。但显然都源自《唐会要》。

袁、许之术，兼之推步。王建时，深蒙宠待，延问得失，事微差跌，即被诘让。临终谓其子曰："技术虽是世业，吾仕蜀已来，几由技术而死，尔辈能以他途致身，亦良图也。"廷义少以家法仕蜀，由荫为奉礼部翰林待诏。蜀亡入洛，时年三十。天成中，得蜀旧职。①

　　这是一段很感人的记载。赵廷义的父亲温珪，仕蜀为司天监，深受皇上王建的宠待。可是"延问得失，事微差跌，即被诘让"。此即《新五代史》所说："事蜀王建为司天监，每为建占吉凶，小不中，辄加诘责。"②可知司天监官虽高，却不好当，占卜失准会挨骂，更有可能赔上一命，亦可印证上文"危险行业"之论。温珪便"几由技术而死"。这让我们想起上引司天监韩颖，因卜算失准而被赐死的事。温珪临终时劝儿子"他途致身"，不好再任星官。但他儿子似乎别无仕进之途，结果仍以"家法仕蜀，由荫为奉礼部、翰林待诏"。所谓"家法"，当指父子相传的天学"技术"。所谓"由荫为奉礼部翰林待诏"，更让我们想起，李景亮在他父亲死后，即被召为翰林待诏。

　　赵廷义（896—953）仕蜀任翰林待诏，实际上就是以待诏任星官。蜀亡，他入洛阳仕后唐，"得蜀旧职"，继续以待诏任星官。《资治通鉴·后唐纪》清泰二年（935）六月条下，曾提到他："翰林天文赵廷义"。胡三省注："翰林天文，居翰林院以候天文者也。"可证他是以待诏任司天职。最迟到清泰三年（936）③，他四十一岁时，就已经当上了司天监："司天监赵廷义亦言星辰失度……"④后唐于936年为后晋所灭。天福六年（941）六月，他便出任后晋的司天监。后晋灭于946年，入后汉。《资治通鉴》天福十二年（947）⑤，有他任后汉司天监时介入一场纠纷的记载："司天监赵廷义善于二人，往来谕释，始得解。"到乾祐三年（950）⑥，他依然是后汉的司天监，而且跟皇上很亲近："帝召司天监赵廷义，间以禳祈之术，对曰：'臣之业在天文时日，禳祈非所习也。然王者欲弭灾异，莫如修德。'"⑦入后周，广顺二年（952）九月，周太祖又"以司天监赵廷义为太府卿兼判司天监事"⑧。从他仕蜀为翰林待诏算起，赵廷义可说长期从事天文工作，事前

① 《旧五代史》卷一三一，中华书局，1976年，第1729—1730页。
② 《新五代史》卷五七，中华书局，1974年，第666页。
③ 《资治通鉴》卷二七九，中华书局，1956年，第9131页。
④ 《旧五代史》卷四八，中华书局，1976年，第661页。
⑤ 《旧五代史》卷七九，中华书局，1976年，第1047页。
⑥ 《资治通鉴》卷二八七，中华书局，1956年，第9372页。
⑦ 《资治通鉴》卷二八九，中华书局，1956年，第9425页。
⑧ 《旧五代史》卷一一二，中华书局，1976年，第1484页。

蜀、后蜀、后唐、后晋、后汉和后周六朝，官历非常丰富，更做过后唐、后晋、后汉和后周四朝的司天监，前后达十多年，可说空前绝后。他和他父亲温珪相继为司天监，可以和李素父子的经历相辉映。司天台和翰林院的密切关系，也可见于五代周太祖（951—954年在位）所发的《禁习天文图纬诸书》：

> 自今后玄象品物、天文图书、谶记、七曜历、太一、雷公式法等，私家不合有及衷私传习。见有者，并须焚毁。司天台、翰林院本司职员，不得以前件所禁文书，出外借人传写。其诸时日五行占筮之书，不得禁限。其年历日，须候本司算造奏定，方得雕印，所司不得衷私示外，如违，准律科断。遍下诸道州府，各令告示①。

这里可说很清楚地把司天台和翰林院本司职员联系起来，要他们"不得以前件所禁文书出外借人传写"。所谓"翰林院"，当指翰林待诏院，而非翰林学士院。我们知道，五代后周仍有翰林待诏制度。从这道禁令看来，后周的翰林待诏，显然仍继承唐中叶以后的传统，继续以皇室近侍的身份，任职于司天台。

六、结论

1980年西安出土的《李素墓志》和他夫人《卑失氏墓志》，有极高的史料价值，不但透露了一个波斯家族入仕唐朝的史事，而且有助于我们了解唐代翰林待诏制度和官衔的若干细节。李素和他的儿子李景亮，不但曾经在司天台任职了数十年，而且他们都具备翰林待诏的身份，是皇室的亲近侍从。为了了解他们入仕的细节和意义，本文把他们放在唐代的翰林待诏制度下来考察。

这两通墓志，其中最珍贵的一点是，它们保存了翰林天文待诏的整套官衔。这是其他史料所无者。近世出土的墓志上，可以找到许多书待诏的结衔，但其他色艺待诏的官衔却很罕见。天文待诏则仅见于此两通墓志。本文把李素父子的官衔，拿来和其他翰林待诏如书待诏的官衔比较，发现它们的结构都是相同的、一致的，而且都带有一个"虚"的职事官衔。此为唐代职事官"阶官化"的最早迹象之一，也可说是宋代"寄禄"官的渊源。

唐代翰林待诏的选拔，不属于吏部的铨选范围，而由皇上征召。他们的服务年限也很长。像李素父子，可长达三四十年，没有一般品官每任一官只有三四年的限制。翰林天文待诏当中，甚至有父子相传的。李素父子当是最佳的佐证。

司天台的工作是机密的。朝廷亦有敕令禁止司天台官吏和"朝官并杂色人"交

---

① 《全唐文》卷一二四，中华书局，1983年，第1243页。

往。在这种防范背景下，司天台的官员由皇室亲近的翰林待诏出任，也正是最妥当的一种安排。这可以充分解释，为何李素父子既是翰林待诏，又挂职司天台，而且两人最后都官至司天台的长官司天监。

原载《唐研究》（第9卷），北京大学出版社，2003年

（赖瑞和，台湾清华大学历史研究所教授）

唐代长安通化坊江南士族的书学传承与法书收藏

史 睿

　　长安为唐代都城，文化菁华皆萃于此。就法书收藏而言，历代烜赫名迹或藏于宫廷内府，或缄于集贤、翰林，或为寺院宝藏，或为私家珍秘①。唐代的宫廷法书收藏继承前代者有限，而太宗、玄宗等帝王征集、购求之成绩斐然，内府及弘文馆、集贤院藏弆甚丰。长安书法鉴藏群体之中既有传统的世家大族，也有战功起家的勋贵之家，有科举仕进的士子，还有别识宝物的胡商，等等，可统称为法书收藏的"好事者"群体。②唐代长安法书鉴藏群体往往以法书鉴藏为媒介，结成各种社会关系网络。如唐初聚居"吴儿坊"（通化坊）的颜氏、殷氏、欧阳氏等江南士族家族延续南朝士人家学，以法书鉴藏为经史学问之佐助，怡情养性之雅玩，也是江南书学传入关中并与北方书学融合的重要媒介，家族或姻亲的纽带以及地缘关系将他们联系在一起。从地缘、亲缘、姻缘的角度重新考察长安江南士族的书学和法书收藏，我们能够获得一种新的角度，不仅揭示唐代长安法书收藏流转的历程和鉴藏知识的发展、传递，从而描绘长安文化史的一个侧面，而且重新审视长安城市中的各种社会网络，为进一步分析它们的媒介、形态、机制以及不同社会网络的交错提供一种思路。

一、唐初长安通化坊江南世家的法书典藏

　　隋文帝建大兴城，在北周长安故城东南重新布置城垣坊里，官人士民迁居于

---

　　① 关于法书收藏的分类得到李芳瑶的启发，并承赐示未刊稿本，谨此致谢。本文参考了李芳瑶：《唐代长安的收藏——以韦述、段成式、张彦远为中心》，博士学位论文，北京大学，2013年。

　　② 盛唐已降，配合好事家的勃兴，产生了一系列专为法书收藏、鉴赏提供相关知识的文献，如韦述《集贤注记》《两京新记》，张怀瓘《书估》《书断》，徐浩《古迹记》，窦蒙、窦臮昆仲《述书赋》及注，张彦远《法书要录》《历代名画记》辑录众家，总其大成。这些著作或总结典藏理论、鉴赏方法、市场行情、藏品分布，或为历代书法人物立传，或为评骘书品高下，涉及法书鉴藏的各个方面。

此。当时收藏法书之家宫廷之外主要有两类，即关陇勋贵和江南士族之家。裴孝源《贞观公私画录》记载唐初进献图画之家有杨素家人和萧瑀、许善心等。①杨素是关陇勋贵，萧瑀、许善心为江南士族。溯其源，西魏当平定江陵之际，"人民百万而囚虏，书史千两而烟飚"②，大量书籍、图画、法书输入长安故城，而多入关陇勋贵之家；隋代平陈之时，杨素亲统其事，略得建康数百年来收藏，当有所获。萧瑀为南梁萧氏之后③，或许保有梁室旧藏，今可知者为唐太宗所赐王褒所书《大品般若经》④；许善心出自高阳许氏，家有旧书万余卷，又曾校正隋室秘书⑤，所见书画必夥。

唐初长安私家收藏中，江南世家仍是法书收藏的主流，这个群体主要集中在长安东南的通化坊，史云：

> （通化坊）东南隅行台左仆射郧国公殷开山宅。西门之北，秘书监
> 颜师古宅。（原注：贞观、永徽间，太常少卿欧阳询、著作郎沈越宾
> 亦住此坊。殷、颜即南朝旧族，欧阳与沈又江左士人，时人呼为"吴儿
> 坊"。）⑥

① 〔唐〕裴孝源：《贞观公私画录》，见卢辅圣主编：《中国书画全书》，上海书画出版社，1993年，第107页。

② 〔唐〕张彦远：《历代名画记》卷一"叙画之兴废"引《观我生赋》。《北齐书》卷四五《文苑·颜之推传》（中华书局，1972年，第622页）作"民百万而囚虏，书千两而烟炀"。

③ 《隋书》卷七九《外戚·萧岿传》，中华书局，1973年，第1795页；《旧唐书》卷六三《萧瑀传》，中华书局，1975年，第2398页。

④ 《旧唐书》卷六三《萧瑀传》，中华书局，1975年，2402页。又萧瑀"写《法花经》凡一千部，纸墨等事，尽妙穷微，书写经生，清净香洁"（〔唐〕惠详：《弘赞法华传》卷十，见《大正新修大藏经》第51册），可知萧瑀精鉴纸墨。此条承季爱民提示，谨致谢忱。

⑤ 《隋书》卷五八《许善心传》，中华书局，1973年，第1424、1427页。

⑥ 〔宋〕宋敏求：《长安志》卷九"敦化坊"，清光绪辛卯思贤讲舍本，1891年，第6a页。按，"敦化坊"当作"通化坊"，参考〔日〕福山敏男：《校注〈两京新记〉卷第三及び解说》，《美术研究》1953年第170卷9期，第36页；黄永年：《述〈类编长安志〉》，见《中国古都研究》（第1辑），浙江人民出版社，1985年，第111—113页；辛德勇：《唐长安都亭驿考辨》，见《唐史论丛》（第1辑），陕西人民出版社，1988年，第136—140页；季爱民：《北朝末至唐前期长安社会中的佛教与道教关系》第三章第二节"通化坊南方家族的文化策略与宗教选择"，博士学位论文，北京大学，2009年。（承蒙季爱民赐示未刊稿本，谨致谢忱。）又，"殷"原作"毁"，据《类编长安志》卷四"秘书监颜师古宅"条（中华书局，1990年，第117页）改，徐松虽知"毁"字有误，但不知致误之由，《唐两京城坊考》卷三径删"毁"字（中华书局，1985年，第90页），不妥。"吴儿坊"中江南家族居住集中，疑为隋文帝规划大兴城时的有意安排。此点曾与中国人民大学历史学院王静讨论，受益多多，谨致谢忱。

琅琊颜氏是江南旧族中学问、风操堪称典范者。颜师古为颜之推孙，学问遵循祖训，步趋惟谨①，入唐得太宗任用②，为初唐官学领袖。其所作《五经定本》根据古本整理典籍，奠定唐朝经学发展的方向；参与修撰《贞观礼》及封禅仪注，为后世所宗；两度修史，终成《隋书》；《汉书注》则集南北朝汉书学之大成；《颜监字样》《匡谬正俗》《急就篇注》等小学著作亦泽被后世，为学问津梁。书法是颜氏家学，世代相继，绵延不绝，师古七世祖颜腾之善草隶，见称于梁武帝，六世祖炳之以能书称，曾祖颜协工于草隶。③师古祖父颜之推将书法作为士族身份的标志，所著《颜氏家训·杂艺篇》云：

　　　　真草书迹，微须留意。江南谚云："尺牍书疏，千里面目也。"承晋、宋余俗，相与事之，故无顿狼狈者。吾幼承门业，加性爱重，所见法书亦多，而玩习功夫颇至，遂不能佳者，良由无分故也。④

　　颜氏的书法重在鉴赏，经验极多，收藏亦丰，然所谓书不能佳者，一方面是谦辞，一方面也有"夫巧者劳而智者忧，常为人所役使，更觉为累"的顾虑，所以遗

<hr />

①〔南北朝〕颜之推撰，王利器集解：《颜氏家训集解》（增补本），中华书局，1993年，第8页。

②颜师古曾任中书侍郎、秘书监，见《旧唐书》卷七三《颜师古传》（中华书局，1975年，第2594—2595页）；《初学记》卷一二《职官部》下有《唐太宗正授颜师古秘书监诏》（中华书局，1962年，296页）；白居易云"颜师古谙练故事，长于文诰，允称唐初之大手笔"，见《白居易集笺校》卷四八《冯宿除兵部郎中知制诰制》（〔唐〕白居易撰，朱金城笺校：《白居易集笺校》，上海古籍出版社，1988年，第2877页），又云"与魏徵、虞世南相继为秘书监，得人之盛，后世称之"，见《白居易集笺校》卷四九《许季同可秘书监制》（上海古籍出版社，1988年，2914页）。

③颜腾之见王僧虔《论书》（〔唐〕张彦远：《法书要录》卷二，人民美术出版社，1984年，21页），又见颜真卿《晋侍中右光禄大夫本州岛大中正西平靖侯颜公大宗碑铭》〔〔唐〕颜真卿撰，黄本骥编：《颜鲁公文集》卷七，《三长物斋丛书》本，第5a页，以下简称《大宗碑》〕及《唐故通议大夫行薛王友柱国赠秘书少监国子祭酒太子少保颜君碑铭》（《颜鲁公文集》卷七，第19b页，以下简称《家庙碑》）。颜炳之见《大宗碑》，颜协见《梁书》卷五〇《颜协传》（中华书局，1973年，第727页），参见罗香林《颜师古年谱》（台湾商务印书馆，1982年，第6页）。

④〔南北朝〕颜之推撰，王利器集解：《颜氏家训集解》（增补本），中华书局，1993年，第567页。

训以为"此艺不须过精"①。据颜之推自述，"梁氏秘阁散逸以来，吾见二王真草多矣，家中尝得十卷"，并由此论及南朝书家的书法源流，我们可以推知颜之推在二王真草之外至少经眼或收藏过梁陶弘景、阮研、萧子云、丁觇等人的墨迹②。当然，经过战乱流离，颜之推再罹亡国之痛，所藏法帖或已散佚，然其家法帖鉴赏之学则传之子孙，为颜师古所继承。史载：

> 师古既负其才，又早见驱策，累被任用，及频有罪谴，意甚丧沮。自是阖门守静，杜绝宾客，放志园亭，葛巾野服，然搜求古迹及古器，耽好不已。③

古迹即古代法书墨迹，古器即古代器物，这两类收藏及其学问，在《颜氏家训》中皆有记录，是颜氏家学传统。颜之推所藏法书墨迹，见于前引《颜氏家训》"慕贤""杂艺"两篇，所见古器，则见于同书"书证"篇，其略云：

> 开皇二年五月，长安民掘得秦时铁称权，旁有铜涂镌铭二所……其书兼为古隶。余被敕写读之，与内史令李德林对，见此称权，今在官库。④

颜之推利用始皇、二世两代所铸秦权铭文考证史书上的秦代丞相隗林当是隗状之误，这是古器铭文证史的学问。祖武前辈，颜师古搜集古迹、古器，赏玩之外，亦有证史之用，《封氏闻见记》云：

> （秦峄山刻石）云"刻此乐石"，学者不晓乐石之意。颜师古云，谓以泗滨磐石作此碑。始皇于琅琊、会稽诸山刻石，皆无此语，惟峄山碑有

---

① 〔南北朝〕颜之推撰，王利器集解：《颜氏家训集解》（增补本），中华书局，1993年，第567页。颜氏举亲见的王褒为例，云"王褒地胄清华，才学优敏，后虽入关，亦被礼遇。犹以书工，崎岖碑碣之间，辛苦笔砚之役，尝悔恨曰：'假使吾不知书，可不至今日邪？'以此观之，慎勿以书自命。"（第579页）又梁庾元威云："所学正书，宜以殷钧、范怀约为主，方正循纪，修短合度；所学草书，宜以张融、王僧虔为则，体用得法，意气有余，章表笺书，于斯足矣。夫才能则关性分，耽嗜殊妨大业。"（《法书要录》卷二）与颜氏同调，旨在临习合乎法度且能表现士族文化修养的书体，主要用于人际交往的表章笺启。

② 陶弘景、阮研、萧子云见于《颜氏家训·杂艺篇》（〔南北朝〕颜之推撰，王利器集解：《颜氏家训集解》（增补本），中华书局，1993年，第570页）丁觇见于《颜氏家训·慕贤篇》（第133页）。

③ 《旧唐书》卷七三《颜师古传》，中华书局，1975年，第2595页。所谓"早见驱策"指入唐之后颜师古所授官为李世民敦煌公文学，"累被任用"指此后高祖、太宗两代皆任职中书，专掌机密。惜颜师古笔迹后世无传，或者以为《等慈寺碑》为颜师古自撰自书，然而此碑书写间有俗字，恐非出自精通字样学的颜师古之手。

④ 〔南北朝〕颜之推撰，王利器集解：《颜氏家训集解》（增补本），中华书局，1993年，第455—456页。

之，故知然也。①

泗水磬石本事又见颜师古《汉书注》，其《地理志》云："泗濒浮磬"，师古曰："泗水之涯浮出好石，可为磬也。"②精熟史事、文物，兼通书法如颜师古者方可求得确解。颜师古搜研古迹、古器之学传于其弟勤礼之子昭甫，史云：

> 昭甫，字周卿。少聪颖，而善工篆隶草书，与内弟殷仲容齐名，而劲利过之，特为伯父师古所赏，凡所注释，必令参定焉。为天皇曹王侍读、曹王属，有献古鼎篆书二十余字，举朝莫能读，昭甫尽识之。③

> 窃以臣先（昭甫）祖伏膺文儒，克笃前烈，能读《三坟》《五典》《八索》《九丘》，特为伯父故秘书监先臣师古之所赏爱。师古每有注释，未尝不参预焉。④

是知颜师古赏爱昭甫，一则以博学多识，一则以工篆隶草书，故以家学相授。通习篆籀古字，既是书学，也关乎名物制度、文字训诂，故昭甫能读古鼎篆书，与师古搜研古迹、古器定有关联。再者，殷仲容系颜师古之婿，亦见赏于师古。其墓志云：

> 公（殷仲容）才雄著述，及精图写，千载之外，独冠古今，皆成部袠，发挥别传。唐秘书大监颜师古，海内羽仪，人物宗匠，家有淑女，亲结其褵。⑤

此外，武德年间，颜师古与殷仲容之祖殷闻礼同修前代史书，殷闻礼主魏史，颜师古主隋史，修史期间，两家姻亲之外更有同僚之谊。

殷氏家族与颜氏命运相似，皆曾为西魏之囚，后因家学而中兴⑥。殷氏家族文章、书法皆有名当世，《殷子慎墓志》云"昔休琏（应球）、吉甫（应贞），代富

---

① 〔唐〕封演：《封氏闻见记》卷八《绎山》，中华书局，2005年，第73页。

② 《汉书》卷二八《地理志上》，中华书局，1962年，第1527页。

③ 见颜真卿《大宗碑》，《家庙碑》略同。按，昭甫本名显甫，见《元和姓纂》卷四（〔唐〕林宝：《元和姓纂（附四校记）》，岑仲勉校勘，郁贤皓、陶敏整理，孙望审订，中华书局，1994年，第523页），避中宗李显讳，后世碑铭书作昭甫。

④ 〔唐〕颜真卿：《谢赠祖官表》，见〔唐〕颜真卿撰，黄本骥编：《颜鲁公文集》卷一，《三长物斋丛书》本，第8b页。按，明安国所编《颜鲁公文集》卷三此篇题为《谢赠官表》（《四部丛刊》影印明锡山安氏馆刊本，卷三，第1a页）。

⑤ 陕西省考古研究所：《唐殷仲容夫妇墓发掘简报》，《考古与文物》2007年第5期，第25—28页。

⑥ 季爱民：《北朝末至唐前期长安社会中的佛教与道教关系》第三章第二节"通化坊南方家族的文化策略与宗教选择"，博士学位论文，北京大学，2009年。

文词；伯玉（卫瓘）、巨山（卫恒），世工篆籀。兼斯二美，独在一门"①，信非虚言。殷氏世传笔法，仲容曾祖、颜师古外祖殷英童善画，兼楷隶②，英童之子殷闻礼，书画妙过于父，闻礼子令名，书法精妙，不减欧（阳询）、虞（世南）③，令名子仲容，善书画，工写貌及花鸟，妙得其真④，善篆隶，题署尤精⑤，书汴州安业寺额，京师哀义、开业、资圣寺额，东京太仆寺、灵州神马观额，皆精妙旷古，为后代程式。⑥今存殷令名书《裴镜民碑》综虞世南、褚遂良之美。殷仲容所书昭陵十四国君长像题名及《马周碑》今存，可见面貌。⑦殷仲容和颜昭甫，皆是颜师古内外子侄，一为外甥兼爱婿，一为亲侄，两人书学齐名，当有互相切磋。仲容之子损之、承业亦有书学，《殷仲容墓志》损之篆盖，承业书志。仲容妻《颜顼墓志》虽无撰书人姓氏，要之皆为殷氏子弟所书，书风端楷，有大家之风，志盖篆书尤为精整，绝似秦《峄山刻石》，当是精心临摹所得。殷仲容侄孙"嘉绍尤工小篆，为寸字飞白，劲利绝伦"⑧，年代虽不相接，然可窥见殷家篆书传承。秦李斯小篆历代

① 《殷子慎墓志》，见胡戟、荣新江主编：《大唐西市博物馆藏墓志》，北京大学出版社，2012年，第302—303页。应球、应贞为父子，其家为文学世家，《晋书》卷九二《文苑·应贞传》云："应贞字吉甫，汝南南顿人，魏侍中球之子也。自汉至魏世，以文章显，轩冕相袭，为郡盛族。"（中华书局，1974年，第2370页）卫瓘、卫恒亦为父子，卫氏长于书法，羊欣《采古来能书人名》云："〔卫〕瓘，字伯玉。为晋太保。采张芝法，以〔卫〕觊法参之，更为草稿。草稿是相闻书也。瓘子恒，亦善书，博识古文。"（《法书要录》卷一）

② 《历代名画记》卷八。

③ 赵明诚：《金石录》卷二三《〈隋益州长史裴镜民碑〉跋尾》，见〔宋〕赵明诚撰，金文明校证：《金石录校证》，广西师范大学出版社，2005年，第398页。

④ 《历代名画记》卷九。《述书赋》《历代名画记》《旧唐书·殷开山传》所记殷氏世系有误，当据杨志□《殷仲容墓志》、颜真卿《曹州司法参军秘书省丽正殿二学士殷君墓碣铭》（以下简称《殷践猷碣》）。见〔唐〕颜真卿撰，黄本骥编：《颜鲁公文集》卷一一，《三长物斋丛书》本，第7b—8a页）、《元和姓纂》（中华书局，1944年，第396页）订正。参见李明：《初唐书法名家殷仲容》，《考古与文物》2007年5期，第95页；季爱民：《北朝末至唐前期长安社会中的佛教与道教关系》第三章第二节"通化坊南方家族的文化策略与宗教选择"《颜氏、殷氏世系与婚姻表》，博士学位论文，北京大学，2009年。

⑤ 〔清〕张怀瓘：《书断》卷下，见《法书要录》卷九。

⑥ 〔唐〕窦泉：《述书赋》，见《法书要录》卷六。

⑦ 〔宋〕赵明诚：《金石录》卷八三，《〈隋益州长史裴镜民碑〉跋尾》，见〔宋〕赵明诚撰，金文明校证：《金石录校证》，广西师范大学出版社，2005年，第397—398页。参见李明：《初唐书法名家殷仲容》，《考古与文物》2007年5期，第95页。李文以《褚亮碑》亦为殷仲容书，然无确证，不取。

⑧ 《杭州钱塘县丞殷府君夫人颜君神道碣铭》（以下简称《颜真定碑》），见〔唐〕颜真卿撰，黄本骥编：《颜鲁公文集》卷七，《三长物斋丛书》本，第1b页。又林宝《元和姓纂》卷四云"嘉绍工书"（中华书局，1944年，第396页）。

所宗，传为李斯所书的《峄山刻石》尤为书家所宗。徐浩将李斯《峄山刻石》列入"旷绝"之品，是唐代摹写小篆的范型，有石本、木本广泛流传。杜诗云"峄山之碑野火焚，枣木传刻肥失真"[①]，窦蒙云李斯"作小篆书《峄山碑》，后其石毁失，土人刻木代之"[②]，即其本事。前文提及颜之推曾与李德林解读秦权文字，颜师古于《峄山刻石》有精到的解说，颜昭甫能读古鼎铭文，皆可证明颜氏精通篆书。颜家当皆有秦篆经典范本的收藏，例如《峄山刻石》、秦权铭文之类，殷氏此学或受颜家影响。

另外，殷家的笔法和鉴定之学亦由殷仲容传于颜氏后辈。[③]颜师古之侄昭甫早亡，其子惟贞、元孙兄弟幼年即教养于舅氏殷仲容家（同在长安通化坊），从仲容受笔法[④]，元孙为之代笔，人莫能辨[⑤]。颜元孙亦有鉴定法书之能，睿宗时，玄宗以太子监国，颜元孙任太子舍人，独掌制诰，一日召入，"御小殿赐食，因出诸家书迹数十卷，曰：'闻公能书，可为寡人定其真伪。'公分别以进，玄宗大悦，因赐藤笺、笔墨、衣服等物。"[⑥]若溯其源，法书鉴定的学养亦当承自颜氏本宗及殷氏外家。

颜、殷两家世代联姻，自颜之推起，六世娶于殷氏，殷氏至少有三代娶于颜氏；最晚从颜思鲁、殷峤（开山）一代始，同居通化坊[⑦]，两家各自所藏法书名迹、文物古器，当互相借阅观赏，同以书法之学传家。从颜惟贞之子真卿的早期书法作品，如《王琳墓志》《郭虚己墓志》中，明显有殷令名楷书的影响；晚年正楷，如《家庙碑》《颜勤礼碑》，则有殷仲容隶书的雄浑。我们从法书收藏的共赏和书学笔法的传递这个侧面观察，通化坊殷、颜两家之间的联系特征鲜明，展现了江南世家旧族社会网络中同僚、学友、姻亲、邻里等多重关系结合的复杂形态，构成一个紧密的共同体。

---

① 〔唐〕杜甫：《李潮八分小篆歌》，见《杜工部集》卷七，上海图书馆藏宋刻本，第25b—26a页。

② 〔唐〕窦泉：《述书赋》，见《法书要录》卷五。

③ 朱关田编：《颜真卿年谱》，西泠印社出版社，2008年，第19页。

④ 见颜真卿《家庙碑》。颜元孙、颜惟贞兄弟亦曾受教于长姊殷履直妻颜真定，见《颜真定碑》。

⑤ 见颜真卿《朝议大夫守华州刺史上柱国赠秘书监颜君神道碑铭》（以下简称《颜元孙碑》）云："仲容以能书为天下所宗，人造请者笺盈几，辄令代遣，得者欣然，莫之能辨。"（《颜鲁公文集》卷九）

⑥ 见颜真卿《颜元孙碑》。

⑦ 殷仲容伯祖殷峤居于通化坊，见《长安志》前引文。殷仲容、颜顼夫妇居通化坊，见《殷仲容墓志》。

同居通化坊的欧阳询自幼被陈中书令江总收养，"博览经史，尤精三史"①，出自南朝士族学问的正途，欧阳氏虽非士族，而有江南士族文化特质，故当以士族视之。就书法而言，窦蒙云欧阳询"书出于北齐三公郎中刘珉"②，大约是就铭石书而言，而《旧唐书》本传云"询初学王羲之书，后更渐变其体，笔力险劲，为一时之绝。人得其尺牍文字，咸以为楷范焉"③，则指尺牍行狎书而言。史载欧阳询在索靖所书碑版下流连三日④，是其鉴赏古代名家书迹的重要记载。据徐浩论书家笔法传承云"近古萧、永、欧、虞，颇传笔势"，以欧阳询上承萧子云、智永，又曰"欧阳率更云'萧（子云）书出于章草'，颇为知言"⑤，崔备《壁书飞白萧字记》引欧阳询云"萧侍中（子云）飞白，轻浓得中，如蝉翼掩素"⑥，对萧子云飞白书推崇备至。张怀瓘亦以为欧阳询能得萧子云飞白书之妙，曾云：

> 梁武帝谓萧子云言："顷见王献之书，白而不飞，卿书飞而不白，可斟酌为之，令得其衷。"子云乃以篆文为之，雅合帝意。既括镞而藉羽，则望远而益深，虽创法于八分，实穷微于小篆。其后欧阳询得之。⑦

从此可以考知欧阳询曾经以萧子云、智永书迹为楷模，心追手摩，故能得其笔法。欧阳询经眼者还有张弘、王羲之、王献之等人的飞白书，故后人评价"欧阳飞白，旷古无比"。又张怀瓘《书断》引"欧阳询与杨驸马书章草《千文》批后云：'张芝草圣，皇象八绝。并是章草，西晋悉然。迨乎东晋，王逸少与从弟洽变章草为今草，韵媚宛转，大行于世，章草几将绝矣。'"汉代张芝章草，东晋过江之后真迹殆绝⑧，唐代有拓本流传，孙吴皇象、东晋王羲之、王洽章草法帖唐代尚存真迹。皇象章草《急就章》是著名法帖，传至宋代御府。⑨王羲之具有章草笔意的《姨母帖》、今草《初月帖》其时藏于王方庆家⑩，同为江南士人的欧阳询或曾寓目。欧

---

① 《旧唐书》卷一八九《儒学·欧阳询传》，中华书局，1975年，第4947页。

② 〔唐〕窦臮：《述书赋》，见《法书要录》卷六。

③ 《旧唐书》卷一八九《儒学·欧阳询传》，中华书局，1975年，第4947页。

④ 〔唐〕刘餗：《隋唐嘉话》，中华书局，1979年，第23页。

⑤ 《法书要录》卷三。

⑥ 崔备：《壁书飞白萧字记》，见《法书要录》卷三。

⑦ 〔唐〕张怀瓘：《书断》上，《法书要录》卷七，第233页。

⑧ 褚遂良云："钟繇、张芝之迹，不盈片素。"（〔唐〕张怀瓘：《书断》上，见《法书要录》卷八）

⑨ 《宣和书谱》卷一三，人民美术出版社，2011年，第138—139页。又《淳化阁帖》卷二收入皇象《文武帖》《顽闇帖》诸法帖。

⑩ 王羲之《姨母帖》《初月帖》皆在王方庆所献《万岁通天帖》中，墨迹本今藏辽宁省博物馆。

阳询之子欧阳通能继家学，史传云：

> 子通，少孤，母徐氏教其父书。每遗通钱，绐云："质汝父书迹之直。"通慕名甚锐，昼夜精力无倦，遂亚于询。[1]

唐人云"学有大小夏侯，书有大小欧阳"[2]，足见当时之誉。欧阳通近习乃父之书，仍需远摹二王法帖。南朝惠式书仿王羲之，欧阳通云"式道人，右军之甥，与王无别"，可见他深知二王系统书迹的谱系。

原载《大唐西市博物馆藏墓志研究（续一）》，陕西师范大学出版总社，2013年
（史睿，北京大学历史系中古史研究中心副研究馆员）

---

① 《旧唐书》卷一八九上《儒学·欧阳通传》，中华书局，1975年，第4948页。又《宣和书谱》卷八"欧阳通"条（人民美术出版社，2011年，第91页）略同。

② 〔唐〕窦泉：《述书赋》，见《法书要录》卷六。

关于唐法门寺咸通十四年（873）舍利供养的考察

——兼论法门寺《真身志文》碑

[日] 气贺泽保规　著　石　青　译

一、前言——《真身志文》简介

1987年春，从中国陕西省扶风县法门寺十三层真身舍利塔的地下（地宫）出土了金银器、陶瓷器、玻璃制品及绢制品等大量文物。其中最重要的是四枚分别置于几个多重宝函内的指骨舍利。这些舍利是作为释迦真身即真骨保存在该寺的，其周围放置的宝物皆是唐末咸通十四年（873）首都长安舍利供养活动时，懿宗皇帝及其臣僚等施舍的物品。地宫在此年的供养活动结束后，于次年正月四日被封闭起米，此后在从黄巢之乱到唐朝灭亡的动荡岁月中，逐渐淡出人们的视野，封存至今。

直接证明这些经过一千一百余年再度与法门寺的宝物一同回归地上的佛舍利与咸通十四年的舍利供养活动有关的是地宫中一起出土的两通碑刻。一通名为《兼送真身使随真身供养道具及恩赐金银宝器衣物帐》（以下简称《衣物帐》），另一通名为《大唐咸通启送岐阳真身志文》（以下简称《真身志文》）。《衣物帐》是当时埋藏宝物的清单，列举每位施主施舍物品的名称、件数及重量。通过此《衣物帐》可知出土物品的名称、用途、重量、质量等信息。像这样完整地保存大量文物及其清单的案例非常少见，值得引起广泛的关注。

另一方面，《真身志文》中记载了围绕咸通十四年舍利供养的一系列活动，及此前的法门寺简史。尤其是记述寺院遭遇武宗废佛打击之后如何重建，舍利供养如何进行的部分，在同时代史料中十分早见、弥足珍贵。原本关于法门寺的碑刻中，记录唐代历史的主要史料是《大唐圣朝无忧王寺大圣真身宝塔碑铭并序》（简称《无忧王寺碑》），但此碑记录的历史至唐大历十三年（778）为止，这之后直接跳跃至五代天祐十九年（922）的《秦王重修法门寺塔庙记》。①此《真身志文》继《无忧王寺碑》之后，有着补足唐代后半期法门寺历史的重要意义。

---

① 关于法门寺碑刻的保存状况请参阅拙稿《中国法門寺成立をめぐる一考察》（《富山大学教养部纪要》，1990年）的附录《法门寺关系碑刻数据名一览目录》。

以上两篇碑文的日期，《衣物帐》注明"咸通十五年正月四日谨记"，《真身志文》载："以（咸通十四年）十二月十九日自京都（长安）护送真身来本寺。……以十五年正月四日归安于塔下之石室。"两碑的外观有若干差异，但两块碑都位于奉纳舍利和宝物的前中后三室主室之外，似乎要将门堵住一样重叠着靠在一起。可以推知如下过程：咸通十五年（874）正月四日地宫主室封闭，接着将为此准备的两块碑放入，再将通往外界的出口密封起来。但是撰写碑文、楷书书写、刻石制作完成需要一定的时间，或许将最后封闭出口的时间视作正月四日稍后为宜。刻意准备这样两块碑在之前的供养活动中并未出现（不能确认碑文的存在），因此这一现象的背后是法门寺一方的危机意识使然，他们预感到唐朝衰亡在即，这可能是唐朝的最后一次供养活动，预备将来在别的朝代再次将门开启。

《衣物帐》碑与《真身志文》碑从物质和行动两方面明确了咸通十四年舍利供养活动的具体情况以及意义。因此这两块碑的内容是相互补足的关系，原本就应作为相同情境下的研究对象。但二者的碑文记载多有出入，难以一概而论。因此，笔者首先选取《衣物帐》，与地宫中出土的文物一同展开分析，特别关注拥有该时代最高工艺水平的各色金银器的存在（以下简称"前稿"）。①这样一来，另一方《真身志文》碑就有待考察。本文围绕这一课题，对《衣物帐》的分析成果加以补充，阐释咸通十四年供养活动的具体过程及意义。

那么，在讨论《真身志文》之前，作为参考我们就录入全文及原碑形制加以介绍（文字间的空白部分也与原碑一致）。原碑为横长方形，长48厘米，宽113厘米，碑文共47行，一行约22个字。撰文者是当时的高僧僧澈（后文还将涉及），书丹者是沙门令真（碑文第2行）。风格与《衣物帐》碑一致。书写《衣物帐》的被推定为"（大）兴善寺僧觉知"，因此虽然都出自僧人之手但并非同一人。碑文全文大致能够阅读，但也有磨损不清晰的地方，这些部分我们也参考了前人的释读，②大致疏通了文意。另外，每行开头的编号代表行数，释读文字有其他可能性时则标

① ［日］气贺泽保规：《法门寺出土の唐代文物とその背景——碑刻〈衣物帐〉の整理と分析——》，见《中国中世の文物》，京都大学人文科学研究所，1993年。

② 至今所见《真身志文》释文有如下几种。周绍良：《扶风法门寺佛骨舍利的来龙去脉》，《文史知识》1987年第11期；扶风县《法门寺》编写委员会编：《法门寺佛舍利圣地》，新华出版社，1988年，第20—22页；陕西省宝鸡市扶风县文史资料研究委员会编：《法门寺专辑》，内部资料，1988年，第55—58页；梁福义：《法门寺纪事》，陕西旅游出版社，1988年，第98—100页；陈景富：《法门寺史略》，陕西人民教育出版社，1990年，第205—206页；陈全方、柏明、韩金科：《法门寺与佛教》，陕西旅游出版社，第208—209页；李发良：《法门寺志》，陕西人民出版社，1995年，第208—209页。在未见拓本的情况下识读不足之处很多，本文所列释文也有对其进行修正的意图。

注在旁边。

1　大唐咸通启送岐阳真身志文

2　　　　内殿首座左右净光大师赐紫沙门臣僧澈撰。内讲论赐紫沙门令真书。

3　释迦大师示灭一百一十九年。天竺有国君。号无忧王。分遗

4　形舍利。役鬼工造八万四千塔。阎浮之聚落。有逾一亿舍。即

5　寘于窣睹波。岐阳重真寺乃其一也。元魏二年岐守拓跋育。

6　初启塔基。肇申供养。隋文时郡牧李敏　唐太宗朝刺史

7　张德亮。并继开灵趾。盛荐香花。　高宗延之于洛邑。

8　天后荐之于明堂。　中宗改法门为圣朝无忧王寺。塔曰大

9　圣真身宝塔。　肃宗虔请。严于　禁中。　德宗归依。延于

10　阙下。　宪宗启塔。亲奉香灯。洎　武皇帝。荡灭真教。坑

11　焚贝多。衔　天宪者。碎殄影骨。上以塞　君命。盖君子从

12　权之道也。缘谢而隐。感兆斯来。乃有九陇山禅僧师益。贡

13　章闻于　先朝。乞结坛于塔下。果获　金骨。潜符

14　圣心。以咸通十二年八月十九日。得舍利于旧隧道之西

15　北角。按旧记云。长一寸二（一）分。上齐下折。高下不等。三面俱

16　平。一面稍高。中有隐迹。色白如玉少青。细密而泽。髓穴方

17　大。上下俱通。二角有文。文并不彻。征诸古典。验以灵姿。

18　贞规既叶于前闻。妙相克谐于瑞彩。　宸襟瞩望。

19　睿想虔思。降星使于　九重。俨华筵于　秘殿。十四年三

20　月廿二日。　诏供奉官李奉建、高品彭延鲁、库家齐询

21　敬、承　旨万鲁文。与左右街僧录清澜、彦楚、首座僧澈、

22　惟应、大师重谦、云颢、慧晖等。同严香火。虔请真身。时凤

23　翔监军使王景珣、观察判官元充。咸来护送。以四月八日。

24　御安福楼。会宰臣者。辟以延仁。　宸虑既劳其倾瞩。法容先

25　诚其庄严。继赞纪于道途。耀戈鋋于城阙。澄神负扆。齐

26　虑临轩。虔拜瑶函。若灵山之旧识。一瞻金骨。忆双树之

27　曾逢。解群疑而自化尘心。攀瑞相而尽成雪涕。遂感灯

28　摇圣影。云曳彩章。神光亘发以辉华。玄鹤群飞而率

29　舞。大官玉食。陋须陀最后之心。甲帐清香。笑汉武冲

30　虚之思。古今煜耀。中外归依。而遽猒（厌）万机。将超十地。望九

31　莲以长往。蹑五云而不归。　龙图乃授于　明君。凤历

32　纂承于　孝理。眷香花之法物。　圣敬如新。　顾函锡

33　之清尘。　遗芳尽在。克成　先志。永报　眷慈。爰发使

34　臣。虔送真身。乃　诏东头高品孙克政、齐询敬、库家刘

35　处宏、承　旨刘继郎、西头高品彭延鲁、内养冯全璋。与

36　左右街僧录清澜、彦楚、首座僧澈、惟应、大师清简、云颢、

37　惠晖、可孚、怀敬、从建、文楚、文会、大德令真、志柔等。以十

38　二月十九日。自京都护送真身。来本寺。道（应）□□□。俨奉香

39　灯。云飘宝界之花。泣散提何之泪。以十五年正月四日。归

40　安于塔下之石室。玉棺金箧。穷天上之庄严。蝉翼龙纹。极

41　人间之焕丽。叠六铢而斥映。积秘宝以相鲜。　皇家之厚福无

42　涯。旷却之良因不朽。仍令高品彭延鲁、内养冯全璋。颁赐金银钱

43　绢等。　诏凤翔节度使令狐绚、监军使王景珣。充修塔寺。禅

44　河呜咽。觉树悲凉。幢幡摇曳以交鸣。馨梵凄清而共切。想金

45　扃之永闭。万感难裁。知妙体之常存。双空自慰。龙花三会。

46　同为见佛之人。香列九莲。共接无生之众。芥城可竭。愿海无

47　穷。命纪殊功。永志于石。　　　监寺使高品张敬全。

二、《真身志文》的内容及其构成——兼及法门寺《北周碑》碑侧的分析

《真身志文》有文字漫灭、字句难以理解之处，因此部分文意无法充分理解，但面对这个问题我们不能畏惧误解，而是要努力掌握碑文大意。

首先第3—5行简单记述了法门寺（时称重真寺）收藏真身舍利的经过。

释迦大师示灭一百一十九年，天竺有国君（阿育王），号无忧王。分（释迦的）遗形舍利，役鬼（夜叉）工造八万四千塔。阎浮（现世）之聚落，有逾一亿舍。即寶于窣睹波（stūpa，塔），岐阳重真寺乃其一也。

但此处仅强调了法门寺舍利是阿育王分八万四千枚释迦舍利中的一枚，关于这枚舍利因何及何时传到当地则没有具体说明，紧接着又列举了“元魏二年”至咸通十四年供养活动之前历代的舍利供养活动（5—10行）。

元魏二年，岐守拓跋育，初启塔基，肇申供养。隋文（帝）时，郡牧李敏，唐太宗朝，刺史张德亮，并继开灵趾，盛荐香花。高宗延之于洛邑，天后荐之于明堂。中宗改法门为圣朝无忧王寺，塔曰大圣真身宝塔。肃宗虔请，严于禁中，德宗归依，延于阙下，宪宗启塔，亲奉香灯。

如后附《关于法门寺史的简略年表》所示，碑文中提及的历代供养活动是实际发生的，这从其他史料中也可以得到确认，而且到了唐代形成了"三十年一开"的开启规则。咸通十四年舍利供养活动前史的最后"宪宗启塔亲奉香灯"是在元和十四年（819），韩愈《论佛骨表》记载了这次佛事活动，法门寺也因此成为历史上著名的寺庙。

可是此处提到的元魏二年是何时呢？之前提及的《无忧王寺碑》中提到"大魏二年"。①过去中国学者将这一年代尽可能向前追溯，大致都认为是北魏时期。对此笔者持有完全不同的意见。②首先，在北魏时代类似这样基于舍利信仰而成立寺院的现象尚缺少社会、政治及宗教基础。其次，这一年"岐守（岐州刺史）拓跋育初启塔基，肇申供养"中出现的人名拓跋育引人注目（《无忧王寺碑》作"岐州牧、小冢宰拓跋育"）。此人在西魏大统十六年（550）时为十二大将军之一，是有着北魏王室血统的淮安王元育，代表西魏宇文泰政权下北魏王室系统的微妙立场，在政权调整中负有任务。当时恰逢西魏北周政权更迭的魏周革命时期，标榜继承古代周王朝的北周（宇文氏）对曾经的周王朝的发祥地即周原、岐阳有着强烈的自身圣地认同。藏有真身舍利的法门寺（时称阿育王寺）恰好在此时出现，可以看作拓跋育从佛教及舍利信仰方面进一步明确岐阳的圣地地位，以此来表明自己愿意协助北周政权的鲜明态度。从这一点来看，元魏（大魏）二年可比定为西魏恭帝二年（555），在远离政治中心的岐阳设置寺庙的原因也得以与政治背景结合加以说明。笔者的年代比定最近得到法门寺博物馆馆员李发良的认同，在《法门寺志》中采用，我想中国学界大致认可。

如果笔者的看法成立，将法门寺的直接起源追溯到元魏二年的话，那么法门寺方面关于元魏二年以前舍利传到当地并建立"圣冢"奠定了寺塔基础的记载就变得不可采信了。事实上，此次关于真身舍利塔的全面发掘调查中，并未发现任何汉代等前代佛教文物。③另外，与此相关，还有其他史料存在。宋代重真寺（法门寺）天王院沙门智颙埋葬亡故僧人的遗骨时在寺庙侧近修建普通塔以为纪念，为记录此事

---

① 《金石萃编》卷一〇一《无忧王寺碑》（唐大历十三年）："……或曰，华夏之中有五印，扶风得其一也。虽灵奇可睹，而载纪莫标目者。……祯祥异气，往往间出，故风俗谓之圣冢焉。……厥有太白二三沙门，摄心住持，得坚清净，其始远也。……大魏二年，岐州小冢宰拓跋育，……乃削旧规，创新意，广以台殿，高其闬闳。"

② 参见拙撰《唐代法门寺成立考》（《首届国际法门寺历史文化学术研讨会论文选集》，陕西人民教育出版社，1992）。

③ 参见陕西省法门寺考古队《扶风法门寺塔唐代地宫发掘简报》（《文物》1988年第10期）、《扶风法门寺唐代地宫发掘简报》（《考古与文物》1988年第2期）。

缘起又刻立了《普通塔记》碑（庆历五年，即1045年），但实际所用石料是早已存于寺内的古碑石，他将表面重新打磨清除字迹再加以利用。①关于这一细节，我们是如何得知的呢？此碑的碑侧部分（长70厘米，宽15厘米）残留有原碑的文字片段，从左至右原文如下。②

    1 （文字不明）

    2 ……仪同三司渭南县……魏……之女   嫁宇文氏

    3 ……三子……仪同三司东城……宇文周太祖文皇帝之女   女嫁宇文氏

    4 ……四子……字光略大都督诺光……侯妻独孤浑周大将军晋原郡开国公之女……   女嫁厍狄氏

    5 第五子昊字晖略大都督安国……侯妻越勤周大将军华山郡开国公之女

    6 第六子果字桃汤开府仪同三司高阳郡开国公妻宇文周太师大冢宰晋国公之女

    7 第七子……汉中郡开国公妻扣扣周 柱 国 申国公之孙

从前引碑石大小和形状来看，不能排除它是墓志的可能性，但是未有像上述这样在侧面也刻写名单的墓志案例出现。大概还是石碑的一种。但如此一来就产生了一些疑问——它为什么是这样的形态？尝试分析前述残存碑文，我们推断，首先，这是某一家兄弟姊妹的名录，上段是七个儿子和他们妻子的名字，下段是出嫁别家的三个或四个女儿的名字。他们将名字刻在一起，那么碑主亦即他们希望通过石碑表彰的主体应是他们的父亲。假使此碑是为父亲建造的，那么这块石板就是介于墓志和石碑之间的过渡形态，采用这种形制的用意就大致明了了。

关于这块碑石的存在，法门寺流传着这样的引人注目的故事：

    （唐）贞观五年（631），岐州刺史张（德）亮素有信向，来寺礼拜。但见古基曾无上覆，奏敕望云宫殿，以盖塔基。下诏许之，因构塔上，尊严相显。古老传云，此塔一闭经三十年，一示人令生善。亮闻之，以贞观年中，请开剖出舍利，以示人。恐因聚众，不敢开塔。有敕并许，遂依开发，深一丈余获二古碑，并周魏（西魏、北周）之所树也。文不足观，故不载录。光

---

① 梁福义：《法门寺纪事》，陕西旅游出版社，1988年，第68—69页。《宋普通塔记》是1981年寺院钟楼坍塌从墙壁上掉落而发现的，并不见于他书。
② 关于碑侧的释文，参见梁福义《法门寺纪事》及李发良《法门寺志》。本文的释文是参照二者释文并结合拓本照片综合所得。

相照烛，同诸舍利。既出舍利，通现道俗，无数千人，一时同观。[①]

上述故事有着记述法门寺舍利"三十年一开"的开启原则的成立和起源的意义，但现在我们要注意的是同时被发现的两通古碑刻。其内容乏善可陈，但可确定是"周魏"时期的碑刻，如果这则记载可信，不难推想该碑刻与奠定法门寺基础的拓跋育有关。也就是说，拓跋育对于该寺庙的功绩，真身舍利和寺庙的建立等事迹，不是由拓跋育本人而是由他的亲属记载下来的。假使如此，前文提及的《普通塔记》碑的原碑可能就是这两通碑刻中的一个，这样的看法十分有趣。

那么，我们再来看原碑碑侧残存的家族名录。事实上我们并不清楚他们的姓氏，但是，第三子之妻宇文氏的父亲是周太祖文皇帝，不必说指的是西魏的创建者宇文泰。他的庙号（太祖）是北周第一代皇帝孝闵帝即位不久（元年正月，557）追封的，追赠文皇帝（谥号）的时间则是武成元年（559）八月。其后第六子某果之妻的父亲周太师、大冢宰、晋国公可以断定是北周前期掌握实权的宇文护。他于孝闵帝元年正月从中山公进爵晋国公，同年二月进位大冢宰，明帝二年（558）正月被授予太师称号。其后宇文护兼任雍州牧（同年四月）、都督中外诸军事（保定元年正月，561），在建德元年（572）三月被暗杀之前他一直持有碑文中的三个头衔。从宇文泰和宇文护的信息可以判断原碑大约是北周时期的559年至572年制作的。

另外，碑文记载第七子之妻的祖父是申国公。搜寻北周时拥有此爵位的人，宇文泰的心腹，作为武将一直在政界身居要职的李穆浮现出来。他于天和二年（567）被授予申国公爵位，直至隋初开皇六年（586）七十七岁去世一直持有同一爵位。但即便如此，我们仍无法断定碑文中的申国公就是李穆。碑上的文字很重要，但原碑这一部分漫灭不清，因此为此碑做释文的李发良也仅在这些字符处用空白标识，作"妻□□周□□申国公"。但是细看残存部分，申国公之前的两个文字依稀可见是"柱国"。若如此那么申国公是李穆的可能性就更大了。因为他在保定三年（563）左右为柱国大将军，建德六年（577）进位上柱国之前一直是柱国。但问题是原碑第七子"妻"的姓氏占据了两个字符的位置，从残存文字来看不是提手旁而是木字旁，这里无论如何也不会让人联想到李穆的"李"姓。

如此一来，申国公即李穆的说法就变得不合理了，但也不能直接这样断定。如果时代是北周，使人联想到当时实行的虏姓（复姓）。众所周知，正式恢复虏姓的

[①] 参见《集神州三宝感通录》卷上《周岐州岐山南塔缘五》条［《大正藏》（52），第406页］及《法苑珠林》卷三八《敬塔篇》［《大正藏》（52），第586页b］。

时间是西魏恭帝元年（554），一直延续至隋建立近前，①李穆当然不可能与此事无关。李穆原是陇西成纪人，乍看之下像是汉人，但实际上其家世代居于北狄，随着北魏获得华北的统治权而进入中国，冒用陇西李氏之名，并非纯粹的汉人。这样的北族出身和在西魏建国之时突出的贡献使得李穆在恢复虏姓之时被赐姓拓拔（或作撶拔，而非拓跋）。②如果上述事实都成立，那么首先原碑中当然应该使用这一虏姓，"妻"字下面虽没有出现李姓但理解上也没有什么障碍。其次，这里占据了两个字的位置和疑似提手旁的文字如果判读为拓拔也最为合理。这样就能确定第七子之妻的祖父就是李穆（拓拔穆）。

根据李穆的事例，原碑的制作时间可推定至天和二年（567）以后，综合宇文泰和宇文护的情况，原碑成立年代可能限定在567年至572年（建德元年）的五年间。遗憾的是，无法在此基础上进一步精确时间范围了，但是如果如前所述这块碑在法门寺中，寺院从建立以来仅十数年时间，唐初与舍利一同被发掘的"古碑"的年代与"周魏"大致符合，给人以两者的共通性更强的印象。即使如此，碑主一家为何和当时的诸多掌权者缔结婚姻关系？已知的宇文泰和宇文护不必说，李穆也是当时政界的当权者，虽然具体的人无法确定，但第四子之妻独孤浑氏的父亲是"周大将军，晋原郡开国公"，第五子之妻越勤氏的父亲也是"周大将军，华山郡开国公"，③都可以推断属于当时地位最高的群体。另一方面，碑主的两个女儿也都嫁给了很可能是属于皇室的宇文氏。这样看来碑主一家有着与西魏北周实权者对等且有多重婚姻关系的家族地位，在政界也能发挥一定的影响力。

接着我们又想到作为法门寺奠基人的拓跋育的存在。如前所述，他是出身北魏王室的望族，同时又深得宇文泰的信任，对魏周革命有着杰出贡献。北周建立后，

---

① 关于虏姓（胡姓）正式恢复使用的记载如下："魏氏之初，统国三十六，大姓九十九，后多绝灭。至是，以诸将功高者为三十六国后，次功者为九十九姓后，所统军人，亦改从其姓。"（《周书》卷二《文帝本纪下》"魏恭帝元年"条）另《隋书》卷一《高祖本纪上》载："（北周）大定元年（581）春二月壬子，令曰已前赐姓，皆复其旧。"此可知直到隋建立近前一直使用虏姓。

② 《周书》卷三〇《李穆传》载：西魏恭帝元年（554）"征江陵功……寻进位大将军，赐姓拓拔氏，俄除原州刺史"。另有文本中拓拔写作"撶拔"（参见中华书局本《周书》校勘记），此"北周碑"碑侧的文字也有可能是这两个字。此外，关于李穆家族的出身，《隋书》卷三七本传载："李穆字显庆，自云陇西成纪人。……祖斌，以都督镇高平，因家焉。……周太祖（宇文泰）首建义旗，穆便委质，释褐统军。"

③ 据姚薇元《北朝胡姓考》"越氏"条，越勤氏可能出自鲜卑系居于跋那山（陕西榆林县东北）的越勤部，西魏时有越勤肱特（越勤即越勤），北周时有越勤世良的武将名字出现。

他在政治上的活动及个人的去就都无从考知，但大概可以推想是凭借过去的功绩颇受礼遇地度过了一生。位于北周圣地岐阳的法门寺有着重要的地位，拓跋育作为信徒和檀越也一直热心地参与。了解了上述背景我们可以知道，古碑当初被埋在舍利侧近，后来又被发现，面貌也有所改变，此碑与拓跋育本人有关，碑侧的文字也正是记述他子女们的婚姻关系的。虽然这仅仅是残存的片段记述，但它启示我们，只要将思路打开，它实际上也有揭开法门寺历史一角的重要意义。

接着我们回到正题《真身志文》碑的碑文。元和年间的供养活动之后，发生了"三武一宗"法难之一的会昌废佛运动（运动的高潮是会昌五年即845年），那时法门寺遭遇了危机，别说供养舍利，就连舍利和寺庙的命脉都可能断绝（10—12行）。

> 洎武皇帝，荡灭真教，坑焚贝多（佛典）。衔天宪者，碎殄影骨，上
> 以塞君命。盖君子从权之道也。

这是法门寺中流传的记载此次法难实情的珍贵史料，但即便在重重困境中，领受君命的使者仍将真骨藏于土中，砸碎了影骨（伪骨），从而使舍利免遭破坏。

接着记述法门寺如何从颓败状态复兴，发现真身舍利的经过（12—18行）。这是由九陇山禅僧师益助成的。碑文载："（师益）贡章闻（上奏？）于先朝（宣宗），乞结坛于（真身舍利）塔下，果获金骨，潜符圣心。"从宣宗朝起就在寻找的遗失的真身舍利即真骨，终于在懿宗咸通十二年八月十九日于旧地宫西北角被发现。碑文对发现的舍利形制作了如下说明。

> 按《旧记》云：长一寸二分，上齐下折，高下不等。三面俱平，一面稍
> 高，中有隐迹。色白如玉少青，细密而泽。髓穴方大，上下俱通。二角有
> 文，文并不彻。征诸古典，验以灵姿，贞规既叶于前闻，妙相克谐于瑞彩。

关于这段文字所形容的舍利是现今发现的四枚舍利中的哪一枚，我在前稿中已有涉及，这里就不再详细说明，而大致的观点是，比起后室盛放在八重宝函中的第一枚舍利，笔者认为唯一的灵骨（真骨）可能是后室地下秘龛中的第三枚舍利。另外，我们虽然不知道师益的生平经历，但他是《衣物帐》碑中所罗列参与埋藏供奉物品的"大师"中的一位（《衣物帐》39行），他或许是凭借发现舍利的功绩跻身高僧之列的。此外，九陇山可能是指唐代四川剑南道彭州九陇县西二十五里与县同名的山（《元和郡县图志》卷三一）。

借师益之力舍利再度出现之后，将丢失已久的舍利奉迎还都的呼声很高。其中最热衷此事的就是懿宗皇帝，咸通十四年三月二十二日诏供奉官李奉建"同严香火，虔请真身"，于四月八日迎入都城并举行盛大的供养活动（18—30行）。懿

宗"澄神负扆，齐虑临轩"，将正座让与真身，自己端坐在旁，"虔拜瑶函（舍利函），若灵山（灵鹫山，释迦说法处）之旧识，一瞻金骨（真身舍利），忆双树（娑罗双树，释迦入灭地）之曾逢"，忘我地投入供养活动。

然而供养活动开始不久懿宗就去世了。"而遽猒（厌）万机（政务），将超十地（十种境界），望九莲（阿陀净土）以长往，蹑五云而不归"（30—31行）。于是将"龙图""凤历"即政权授予会成为"明君"的"孝理"之子僖宗，由他来继承遗志（31—39行）。

> 龙图乃授于明君，凤历纂承于孝理。眷香花之法物，圣敬如新，顾函锡之清尘，遗芳尽在。（僖宗）克成先（帝之）志，永报（先帝之）眷慈，爰发使臣，虔送真身。

如此，直到临近年末十二月十九才将舍利送还法门寺。①这时奉皇帝之命参与送还舍利的共有二十人，比奉迎舍利时的十三人（20—23行）还要多。这一数量差异反映了什么问题呢？这不仅仅是对先帝遗志的继承，更反映了僖宗对真身舍利的态度。对此，我们将在后文略做探讨。

接着到了次年咸通十五年正月四日，舍利被安放在"塔下之石室"中（39—42行）。地宫之中的样貌是"（奉纳真身的）玉棺金箧，穷天上之庄严，蝉翼龙纹（十分精美的宝函的纹样和制作技巧），极人间之焕丽。（宝函周围）叠六铢（轻薄的纺织品）而斥映，积秘宝（金银器等）以相鲜"，祈愿"皇家（唐朝）之厚福无涯，旷劫之良因不朽。"于是又捐出金银钱绢，命凤翔节度使令狐绹和监军使王景珣等人修复真身舍利塔（42—43行）。后世的史料记载，明代以前的塔是四层木塔结构，②但据最近的发掘情况，在边长26米的方形唐代塔基范围内，确认了23根（实际上是24根）唐代柱础。考虑到武宗废佛时寺院被毁，令狐绹等人奉命修造意味着对塔的整体重建，考古发现的塔基应当是那时的遗迹。

无论怎样，真身舍利就此被埋藏。43行末尾以后都在描述对消失在视野之中的舍利的惜别之情与赞美之辞，诉说对舍利的崇拜，这是《真身志文》的结尾。

> （佛得道之前沐浴的）禅河（尼连禅河）鸣咽，（佛得道时打坐冥想的）觉树（菩提树）悲凉。幢幡（幢竿的幡）摇曳以交鸣，磬梵（磬即

---

① 《资治通鉴》卷二五二，咸通十四年条载："十二月己亥（八日），诏送佛骨还法门寺。"与《真身志文》碑所载日期不同。

② 清嘉庆《扶风县志》卷六："法门寺在县北二十里崇正镇，即唐时迎佛骨处也。……旧有木塔四层，相传葬佛指骨。……明正德二年（1507）重修，隆庆中（1567—1572）木塔崩。……万历七年（1579）里民杨禹臣、党万良等，重建砖塔十三级。"

磬，击磬般的诵经声）凄清而共切。想金扃（地官门）之永闭（永远关闭），万感难裁，知妙体（真身）之常存，双空自慰。（舍利再现之时）龙花三会，同为见佛之人，香列九莲（净土），共（超脱妄念）接无生之众。芥城（充满芥子的大城）可竭，愿海（佛之本愿既深且广）无穷。命纪殊功，永志于石。（监寺使高品张敬全）[①]

三、有关咸通十四年舍利供养的人物群——俗家即宦官的情况

前节中我们对《真身志文》的内容进行了分析。如所述，志文记述的主要内容是咸通年间后半期舍利（金骨）的发现、奉迎舍利及舍利供养等一系列活动。这可以说是法门寺舍利最后的供养活动，能够通过这样的一手史料来了解当时的情况是非常难得的，碑文是探讨此次供养活动的绝好材料。首先我们整理一下这里登场的人物。《真身志文》中记载了参与供养活动的主要人物名及其身份，单这一点就具有补史料之缺的重要意义，同时他们中的很多人也出现在了《衣物帐》中，综合两碑的记载我们能对其中的人物关系有更深的了解。他们的名字在两块碑上都是僧俗分列的，如果制成表格，如表1、表2所示。在可供参考的范围内也涉及与其他史料的关系。

表1　《真身志文》《衣物帐》咸通年间登场人物对照表（俗家）
（迎：奉迎时，还：奉还时，他：其他）

人名	真身志文			衣物帐		头衔	备考
	迎	还	他	还	他		
李奉建	○					供奉官	
彭延鲁	○	○	○	○		高品（西头高品）	
齐询敬	○	○		○		库家、高品（东头高品）	
万鲁文	○					承旨	
王景珣	○		○			凤翔监军使	
元充	○			○		（凤翔）观察判官（留后）	
孙克政		○		○		高品（东头高品）	
刘处宏		○				库家	
刘继郎		○				承旨	
冯全璋		○	○			内养	
令狐绹			○			凤翔节度使	《旧唐书》卷一七二、《新唐书》卷一六六
张敬全			○			高品、监寺使	

---

① 《真身志文》的最末刻有监寺使高品张敬全之名，但为何将他刻在这里，他在活动中又起到了怎样的作用等问题尚不明确。

人名	真身志文			衣物帐		头衔	备考
	迎	还	他	还	他		
韦遂玫					○	凤翔监军使判官（迎送真身勾当供养）	
张齐果					○	凤翔监军使判官（迎送真身勾当供养）	
周重晦					○	（凤翔监军使）小判官、（监送）真身使	
刘处权					○	（凤翔监军使）小判官、（监送）真身使	
吕敬权					○	（凤翔监军使）小判官、（监送）真身使	
周彦晖					○	（凤翔监军使）小判官、（监送）真身使	
张敬章					○	（凤翔监军使）小判官、（监送）真身使	
孟可周					○	右神策军营田兵马使、（监送真身使）	
王宗					○	武功县百姓杜头	cf. 《旧唐书》卷一八二、《新唐书》卷一八六 王处存之父（晚唐节度使）？
张文建					○	武功县百姓杜头	
王仲真					○	武功县百姓杜头	
惠安皇太后					○	懿宗皇后王氏（僖宗母）	《旧唐书》卷五二、《新唐书》卷七七
昭仪					○		
晋国夫人					○		
杨复恭					○	供奉官	《旧唐书》卷一八四、《新唐书》卷二〇八

表2　《真身志文》《衣物帐》咸通年间登场人物对照表（出家者）
（迎：奉迎时，还：奉还时，他：其他）

人名	真身志文			衣物帐		头衔	备考
	迎	还	他	还	他		
清澜	○	○		○		左右街僧录（左街僧录、慧照大师）	
彦楚	○	○		○		左右街僧录（右街僧录、明澈大师）	《学佛新记》："右街崇先寺内讲论兼应制大德。"
僧澈	○	○	○	○		首座（内殿首座左右街净光大师赐紫沙门）	《宋高僧传》卷六《僧彻传》
惟应	○	○		○		首座	
重谦	○					大师（青龙大师）	
云颢	○	○		○		大师（三慧大师）	
慧（惠）晖	○	○		○		大师	
清简		○		○		大师	
可孚		○		○		大师（法智大师）	

怀敬		○		○	大师	
从建		○		○	大师	
文楚		○		○	大师	
文会		○		○	大师	
师益			○	○	大德、九陇山禅僧	
令真		○	○	○	大德（内讲论赐紫沙门）	
志柔		○		○	大德	
义方				○	当寺三纲	
敬能				○	当寺三纲	
从諲				○	当寺三纲	
宗奭				○	主持真身院及隧道	
清本				○	主持真身院及隧道	
敬舒				○	主持真身院及隧道	
智慧轮					○	遍觉大师	《宋高僧传》本传，西域僧（般若斫伽二藏）《清弘传两宗官牒案》"（大兴善寺）三藏第三代传法弟子三藏沙门、阿阇梨"
僧伽提和					○	中天竺沙门	
觉　支					○	兴善寺僧	
僧澄依					○	兴善寺僧	
尼弘照							
僧智英							
尼明肃							

观察这些参与者，首先注意到的是，在俗者绝大多数是宦官，由此推测舍利供养活动是由宦官与僧侣合作推动的。此前，最初让我们确认宦官参与的是"（肃宗）上元初（760年）五月十□日，敕僧法澄、中使宋合礼、（凤翔）府尹崔光远启发（地宫），迎赴内道场"（《无忧王寺碑》）中提及的中使宋合礼，其后直到咸通十四年这一现象经常出现。安史之乱以后宦官对政治的干预加强，因此法门寺的舍利供养也能看到越来越多的宦官参与，这反映出舍利供养并非只是皇帝的私人行为而是整个内朝的宗教行为。同时，借信仰的场合将宦官的存在正当化，或许可以理解为赋予他们权威的意思。如后述，咸通十四年的供养活动受到诸多朝臣的反对，但坚决促成此事的是懿宗对舍利的狂热崇拜及以杨复恭为首的宦官们的支持。

政治上被架空的皇帝唯一一次遵循自身意愿的行动仍然不得不借助宦官的势力，反映出唐末皇帝权力处于被重重限制的闭塞状态。

杨复恭是碑文中出现的宦官里唯一一个见于正史记载的人，供养之时他施舍了精美的银制品"银白成香炉一枚并承铁共重一百三两、银白成香合一具重十五两半，已上供奉官杨复恭施"（《衣物帐》31行），以彰显自身权势之大、信仰之坚定。他作为宦官杨玄翼的养子，唐末掌握军权垄断朝政，尽管最终因为与昭宗对立而被杀，但咸通年间他继承了养父的枢密使之职。《衣物帐》中称他为供奉官，同行李奉建也是供奉官（《真身志文》20行）。且如前稿所述《衣物帐》的B②锡杖和B⑥金钵盂上的錾文中出现了"（文思）副使，小供奉官臣王虔诣"等小供奉官的名字。唐后期宦官专权时代的宦官体制究竟是怎样的还有很多未明之处，这里的供奉官当然与中书门下的高官诸如左右散骑常侍、门下中书侍郎、谏议大夫等不同，①也不是仪式负责人的意思。因为参与供养的其他宦官并未被授予类似的头衔。如此看来"供奉官"应该理解为内供奉官。

在唐代内供奉官是什么尚不明确。我们来看宋代的事例（《宋史》卷一六六《职官志六》、卷一六九《职官志九》），宋初的入内内侍省和内侍省中有内东头供奉官和内西头供奉官（神宗政和二年前者为供奉官，后者改称左侍禁），可知内臣迁叙的顺序为内侍班→黄门→高班→高品→殿头→内西头供奉官→内东头供奉官。并且高品（内高品）指的是高位宦官的品秩（位阶），这一点参阅室永芳三文可知。②但他分析时没有注意区分东头和西头，直到《真身志文》出现才明确二者存在区别。《真身志文》在这一方面也提供了重要线索，不仅如此，还可以看到宋代体系化的内官机构的主要形态在唐代末期已经具备。以此类推，唐代的（内）供奉官是代表宦官位阶的散官乃至寄禄官职位的最高位。

其他"库家""承旨""内养""监军使""观察判官"都是宦官职掌的一种，这些先前已经撰文介绍了这里不再赘述。有关前三者的上下级关系，1982年西安东郊郭家滩出土的宦官《李敬实墓志》有如下记载：③

---

① 《唐会要》卷二五《文武百官朝谒班序》载："中书门下（侍中、中书令、同中书门下平章事、各以本官序）、供奉官（左右散骑常侍、门下中书侍郎、谏议大夫、给侍中、中书舍人、起居郎，及舍人、左右补阙、左右拾遗、通事舍人，在横班序），若入阁，即各随左右省。"

② 参见室永芳三《唐代内侍省の宦官組織について——高品層と品官·白身層——》（见日野开三郎博士颂寿记念《论集中国社会·制度·文化史の諸问题》，同论集刊行会，1987年）。

③ 详参郑双喜《西安东郊出土唐李敬实墓志》（《考古与文物》1985年第6期）。

公讳敬实，字梦符……穆宗皇帝选择芳年文艺冠绝者，以齐近侍。公乃应选，充宣徽库家。……至大和七年（833），却归西掖（内侍省？），充内养数岁。

据此墓志可知，库家应为宣徽库家，"掌总领内诸司及三班内侍之籍，郊祀、朝会、宴飨供帐之事"（《文献通考》卷五八《职官一二》"宣徽院"条），可能是宣徽院的一个官位，[①]但是仅从这些信息来看，与其说库家是实际的职衔，不如说是授予作为近侍的年轻宦官的官名。李敬实后来又为内养，这里的内养地位似乎比库家高，但是《真身志文》及《衣物帐》中他们名字的顺序给人的印象是，库家的地位不仅高于承旨，还与内养同等甚至比内养地位更高。假使如此，就与李敬实的例子得出了不一致的结论。那么这个问题究竟应该怎样理解？宦官世界中类似官位上的高低关系究竟如何？不明晰的地方还有很多，我们把它作为今后的课题，这里暂且不谈。

以上我们对《真身志文》和《衣物帐》两碑中的宦官群体进行了考察，尤其是他们的头衔，可以理解为供奉官和高品等只表明了基本的位阶，另外还有作为实际职务的使职。无论如何，单单是这些有关宦官的记载就已经弥足珍贵，再加上金银器上的錾文，可以说这些是探讨唐末宦官体制的重要线索。

四、有关咸通十四年舍利供养的人物群——出家者的情况

另一方面，僧侣们尤其是地位很高的僧侣的名字集中出现的情况也很少见。他们并非全都见于其他相关史料，但是大部分是当时的高僧而且和内道场有关联。其中，《衣物帐》和出土金函、银函的錾文中出现的智慧轮我在先前撰文中已有探讨，就不再论及。其余僧侣中，从活动的时间和内容可以推定这里的僧澈与《宋高僧传》卷六有传的释僧彻是同一人（参"前稿"注21）。据本传载他是深受懿宗礼敬的，咸通十一年（870）十一月十四日延庆节（懿宗生辰）麟德殿讲论时赐号净光大师，仍旧"录两街僧事"。[②]

而且同一天，同样见于两碑的高僧中，云颢赐号三慧大师，可孚赐号法智大

---

① 详参赵雨乐《唐代における内诸司使の构造——その成立时点と机构の初步的整理——》（《东洋史研究》1992年第50卷第4期）。

② 《宋高僧传》卷六《释僧彻传》（《大正藏》（50），第744页c—745页a）载："懿宗皇帝留心释氏，颇异前朝。……彻则升台朗咏，宠锡繁博。敕造栴檀木讲座以赐之。又敕两街四寺，行方等忏法。……以十一月十四日延庆节，麟德殿召京城僧道，赴内讲论。……帝悦敕赐号曰净光大师。咸通十一年也。续录两街僧事。"

师，重谦赐号青莲大师，的确是"赐（大）师号懿宗朝始"，[①]且当天又赐可孚紫衣，[②]那么可以认为被赐予大师号的僧澈等人也享有同样的荣誉。另外，咸通十二年五月于安国寺赐重谦和僧澈高二丈的沉香檀香讲席。[③]与安国寺有关的应当都是高僧。关于安国寺后文还将涉及，位于大明宫前长乐坊，寺院长时间荒废，咸通七年着手修复，咸通十二年完成。

上文述及僧澈"录两街僧事"，山崎宏认为应将之解读为"右街僧录"。[④]这个问题通过如下记载得以明确。

> 大中八年（854），诏修废总持寺。敕三教首座辩章专勾当修寺。护军中尉骠骑王元宥，宣章公由首座充左街僧录，次净光大师僧彻充右街僧录。懿宗咸通十二年十一月十四日延庆节，两街僧道赴麟德殿讲论。右街僧录彦楚赐明彻大师。左街僧录清兰赐慧照大师。［《大宋僧史略》卷中"左右街僧录"；《大正藏》（54），第240页a］

这段材料的最后还出现了参与法门寺舍利供养的清澜和彦楚，可知两碑中"左右街僧录"指左街僧录清澜，右街僧录彦楚。同时，当日赐慧晖紫衣，或许他们的大师号也是此时赐予的。

但是从僧澈来看，根据前引《大宋僧史略》，他于大中八年任右街僧录（山崎说），而这就与《僧彻传》所载的咸通十一年相差了十六年。为了将两种记载统一起来，《大宋僧史略》中的"次"是否就是把年代推后到咸通十一年的意思？又或者大中八年僧澈就任右街僧录，咸通十一年后如《僧彻传》所载迁"录两街僧

---

① 《大宋僧史略》卷下《赐师号》［《大正藏》（54），第249页b］载："至懿宗咸通十一年十一月十四日延庆节，因谈论，左街云颢赐三慧大师，右街僧彻赐净光大师，可孚法智大师，重谦青莲大师，赐师号懿宗朝始也。"

② 《大宋僧史略》卷下《赐僧紫衣》［《大正藏》（54），第249页a］载："（咸通）十一年十一月十四日延庆节，两街僧道赴内，于麟德殿讲论，可孚赐紫。……十二年延庆节，内殿讲论，左街清韵、思礼、云卿等五人，右街幼章、慧晖、清远等四人，并赐紫。"另《册府元龟》卷五二《帝王部·崇释氏二》条："（宪宗元和十三年）十二月庚戌，僧惟应等辞赴凤翔法门寺，迎佛骨。命高品中使杜英琦（奇？）监焉。"此处的惟应不必说与咸通供养时的惟应是同名不同人。

③ 《资治通鉴》卷二五二"咸通十二年"条："五月，上幸安国寺，赠僧重谦、僧澈沉檀讲座二，各高二丈，设万人斋。"另《新唐书》卷一八一《李蔚传》中如下记载可能也是当时发生的："始，懿宗成安国祠，赐宝座二，度高二丈，构以沈檀，涂塈，镂龙凤葩蘤，金扣之，上施复座，陈经几其前，四隅立瑞鸟神人，高数尺，磴道以升，前被绣囊锦祖，珍丽精绝。"

④ 参见山崎宏《中国中世仏教の展开》（清水书院，1972年，第649页）。

事"，由彦楚接任右街僧录？这两种猜测中，前者年代推后的说法并不合理，①后者的推论大概是正确的。另一方面，僧澈在咸通十四年已经是"内殿首座左右街净光大师赐紫沙门"级别（《真身志文》第2行），这里的"内殿首座左右街"可能就是指"录两街僧事"。如果上述推论成立，那么可以明确僧澈的"内殿首座左右街"头衔是一种含糊的说法，实际上是"内殿首座、（录）左右街（僧事）"的简写，即僧澈作为内殿（宫中、内道场）的首座兼务僧录之职。

两碑都出现了大师、大德的称号，但如前所述大师之前往往会冠以某种称号，如果是高僧往往还有敕补的通行称号。那么大德又是怎样的称呼呢？大德原本是对德行与学问优异的僧人的一般称呼，唐代也有如下事例：

［敬宗宝历元年（825）二月丁亥］仍令两街功德使各选择有戒行僧谓
之大德者考试，僧能暗记经一百五十纸，尼能暗记经一百纸，即令与度。
（《册府元龟》卷五二《帝王部·崇释氏二》）

此外也有不同的记载，《大宋僧史略》卷下"德号附"条：

（代宗）大历六年（771）辛亥岁四月五日，敕京城僧尼临坛②大德各
置十人，以为常式，有阙即填。此带临坛而有大德二字。乃官补德号之始
也。［《大正藏》（54），第249页c］

由此可知敕补大德号起始的时间。但无论如何，从这两种记载可知大德号与用来称呼特定的人的大师号不同，不是用来称呼特定僧尼的。咸通十四年两通碑刻上的大德也应该这样理解。

最后简单讨论一下两碑中的全部僧官。见于两碑的僧官有左右街僧录、首座、监寺（使）、三纲等，并且当时在这些僧官之上还有左右街功德使统领全体。正如塚本善隆、山崎宏、室永芳三已经论证过的那样③，左右街功德使制自代宗以来经历了一些曲折，直到宪宗元和二年（807）才作为统领全体僧尼道士的体制被确立下来，形成功德使以下的要职都由宦官掌控的局面。功德使等之下，僧尼、寺院方面最高的职务就是僧录。《大宋僧史略》中关于僧录有如下记载：

至唐元和长庆间，始立僧录，录左右街僧。亦无贰职。次有三教首

---

① 《佛祖统纪》卷四二"大中八年"条［《大正藏》（49），第38页c］载："敕三教首座辩章充左街僧录，沙门僧彻充右街僧录。"明示僧彻大中八年就任右街僧录。

② 临坛指在戒坛上受戒的法事。

③ 参见塚本善隆《唐中期以来の長安の功徳使》［《东方学报》京都第4册，1933年；又收入《塚本善隆著作集》（第3卷），大东出版社，1975年］、山崎宏书第二部第五章《唐代の僧官》、室永芳三《唐长安の左右街功徳使と左右街功徳巡院》［《长崎大学教育学部社会科学论丛》（30），1981年］。

座。昭宗乾宁中，改首座为副僧录。［卷中"僧主副员"条，见《大正藏》（54），第244页b］

　　至元和、长庆间，立左右街僧录，总录僧尼。或有事则先白录司（总录司），后报官方也。（卷中"杂任职员"条，见《大正藏》（54），第245页a）

山崎认为这里的"元和长庆间"特指元和二年（807）。①如此一来僧录和功德使几乎同时设置于元和二年。之后又设置三教（儒佛道）首座为副僧录（大约大中八年即854年），到了咸通年间才确立首座之名。但是如前所述，这里的首座与内殿首座稍有区别。

　　顺便一提圆仁著《入唐求法巡礼行记》卷一"开成四年（839）正月十八日"条中对僧官职务内容作了说明，可作参考。②

　　凡此唐国有僧录、僧正、监寺三种色。僧录统领天下诸寺，整理佛法。僧正唯在一都督管内。监寺限在一寺。自外方有三纲并库司。

圆仁还详细记录了扬州开元寺的体制（同卷一）：③

　　（日本承和五年＝唐开成三年八月二十四日）未时，……诣开元寺。……登时三纲并寺和尚及监（寺）僧等赴集。上座僧志强、寺主令徽（徵?）、都师（都维那）修达、监寺方起、库司令端慰问。

不必说，"上座""寺主""都维那"是三纲，《六典》中有正式规定："每寺，上座一人，寺主一人，都维那一人，共纲统众事"（卷四"祠部郎中"条），三纲是分领寺院内诸事的职务（参《大宋僧史略》卷中"杂任职员"条。都维那又称悦众）。三纲一般按照上座—寺主—都维那的顺序排列，④以此类推

---

① 参见山崎宏《中国中世仏教の展開》（清水书院，1972年，第637页）。

② 参见小野胜年《入唐求法巡礼行记の研究》卷一（铃木学术财团，1964年，第367—368页译注）

③ 参见小野胜年《入唐求法巡礼行记の研究》卷一（铃木学术财团，1964年，第189—191页译注）

④ 比如《金石萃编》卷一一三《大慈恩寺大法师基公塔铭》（开成四年五月十六日）中有如下记载：

"左街僧录胜业寺沙门体虚　前安国上座沙门智峰　右街僧录法海寺赐紫云端

安国寺上座内供奉内外临坛大德方璘

寺主内供奉灌顶　都维那内供奉怀津　院主昙景

同勾当僧怀真　德循　惠皋　惠章

兴教寺上座惠温寺　主超愿　都维那全契……"

《衣物帐》碑中"当寺（法门寺）三纲"（39行）上座是义方，寺主是敬能，都维那是从諲。

另外，监督寺院的称监寺，《衣物帐》中有"监寺高品张敬全"，《真身志文》中有"监寺使高品张敬全"，可知在法门寺中由高品也就是高阶的宦官担任监寺，而且是以使职的形式担任。但是如前引扬州开元寺的例子，不能说所有的监寺都是高品都是使职，法门寺的情况才更少见。《大宋僧史略》也没有特别提及监寺，其地位尚不明确，但据法门寺出土两碑推测，应是寺外之人（俗家），与左右功德使直接相关。

综上所述，法门寺的舍利供养活动是左右僧录以下主要僧官和高僧都要参加的一项大型活动，另外可以确认，在唐末，（功德使）—僧录—首座—（监寺）—三纲（上座—寺主—都维那）这一僧官体制仍在行用。

五、咸通十四年的真身舍利供养

以上我们从法门寺真身舍利塔地宫出土的两通碑刻的碑文入手，整理和分析了同时发现的大量器物及舍利，并考察了参与供养活动的人物等，从中强烈感受到懿宗以下人们对法门寺舍利的狂热崇拜。舍利为什么对懿宗等人有如此强的吸引力？驱使人们这么做的动力是什么？从宗教角度考虑这与懿宗作为皇帝的个人信仰有关，或者说舍利信仰与当时流行的密教有关，同时考虑社会及时代背景也是必要的。但这样宏大的问题不适合放在这里讨论。目前，我们只能对推进这一问题研究的前提，即咸通十四年舍利供养活动相关事件总括起来考察，以刻画舍利供养活动的具体情况。

唐代法门寺的舍利供养给后世留下最深刻印象的一次是宪宗元和十四年的那一次。仔细考虑，这与反对供养活动的韩愈的《论佛骨表》有很大关系，而且供养活动本身的细节并不清楚。而咸通十四年的这次供养活动，之前并未受到关注，因为地宫的发现才备受瞩目。实际上关于这次活动的史料意外地多，为探求活动详情提供了线索。在此，虽有些烦琐但仍将管见所及的记载列举如下。

（1）《旧唐书》卷一九上《懿宗本纪》，咸通十四年条：

> 三月……庚午，诏两街僧于凤翔法门寺迎佛骨。是日天雨黄土遍地。四月八日，佛骨至京，自开远门达安福门，彩棚夹道，念佛之音震地。上登安福门迎礼之，迎入内道场三日，出于京城诸寺。士女云合，威仪盛饰，古无其比。制曰……［以下是（4）的内容］

（2）《新唐书》卷九《懿宗本纪》"咸通十四年"条：

三月，迎佛骨于凤翔。癸巳，雨土。四月……壬寅，大赦。

（3）《资治通鉴》卷二五二，咸通十四年条：

春三月癸巳，上遣敕使诣法门寺迎佛骨。群臣谏者甚众，至有言宪宗迎佛骨寻晏驾者。上曰："朕生得见之，死亦无恨。"广造浮图、宝帐、香舆、幡花、幢盖以迎之，皆饰以金玉、锦绣、珠翠。自京城至寺三百里间，道路车马，昼夜不绝。夏四月壬寅，佛骨至京师。导以禁军兵仗、公私音乐，沸天烛地，绵亘数十里。仪卫之盛，过于郊祀，元和之时不及远矣。富室夹道为彩楼及无遮会，竞为侈靡。上御安福门，降楼膜拜，流涕沾臆。赐僧及京城耆老尝见元和事者金帛，迎佛骨入禁中三日，出置安国、崇化寺，宰相已下竞施金帛，不可胜纪。因下德音，降中外系囚。

十二月己亥，诏送佛骨还法门寺。

（4）《唐大诏令集》卷一一三《迎凤翔真身德音》（咸通十三年四月）（另见于《全唐文》卷八五《迎佛骨赦文》，内容基本一致）：

朕以寡德，缵承鸿业，十有四年矣。顷属蛮寇猖狂，王师未息，朕忧勤在位，爱育生灵，遂乃尊崇释教，致敬玄门，迎请真身，盖为万姓祈福。今者观睹之众，隘塞路岐，载念狴牢，寝兴在虑。嗟我黎人，陷于刑辟，况渐当暑毒，系于缧绁，或身积幽冤，有伤和气，或关连追扰，有妨农务。其京畿及天下州府见禁囚徒，除十恶五逆、故意杀人、官典犯赃、合造毒药、光火持仗、开发坟墓外，其余罪无轻重，节级递减一等。其京城军镇，限两日内疏理讫闻奏，天下州府，敕到三日内疏理闻奏。

（5）《新唐书》卷一八一《李蔚传》：

咸通十四年春，诏迎佛骨凤翔，或言："昔宪宗尝为此，俄晏驾。"帝曰："使朕生见之，死无恨！"乃以金银为刹，珠玉为帐，孔翟周饰之，小者寻丈，高至倍。刻檀为檐注，陛墄涂黄金。每一刹，数百人举之，香舆前后系道。缀珠瑟瑟幡盖，残彩以为幢节，费无赀限。夏四月，至长安，彩观夹路，其徒导卫。天子御安福楼迎拜，至泣下。诏赐两街僧金币，京师耆老及见元和事者，悉厚赐之。不逞小人至断臂指，流血满道。所过乡聚，皆衰土为刹，相望于涂，争以金翠扷饰，传言刹悉震摇，若有光景云。京师高赀相与集大衢，作缯台缦阙，注水银为池，金玉为树木，聚桑门罗像，考鼓鸣螺继日夜。锦车绣舆，载歌舞从之。秋七月，帝崩。方人主甘心笃向，如（李）蔚言者甚多，皆不能救。僖宗立，诏归其骨。都人耆耋辞伐，或呜咽流涕。

（6）《旧唐书》卷一七二《萧倣传》（参见《全唐文》卷七四七萧倣《谏懿宗奉佛疏》）：

懿宗怠临朝政，僻于奉佛，内结道场，聚僧念诵。又数幸诸寺，施与过当。（萧）倣上疏论之曰："臣闻玄祖之道，由慈俭为先，而素王之风，以仁义为首，相沿百代，作则千年，至圣至明，不可易也。如佛者，生于天竺，去彼王宫，割爱中之至难，取灭后之殊胜，名归象外，理绝尘中，非为帝王之所能慕也。昔贞观中，高宗在东宫，以长孙皇后疾亟，尝上言曰：'欲请度僧，以资福事。'后曰：'为善有征，吾未为恶，善或无报，求福非宜。且佛者，异方之教，所以存而勿论。岂以一女子而紊王道乎？'故谥为文德。且母后之论，尚能如斯，哲王之谟，安可反是？伏睹陛下留神天竺，属意桑门，内设道场，中开讲会，或手录梵策，或口扬佛音。虽时启于延英，从容四辅，虑稍稀于听政，废失万机，居安思危，不可忽也。夫从容者君也，必畴咨于臣，尽忠匡救，外逆其耳，内沃其心，陈皋陶之谟，述仲虺之诰，发挥下道，恢益帝图，非赐对之闲徒侍坐而已。夫废失者，上拒其谏，下希其旨，言则狎玩，意在顺从。汉重神仙，东方朔著十洲之记，梁崇佛法，刘孝仪咏七觉之诗，致祠祷无休，讲诵不已，以至大空海内，中辍江东。以此言之，是废失也。然佛者，当可以悟取，不可以相求。汉、晋已来，互兴宝刹，姚、石之际，亦有高僧，或问以苦空，究其不灭，止闻有性，多（《全唐文》作'名'）曰忘言，执着贪缘，非其旨也。必乞陛下力求民瘼，虔奉宗祧，思缪赏与滥刑，其殃立至，俟胜残而去杀，得福甚多。幸罢讲筵，频亲政事（《全唐文》作'书'）。昔年韩愈已得罪于宪宗，今日微臣固甘心于褪徽。"疏奏，帝甚嘉之。

（7）《册府元龟》卷五二《帝王部·崇释氏二》：

懿宗咸通十四年三月，诏曰："两街僧道于凤翔法门寺迎佛骨。"四月八日，佛骨至京，自开远门达安福门，迎礼之。迎入内道场二日，出于京城诸寺。士女云合，威仪盛饰，古无其比。遂下制，赦京畿及天下见禁囚徒。

（8）《杜阳杂编》（《丛书集成》本）卷下：

（咸通）十四年春，诏大德僧数十辈，于凤翔法门寺迎佛骨。百官上疏谏，有言宪宗故事者。上曰："但生得见，殁而无恨也。"遂以金银为宝刹，以珠玉为宝帐，香舁仍用孔雀氄毛饰。其宝刹，小者高一丈，大者二丈，刻香檀为飞帘、花槛、瓦木阶砌之类，其上遍以金银覆之。舁一刹，则用夫数百，其宝帐香舁，不可胜纪。工巧辉焕，与日争丽。又悉珊瑚、马脑（玛瑙）、真珠、瑟瑟，缀为幡幢，计用珍宝，不啻百斛。其剪彩为幡为伞，约以万队。

四月八日，佛骨入长安，自开远门、安福楼，夹道佛声震地，士女瞻礼，僧徒道从。上御安福寺，亲自顶礼，泣下沾臆，即召两街供奉僧，赐金帛各有差。而京师耆老、元和迎真体者，悉赐银碗、锦彩。长安豪家，竞饰车服，驾肩弥路，四方挈老扶幼来观者，莫不蔬素以待恩福。时有军卒，断左臂于佛前，以手执之，一步一礼，血流洒地。至于肘行膝步，啮指截发，不可算数。又有僧以艾覆顶上，谓之炼顶，火发痛作，即掉其首呼叫，坊市少年擒之，不令动摇，而痛不可忍，乃号哭卧于道上，头顶焦烂，举止苍迫，凡见者无不大哂焉。上迎佛骨入内道场，即设金花帐、温清床、龙鳞之席、凤毛之褥，焚玉髓之香，荐琼膏之乳，皆（元和？咸通？）九年诃陵国所贡献也。

初迎佛骨，有诏令京城及畿甸，于路傍垒土为香刹。或高一二丈，迫八九尺，悉以金翠饰之，京城之内，约及万数。是妖言香刹摇动，有佛光庆云现路衢，说者迭相为异。又坊市豪家，相为无遮斋大会，通衢间结彩为楼阁、台殿，或水银以为池，金玉以为树，竞聚僧徒，广设佛像，吹螺击钹，灯烛相继。又令小儿玉带金额白脚，呵唱于其间，恣为嬉戏。又结锦绣为小车舆，以载歌舞。如是充于辇毂之下，而延寿里推为繁华之最。

是岁秋七月，天子晏驾（识者以为物极为妖）。公主薨而上崩，同昌之号明矣。僖宗皇帝即位，诏归佛骨于法门，其道从威仪，十无其一，具体而已。然京城耆耋士女，争为送别，执手相谓曰："六十年一度迎真身，不知再见复在何时。"即伏首于前，呜咽流涕。所在香刹，诏悉铲除，近甸百无一二焉。

（9）《剧谈录》卷下"真身"条：

咸通十四年，诏自凤翔迎真身，至于辇下。都城士庶，奔走云集，自开远门达于岐川，车马昼夜相属。饮馔盈溢路衢，谓之无碍檀施。至京日，上与诸王亲御城楼。坊市以缯彩结为龙凤象马之形，纸竹作僧佛鬼神之状。幡花幢盖之属，罗列二十余里，间之歌舞管弦，杂以禁军兵仗。缁徒梵诵之声，沸聒天地。民庶间有嬉笑踊跃者，有悲怆涕泣者。真身以宝舆舁之，居于内殿数月。俄属懿皇厌代，密使送于凤翔。先是真身到城，每坊十字街，以砖垒浮图供养。妖妄之辈，互陈感应，或云夜中震动，或云其上放光，以求化资财。因此获利者甚众。及宫车晏驾，怗然乃定，诸坊浮图，一时毁坼。

（10）《唐阙史》卷下"迎佛骨事"条：

咸通癸巳岁（十四年），有诏迎佛骨于岐下。先是元和末，宪宗命取到京。时韩吏部上疏极谏，以为远近农商，弃业奔走如不及，至有火其顶者，刃其臂者。当时佛骨之盛已如此，至是又加甚，不啻百千倍焉。有僧自京一步一礼至凤翔法门寺。及到京，则倾城迎请，幡幢珂伞，香车宝马，阗咽衢路。天子御安福楼，降万乘之尊，亲为设礼。兆众涕泪，感动左右，竭家产，断肌骨，以表诚志者，不可胜纪。皆言："皇帝贵为天子，富有四海，尚此敬信，吾辈何所怯哉。"此乃上之风行，下则草偃，固其宜也。然有鹯盘其上，牛跪于下，又何情哉。明年，懿宗升遐，今上即位，诏归本寺。肩舁陌上，粗备香梵，去岁徒众，万无一来，循路见者，顶别而已。人情寒暑，眹已牢落，夘顶荦睇，亦不复至。所异者桃林之兽，青田之禽。岂能时其盛衰，改柯易叶，浮沉于世态耶。

（11）《北梦琐言》卷一：

懿宗即位，唯以崇佛为事。相国萧倣、裴撎时为常侍、谏议，上疏极谏。其略云："臣等闻玄祖之道，用慈俭为先，素王之风，以仁义是首，相沿百世，作则千年，至圣至明，不可易也。如佛者，生于天竺，去彼王宫，割爱中之至难，取灭后之殊胜。名归象外，理出尘中，非为帝王所能慕也。"广引无益有损之义，文多不录。文理婉顺，与韩愈元和中上请除佛骨表不异也。懿皇虽听览称奖，竟不能止。末年迎佛骨，才至京师，俄而晏驾。识者谓大丧之兆也。

（12）《唐语林》卷三：

懿宗迎佛骨，自凤翔至内，礼仪盛于郊祀。中出一道，夹以连索，不得辄有犯者。车马相接，缔以组绣，缘路迎拜，数十里不绝。天子亲幸安福楼，以锦彩成桥，骨至，即降楼礼讫，然后迎入禁中，置于安国寺。宰相以下，施财不可胜计。百姓竞为浮图，以至失业。明年，懿宗崩。京兆尹薛逢毁之无遗。

（13）《邵氏闻见后录》卷八：

宪宗元和十四年，自凤翔法门寺迎佛骨入禁中。韩愈以谏逐。十五年，有陈弘志之祸。懿宗咸通十四年，又迎其骨入禁中。谏者以宪宗为戒。懿宗曰："朕生得见之，死亦无恨。"不数月，崩。送佛骨还法门寺。愈之谏云"奉佛以来，享年不永"者，其知言哉。

（14）《佛祖统纪》卷四二（《大正藏》（49），第389页 a）：

（咸通）十四年三月，造浮图、宝帐、彩幡、华盖，敕两街往凤翔迎佛骨。三百里间车马不绝。群臣谏者，至言宪宗迎佛骨，寻时宴驾。上曰："朕生得见之，死无所恨。"四月八日佛骨至，导以禁兵，公私音乐仪卫之盛，过于南郊。帝御安福门，降楼迎拜，赐沙门及耆老曾见元和奉迎者金帛有差。佛骨留禁中三日供养，迎置安国、崇化二寺，令士庶得瞻礼。十二月，如前礼迎佛骨还凤翔。

（15）《佛祖历代通载》卷一七 [《大正藏》（49），第646页 a]：

咸通十四年三月庚午，诏两街僧于凤翔法门寺迎佛骨。于是以金银为刹，珠玉为帐，孔翠周饰之。小者寻丈，高者倍之，刻檀为橛柱，陛城涂黄金。每一刹数百人举之，香舆前后系道，缀玉、琴瑟、幡盖、殊彩，以为幢旌，费不赀限。以四月八日至京师，彩观夹道。天子御安福门楼迎拜，引入内道场，三日后出京城诸寺。诏赐两街僧金帛，京师耆老及见元和事者悉厚赐。所过乡聚，皆袤土为刹，相望于途，光景昼见。京城高贵，相与集大衢，作僧台缦阙，注水银为池，金玉为树，集桑门罗像设，考鼓鸣螺继日夜。下诏曰："……。①明年四月，诏送佛骨归于凤翔。都人耆耋辞馈，皆鸣咽流涕。

（16）《宋高僧传》卷二三《唐吴郡嘉兴法空王寺元慧传》[《大正藏》（50），第857页 a]：

释元慧，俗姓陆氏。……以开成二年辞亲，于法空王寺依清进为弟子。……咸通中，随送佛中指骨舍利，往凤翔重真寺，炼左拇指，口诵法华经。其指不逾月复生如故。乾宁三年，偶云乖悆。九月二十八日归寂于尊胜院，报龄七十八，僧腊五十八。

（17）就是已经介绍过的《衣物帐》及《真身志文》二碑，地宫中一同出土的金银器上所刻錾文也属于文字史料。

以上所举史料的出处可以分为以下几个类别，（17）除外，（1）至（7）出自正史及正史相关书籍，（8）至（13）出自类似野史或传奇小说，（14）至

---

① 即材料（4）《唐大诏令集》之《迎凤翔真身德音》。

（16）是出自佛教立场的史料。史料（6）没有直接涉及舍利供养，但作为把握当时情况的重要材料后文也要提到，故此也一并引述。我们在大范围地收集相关记载的基础上可以发现，这些材料无论从内容上还是表述上重合的部分都很多，但也可以看到它们之间的差异，这使我们对通过这些史料来探明舍利供养的具体情境更加感兴趣。其中（8）至（13）虽然非正史史料，但编集时间都距唐末咸通年间不远（参照表3），内容丰富，许多有趣的记载仿佛是作者亲身经历，有一种将传闻内容直接记录下来的现场感，作为同时代的一手史料具有很高的价值。

表3　本节所引小说传奇相关书籍一览表

书名	卷数	撰者	撰著时间	备考
（8）《杜阳杂编》	3卷	苏鹗	唐末	志唐代宗至懿宗十朝事
（9）《据谈录》	2卷	康骈	唐末	志唐天宝至唐末事
（10）《唐阙史》	2卷	高彦休	唐末五代	志怪诞诸事
（11）《北梦琐言》	20卷	孙光宪	北宋初	志唐末、五代轶事
（12）《唐语林》	8卷	王谠	北宋末	摘录唐代诸家书50种
（13）《邵氏闻见后录》	30卷	邵博	南宋绍兴二十七年（1157）	辑录旧史旧闻轶事

注：参考近藤春雄《中国学艺大事典》（大修馆书店）。

尤其是这里记载最详细的《杜阳杂编》的作者苏鹗，他是武功县杜阳人，距离法门寺非常近，字德祥，唐末光启中进士，[①]本书的编纂时间在乾符三年（876）八月，距咸通十四年仅三年时间。正如作者自己所说，广搜安史之乱之后广德元年（763）以来的轶事，最后将确实可信的事件按照年代顺序排列而成书三卷，[②]全书末尾记录的正是咸通十四年法门寺舍利供养事件。考虑到以上情况，苏鹗确实亲历了咸通十四年的舍利供养活动，他记录的内容可以作为一手史料。新旧《唐书》和《资治通鉴》的记录与《杜阳杂编》等有重合也可以说是理所当然的结果。

那么，在论证了这类小说传奇中摘取的史料与正史类史料可信度等同的前提下，下面我们对当时的状况试着作一具体探讨。前文列举的诸种记载中，史料（3）

---

① 《郡斋读书志》卷三下"杜阳杂编三卷"条："右唐苏鹗，字德祥，光启中进士，家武功杜阳川。杂录广德以至咸通时事。"

② 《全唐文》卷八一三所载《杜阳杂编序》："……中仅繁鄙者并弃而弗录，精实者编成上中下三卷，自代宗广德元年癸卯，讫懿宗咸通癸巳，合一百一十载，盖耳目相接，庶可传焉。……今武功县有杜阳城杜阳水，子武功人，故以为名。……时乾符三年秋八月编次焉。"

《资治通鉴》的记载最为准确可信，而史料（8）《杜阳杂编》最为详细。以下我们将以这两种史料为主，适当结合其他记载，还原当时的场景。

第一阶段，懿宗的舍利供养决定。

懿宗原本就笃信佛教，"怠临朝政，僻于奉佛，内结道场，聚僧念诵。又数幸诸寺，施与过当。"［史料（6）］懿宗在位的咸通十二年八月十九日，收到九陇山禅僧师益的奏报，法门寺舍利（佛骨）被发现（《真身志文》）。对此最先作出反应的是大兴善寺的智慧轮（遍觉大师），认为应将发现的舍利妥善保存起来，将刻有同年闰八月十日和十五日铭文的金函银函迎入寺内（地宫出土，H①②錾文），随后十月十六日比丘智英造舍利函（第三枚舍利纳入银函錾文）。接着咸通十四年三月，懿宗为完成心愿进行舍利供养，首先派出奉迎舍利的使者，派出使者的具体时间史料中没有一致的说法。（1）《旧纪》载："庚午（六日）诏两街僧，于凤翔法门寺迎佛骨。是日天雨黄土遍地"；（2）《新纪》载："癸巳（二十九日）雨土"，迎佛骨是在这之前；（3）《通鉴》载"癸巳"派出迎佛骨的使者。使这种不一致得到解决的是《真身志文》的记述。

（咸通）十四年三月廿二日，诏供奉官李奉建……等，同严香火，虔请真身……

另外地宫出土的金银器上刻有如下錾文：

文思院准咸通十四年三月二十三日敕令，造迎真身银金花十二环锡杖一枚……（B②"迎真身银金花四轮十二环锡杖"）

文思院准咸通十四年三月二十三日敕令，造迎真身金钵盂一枚……（B⑥"迎真身纯金钵盂"）

由此可以确定这里同月二十二日（丙戌）和二十三日（丁亥）是与官方敕令有关的日期。但考虑到前引诸史料记载的日期也有其依据，所以也不能一概否定。那么如果将这些史料都综合起来，对整体情况的演进进行说明的话，大概会是如下情形：

懿宗决定于四月八日佛诞日举行法门寺舍利供养活动，大约一个月前三月六日他将这件事提上日程，并任命了奉迎舍利的敕使，但是遭到朝臣的强烈反对，未能立刻施行。但是懿宗的态度很坚决，最终坚持在二十二日正式宣布施行舍利供养活动，派出奉迎使者，次日二十三日命宫中文思院制作必要的佛事用具，着手准备奉迎佛骨。奉纳第一枚舍利的八重宝函（B⑲）大约也是这时开始制作的。二十九日被任命的奉迎使十一人（宦官四人，僧七人）准备完毕向法门寺出发。

前文提到朝臣的反对，实际上可以说是非常强烈的反对，主要可以概括为"群臣谏者甚众，至有言宪宗迎佛骨寻晏驾者"［史料（3）］。他们以宪宗于元和十四年正月坚持施行舍利供养，仅一年后的正月就驾崩为例，指出舍利并无效验，但是其根本问题还是如史料（6）中萧倣所论述的那样："玄祖之道，由慈俭为先，而素王之风，以仁义为首，相沿百代，作则千年，至圣至明，不可易也。如佛者，生于天竺，去彼王宫，割爱中之至难，取灭后之殊胜，名归象外，理绝尘中，非为帝王之所能慕也。"而今应该远离异域之教，回到中国本来的王道上来。但是懿宗充耳不闻，说："朕生得见之，死亦无恨。"

这与其说是懿宗表明立场，做好了死去的心理准备，不如说是为了弹压臣下激烈的反对，情势所迫而不得不说。原本朝臣希望回归王道政治，但实权掌握在宦官手中，懿宗没有听取意见的机会。对于懿宗来说，热衷佛教信仰是唯一一个他本人的意见能发挥作用的地方，如果有人在这方面意图剥夺他的意愿，就会引起他激烈的反抗。

第二阶段，从法门寺奉迎舍利。

接着奉迎使向三百里外的法门寺进发。他们必须于四月八日进入长安城。但是三月二十九日出发的话，前后只有十天时间，如果按照唐代官方规定的使节行程（《唐令拾遗·公式令》）马行一日七十里，步行一日五十里的标准走，那日程就非常紧张。那么如"自京城至寺三百里间，道路车马，昼夜不绝"［史料（3）］所述，他们日夜兼程赶往法门寺就是合理的。使节团一行人之后还跟着一步一礼行至法门寺的僧众［史料（10）］。

到达法门寺的使节们立刻从寺塔地下取出舍利，这里首先要完成奉迎仪式，他们恭敬地把舍利放入准备好的宝刹，再将宝刹放在香舆上就向都城出发。这次地宫中发现的四枚舍利是否都被运往都城还不清楚，我们可来看记录当时场景的史料（8）《杜阳杂编》［史料（5）是史料（8）的简略版本］：

> 遂以金银为宝刹（佛塔），以珠玉为宝帐（帐），香舁（舆）仍用孔雀氄毛（柔毛）饰。其宝刹，小者高一丈（三米），大者二丈，刻香檀（栴檀）为飞帘（精美的帘幕）、花槛（精美的栏杆）、瓦木阶砌（台阶）之类，其上遍以金银覆之。舁一刹，则用夫数百，其宝帐香舁，不可胜纪。工巧辉焕，与日争丽。又悉珊瑚、马脑（玛瑙）、真珠、瑟瑟，缀为幡幢（旗），计用珍宝，不啻百斛（一斛为十斗）。

如上述，舍利被放入宝刹，载以香舆，各自被数百人抬着，前后缀以宝石、彩绢制作的幡旗和伞盖绵延不断，形成一个庞大的队伍向都城进发。沿途都挤满了从都城赶来的人，从城门到岐山路上为他们准备了大量饮食，谓之无碍檀施［史料（9）］。

第三阶段，四月八日的长安。

四月八日，法门寺舍利从长安西北开远门入城。以禁军的仪仗部队为先导，随后是公私乐队。仪卫之盛，过于郊祀，宪宗元和舍利供养时也远不及此［史料（3）（14）］。一行径直向皇城北门安福门去，沿途彩棚夹道，蜂拥而来的信众跪拜舍利，念佛之音震地［史料（1）（8）］。还可以看到这样的实况描写：

> 坊市以缯彩（彩绢）结为龙凤象马之形，纸竹作僧佛鬼神之状。……
> 缁徒（僧侣）梵诵（读经）之声，沸聒天地。民庶间有嬉笑踊跃者，有悲
> 怆涕泣者。［史料（9）］

这天懿宗与诸王至安福门，在城楼上望见舍利入城，亲自下楼顶礼膜拜以迎接舍利，感动至极，流泪不止，泣下沾臆［史料（8）］。长安观者皆云：

> 皇帝贵为天子，富有四海，尚此敬信，吾辈何所惜哉。［史料
> （10）］

此时懿宗诏赐两街僧侣金币，赐城内耆老（六十岁以上的老人）及目睹元和时舍利奉迎场面的人银碗和锦彩［史料（3）（5）（8）（15）］。

此后舍利被运往宫廷（宫城）内道场，在内道场接受三日（非两日）供养礼拜［史料（7）载为二日，其他史料（1）（3）（15）载为三日］。内道场在宫城内的具体位置还不清楚，道场内供养的情形也无从知晓，但史料（8）《杜阳杂编》记录了一小部分：

> 上迎佛骨入内道场，即设金花帐（金色花形幔帐）、温清床（冬暖
> 夏凉的床）、龙鳞之席（龙麟制作的椅子）、凤毛之褥（凤毛制成的褥
> 子），焚玉髓之香（玉液制成的香），荐琼膏之乳（琼膏中提取的乳），
> 皆（咸通）九年诃陵国所贡献也。

据新旧两《唐书》（《旧唐书》卷一九七，《新唐书》卷二二二下），诃陵国是位于爪哇岛中部的国家，①唐贞观以来偶尔入贡。最后一次朝贡是在"咸通中，遣使献女乐"（《新唐书》），具体年份无法确定。如果前引史料可信，就可以补足年份不清的问题。史料中列举的各色贡品是不是实际进贡的物品暂且不论，可以推定的是，在内道场舍利被当作释迦的真身，即一个真实的人，想象他在这里生活起居的样子。笔者曾经在分析《衣物帐》的内容时，尝试分析为什么要将同为"恩赐"的物品分为B和C两组这一问题，认为前者（B组）是被当作佛的化身崇拜的，后者（C组）是被当作供养一个真实的人而站在供养者的视角对待的，这一点想必从

---

① 参见桑田六郎《南洋上代史杂考》［《大阪大学文学部纪要》（3），1954年］、仲田浩三《诃陵国号考》［《东南アジア——歴史と文化——》（2），1972年］。

内道场的供养实况中也能推知吧。

第四阶段，长安城内的舍利供养。

内道场中为期几天的供养活动结束后，舍利被送往期待已久的庶民的礼拜场所。首先懿宗表明自己"尊崇释教，致敬玄门，迎请真身，盖为万姓祈福"的立场，并下恩赦诏云："其京畿及天下州府见禁囚徒，除十恶五逆、故意杀人、官典犯赃、合造毒药、光火持仗、开发坟墓外，其余罪无轻重，节级递减一等。"［史料（4）］

出内道场后，舍利被送往长安城内的安国寺、崇化寺等寺院［史料（3）（12）（14）］。名为安国寺的寺院有两处，分别在长安东北的长乐坊与兴宁坊，但这里应该指长乐坊安国寺。这座安国寺面积很大，占了长乐坊东侧三分之二，原本是睿宗的府邸，睿宗即皇帝位的景云元年（710）改宅为寺。此后时不时受到历代皇帝临幸，发展为大规模佛寺，会昌废佛时遭遇彻底破坏，一度成为废寺，后又在懿宗的努力下于咸通七年复兴。

> 咸通七年，以先帝（宣宗）旧服御及孝明太皇太后（宣宗之母，懿宗
> 的祖母，咸通六年崩）金帛，俾左神策军再建之。（《长安志》卷八）

懿宗在安国寺重建上花了很多心思，感觉到了这是自己的菩提寺。[①]正因为安国寺如此受重视，把舍利放在这里就非常合理。

另一方面，崇化寺的位置尚不清楚。洛阳旌善坊有同名寺院（《唐两京城坊考》卷五），但这里不从此说。如果考虑另一种可能性，从寺院名称考虑可能与崇化坊有关。崇化坊位于与长乐坊相反的长安最西边街道的中部，虽然崇化坊有经行寺（唐末为隆兴寺）和静（净）乐尼寺，但我们不知道这是不是适合舍利开龛的寺院。[②]因为与安国寺分别位于长安的东部和西部，当舍利在长安城内巡回的时候，崇化坊的位置恰好合适，所以就将崇化坊记载成了"崇化（坊中的）寺"。

下面我们将视线转移到渴望瞻仰舍利的长安城中的热情民众身上。对此记载最详的还是史料（8）《杜阳杂编》，其次应当就是涉及相关内容的史料（5）《新唐书·李蔚传》，以及史料（9）《剧谈录》也可作参考［史料（15）基于史料（5）］：

> 长安豪家，竞饰车服，驾肩弥路。四方耆老扶幼来观者，莫不蔬素以
> 待恩福。

---

① 参见小野胜年《中国隋唐长安·寺院史料集成》（宝藏馆，1989年）的"史料篇""解说篇"No.029大安国寺条。同书关于咸通时供养法门寺舍利的安国寺，"解说篇"明确说是长乐坊安国寺，但"史料篇"No.045又以为与清禅寺有关，这里似乎对相关史料的把握不够充分。

② 参见小野胜年《中国隋唐长安·寺院史料集成》（宝藏馆，1989年）的"史料篇"No.153经行寺、No.154静（净）乐尼寺条。

于路傍垒土为香刹（浮图。塔？）。或高一二丈（三至六米），迨八九尺，悉以金翠（带有金色的雌性翠鸟的羽毛？）饰之。

妖妄之辈互陈感应，或云夜中震动，或云其上放光，以求化资财。

坊市豪家，相为无遮斋大会（无遮会），通衢间结彩为楼阁、台殿，或水银以为池，金玉以为树。竞聚僧徒，广设佛像，吹螺击钹，灯烛相继。又令小儿玉带金额（黄金额饰。花钿？）白脚（白袜子），呵唱于其间，恣为嬉戏。又结锦绣（绫罗绸缎）为小车舆，以载歌舞。如是充于辇毂之下，而延寿里（坊）推为繁华之最。

延寿坊位于邻近西市的东边，向东北不远就是皇城。为什么延寿坊是最繁华的呢？这里似乎也没有与供养活动有关的寺院，原因还不明确，但大概是因为邻近商业活动中心的西市，市井庶民氛围浓，而且又位于皇城侧近，有位置优势。如此看来瞻仰舍利的狂热气氛也扩大到了西市。

在民众的狂热氛围之中，还有人采取了更激烈的举措，意图通过这些举动展示信仰的灵验。例如有如下记载：

时有军卒，断左臂于佛前，以手执之，一步一礼，血流洒地。至于肘行膝步，啮指截发，不可算数。又有僧以艾覆顶上，谓之炼顶。火发痛作，即掉其首呼叫。坊市少年擒之，不令动摇，而痛不可忍，乃号哭卧于道上。头顶焦烂，举止苍迫，凡见者无不大哂焉。［史料（8）］

另有僧人元慧在舍利奉还法门寺（重真寺）时，一边口诵《法华经》一边焚烧左拇指，不到一个月手指又恢复了原样［史料（16）］。这种为了信仰毁伤肉体的行为在中国历史上偶有发生。①那么究竟是怎样的信仰理念促使他们这么做的呢？或者说其在中国的精神风土中有怎样的渊源、有怎样的定规？关于这些有机会再另外讨论。

第五阶段，奉还舍利。

法门寺舍利在朝野上下狂热的气氛中接受供养。但是七月奉迎舍利的主角懿宗突然驾崩，随后其子僖宗即位，对舍利狂热信仰的氛围不可避免地发生了微妙变化。当初反对奉迎舍利的朝臣们肯定对之前的事态感到不满，这种情况下都会提出

① 比如法门寺方面唐初就有这样的记载："时有一人，以不见故，感激懊恼，捶胸而哭。……此人见他烧指供养者，即以麻缠母指烧之，绕塔而走，火盛心急，来舍利所，欻然得见。欢喜踊跃跳踯，不觉指痛，火灭心歇，还复不见。"参见《集神州三宝感通录》卷上，《大正藏》（52），第406页c。

来。从"识者以为物极为妖"〔史料（8）〕，或者"识者谓（舍利奉迎为）大丧之兆也"〔史料（11）〕这些说法中就可以感觉到他们的不满。而且可以说，因为懿宗的死，"所在香刹，诏悉铲除，近甸百无一二焉"〔史料（8）〕，"诸坊浮图，一时毁坼"〔史料（9）〕，"懿宗崩，京兆尹薛逢毁之无遗"〔史料（12）〕。

话虽如此，我们仍然不能断言情况在这时完全改变了。首先，舍利并没有马上被送还，而是在长安内道场一直保留到十二月。为什么等到十二月才将舍利奉还呢？应该是考虑到先帝的立场，打算在年末再处理这件事，或者可以看作一种妥协的结果。奉还舍利的确切日期原本只有史料（3）《资治通鉴》一种有记载："十二月己亥，诏送佛骨还法门寺。"但是此次发现的《真身志文》中载："以十二月十九日，自京都护送真身来本寺。"正如奉迎舍利时分析的那样，如果两次推论都成立的话，奉还舍利时可能是己亥（八日）从长安出发，十九日（庚戌）到达法门寺。若果真如此，可以想象这个日程比奉迎舍利时轻松许多。

关于奉还舍利时的情景，史料（10）记载：

> 肩舁陌上，粗备香梵（香之类佛具的一种），去岁徒众，万无一来，循路见者，顶别（垂首告别）而已。

看上去和奉迎时有很大不同，但另一方面也有情况不同的记载：

> 僖宗立，诏归其骨。都人耆耋辞饯，或呜咽流涕。〔史料（5）〕

> 其道（归途）从威仪，十无其一，具体而已。然京城耆耋士女，争为送别，执手相谓曰："六十年一度迎真身，不知再见复在何时。"即伏首于前，呜咽流涕。〔史料（8）〕

而且如前节所述，《真身志文》和《衣物帐》中列举的参与奉还仪式的人与参与奉迎仪式的人基本没有变化，反而有所增加。且着重描述负责抬舍利的大批信徒（社人），"武功县百姓社头王宗、张文建、王仲真等一百廿人"（《衣物帐》52行）。总之，奉还时虽然没有奉迎时那样狂热的场面，也应该承认信奉舍利的人们内心对它仍然是充满敬仰的。正因为如此，舍利才被郑重地和大批宝物一起埋入地宫。

六、结语

本文从扶风法门寺古塔地宫中发现的一通碑刻《真身志文》入手，着重整理了与唐王室有密切关系且在当时有广泛信仰基础的法门寺的历史，在此基础上考察法门寺咸通十四年最后一次舍利供养活动，详细考察与之相关的人，及围绕供养活动展开的一系列事件和场景，从而重新认识法门寺在当时的重要意义以及人们对真身舍利的信仰多么狂热。咸通十四年的舍利供养活动过去完全不受关注，但实际上这次活动无论对当时的唐王朝也好，对社会也好，都是一个大事件，凝聚了法门寺及真身舍利所蕴藏的意义及唐王朝的特质。法门寺是否就处在反映唐王朝光与影两个侧面的位置上呢？

话虽如此，这些唐人对舍利信仰如此狂热，其根源究竟是什么？如果这是不见于其他时代而是唐代独有的状况的话，答案当然必要从其时代特质和面貌的视角去探寻，但是关于这个问题本文只能探讨至此。这里所引出的新问题，唐代及其以前时代的情况我们将另撰文探讨。

附表1　法门寺史简略年表（年号前的○表示进行舍利供养的年份）

年号（时代）	皇帝	事项
南北朝		存在"圣冢"（碑铭）。未确认当时的寺塔遗迹（简报）
元（大）魏二年（西魏恭帝2＝555？）		岐州牧小冢宰拓拔（跋）育构筑台殿，留有碑刻（碑铭）。法门寺史的起始（志文）。寺名为阿育王寺，僧徒五百（感）
北周	武帝	第二次废佛，仅存两处佛殿（感）
隋开皇中（581—600）		改寺名为成实寺（道场）（碑铭，感）
仁寿末（603—604）	文帝	右内使岐州刺史李敏重建（碑铭、志文）。塔也大约是此时修建？（感）也有仁寿初在此修建舍利塔（寺名：凤泉寺）的说法（简报）
大业五年（609）	炀帝	依令废止僧人不足五十人的寺院而被取缔，与京师宝昌寺合并，成为其寺庄（碑铭，感）
隋末		以残存的伽蓝为中心筑城，附近居民杂居，后遇火灾烧毁（感）
义宁二年（618）	恭帝	宝昌寺僧普贤申请重建寺院，李渊（唐高祖，当时的宰相）赐名曰法门寺（感）。（拓本"碑铭"中所载时间为武德八年，即625年）
唐武德元（618）	高祖	李世民（后来的太宗）征讨薛举途经此地并祭祀（碑铭，感）。当时寺中无住持，请宝昌寺僧惠业为住持，得到许可（感）
○贞观五年（631）	太宗	二月十五日，岐州刺史张（德）亮首次将佛舍利从地下取出供奉，古碑（周魏时）同时出土，又在塔基上修望云宫殿（塔）（碑铭，感，志文）。关于舍利的灵验，信仰者的狂热（感）。"三十年一开"的灵验（庇佑）故事出现（碑铭，感）
显庆四年（659）	高宗	九月内僧智宗弘静（《珠林》作慧弁，后为金城坊西南隅会昌寺的住持），向高宗描述舍利的灵验及三十年一开的故事（感）。十月五日，给使王长信来到现场，在塔内斋戒祈祷十日，灵验显现（感）
○显庆五年（660）	高宗	二月八日奉迎舍利（碑文），三月，在东都（洛阳）与长安供养，武后施予奉纳舍利的金棺银郭（碑铭、感、志文）
龙朔二年（662）	高宗	二月十五日，舍利奉还本寺，智宗以下数千人，官员、僧侣出席（感）
○长安二年（702）	武后	于东都明堂供养佛舍利，施舍绢三千匹（碑铭、志文）

年号（时代）	皇帝	事项
景龙二年（708）	中宗	二月十五日将盛有皇帝、皇后及皇族头发的石函奉纳于寺中（1978年发现带有铭文的石函盖）。那时可能打开了地宫（发现了同年同日纪年的"灵帐"）
景龙四年（710）	中宗	二月二十一日，改寺名为无忧王寺，赐名舍利塔为大圣真身宝塔（碑铭、志文）
○上元元年（760）	肃宗	五月十日，开启寺塔，于长安内道场供养（碑铭、志文）。七月初一奉还
○贞元六年（790）	德宗	正月，奉迎舍利于长安宫中供养，二月八日奉还寺庙（佛祖41，旧书德宗纪）
○元和十四年（819）	宪宗	正月八日，奉迎佛舍利于长安举行盛大供养活动，最初三天在禁中，之后是诸寺院（京城十寺）。韩愈奏进《论佛骨表》反对，左迁潮州刺史（新旧书宪宗纪，同韩愈传）。二月二十四，奉还本寺（佛祖41）
大和九年（835）	文宗	法门寺佛骨塔上庆云现（佛祖42）
开成三年（838）	文宗	法门寺现五色云，改名法云寺（县志）
	武宗	会昌废佛。法门寺也受到波及，塔下地宫被荒废，过去的供奉物品被剥夺，但舍利被保护起来（志文）
咸通十二年（871）	懿宗	八月十九日，在地道发现舍利真骨（金骨）（志文）
○咸通十四年（873）	懿宗	三月派使者，四月八日在长安宫中进行盛大的舍利供养活动。（懿宗于七月去世）十二月奉还寺中，次年正月初四埋入地下。这是唐代最后一次舍利供养（旧书懿宗纪、通鉴252、杜阳杂编下、志文、衣物帐等）。此时寺名重真寺？
咸通十五年（874）？	僖宗	此时的寺塔是四层木塔有柱础20根（简报、县志）

注：

"感"＝"扶风岐山南古塔"（唐道宣《集神州三宝感通录》上）

"珠林"＝"西京西扶风古塔"（唐道世《法苑珠林》38）

"碑铭"＝"无忧王寺碑铭"（大历十三年，即778年），《金石萃编》101，《全唐文》516

"志文"＝"大唐咸通启送岐阳真身志文"（咸通十五年，即874年，1987年出土）

"衣物帐"＝"监送真身使随真身供养道具及恩赐金银宝器衣物帐"（咸通十五年，即874年，1987年出土）

"佛祖"＝《佛祖统纪》（宋志磐撰）

"简报"＝陕西省法门寺考古队：《扶风法门寺塔唐代地宫发掘简报》（《文物》1988年第10期）

"县志"＝《重修扶风县志》（嘉庆二十三年，即1818年编）

"旧书"＝《旧唐书》

"通鉴"＝《资治通鉴》

附图1 《大唐咸通启送岐阳真身志文碑》拓本

原载《魏晋南北朝隋唐史资料》（第42辑），上海古籍出版社，2020年
（气贺泽保规，日本明治大学教授）

中国古典叙事文学的时空叙事数字模型研究

——以《李娃传》为例

马昭仪　何　捷　刘帅帅

一、引言

叙事通过语言或其他媒介将发生在特定时空里的事件再现，用以传递有关世界的指导性或理解性经验。[①]具有空间时间化思维的叙事在我国有着悠久的历史[②]，并衍生出特殊而源远流长的文学地理学传统[③]。相较而言，西方文学的时空观念更加割裂，曾在19世纪被线性时间主导，但在20世纪的"空间转向"和"空间批评"浪潮后，重新发展并形成了区域文学、人地关系以及文学内部空间的社会义化阐释等研究旨趣。[④]

在此脉络之下，"文学制图"（Literary Cartogra-phy）作为一种再现文学空间的新方法路径在西方逐步发展起来。[⑤]它用于研究叙事行为和制图行为之间的相似性，或更多作为一种地图实践方式帮助理解文学作品写作和阅读背后的空间语境[⑥]——Robert T Tally Jr在提出文学制图作为后者"地理批评"方法的同时，也同样强调了前者，即"文学制图"和"小说叙事"都是一种"映像（mapping）"方式，用以理解

---

① Sarbin T R Thenarrative as a rootmetaphor forpsychology. *Narrative psychology*：*Thestoried nature of human conduct, Westport*：*PraegerPublishers*，1986：3-21；申丹、王丽亚：《西方叙事学：经典与后经典》，北京大学出版社，2010年。

② 杨义：《中国叙事学的文化阐释》，《广东技术师范学院学报》2003年第3期，第27—35页。

③ 杨义：《中国叙事学的文化阐释》，《广东技术师范学院学报》2003年第3期，第27—35页；杨义：《文学地理学的渊源与视境》，《文学评论》2012年第4期，第73—84页。

④ 冯雷：《理解空间：20世纪空间观念的激变》，中央编译出版社，2017年；梅新林：《论文学地图》，《中国社会科学》2015年第8期，第159—181页。

⑤ Piatti，B，Hurni L.Cartographies of fictional worlds. *The Cartographic Journal*，2011，48（4）：218-223.

⑥ Luchetta S.Exploring the literary map：An analytical review of online literary mapping projects.*Geography Compass*，2017，11（1）：e12303；Thacker A.The idea of a critical literary geography. *New Formations*，2005，57（57）：56-73.

世界，或者说"赋予世界有意义的形式（Give Meaningful Shape to the World）"①。Franco Moretti作为文学映射实践的开创者，通过对19世纪欧洲文学文本的系统空间分析而创建了一系列虚构文学背后的实际地图。②而同期的中国文学制图，如妹尾达彦③根据唐传奇手工绘制的长安地图、朱玉麒④根据隋唐文学对长安进行的手工叙事地图等，都倾向于视其为可视化工具，从而辅助说明文学中蕴含的社会史信息，不能归于此框架。此后，随着计算技术的更进一步发展，文学制图开始借助"人文计算"（Humanities Computing）、复杂网络分析、大规模数据分析，并使用地理信息系统（GIS）将社会文化信息和文学空间乃至叙事时间链接起来，欧洲文学地图⑤、湖区文学GIS⑥、维多利亚时代伦敦城市情感地图⑦、《尤利西斯》中的都柏林城⑧等都是典型例子。这些数字时代的文学制图通过计算提取非结构化文学文本中的复杂语义（如地名、景观、方位、路线等），并将其可视化呈现在结构化的地图上，从而拓展了文学空间主题研究的模式：基于特定区域的文学制图集往往关注文本中各类语义的空间分布；单一文本的映射则聚焦于通过空间背景的切换以协助理解历时性叙事与阅读。但由于被研究对象固有细粒度的不同，以及研究者处于不同本位论所带来的影响（如地理学、文化学、文学理论等），数字化的文学制图往往体现出历时性叙事与共时性空间割裂、文学内部时空与外部时空割裂等惯性思维所导致的一系列特征。

　　而针对文学时空的系统理论研究，首推空间叙事学，其既保留了经典叙事学对于语言时间顺序性的重视，也融合了对"空间"维度的丰富理解。最为著名的论述

　　① Tally R T Jr.Mapping narratives. Tally R T Jr.*Literary cartographies*：*Spatiality*，*representation*，*andnarra-tive*. New York：Palgrave Macmillan，2014：3.

　　② Moretti F. *Atlas of the European novel*：*1800-1900*.London and New York：Verso，1999.

　　③ ［日］妹尾达彦：《代后期的长安与传奇小说——以〈李娃传〉的分析为中心》，见刘俊文主编：《日本中青年学者论中国史·六朝隋唐卷》，上海古籍出版社，1995年，第509—553页。

　　④ 朱玉麒：《隋唐文学人物与长安坊里空间》，见荣新江主编：《唐研究》（第9卷），北京大学出版社，2003年，第85—128页。

　　⑤ Piatti B. *Diegeographie der literatur*：*Schauplätze*，*handlungsräume*，*raumphantasien*. Göttingen：Wallstein Verlag，2008.

　　⑥ Cooper D，Gregory I N. Mapping the English Lake Dis-trict：A literary GIS.*Transactions of the Institute of British Geographers*，2011，36（1）：89-108.

　　⑦ Heuser R，Algee-HewittM，Lockhart A.Mapping the emotions of London in fiction，1700-1900：Acrowdsourc-ing experiment. CooperD，DonaldsonC，Murrieta-FloresP. *Literary mapping in the digitalage*.NewYork：Routledge，2016：43-64.

　　⑧ Travis C. Visualgeo-literary and historical analysis，Tweet-flickrtubing，and James Joyce's Ulysses（1922）. *Annals of the Association of American Geographers*，2015，105（5）：927-950.

之一是巴赫金（Mikhail Mikhailovich Bakhtin）创立的文学时空体（chronotope）概念："文学中已经艺术地把握了时间关系和空间关系的重要联系，我将之称为时空体。"①这一概念来源于爱因斯坦提出的相对论，因此巴赫金特别指出文学的内部时空是不可分割的，而要理解这一文学的内部时空，也不能脱离外部时空，即社会历史语境。然而空间叙事学对文学叙事时空理论的充分认知，尚未在制图实践中产生较大影响，数目不多的案例包括最经典的空间人文研究之一——Charles Travis借助都柏林历史地图研究小说《尤利西斯》的空间叙事，其通过叙事的连续性空间可视化（路线、图片、时间、词云、段落被映射至地理空间）推测小说背后具有象征意义的地理空间设置，即地狱图景般的都柏林城。②但和前述单一文本映射一样，Travis更侧重于以外层空间帮助解读文学内层时空的隐喻价值，忽略了反过来对外层真实社会时空的探讨，同时在叙事的语义提取以及叙事时空化方面也较为零散。

在方法层面上，计算叙事（Computational Narra-tology）和地理叙事（Geo-narrative）的发展可以给文学叙事的数字时空化研究以系统指导，前者是叙事本体的线性拓展，后者是外层的共时性空间上的线性拓展。计算叙事是叙事的计算性创建与解释，其通过自然语言处理和可视化技术再现不同维度的叙事图式，极大地增强了对叙事的互动性理解，如《畅销书密码》（The Bestseller Code）一书对过去三十年英文畅销书进行的计算呈现中，情感分析（Sentiment Analysis）算法提供的"时间-情感"曲线得以辨别不同情节类型。③对事件的时空映射研究多以时空地理学（Time-Space Geography）为基础，从而对各类叙事源的语义进行提取并进行时空映射和过程可视化，如关美宝（Mei-PoKwan）为应对社科研究中源于个人口述地理背景不确定性而提出的基于定性GIS的地理叙事④、Mehul Bhatt和Jan Wallgrün为应对动态地理空间事件提出的高级语义分析之时空GIS⑤、王双对多维语义提出的叙事可视

① Bakhtin M M.Forms of time and of the Chronotope in the novel：notes toward ahistorical poetics. Richard-sonB. *Narrative dynamics*：*essays on time，plot，closure，andframes.* Columbus：The Ohio University，2002：15-24.

② Travis C. Visualgeo-literary and historical analysis，Tweetflickrtubing，and James Joyce's Ulysses（1922）. *Annals of the Association of American Geographers*，2015，105（5）：927-950.

③ Archer J，Jockers M L. *The bestsel lercode*：*Anatomy of the blockbuster novel.* New York：St.Martin's Press，2016.

④ Kwan M. From oral histories to visualnarratives：re-pre-senting the post-September 11 experiences of the Muslim women in the USA. *Social&Cultural Geography*，2008，9（6）：653-669.

⑤ Bhatt M，Wallgrün J O.Geospatial narratives and their spatio-temporal dynamics：commonsense reasoning for high-level analyses in geographic information systems. *ISPR SInternational Journal of Geo-Information*，2014，3（1）：166-205.

化策略①等。

　　基于文学制图尚未被充分拓展的事实，本文以文学时空体为理论依据，结合计算叙事和地理叙事技术对于叙事的动态性处理，尝试构建一套文学叙事的时空数字化框架，从而延展文学叙事的内层体验和外层意义。本研究以常常被作为文学典范和社会历史材料加以讨论②的唐传奇《李娃传》为实践案例，可视化再现其描述的唐长安都城内发生的爱情故事。该小说为白行简（776—826）所著，以空间叙事的手法描述了天宝年间（742—756）一位来自荥阳的贡生赴京赶考，与李娃相恋，耗尽资财被设计抛弃，贫病交加之下成为西市殡仪馆的挽歌歌手；在一次天门街挽歌比赛中被来长安述职的父亲见到，被带至杏园鞭挞几近于死；后沦为东市乞丐，风雪之时在安邑坊为李娃所救护；李娃鼓励他发奋读书，终于登第为官，李娃也被封为汧国夫人。本研究借此实践案例，希望拓展地图在我国文学地理研究中的互文性应用，同时以叙事–体验–地理③的开放映射框架，再现这一叙事及其传递的有关唐长安社会空间的潜在经验。

二、文本语义的提取与"时空"映射

　　前文所论巴赫金文学时空体理论中的文学内、外时空实际上指涉故事（文本）、作者（历史）和读者（当代）的三种时空。为了将叙事固有的这三种不同时空勾连，并呈现在统一"时空"框架之下，本研究重新定义了作为框架的"时空"——"空"被定义为叙事作者所处时代的城市空间，GIS平台上对历史地图的校正能够模拟这一历史空间，并且通过统一的地理坐标与跨越历史长河的当代城市空间相关联，因而当文本故事被映射至模拟的历史空间上时，这一故事也具有了在当代城市中被沉浸式再现的潜力；"时"被定义为小说读者的阅读时间，即小说句子的序列，强调叙事的历时性与流动体验性，而文本的故事时间（如天宝年间）和其

---

① 王双：《时空叙事可视化理论与方法研究》，博士学位论文，解放军信息工程大学，2017年。

② ［日］妹尾达彦：《唐代后期的长安与传奇小说——以〈李娃传〉的分析为中心》，见刘俊文主编：《日本中青年学者论中国史·六朝隋唐卷》，上海古籍出版社，1995年，第509—553页；朱玉麒：《隋唐文学人物与长安坊里空间》，见荣新江主编：《唐研究》（第9卷），北京大学出版社，2003年，第85—128页；朱明秋：《〈李娃传〉情节数理批评》，《桂林师范高等专科学校学报》2013年第3期，第82—84页；［日］小南一郎：《唐代传奇小说论》，童岭译，北京大学出版社，2015年；李效杰、张红云：《从〈李娃传〉看唐代的商业竞争》，山东工商学院学报》2017年第6期。

③ Bodenhamer D J.Narrating space and place. Bodenhamer D J，Corrigan J，Harris T M.*Deep maps and spatial narratives*.Bloomington：Indiana University Press，2015：7–27.

他文本语义都将被转化为结构化信息映射在该阅读时间之上。在这样的"时空"框架之下，文学故事将会从时间、时空、空间三个层面再现，从而分别实现叙事的语言线性、体验性和意义性的特征（图1）。

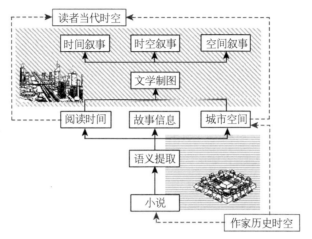

图1　读者、故事、作者的时空信息转换

对文本处理的具体操作分为三个步骤（图2），包括文本的结构化和语义提取、语义的"时空"映射和"时空"叙事。文本的结构化和语义提取是从词-句两个层级对语料进行自然语言处理；语义的"时空"映射部分将前者提取出的语义在时间、时空、空间三个维度映射，并实现不同层维度的可循环转换，它是下一部分叙事得以在的不同时空维度再现的基础；最后的"时空"叙事部分将时空语义重组，展示了时间、时空、空间三个层次的叙事可视化。

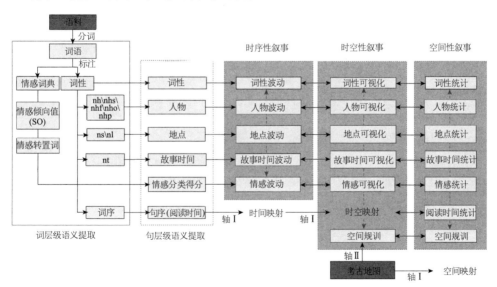

图2　文本的语义提取、时空映射和时空叙事技术框架

（一）文本的语义提取

语义提取部分主要涉及叙事文本中不断变化的"话语"单元的提取，即对文本进行结构化并在词-句两个层级提取各类"话语"单元。"话语"单元之间的关系主要依靠依存句法关系（Syntactic Depen-dency）判断。

1.词层级语义化

通过词层级框架对《李娃传》文本进行结构化、语义化。该小说为中古汉语写成，而中古汉语的多义性和相关自然语言处理研究的缺乏，限制了文本结构化的实践。因此本研究以"中国哲学书电子化计划"（CText）数据库中《李娃传》的OCR电子文本为底本，通过影印版《四库全书》收录的版本加以校准，作为分析用数字化文本，手工创建了其结构化文本数据库，包括切分所有的词（terms），并为每个词标注词性（POS）、情感极性值（SO）和情感转置词（Sentiment Shifters）[①]。

（1）分词：采用北京师范大学中文信息处理研究所开发的"语料库在线"的汉语分词和词性自动标注功能对原始文本进行分词，然后结合"国学大师"网站词典搜索库对分词结果进行人工校准。分词标准参考从宽原则、词典原则、词义透明原则，即主张从合不从分、收录在"词库"中的语义单位从合、词性发生转变从合。[②]

（2）词性：词性的标注主要参考词典的解释，并依据《信息处理用现代汉语词类标记规范（GB/T20532-2006）》建立词性标注，如nt.（时间名词）、ns.（地点名词）、a.（形容词）等。

（3）情感极性值：积极情感表达［如"欢笑（v.）"、"瑰奇（a.）"］赋其情感极性值为+1，消极情感表达［如"呜咽（v.）"、"贫窭（a.）"］赋其情感极性值为-1。本研究进行两轮情感极性值分配，两轮值的同意百分比为81.5%。

2.句层级语义化

句层级框架将词层级的语义数据在句层级下重新计算并分配给对应句子。

（1）地点：根据词层级提取的地点名词和方位词确定句层级地点的细粒度，并

---

① Liu B. *Sentiment analysis*: *miningopinions*, *sentiments*, *and emotions*.New York: Cambridge University，2015.

② 王晓玉、李斌：《基于CRFs和词典信息的中古汉语自动分词》，《数据分析与知识发现》2017年第5期，第62—70页。

对应城市历史地图划定多尺度级别存储。《李娃传》中占词总数1.1%的不同层级地名（ns.）共16个，如长安和长安城内的布政坊和杏园（位于通善坊）（后二者分别被存储在坊里、街道级别），而这些地点将作为空间映射的坐标点覆盖其相应故事段落囊括的所有语义。

（2）故事时间：根据时间名词（时间点、时间段）和关系推理确定统一的多尺度的时间细粒度。《李娃传》故事时间线由故事起始于"天宝年间"的确切记录、小说家白行简撰文于"贞元……乙亥岁秋八月"（795年8月）和其他句子所述时间段推测确定。占词总数2.7%的时间名词（nt.），如天宝、十年、月余和他日，被结合人物生命历程用来判读文章的故事时间，例如746年（天宝五年）20岁的荥阳生去长安、754年（天宝十三年）27岁的荥阳生授官、775年（大历十年）李娃授封汧国夫人、795年（贞元十一年）小说家撰文等。

（3）人物：本研究将人物的各类指代消解为标准人物名。

（4）情感分类得分：对从第一个句子到当前句子的所有情绪表达的情感极性值求和（加入情绪转置词对情绪的逆转影响），从而对已阅读的"文档"进行基于词典的文档级情感分类[①]；此值是当前句子的情绪分类得分。

因为句的序列被定义为读者阅读时间，所以上述句层级的各类语义可以直接根据其句子序号对应映射到下一步骤的时间。

（二）文本的"时空"映射

文本的"时空"映射将词-句层级的文本语义分别映射在时空维度。这一映像是时空叙事再现的基础，同时其映像方式也受制于时空叙事的逻辑。

1.时间维度映射

语义的时间映射是将词-句层级的语义、带时间坐标的空间层级图式，与阅读时间（即句序）相关联。全文共有776句话，对应776个单位阅读时间。在叙事理论中，时间与叙事之间的密切关系因语言的线性特征而得到了广泛认同。[②]因此时间性叙事的可视化方法是将各类"话语单元"在"阅读时间"线上展开，使得词性、人

---

① Liu B. *Sentiment an alysis：miningopinions，sentiments，and emotions*. New York：Cambridge University，2015.

② 龙迪勇：《 空间叙事学：叙事学研究的新领域》，《天津师范大学学报》（社会科学报）2008年第6期，第54—60页。

物、地点、故事时间、情感分类得分①等各类语义以不同的变化轨迹再现，从而重新构建不同的叙事主题。这些单一变量还可以在"阅读时间"线上相互组合，形成更加多维的主题，如不同地点的情感分类得分等。

由于阅读时间和情感极性是情感（emotion）这个五元组（目标实体、目标被表达属性、情绪类型、情绪感知者、情绪表达时间）②的重要组成，句层级所述基于词典的文档级情感分类得分曲线按其计算方法（沿阅读时间不断变化的已阅读文档的情感极性的累积和），可以更直接地理解为情感极性值对阅读时间的积分函数。

2.空间维度映射

语义的空间映射旨在对词-句层级的语义和语义所表征的故事进行空间映射。首先需要将句层级的"地点"和城市历史地图进行映射，标准的做法是建立数字地名词典③，并应该格外重视地名词典的历史时间性变化以及不同尺度下对同一地理对象的存储方式。《李娃传》长安城内的地点被映射至各坊质心，唯一的例外是参照妹尾达彦的研究④将"天门街"定位在朱雀大街与内城垣的交点处。

通过句法依存关系，本研究继续将小说中与"地点"相关联的各类语义映射到其对应的空间位置上。而为进一步还原文学的时空性，还对人物在街巷的行迹（OD关系已知）进行了模拟。模拟规则为首先选择最短路径，然后优先选择整合度（Integration）高的街道——基于空间句法（Space Syntax）的"整合度"意味着街道单元的可达性。⑤同时应当认识到，每一个语义的空间映射都被相应的时间坐标锚定，因此本文所论述的空间映射从广义上还包括了通过数学统计、数据挖掘等方法将叙事切片中的阅读时间进行压缩，从而获得代表这一时间窗内的各类二维图式；而这一具有时间坐标的二维图式可以被重新映射至时间维度从而重新进入时空可视化。

---

① Liu B. *Sentimentanalysis：miningopinions，sentiments，and emotions*. New York：Cambridge University，2015.

② Liu B. *Sentimentanalysis：miningopinions，sentiments，and emotions*. New York：Cambridge University，2015.

③ 李宏伟、李文娟、梁汝鹏等：《基于地名词典和叙词表的地名本体概念语义关系研究》，《中国地名》2010年第10期。

④ ［日］妹尾达彦：《唐代后期的长安与传奇小说——以〈李娃传〉的分析为中心》，见刘俊文主编：《日本中青年学者论中国史·六朝隋唐卷》，上海古籍出版社，1995年，第509—553页。

⑤ Hillier B，Hanson，J. *The social logic of space*. Cambridge：Cambridge University Press，1984.

3.时空维度映射

在这种时空联动映射的框架下，随着阅读时间的展开，被分解和被加值的语义得以在空间背景之下同样地展开，并伴随叙事原有的语言文字，将一种多维性、顺序性和背景性信息逐步融入深度阅读。相比于提取自叙事文本的结构性语义，那些加值语义是超越叙事的，是对历史性社会空间的当代理解，如视小说人物活跃在历史时空中，对其进行社会计算分析①——分析不同小说人物在空间层映射信息所进行的社交网络和小说人物在城市街道上的模拟轨迹等，就属于高于基本语义的、被语义所表征的行动"故事"。其推演逻辑符合福柯（Mi-chelFoucault）的"空间规训"（Disciplinary Space）②概念，即历史的物理空间形塑小说作者的空间观，进而影响小说中的人物行为。

三、时空多维叙事可视化

在文本语义时空映射的基础上，本研究对语义进行时空重组，进而实现"时间-时空-空间"分级可视化和时空叙事的分析比较，并于以下三个对应方面选择性地展示小说叙事的时空重构成果：①时间性叙事显示了基本语义的阅读时间轨迹和故事主题；②时空层在二维城市、阅读时间下展开各种变量的轨迹以及故事的细节；③一个意义性世界在阅读时间结束时被再现为空间层次。

（一）时间叙事

时间层反映了阅读过程中小说基本变量变化的时间映射轨迹，体现出叙事的内容和文章的叙事技巧。图3的情感曲线展现了随阅读时间展开的已阅读的文档级情感分类得分波动（情感极性值对时间的积分），其"N型"情节结构根据《畅销书密码》可判断为"走向成熟"故事模式。③这是一个起起伏伏的成长故事，也是荥阳生初入唐长安后经历的一段特殊人生片段——他经历了命运转折，然后失去了一切，最后恢复。进一步结合图3的故事时间线可以判断，小说尾部时间流速极快地转向以李娃为短暂主角的受封和家族的兴盛，呼应了《李娃传》题目，而小说末首相连的

---

① 王国成：《计算社会科学：人类自我认识的新平台》，《中国社会科学报》2014年5月26日。

② Foucault M. *Discipline and punish：the birth of the prison*. Sheridan A，translator.New York：Vintage，2012.

③ Archer J，Jockers M L.*The bestseller code：Anatomy of the blockbuster novel*. New York：St.Martin's Press，2016.

故事时间线展现了一种回溯式写作方式，即首以女主角切入男主角的成长故事、末回到女主角再牵引至后世小说家白行简。不同地点内的情感曲线变化（图4）体现了该小说"空间叙事"的特点——长安作为繁华而复杂的首都，为故事的发展变化提供多样的城市生态：故事中前期爱情生活和荥阳生被设计抛弃，以及后期两人再相遇并重新一起生活的主要情节被分别安排在了平康坊、通义坊和宣阳坊，以及安邑坊、尚书省、兴庆宫；而中间荥阳生逐渐失去一切进入底层的短快情节被分散在了布政坊、西市、东市、天门街、崇仁坊、通善坊、东市。

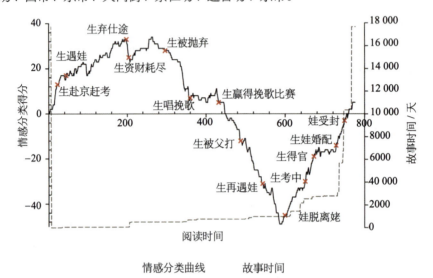

图3 情感极性对阅读时间的积分函数值以及故事时间波动

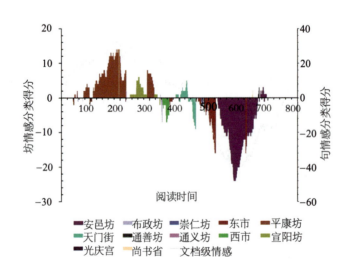

图4 不同地点内情感极性的时间积分函数值波动

（二）时空叙事

时空叙事在城市空间背景下，将词－句层级语义、带时间坐标的空间图式和语义所表征的连续"故事"在阅读时间线上展开，使得历史的时空信息逐步深入读者的阅读过程，以便其更好地理解故事在充满仪式和市民文化的唐长安城市空间中的发展。将荥阳生的水平行动轨迹和故事情节发展的垂直轨迹在时空中组合，并融入荥阳生不断变化的社会阶层（贡生—平民—乞丐—平民—贡生—甲科—参军），可以渐进式观察阶层变动和情节变化的关系（图5）。阶层和文档情感分类得分的大部分良好对应关系体现出空间作为社会媒介的特征：其位置的不断变化对情节具有持续的逆转作用，即故事的进展方向与荥阳生在各坊里所必然扮演的不同社会角色及经历的不同遭遇密切相关。而早期荥阳生在妓坊的短暂生活，展现了不同于其社会阶层的正向情感，也许可以理解为荥阳生阶层逐步随空间变化的真正起点。本文所述空间媒介论，在图5中可以被具体认识为大都市区域功能的地理分异，如东区万年县与西区长安县的整体分离、作为不同类型公共场所的中部天门街和南部杏园间的冲突，都带来了情节的张力。

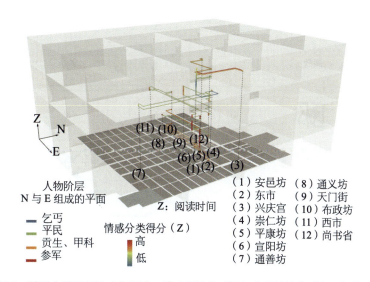

图5　荥阳生带阶层的人物行迹、情感极性的时间积分函数值的时空可视化

（三）空间叙事

空间层次显示了完成叙事阅读时的统计格局，这是通过对城市语境下不同语

义变量映射轨迹的时间压缩而实现的，有助于读者对唐长安的认知体验和故事背景的直接理解。图6反映了长安各坊里的迥异职能，东市作为市场所能提供的复杂业态，宣阳坊、平康坊、安邑坊作为宅园、馆宇、宅院的不同居住面貌等丰富鲜活的市民生活，都为一张场所词的词云地图所反映。图7中，皇城呈现的正、负情感的三角掣肘趋势与故事的内在逻辑安排息息相关，这一情感地图同时辅助读者体会小说作者作为士人对皇权、仕途、宗教的隐隐正向态度。以坊里为节点、坊里间的人流为边的空间嵌入式人物社交网络反映了长安各坊里之间的隐喻结构关系。图8中，东市是长安城最活跃的坊里（度值最高，节点中的"名人"），而用于社群快速监测的模块化分析反映出地理空间之间的不同关联性，即故事中的长安坊里组群空间被权力、本地官员、外地赴京人士、外地赴京官员四个社群占据的趋势。前一结论符合一般的研究认知，后一视角在以往研究中往往被忽略或无法实现。图9中，基于HITS（高枢纽型节点指向高权威度节点）算法，叙事中出现次数极少的东市、兴庆宫和尚书省的权威度很高（高权威度节点是由高枢纽型节点所指向的节点），这是主人公游荡于长安各坊杂乱轨迹中隐约透露出的社会内核。

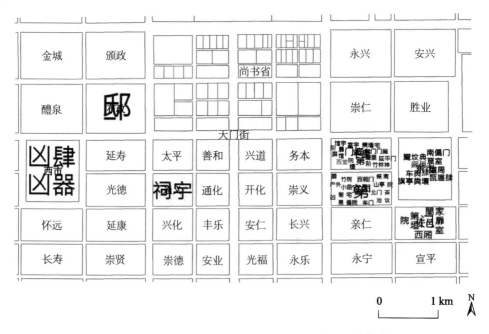

图6　东市、西市及周边与坊里关联的场所类名词的统计

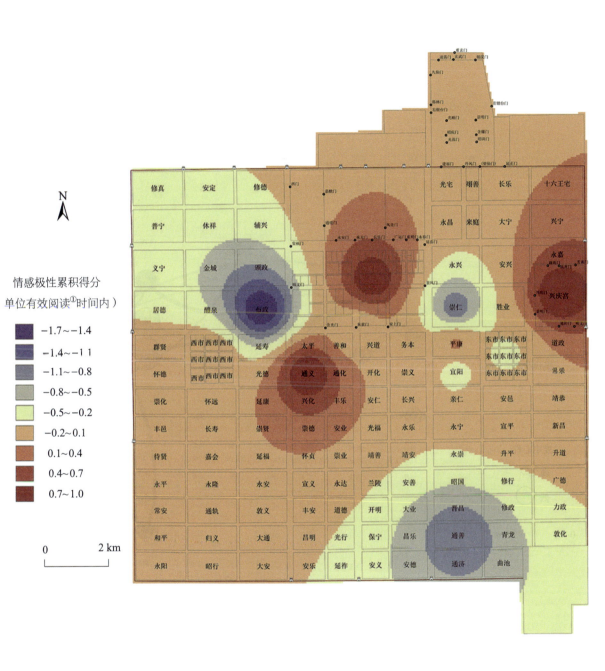

图 7　不同坊里单位有效阅读时间内情感极性累积统计的反距离插值

---

① 有效阅读意为出现非中性情感极性词。

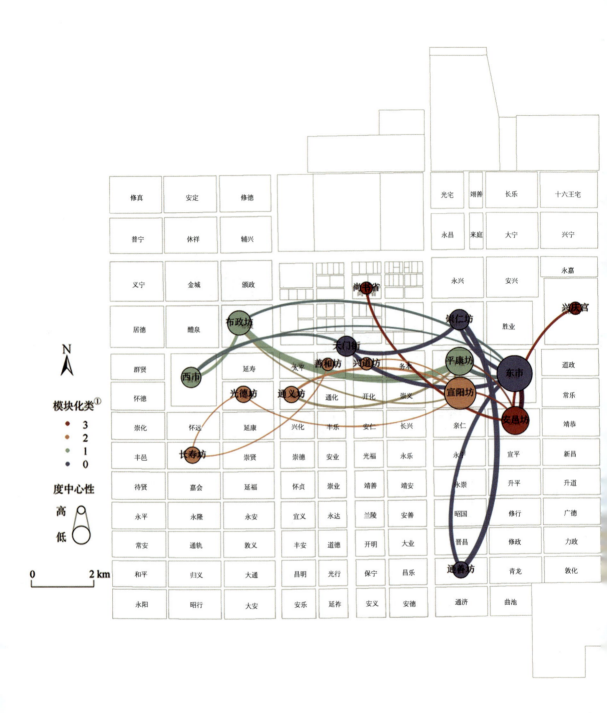

图 8　基于全文空间嵌入式人物社交无向网络的模块化分析和加权中心度中分析

---

　　① 模块化类3指被权力社群占据；模块化类2指被本地官员占据；模块化类1指被外地赴京人士占据；模块化类0指被外地赴京官员占据。

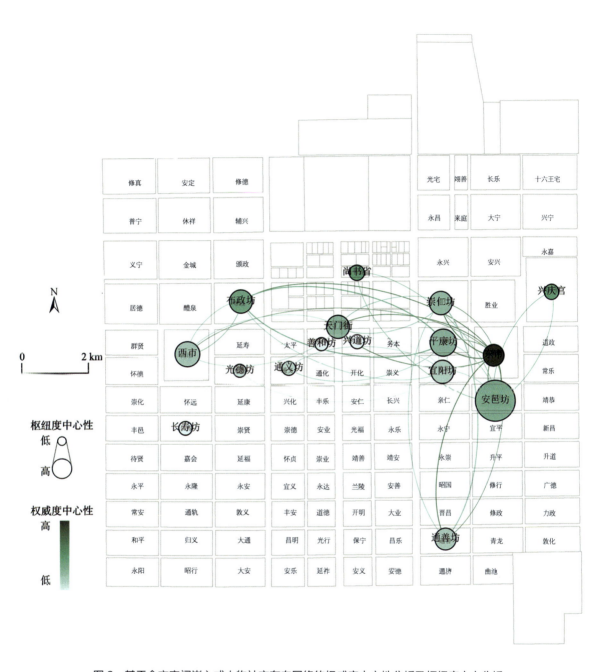

图9 基于全文空间嵌入式人物社交有向网络的权威度中心性分析及枢纽度中心分析

四、结论与讨论

本文基于中国古典叙事文学的时空特征提出了时空叙事数字模型，并在此框架下以唐传奇小说《李娃传》为例进行了时空叙事再现。

（1）通过将计算和可视化技术融入空间叙事学的时空理论，本文提出了文本与空间互融的时空叙事数字模型，即对文本语义进行提取和"时空"映射，并构建"时间–时空–空间"三层的时空叙事再现模型，使得文学制图将文学与历史、定性材料与量化方法、历时性与共时性相结合，在时空体系方面臻于完善。除了本文的应用案例，该模型在适用的对象及其可能的解释层面具有相当大的潜力，"时间–空间"的文本语义映射框架在增加"阅读时间"的不同层级后可以支持更多古代小说文本的纳入，从而实现宏观层面上的城市多元时空叙事。

（2）在时空叙事再现部分，本文尝试模拟了《李娃传》的阅读时间流中对于不断演进的空间图式（pattern/structure）或意义的阅读追求。①这种图式的时空轨迹可视化所带来的阅读体验实际上很难从心理学角度被严格描述和验证，但作为一种可被更新的辅助性开放模板它确实可以"作为叙事的一部分而存在"②，并更进一步地为不同学者提供一个可供对话的开放场域或入口，共同来深刻解读此类作为研究例证的文本。笔者后续基于个人经验对《李娃传》"时间–时空–空间"三层叙事再现进行解读，通过"表现–机制–意义（what-how-why）"的理解层级揭示了都城长安是如何形塑一位即将成为官员的贡生的。

本文的实践还揭示了数字技术在人文研究中的巨大潜力和挑战。本文对纳入时空映射的事件语义维度的考虑尚不够深入，古典叙事文学文本时空叙事的建模、再现和解译还有很大的空间，特别是不同空间、时间的叙事组织安排以及不同视角下对叙事的经验解释都有待更多的实践。相比以往直接的因果、相关与模式探索，本文在结构化的视角之上初步融入了主观情境性、流动模糊性和经验解释性，但更多的尝试值得被期待，以测试这两种不同思维融合的可能路径。

原载《地球信息科学学报》2020年第5期

（马昭仪，天津大学建筑学院研究生；何捷，天津大学建筑学院副教授；

刘帅帅，天津大学建筑学院研究生）

---

① Mitchell W J T.Spatial form in literature：towardagener-altheory. *Critical Inquiry*，1980，6（3）：539-567.

② Reagan A J，Mitchell L，Kiley D，etal.The emotional arcs of stories are dominated by six basic shapes. *EPJ Data Science*，2016，5（1）：31.

今本《三辅黄图》成书年代及其文献性质考论[*]

陈伟文

　　《三辅黄图》是成书于曹魏以前的古书，而今本《三辅黄图》并非原本，这是学界的共识。宋人程大昌早已指出"今图盖唐人增续成之"①，清人毕沅谓"盖唐世好事者所辑"②，现代学者陈直称"今本为中唐以后人所作"③，何清谷则认为"今本似成书于唐肃宗时代"④。学者基本上都认为今本《三辅黄图》成书于唐代，且与古本《三辅黄图》具有延续性，是唐人在占本《三辅黄图》基础上辑补增续而成的。因此，尽管学者承认今本《三辅黄图》非原书，但仍然将其视为汉代长安地理的基本史料。但是，笔者对今本《三辅黄图》的史源及其流传过程进行仔细考证，发现今本《三辅黄图》成书于北宋末南宋初，而且与古本《三辅黄图》并无真正的延续性。从文献性质上说，今本《三辅黄图》是一部伪托之作，其史料价值有必要重新评估。

一、今本《三辅黄图》的成书年代

　　学者认为今本《三辅黄图》成书于唐代，主要根据是书中出现不少唐肃宗以后的地名。但是，从逻辑上说，今本《三辅黄图》中出现唐肃宗以后地名，只能证明其成书于唐肃宗以后，并不能证明其成书于唐肃宗时，也不能证明其成书于唐代。学者在未对今本《三辅黄图》成书时间的下限进行仔细考证的情况下，轻易断定其成书于唐代，显然是不够严谨的。今本《三辅黄图》究竟成书于何时呢？从今本《三辅黄图》与宋敏求《长安志》的关系入手进行考证，是一个很好的研究思路。

---

　　* 本文为高校古委会项目"《新唐书·艺文志》考证"（批准编号：1111）阶段性成果。
① 〔宋〕程大昌：《雍录》卷一，中华书局，2002年，第6页。
② 〔清〕毕沅：《重刻三辅黄图序》，《式训堂丛书》本《三辅黄图》卷首。
③ 陈直：《三辅黄图校证》，陕西人民出版社，1980年，"前言"第1页。
④ 何清谷：《三辅黄图校释》，中华书局，2005年，"前言"第4页。

宋敏求是北宋著名藏书家，曾广泛搜罗史籍中与长安相关的史料，编成《长安志》二十卷。《三辅黄图》是汉代长安地理的基本典籍，与《长安志》可说关系密切。事实上，今本《三辅黄图》和《长安志》确实存在许多相近的文字。《长安志》明确引用《三辅黄图》，而今本《三辅黄图》中从未出现《长安志》之名，再加上学者先入为主将今本《三辅黄图》看作唐代以前典籍，因此皆认为是《长安志》引用、因袭今本《三辅黄图》。《长安志》引《三辅黄图》的条目大部分与今本《三辅黄图》能基本对应，确实很容易给人一种印象：《长安志》引用的就是今本《三辅黄图》。但笔者逐条研究《长安志》引用《三辅黄图》的条目，发现宋敏求编撰《长安志》时根本未见过今本《三辅黄图》。《长安志》引用《三辅黄图》73 处，除去重复，共引用 68 条。其中 13 条引文前标明"师古曰"，3 条引文前标明"晋灼曰"，4 条引文前标明"如淳曰"，1 条引文前标明"臣瓒曰"，3 条引文紧接在《汉书》引文之后而且内容皆见于颜师古《汉书注》。上述引文凡 24 条，占《长安志》中《三辅黄图》引文条数三分之一以上，毫无疑问是从《汉书注》中转引的。这些引文在今本《三辅黄图》中往往也有相应的文字，如果宋敏求得见今本《三辅黄图》，何必转引？何况，《长安志》从其他典籍转引《三辅黄图》，远不止标明"师古曰"等的条目。《长安志》引用《三辅黄图》的文字，往往与今本《三辅黄图》多有不同，反而与北宋以前典籍所引基本一致，明显不是直接引用今本《三辅黄图》，而应是从北宋中期以前典籍转引。略举例如下：

（1）《文选》卷一〇《西征赋》李善注："《三辅黄图》曰：'阿房前殿以木兰为梁，磁石为门，怀刃者止之。'"①

《长安志》卷三："《三辅黄图》曰：'阿房前殿以木兰为梁。'"又："《三辅黄图》曰：'阿房宫以磁石为门，怀刃者止之。'"②

《三辅黄图》卷一："作阿房前殿，东西五十步，南北五十丈，上可坐万人，下建五丈旗。以木兰为梁，以磁石为门。"原注："磁石门，乃阿房北阙门也。门在阿房前，悉以磁石为之，故专其目，令四夷朝者，有隐甲怀刃，入门而胁止，以示神。亦曰却胡门。"③

（2）《文选》卷一《西都赋》李善注："《三辅黄图》曰：'未央宫有清凉殿、宣室殿、中温室殿、金华殿、太玉堂殿、中白虎殿、麒麟殿。'"（第25页下栏）

① 〔梁〕萧统编：《文选》，中华书局，1977年，第159页下栏。以下反复引用的古籍，仅括注页码于引文后。
② 〔宋〕宋敏求：《长安志》，辛德勇、郎洁点校，三秦出版社，2013年，第163—164页。
③ 何清谷：《三辅黄图校释》，中华书局，2005年，第50—52页。

《长安志》卷三："《三辅黄图》曰：未央宫有清凉殿、宣室殿、金华殿、玉堂殿、白虎殿、麒麟殿。'"（第172页）

　　《三辅黄图》卷二："未央宫有宣室 、麒麟、金华、承明、武台、钩弋等殿。又有殿阁三十有二，有寿成、万岁、广明、椒房、清凉、永延、玉堂、寿安、平就、宣德、东明、飞羽、凤凰、通光、曲台、白虎等殿。"（第117页）

　　（3）《文选》卷一《西都赋》李善注："《三辅黄图》曰：'上林有长杨宫。'"《文选》卷九《长杨赋》李善注："《三辅黄图》曰：长杨宫有射熊馆，在盩厔。'"（第29页上栏）

　　《长安志》卷四："《三辅黄图》曰：'上林有长杨宫。'"又："《三辅黄图》曰：'长杨宫有射熊馆，在盩厔。'"（第198页）

　　《三辅黄图》卷一："长杨宫，在今盩厔县东南三十里。"（第37页）卷五："射熊观，在长杨宫。"（第331页）

　　（4）《文选》卷一〇《西征赋》李善注："《三辅黄图》曰：'兰池观在城外。'"（第153页上栏）

　　《长安志》卷四："《三辅黄图》曰：'兰池观在城外。'"（第204页）

　　《三辅黄图》卷五："仙人观、霸昌观、兰池观、安台观、沧沮观，在城外。"（第336页）

　　（5）《太平寰宇记》卷二六："《三辅黄图》：'秦始皇兼天下，都咸阳，因北陵宫殿，端门四达，以则紫宫，象帝居。渭水贯都，以象天汉，横桥南渡，以法牵牛。"[1]

　　《长安志》卷三："《三辅黄图》曰：'秦始皇兼天下，都咸阳，因北陵营宫殿，端门四达，以则紫宫，家帝居。渭水贯都，以象天汉，横桥南度，以法牵牛。'"（第164页）

　　《三辅黄图》卷一："始皇穷极奢侈，筑咸阳宫，因北陵营殿，端门四达，以则紫宫，象帝居。渭水贯都，以象天汉；横桥南渡，以法牵牛。"（第22页）

　　（6）《太平御览》卷一九一："《三辅黄图》曰：'未央宫有金厩、辂軨厩、大厩、果马厩、幹厩、马厩、大宛厩、胡河厩、驹駼厩九，在城内。'"[2]

　　《长安志》卷五："金厩。（原注：《三辅黄图》曰：金厩以下共九厩，在长安城内。）辂軨厩。大厩。果马厩。軛梁厩。骑马厩。大宛厩。胡河厩。驹駼厩。"（第220页）

---

[1] 《太平寰宇记》，中华书局，2007年，第558页。
[2] 《太平御览》，中华书局，1963年，第923页下栏。

《三辅黄图》卷六："翠华厩、大铬厩、果马厩、轭梁厩、骑马厩、大宛厩、胡河厩、駒駼厩，皆在长安城外。"（第349页）

以上所举例子，可以很清楚地看出：《长安志》是从其他典籍转引《三辅黄图》，而非引用今本《三辅黄图》。这些引文在今本《三辅黄图》中往往有相应的内容，甚至更详细，如果宋敏求得见今本《三辅黄图》，不可能不引原书反而从其他典籍中转引。更值得注意的是：今本《三辅黄图》全文近两万字，其中能与现存北宋中期以前典籍所见《三辅黄图》引文相对应的文字所占比例不到百分之二十。而《长安志》所引《三辅黄图》，居然百分之九十以上都见于现存北宋中期以前典籍所见《三辅黄图》引文。如果《长安志》引用的是今本《三辅黄图》，不可能出现这种现象；只有《长安志》未见今本《三辅黄图》，从此前典籍转引，才可能出现这种现象。据笔者统计，《长安志》引用《三辅黄图》共 68 条，其中 62 条引文皆见于北宋末年以前典籍，而且文字基本一致。仅仅6条引文，暂未能在现存北宋中期以前典籍中找到出处。考虑到典籍散佚的情况，我们有理由推断：这 6 条引文同样源自北宋中期以前典籍，只是这些典籍未能流传至今而已。因此，《长安志》所有引用《三辅黄图》的文字，都是从此前典籍中转引而来的，宋敏求根本未见过今本《三辅黄图》。

仔细比勘《长安志》和今本《三辅黄图》的相关记载，亦可印证宋敏求编撰《长安志》时未见今本《三辅黄图》。今本《三辅黄图》卷二："又《汉宫阁记》云：'未央宫有宣明、长年、温室、昆德四殿。又有玉堂、增盘阁、宣室阁。'"（第121页）《长安志》卷三《宫室·未央宫》详述未央宫数十殿阁时，记载了长年殿、温室殿、玉堂殿、宣室殿，却偏偏未载及宣明殿、昆德殿和增盘阁。而且，《长安志》卷四《宫室·总叙殿阁》反而记载昆德殿，又明确称"不书所在"（第202页）。

今本《三辅黄图》卷二："建章有驹荡、駮娑、枌诣、天梁、奇宝、鼓簧等宫。又有玉堂、神明堂、疏圃、鸣鸾、奇华、铜柱、函德二十六殿。"（第131—132页）今本《三辅黄图》明确记载函德殿在建章宫中，但是《长安志》卷三《宫室·建章宫》未载函德殿，反而在卷四《宫室·总叙殿阁》中记载函德殿，亦称"不书所在"（第202页）。可见宋敏求当时所见史料皆未言昆德殿、函德殿在何宫中。这是宋敏求编撰《长安志》时根本未见今本《三辅黄图》的确证。

又，今本《三辅黄图》卷五："仙人观、霸昌观、兰池观、安台观、沧沮观，在城外。又有禁观、董贤观、苍龙观、当市观、旗亭楼、马伯骞楼，在城内。"（第336页）今本《三辅黄图》所载这些楼观，除了"禁观"外，其余在《长安志》

卷四中都有相应的记载。比勘两书，就会发现：第一，《长安志》记载仙人观、安台观、沧沮观、董贤观、苍龙观、期（旗）亭楼、霸昌观、兰池观，出处皆标注为《三辅黄图》。但记载马伯骞楼，则出处标注为《汉宫阁名》；记载当市观，出处标注为《汉宫殿名》。今本《三辅黄图》明明在同一条中紧连着记载当市观、旗亭楼、马伯骞楼，《长安志》记载马伯骞楼和期（旗）亭楼，文字几乎也是连着的。若宋敏求《长安志》记载期（旗）亭楼所标注的出处《三辅黄图》是今本《三辅黄图》，为何记载马伯骞楼时偏偏要另外引据《汉宫阁名》？第二，今本《三辅黄图》明确分别记载这些楼观在长安城内、城外，而《长安志》记载的楼观，仅仅霸昌观和兰池观称其在长安城外，其余楼观完全没有记载其地理位置，其中旗亭楼、马伯骞楼还明确称"不书所在"。如果《长安志》引据的是今本《三辅黄图》，岂会如此？考今本《三辅黄图》对这些楼观在长安城内、城外的记载，刚巧仅"霸昌观在长安城外"见于《汉书》颜师古注引《三辅黄图》，"兰池观在长安城外"见于《文选》李善注引《三辅黄图》。其余九处楼观的地理位置，在现存北宋末以前典籍中未见任何记载。可见，《长安志》确实非引据今本《三辅黄图》，而是从《汉书》颜师古注、《文选》李善注等典籍中转引古本《三辅黄图》。这就更进一步证明，宋敏求编撰《长安志》时根本未见今本《三辅黄图》。

更让人惊讶的是：宋敏求编撰《长安志》时未见今本《三辅黄图》，今本《三辅黄图》反而存在因袭《长安志》的现象。《长安志》明确引用《三辅黄图》的文字颇多不同于今本《三辅黄图》。而其未引用《三辅黄图》的文字，反而常常与今本《三辅黄图》基本雷同。比如，《长安志》卷三：

> 《魏志》曰："董卓悉椎破铜人钟虞以铸小钱。"《英雄记》曰："昔大人见临洮而铜人铸，临洮生卓而铜人毁。时有卓而大乱，大乱而卓身灭，良有以也。"《关中记》曰："董卓坏铜人，余二枚，徙在清明门里。魏明帝欲徙诣洛，载致霸城，重不可致。"（第182页）

《三辅黄图》卷一：

> 董卓悉椎破铜人、铜台，以为小钱。《英雄记》曰："昔大人见临洮而铜人铸，临洮生卓而铜人毁，天下大乱卓身灭，抑有以也。"余二人，魏明帝欲徙诣洛阳清明门里，载至霸城，重不可致，便留之。（第48页）

两段文字基本内容甚至表述的顺序都基本一致，显然存在因袭关系。那么，究竟是《长安志》因袭今本《三辅黄图》，还是今本《三辅黄图》因袭《长安志》呢？《长安志》这段文字，分别引用了《魏志》《英雄记》和《关中记》。所引

《魏志》见于《三国志·魏书·董卓传》①；所引《英雄记》见于《三国志· 魏书·刘表传》裴松之注。②《关中记》则北宋尚存，当引自原书。可见《长安志》的引用是可信的。而文字内容基本相同的今本《三辅黄图》，却只引用了《英雄记》，其余文字皆删去出处改作直接叙述。很明显，应该是今本《三辅黄图》因袭《长安志》并加以改写。改写后的文字不仅文理不甚通顺，而且还出现史实的抵牾。《关中记》明明称董卓毁坏铜人，剩余二枚，徙在清明门，后魏明帝欲徙洛阳未成，留在霸城。而今本《三辅黄图》却称"魏明帝欲徙诣洛阳清明门里"显然谬误。清明门是长安十二城门之一，洛阳未闻有所谓清明门。由此例可见，今本《三辅黄图》存在因袭《长安志》的现象。而且，这并非孤证。再略举数例如下。

《长安志》卷一二：

> 张衡《西征赋》曰："昆明灵池，黑水玄沚，牵牛立其左， 织女处其右。"注云："立牵牛织女于池之东西，以象天河。"今石人宛在，疑后人名石父、石婆云。（第395页）

《三辅黄图》卷四：

> 《关辅古语》曰："昆明池中有二石人，立牵牛、织女于池之东西，以象天河。"张衡《西京赋》曰："昆明、灵沼，黑水玄址。牵牛立其右，织女居其左。"今有石父、石婆神祠在废池，疑此是也。（第254页）

两段文字内容基本相同， 当存在因袭关系。《长安志》先引张衡《西征赋》，再引"注云"，最后加上一句按语。而在《三辅黄图》中，"注云"的文字却成了《关辅古语》引文。那么，究竟是《长安志》因袭《三辅黄图》并将《关辅古语》改作"注云"，还是《三辅黄图》因袭《长安志》并将"注云"改作《关辅古语》引文呢？稍加分析就知道应该是后者。

因为，《长安志》所引张衡《西征赋》见于《文选》卷二，所引"注云"则为《文选》五臣注中张铣的注释，所引是真实可靠的。而《关辅古语》则从未见其他典籍著录和引用，实为捏造的书名。可见当是《三辅黄图》因袭《长安志》并将其所引张铣注妄改为《关辅古语》（妄改引文出处在《三辅黄图》中不是偶然孤立的现象，而是惯常做法，至于其妄改的动机，下节再作详论）。

《长安志》卷三：

> 酒池。《庙记》："长乐宫有鱼池、酒池，池上有肉炙树，秦始皇造。"（第167页）……酒池。在长乐宫，秦始皇造。汉武帝行舟于中。

---

① 《三国志》卷六《董卓传》，中华书局，1959年，第177页。
② 《三国志》卷六《刘表传》，中华书局，1959年，第216页。

《西京记》曰："酒池北起台，天子于上观，牛饮者三千人。"《太平寰宇记》曰："武帝作酒池，以夸羌胡，饮以铁杯，重不能举，皆抵牛饮。"（第182页）

《三辅黄图》卷四：

> 秦酒池，在长安故城中。《庙记》曰："长乐宫中有鱼池、酒池，池上有肉灸树，秦始皇造，汉武行舟于池中。酒池北起台，天子于上观牛饮者三千人。"
>
> 又曰："武帝作，以夸羌胡，饮以铁杯，重不能举，皆抵牛饮。"

（第271—272页）

两段文字内容基本相同，当存在因袭关系。《长安志》分别引用《庙记》《西京记》和《太平寰宇记》三书，而几乎同样的文字《三辅黄图》全部引作《庙记》。今考《长安志》所引《庙记》《西京记》，原书已亡佚，无从查考。但所引《太平寰宇记》见于是书卷二五注（第539页），可见其引文是真实可靠的。今本《三辅黄图》显然抄袭《长安志》，并将《长安志》所载《庙记》《西京记》《太平寰宇记》的文字，捏合在一起，妄引作《庙记》。

《长安志》卷一"风俗"：

> 《汉志》曰："秦有四塞之固。昔后稷封斄，公刘处豳，大王徙岐，文王作丰，武王治镐。其民有先王遗风，好稼穑，务本业，故《豳诗》言农桑衣食之本甚备。始皇之初，郑国穿渠引泾水溉田，沃野千里，民以富饶。汉兴，立都长安，徙齐诸田、楚昭屈景及诸功臣于长陵，后世世徙吏二千石、高赀富人及豪杰并兼之家于诸陵，盖亦以强干弱支，非独为奉山园也。是故五方杂错，风俗不纯。其世家则好礼文，富人则商贾为利，闾里豪杰则游侠通奸。濒南山，近夏阳，多阻险，轻薄易马盗贼，常为天下剧。又郡国辐凑，浮食者多，民去本就末。列侯贵人车服僭上，众庶仿效，羞不相及。嫁娶尤崇侈靡，送死过度。"故汉时京辅称为难理。又《隋书·地理志》曰："京兆王都所在，俗具五方，人物混淆，华戎杂错，去农从商，争朝夕之利，游手为事，竞锥刀之末。贵者崇侈靡，贱者薄仁义。豪强者纵横，贫窭者窘蹙。桴鼓屡惊，盗贼不禁此乃古今之所同也。"（第125—126页）

《三辅黄图》卷一：

> 《汉志》曰："秦有四塞之固。昔后稷封斄，公刘处豳，大王徙岐，文王作丰，武王治镐，其民有先王遗风，好稼穑，务本业，故《豳诗》言

农桑衣食之业甚备。秦都咸阳，徙天下豪富十二万户。汉高帝都长安，从齐诸田，楚昭、屈、景及诸功臣于长陵。后世世从吏二千石、高赀富人及豪杰兼并之家于诸陵，强本弱末，以制天下。是故五方错杂，风俗不义，贵者崇侈靡，贱者薄仁义，富强则商贾为利，贫窭则盗贼不禁。闾里嫁娶，尤尚财货，送死过度。"故汉之京辅，号为难理，古今之所同也。（第69—70页）

《长安志》分别引《汉书·地理志》和《隋书·地理志》两书。今本《三辅黄图》，只引《汉书·地理志》，而竟然掺杂了《隋书·地理志》的部分语句。"贵者崇侈靡，贱者薄仁义。富强则商贾为利，贫窭则盗贼不禁"和"古今之所同也"句，皆为《汉书·地理志》所无，而出自《隋书·地理志》。可见，当是今本《三辅黄图》因袭《长安志》而将两处引文捏合为一。

由上所考，可知今本《三辅黄图》确有因袭宋敏求《长安志》的现象。《长安志》未引用过今本《三辅黄图》，而今本《三辅黄图》反而因袭《长安志》，这确凿地证明：今本《三辅黄图》成书于《长安志》之后。《长安志》成书于北宋熙宁九年（1076），则今本《三辅黄图》必成书于熙宁九年之后无疑。

据现存文献，今本《三辅黄图》的流传最早能追溯到南宋初。今本《三辅黄图》最早由苗昌言刊刻于绍兴二十三年（1153），苗昌言跋称"凡得数本以相参校"，可见其时流传已颇广。曾慥《类说》成书于绍兴六年，卷四〇摘录《三辅黄图》14条，除1条不见于今本外，其余皆与今本合。旧题朱胜非《绀珠集》成书于绍兴七年之前，卷九摘录《三辅黄图》33条，除1条不见于今本外，其余皆与今本合。列表1如下：

表1　文献记载情况

序号	《绀珠集》卷九	《类说》卷四〇	今本《三辅黄图》
1	"低光荷"条	无	卷四"池沼"
2	"斗城"条	"斗城"条	卷一"汉长安故城"
3	"石父祠"条	"石父石婆祠"条	卷四"池沼"
4	"橡桶化龙凤"条	"橡化龙凤"条	卷五"台榭"
5	"冰楼"条	"冰楼"条	卷五"台榭"
6	"属玉观"条	无	卷五"观"
7	"茧馆"条	无	卷六"杂录"
8	"璧门"条	"璧门"条	卷二"宫"
9	"椒风"条	无	卷三"未央宫"
10	"骀荡宫"条	无	卷三"建章宫"
11	"馺娑宫"条	无	卷三"建章宫"
12	"天梁宫"条	无	卷三"建章宫"
13	"彩履"条	无	卷三"甘泉宫"

序号	《绀珠集》卷九	《类说》卷四〇	今本《三辅黄图》
14	"灵波殿"条	无	卷四"池沼"
15	"十池"条	无	卷四"池沼"
16	"劫灰"条	"天地劫火"条	卷四"池沼"
17	"鹤禁"条	无	无
18	"四宝宫"条	无	卷二"宫"
19	"金㲋玉阶"条	"金㲋玉阶"条	卷二"宫"
20	"玉户"条	无	卷二"宫"
21	"玉树"条	"玉树青葱"条	卷二"宫"
22	"火齐屏"条	无	卷三"未央宫"
23	"紫琉璃帐"条	无	卷三"未央宫"
24	"玉晶"条	无	卷三"未央宫"
25	"弄田"条	无	卷三"未央宫"
26	"柏叶露"条	无	卷三"甘泉宫"
27	"含消梨"条	无	卷四"苑囿"
28	"石鲸"条	"石鲸"条	卷四"池沼"
29	"双珠"条	"鱼报明珠"条	卷四"池沼"
30	"环州"条	无	卷四"池沼"
31	"芸苗"条	无	卷四"池沼"
32	"藏珠"条	无	卷四"池沼"
33	"烽火树"条	无	卷四"池沼"
34	无	"铜雀"条	卷二"宫"
35	无	"九市"条	卷二"长安九市"
36	无	"鹤洲凫渚"条	卷三"日华曜华宫"
37	无	"槐市"条	无

由上表可见，《绀珠集》和《类说》所摘录的《三辅黄图》即为今本《三辅黄图》，偶有一条不见于今本，当为版本流传的差异所致。①因此，今本《三辅黄图》必成书于绍兴六年之前无疑。也就是说，今本《三辅黄图》成书时间是熙宁九年（1076）至绍兴六年（1136）。而从现存北宋末年以前文献未见今本《三辅黄图》流传迹象来看，今本《三辅黄图》很可能成书于北宋末南宋初。

二、今本《三辅黄图》的文献性质

如上所考，今本《三辅黄图》在因袭《长安志》时常常妄改引文出处，或干脆

---

① 《绀珠集》《类说》所摘录其他典籍，亦有类似的情形。

删去出处改为直接叙述。今本《三辅黄图》不仅因袭《长安志》，更大量因袭宋初乐史《太平寰宇记》，在因袭时也同样常常妄改引文出处。比如《太平寰宇记》卷三一：

> 云阳宫。《史记》："秦始皇二十七年，作甘泉前殿。筑甬道，自咸阳属之。"《关中记》："林光宫，一曰甘泉宫，秦所造，在今池阳故县西北甘泉山上，周回十余里。"《三辅黄图》云："甘泉宫汉武帝建元中增广之，周十九里。"《汉仪注》曰："甘泉宫去长安二百里，望见长安城。黄帝以来圜丘祭天处。"《开山图》曰："云阳先生之墟也，中有神书、铁券、玉石之记。"又曰："武帝于甘泉宫更置前殿，始广诸宫室。有芝生甘泉殿房内中。"《汉旧仪》又云："芝有九茎，金色绿叶朱实，夜有光，乃作芝房之歌。"《三辅黄图》曰："汉武帝起紫殿，雕文刻镂，以玉饰之。成帝永始四年行幸甘泉，郊泰畤时，神光降于紫殿。"今按甘泉谷北岸有古槐树，在故宫之南。《云阳宫记》："甘泉宫北有槐树，今谓玉树。根干盘峙，二三百年，木色青葱，耆旧相传，咸以为此树即杨雄《甘泉赋》所谓玉树青葱者也。"（第666页）

《三辅黄图》卷二：

> 甘泉宫，一曰云阳宫。《史记》：秦始皇二十七年，作甘泉宫及前殿，筑甬道，自咸阳属之。《关辅记》曰："林光宫，一曰甘泉宫，秦所造。在今池阳县西，故甘泉山，宫以山为名。宫周匝十余里。汉武帝建元中增广之，周十九里。去长安三百里，望见长安城，黄帝以来圜丘祭天处。"《遁甲开山图》云："云阳，先王之墟也。武帝造赤阙于南，以象方色，于甘泉宫更置前殿，始广造宫室，有芝生甘泉殿边房中。"《汉旧仪》云："芝有九茎。芝金色，绿叶朱实，夜有光，乃作芝房之歌。帝又起紫殿，雕文刻镂黼黻，以玉饰之。成帝永始四年行幸甘泉，郊泰畤时，神光降于紫殿。"今按甘泉谷北岸有槐树，今谓玉树。根干盘峙，三二百年木也。杨震《关辅古语》云："耆老相传，咸谓此树即杨雄《甘泉赋》所谓玉树青葱地。"（第137—143页）

《太平寰宇记》这段文字凡两引《三辅黄图》，皆仅一两句，而今本《三辅黄图》整段文字与《太平寰宇记》几乎完全相同，可证《太平寰宇记》未见过今本《三辅黄图》，而今本《三辅黄图》反抄袭《太平寰宇记》。更有意思的是：今本《三辅黄图》将《太平寰宇记》中的"《关中记》"改为"《关辅记》"，将"《云阳宫记》"改为"杨震《关辅古语》"。《关辅记》和杨震《关辅古语》皆从未见其他典籍著录、引用或提及，疑是今本《三辅黄图》编者捏造的书名。今本《三辅黄图》在因袭《长安志》和《太平寰宇记》时为何常常妄改引文出处，甚至不惜捏造书名呢？其动机很值得探究。

今本《三辅黄图》对某些引文出处的妄改，显然是蓄意而且系统为之的。比如，西晋潘岳《关中记》是关于长安地理的一部名著，今本《三辅黄图》有不少文字源自《关中记》，但刻意避免出现《关中记》之书名和作者名。《太平寰宇记》引用《关中记》共10条，其中1条引文重复，实际引文共9条，其中内容与汉代地理相关的则共有6条。这6条《关中记》引文，在今本《三辅黄图》中全部都有相应的文字，却没有任何一处引作《关中记》。 6条引文中，其中1条已见上举之例，其余5条列举如下：

（1）《太平寰宇记》卷二五："桂宫。《庙记》云：'桂宫，汉武造。'《汉书》云：'桂宫有紫房复道，通未央宫'《关中记》云：'桂宫在未央宫北，周回十余里。中有光明殿，殿上有复道，从官中西上城，至建章宫神明台蓬莱山。《二秦记》云：'未央宫渐台西有桂宫，宫中有明光殿，皆金玉珠玑为簾箔，处处明月珠，金甀玉阶，整夜光明。又云：'桂宫，一名曰泉，作迎风台以避暑。'《西京杂记》云：'武帝为七宝床，杂宝案，厕宝屏风，列宝帐，设于桂宫。时人谓四宝宫。'"（第536—537页）

《三辅黄图》卷二："桂宫，汉武帝造，周回十余里。《汉书》曰：'桂宫有紫房复道，通未央宫。'《关辅记》云：'桂宫在未央北，中有明光殿土山，复道从宫中西上城，至建章神明台、蓬莱山。'《三秦记》：'未央宫渐台西有桂宫，中有明光殿，皆金玉珠玑为帘箔，处处明月珠。金甀玉阶，昼夜光明。'又《西京杂记》云：'武帝为七宝床，杂宝案，厕宝屏风，列宝帐，设于桂宫，时人谓为四宝宫。'"（第133—135页）

按：今本《三辅黄图》显然抄袭《太平寰宇记》，又将《关中记》引文出处改为《关辅记》。

（2）《太平寰宇记》卷二五："《关中记》又云：'长乐宫有长定、长秋、永寿、永宁四殿。'《三辅黄图》云：'长乐宫有鸿台，有临华殿，有温室殿。'"（第536页）

《三辅黄图》卷二："长乐宫有鸿台，有临华殿，有温室殿。有长定、长秋、永寿、永宁四殿。"（第110页）

按：今本《三辅黄图》显然抄袭《太平寰宇记》，又将《关中记》和《三辅黄图》的引文合并，删去出处，改为直接叙述。

（3）《太平寰宇记》卷二五："《三秦记》云：'未央宫有朱鸟堂、画堂、非常室。'《关中记》云：'未央宫有天禄阁、麒麟阁，有司马门、金马门、青锁门、元武阙、苍龙阙，又有钩盾署、弄田。'"（第536页）

《三辅黄图》卷二："《汉宫殿疏》曰：未央宫有麒麟阁、天禄阁，有金马门、青琐门，玄武、苍龙二阙，朱鸟堂、画堂、甲观、非常室，又有钩盾署、弄田。'"（第119页）

按：今本《三辅黄图》显然抄袭《太平寰宇记》，将《三秦记》和《关中记》的引文合并，并将出处改为《汉宫殿疏》。

（4）《太平寰宇记》卷二五："潘岳《关中记》云：'长安地皆黑壤，赤城，今赤如火，坚如石。父老所传云，凿龙首山土以为城。'"（第527页）

《三辅黄图》卷一："地皆黑壤， 今赤如火，坚如石，父老传云：尽凿龙首山土为城。"（第67页）

按：今本《三辅黄图》显然抄袭《太平寰宇记》，将《关中记》引文改为直接叙述。

（5）《太平寰宇记》卷二五："《关中记》云：'长乐宫，本秦之兴乐宫也，周回二十里。汉太后常居之。'"（第535页）

《三辅黄图》卷二："长乐宫，本秦之兴乐宫也……周回二十里……后太后常居之。"（第108—110页）

按：今本《三辅黄图》显然抄袭《太平寰宇记》，将《关中记》引文改为直接叙述。

《太平寰宇记》中的6条《关中记》引文，在今本《三辅黄图》中，要么删去出处改为直接叙述，要么就是妄改引文出处，无一例外。宋敏求《长安志》所引《关中记》佚文，今本《三辅黄图》相应的文字，也全部妄改或删除出处，无一例外。如：

（1）《长安志》卷三："《关中记》曰：'建章宫北有池，以象海北①，刻石为鲸鱼，长三丈。'"（第180页）

《三辅黄图》卷四："《关辅记》云：'建章宫北有池，以象北海，刻石为鲸鱼，长三丈。'"（第261页）

（2）《长安志》卷三："《关中记》曰：'建章宫北作凉风台，积木为楼。'"（第180页）

《三辅黄图》卷五："《关辅记》曰：'建章宫北作凉风台，积木为楼。'"

---

① "海北"，当为"北海"之讹。

（第288页）

（3）《长安志》卷三："《关中记》曰：'长乐宫，有鱼池台、酒池台，秦始皇造。'"（第167页）

《三辅黄图》卷五："长乐宫，有鱼池台、酒池台，秦始皇造。"（第288页）

从上举之例可见，今本《三辅黄图》源自《关中记》的文字至少有十余条，但没有一处老老实实引作《关中记》，或者改为《关辅记》，或者改为杨震《关辅古语》，或者删除出处改为直接叙述。可见，这是蓄意的系统篡改。其篡改的动机，显然是为了制造今本《三辅黄图》是一部汉魏以前古书的假象。为了装成曹魏以前古书，书中自然不能出现魏晋以后的人名书名。《关中记》是西晋潘岳撰，《三辅黄图》若照实引用，则容易让人发现其非曹魏以前古书原本。因此，今本《三辅黄图》在利用《关中记》时，刻意避免照实引用，要么改为直接叙述，要么捏造书名妄改引文出处。

今本《三辅黄图》引用魏晋以后之书，妄改引文出处以灭其迹，绝不是偶然现象，而是全书一以贯之的。比如，《三辅黄图》卷二：

> 古歌云："长安城西有双阙，上有双铜雀，一鸣五谷生，再鸣五谷熟。"按铜雀，即铜凤凰也。杨震《关辅古语》云："长安民俗谓凤凰阙为贞女楼。"（第130页）

《太平寰宇记》卷二五：

> 《长安记》云："俗人谓凤凰阙为贞女楼。"古歌辞云："长安城西有双阙，上有双铜雀。一鸣五谷生，再鸣五谷熟。"按铜雀即铜凤凰也。

（第537页）

今本《三辅黄图》显然亦抄袭《太平寰宇记》，又将引文的出处"《长安记》"改为"杨震《关辅古语》"。今本《三辅黄图》引用所谓"杨震《关辅古语》"凡三次：一是本引《云阳宫记》而妄改；二是本引《长安记》而妄改；三是上节所述本引《文选》张铣注而妄改。可见，所谓"杨震《关辅古语》"根本就是今本《三辅黄图》编者凭空捏造的书名。张铣是唐代学者，《云阳宫记》和《长安记》具体成书时代虽然不是很确定，但从内容和典籍流传看必成书于六朝以后。今本《三辅黄图》编者为了伪造成曹魏以前古书，不愿意照实引用魏晋以后之书，因而捏造书名，妄改引文出处。又如，《三辅黄图》卷三：

> 清凉殿，夏居之则清凉也，亦曰延清室。《汉书》曰"清室则中夏含霜"即此也。（第156页）

按：《汉书》并无此文。《文选》卷三四曹植《七启》："温房则冬服絺绤，清室则中夏含霜。"（第487页下栏）引文实出曹植《七启》，今本《三辅黄图》编者却硬生生妄改为"《汉书》曰"，其肆意大胆，令人惊讶。

《史记》三家注和《汉书》颜师古注，是今本《三辅黄图》依据最多的史料之。但是，今本《三辅黄图》对这些注释基本上都暗袭而不明引；偶尔明引，亦仅称"注"或"集注"之类的模糊表述，刻意不提及如淳、裴骃、颜师古、张守节、司马贞等注家的名字[①]，而应劭注却在正文中明确引用过两次。显然，这是因为应劭为汉末人，而其余注家皆为曹魏以后人。为了将今本《三辅黄图》伪装成曹魏以前古书，自然只能明引应劭，不能明引其他注家。为此，今本《三辅黄图》不仅暗袭如淳等注家之注释，甚至不惜妄改其出处。比如，《三辅黄图》卷一："《秦始皇本纪》：'蕲年宫在雍。'"（第40页）按：《史记》卷六《秦始皇本纪》并无此文。《秦始皇本纪》"将欲攻蕲年宫为乱"句裴骃《集解》云："《地理志》蕲年宫在雍。"[②]今本《三辅黄图》引文实出裴骃注，而妄改为《秦始皇本纪》。再如，《三辅黄图》卷三：

> 弄田，在未央宫。弄田者，燕游之田，天子所戏弄耳。《汉书·昭帝纪》曰："始元元年，上耕于钩盾弄田。"应劭注云："帝时年九岁，未能亲耕帝籍，钩盾官宦者近署，故往试耕为戏弄。"（172页）

按：《汉书》卷七《昭帝纪》："始元元年春二月……己亥，上耕于钩盾弄田。"颜师古注："应劭曰：'时帝年九岁，未能亲耕帝籍。钩盾，宦者近署，故往试耕为戏弄也。'臣瓒曰：'《西京故事》：弄田在未央宫中。'师古曰：'弄田为宴游之田，天子所戏弄耳，非为昭帝年幼创有此名。'"[③]可知今本《三辅黄图》此条全据《汉书》注，然而其因袭臣瓒注和颜师古注之文则删去出处改为直接叙述，因袭应劭注之文则明确引"应劭注云"。

今本《三辅黄图》，袭用《汉书》颜师古注、如淳注、臣瓒注等，皆不明说，书中从未出现过他们的名字，偏偏"应劭"则出现过两次。如此刻意隐瞒，就是为了今本《三辅黄图》避免出现魏晋以后的人名书名，以误导读者认为今本《三辅黄图》是曹魏以前的古书原本。事实上，后人果然上了伪作者的当，从引书角度误判其为汉魏古书。今本《三辅黄图》卷首"序"末有苗昌言题跋云：

> 是书载秦、汉宫室、苑囿为甚备，颜师古《汉书新注》多取焉，然不

---

① 《三辅黄图》正文未见颜师古、如淳之名，但在卷一的注中明引颜师古注两次，如淳注一次，颇疑为传抄刊刻过程中后人所加，未必原书所有。

② 《史记》，中华书局，1982年，第227页。

③ 《汉书》，中华书局，1862年，第219页。

载撰者名氏。《唐书艺文志》有《三辅黄图》一卷，列于地理类之首，亦不云何人作也。其间多用应劭《汉书集解》。劭，后汉建安时人。至魏人如淳注《汉书》，复引此图以为据。以此考之，得非汉、魏间人所作邪。

（《三辅黄图》序第5页）

苗昌言的误判，正是因今本《三辅黄图》编者刻意伪造成的假象而上当受骗。

综上所考，今本《三辅黄图》的文献性质，实为北宋末南宋初有意伪托之作，可以说是一部伪书。至于伪作者是谁，文献不足，唯有阙疑。[①]

三、今本《三辅黄图》与古本《三辅黄图》的关系

以往学者多认为今本《三辅黄图》是在古本基础上的补缀之作，其最重要的史料来源是古本《三辅黄图》。虽然我们考定今本《三辅黄图》是北宋末南宋初的伪托之作，但如果今本是在古本《三辅黄图》基础上伪托的，那其史料价值仍然是值得重视的。然而，我们仔细考证后发现，今本《三辅黄图》与古本《三辅黄图》之间根本不存在直接的延续关系。

学者认为今本《三辅黄图》最重要的史料来源就是古本《三辅黄图》，并称今本中所谓"《旧图》"或"《图》"，就是当时采用古本《三辅黄图》的证据。[②]但实际上，今本《三辅黄图》中所谓《旧图》或《图》，往往是编撰者随意所加，以掩饰其抄袭之实而已。比如，《三辅黄图》卷四：

冰池，在长安西。《旧图》云："西有滮池，亦名圣女泉。"盖"冰""彪"声相近，传说之讹也。（第274页。引者按："彪"，疑为"滮"之讹。）

今考《长安志》卷一二：

圣女泉。出县西二十里昆明池北平地上。周十步。西北流五十步，与牧猪泉合。（原注：《图经》曰："水池在县西北五里。"按《十道志》："长安西有滮池，亦名圣女泉。"盖滮池水相近也。（第389页。引者按："县"指长安县。引文中"水池"，疑为"冰池"之能。"滮池水"，疑"池"字为衍文，"水"为"冰"之讹。）

[①] 笔者最初颇疑伪造者是苗昌言，因为他不仅是此书的最早刊刻者，而且所撰题跋特意从此书引用典籍情况证明此书成书于汉魏之间，与本书的作伪手段似乎正相呼应。但如前所考，今本《三辅黄图》至晚在绍兴六年（1136）以前已经频有流传，而苗昌言为绍兴十二年（1142）进士，绍兴二十三年（1153）任抚州州学教授时始刊刻此书，据此则苗氏似非伪作者。

[②] 何清谷：《三辅黄图校释》，中华书局，2005年，"前言"第4—5页。

今考《元丰九域志》亦云："冰池，《十道志》云：即滮池，亦名圣女泉。"①正可与《长安志》相互印证。可见，今本《三辅黄图》所引《旧图》的原始出处实为《十道志》，而且很可能是从《长安志》中转抄的。转抄时不仅将引文出处妄作《旧图》，而且将宋敏求所加按语也一并抄袭。《十道志》是唐代梁载言所撰，在宋代仍然广泛流传，《崇文总目》《郡斋读书志》《直斋书录解题》等书目皆有著录，今本《三辅黄图》不愿明引，而妄改为《旧图》，显然是为了冒充古本。即以此例观之，今本《三辅黄图》中所谓"《旧图》"或"《图》"，不可能是编者所见古本《三辅黄图》。因此，这并不能作为今本《三辅黄图》与古本《三辅黄图》存在延续性的证据。

今本《三辅黄图》与古本《三辅黄图》不可能存在直接的延续性，最重要的根据是：在今本《三辅黄图》成书之前，古本《三辅黄图》早已经亡佚，今本《三辅黄图》编者根本无从得见，更不可能直接采用。

古本《三辅黄图》在唐代中期以前是流传有绪的，魏晋以来如淳、晋灼、张晏、孟康、臣瓒、颜师古注《汉书》，刘昭注《后汉书》，李善注《文选》，以及唐代各大类书，都频繁征引《三辅黄图》。《隋书·经籍志》《旧唐书·经籍志》《新唐书·艺文志》也都明确著录《三辅黄图》。但是，至迟在北宋初年以前，古本《三辅黄图》就已经亡佚，在整个宋代，我们都找不到古本《三辅黄图》曾经流传的证据。

首先从书目著录来看。《崇文总目》是成书于北宋仁宗庆历年间的国家藏书目录，共著录典籍 3445 部，30669 卷，其中却并未著录《三辅黄图》。这证明当时朝廷藏书中并无《三辅黄图》一书。现存宋代书目最早著录《三辅黄图》的是晁公武《郡斋读书志》。《郡斋读书志》初撰于绍兴二十一年（1151），后又有所增补修订。《郡斋读书志》卷八：

> 《三辅黄图》一卷，右未见撰人。《隋经籍志》《唐艺文志》皆有其目，盖古书也。记秦汉以来宫殿门阙楼观池苑在关辅者，曰《三辅黄图》，言东都不与焉。②

考今本《三辅黄图》序云："今衰采秦汉以来宫殿、门阙、楼观、池苑在关辅者，著于篇，曰《三辅黄图》，东都不与焉。"可知《郡斋读书志》所著录的是今本《三辅黄图》。陈振孙《直斋书录解题》卷八云：

---

① 《元丰九域志》，中华书局，1984 年，第582页。

② 〔宋〕晁公武撰，孙猛校证：《郡斋读书志校证》，上海古籍出版社，1990年，第346页。

> 《三辅黄图》二卷。不著名氏。案《唐志》一卷，今分上下卷。载秦汉间宫室苑囿甚详，多引用应劭《汉书解》，而如淳颜师古复引此书为据，意汉魏间人所作。然《中兴书目》以为《崇文总目》及《国史志》不载，疑非本书也。①

《中兴书目》指成书于淳熙五年（1178）的《中兴馆阁书目》。《国史志》，主要指《三朝国史》《两朝国史》《四朝国史》中的《艺文志》。《三朝国史》记载宋太祖、宋太宗、宋真宗三朝史事，成书于天圣八年（1030）。《两朝国史》记载宋仁宗、宋英宗两朝，史事成书于元丰五年（1082）。两部《国史》皆有《艺文志》，分别反映当时朝廷藏书情况，是后来《宋史·艺文志》的重要依据。《中兴馆阁书目》称《三辅黄图》"《崇文总目》及《国史志》不载，疑非本书"，是很值得重视的。这意味着在北宋前中期的朝廷藏书中一直都没有《三辅黄图》一书。这是因为在北宋前中期，古本《三辅黄图》早已经亡佚，而今本《三辅黄图》尚未成书，当时根本就不存在《三辅黄图》一书。

再从文献征引来看。前文我们已经考证，宋敏求《长安志》引用《三辅黄图》皆从其他典籍中转引，这证明作为著名藏书家、目录学家的宋敏求不仅没有见过今本《三辅黄图》，而且同样没有见过古本《三辅黄图》。如果我们以同样的方法考察其他北宋典籍，也会发现类似的情形。《太平御览》引用《三辅黄图》共 27 处，其中 5 处重复，实引 22 条，其中 14 条皆见于现存北宋初以前典籍。如果考虑到《太平御览》是在北齐《修文殿御览》基础上扩修而成，更可以推断北宋初编纂《太平御览》时实未曾见《三辅黄图》原书。唯独《太平寰宇记》中的《三辅黄图》引文，颇多不见于现存北宋以前典籍的，表面看起来似乎有可能是直接引用《三辅黄图》。但实际上，《太平寰宇记》大量文字皆是因袭唐代的地理书如《十道志》《元和郡县志》《郡国志》等，这些地理书除了《元和郡县志》仍存外，其他都亡佚，这就是唯独《太平寰宇记》所引《三辅黄图》多不见于北宋以前典籍中的原因。如果我们综合研究现存北宋典籍对《三辅黄图》的征引，就会发现不仅未见引用今本《三辅黄图》者，而且未见直接引用古本《三辅黄图》者，皆是从更早典籍转引古本《三辅黄图》。南宋初以来的典籍征引《三辅黄图》，则基本上都与今本相同；偶有不同于今本者，亦必与北宋以前典籍所引相同，则其出于转引可知。从文献征引情况来看，与书目著录情况所反映的是一致的，古本《三辅黄图》早在北宋初以前早已亡佚，今本《三辅黄图》编撰之时根本无从得见，因此不可能直接采用。

---

① 〔宋〕陈振孙：《直斋书录解题》，上海古籍出版社，1987 年，第 242 页。

由上所考，在今本《三辅黄图》成书之前，古本《三辅黄图》早已亡佚。这也是符合古代伪书的一般作伪规律：正是因为古本早已失传，才有可能伪造冒充古本。虽然今本《三辅黄图》成书之前，古本《三辅黄图》早已亡佚。但今本《三辅黄图》既然冒充古本，是否会充分利用各种典籍中的古本《三辅黄图》佚文以"辑佚"的方式冒充古书呢？根据笔者的研究，今本《三辅黄图》虽然确实从北宋以前典籍中采用过不少古本《三辅黄图》佚文，但这些佚文在今本《三辅黄图》全书中所占比例极小；而且从编者主观意图上看，并未刻意收集这些佚文。编者只是要编成一部汉代长安的地理著作以冒充古本《三辅黄图》，只管收集与汉代长安地理相关的史料，并不在意这些史料是否为古本《三辅黄图》佚文。因此，现存北宋以前典籍引用的古本《三辅黄图》佚文，就有相当大的比例不见于今本《三辅黄图》。①这并不都是因为今本《三辅黄图》编者因未见这些材料而漏收，有些明明见到却偏偏不采用。比如，今本《三辅黄图》卷三："储元宫，在长安城西。《汉书·外戚传》曰：'信都太后与信都王俱居储元宫。'"（第193页）《汉书》卷九七下《外戚传》："元帝崩，为信都太后，与王俱居储元宫。"注："师古曰：《黄图》在上林苑中。"（第4005页）《汉书》颜师古注是今本《三辅黄图》最常利用的典籍之一，且今本《三辅黄图》已经引及《汉书·外戚传》这句话，不容不见颜师古注所引古本《三辅黄图》佚文，但却并未将这句佚文编入今本《三辅黄图》。又如，今本《三辅黄图》卷三："犬台宫，在上林苑中，长安城西二十八里。《汉书》：'江充召见犬宫。'（第194页）

按：《汉书》卷四五《江充传》"（江）充召见犬台宫"句颜师古注："晋灼曰：《黄图》：'上林有犬台宫，外有走狗观也。'"（第2176页）今本《三辅黄图》只采用了前半句，后半向则遗弃。凡此，皆可见今本《三辅黄图》对待古本《三辅黄图》佚文的态度相当随意，并未刻意收集这些佚文，即使明明见到，亦未必采用。

总之，今本《三辅黄图》不仅未直接利用古本《三辅黄图》，而且对北宋以前典籍中引用的古本佚文，亦未认真利用。今本《三辅黄图》只是北宋末南宋初学根据史料新编的汉代长安地理著作以冒充古本《三辅黄图》而已，实际上与古本《三辅黄图》并无多大关系。

---

① 毕沅重刻《三辅黄图》，所附《三辅黄图补遗》补辑古本《三辅黄图》佚文近百条。毕辑仍颇有遗漏。

四、今本《三辅黄图》史料价值的重新评估

既然今本《三辅黄图》与古本《三辅黄图》之间不具备延续性，那么今本《三辅黄图》最多只能看作北宋末南宋初学者根据当时所见史料编撰的西汉长安地理著作，由于时代太晚，且有意伪托，其史料价值显然是极为有限的。笔者在前人研究基础上对《三辅黄图》的史源进行全面研究后发现，今本《三辅黄图》百分之九十以上的文字都可以在现存北宋末年以前典籍中找到其所依据的史料。也就是说，从史料学角度看，今本《三辅黄图》绝大部分内容皆属二手材料，甚至三手材料，并不具备真正的史料价值，最多具有一些校勘价值而已。不仅如此，今本《三辅黄图》依据原史料进行转述改写时，甚至偶尔还会产生史实错误。主要有三种情形。

第一，误解原史料而致误。比如，《三辅黄图》卷一云："阿房宫，亦曰阿城。惠文王造，宫未成而亡。始皇广其宫，规恢三百余里。离宫别馆，弥山跨谷，辇道相属，阁道通骊山八十余里。表南山之巅以为阙，络樊川以为池。"（第49页）《三辅黄图序》亦云："惠文王初都咸阳，取岐、雍户材，新作宫室。南临渭，北逾泾，至于离宫三百。复起阿房，未成而亡。至始皇并灭六国……"（《三辅黄图序》第2—3页）根据今本《三辅黄图》的叙述，阿房宫为秦惠文王所造，未建成而惠文王死亡，秦始皇又扩大之。但是，这显然是不符合史实的。南宋学者程大昌已指出："《史记》及贾山疏，皆言阿房始皇所造，独《黄图》言阿房一名阿城，惠文已造，而始皇广之。此恐不然也。始皇明言朝廷小，不足容众，故渡渭而南，以营朝官。则其创意营造，出于始皇，不出前人地。"[1] 程氏所辨甚是，然尚未指出其致误之因。今考《汉书》卷二七下《五行志》："先是文惠王初都咸阳，广大宫室，南临渭，北临泾，思心失，逆土气。足者止也，戒秦建止奢泰，将致危亡。秦遂不改，至于离宫三百，复起阿房，未成而亡。"（第1447页）此所谓"未成而亡"，乃指秦始皇起阿房宫未成而秦朝已亡。今本《三辅黄图》编者误解为秦惠文王起阿房宫未成而死亡，因而有此异说。

又如，《三辅黄图》卷一："钟宫，在鄠县东北二十五里，始皇收天下兵销为钟鐻，此或其处也。"（第57页）按：《太平寰宇记》卷二六："钟官故城，一名灌钟城，在（鄠）县东北二十五里。盖始皇收天下兵器，销为钟虡，此或其处。"（第554页）《元和郡县志》及《长安志》亦皆作"钟官"。钟官，是汉代上林三官之一，为铸钱之官。今本《三辅黄图》编者竟误读"钟官"为"钟宫"，因而视为

---

① 〔宋〕程大昌：《雍录》，中华书局，2002年，第176页。

宫殿，列入"秦宫"之内，可谓谬误。[①]

第二，对原史料转述不准确而致误。如《三辅黄图》卷六："太仓，萧何造，在长安城外东南。文、景节俭，太仓之粟红腐而不可食。"（第346页）按：《汉书》卷六四下《贾捐之传》："至孝武皇帝元狩六年，太仓之粟红腐而不可食。"（第2832页）《史记》卷三〇《平准书》："至今上即位数岁，汉兴七十余年之间，国家无事，非遇水旱之灾，民则人给家足，都鄙廪庾皆满，而府库余货财。京师之钱累巨万，贯朽而不可校。太仓之粟陈陈相因，充溢露积于外，至腐败不可食。"（第1420页）据此可知，太仓之粟红腐而不可食，是汉武帝时之事。而今本《三辅黄图》误作文景之时。

第三，所依据的原史料本身有误。比如，《三辅黄图》卷二《三辅决录》曰："未央宫有延年殿、合欢殿、回车殿。"又《汉宫阁记》云："未央宫有宣明、长年、温室、昆德四殿。"又有玉堂、增盘阁、宣室阁。（第121页）考《文选》卷一《西都赋》云："清凉宣温，神仙长年。金华玉堂，白虎麒麟。区宇若兹，不可殚论。增盘崔嵬，登降照烂。殊形诡制，每各异观。乘茵步辇，惟所息宴。"五臣注云："济曰：增盘，阁名。"[②]今本《三辅黄图》称未央宫有增盘阁，当即据此。然而，所谓增盘阁，绝不见于其他典籍记载。《文选》卷一《西都赋》李善注云："《三辅黄图》曰：'未央宫有清凉殿、宣室殿、中温室殿、金华殿、太玉堂殿、中白虎殿、麒麟殿。长乐宫有神仙殿。……长年亦殿名'（第25页下栏）并未称增盘是阁名。"增盘崔嵬"句，《后汉书》卷四〇《班固列传》作"增盘业峨"，李贤注云："增，重也。盘，屈也。业峨，高也。"[③]据此可知，"增盘"并非阁名，五臣注所言实出杜撰，而今本《三辅黄图》误据之。

以上这些错误，基本尚属无心之误，并非故意捏造。今本《三辅黄图》更严重的问题，是存在故意杜撰新"史实"的情况：编者在依据原史料进行转述改写时，甚至在抄录原文时，偶尔会随意加以发挥，甚至无中生有地增添一些史实，凭空捏造。比如，《三辅黄图》卷一"汉长安故城"条：

> 汉之故都，高祖七年方修长安宫城，自栎阳徙居此城，本秦离宫也。初置长安城，本狭小，至惠帝更筑之。按惠帝元年正月，初城长安城。三年春，发长安六百里内男女十四万六千人，三十日罢。城高三丈五尺，下阔一丈五尺，六月发徒隶二万人常役。至五年，复发十四万五千人，

① 何清谷：《三辅黄图校释》，中华书局，2005年，第57页。
② 《六臣注文选》，中华书局，1987年，第28页下栏。
③ 《后汉书》，中华书局，1965年，第1341页。

三十日乃罢。九月城成，高三丈五尺，下阔一丈五尺，上阔九尺，雉高三坂，周回六十五里。城南为南斗形，北为北斗形，至今人呼汉京城为斗城是也。《汉旧仪》曰："长安城中，经纬各长三十二里十八步，地九百七十三头，八街九陌，三宫九府，三庙，十二门，九市，十六桥。"地皆黑壤，今赤如火，坚如石。父老传云，尽凿龙首山土为城，水泉深二十余丈。树宜槐与榆，松柏茂盛焉。城下有池周绕，广三丈，深二丈，石桥各六丈，与街相直。（第63—67页）

此段记载，"汉之故都"至"至今人呼为斗城是也"，显然因袭《太平寰宇记》[①]；"《汉旧仪》曰"以下文字，显然因袭《长安志》[②]。值得注意的是，今本《三辅黄图》虽然大体依据这些材料，但与原材料却颇有异同：第一，今本《三辅黄图》称"至今人呼汉京城为斗城是也"，为《太平寰宇记》所无。第二，今本《三辅黄图》称长安城"高三丈五尺，下阔一丈五尺，上阔九尺，雉高三阪"，为《太平寰宇记》所无。第三，今本《三辅黄图》称长安城有十六桥，为《长安志》所无。第四，今本《三辅黄图》称凿龙首山土为城致使"水泉深二十丈"，为《长安志》所无。第五，今本《三辅黄图》称："树宜槐与榆，松柏茂盛焉。城下有池周绕，广三丈，深二丈，石桥各六丈，与街相直。"为《长安志》所无。

今本《三辅黄图》中这五处比原材料多出的文字，是根据别的史料进行增补的吗？不太可能。我们经过仔细查考，这五处文字无一例外皆未能在现存北宋末年以前典籍中找到任何相应的记载。学者对《三辅黄图》进行校订注释时，颇致力于挖掘相关的印证材料，亦同样未能举出任何相应的记载。如果今本《三辅黄图》中增补的五处文字，只有一两处我们找不到更早的出处，那可以解释为可能当时依据的典籍恰好今天已经亡佚。但五处文字全部都不见更早出处，用典籍广佚来解释显然太过巧合牵强了。而且，这五处文字中，像长安城墙"高三丈五尺，下阔一丈五尺，上阔九尺，雉高三阪"，城池"广三丈，深二丈"这样重要的史实，假如真

---

① 《太平寰宇记》卷二五："长安故城，在县西北十三里。自光化门向西趣北，乃汉高帝七年修长乐宫成，自栎阳徙都此，本秦离宫也。按惠帝元年正月城长安；三年春发长安六百里内男女十四万六千人，三十日罢。六月发徒二万人常役；至五年正月复发十四万五千人，三十日乃罢，九月城成。城南为南斗形，城北为北斗形，周回六十五里。"（第533页）

② 《长安志》卷五："《汉旧仪》曰：'长安城十三里，经纬各长十五里。一十二门。城中地九百七十三顷，八街九陌，三宫九府，三庙。'《三辅旧事》曰：'长安城似北斗。'《周地图记》曰：'长安城南为南斗形，北为北斗形，周回六十五里，八街九陌九市。'《续汉书·郡国志》曰：'长安城方三十里，经纬各长五十里。十二城门，内九百七十三头。城中皆属长安令。'《三秦记》曰：'长安城中地土皆黑壤。'今城赤何也？且坚如石如金，父老所传曰凿龙首山中土以为城，及诸台阁亦然。"（第221页）

的源自较早典籍，那即使原典籍亡佚，亦必有其他典籍引用或转述，何以在现存北宋末年以前所有典籍中皆毫无踪迹？尤其是《元和郡县志》《太平寰宇记》《长安志》等典籍皆详述汉代建长安城事，且皆述及长安城墙"周回六十五里"，何以无一例外皆偏偏不提长安城高阔尺寸及城池深广？《文选》卷一《西都赋》："建金城而万雉，呀周池而成渊。"（第23页上栏）描述的就是长安城墙之高与城池之深，而李善注和五臣注亦皆未言长安城高阔和城池深广尺寸。《史记》三家注、《汉书》颜师古注在相关的注释中同样未提及长安城高阔和城池深广。再从考古学来看，据考古挖掘实测，长安城下部宽16米左右。[1]今本《三辅黄图》称长安城墙"下阔一丈五尺"，汉尺一尺约23.5厘米，也即下阔3.525米。这与考古实测所得竟然相差五倍，更可证其为伪作者凭空捏造，不可据信。

像长安城墙高阔、城池深广尺寸这样精确数字式的"史实"，今本《三辅黄图》居然都能凭空捏造，实在让人惊讶，这是很值得学者注意的。实际上，类似的情况在今本《三辅黄图》中并不少见。如《三辅黄图》卷二："未央宫周回二十八里，前殿东西五十丈，深十五丈，高三十五文。"（每114页）所言未央宫前殿尺寸，亦未见现存北宋末年以前任何典籍提及。所谓"东西五十丈，深十五丈"，按汉尺换算，即东西约117.50米，南北约35.25米。但据考古实测，未央宫前殿东西约200米，南北约400米。[2]不仅尺寸相去甚远，而且未央宫前殿南北长度远大于东西，而今本《三辅黄图》所载却东西长度远大于南北，连基本形状都不符合，可见其为伪作者凭空杜撰无疑。又如《三辅黄图》卷四："唐中池，周回十二里，在建章宫太液池之南。"（第266页）考《史记》卷一二《孝武本纪》："于是作建章宫……其西则唐中，数十里虎圈。"司马贞《索隐》："如淳曰：《诗》云'中堂有甓'。郑玄云'唐，堂庭也。'《尔雅》以庙中路谓之唐。《西京赋》曰：前开唐中，弥望广潒也。"（第482页）《汉书》卷二五下《郊祀志》"唐中"作"商中"，颜师古注："如淳曰：商中，商庭也。师古曰：商，金也。于序在秋，故谓西方之庭为商庭，言广数十里，於菟亦西方之兽，故于此置其圈也。"（第1245页）《文选》卷一《西都赋》云："前唐中而后太液，览沧海之汤汤。"（第27页下栏）《文选》卷二《西京赋》云："前开唐中，弥望广潒。"（第41页下栏）李善注皆引《汉书》及如淳注以释之。据此可知，所谓唐中，就是广阔的堂庭而已。五臣注《文选》，妄称"唐中"是池名。今本《三辅黄图》误据之，因此就产生了

---

① 王仲殊：《汉长安城考古工作的初步收获》，《考古通讯》1957年第5期。
② 中国社会科学院考古研究所编：《中国考古学》（秦汉卷），中国社会科学出版社，2010年，第186页。

所谓的"唐中池"。其实史籍从未提及有唐中池，根本就是不存在的。但有意思的是，今本《三辅黄图》竟称此池"周回十二里"。一个因误解而产生的子虚乌有之池，居然有了精确的周长里数，这若不是出自今本《三辅黄图》编者的凭空捏造，还能从哪儿来呢？

今本《三辅黄图》对宫殿池台之名，颇喜解释其得名之由。其中一部分解释能在更早的典籍中找到出处，但大部分解释在更早典籍中找不到出处，很可能只是今本《三辅黄图》编者根据自己理解做出的"想当然"解释而已。否则，今本《三辅黄图》百分之九十以上都能在更早典籍找到出处，何以解释得名之由的文字却有大半找不到更早的出处？比如《三辅黄图》卷三：

> 骀荡宫，春时景物骀荡满宫中也。馺娑宫。馺娑，马行疾貌。马行迅疾一日之间遍宫中，言宫之大也。枍诣宫。枍诣，木名，宫中美木茂盛也。天梁宫，梁木至于天，言宫之高也。四宫皆在建章宫。（第177—178页）

今本《三辅黄图》对建章宫中四宫殿得名之由的解释，皆未见于北宋末年以前典籍，大概是今本《三辅黄图》编者"想当然式"的解释而已。南唐徐锴《说文解字系传》卷一九："馺，马行相及也。……臣锴曰：汉有馺娑殿。馺娑，参差透迤貌。"[1]据此可知，徐锴似未见"馺娑，马行疾貌"的解释。更何况，"馺娑"即使真的意为"马行疾貌"，也与"一日之间遍宫中，言宫之大也"没有直接关系，如此解释未免太过牵强。

当然，这些解释不涉及史实，只是对宫殿名含义的推测，即使没有依据，也是可以理解的。但今本《三辅黄图》有时在解释宫殿得名之由时却硬生生杜撰"史实"。比如，《三辅黄图》卷三："宣曲宫，在昆明池西。孝宣帝晓音律，常于此度曲，因以为名。"（第213页）前一句"宣曲宫，在昆明池西"，见《史记》卷一〇七《司马相如列传》裴骃集解引《汉书音义》（第3037页），又见《汉书》卷五七上《司马相如传》颜师古注（第2847页），又见《文选》卷八《上林赋》郭璞注引"张揖曰"（第128页上栏）。这些典籍无一例外都未言及宫殿名的含义，现存北宋末年以前任何典籍也从未言及宣曲宫得名是因为汉宣帝于此度曲。最荒谬的是，宣曲宫之名，明明已见于司马相如《上林赋》，则其得名在汉武帝以前无疑，

---

① 〔南唐〕徐锴：《说文解字系传》，中华书局，1987年，第195页上栏。

岂会因为汉宣帝度曲得名？①其为杜撰，显然可见。

又如，《三辅黄图》卷三：

> 鸿台，秦始皇二十七年筑，高四十丈，上起观宇，帝尝射飞鸿于台
> 上，故号鸿台。《汉书》：惠帝四年，长乐宫鸿台灾。（第149页）

对鸿台的建筑时间、高度，及得名之由皆言之凿凿，貌似可靠。然而，这些"史实"全然不见于现存北宋末年以前典籍。《汉书》卷二《惠帝纪》："（惠帝四年三月）长乐宫鸿台灾。"（第90页）颜师古未注。《长安志》卷三"鸿台"条云："鸿台。《汉书》：惠帝四年三月，长乐宫鸿台灾。《三辅黄图》曰：长乐宫有鸿台，有临华殿，有温室殿。"（第181页）可见颜师古、宋敏求所见史料中并无鸿台建筑时间、高度及得名之由的记载，仅仅知道鸿台在长乐宫、惠帝四年曾遭火灾而已。此外别无所知。即使现存北宋末年以前所有典籍中，对汉代鸿台的记载也同样仅此而已。秦朝时确实也有鸿台，但实为韩国之台。《战国策·韩策一》："大王不事秦，秦下甲据宜阳，断绝韩之上地，东取成皋、宜阳，则鸿台之宫、桑林之苑非王之有已。"②《史记》卷六九《苏秦列传》亦同。可见，韩国之鸿台与汉代长乐宫之鸿台，是风马牛不相及的。而且，不管是韩国之鸿台，还是汉代之鸿台，皆与秦始皇无关，更遑言秦始皇二十七年筑台，因始皇射飞鸿于台上而名鸿台了。

再如，《三辅黄图》卷三：

> 金马门，宦者署。武帝得大宛马，以铜铸像，立于署门，因以为名。
> 东方朔、主父偃、严安、徐乐，皆待诏金马门，即此。（第174页）

《后汉书》卷二四《马援传》载马援上表云："孝武皇帝时，善相马者东门京，铸作铜马法献之。有诏立马于鲁班门外，则更名鲁班门曰金马门。"③《艺文类聚》卷九三兽部上引《东观汉记》同。《汉书》卷五八《公孙弘传》："拜为博士，待诏金马门。"注："如淳曰：武帝时，相马者东门京作铜马法献之，立马于鲁班门外，更名鲁班门为金马门。"（第2617页）据此可知，金马门之得名，并非因"武帝得大宛马，以铜铸像，立于署门"。那今本《三辅黄图》之说是如何来的呢？《史记》卷一二六《滑稽列传》褚先生补传："金马门者，宦署门也。门傍有铜

---

① 杭世骏《订讹类编》续补卷下："《三辅黄图》：'宣曲宫在昆明池西，孝宣帝晓音律，尝于此度曲，因以为名。'此说误也。按：武帝时从宣曲以南置更衣十二所，即宣曲宫也。岂因宣帝度曲而得名乎！"（中华书局，1997年，第303页）参见何清谷：《三辅黄图校释》，中华书局，2005年，第214页。

② 何建章注释：《战国策注释》，中华书局，1990年，第974页。

③ 《后汉书》，中华书局，1965年，第840页。

马，故谓之曰金马门。"（第205页）今本《三辅黄图》编者大概是据"门旁有铜马"语，凭空杜撰出"武帝得大宛马，以铜铸像，立于署门"的新"史实"。

如上所考，今本《三辅黄图》约百分之九十的文字都是依据北宋以前典籍的相关史料编写的，这些典籍大多原书仍存，对这部分内容而言今本《三辅黄图》属于二手史料，并无真正的史料价值。而小部分不见于现存北宋以前典籍的文字，虽然理论上有可能保存了一些早期史料，但其中又常常有凭空捏造史实的现象，难以完全凭信。因此，今本《三辅黄图》的史料价值实在不宜过高估计。

结论

综上所考，我们可以得出如下结论：

第一，今本《三辅黄图》因袭《太平寰宇记》和《长安志》，而且未见其在北宋末年以前曾经流传的迹象。因此，今本《三辅黄图》成书时间当在北宋末南宋初。

第二，古本《三辅黄图》至迟在北宋初以前早已亡佚，今本《三辅黄图》与古本《三辅黄图》之间并不存在实质的延续性。

第三，今本《三辅黄图》大量袭用魏以后典籍，但尽力避免出现魏晋以后人名和书名，甚至不惜系统篡改、捏造引文出处，以求伪装曹魏以前古书的假象，显然是有意伪托。从文献性质上看，今本《三辅黄图》是一部伪书。

第四，今本《三辅黄图》约百分之九十内容，都可以在现存北宋末年以前典籍中找到更早的史源。对于这部分内容而言，今本《三辅黄图》属于二手材料，甚至三手材料，不具有史料价值。而且，个别内容还存在一些改写造成的史实错误。

第五，今本《三辅黄图》有约百分之十的内容，在现存北宋末年以前典籍中找不到更早的史源，这部分内容存在不少无所依据、凭空捏造的现象。虽然不能以此类推，断定这部分内容全部皆属捏造，但至少其史料可靠性是值得怀疑的，学者使用应该慎之又慎。

原载《唐研究》（第21卷），北京大学出版社，2016年

（陈伟文，中国人民大学国学院副教授）

《两京新记》新见佚文辑考
——兼论《两京新记》复原的可能性

唐　雯

一、《两京新记》新见佚文辑考——以晏殊《类要》为中心

　　《两京新记》是记录唐代长安与洛阳城市图景最重要的文献之一，作者韦述出自京兆韦氏南皮公房[①]，其高祖韦弘机，高宗上元年间任司农卿，负责当时洛阳上阳宫的建造及洛水中桥移建工程[②]，并撰有《东都记》二十卷。作为世居两京的名宦之后，韦述对于两京的熟悉和关注是异于他人的，成书于开元十年（722）的《两京新记》，其所展现的盛唐时期的长安与洛阳，除了里坊建筑的沿革历史，更不乏韦述耳目所接的亲见亲闻。《两京新记》丰富的资料与鲜活的记述，使其成为后世学者考述唐代长安与洛阳最重要的材料来源。北宋前期，宋敏求即以《两京新记》为蓝本演为《长安志》及《河南志》。然而正是由于《长安志》等后出方志大量吸收了《两京新记》的内容，韦述原书因此而渐归湮灭，至明清之际，遂告亡佚[③]，今仅存日本尊经阁所藏约抄于镰仓初期的卷子本卷第三残卷（以下简称"尊经阁本"）[④]。宽政、文化年间天瀑山人林述斋刊《佚存丛书》收入此卷，并回传中国，由此韦述之书方才引起了学者的重视。20世纪30年代，周叔弢及陈子怡分别对《两京新记》残卷中的错简进行了校正。40年代，岑仲勉对此卷做了全面的复原与考订，使《佚存丛书》本中的大部分错简得到了改正。50年代，福山敏男又对尊经阁本《两京新

---

　　① 《新唐书》卷七四上《宰相世系表》，中华书局，1975年，第3103页；《元和姓纂》卷二，中华书局，1994年，第169页。

　　② 《新唐书》卷五八，中华书局，1975年，第1507页；《旧唐书》卷一八五《韦弘机传》，中华声局，1975年，第4796页。

　　③ 参见〔唐〕韦述撰，辛德勇辑校：《两京新记辑校》，三秦出版社，2006年，"前言"第2页。

　　④ 参见［日］妹尾达彦：《韦述的〈两京新记〉与八世纪前叶的长安》，见荣新江主编：《唐研究》（第9卷），北京大学出版社，2003年，第14页。

记》残卷做了全面的整理和注释。①另一方面，尊经阁本的回传也推动了《两京新记》全书的重辑。清光绪年间，曹元忠以《佚存丛书》本为基干，复从传世文献中广罗佚文，作《两京新记》辑本二卷（下简称"曹辑本"）。嗣后，平冈武夫又作《〈两京新记〉续拾》（下简称《续拾》）②。经过中日前辈学者百余年的努力，韦述原书之面貌已约略可睹，但限于当时条件，辑本仍存在着佚文校订不精，间有漏略与误收的缺点。③近年，辛德勇教授在曹辑本和平冈武夫《续拾》的基础上更作《两京新记辑校》（简称"辛辑本"），除复核了原辑本绝大部分佚文并加以增补外，还参照以《两京新记》为蓝本的《长安志》《河南志》重新编排了各条佚文的次序，区分了韦述原书中的正文与自注，使辑本最大限度地接近了原书的面貌。

然而，随着新材料的发现，《两京新记》的佚文仍有补充的余地。20世纪90年代末，陈尚君师撰《晏殊〈类要〉研究》一文④，对《四库存目丛书》中所收北宋名臣晏殊所编纂的大型类书《类要》做了全面的介绍，而《类要》中所保存的《两京新记》佚文亦因此进入了学者的视野。晏殊（991—1055），字同叔，抚州临川人，幼以神童召试，仁宗庆历二年（1042）拜相，曾奉诏参与撰修《真宗实录》《天和殿御览》等朝廷大制作，生平各类著作计有数十种之多⑥，《类要》便是其平日读书之时，摘录各种书籍，分门别类编撰而成的一部大型类书。原书七十四篇⑥，七十六卷⑦，其四世孙晏袤增为一百卷，开禧二年（1206）奏进⑧。然其书并未付梓，数百年来仅靠抄本流传。国内现存的三个《类要》的抄本，皆属晏袤补阙的一百卷本系统，分别藏于西安文物管理委员会、北京大学与中国社科院文学所（以下分别简称"陕本""北大本""社科院本"）。陕本和社科院本三十七卷。北大本十六卷，

① 参见〔唐〕韦述撰，辛德勇辑校：《两京新记辑校》，三秦出版社，2006年，"前言"第3页。

② 曹氏辑本初收入《南菁杂记》，后于《续拾》同收入《唐代の长安と洛阳·资料篇》，京都大学人文科学研究所1956年初刊，中译本由上海古籍出版社1989年出版。

③ 参见〔唐〕韦述撰，辛德勇辑校：《两京新记辑校》，三秦出版社，2006年，"前言"第3—4页。

④ 该文收入《陈尚君自选集》（广西师范大学出版社，2000年，第298—322页）。

⑤ 参见夏承焘：《唐宋词人年谱》，上海古典文学出版社，1955年，第267页。

⑥ 参见〔宋〕曾巩：《类要序》，见《曾巩集》卷三，陈杏珍、晁继周点校，中华书局，1984年，第210页。

⑦ 此从《直斋书录解题》卷一四，详细考证参见陈尚君：《晏殊〈类要〉研究》，见《陈尚君自选集》，广西师范大学出版社，2000年，第301页。

⑧ 参见《玉海》卷五四。

卷首有武英殿粘签一页,系四库所用参校之本①,所存十六卷皆见于三十七卷本。据最常见的陕本统计,残本三十七卷,字数已过百万,引录了宋初以前四部文献达七百种以上,其中已佚文献近半,包括唐实录、唐职员令及唐代图经地志等各类珍异文献,为学术研究提供了难得的新材料。

近年来,笔者从事于《类要》的整理研究以及宋前逸书的辑佚工作,从中辑得《两京新记》共计24条,其中19条,或未见于其他文献,或较其他文献所引为详,可补原辑本之未备,故不揣浅陋,据陕本参校北大本录出,并略做考订,俾求证于方家。

而其他典籍中所引录的《两京新记》佚文,间亦有原辑本偶未收录而可资补益者,在此亦一并录出,以求全备。各书引文误字随文改正,以〔〕标出,以()存录原文。录文中所涉文献版本如下:《类要》,《四库存目丛书》影印陕本(录文出于《类要》者仅注卷数及页码);《建康宝录》,中华书局1986年点校本;《大事纪续编》,台湾商务印书馆影印文渊阁《四库全书》本;《长安志》,乾隆五十二年思贤讲舍刊本;《雍录》,中华书局2002年点校本;《集古录跋尾》,《石刻史料新编》第1辑第24册影印光绪刊本;《历代名画记》,上海人民美术出版社1963年点校本;《太平御览》,中华书局1960年影印静嘉堂本;《事物纪原》,上海古籍出版社1990年影印《和刻本类书集成》本;《海录碎事》,中华书局2002年点校本;《玉海》,中文出版社1977年影印合璧本;《太平广记》,中华书局1961年点校本;《演繁露》,《丛书集成》本;宛委山堂本《说郛》,上海古籍出版社1988年影印《说郛三种》本。录文所注页码皆据上述版本,不再一一加注罗列。

(1)〔当〕正殿门曰承天门,外即朝堂,东有肺石,西有登闻。(卷一三《总叙皇居》引《西京记》,子166—579页上)

《太平御览》卷一八三引韦述《西京新记》:"〔宫〕(皇)城南面六门,正南承天门,门外两观,〔肺〕石、登闻鼓。"(第890页下)曹辑本据之收入,辛辑本同。按此条首句,《长安志》卷六作"正殿南承天门"(第2页a),《玉海》卷一五七引《长安志》作"当正殿曰承天门"(第2974页上)。宫城南面有六门,自东向西永春、重明、广运为东宫之门。②承天门为太极宫正门,为自西向东第二门,当正殿,即太极殿之正南。《御览》引文不确。

(2)宫之太极殿本大兴村,故因用其名。(《玉海》卷一七四引"韦述曰",

---

① 参见陈尚君:《晏殊〈类要〉研究》,见《陈尚君自选集》,广西师范大学出版社,2000年,第302页。

② 参见辛德勇:《隋唐两京丛考》,三秦出版社,1991年,第84—87页。

第3287页下）

《雍录》卷三引韦述此说略同。

（3）百福殿在太极宫中公主院西，承庆殿又在百福殿西。（《玉海》卷五九引《两京记》，第3024页上）

《唐六典》卷七："宜秋之右曰百福门，其内曰百福殿。百福之西曰承庆门，内曰承庆殿。献春之左曰立政门，其内曰立政殿。"[①]《长安志》卷六载此略有脱文。

（4）隋文帝移都大兴城，因其遗址增修宫侧未央池即汉之沧池渐台也、汉武库及樗里子之墓。（《雍录》卷二引《两京记》，第37页）

《长安志》卷六禁苑内苑章所载同此，唯误隋为唐。

（5）南北望春亭在禁苑东南高原之上。（《说郛》弓六〇下引韦述《西都杂记》，第2794页下）

《玉海》卷一五八引《两京记》："西京禁苑内有望春宫，在高原之上，东临灞浐。今上曾登北亭，赋《春台咏》。朝上奉和凡数百。"（第2992页下）曹辑本据之收入，辛辑本同。按《长安志》卷六、《雍录》卷九皆载禁苑中有南北望春亭，与"登北亭"云云小合，当据《说郛》。

（6）含元殿东南有翔鸾阁，西南有栖凤阁。（卷一三《正殿》引《西京记》，子166—584页上）

《太平御览》卷一八四引《西京记》："西京大明正中含元殿，殿东西翔鸾、栖凤阁。"（第895页下）曹辑本据之收入，辛辑本同。按《长安志》卷六所载与此条同。

（7）清思殿在大明宫。（《大事记续编》卷六四引韦述《两京记》，第334—270页下）

《长安志》卷六大明宫亦载清思殿之名。

（8）西京东［宫］（京）正殿曰明德，本曰嘉德殿，东西二［廊］（廓）有左右［嘉］（佳）善门，南曰嘉德门。（卷一三《诸殿》引《西京记》，子166—584页下）

《长安志》卷六所载与此条略同。

（9）西京［大］（太）明［宫］（殿）中有麟德殿三殿，三面，亦以为名，实圣朝壮观。玄宗与诸王近内臣宴［多］（名）于此殿，香柏为殿，香闻十里。（卷一三《诸殿》引《两京新记》，子166—585页上）

---

① 《唐六典》卷七，中华书局，1992年，第218页。

《玉海》卷一六〇正文及注引《两京新记》同此，无划线字，曹辑本据《玉海》正文收入，辛辑本同。《长安志》卷六所载与此条略同。

（10）承天门南为皇城，乃左右春坊与东宫重明门之地。（《长安志》卷一一引《西京记》，第3册，卷一一第11页b）

据《长安志》卷七，承天门街之东，宫城之南，第二横街之北有左右春坊并东宫朝堂。

（11）晋宋以来始置员外郎。（《事物纪原》卷五引韦述《唐两京记》，第123页上）省郎有不历员外郎而拜省郎者，谓之土山头果毅。果毅，兵官也，言从兵士便作兵官也。唐有不历员外而径为省郎者，或嘲之曰："谁言粉省里，却有土山头。"用此谑也。其为外郎者酬之曰："锦帐随时设，金炉任意熏。惟惭员外置，不应列星文。"（《演繁露》续集卷六引韦述《两京记》，第54页）

《大唐新语》卷一三："晋宋以还，尚书始置员外郎分判曹事，国朝弥重其选。旧例，郎中不历员外郎拜者，谓之'土山头果毅'，言其不历清资，便拜高品，有似长征兵士，便得边远果毅也。景龙中，赵谦光自彭州司马入为大理正，迁户部郎中。贺遂涉时为员外，戏咏之曰：'员外由来美，郎中望不优。谁言粉署里，翻作土山头。'谦光酬之曰：'锦帐随情设，金炉任意熏。惟愁员外署，不应列星文。'"①与此略同，疑亦出《两京新记》。

（12）西京秘书省监院［厅］（万）事前有陨星石。隋自咸阳移［置］（署）于此。少监王［劭］（邵）作《［瑞］（端）石颂》以赞美之。监院东有书阁重复，以贮［古］（石）今图籍。省内本统经史及太史历象之职，后并分为别曹。今此省唯［主］（置）写书、贮掌、勘［校］而已，自是门可张罗，迥无统摄官属，望虽清雅，而实非［要］（安）剧，权贵子弟及好利［夸］（诱）侈者率不好此职，流俗以监为宰相病坊，少监为给事中、中书舍人病坊，丞及著作郎为尚书郎病坊，秘书郎及著作佐郎为监察御史病坊，言被［职］（识）不［堪］（甚）繁剧者当改［入此］（此入）者。然其职在图史，无复推玺，故好学君子厌［于］（子）趋竟者亦求为此职焉。阁书东有校正院，校书郎及正字，吏部皆用高才秀杰者解褐补之。开元五年，马怀素为监，又奉儒术之士、国子博士尹知章等刊正经史，并修《［群］（郡）书四录》。素卒后，散骑常侍元行冲统之也。（卷一六《秘书省》，子166—651页上）

此条起首至"后并分为别曹"又见《秘笈新书》卷五引《两京新记》，"今此

---

① ﹝唐﹞刘肃：《大唐新语》，中华书局，1984第，第190—191页。

省唯主写书"至"亦求为此职焉"又见《太平广记》卷一八七引《两京记》。曹辑本据二书收入，无划线字，辛辑本同。《长安志》卷七叙秘书省，注文载陨星石及王劭作《瑞石颂》与此同。

（13）四方馆，隋曰谒者台，领诸方通表，通事舍人受事之司。（卷一九《内诸司》引《两京记》，子166—715页上）

《长安志》卷七皇城四方馆所载与此同。

（14）台门北开，以纠劾之司主意于杀，故门北启，以象阴杀。或曰，俗传开南门不利大夫。（《事物纪原》卷六引韦述《唐两京记》，第161页下）

《长安志》卷七皇城御史台注引《御史台记》与此略同。

（15）国子监领国子、太学、四门、律、历、书、〔算〕（笔）学。四门以〔上〕（已）三学之生徒，并〔仍〕（乃）以明经、进士充之者矣。（卷一九《国子监》引《两京新记》，子166—706页上）

《长安志》卷七务本坊载国子监所领六学，无"四门"句。

（16）隋尝更名佛寺为道场。（《集古录跋尾》卷五引《两京记》，第17876页下）

《长安志》卷七京城注："隋大业初有寺一百二十，谓之道场。"（第5页b）

（17）隋文帝承周武之后，大崇释氏，以收人望。（《大事记续编》卷四六引韦述《两京记》，第334—270页下）

《长安志》卷七靖善坊大兴善寺注同此。

（18）西京有清都观。贞观中，观内有道士张惠元，怀州人，风格严整，以辩论琴书见称。〔于〕（子）志宁、许敬宗尤所敦好。永徽中，忽谓门人曰："吾被天书征为八威观主。"居数日，无疾而终。（卷五《道士羽化》引《西京记》，子166—320页上）

《长安志》卷七永乐坊有清都观，未载此事。

（19）西京景龙〔观〕（馆）。景云中，天台道士司马承祯被召入京，〔止〕（上）于此观。承祯以武太后、中宗朝频征不起，睿〔宗〕雅尚道〔法〕，又高承祯之志，自天台迎至，承祯〔固〕（吾）辞请还，敕赠宝琴花帔等，以礼遣之。工部侍郎李适赋诗赠焉。在朝文士无不属和，散骑常侍徐彦伯撮其美者二十二首，为之制序，名为《白云记》，传于时。（卷五《道士恩遇》引《二京记》，子166—317页下）

《玉海》卷一〇〇引《两京记》同此，无划线字，"工部侍郎李适"云云为小注，"二十二首"作"二十一首"，曹辑本收入正文而未及小注，辛辑本同。《长安志》卷八崇仁坊有玄真观，即景龙观，未载此事。

（20）昭国坊有薛绘子侄十人，冠冕茂盛，时号薛曲。（《海录碎事》卷三下引《西京记》，第106页）

《长安志》卷八胜业坊薛绘宅注、《雍录》卷七所载略同。"昭国坊"前原有'东京'二字，盖《碎事》之误。

（21）长安中，太平公主于原上置亭游赏，<u>后赐宁、申、岐、薛王</u>。正月晦日、三月三日、九月九日，京城士女咸即此祓禊，帟幕云布，车马填塞，词人乐饮歌诗。（《雍录》卷六引《两京新记》，第132页）

《分门集注杜工部诗》卷一○《乐游园歌》王洙注引《西京记》："乐游园，汉宣帝所立。唐长安中，太平公主于原上置亭游赏。其〔地〕（池）四望宽敞，每三月上巳、九月重阳，士女戏就此祓禊登高，幄幕云布，车马填塞，虹彩映日，馨香满路。朝士词人赋诗，翌日传于游京师。"①曹辑本据《新编古今事文类聚》前集卷八收入，误入"故杜少陵有《乐游园歌》"一句，无划线字，辛辑本同。《长安志》卷八与升平坊乐游庙注载此事，与《雍录》所引同。

（22）芙蓉园，本隋氏之离宫，居地三十顷，周回十七里，贞观中，赐魏王泰，死，又赐东宫，令属家令寺。园中广厦修廊，连亘屈曲，其地延袤爽垲，跨带原隰，又有修竹茂林，缘被冈阜。东坡下有凉堂，堂东有临水亭。按《黄图》：曲池，汉武所造，周回五里，池中遍生荷芰菰蒲，〔其〕（冒）间禽鱼翔泳。宣帝立庙曲池之北，名曰乐游庙，即今升平坊内基址是也。此在秦为宜春苑，在汉为乐游苑。宇文恺营建京城，以罗城东南地高不便，故缺此〔隅〕（偶）头一坊余地穿入芙蓉池以虚之。（《太平御览》卷一九七，第549—950页）

《御览》此条接《天文要集》后，以"又曰"起首。按《天文要集》见《隋书·经籍志》，所载皆星宿，与此条不合。《天中记》卷一五引此事，注出《两京记》。《太平寰宇记》卷二五载敦化坊芙蓉园事略同。《分门集注杜工部诗》卷三《哀江头》王洙注引《西京杂记》曰："朱雀街东第五街，皇城之东第三街，升道坊龙华尼寺南有流水屈曲，谓之曲江。司马相如《吊秦二世文》云'临曲江之隑州'，盖其所也。《关中记》云：'宣帝立庙曲江之北，名曰乐游庙。因苑为名。'即今升平坊内余址是也。此地在秦为宜春苑也，在汉为乐游苑也。"②与此大致相合。当与此条同是《两京新记》文字。《资治通鉴》卷一九八胡注引《长安志》有宇文恺凿池事，与此略同，今本未见。

---

① 《分门集注杜工部诗》卷一○，《四部丛刊》影宋本，第179页。
② 《分门集注杜工部诗》卷三，《四部丛刊》影宋本，第82—83页。

（23）西京通化坊，贞观、永徽间太常少卿欧阳询，著作郎沈越宾亦住此坊，殷、颜即南朝旧族，欧阳与沈［又］（文）江左仕人，时人谓此坊为吴儿坊（卷三七《杂事》引《两京记》，子167—380页下）

《太平御览》卷一八〇引韦述《两京记》："通化坊东南，郇公殷开山宅，西北颜师古宅。又有欧阳询宅，时人谓之吴儿坊。"（第879页上）曹辑本据此收入，辛辑本同。《长安志》卷九敦化坊所载与《太平御览》及此条同。

（24）贞观中，有僧惠静，［姓］（始）房氏，传藻《［续］（绩）英华集》十六卷，盛行于代。<u>纂之际，天下诗什莫不缮毕集</u>。惠静常曰："作者非难，鉴者为贵。吾所搜简写，亦《诗》三百之次。"（卷三一《诗》引《西京记》，子167—247页上）

《大唐新语》卷九《著述》："贞观中，纪国寺僧慧静撰《续英华诗》十卷，行于代。慧静尝言曰：'作之非难，鉴之为贵。吾所搜拣，亦《诗》三百篇之次矣。'慧静俗姓房，有藻识，今复有《诗篇》十卷，与《英华》相似，起自梁代，迄于今朝，以类相从，多于慧静所集，而不题撰集人名氏。"[1]《全唐文》卷一五四载刘孝孙《沙门慧净诗英华序》一篇。《长安志》卷一〇延福坊有纪国寺而未载此事。

（25）五通观，隋开皇八［年］，［为］道士焦子顺所立。子顺，广宁人，能驱役鬼神，受［诸符］箓，预告隋［文］（人）以受命之应，［及即］（其节）位，授上开府、永［安公］。隋任徐州刺史，固辞不应。常谋谟军国，出入卧内，帝恐其往还疲倦，乃迁近，于宫城立观，仍以五通为名，<u>以旌其神异，号为焦天师。开皇十六年卒。突厥寇西边，帝仗子顺书持［箓］（录）以厌之，寇便解散，西土赖之</u>。至贞观、永徽间，瓜、沙、甘、肃诸州往往有焦开府庙。（卷二七《神异方士》引《两京记》，子167—193页上）

尊经阁本《两京新记》卷三安定坊存此条，无划线字。《长安志》卷一〇载此事稍有删节。

（26）汉灵台，汉平帝元始四年所立，<u>本名清台</u>，望云物之所。（卷一九《司天监》引《两京记》，子166—697页上）

尊经阁本《两京新记》卷三修真坊存此条，无划线字。《长安志》卷一〇载此与残卷同。

（27）东都宫［城］（成），隋曰紫微城，初置北城，以象紫微宫，因以名

---

① 〔唐〕刘肃：《大唐新语》卷九，中华书局，1984年，第133页。

也。（卷三《作京》引《两京记》，子166—261页下）

《河南志·隋城阙古迹》载紫微宫之名。

（28）东都宫［城］（成），中隔城［四］（回）重，最北曰圆璧城，［次］（以）曰耀仪城，次曰玄武，最南曰洛城。城中有圆璧门、耀仪门。（卷三《作京》引《两京记》，子166—261页下）

《河南志·唐城阙古迹》所载与此同。

（29）宫城之中有百戏堂，在仪鸾殿北，堂中列坐木人，皆就执乐器，下有关键，因水动轮而诸乐作矣。（卷一三《总叙宫掖》引《两京记》，子166—589页）

《河南志·唐城阙古迹》："百戏堂在仪鸾殿北。"

（30）弘道观东封图。（《历代名画记》卷三，第52页）

《历代名画记》卷三："弘道观东封图是吴画，《两京记》乃云非名手画，误也。"《河南志·京城门坊街隅古迹》修文坊有弘道观之名而未载此事。[①]《唐会要》卷四八与《河南志》所载略同。《宋高僧传》卷一七《唐江陵府法明传》有中宗时洛京大弘道观主桓道彦，则弘道观在洛阳，《长安志》卷一〇修仁坊有弘道观，误。

（31）<u>贾敦颐，永徽初为洛州刺史，其弟敦实后复继，并有惠政。百姓前后立碑</u>，并建于东都。（卷三一《碑》引《两京记》，子167—259页下）

《玉海》卷六〇引《两京记》，无划线字。曹辑本据此收入，系于南市，误，辛辑本同。《河南志·京城门坊街隅古迹》思顺坊注、《太平寰宇记》卷三载贾氏兄弟事，皆及于棠棣碑，与此全同。思顺坊西邻南市。

（32）东都怀音府，贞观十五年置，简高昌户为卫士，义取《诗》之"食我桑葚，怀我好音"，欲感化迁善，以为号焉。（卷三六《夷使》引《两［京］（晋）记》，子167—366页下）

《河南志·京城门坊街隅古迹》卷一："宣教坊，本名弘教，唐神龙初避孝敬皇帝讳改。有怀音府。"[②]

（33）东都圣善寺，中宗为太后造福寺，置碑，中宗自制文，睿宗书。（卷九《镌勒碑铭》引《两京记》，子166—493页下）

《唐会要》卷四八："圣善寺。章善坊，神龙元年二月立为中兴寺，二年，中宗为武太后追福，改为圣善寺。"[③]

---

① 《河南志》，中华书局，1994年，第6页。
② 《河南志》，中华书局，1994年，第13页。
③ 〔宋〕王溥：《唐会要》卷四八，上海古籍出版社，2006年，第993页。

（34）马周旧宅。（《太平广记》卷二一四，第1643页）

《太平广记》卷二一四引《卢氏杂记》："余旧宅在东洛归德坊南街，厅屋是杏木梁，西壁有韦旻郎中散马七匹，东壁有张旭草真踪数行。旭世号张颠。宅之东果园，《两京新记》是马周旧宅。"

（35）皇城西南洛水北有分谷渠，北，隋朝有龙天王祠。俗传梁武帝郗后性妒忌，武帝初立，未册命，因忿恚，乃投殿庭井中。众赴井救之，已化毒龙，烟焰冲天，人莫敢近。帝悲叹久之，乃册为龙天王，使井上立祠，朱粉涂饰，加以杂宝，每有所御，必厚祭之，巡直洒扫。自梁历陈，享祀不绝。陈灭，乃迁其祠于京城道德寺，大业初又移于此地，置祠。祠内有星辰日月、阎罗司命、五岳四渎、大龙神象。蒋州沙门法济尝住祠中，以事龙天王神。济有二竖子，一善吹笙，一善方响，每日以朝暮作乐。济为神所感，着衣鼓舞而不自觉。今向北，即上阳宫也。（《建康实录》卷一八引《东京记》，第719页）

《河南志·唐城阙古迹》有分谷渠，未及此事。

上揭新见佚文中所涉宫观楼阁及为其渊源沿革、轶闻传说、人物掌故之中颇有此前未知的内容，如拣选高昌户为怀音府卫上，尚书省迁转规则，五通信仰之远播瓜、沙、甘、肃，南朝神祠北迁京、洛等等，为唐代政治、制度、社会乃至民间信仰的研究提供了难得的史料。

二、从《长安志》与《河南志》复原《两京新记》的构想

宋敏求所撰《长安志》与《河南志》皆以《两京新记》为蓝本，这一点，当时为二书作序的司马光和赵彦若皆已指出。[①]那么从理论上而言，可以通过现存《两京新记》文字与《长安志》《河南志》的比读来考究宋氏对《两京新记》的承袭程度，并由此考查从二书之中复原《两京新记》的可能性。在这一方面，已有学者对此做了相当的论述。日本学者福山敏男和妹尾达彦在比对《长安志》与尊经阁本《两京新记》卷三残卷后指出，《长安志》在结构和所列建筑上皆本于《两京新记》。[②]妹尾达彦由此推断，可据《长安志》中与《两京新记》卷三重合部分复原

---

① 司马光《传家集》卷六八《河南志序》："韦述为《两京记》……宋君敏求字次道，演之为《河南》《长安志》。"熙宁九年赵彦若《长安志序》称当时长安的地志"图牒残脱，宿老无传，求诸故志，唯韦氏所记为一时全书……二京已录，固不得独阙于此。"

② 参见〔日〕福山敏男：《两京新记解说》，见〔唐〕韦述撰，辛德勇辑校：《两京新记辑校》，三秦出版社，2006年，第4—5页；〔日〕妹尾达彦：《韦述的〈两京新记〉与八世纪前叶的长安》，见荣新江主编：《唐研究》（第9卷），北京大学出版社，2003年，第14—15页。

《两京新记》中西京外郭城诸坊。荣新江、王静《韦述及其〈两京新记〉》从《长安志》中特殊的用词和叙述方式推断《长安志》中存在《两京新记》的原文。[①]这些精彩的论述精确地把握了《两京新记》和《长安志》之间的承袭关系，也启示了我们从《长安志》复原《两京新记》整体结构的新思路。但日本学者所依据的仅仅是《两京新记》卷三残卷中所保存的外郭城朱雀街西部分，所比对的内容也仅限于坊内的建筑与环境布局，而《长安志》与《两京新记》其他部分的关系究竟如何，是否可以并应当用怎样的标准从《长安志》卷六至卷一○中剥离出属于《两京新记》的文字，仍值得进一步分析和探讨。又徐松自《永乐大典》中辑得元《河南志》[②]，其唐代部分亦袭自宋敏求《河南志》，此书与《两京新记》中东都部分的承袭关系，更未为学者所注意。笔者认为，《长安志》的复原或许可以参考学界复原唐令的方法，以系统承袭《两京新记》的《长安志》和《河南志》为基干，通过二书与《两京新记》残卷及佚文的比对，衡量宋敏求对韦述原书的改写程度和去取原则，力图从中复原《两京新记》的整体架构。以下笔者即从结构体例、建筑物名目及文字异同等方面对《长安志》、元《河南志》与《两京新记》佚文进行比对，以考察宋敏求对《两京新记》的利用程度及从二书之中复原韦述原书的可能性。

1.《长安志》对《两京新记》的利用程度

《长安志》总二十卷，其中唐代部分为卷六至卷一○，分为宫室、皇城、京城，与《两京新记》结构一致。以全书体例论，唐代以外各部分皆叙前代故实，建置因革，次及于北宋之情态，各建筑物所构成的条目之间散碎无条贯，应系自前代史籍地志中辛苦爬梳所得。而《唐宫室》篇，首叙长安建都之由，次叙宫城各门，而后及于西内、东宫、禁苑、大明宫等各处宫室，继以《唐皇城》及《唐京城》二篇，首尾连贯，结构完整，除小注中略及隋代沿革外，既无前代之追述，亦不见北宋之实况，与全篇体例迥异，可见渊源有自。

又《长安志》其他各篇，建筑之下注文多详引典籍，注明出处，而卷六至卷一○的注文中，未注明出处的文字约占七成，多叙建筑物沿革历史；余下三成注明出处的文字则多载玄宗以后事迹或宋氏对韦氏原文的补充及考异。可以认为《长安志》这部分的引书体例类似于徐松《两京城坊考》：徐松《两京城坊考》以《长安

① 荣新江、王静：《韦述及其〈两京新记〉》，《文献》2004年第2期，第31—48页。
② 徐松认为此即宋敏求《河南志》，而缪荃孙《河南志》跋、高敏《永乐大典本河南志》跋（点校本《河南志》附录，中华书局，1994年，第228—250页）皆考其为元《河南志》，可从。

志》及《河南志》为主干，凡本于二志者皆不注出处，而新列目或对旧目有所增补者则引书说明。宋敏求对《两京新记》的处理亦大致如此。因此将《长安志》卷六至卷一○之中未注出处的内容，整体视作袭录自《两京新记》的内容，应大致无误。

将这部分文字与现存《两京新记》佚文详加比对，可以发现，《长安志》卷六至卷一○之中未注出处的内容的确与《两京新记》有着大量重合，且在文字上存在着高度的一致，试举数例。

《两京新记》：

（颁政坊）十字街东之北，建法尼寺。隋开皇三年，坊人田通所立。隋文帝初移都，便出寺额一百二十枚于朝堂下，制云："有能修造，便任取之。"通孤贫孑然，唯有环堵之室，乃发愤诣阙，请额而还，置于所居柴门瓮牖，上穿下漏。时陈临贺王叔敖母与之邻居，又舍宅以足之，其寺方渐营建也。①

《长安志》：

（颁政坊）街东之北，建法尼寺。隋开皇三年，坊人田通舍宅所立。文帝初移都，便出寺额一百二十枚于朝堂下，制云："有能修造，便任取之。"通孤贫孑［也］（然），唯有环堵之室，乃发愤诣阙，请额而［还］，置于所居柴门瓮牖，上穿下漏。时陈临贺王叔敖母与之邻居，又舍宅以足之，其寺方渐修建。②

《两京新记》：

进业坊慈恩寺。隋无漏寺之地，武德初废。贞观二十［二］年，高宗在春宫，为文德皇后所立，故以慈恩为名。南院临黄渠，竹木森邃，为京城之最。寺西院浮图六级，崇三百尺。永徽三年沙门玄奘所立。浮图内有梵本经数十匣。浮土前东阶立太宗皇帝撰《三藏圣教序》及高宗皇帝《述圣记》二碑，并褚遂良书，立于弘福寺及此寺。③

《长安志》：

次南进昌坊。半以东大慈恩寺。隋无漏寺之地，武德初废。贞观

① 尊经阁本《两京新记》卷三，转引自〔唐〕韦述撰，辛德勇辑校：《两京新记辑校》，三秦出版社，2006年，第31页。
② 《长安志》卷一○，乾隆五十二年，恩贤讲舍刊本，第3册，1页b。
③ 《分门集注杜工部诗》卷八《同诸公登慈恩寺塔》注引《两京新记》，《四部丛刊》影宋本，第156页下。

二十二年，高宗在春宫，为文德皇后立为寺，故以慈恩为名，仍选林泉形胜之所。寺成，高宗亲幸，佛像幡华并从宫中所出，太常九部乐送额至寺。<u>寺南临黄渠，水竹森邃，焉京都之最。……寺西院浮图六级，崇三百尺。永徽三年沙门玄奘所立。</u>初唯五层，崇一百九十尺，砖表土心，仿西域宰堵波制度，以置西域经像。后浮图心内卉木错出，渐以颓毁。长安中更拆改造，依东夏刹表旧式，特崇于前。有辟支佛牙，大如升，光彩焕烂，东有翻经院。①

以上所列，前一组文字几乎完全一致。而后一组，虽详略有异，但其划线部分显然有因袭关系，鉴于尊经阁本《两京新记》亦系节录，《长安志》多出的文字很可能亦出《两京新记》。通过二组文字的比较可以发现，《长安志》取材于《两京新记》的内容，在文词的改写上极为有限，由此也保留了"武太后"等唐人独有的用词习惯。②

据辛辑本所存文字统计，除宫城、皇城缺略过甚外，外郭城诸坊共173目（部分坊名亦有注文故计入），注文与《长安志》大致相合者100条，约占58%，考虑到大多数无注文坊名及城南部分未列坊内建筑者，这个比例是相当高的。实际上，就较完整的残卷而言，几乎所有的注文都可以在《长安志》中找到对应的记载，其文字的接近程度与上列二组大体相当。

因此，综合《长安志》在结构、引书体例及文字各方面来看，可以认为，宋敏求几乎将《两京新记》的西京长安部分的整个架构系统地抄入了《长安志》。

但是我们也应当注意到，现存的《两京新记》佚文，仍有相当一部分未见之于《长安志》，显为宋敏求所删削。这些内容可以归纳为神异故事、掌故制度、人物轶事及各类细节描写，如上揭新见佚文中的景龙观司马承祯、清都观张惠元故事、秘书省掌故等皆属此类。如果把《两京新记》中记述建筑沿革的文字比作骨架的话，这些掌故、轶事、传说就是全书的血肉，它们萦绕于宫馆楼阁、街市居所，折射出盛唐长安活泼泼的社会风貌。但对于三百余年后旨在记述长安城市里坊沿革历史的宋敏求而言，这些文字并非其所关注的对象，遭到摒弃亦所难免。

由此笔者认为，《长安志》卷六至卷一〇的唐代部分整体吸收了《两京新记》的结构、建筑名目（极小一部分取开元以后所改之名）、沿革历史等构成《两京新记》骨架的文字，而基本摒弃了建筑背后有关掌故、轶事、传说、人物、风俗等内容。剔除《长安志》中开元十年以后，以及已明确标明出于他书的文字，基本可得

---

① 《长安志》卷八，乾隆五十二年，恩贤讲舍刊本，第3册，第8页a。
② 参见荣新江、王静：《韦述及其〈两京新记〉》，《文献》2004年第2期，第44页。

到一个完整的侧重于记述长安城中各类建筑沿革历史的略出本，这可以说是《两京新记》长安部分的骨架。

2.《河南志》对于《两京新记》的承袭

宋敏求《河南志》原书已佚，从现存承袭是书的元《河南志》辑本，仍可以整体复原《两京新记》东都部分的骨架。《河南志·京城门坊街隅古迹》明教坊下注文即明确了其与《两京新记》的承袭关系：

> 凡坊内有韦述《记》所著隋唐旧迹，存者大书之，改易者附见其下，
> 湮灭者注于坊名之下。韦述《记》后唐事及五代后事，虽毁废皆大书之，
> 所以续旧志之阙。①

证诸今《两京新记》佚文所见东都各坊内建筑，如宜人坊隋齐王暕宅、魏徵宅，仁和坊许钦明宅，宣风坊苏味道宅（并《太平御览》卷一八○引），思顺坊棠棣碑（《类要》卷三一引），宣教坊怀音府（《类要》卷三六引），南市（《太平御览》卷一九一引）等，皆见诸《河南志》，棠棣碑及苏味道宅二条，文字亦完全相同，可见《河南志》所称隋唐旧迹径取韦述《两京新记》的编写体例川非虚语。

除《京城门坊街隅古迹》篇之外，书中《唐城阙古迹》篇亦应以《两京新记》为蓝本，故文字重合处甚多，试举数例。

《两京新记》：东都城有九洲池，"在仁智殿之南、归义门之西。其池曲［屈］，象东海之［九］洲。居地十顷，水深丈余，鸟鱼翔泳，花卉罗植。"②《河南志》：东都城有九洲池，"在仁智殿之南，归义门之西。其池曲屈，象东海之九洲。居地十顷，水深丈余，鱼鸟翔泳，花卉罗植。"③按《河南志》除多"屈""九"二字外，与《两京新记》完全一致。

《两京新记》："东京五殿，［荫殿也］，壁厚五［尺］（丈），高九十尺，东西房廊皆五十余间，西院有厨，东院有教坊内库，高宗尝御此殿。"④《河南志》："五殿。在隔城之西，映日台之南。下有五殿，上合为一，亦荫殿也。壁厚五尺，高九十尺，东西房廊皆五十间，西院有厨，东院有教［坊］（场）内库，大帝尝御此殿。"⑤按大帝即指谥为天皇大帝的高宗，唯唐人对高宗有此称谓，《河南

---

① 《河南志》，中华书局，1994年，第5页。
② 《玉海》卷一七一引《东京记》。
③ 《河南志·唐城阙古迹》，中华书局，1994年，第124页。
④ 《太平御览》卷一七五引《两京记》，中华书局，1960年，第855页上。
⑤ 《河南志·唐城阙古迹》，中华书局，1994年，第125页。

志》此条文字出于《两京新记》无疑，而《太平御览》引文已为宋人所改。

由上可证，《河南志》中的《京城门坊街隅古迹》与《唐城阙古迹》二篇，其开元十年以前的建筑名目及注文皆出于《两京新记》。因此同样可从《河南志》中复原得《两京新记》东都部分的整体骨架。

或许是由于经过了元代再次重编，加之今所见本系徐松辑录所得，《河南志》文字较《长安志》更为简略，《两京新记》中原有的传说、轶事几乎绝迹，唐名人之住宅亦一律不标官名，甚至连寺观庙宇的记载也极为稀少。因此，从《河南志》中剥离出来的《两京新记》只能是一个更为简略的文本。

三、其他典籍中疑出于《两京新记》的佚文

《两京新记》成书之后流布甚广，少年时代的萧颖士在开元年间即已读过此书。①作为开元时代长安与洛阳最详尽的记录，《两京新记》成为唐宋典籍所袭录的基本文献。福山敏男在《两京新记解说》中即已指出，《唐会要》卷四八"寺"与卷五〇"观"二类、《太平寰宇记》卷二五关西道雍州的部分文字以及《宋高僧传》卷一五、卷一八、卷二六中的慧灵、道善、法成三传，虽未注明出处，实际上亦本自《新记》②。福山的推断提示我们，《两京新记》的佚文可能远远不止典籍中明确引录的这些，更多的佚文可能藏身于习见文献之中，而它们或许就是《长安志》和《河南志》中被删省掉的部分，找到它们也许可以使我们看到更为丰盈生动的《两京新记》。

正如福山敏男已指出的，《唐会要》"寺""观"两门类中关于开元中期以前所立两京各寺的文字皆自《两京新记》摘出，其与《长安志》《河南志》及《两京新记》佚文多有相合之处，考《唐会要》"寺""观"载两京开元十年以前所立之寺32所、观22所，仅洛阳城中的8所寺宇未见于《河南志》，叙述文字亦与《两京新记》佚文及《长安志》《河南志》如出一辙。以"慈恩寺"条为例。《唐会要》：

> 慈恩寺在晋昌坊，隋无漏废寺，贞观二十二年十二月二十四日，高宗在春官为文德皇后立为寺，故以慈恩为名。寺内浮图，永徽三年沙门玄奘所立。③

---

① 《文苑英华》卷六七八萧颖士《赠韦司业书》："幼小日曾窃窥足下所著《两京新记》，长来追思，实为善作。"（中华书局，1966，第3490页）考韦述为国子司业在开元二十七年至天宝初，则萧颖士幼小时最晚亦在开元年间。

② 〔日〕福山敏男：《两京新记解说》，见〔唐〕韦述撰，辛德勇辑校：《两京新记辑校》，三秦出版社，2006年，第4—5页。

③ 〔宋〕王溥：《唐会要》卷四八，上海古籍出版社，2006年，第990页。

《两京新记》：

> 进业坊慈恩寺。隋无漏寺之地，武德初废。<u>贞观二十［二］年，高宗
> 在春宫，为文德皇后所立，故以慈恩为名。</u>南院临黄渠，竹木森邃，为京
> 城之最。寺西院浮图六级，崇三百尺。永徽三年沙门玄奘所立。浮图内有
> 梵本经数十匣。浮土前东阶立太宗皇帝撰《三藏圣教序》及高宗皇帝《述
> 圣记》二碑，并褚遂良书，立于弘福寺及此寺。①

《唐会要》文字几乎与划线字如出一辙，直可视为《两京新记》的简略版。而
《唐会要》对其余寺观的记述亦皆与《长安志》及《河南志》中相关内容重合，可证
福山敏男的推论是完全成立的。由此我们或可进一步认为，《河南志》所未载而《唐
会要》存录的8所洛阳寺宇亦当本于韦述之书，甚至有可能即是《两京新记》佚文。

除《唐会要》外，《唐六典》卷七工部郎中下载长安、洛阳宫城、皇城、外
郭城规制及各宫殿名，间叙沿革，相当一部分亦与《两京新记》佚文及《长安志》
《河南志》一致。考《唐六典》成书于开元二十七年，韦述"参预"其事，并为之
撰定规制。②那么对于《唐六典》中涉及长安与洛阳建置及各宫殿府署的部分，前此
完成的《两京新记》无疑是其重要的史料来源。而这部分义字与《两京新记》佚文
的重合亦可证明这一推论。《唐六典》：

> 大明宫在禁苑之东南，西接宫城之东北隅。龙朔二年，高宗以大内卑
> 湿，乃于此置宫。南面五门：正南曰丹凤门，东曰望仙门，次曰延政门，
> 西曰建福门，次曰兴安门。……丹凤门内正殿曰含元殿，殿即龙首山之东
> 趾也，阶上高于平地四十余尺，南去丹凤门四百余步，东西广五百步，今
> 元正、冬至于此听朝也。夹殿两阁，左曰翔鸾阁，右曰栖凤阁，与殿飞廊
> 相接。夹殿东有通乾门，西有观象门，阁下即朝堂，肺石、登闻鼓，如承
> 天之制。③

《两京新记》：

> 大明宫南接京城之北面，西接京城之东北隅。初，高宗尝患风痹，以宫
> 内湫湿，屋宇拥蔽，乃于此置宫。④西京大明宫南面五门：正南丹凤门，次望
> 仙、延政门，次西建福、兴安门。⑤西京大明正中含元殿，殿东西翔鸾、栖凤

---

① 《分门集注杜工部诗》卷八《同诸公登慈恩寺塔》注引《两京新记》，《四部丛刊》
影宋本，第156页下。

② 《新唐书》卷一三二《韦述传》，中华书局，1975年，4530页。

③ 《唐六典》卷七，中华书局，1992年，218页。

④ 《太平御览》卷一七三引《两京记》，中华书局，1960年，第848页上。

⑤ 《太平御览》卷一八三引《两京新记》，中华书局，1960年，890页下。

阁，下肺石、登闻鼓。^①含元殿左右有砌道盘上，谓之龙尾道。殿陛上高于平地四十余丈，南去丹凤门四百步。^②大明宫含元殿东西通乾、观象门。^③

《唐六典》：

> 上阳宫在皇城之西南，苑之东垂也。南临洛水，西拒谷水，东面即皇城右掖门之南。上元中营造，高宗晚年常居此宫以听政焉。东面二门：南曰提象门，即正衙门；北曰星躔门。提象门内曰观风门。……其西则有西上阳宫。两宫夹谷水，虹桥以通往来。^④

《两京新记》：

> 上阳宫在皇城西南，东苑〔之〕（前苑）东垂，南临洛水，西互谷水。上元中，韦机充使所造。列岸修廊连互，掘地得铜器似盆而浅，中有隐起双鲤之状，鱼间有四篆字曰"长宜子孙"，时人以为李氏再兴之符。高宗末年常居此宫以听政也。^⑤上阳宫东〔面〕（西）二门，南曰提象门，北星躔门，内门曰观风门。^⑥上阳宫西有西上阳宫，两宫夹谷水，虹桥架迥，以通往来。^⑦

以上两组《唐六典》和《两京新记》佚文，虽间有去取之不同，但文字上都极为近似，显然同出一源。虽然《唐六典》的这部分内容载有开元十年以后制度，京城—皇城—宫城的叙述次第亦与《两京新记》相反，但其文字与《两京新记》佚文及《长安志》《河南志》的高度重合表明，这部分内容应是在《两京新记》的基础上改写而成，甚至本身即可能出自韦述手笔，因此它对于《两京新记》宫城部分的复原有着重要的参证意义。

《两京新记》所载录的坊市街巷之间、宫观居宅背后的奇闻轶事、传说掌故对于后世文士无疑有着巨大的吸引力，编入著作，辗转引述，亦在情理之中。如福山敏男已指出的，《宋高僧传》中的慧灵、道善、法成三传，虽未标出书名，实际很可能即出自《两京新记》。^⑧相似的例子尚多，如上揭新见佚文第24条慧静纂集《续

---

① 《太平御览》卷一八四引《两京记》，中华书局，1960年，895页下。
② 《玉海》卷一五九引《两京记》。
③ 《太平御览》卷一八三引《两京记》，中华书局，1960年，890页下。
④ 《唐六典》卷七，中华书局，1992年，221页。
⑤ 《太平御览》卷一七三引《东京记》，中华书局，1960年，848页上。
⑥ 《太平御览》卷一八三引《两京新记》，中华书局，1960年，891页上。
⑦ 《太平御览》卷一七三引《两京记》，中华书局，1960年，848页上。
⑧ 〔日〕福山敏男：《两京新记解说》，见〔唐〕韦述撰，辛德勇辑校：《两京新记辑校》，三秦出版社，2006年，4—5页。

英华诗》事亦见于《大唐新语》；《两京新记》佚文中化度寺无尽藏院及正月十五京城灯会事与宛委山堂本《说郛》弓——七上所录宋曾忏《灵异小录》中二事极为近似；而卷三残卷中所载徐德言与乐昌公主破镜重圆的故事更为晚唐孟启《本事诗》所吸收，成为千古佳话。①实际上《两京新记》中所载录的掌故异闻正是笔记小说中最常见的内容，其在流传过程中很可能不断被揉入后世的笔记小说。如果对这些文献细加梳理，或许可以发现更多《两京新记》中这类故事的线索。

结语

韦述笔下的两京与后世方志中的长安和洛阳有着本质的不同，他对于两京的记述，历史沿革之外，每一处建筑物细节的描摹和它背后的故事，更是他所着意的地方。对韦述而言，长安是他祖祖辈辈歌哭于斯的故土，更是他出生成长的地方，故此《两京新记》不仅仅是一部记录长安与洛阳城市沿革历史的地理著作，更是唐代最初一百年间社会风情以及精神世界的鲜活记录。②新见佚文中的相当一部分便记录了那些建筑背后的故事，为我们展示了更多盛唐时代的城市图景和历史细节，对于唐代长安社会文化和日常生活的研究有着重要的史料价值。

但是《两京新记》已经佚失，碎片状的佚文无法使我们看到韦述对于唐代长安与洛阳更完整的记述，而北宋宋敏求以《两京新记》为蓝本编成的《长安志》与《河南志》，为今日复原《两京新记》的整体结构提供了绝佳的依据。通过本文的考述可以看到，《长安志》以及承袭宋氏《河南志》的元《河南志》，从结构到文字都大量节抄《两京新记》，只要厘清其抄录韦述原书的体例和文词的改写程度，便不难从中整体剥离出一个偏重于记述二京城坊建筑因革历史的《两京新记》的略出本。而《两京新记》成书之后的风行也使其成为后出文献辗转抄袭的对象。部分文献中虽未标明出处，却与《两京新记》佚文高度近似的内容提示我们，其史料来源很可能即是《两京新记》，如能对于这一系列文献细加甄别考订，或能使其成为重要的参证资料，为复原《两京新记》提供更多的线索。

原载《唐研究》（第15卷），北京大学出版社，2009年

（唐雯，复旦大学中文系教授）

---

① 陈尚君：《破镜重圆的原委与真相》，《新民晚报》2008年12月7日。
② 参见荣新江：《关于隋唐长安研究的几点思考》，见荣新江主编：《唐研究》（第9卷），北京大学出版社，2009年，第1—8页。

《类编长安志》载金元关中地理沿革笺注

李大海　张洪滨

一、《类编长安志》增补的金元地理沿革史料及其评价

《类编长安志》是元代临潼人骆天骧纂集汇编而成的一部关于古都长安的地理专著。它成书于元成宗元贞二年（1296），上承北宋宋敏求的《长安志》和南宋程大昌的《雍录》，下接晚出元人李好文附著于《长安志》所作的至正《长安志图》，以近乎类书新志的形式，赓续记载了古代长安及其附近地区自汉唐至元代的主要历史地理面貌和变迁过程。①

古文献学家黄永年先生曾在20世纪80年代受中华书局约请，负责点校《类编长安志》一书。工作完成后，他发表专文，深入而精辟地论述和总结了该志在史料学意义上的诸多优劣之处，迄今仍是学界认识和评价此著最为专业的学术文献。②在谈及该志保留下来具有价值的史料时，黄永年先生认为重要的体现就在于《长安志》"记述至五代、北宋而止"，《类编长安志》"则增补到金、元"。他继而举例援引该志卷一《管治郡县》金元时期地理沿革一节所载，指出其"即与《金史》卷二六《地理志》所记有详略异同"。从史料增补的角度而言，黄先生对《类编长安志》承续《长安志》地理沿革部分的记载，应当持有嘉许之意。

或许正是有此前论，今人刘安琴先生在总结评价《类编长安志》时，认为其"研究价值主要是对金元时期长安史料的增补，这也是一直为学术界所称道的、最

---

① 辛德勇：《宋金元时期的西安历史地理研究》，见《旧史舆地文录》，中华书局，2013年，第337—338页；李大海：《元人骆天骧仕官历职考略》，见《元史及民族与边疆研究集刊》（第33辑），上海古籍出版社，2017年。

② 黄永年：《述〈类编长安志〉》，见《中国古都研究》（第1辑），浙江人民出版社，1985年，第102—123页；后收入《类编长安志》（点校本），三秦出版社，2006年。今案：收入时稍有个别字的改动，本文以晚出点校本前言为据。又，黄先生之点校本最早由中华书局于1990年出版，然未收入《述〈类编长安志〉》一文。

具创意的重大成就"①。为了进一步说明这些重大成就的具体表现，刘著专列"对金元时期京兆府史料的增补"一节，就《类编长安志》中涉及金元时期关中地理沿革的记载，给予了初步释读与评论，并根据志文描述的政区建置状况，认为"元代较金朝行政区划管理更为合理"。

核实而论，相较于记事止于北宋的《长安志》而言，黄永年先生对《类编长安志》有关金元地理沿革记载的肯定，主要是来自文献学意义上晚出编纂成书者，对后世史料的汇集和保留之功。至于这些得以保存下来的金元史料本身，是否具有可信的史实价值，则并未展开论述和加以求证。而后来刘安琴先生在解读志文有关金元沿革地理记载的基础上，进一步肯定其所具有的史实意义，以此佐证当年黄永年先生有关与正史地理志详略异同的说法，且就此对金元关中地区的行政区划管理水平做出了高下之分的判断。如果刘安琴先生对志文的释读足以令人信服，并且能够发掘出与正史地理志所记之间存在着怎样的史实关系。那么，不仅可以推进今人对金元之际关中地理沿革真相的把握和认知，也会证明《类编长安志》中这些增补的金元史料，确实是它留给后人的"重大成就"，足以引起人们的重视。

然而，刘氏的解读既未参考金元时期相关的其他重要史料，也未就志文所载做出细致深入的解析，与正史地理志的相参比较更有模糊之嫌。甚至志文明确所说贞祐时期（1213—1217）京兆府路方得以形成的"八州十二县"管辖格局，在其著中竟被讹为"金初分为八州十二县"②。至于何以得出元代关中行政区划较之金代更为合理的结论，亦令人茫然不知所据。因此，针对《类编长安志》所补金元地理沿革史料价值的评判，事实上依然停留在20世纪80年代后期黄永年先生重要研究结论的水平上。这不仅无益于厘清金元之际关中行政区划的实际变化过程，也不利于今天对《类编长安志》史料价值的进一步认识与挖掘。有鉴于此，笔者不揣鄙陋，拟就志文中金元地理沿革的记载，加以考正辨析，并与正史地理志相参互校，以揭示所谓详略异同之真相。

二、《类编长安志》金元地理沿革辨正

《类编长安志》卷一分前后两处，各载有关于金元时期关中沿革地理的内容。③

---

① 刘安琴：《长安地志》，西安出版社，2007年，第144—155页。案下文所引刘氏观点，皆出此文，不再标注。

② 案又如志文中明确说至元十四年（1277）以后，安西府只管五州十一县，而刘著仍言皇庆元年（1312）以后，该路"辖八州十二县"。

③ 案本文所引《类编长安志》内容均由黄永年点校，三秦出版社，2006年。

前者列于《杂著·总叙》条目之下，据其曰：

> 宋亦曰京兆永兴军。金初，分陕西为五路，京兆为陕西东路，初管五州十二县。贞祐，管八州十二县。圣朝初，仍旧。至元十四年，降三州为县，又并四县，改京兆为安西府，管五州十一县。

后者则列于《管治郡县》条目金元时期，兹亦引其叙述地理沿革部分内容如下：

> 金（新添）

> 《新说》曰：金初，分陕西为五路，京兆为陕西东路，凤翔为陕西西路，延安为鄜延路，庆阳为环庆路，临洮为熙河路。京兆先管商、华、同、耀、乾五州十二县，贞佑元年，分凤翔、郿县、盩厔来属，又改韩城县为祯州，郿县为郿州，盩厔县为恒州，始为八州十二县。又置镇防猛安千户五十四寨以镇西川五十四州。京兆府尹兼统军宣权元帅左都监，为军民都总管。县令兼军民镇抚都弹压。

> 大元

> 《新说》曰：已下八州十二县，系圣朝初管京兆路州县。至元十四年，改京兆府为安西路总管府，又降恒州复为盩厔县，郿州为郿县，祯州为韩城县，并栎阳入临潼县，云阳入泾阳县，下邽为渭南县，美原入富平县，好畤入醴泉县。今安西府见管五州一十一县。下列旧名，取其易考。有并者下细注之。

上引《管治郡县》一节文后，皆列有金京兆府路和元安西路领属各州县名目。因下文仅拟就地理沿革部分进行辨正，故未赘引。不难看出，志文《杂著·总叙》中的描述，其实正是概括后文《管治郡县》中新添金元史料而成。因此，相较《长安志》，《类编长安志》沿革部分增补添益的内容，主要出自《管治郡县》。

从上述引文来看，《类编长安志》对金元时期关中地理沿革的记载，几乎全部来自所谓《新说》一书。在该志卷前《证题·引用诸书》所开列各书名单中，有曰《骆氏新说》者。今人所辑《宋辽金元方志辑佚》认为，志文《管治郡县》里引用的《新说》，正是其《引用诸书》中提及的《骆氏新说》一书。而所谓《新说》之骆氏，"疑即《类编长安志》之纂修者骆天骧"①。由于这部《骆氏新说》已经散佚，无法核对。因此，认为《骆氏新说》即《管治郡县》中的《新说》一书，和《骆氏新说》亦为骆天骧所撰作的观点，目前仍是最为符合常理推断的结论。要言之，《骆氏新说》

---

① 刘纬毅、王朝华、郑梅玲等辑：《宋辽金元方志辑佚》（下册），上海古籍出版社，2011年，第1071页。

一书至晚当成于世祖时期，而且是在《类编长安志》汇纂编辑完成以前。

《类编长安志》引《骆氏新说》，言金初分陕西为陕西东、西、鄜延、环庆、熙河等五路，各路治所又依次置于京兆、凤翔、延安、庆阳、临洮等处。据《金史·地理志》"京兆府路"条下曰："皇统二年省并陕西六路为四，曰京兆，曰庆原，曰熙秦，曰鄜延。"①案皇统二年即1142年，金朝此前不久刚确立在关中的有效统治，并与宋签订了边界和议。可以说，《金史》所记四路完全应该是所谓"金初"陕西诸地建置的情形。然而，这与《类编长安志》五路的说法却大相径庭，不仅路数不同，而且建置称谓差别更大，正所谓有"详略异同"。那么，两者到底孰是孰非呢？

事实上，《金史·地理志》所载包括陕西四路在内的金境十九路，是以总管府路（或曰都总管路）为断。金人宇文懋昭所撰《大金国志》和南宋人范成大所撰《揽辔录》亦载有与金志相同的内容，可以为证。②金初的陕西四总管府路，承自北宋及伪齐政权曾经在此建置过的六个（经略）安抚司路。《宋史·地理志》虽以转运司路为断，将陕西分为永兴军和秦凤两路，但仍记有这六个（经略）安抚司路之名。其中，永兴军为安抚司路，鄜延、环庆、秦凤、泾原及熙河等五路为经略安抚司路。③这里安抚司与经略安抚司的差别，表面体现在长官题衔中是否注有"经略"二字。实际按照宋制，安抚使"止于安抚"内地，而经略安抚使则在沿边地区负有"绥御戎夷"的责任，两者职能面向稍有不同。④以北宋陕西诸路经略安抚司的设置来看，的确能够显示出上述制度规定的地理特点。当然，不少文献往往对此不加细分，一概称为六路经略安抚使，亦属习以为常。⑤

北宋灭亡后，伪齐政权接管陕西，继设六路安抚司。⑥天眷二年（1139，即绍兴九年）宋复领陕西地，仍设六路。直到皇统二年金廷终并六路为四路，各置都总

① 《金史》卷二六《地理志下》，中华书局，1975年，第641页。

② 〔宋〕宇文懋昭：《大金国志》卷三八《京府州军》，李西宁点校，齐鲁书社，1999年，第281页。另参谭其骧：《金代路制考》，见《长水集》（下册），人民出版社，1987年，第295页。

③ 《宋史》卷八七《地理三》，中华书局，1976年，第2143页。

④ 《宋史》卷一六七《职官七》，中华书局，1976年，第3960页。

⑤ 戴扬本先生认为，后人所谓的陕西六路，实为五个沿边经略安抚司路与永兴军转运司路相混合之后的认识，而其中秦凤一路既为经略安抚司路，亦为转运司路之名，故未重复计入。（戴扬本：《北宋转运使考述》，上海古籍出版社，2007年，第157页）今案此说恐非妥当，因文题所限，不拟展开，容另文详论。

⑥ 李昌宪：《试论伪齐国的疆域与政区》，《中国史研究》2007年第4期，第153—154页。

管府。新并诸路中，庆原路合宋、伪齐泾原路东部、环庆路大部置，熙秦路合伪齐熙河及泾原、秦凤路西部置。而秦凤路辖境，入金后较宋时少南部半路之地，故省并于临路①。因此，《骆氏新说》所谓金初陕西五路中的环庆、熙河二路，乃是北宋安抚司路名目，不可能在经历金初并路以及各路辖区整体萎缩的情况下，仍然存在使用。

那么，《骆氏新说》提及的陕西东路和陕西西路又是怎么回事呢？核实而论，有金一代，以陕西东、西路之名称谓者，多就转运司路而言②。据《金史·地理志》京兆府条下曰："天德二年置……陕西东路转运司"。平凉府条下曰："旧为军，后置陕西西路转运司、陕西东西路提刑司"③。因金志此处仅言西路转运司"后置"于平凉府，而未明确其建置的准确时间，故过去学者多以为其时应与东路转运司分设同时，即在天德二年（1150）。对此，今人康鹏经过缜密考证，认为金初承袭宋制，置陕西路转运司，以后分东、西二路应该是在海陵王后期或大定初年④。余蔚和李昌宪同样认为天德二年说不足信，但前者主张分路于世宗大定十年（1170），后者则以为在大定二十二年前后。⑤由此可见，若言金初便设有陕西东、西转运司路，或径谓陕西东、西路者，绝非严谨之说。

明晰陕西东、西二路的性质与由来，便可发现《骆氏新说》开篇所言"金初，分陕西为五路"的说法，显然是将金代的总管府路与转运司路混为一谈，并且竟又在其中窜入了北宋安抚司路之名目。如此混乱的描述，似乎再无以能出其右者⑥。不

---

① 余蔚：《中国行政区划通史·辽金卷》，复旦大学出版社，2012年，第552页。

② 案泰和八年（1208）至贞祐三年（1215）之间，金廷始分陕西东西路按察司为二，即陕西东路和陕西西路按察司，以之与两路转运对应。其时当已为金中后期，绝不可能是"金初"之制。可参谭其骧：《金代路制考》，见《长水集》（下册），人民出版社，1987年，第298页；余蔚：《中国行政区划通史·辽金卷》，复旦大学出版社，2012年，第585页。

③ 《金史》卷二六《地理志下》，中华书局，1975年，第646页。案中华书局点校本将此条中"东西"二字点断，似为不妥。盖金代提刑司路初置于章宗大定二十九年（1189），承安四年（1199）改提刑司为按察司，泰和八年以后，方将陕西东西按察司一分为二。是陕西提刑司路从未被分为东、西二路者。故引文据以径改。

④ 康鹏：《金代转运司路研究》，见中国社会科学院历史所隋唐宋辽金元史研究室编：《隋唐辽宋金元史论丛》（第2辑），上海古籍出版社，2012年，第333—334页。

⑤ 余蔚：《中国行政区划通史·辽金卷》，复旦大学出版社，2012年，第563页；李昌宪：《金代行政区划史》，上海古籍出版社，2015年，第74—76页。

⑥ 案立于贞祐二年（1214）的《金太一观十七路醮首姓名碑》，记有秦凤路、熙和路、庆原路、京兆路、鄜延路［（光绪）《新修南阳县志》卷一〇《艺文下·金石》，成文出版社，1976年，第988页］，除顺序颠倒外，似与前引《大金国志》所载如出一辙。尽管如此，碑文只是窜入宋时之名，但与转运司路无涉。

过，退而言之，若不纠缠于"金初"的特定阶段，单看陕西五路的说法，却也并非毫无根据，只是其形成的时间更晚而已。对此，谭其骧先生早有深论可参。据他研究，自皇统二年并旧宋及伪齐六路为四以后，至大定二十七年（1187），金廷又改原四总管府路之一的熙秦路为临洮路，复增置凤翔路。该路领二府四州，其中凤翔府旧属京兆府路，平凉府旧属庆原路，秦、陇、德顺、镇戎四州旧属熙秦路。[①]经历此番调整以后，在原北宋陕西六个安抚司路的基础上，金代陕西进一步由初期的四路改为五总管府路，即京兆府、凤翔、鄜延、庆原及临洮，这一大定末年形成的格局一直维持到金哀宗末年。

《骆氏新说》在叙及五路之名的同时，还指出其各自路治所在。按照其记载的顺序，依次对应为京兆、凤翔、延安、庆阳、临洮五府。今核以《金史·地理志》陕西五总管府路的治所，与《骆氏新说》完全相符。即金志载京兆府路治京兆府、凤翔路治凤翔府、鄜延路治延安府、庆原路治庆阳府、临洮路治临洮府。由此结合前文的叙述，大致可以看出《骆氏新说》所谓新添金代地理沿革部分的第一句话，至少有三方面的疏误。第一，在"分陕西为五路"的基础上，将金代的转运司路与总管府路混淆，从而以陕西东、西二路代替了京兆府路和凤翔路。按照金志及《大金国志》的记载，陕西西转运司路的治所一直在平凉府，而不在凤翔府。第二，诸路中环庆、熙河之名，是北宋和伪齐时期陕西六个安抚司路中的二路，绝非金制，此处窜入应该纯属谬误。忖之此二旧名本该写作庆原、熙秦二路。第三，金代陕西四总管府路的形成当在熙宗皇统二年（1142），后因增置凤翔而达至五路的格局，则在大定二十七年（1187）方才定型。故《骆氏新说》所谓之"金初"，叙事涉及的年代却显然不仅限于此。

在叙述完陕西分路情形后，《骆氏新说》又言："京兆先管商、华、同、耀、乾五州十二县，贞祐元年，分凤翔郿县、盩厔来属，又改韩城县为贞州，郿县为郿州，盩厔县为恒州，始为八州十二县。"[②]今案，黄永年先生在点校本中，将凤翔与郿县之间点断，似为不妥。贞祐前后，郿县属凤翔路凤翔府领。[③]而凤翔路在大定二十七年新设后，及贞祐元年（1213）仍置。因此，这里既不可能将整个凤翔路与其下属郿县同时割隶京兆府路，也不可能把凤翔总管府路的路治所在地凤翔府与郿

---

① 谭其骧：《金代路制考》，见《长水集》（下册），人民出版社，1987年，第290—291页。

② 〔元〕骆天骧：《类编长安志》卷一《管治郡县》，黄永年点校，三秦出版社，2006年，第19页。

③ 《金史》卷二六《地理志下》，中华书局，1975年，第645页。

县一并改隶。《骆氏新说》此处的本意应是指"凤翔（路或府）之鄜县"，两者间不宜点断。

骆氏所言京兆府路在贞祐年间（1213—1217）领有八州十二县的格局，是金元之际关中核心地区行政区划建置的重要变革阶段。后来直到元宪宗三年（1253），朝廷命杨惟中任"陕右四川宣抚使"时，仍有关中"八州十二县"之说①。依骆氏之意，所谓八州包括贞祐以前京兆府路所领的商、华、同、耀、乾五州，以及贞祐以后渐次添设的桢（贞）、鄜、恒三州。不过，无论骆氏以五州十二县来概括京兆府路"先管"州县，还是以八州十二县作为贞祐元年以来的建置，都显得过于粗疏而漏洞百出，与相关史实相去甚远。

首先，贞祐元年以前，京兆府路并非仅领商、华、同、耀、乾五州，而是还辖有位于潼关以东的虢州和关中西部的凤翔府及醴州（天德三年改乾州）、邠州，形成管辖二府七州的格局。②上述领属关系并非全部始自金代，而是早在北宋设置安抚司路时即已埋下伏笔。当时永兴军安抚司路领有京兆、河中二府，并陕、同、华、耀、商、解、虢七州。③金承宋制而稍有更易，最大的区别在于一改北宋以转运司路为重的局面，转以在安抚司路基础上改制的总管府路为主。故金京兆府路大体承自宋永兴军安抚司路而来，只是在领属上东部缺少了位于河东的河中府、解州和今属河南的陕州两地，西部则增加了凤翔府和乾、邠二州。所谓五州十二县中的十二县，指由京兆府直接领属的县份，五州之下，又各自还有领县，而当时凤翔府亦领有九县。因此，在皇统初年至大定二十七年的近五十年间，京兆府路共管辖二府七州二十一县。这里的二十一县仅是由京兆、凤翔二府所直接管辖的县份。若按照《骆氏新说》的写法，则金初京兆府路当领有七州二十一县。逮至大定二十七年，凤翔府从京兆府路割出，成为新设之凤翔路治，邠州亦改隶庆原路。从此，直到贞祐二年虢州改隶南京路（原汴京路）以前，京兆府路实领有一府六州，即同、华、

---

① 《元史》卷一四六《杨惟中传》、卷一五九《商挺传》，中华书局，1976年，第3468、3738页。案，今人温海清据元人元明善《清河集》卷六《参政商文定公墓碑》（《元人文集珍本丛刊》本，新文丰出版公司，1985年，第5册，第196页上）误作"八州十三县"，原文为"八州十二县"。（温海清：《画境中州——金元之际华北行政建置考》，上海古籍出版社，2012年，第53、56页）又元末苏天爵称之"八州诸县"。（〔元〕苏天爵辑撰：《元朝名臣事略》卷八《左丞姚文献公》，姚景安点校，中华书局，1996年，第159页）

② 《金史》卷二六《地理志下》，中华书局，1975年，第642页。案除凤翔府外，还有京兆府，详见下文。

③ 李昌宪：《中国行政区划通史·宋西夏卷》，复旦大学出版社，2007年，第61页；李昌宪：《宋代安抚使考》，齐鲁书社，1997年，第182页。

耀、乾、商、虢六州十二县。

其次，金宣宗贞祐年间，随着蒙古大军不断南下进攻，金廷不得不迁都南京（开封），从而使得金在关中地区的行政建置，随着军事形势的变化而发生急剧调整。这主要表现在两个方面，其一是金军为抵御蒙古军队从陕西进入河南，故在潼关进行防守，因此原本隶属于关中京兆府路管辖的潼关以东地区，便随之被金廷改隶为路治设在开封府的南京路管辖。例如虢州的改隶。其二，在与蒙古及南宋军队作战时，金廷着意提升部分州县的行政等级，以突出其军事弹压的重要性。例如韩城和盩厔诸县的升州即是如此。贞祐二年（1214），金廷将虢州"割为陕州支郡，以备潼关"①。京兆府路由此在金代第一次形成管辖"五州十二县"的局面。然而这一情形仅仅维持了不到一年的时间，即因贞祐三年（1215）金廷将同州韩城县升为桢州（领郃阳县），而重新回到大定末年以来的六州格局。更为剧烈的变化则是，贞祐四年（1216）金廷复将商州改隶南京路之陕州，京兆府路领属第二次呈现五州的状况，相距前次竟又不到一年的光景。两年后的兴定二年（1218），蒙军退去之后，金廷再次恢复先前的领属关系，将商州归属于京兆府路，使该路又领有六州之地。②然而，随着蒙军再次入侵，到元光二年（1223），金廷为统一行政全力抵抗，终将商州归于南京路。这便使得京兆府路的领属第三次恢复到华、同、耀、乾、桢五州。这一局面一直维持到金亡。③

再次，贞祐四年（1216）时，金廷出于伐宋的考虑，将凤翔路凤翔府盩厔县升为恒州，"以盩厔、终南、郿县隶焉"。④不过，并没有史料显示该州由此即改隶于京兆府路。有鉴于《金史·地理志》仍系其于凤翔路凤翔府下，表明改隶的可能性不大。⑤所以，言金末或贞祐以降，恒州即属京兆，只能姑且暂为一说。

最后，《骆氏新说》提及郿县升州亦在贞祐时期的说法，还缺少其他史料的

---

① 《金史》卷二六《地理志下》，中华书局，1975年，第591、642页。案金代州尚分节度、防御、刺史诸等第。节度州可领刺史州，后者即为其支郡，防御州则自立而不领刺史州。陕州金初原为防御州，至贞祐二年升节度，虢州为刺史州，故此时领之以防蒙古军队东侵。

② 案《金史·地理志》曰：商州"贞祐四年升为防御，寻隶陕州，兴定二年正月复来属，元光二年五月改隶河南路"（《金史》，中华书局，1975年，第642页）。即贞祐四年至兴定二年（1218）商州尚有两年隶属陕州。

③ 余蔚：《中国行政区划通史·辽金卷》，复旦大学出版社，2012年，第872页。

④ 《大明清类天文分野之书》卷一三《秦分野》西安府建置沿革盩厔县条，明刻本；《金史》卷二六《地理志下》，中华书局，1975年，第645页。

⑤ 余蔚：《中国行政区划通史·辽金卷》，复旦大学出版社，2012年，第879页；李治安、薛磊：《中国行政区划通史·元代卷》，复旦大学出版社，2009年，第147页。

进一步佐证。以恒州设立时尚领有郿县忖之,后者升州的时间不早于贞祐四年。今案《大明清类天文分野之书》及《大明一统志》等文献的记载,皆言郿县升为郿州并非金末,而是在元初①。另据《参政商文定公墓碑》记载,至晚到元宪宗六年(1256)时,郿州已设。②因此,贞祐时期郿县升州的说法也很值得商榷。

总而言之,无论如何,金宣宗贞祐元年都不可能形成京兆府路领有八州十二县的局面。退一步说,即便是在贞祐以降的整个金末,京兆府路也几乎不可能领有八州。各种史料记载的诸多迹象表明,所谓的京兆八州十二县,理应是在关中地区进入大蒙古国时期以后才形成的行政区领属格局。

不过,《类编长安志》援引《骆氏新说》的这些记载,并非完全没有引起后人的关注。例如,正德嘉靖之间编纂成书的《雍大记》就对其颇有援引。在描述郿县升州一事时,该记曰:"金贞祐元年隶京兆府,升郿州太守。元宪宗辛亥仍为郿州。至元中改为县"③。在当时不难看到《金史》《大明一统志》等资料的前提下,《雍大记》作者仍然执着地引述《类编长安志》的相关记载,很能说明明代地方志书的纂修者往往具有优先利用本地先前志书进行编写的惯例和传统。

《骆氏新说》继言"又置镇防猛安千户五十四寨以镇西川五十四州"一句,虽与沿革地理关系不大,却也颇值玩味。盖宋金经过绍兴和议,商定以大散关为国界后,金廷再未染指西川。在关中设置的军事单位猛安千户五十四寨,对应于南宋四川地区的五十四州,似乎是金廷驻扎在这一地区,为将来进军四川或是抵御宋军的女真军事组织。《类编长安志》卷八《辨惑》"百家神"条下引《新说》曰:"咸宁县鸣犊镇风凉原上有百家神庙,其像真武。金初,陕西东路立五十四猛安千户镇防军寨,以镇西川五十四州。每一寨前,必立真武或天王殿,以壮军威。鸣犊镇立二猛安寨,共真武庙于原上,以壮军威,为北极神庙。语讹为百家神"。④从《类编长安志》管治郡县和辨惑两节,引用《骆氏新书》五十四猛安千户镇防军寨的具体

① 《大明清类天文分野之书》卷一三《秦分野》"凤翔府建置沿革郿县"条;《大明一统志》卷三四"凤翔府建置沿革郿县"条,明刻本影印;〔清〕顾祖禹:《读史方舆纪要》卷五五《陕西四》,贺次君、施和金点校,中华书局,2005年,第5册,第2647页。案,该州于至元元年(1264)复为县(《元史·地理志》,中华书局,1976年,第1424页)。

② 〔元〕元明善:《清河集》卷六《参政商文定公墓碑》,《元人文集珍本丛刊》本,新文丰出版公司,1985年,第5册,第196页上。

③ 〔明〕何景明纂修,吴敏霞等校注:《雍大记校注》卷四,三秦出版社,2010年,第39页。案,《雍大记》对《类编长安志》金元沿革地理的参考,尚有多处。如卷二"西安府"、"盩厔县"条(第5、11页)。

④ 〔元〕骆天骧:《类编长安志》卷八《辨惑》,黄永年点校,三秦出版社,2006年,第251页。

内容来看，后者对《骆氏新书》原文的保留似乎更为全面。换言之，可以认为管治郡县所说引用自《骆氏新书》的猛安千户一句，很可能又经历了《类编长安志》的编排改写。而之所以将其置于沿革部分，应与其中的"金初陕西东路"有关。

《类编长安志》引《骆氏新说》在金代部分的最后说道："京兆府尹兼统军宣权元帅左都监，为军民都总管。县令兼军民镇抚都弹压。"今人在点校嘉靖《雍大记》时，将统军宣权元帅与左都监点断，作"左都监为军民都总管①"，显然是不了解金末元帅府的建置造成的。因此，这里还是有必要对上述《骆氏新说》中的官职名目进行解读。金京兆府路的长官称兵马都总管，然而却不专设，与金境诸总管府路一样，是由路治所在府的府尹兼领，全称作京兆府尹兼兵马都总管，此即《金史》所谓"府尹兼领"之制。②"府尹的职掌首先是处理本府辖区内的民政，其次才是作为'兵马都总管'负责一路（不仅包括本府辖区）的军务和治安③。本来元帅府是金初中央最高军事主管机构，后改为枢密院，复因宋金战事而复立。王曾瑜先生指出，"金朝后期，在枢密院仍作为中央军事机构的情况下，元帅府的身价便大为降低，各地滥设的行元帅府不可胜数，实际上降为最普遍的、级别不高的、一州或数州以至辖区更小的军区司令部。④"也就是说，金后期的京兆府尹开始兼仕这种类似地方军区性质的行元帅府左都监一职。按品级而论，金制府尹和都总管皆为正三品，而元帅府都监则低一格为从三品。"军民都总管"其实是指向京兆府尹而言，与左都监并无瓜葛。此处《骆氏新说》犯了一个明显的错误，即军民都总管实际上根本不是金代的称谓，而是"大蒙古国"语境下的习称，用以替换金代路治府尹所兼任的"兵马都总管"一称。其背后的本质原因则是，元政府开始将金代府尹兼都总管的军、政合一的地方管理模式，逐渐改为单一的民政管辖，而军事权收归驻扎在各地的蒙古军都万户府或万户府来掌控。至于县令所兼的"军民镇抚都弹压"，与一县长官同时任县境军事总管的性质差不多，事实上也并非金制，亦是大蒙古国及元初的称谓。对此，有一块现保存于西安市文物保护考古所的至元十二年《大元故京兆路镇抚军民都弹压曹公墓志铭并序》的墓志铭，可资证明。⑤总而言

① 〔明〕何景明纂修，吴敏霞等校注：《雍大记校注》卷一，三秦出版社，2010年，第1页。

② 《金史》卷五七《百官三》，中华书局，1975年，第1310页。

③ 张帆：《金朝路制再探讨——兼论其在元朝的演变》，见《燕京学报》（新12期），北京大学出版社，2002年，第102页。

④ 王曾瑜：《金朝后期的军事机构和军区设置》，《河北学刊》1993年第5期，第100页。

⑤ 余华青、张廷皓主编：《陕西碑石精华》，三秦出版社，2006年，第237页。

之，这里《类编长安志》对《骆氏新说》的援引，仍然杂糅了大蒙古国及元初的沿革地理情形，而并非是纯粹的金制。

《类编长安志》引用《新说》对元代京兆、安西路沿革的描述，虽然已是撰著者所生活的时代，但事实上仍有个别与其他史料记载的明显歧异之处。在大蒙古国中统年间以前，京兆路所领诸州，即同、华、商、耀、乾、恒、郿、桢八州。京兆府领诸县即咸宁、长安、咸阳、临潼、兴平、鄠、蓝田、泾阳、高陵、栎阳、云阳及"在山不立"的乾祐等十二县。以上八州十二县之名目，《类编长安志》所记当与实情相符。而据《元史·地理志》记载，至元元年（1264），元廷废郿州和桢州，并原郿州所领柿林县入郿县，以该县隶属于京兆府，桢州复为韩城县，仍隶同州。与此同时，又"并云阳县入泾阳，栎阳县入临潼，终南县入盩厔"①。也就是说，在至元初年，元廷曾对关中诸州县进行过一次相对较大规模的调整。

从前述可知，这些州县的废置时间大致是清楚的。唯有恒州的情况，还不易确定。盖因《元史·地理志》本身所记亦前后留有疑问。据凤翔府条下曰："元初割平凉府、秦、陇、德顺、西宁、镇宁州隶巩昌路，废恒州，以所领盩厔县隶安西府路。寻立凤翔路总管府。至元九年，更为散府。"从元初废恒州，到此后至元九年更凤翔府为散府的叙述来看，恒州理应在至元初年与郿州、桢州等一样遭到废弃。可是，《元史·地理志》又说废恒州所领的盩厔县归隶于安西府路。而后者的设立事实上已晚至至元十六年十二月②。笔者推测，金末贞祐四年所设的恒州，按理不应存在到至元十六年以后，而的确应当与郿州、桢州类似，早在至元初年便被裁撤。《元史》中出现"安西府路"一语，恐怕是将京兆路改名以后的称谓误植于此的缘故。也就是说，郿、桢、恒三州的废弃，栎阳、云阳二县的省并，以及郿县与盩厔因州废而被拨隶于京兆府，皆非如《类编长安志》所云在至元十四年以后③。也唯有如此，《类编长安志》的安西府"见管五州一十一县"，才能成立。从《骆氏新说》上述内容可以看出，其记载的时间下限大致当在至元中期。由此推及，这也应当是《类编长安志》对元代关中地理沿革记载的时间下限。

---

① 《元史》卷六〇《地理志三》，中华书局，1976年，第1423、1424页。
② 《元史》卷一〇《世祖纪七》，中华书局，1976年，第218页。
③ 案《元史·地理志》载美原入富平在至元元年、好畤入奉天（后改醴泉）在至元五年，当与云阳、栎阳及终南三县的省并在同一时期。唯下邽入渭南之时，史籍未明载，忖之亦应在此时。

三、志文金元沿革地理部分史实价值的缺失与原因

通过对《类编长安志》增补的金元时期关中地理沿革记载的考正辨析，本文简要地回顾了金元之际陕西地方行政区划的大致建置与变化情形，重点对《类编长安志》所引述的《骆氏新书》中的沿革内容，进行了初步地解读和分析。本文经过上述研究认为，尽管《骆氏新说》一书今已散佚，但通过比较仍可以发现，《类编长安志》在引用该书的过程中，对其还有所改编，并非完全意义上地照录。《类编长安志》金元地理沿革部分的记述，总体而言，叙述过于粗略，谬误甚多，张冠李戴、时序错置的现象比较明显，与历史真相往往相去甚远。如果不能细加考察辨析，很容易据之得出错误的结论。以往认为这部分的记载可视为《类编长安志》中最有价值和成就的史料的观点，忽视了对它们本身所具有的史实意义的细致解析，从而并不利于真正从学理的层面理解和利用《类编长安志》中的相关记载。

黄永年先生指出，与宋敏求《长安志》的学术性相比，骆氏之书更像是一部后世的旅游指南性质的一般读物。骆天骧本人的学识并不太高，可又偏偏要对地志施以分类编纂，工作存在很多缺陷便不难理解。事实上，黄先生对《类编长安志》金元部分所增补史料的认可，更多是基于文献学角度，对晚出史料记录和保留下来先前发生的历史状况的肯定。而对具体的史实层面，则并未做出过多评述。这是今天当我们重新认识《类编长安志》的史料价值时，尤其应当加以注意的方面。从这一角度而言，《类编长安志》即便是引用增补了所谓金元时期的记载，它的史料价值也仍然难以摆脱该著整体取材于成书而复经剪裁汇编的历史局限。

造成《类编长安志》上述记载史实价值缺失的原因，固然还有金元之际战乱频繁、社会持续动荡不安，从而影响到史料的保存与传承等方面的客观原因，但不可否认的是，元代的政府以及知识分子群体在舆地之学方面可谓整体学识不高、能力有限，同样会影响到志书的编纂水准。无怪乎清人钱大昕在讥讽元人不擅地理时说道："修《元史》者，皆草泽腐儒，不谙掌故。一旦征入书局，涉猎前史，茫无头绪，随手持扎，无不差谬。"①编纂前朝正史尚且如此，作为地方士人私修的《类编长安志》便更可想而知了。

原载《中国古都研究》（第29辑），三秦出版社，2015年

（李大海，中山大学历史系副教授；张洪滨，贵州大学历史与民族文化学院教师）

---

① 〔清〕钱大昕：《十驾斋养新录》卷九"元史不谙地理"条，上海书店据商务印书馆1937年本复印，1983年，第176页。

北京大学图书馆藏吕大防《长安图》残石拓本的初步研究

胡海帆

绪言

北宋吕大防主持刻制的《长安图》石碑，是历史上著名的一幅大比例尺城市平面图，也是中国现存最早的石刻古代城市地图。它对长安城的详细描绘，准确地反映了隋唐都城的格局和城内外地物之间的相对关系，是了解盛唐时期长安城最为直观详备的图像，对研究隋唐乃至中世纪中国历史具有极为重要的价值。

《长安图》有北宋元丰三年（1080）五月五日题记，永兴军府知事吕大防为校正长安故图，命属下刘景阳、吕大临等人对长安城进行实测，以"旧图及韦述《西京记》为本，参以诸书及遗迹考定"，以计里画方的方法，按二寸折一里（约1∶9000）比例绘制，刻碑立于京兆府公署，即今陕西西安衙署旧址。金元时期《长安图》碑毁于战火，毁前的整石拓本虽有历史文献提及，但失传已久。清光绪年间曾有20余块《长安图》残石出土，旋又失散，至今仅有残石拓本流传。

北京大学图书馆（下简称北大图书馆）藏有缀合后的《长安图》残石拓本两部，其中一部为邵章旧藏，是20世纪30年代日本前田直典公布的《长安图》残石拓本照片的底本，1955年日本平冈武夫据此拓照片摹绘了《长安城图》线描图；另一部是未发表过的残石本，不仅清楚地反映了各残石在原图上的位置关系，补充了邵章藏本残缺的内容，还比已公布拓本多出一块西南郊残石。这两部拓本为学界研究提供了迄今最详实的《长安图》实物资料。

本文介绍北大图书馆藏本，并借此对《长安图》残石及相关问题做一些探讨。

一、对吕大防《长安图》记载、研究及相关问题的回顾

（一）历史文献记载的吕大防《长安图》

由于长安城在历史上的重要性，很早就有人撰写长安史志，如唐韦述撰《两京

新记》五卷（论述长安部分即《西京记》）、北宋宋敏求著《长安志》十卷等。也有长安地图行世，北宋张舜民《画墁录》有皇祐（1049—1054）中"仁宗因阅长安图"的记载，这都在吕大防镌刻《长安图》之前。

吕大防上任知永兴军府事后，在考证长安故图时，因喜其设计"制度之密"，不愿隋人设计大兴城之功被唐人冒袭，又欲纠正"旧说之误"，更为传之久远，重绘《长安图》并勒石立碑。宋代不仅有《长安图》碑本传世，还有内容相同的纸本《长安图记》刊刻流传，因皆出自吕大防，人们将碑石本、纸本都称为"吕图"，文献记载的宋官府刻吕图阁图，即吕大防图绍兴秘书省本应是其中的一种版本，惜这些印本都早已亡佚。

吕氏《长安图》（也称《长安城图》）因严谨详尽，规模宏大，成为已有长安城图中最佳者，对后世影响极大。以后凡涉及长安的文献，多会提及此图，把它作为研究长安城的重要图像依据。自南宋以来，诸多文献对《长安图》有记述，并部分引用或转引了当时还能见到的《长安图》和吕大防所作题记。

南宋孝宗时期（1163—1189）程大昌撰《雍录》。虽然没有大段引录吕大防题记，但小段辑录不时以"吕图曰"或参照"吕图"及其他文献考证、点评长安城的地理，譬如："吕图曰：'《西京记》云：大兴城南直子午谷。今据子午谷乃汉城所直，隋城南直石鳖谷，则已微西，不正与子午谷对也。古今水道有移改，山无移改也。'此语盖吕氏亲见之详，可据也。"[①]这段吕大防题记仅见于《雍录》。对相隔时间尚不算久远的"吕图"，程大昌相当信任，云："吕图阁图。元丰三年吕大防知永兴军，检案长安都邑城市宫殿故基，立为之图。凡唐世邑屋宫苑，至此时已自不存，特其山水地望，悉是亲见，今故本而言之，若与古记不合，亦加订正。其称阁图者，即绍兴秘书省本也。"[②]由此知当时有《长安图》印木流传。

南宋开禧二年（1206），赵彦卫撰《云麓漫钞》，卷八录下吕大防为《长安图》所作的题记，虽非全部，但至少有大部一千余字，文曰："《长安图》。元丰三年正月五日，龙图阁待制、知永兴军府事汲郡吕公大防，命户曹刘景阳按视、邠州观察推官吕大临检定。其法以隋都城、大明宫并以二寸折一里，城外取容，不用折法。大率以旧图及韦述《西京记》为本，参以诸书及遗迹考定。太极、大明、兴庆三宫用折地法不能尽容诸殿，又为别图。汉都城，纵广各十五里……大抵唐多仍隋旧，故吕公爱其制度之密，而伤唐人冒疾，史氏没其实，遂刻而为图，故志

---

① 〔宋〕程大昌：《雍录》卷三，黄永年点校，中华书局，2002年，第51页。
② 〔宋〕程大昌：《雍录》卷一，黄永年点校，中华书局，2002年，第8页。

之。"①

从清末出土《长安图》残石上留存的吕大防题记残文可知，《云麓漫钞》所记录的五段文字，其中四段内容来自吕氏题记，但顺序做了改动，也有传抄讹误如五月讹作正月，还掺有赵彦卫己言。尽管如此，因《长安图》残石上吕大防题记残缺过半，这段文字仍显得弥足珍贵。事实上，后人对吕大防题记复原的依据主要依靠这段文字。

南宋理宗时期（1225—1264），陈振孙撰《直斋书录解题》，卷八记载："《长安图》一卷，丞相汲公吕大防知永兴军，以为正长安故图，著其说于上。今信安郡有此图，而别录其说为一编。"②此文表明陈振孙也见过一种《长安图》印本，大约是衢州的刻本，惜也早亡。

元元贞二年（1296），骆天骧撰《类编长安志》，卷首开列"引用诸书"，有《长安图》。卷二在述及隋城制度精密时引录了一段话，是基本保留在残石上的吕大防题记的最后一段。③

元至正二年（1342），李好文撰《长安志图》三卷，序云："图旧有碑刻，亦尝锓附《长安志》后，今皆亡之。有宋元丰三年龙图待制吕公大防为之跋，且谓之长安故图，则此图前世固有之，其时距唐世未远，宜其可据而足征也。"上卷文载："城图云：皇城之南三十六坊……渠水一曰龙首渠……吕氏曰：隋氏设都，虽不能尽循先王之法，畦分棋布，闾巷皆中绳墨，坊有墉，墉有门，逋亡奸伪，无所容足，而朝廷宫寺、民居市区，不复相参，亦一代之精制也。……予因考证长安故图，观吕氏此言是图之作，其来尚矣，爱其制度之密，而勇于敢为，且伤唐人冒疾，史氏没其实，聊记于后。元丰三年五月五日，龙图阁待制、知永兴军府事汲郡吕大防题，京兆府户曹参军刘景阳按视，邠州观察推官吕大临检定，鄜州观察使石苍舒书。"以清末出土残石比对，这三段文字其中两段的主要部分，来自残石上吕大防题记，最后一段署名，仅少了绘图和刻工人名。

《长安志图》又载："跋语，此图旧有碑刻在京兆府公署，兵后失之。有雷德元、完颜椿者，访得碑本，订补复完，命工锓梓，附于《长安志》后。壬子年中秋

---

① 〔宋〕赵彦卫：《云麓漫钞》卷八，傅根清点校，中华书局，1996年，第140—142页。

② 〔宋〕陈振孙：《直斋书录解题》卷八，徐小蛮、顾美华点校，上海古籍出版社，1987年，第242页。

③ 〔元〕骆天骧：《类编长安志》卷二，黄永年点校，中华书局，1990年，第40—41页。

日合口邳邦用跋。"①此跋语记录了《长安图》立石地点、亡佚情况，并描述了金代雷氏、完颜氏利用《长安图》拓本覆刻《长安图》，附于《长安志》后。遗憾的是，金代覆刻的《长安图》也早佚，后人未能得见。

元末明初，陶宗仪纂《说郛》，完整引录了赵彦卫《云麓漫钞》所录下的吕大防题记。②

明清以降，由于年代久逝，没有新的资料，对《长安图》的记述日少，且基本是转引宋元书籍的记载。

（二）《长安图》残石的出土及近人所作的复原与研究

《长安图》石刻毁于金元时期战火之后，原石没有了下落。直至近代才有残石出土的消息，有两次记载，分别在清末和1934年。而第二次出土，只是第一次出土石刻的再现。

残石第一次出土，是在清光绪年间，具体出土地点不详。最早见于叶昌炽《语石》卷五记载："宋吕大防《长安志图》已佚，近新出残石数十片，余尝从西估得拓本，离合钩贯，不能得其斗笋之处。"③《语石》卷一〇又载："余曾得吕大防《长安志图》残石，石苍舒书，仅存七片，首尾残缺。潜心钩索，迄未得其原次。"④叶昌炽撰写《语石》始于光绪二十六年（1900）三月，次年十一月完稿，由是可知残石出土大致时间。

清末出土残石数量，叶昌炽云有"数十片"，但叶昌炽仅获得包括有石苍舒署名在内的其中七块，且是不同位置的散石，故难以缀合。具体数量从北大图书馆藏全本可知，总数不少于22块。

第二次出土，在1934年。当时的国立北平研究院与陕西省政府合组"陕西考古会"，在西安进行考古发掘。是年3月3日，北平研究院何士骥在率队找寻《颜勤礼碑》碑下藏石时，于陕西西安民政厅二门院内发掘出"唐大明宫兴庆宫图合刻残石"。此石上方刻"大明宫图"，仅残存南墙，下方刻完整的"兴庆宫图"。此石并非《长安图》的残石，而是与《长安图》有关的别图，然此石与《长安图》的特殊关系提示了《长安图》可能的立石地点。

---

① 〔元〕李好文：《长安志图》，文渊阁《四库全书》本，台湾商务印书馆影印，1986年，第587册，第470页。
② 〔元〕陶宗仪：《说郛》卷四二，文渊阁《四库全书》本，台湾商务印书馆影印，1986年，第878册，第320—322页。
③ 〔清〕叶昌炽：《语石》卷五，王其祎校点，辽宁教育出版社，1998年，第139页。
④ 〔清〕叶昌炽：《语石》卷一〇，王其祎校点，辽宁教育出版社，1998年，第271页。

两天之后，即1934年3月5日，何士骥又在西安南门内小湘子庙街道旁污泥中，发现长宽皆不及30厘米，内有"太极宫"等题榜的《长安图》残石一块。何士骥名之为《石刻唐太极宫暨府寺坊市残图》。经过对比知，这块弃之道旁的"太极宫残石"并非一块新发现的《长安图》残石，而是清光绪出土二十余块残石中的一块（即北大藏第13号石），因此，这只是此石的重新发现。①与初出土拓本比较，此石四边愈加残损，石上文字已模糊不清，左上角有新残缺，原来清晰的"辅兴坊"三字只存"坊"字右半。此石进一步残损的原因，当是何氏所说的"行旅往来残（踩）踏之故，漫漶颇甚"。

已出土的残石为何会再次出土，何士骥在《考古专报》中道出端倪："当发见（太极宫残石）时，有吕姓者，谓系伊家世藏之物而误弃途中者，后经考古会交涉，遂允送赠考古会陈列研究。"②这说明清光绪年间出土的《长安图》残石有些曾归当地人家，后又遗弃，幸因何士骥慧眼相识而重新问世，免于泯灭。由此也知，何士骥发现"太极宫石"的地点"西安南门内小湘子庙街道"是残石遗弃地，而非20余块残石最初的出土地，即非《长安图》刻立地。

对于以上发现，何士骥撰《石刻唐太极宫暨府寺坊市残图大明宫残图兴庆宫图之研究》长文③，详细列举历史文献，从多角度论证残石属于吕氏所刻总图、别图，这是现代学界对《长安图》残石的首次研究。但限于所获，研究的实物对象只有二石。1934年何士骥发现的二石，初归陕西考古会陈列，后转交西安碑林，永久嵌墙展出。《西安碑林博物馆藏碑刻总目提要》中有记载。④

清末出土的20余块《长安图》残石，出土不久便销声匿迹，除一块重新发现外，其余至今下落不明。幸好当时尚有少量拓本存世。其中最著名并广为流传的便是民国间金石家邵章收藏的一件拓本，此拓本1935年3月被拍照，陕西考古会据此制作了石印本，这是现代学界最早发表的《长安图》21块残石拓本照片。照片（或石印本）又被日本学者携入日本。追索可知，后来一系列的研究便是围绕着这件邵章拓本展开的。

---

① 何士骥：《唐大明、兴庆及太极宫图残石发掘报告》，《国立北平研究院院务汇报》1934年第5卷第4期，第53—61页。后有张鹏一《唐大明兴庆两宫图残石跋文》《唐太极宫图残石跋文》（《国立北平研究院院务汇报》1934年第5卷第4期）。又何士骥《石刻唐太极宫暨府寺坊市残图大明宫残图兴庆宫图之研究》（《考古专报》1935年第1卷第1号）。

② 何士骥：《石刻唐太极宫暨府寺坊市残图大明宫残图兴庆宫图之研究》，《考古专报》1935年第1卷第1号，第2页。

③ 何士骥：《石刻唐太极宫暨府寺坊市残图大明宫残图与兴庆宫图之研究》，《考古专报》1935年第1卷第1号，第1—74页。

④ 陈忠凯等编：《西安碑林博物馆藏碑刻总目提要》，线装书局，2006年，第14页图109《唐兴庆宫图》、图110《唐太极宫残图》。

由于误传，这件邵章拓本被认为传入了日本，且毁于二战战火，实际上它安然存在于北京大学图书馆。不仅如此，北大收集的《长安图》残石拓本还不止一件。

其他处也有获得《长安图》残石拓片的记录。譬如，西安保经堂夏氏获有包括画匠、石工署名在内的残石拓片，计总图九段、分图一段。民国二十五年（1936）宋联奎编纂《咸宁长安两县续志》①，便据夏氏所藏拓本，摹绘了唐西内太极宫图和唐南内兴庆宫图。其余拓片因残甚，宋联奎没有采录。保经堂夏氏所藏拓本今不知何在。又如，中国社会科学院考古研究所也藏有《长安图》残石拓本。再如，1934年重新发现的《长安图》太极宫残石，杭州名人纪念馆保存拓片一件，为章太炎旧藏；中山大学图书馆收藏拓片一件，为陈寅恪捐献。相信随着各典藏单位藏品的不断揭示，今后还会有《长安图》残石拓片被发现。

现代学界对吕大防《长安图》残石的系统研究，是日本学者最早展开的。

1939年日本学者将《长安图》残石拓片刊印在《东京城——渤海国上京龙泉府址的发掘调查》文中。②1953年福山敏男根据上述印本，又参考《云麓漫钞》《雍录》等书，率先对《长安图》进行了原石和题记的复原工作，在《唐长安城的东南部——吕大防长安图碑的复原》一文中，绘制了"吕人防唐长安京城图碑残石拓木复原配置图"③。

1955年平冈武夫著《唐代的长安与洛阳（地图）》一书，对《长安图》及相关内容做了十分深入、系统而严谨的研究，收集了不同时期的长安地图20余种。根据《长安图》拓本的印本和照片，摹绘了精细的《长安图》残石线描图。平冈武夫还根据拓本和不同版本的《云麓漫钞》，并借鉴福山敏男的复原结果，对吕大防《长安图》题记加以进一步完善复原。这对以后学界研究《长安图》影响极大。后人对吕大防题记的研究大多基于这一成果。因其重要，中国国内两次刊印该书译本④。

---

① 宋联奎纂《咸宁长安两县续志》，1936年铅印本。《唐西内太极宫图》《唐南内兴庆宫图》及说明文字见卷一。卷一末兴庆宫图按语云："按吕氏唐宫原刻有总分图，俱为保经堂夏氏所藏拓本。总图石断裂，凡七段，仅前图太极宫较完好，此图兴庆宫乃分图之一，亦完好，惟上段大明宫残图仅丹凤、望仙、建福三门可辨，余如太极宫、内苑亦当有图，惜未得见耳。又汉故城并有拓本二段，画石人马之类，疑亦吕刻，然太残阙，故不采。"由此按语知，总图不止七段，加上汉故城二段，共九段。

② 《东京城——渤海国上京龙泉府址的发掘调查》，《东方考古学丛刊》甲种第5册，东亚考古学会，1939年。

③ ［日］福山敏男：《唐长安城的东南部——吕大防长安图碑的复原》，《古代学》1953年第2卷第4号，又收入作者《中国建筑与金石文的研究》（中央公论美术，1983年）一书。又见平冈武夫著《长安与洛阳（地图）》第七图。

④ ［日］平冈武夫：《长安与洛阳（地图）》，杨励三译，陕西人民出版社，1957年。［日］平冈武夫主编：《唐代的长安与洛阳（地图）》，上海古籍出版社，1991年。

此后，中国学者对《长安图》的研究也日益增多，不断深入。1958年第3期《考古学报》刊登陕西省文管会《唐长安城地基初步探测》，在附录《唐代の长安と洛阳摹绘唐长安城图勘订表》中，对平冈武夫摹本文字进行订正，还刊发了《长安图》新摹本（据平冈武夫摹本重摹）和吕大防题记残石拓片。①1990年，周靖撰《吕大防长安图碑和三宫图碑》，追索二图历史源流，推测《长安图》形态，尝试题记格式的复原。②2001年，宿白发表《现代城市中古代城址的初步考查》一文，最早利用了北大图书馆藏《长安图》拓本，指出了题记与长安城图的位置关系。③2005年，杨晓春对《云麓漫钞》吕大防题记进行了校勘，总结出了一些格式规律。④除了上述列举，数十年来，还有许多学者都对《长安图》做过多角度研究，或利用《长安图》残石中的史料信息为其他研究服务。⑤

总之，从出土残石、历史文献记载及学界研究，特别是《长安与洛阳》一书所做的大量复原工作，后人已基本了解了《长安图》的内容和制作《长安图》的责任者。

---

① 陕西省文物管理委员会：《唐长安城地基初步探测》，《考古学报》1958年第3期，第79—94页。

② 周靖：《吕大防长安图碑和三宫图碑》，见曹婉如主编：《中国古代地图集（战国—元）》，文物出版社，1990年，第25—30页。

③ 宿白：《现代城市中古代城址的初步考查》，《文物》2001年1期，第62页注9。

④ 杨晓春：《〈云麓漫钞〉中一则隋唐长安研究珍贵史料的校点》，《中国历史地理论丛》2005年第3辑，第144—150页。

⑤ 研究吕大防《长安图》的文章还有张鹏一：《唐太极宫图残石跋文》，《国立北平研究院院务汇报》1934年第5卷第4期，第63—65页；张扶万（张鹏一）：《吕刻唐长安故城图考证叙》，《陕西教育月刊》1935年第10期（所谈拓本即邵章藏本）；李健超：《宋吕大防〈长安图〉述略》，《西北历史资料》1984年第2期，第58—63页，后修改为《宋吕大防〈长安图〉的科学价值》，收入作者《汉唐两京及丝绸之路历史地理论集》，三秦出版社，2007年，第291—300页；汪前进：《对〈平江图〉、〈静江府图〉、〈长安城图〉研究》，《自然科学史研究》1988年第1期，第28—29页；刘家信：《宋碑〈长安图〉考》，《地图》1992年第4期，第34—36页；辛德勇：《考〈长安志〉、〈长安志图〉的版本——兼论吕大防〈长安图〉》，《古代交通与地理文献研究》，中华书局，1996年，第304—341页，又见黄永年主编《古代文献研究集林》（2），陕西师范大学出版社，1992年，第159—201页；王宁：《宋吕大防〈长安图〉及后世复原图研究》，硕士学位论文，陕西师范大学，2007年；贺从容：《从吕大防〈长安城图〉与考古资料看唐长安城坊内的十字街宽度》，见《建筑历史与理论：2008年学术研讨会论文选编》（第9辑），中国科学技术出版社，2008年，第182—188页；［日］妹尾达彦：《长安：8世纪的都城——吕大防〈长安图〉的世界认识》，台北故宫博物院"空间新思维——历史与图学国际学术研讨会"会议论文，2008年；王宁：《宋吕大防〈长安图〉及其地图学分析》，《西安文理学院学报》（社会科学版）2010年第3期，第36—39页；［日］妹尾达彦：《都市图中描绘的唐代长安的城市空间——以吕大防〈长安图〉残石拓片图的分析为中心》，见《张广达先生八十华诞祝寿论文集》，新文丰出版公司，2010年，第211—243页；李芳瑶：《〈长安图碑〉新考》，《文献》2012年第3期，第89—97页。

（三）关于《长安图》与《三宫图》的关系

研究吕大防《长安图》，必定要涉及《三宫图》，即1934年何氏发掘出的"唐大明宫兴庆宫图合刻残石"之全图。两图之间的关系要厘清。

皇室宫禁是唐长安的政治重心所在，是《长安图》要反映的重要内容。但是吕大防《长安图》以两寸折一里的比例绘制长安城，用这样的比例尺不能容纳皇家太极宫、大明宫、兴庆宫的众多宫殿。因此吕大防在《长安图》中简略绘制三宫的同时，又为太极宫、大明宫、兴庆宫三宫另外绘制了一幅详细的《三宫图》。因其源自长安图，所以它也被古人称为长安图分图或别图。

这幅别图在《长安图》吕大防题记中被提及，虽石刻所载已遗失，但赵彦卫《云麓漫钞》保留了这段话："太极、大明、兴庆三宫，用折地法不能尽容诸殿，又为别图。"[1]还有，南宋郑樵《通志》卷七二图谱略云："吕大防唐长安京城图，唐太极宫图、唐人明宫图、唐兴庆宫图二宫合为　图。"[2]《咸宁长安两县续志》云："吕氏唐宫原刻有总、分图。"[3]

实物出土证实了这个别图的存在，即前述1934年何士骥率队在陕西民政厅二门院内发掘出的"唐兴庆宫、大明宫同刻一图之残石"。随后学者对此石的研究，都指出此石便是《三宫图》的残存部分。[4]

北大图书馆收藏此残石拓片三份[5]（图1）。残石呈竖方形，高78厘米，宽65厘米，厚27厘米。石上仅存两宫图，下方是完整的"兴庆宫"，上方连"大明宫"南部宫墙的西半部和残城门，"太极宫"则无存。因为缺原刻标题，人们给予此石"三宫图""长安图别图""唐兴庆宫残石""唐大明、兴庆宫图残石"等不同名称。

在残石中，兴庆宫正北是大明宫，二者上下基本对齐，紧密相连。而二宫原来地理位置关系不是这样，既不在一起，也不在一条线上，这样做明显是为了绘图整齐的需要。

残石中《兴庆宫图》上方刻有"兴庆宫"三字题榜，题榜左边有小字"每六寸折地一里"，比例尺约为1∶3000，是《长安图》比例的三倍。但这个比例只是兴庆

---

① 〔宋〕赵彦卫：《云麓漫钞》卷八，傅根清点校，中华书局，1996年，第140页。

② 〔宋〕郑樵：《通志》卷七二，浙江古籍出版社，2000年，第838页。

③ 宋联奎纂《咸宁长安两县续志》卷一。

④ 参见何士骥《唐大明、兴庆及太极宫图残石发掘报告》、何士骥《石刻唐太极宫暨府寺坊市残图大明宫残图兴庆宫图之研究》、张鹏一《唐大明兴庆两宫图残石跋文》。

⑤ 北大图书馆藏《三宫图·唐大明宫兴庆宫残石》拓片三份，典藏号 A351566、A351566-2，A351566-3。

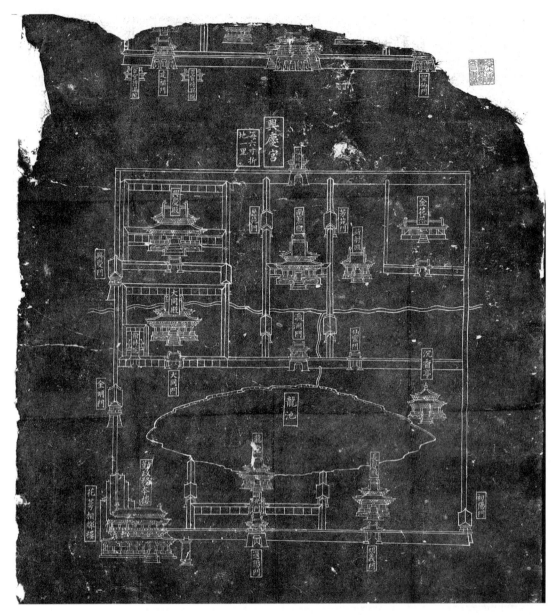

图1　《三宫图·唐大明宫兴庆宫残石》拓本

宫图的比例尺，因为它上方画的大明宫东西宽度与兴庆宫宽度基本持平，而大明宫实际宽度大于兴庆宫。

《长安图》与《三宫图》地图方向皆上北下南，图式、符号相同，绘制风格一致，题榜形式也雷同，表明它们确是有密切关联但比例尺和描绘内容都不同的两块刻石。李好文《长安志图》记载《长安图》立于京兆府廨内，而《三宫图》兴庆宫残石没有留下题记和立石时间。考虑到两图的密切关系，推测二者可能同立于京兆府廨内，可能同时所刻，但从题榜字迹差异来看，有新的责任者。

追溯历史，《三宫图》不仅有刻石，与阁本《长安图》类似，也有阁本《三宫图》纸本流传，三宫分别绘制，如《永乐大典》载录的源自宋阁本的太极宫图、大明宫图等，其祖本可能都来自吕大防刻石。

二、北大图书馆藏《长安图》残石拓本

（一）北大图书馆藏本拼配出《长安图》残石最全本

北大图书馆藏有《长安图》残石拓本四部。第一部是邵章旧藏本，含残石21块，入馆前拓片已缀合，并托裱为两整张，本文称之为北大A本；其余三部是北大图书馆自行拼配的：将馆藏一包《长安图》残石 21 块拓片缀合，衬裱为一整张，即第二部《长安图》拓本，本文称之为北大B本；其余残石因数量太少，已无法缀合，仅组合成C本（存4石）和D本（存1石）。这四本中，A、B两本比较齐全，都是21块，却又各存一块对方所没有的残石，故而可以互补长短。利用北大A、B两本，可配凑组合出迄今所知《长安图》残石最全本，共计 22 块残石，包括：题记6块（本文编为1—6号石），城图12块（编为7—18号石），城南郊图4块（编为19—22号石）。见表1。

表1　《长安图》22块残石编号、位置及内容

石号	残石位置(《长安图》左上起。从上往下共8排，每排从左至右编号，仅2号、3号石有颠倒)	残石主要内容	对应《长安与洛阳》第七图福山敏男复原图字母	残石下落
1号石	第1排第1石	吕大防题记上截(左)		不明
2号石	第2排第2石	吕大防题记上截(右)、题记下截(中上)		不明
3号石	第2排第1石	吕大防题记下截(左上)		不明
4号石(右上角又断裂)	第3排第1石	吕大防题记下截(左下)		不明
5号石	第3排第2石	吕大防题记下截(中下)		不明
6号石	第3排第3石	吕大防题记下截(右)		不明
7号石	第4排第1石	汉都城遗址(左)	a	不明
8号石	第4排第2石	汉都城遗址(右上)	b	不明
9号石	第5排第1石	汉都城遗址(右下)，唐长安城的安定坊、修德坊	c	不明
10号石	第5排第2石	西内苑(左)	d	不明
11号石	第5排第3石	西内苑(右)、大明宫(左下)	e	不明
12号石	第5排第4石	大明宫、东内苑、大安国寺、十六宅	f	不明

石号	残石位置(《长安图》左上起。从上往下共8排，每排从左至右编号，仅2号、3号石有颠倒)	残石主要内容	对应《长安与洛阳》第七图福山敏男复原图字母	残石下落
13号石	第6排第1石	辅兴坊、太极宫、皇城(左)	g	曾被遗弃，1934年第二次出土，现藏西安碑林
14号石	第6排第2石	皇城(右)、永昌坊	h	不明
15号石	第6排第3石	翊善坊、长乐坊、来庭坊、大宁坊、兴宁坊、安兴坊	i	不明
16号石	第6排第4石	永嘉坊、兴庆宫(上)	j	不明
17号石	第7排第1石	永兴坊、皇城(右下)、崇仁坊、务本坊、平康坊、崇义坊	k	不明
18号石	第7排第2石	胜业坊、兴庆宫(下)、道政坊、常乐坊	l	不明
19号石	第8排第1石	长安南郊的丰谷、龙骤谷、西和谷、白石谷等		不明
20号石	第8排第2石	豹林谷、御宿川、梗梓谷等	m	不明
21号石	第8排第3石	韦曲、樊川、杜曲、竹谷、鹊兴谷、磕谷、七姑谷、太一谷、皮谷、土门谷、羊谷等	n	不明
22号石	第8排第4石	芙蓉园的彩霞亭、黄渠、义谷等	o	不明

《长安图》残石尺寸按两部分统计：题记与城图残石，即左上18石拼合后尺寸高168厘米，宽约121厘米。南郊残石，即下边4石拼合后尺寸高25厘米，广116厘米（斜茬紧密相连）。全本不仅数量上比以往福山敏男、平冈武夫公布的21石，多出西南郊一石（19号石），更重要的是，题记6块与城图12块残石可以缀合成完整的大块残石。出土的22块《长安图》残石，约占原图面积的1/3强，保留了长安城东北部和皇城精华部分，还保留了部分南郊和大约1/3的吕大防题记。A、B两本参合阅看，不仅使人知道题记与城图的位置关系，且可获得迄今所知《长安图》最多的内容，对了解该图有重大作用。

（二）北大各藏本概况

1.《长安图》北大A本

A本收录《长安图》残石21块，题记与城图残石各自缀合，分开托裱在两张宣纸上。第一张纸上裱有吕大防题记六石（1—6号石），第二张纸上裱有城图十二石（7—18号石）和城南郊图三石（20—22号石）。与拼配出的"22石全本"比较，A本缺少19号西南郊残石。

A本拓片系《长安图》残石出土后的初拓本，精心椎拓，字口清晰，特别是石边上的字迹十分清楚，可弥补B本一些不清晰之字。残石缀合也相当仔细。A本虽精，却有一个重大缺陷，即此拓片在托裱前曾少量受潮霉烂，不仅造成硬伤缺字，更重要的是题记下方（4、5、6号石下方）残缺了一条，导致题记与城图分离，致使看过此本的前人不能了解题记与城图之间的位置关系，这也正是A本题记与城图分开托裱的原因所在。

A本为近现代金石家、学者邵章旧藏，拓片上有邵章题跋、诗文和钤印，裱纸背面有邵章题签。此拓本深得邵章珍爱，列为其藏品甲级，钤"甲"字圆戳记（图2）。

图2　北大A本邵章题签

第一张纸上，邵章题跋云：

长洲叶鞠裳昌炽《语石》卜"残石位置一则"云："余曾得吕大防《长安志图》残石，石苍舒书，仅存七片，首尾残缺。潜心钩索，迄未得其原次"云云。此跋石亦为七片，原次甚易辏合，或尚有图石杂其中，故不可次也。岁乙亥烧灯日，邵章伯褧偶检《语石》记。

拓片钤印"桥西邵氏父子欣赏记"，跋后钤印"邵章小记"。

第二张纸上，邵章题五言长诗：

三月岁甲戌，我见唐宫图。云自长安来，得者何乐夫。兴庆整纸外，太极石一隅。字画未昭晰，东绌而西余。厂市帖估至，丛拓一束俱。检之获廿石，大防名可呼。殚心缀成幅，宫禁形萦纡。城北半在目，殷殷旧皇都。兴庆既兀峙，大明尤奔趋。东西两内苑，回旋龙首渠。名坊存二十，王侯骈新居。城南韦杜曲，楩梓谷不孤。画师记张佑，题字石苍舒。今黝旧蕃署，昔矗京兆庐。隋文一宇内，规制为唐模。宫市闾巷间，棋布而畦区。坊有墉有门，无地容奸逾。再传惜无道，乃为李氏驱。好文撰图说，详略吕未符。意其据志补，弗克窥石摹。金元兵劫炽，奇迹沦荒芜。何氏拾残砾，付之毡蜡徒。少启遂复阒，著录无专书。幸兹片石出，不款脱本

疏。寻枝宜讨原，断肘希完肤。敬告陕人士，勤搜莫踟蹰。是岁冬至日凌

晨，节性老人邵章题。

拓片钤印"伯裴所得嘉拓""桥西邵氏父子欣赏记"，跋后钤印"邵章小

记"。此五言长诗收入邵章《倬盦遗稿》中，有所改动。[1]

从题跋、题诗及落款可知，民国甲戌年（1934）三月，邵章先获得何士骥（字

乐夫）发掘出的《三宫图》兴庆宫残石拓片和《长安图》太极宫残石（13号石）拓

片各一石。同年，又从帖商处购到清末出土的《长安图》残石一束二十石，遂将残

石缀合装裱。为纪念此事，当年冬至日，邵章作五言长句于城图残石拓本之上。次

年乙亥（1935）烧灯日（元旦）再次题跋于吕大防题记残石拓本之上。

拓片上的印章，皆邵氏所钤，其中"桥西邵氏父子欣赏记"之邵氏父子，是指

邵章、邵锐[2]，父子都是学者，同嗜金石，这枚印常见于邵章旧藏拓本上。

20世纪50年代，邵章去世后，北大图书馆从邵锐处购入邵章旧藏拓片700余种，

《长安图》A本包括其中。

2.《长安图》北大B本

B本是吕大防题记、城图整体缀合本。此本有残石21块，原为散页，2009年底

北大图书馆将其缀合成一整张（为保留原拓面貌，缀合缝隙较宽）。有吕氏题记六

石（1—6号石）、城图十一石（7—14号石，16—18号石），城南郊图四石（19—

22号石）。与"22石全本"比较，B本缺了15号城图残石，但比A本多出了19号

---

① 邵章：《倬盦遗稿》，油印本，1953年，第4页，"题宋吕大防唐宫城残图"。

② 邵章（1872—1953），字伯絅，一作伯裴，号倬盦。浙江仁和（今杭州）人。近现代
金石学家、版本目录学家。清光绪二十六年（1900）邵章呈请知府试办杭州藏书楼，成为今
浙江图书馆之雏形。二十九年邵章中进士，授翰林院编修。后留学日本，毕业于日本政法大
学速成科。民国后任湖北法政学堂及东三省法政学堂监督、北京法政专门学校校长、约法会
议议员，北京政府平政院评事兼庭长、院长等职。民国十四年（1925）后，任临时参议院参
政。1951年聘为中央文史研究馆馆员。工书法，精研碑帖，富收藏，诗文亦名重一时。校刊
其祖父邵懿辰《四库简明目录标注》，新编《四库全书简明目录标注续录》，著有《云淙琴
趣词》《倬盦遗稿》（诗稿、文稿各一卷）等。

邵锐（1905—1966），字茗生，邵章子。毕业于北京通才商业学校，民国间曾任黑龙江省
财政厅秘书，北京故宫博物院古物馆科长。考古学社社员，1949年后在中国科学院考古研究
所工作。在金石书法、戏曲研究等领域皆有成就。著有《宣炉汇释》《衲词楹帖》等。20世
纪60年代在《文物》发表了一批石刻研究文章，有《记明前拓北魏中岳嵩高灵庙碑》（1962
年第11期、1965年第6期）《汉幽州书佐秦君石阙释文》（1964年第11期）、《晋王浚妻华
芳墓志铭释文》（1966年第2期）、《记宋拓三国吴天发神谶碑》（1966年第4期）。1966年
夏，邵锐卒。

西南郊残石。B本亦为出土后初拓本，字口完好不缺字，虽不及 A 本椎拓细致清晰，但因拓片完整，不仅可以补充 A 本因霉烂硬伤而缺少的部分内容，最可贵的是题记残石可以与城图残石连接，缀合成完整的大块残石，从而得知吕大防题记与城图的位置关系。正如宿白先生所指出的："北大另藏丛拓一束，以邵氏轴本（笔者案，指 A 本）合校，可补考古所、前田两处甚多，如大明宫部分之'东内苑''皇帝殿''九仙门'，城外之'清明渠''东交河''龙骧谷'。最重要的是吕大防《图说》的位置，在'汉都城'的上方，即长安图石刻的左上隅。图与图说共一石，与陈振孙《直斋书录解题》所记著其说于图上相符。"

B本来源不详。北大图书馆数万份藏拓（来自多渠道）自20世纪50年代以来一直堆积在书库，1985 年开始整理编目，由此获得B本。

3.《长安图》北大C本（图3）和D本

C本为散页，仅存4块残石，有吕氏题记三石（2、3、5号石），城图一石（13号石）。与A、B本比较可知，C本2、3、5号石为晚拓本。2号石上角新碎掉一块，缺11字，右角新碎掉一块，缺7字。3号石已漫漶不清。13 号石为重新出土拓本，即 1934 年何士骥在西安南门内小湘子庙街道旁发现的那块《长安图》太极宫残石，与A、B本 13 号石比较，此本 13 号石左上角有新残缺，已模糊不清，"辅兴坊"三字只存"坊"字右半。应当是在第一次出土又遗失至重新出土过程中逐渐残破的。

D本亦为散页，仅存一石（13号石）。C、D两本13号石都是 1934 年重新出土的晚拓本。

C本、D本皆为北京大学原文科研究所旧藏，民国年间所得。1952 年全国院系调整，文科研究所撤销，文研所藏三万余号拓片移交北大图书馆，包括C本、D本。

北大各藏本概况，见表2。

表2　北大图书馆藏《长安图》残石四部拓本概况

本别及北大图书馆典藏号	存石数量	存石编号	版本	来源	各本特点与优劣
A本，A35401/SB	21	1—18、20—22号石	清末拓	邵章旧藏	题记、城图分别缀合本。优点：初拓，存石多，有15号残石。椎拓较好，字迹清楚。缺点：缺19西南郊残石。拓片有硬伤，不完整，题记拓片下方断开并残缺，导致不知题记原所在位置。

本别及北大图书馆典藏号	存石数量	存石编号	版本	来源	各本特点与优劣
B本，A35401-2/SB	21	1—14、16—22号石	清末拓	不详	题记、城图合并缀合本。 优点：题记拓片完整，可与城图缀合。初拓，存石多，有19号西南郊残石。 缺点：少15号残石。6号、8号残石右边未拓全。棰拓较差，有些字迹不清。
C本，A35401-3	4	2、3、5、13号石	民国间拓，13号石1934年拓	原北大文研所旧藏。2—5号石文研所拓片编号32223，名为"大安宫等字残石刻"；13号石文研所拓片编号03634	散页本，不全。为晚拓本，2号石上角新碎掉一块，缺11字，右角新碎掉一块，缺7字。3号石已模糊不清。13号石为重新出土拓本，左上角有新残缺，也模糊不清，"辅兴坊"三字只存"坊"字右半。
D本，A35401-4	1	13号石	1934年拓	原北大文研所旧藏。文研所拓片编号32079	散页本。仅存13号石，为重新出土拓本，情况同C本。

图3 北大图书馆藏《长安图》拓本C本

（三）北大藏本与平冈武夫摹本及其他《长安图》影印图版的关系

平冈武夫编撰《唐代的长安与洛阳（地图）》一书时，请贝冢夫人绘制了《长安图》残石线描图（下简称平冈武夫摹本）。平冈武夫谈到线描图底本时说："我们制作这第2图（即线描图）时根据的拓本，是前田直典君供给我们的……假若能够真正利用前田君的拓本，在制作这第2图时，或者能够更容易的作出来。非常遗憾，这拓木又被第二次世界大战的战火毁掉。我们所能够利用的资料，仅是载在'东京城'的珂罗版和岸边成雄君为自己必要而拍摄的六寸照片两种而已。"这段话言明，平冈武夫本来打算利用拓本绘制《长安图》线描图，但拓本已毁于二战，未能用上，只好利用印在刊物上的拓本珂罗版印品和拓本六寸照片来放大描绘。由于可依据的底本太小，描绘工作相当困难。平冈武夫还特别指出所据底本的特征和出处："前田君的拓本上有'桥西邵氏父子欣赏记''伯褧所得嘉拓'的两个印章。有这印章可晓得是邵章珍藏的东西。"[①]

我们用平冈武夫摹本与北大图书馆藏《长安图》残石拓本对照后发现：平冈武夫摹本的底本，即前出自典所藏拓本照片就源自北大图书馆所藏A本。证据是二者对应位置有相同的拓本硬伤和邵氏钤印。见表3。

表 3　平冈武夫摹本与北大藏本特征比较

平冈武夫摹本	北大图书馆 A 本	北大图书馆B本
同A本	2号石上角残缺	2号石上角完好
同A本	6号石右上角残缺	6号石右上角完好
同A本	4、5、6号石下方残缺	4、5、6号石下方完好，并与7、8号石相连
同A本	9号石右上角残缺	9号石右上角完好
同A本	12号石上方残缺	12号石上方完好
同A本	钤印"桥西邵氏父子欣赏记""伯褧所得嘉拓"	无钤印

进一步比较有关图像后还可以确认，世间传播的《长安图》拓本的影印图版包括：

（1）1935年陕西考古会印制的石印本；

（2）1939年《东京城——渤海国上京龙泉府址的发掘调查》印本；

（3）1953年福山敏男《唐长安城的东南部——吕大防长安图碑的复原》印本：

---

① ［日］平冈武夫：《长安与洛阳（地图）》，陕西人民出版社，1957年，第37—38页。

（4）岸边成雄保存的六寸拓本照片（来自前田直典）；

（5）1958年《唐长安城地基初步探测》所附题记印本；

（6）1990年《中国古代地图集（战国—元）》印本①；

（7）1998年《中华古地图珍品选集》印本②。

上述各本底本都完全相同，全部源自邵章旧藏的北大A本。当然，既有直接拍摄拓片的，也有翻拍图版的，印刷时还将墨拓改印成红色。

北大图书馆A本与平冈武夫摹本也有不同之处，表现在：第一，A本多出了邵章题跋、五言诗和新的钤印。第二，拓片粘贴位置不同。分析可知，这种不同，是拓本拍摄后印刷厂修改底版造成的，目的是将两张拓本合并成一张，故将题跋、五言诗剪裁掉，拓片位置紧缩。

那么邵章藏本是如何被拍照而公诸天下的呢？答案源自陕西考古会委员长张扶万1935年北平访问之旅。据张扶万《在山草堂日记》记载③，是年2月，他应北平研究院之邀，来访北平。由此获观邵章藏《长安图》拓本，并由陕西考古会出资复制，在北平科学印书馆石印了100张，1935年4月印毕（图4）。邵章及北平研究院等单位、个人皆有相送。张扶万携印本归西安后，撰写了《吕刻唐长安图考证》九卷，1936年书成，在陕西省政府主席邵力子的支持下，计划分成文字考释、图版两部出版，但恰遇"西安事变"爆发，又逢抗战，1943年张扶万去世，最终未能付梓。

① 曹婉如主编：《中国古代地图集（战国—元）》，文物出版社，1990年，第45—46页。

② 中国测绘科学研究院编：《中华古地图珍品选集》，哈尔滨地图出版社，1998年，第23页。

③ 罗宏才：《国宝春秋·碑帖篇》，江西美术出版社，2008年，第185—190页。张扶万（1867—1943），名鹏一，字扶万，以字行，号在山草堂主人等。陕西富平人。清光绪二十三年（1897）陕西乡试举人。1916年后任陕西省吏治研究所所长和陕西省通志局分纂。精于历史考古，出任陕西考古会委员长。竭力保护陕西文物，抗战中嘱家人保管好于右任捐给西安碑林的汉熹平石经，为时人所称颂。著有《唐代日本人来往长安考》《苻秦疆域志补正》等。1934年太极宫残石、兴庆宫残石出土，1935年得到《长安图》石印本，他都撰有专文。张扶万未刊稿《吕刻唐长安图考证》九卷（1936年）、《唐长安城金石考》四卷（1938年）、《在山草堂日记》，现藏陕西省政协文史资料办公室。

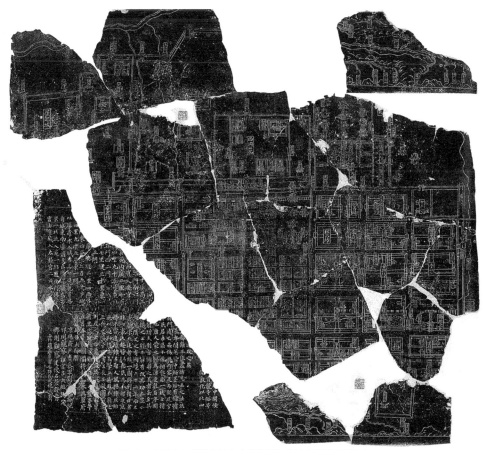

图4　1935年陕西考古会印制的《长安图》石印本
［出自1990年《中国古代地图集（战国—元）》］

　　上述所列举的各本底本都来自1935年3月陕西考古会那次拍摄，几十年来被不断翻拍和印刷。故而可知，平冈武夫所云岸边成雄拍摄本即前田直典君拓本，"被第二次世界大战的战火毁掉"说法有误（也可能毁掉了石印本）。但其结果却是一件值得分外庆幸的事：那件著名的《长安图》拓本，即北大图书馆藏《长安图》A本，安然存世。不仅如此，北大A本还是长期以来学术界对《长安图》21石拓本进行研究的唯一对象。由于公布于世的图像来自此本，此本又因其硬伤残缺不能得知题记与城图的位置关系，在研究中便引发出图文位置关系的一系列猜测，甚至出现错误的研究结论。

　　北大图书馆藏《长安图》A、B两部拓本的出现及其揭示，为进一步推动和深化《长安图》研究提供了重大契机。为了方便读者的研究，最近北大图书馆还根据A、B两拓本，在平冈武夫成果基础上，绘制了新的摹本。

三、基于北大图书馆藏本做的一些研究

（一）对平冈武夫摹本和题记释文的补充与校正

以往披露《长安图》资料信息最多者，莫过于平冈武夫摹本。而北大B本的出现，补充了摹本因A本硬伤而导致的缺字与缺图，校正了平冈武夫对吕大防题记释文的错误，又因新石的出现而增添了新内容。此外，细审A、B拓本还可以纠正摹本个别错字，增加一些因拓片不清难以注意到的重要细节和文字。见表4。

表4　北大A、B本补充、校正平冈武夫摹本缺字缺图、题记释文

石号及位置	补充、改正范围	补充的具体内容（所补缺字置于方框内）
1号石左下角	补上截题记末行行末文字	"永 安〔渠〕"
2号石右下角	补上截题记首行行末文字	"里 四十"
2号石上角	补上截题记第6行至9行行首文字	自右至左 "纵 四" "南 五" "二十" "北 五"
5号石下方	补北郊图	一段渭水
6号石右下角	补北郊图	很短一段渭水
6号石右上角	补下截题记第8行至12行行首文字	自右至左 "有 门" "寺 民" "制 也" "有 能" "规 模"
7号石下方	补汉都城榜题文字	"定 心"
7号石下方	补图像	石人有座（平冈武夫摹本漏画座）、讲武殿建筑（平冈武夫摹本漏画建筑）
8号石下方	补禁苑桃园亭榜题文字及汉都城图像补漏	"桃园 亭"、石马有座（平冈武夫摹本漏画座）
9号石中下方	补修德坊图像	修德坊兴福寺建筑
9号石右上角	补禁苑图	桃园亭左下角、蒲萄园北墙
9号石右上角	补禁苑蒲萄园榜题文字	"蒲 萄园"
9号石正下角	补辅兴坊内左下榜题文字	"玉"
10号石中部	西内苑榜题摹本有误	"杏园坡" "冰井台"（平冈武夫摹本误作 "杏园地" "水井台"）
11号石中部	补西内苑南墙外榜题文字（似被凿去）	□□□院、宫人□
12号石上方	补禁苑、大明宫图	右军中南部、大明宫北墙及北部建筑（九仙门、大福殿、玄武门、玄元皇帝殿）、部分东内苑、左军南部

石号及位置	补充、改正范围	补充的具体内容（所补缺字置于方框内）
12号石上方	补禁苑、大明宫多处榜题文字	上层自右至左"右军"、"九仙门"、"大福殿"、"玄武门"、"□元皇帝殿"（应是"玄元皇帝殿"）、"东内苑"、"□军"（应是"左军"）、"太和门"
12号石左中部	补大明宫宣政殿至含元殿榜题文字	"光顺门" "昭庆门" "光范门"
13号石左上	补太极宫榜题文字	"鹤羽殿" "纳义门"
13号石右	补太极宫榜题文字	左延明门
16号石左部	补永嘉坊榜题文字	成王千里宅
16号石中部	补兴庆宫榜题文字	跃龙门
17号石左方	皇城大府寺榜题摹本有误	"大府寺"（平冈武夫摹本误作"太府寺"）
17号石左方	补兴道坊内正中榜题文字	"兴"（应是"兴道坊"）
17号石左下方	补崇义坊内下层榜题文字	"崔"（应是"崔元暐宅"）
18号石右方	补兴庆宫榜题文字	"□阳□"（应是"初阳门"）
18号左下方	补东市榜题文字	东［市］
18号石下方	常乐坊榜题摹本有误	"雲花寺"（平冈武夫摹本误作"靈花寺"）
19号石	新增南郊石	补充内容见表6
20号石下方	南郊榜题摹本有误	"御宿川"（平冈武夫摹本误作"却宿川"）
20号石下方	补南郊榜题文字	"白塔"
22号石左方	补南郊榜题文字	"□川滱水"（首字残石存捺笔，疑是"八川滱水"）

平冈武夫题记释文有两处明显的错误，见表5。

表5　北大B本校正平冈武夫题记释文的错误

位置	原石文字	平冈武夫释文
上截题记首行末	里四十	里二百四十
下截题记11行（含1空行）	有能增大	不能增大

这两处错误，前者的出现，因拓片残存半个模糊的"里"字，平冈武夫释为"百"字，大概又考虑顶格和其他问题（后面会谈到），因此释为"二里

二百四十"。然而细审拓片，无论 A 或B本，都是清楚的"里"字无疑，并无"二百"两字（图5）。

至于后者，因A本硬伤缺字，平冈武夫根据上下文释作"不"字。现据B本更正为"有"字。推敲题记原话，用"有能……至于……则不能"通顺并有转折意思，而用"不能……至于……则不能"就有语病了。

图5　吕大防题记上截首行末"里四十"

（二）吕大防题记的位置及《长安图》特征与界至

以往没公布过《长安图》所有残石的完整图像，人们不知道题记残石与城图残石是何位置关系，而宋人陈振孙"著其说于上"这句话可以有不同的理解，易产生歧义，故而题跋的具体位置，学者们有过不同的猜测。福山敏男认为，吕大防题跋是单独的碑石。周铮将吕大防题跋配置在《长安图》的下方。

B本的出现揭开了这一历史疑团。缀合后的B本显示，吕大防题记的位置就在长安城图的正上方，图文原是一体的，诠释了"著其说于上"。

从缀合本可知，《长安图》原石为竖碑形，内容分成上下两部分。上半部分是吕大防题记，两截贴式刻，即竖写两横排，文字上下对齐，两排题记均刻有单线边框，题记左右宽度与长安城东西城墙大致取齐。题记残石前半残缺，由长安城宽度和《云麓漫钞》录文推算，每排文字约65行，行14字。碑下半部分是长安图，包括长安城区及北郊、南郊，南郊有横线边框。

既然长安城墙与题记等宽，长安城图的上边（北边）有题记，南边有边框，那么《长安图》界至就清楚了：北界到吕大防题记上方；南界到长安南郊终南山以北的白石谷、梗梓谷、太一谷、义谷一带；东界以长安城东墙偏右一些紧靠夹城的禁苑西墙（残石上现缺禁苑西墙）为东限；西界以长安城西墙偏左一点为西限。

（三）新出西南郊残石及《长安图》南郊内容的梳理

北大B本较A 本多出一块南郊残石（19 号石），即宿白先生所说的"城外之'清明渠''东交河''龙骤谷'"残石。这块新残石在平冈武夫的记录和其他文献中没有提到过。由此可获知吕大防《长安图》一些新内容（图6）。

图 6　新公布的《长安图》南郊残石

　　19号新残石与20、21、22 号残石都在《长安图》的南郊边缘，下方都刻有南界的边框线。新残石内容是长安南郊的河流和山谷。保存有10条题榜。从左至右，上方河流旁题榜为："丰水""□□□""西交河""清明渠""东交河"。下方山谷旁题榜为："丰谷""龙骧谷""西和谷""白石谷""□师谷"。将这些内容与元代李好文《长安志图》上卷《城南名胜古迹图》对照[①]，发现山水地名元代基本都在沿用，位置在长安城西南郊。推知新残石是在《长安图》原石的左下角。根据南郊残石地名位置关系，可知四石顺序，按序号自西向东（由左至右）一字排开。

　　将19—22号四石内容与《城南名胜古迹图》比较，会发现四石内容大体涵盖了城南郊区河流山谷，缺漏不多。最南边的山谷，只缺一条题榜"漆谷"。四石宽度相加也与城图总宽度相差不太多，因此，四石基本上反映了《长安图》南郊从西南至东南的地理面貌。这是很值得庆幸的。此外，比较后也不难发现《城南名胜古迹图》不同版本在传抄中产生的地名讹误，吕图的校正作用由此显现出来。见表6。

　　① 李好文《长安志图》上卷《城南名胜古迹图》。笔者案：平冈武夫《长安与洛阳（地图）》所引经训堂本《城南名胜古迹图》与文渊阁《四库全书》本《城南名胜古迹图》，版本不同，图中地名有差异，笔者同时列出。

表6　《长安图》残石与《城南名胜古迹图》南郊地名记载对照

石号	《长安图》南部现存地名	《城南名胜古迹图》南部地名
19号石	丰水	丰水（《长安与洛阳》作"丰"）
	□□□	定昆池
	丰谷	雪谷
	西交河	西交河
	龙骡谷	龙骥谷
	清明渠	清明渠
	西和谷	西和谷（《长安与洛阳》作"西谷"）
	东交河	东交河
	白石谷	白石谷
	□师谷	阿师谷
20号石	（缺失）（据《雍录》卷一〇记载吕图有子午谷和香积寺）	子午谷
	□水	（缺失）（《长安与洛阳》有"镐水"）
	豹林谷	豹林谷
	御宿川	御宿川（《长安与洛阳》误作"却宿川"）
	梗梓谷	桐梓谷（《长安与洛阳》作"梗梓谷"）
	白塔	百塔（《长安与洛阳》无）
21号石	韦曲	韦曲
	皇子陂	皇太子陵（《长安与洛阳》作"皇子陂"）
	竹谷	竹谷
	华严寺	华严寺
	樊川	樊川
	鹘兴谷	鸿兴谷
	磕谷	磻谷
	（缺失）	漆谷
	七姑谷	七姑谷（《长安与洛阳》作"姑谷"）
	杜曲	杜曲
	太一谷	太乙谷
	皮谷	炭谷
	土门谷	王门谷（《长安与洛阳》作"土门谷"）
	羊谷	羊谷
	□□谷	西义谷

石号	《长安图》南部现存地名	《城南名胜古迹图》南部地名
22号石	□□	（不详）
	□川潏水	潏水
	彩霞亭（在芙蓉园内）	芙蓉原（与芙蓉园有关）
	黄渠	黄渠
	义谷	东义谷

（四）《长安图》郊区特点及南城墙位置的确定

《长安图》注重主体描绘，长安城内按"两寸折一里"比例绘制，十分细致。而城外郊区的绘制则相当简单，基本没有画东西郊，仅画了南北郊若干，且南北郊大大压缩了南北宽度，没有按比例尺绘制，正如《云麓漫钞》引吕氏题记所云"城外取容不用折法"。

《长安图》所绘北郊地域，除了大明宫用"两寸折一里"折法外（东西苑大致同），其他是示意图。如，汉都城、汉宫城明显缩小且东移，唐禁苑压缩了南北幅度。而《长安图》所绘南郊地界，被压缩成一横窄条，图中南郊大致处于同一水平面的地名，如西交河、清明渠、东交河，又如樊川、杜曲、芙蓉园，在李好文《城南名胜古迹图》中有很大的南北落差。一些河谷、建筑物的位置也与李好文所绘不尽相同，甚至相反。因此《长安图》南郊部分也只能看作示意图。

通过研究南郊21号残石，我们有了一个极为重要的发现，可以得出《长安图》从长安城南墙到南郊边框的高度，借此可进一步推导《长安图》的总高度。

第21号残石是南郊残石中最高的一块，放大并仔细观察该石拓片，可以发现题榜"华严寺"上方，紧贴着残石的上沿，刻画有一道水平直线，因为过于贴靠石边且细微，极难被注意到，平冈武夫摹本便漏画了这道重要的水平线。这是可以理解的，平冈武夫摹本根据的是六寸照片，故如此细微的线条根本无法被发现。分析可知，这道水平线显示的正是长安城南城墙（图7）。由于《长安图》南郊被压缩成一条，而南郊四石内容基本囊括了南郊地名，22号石又绘出了与长安城东南角相连接的芙蓉园之大部，故可推知南郊界边框到长安城南墙的距离应当较近。21号残石上沿所画水平线笔直，不是河道，而这 区域又没有其他大型水平建筑，所以这条水平线必定是长安城的南城墙。①

---

① 《唐长安城地基初步探测》（《考古学报》1958年第3期，第79—94页）一文后附《长安图》新摹本增加了这道水平线，但没有指出它是长安城南城墙。下面谈到的芙蓉园东墙东折线也是如此。

经测量从这条水平线，即长安城南墙到南郊边框的高度为19厘米。

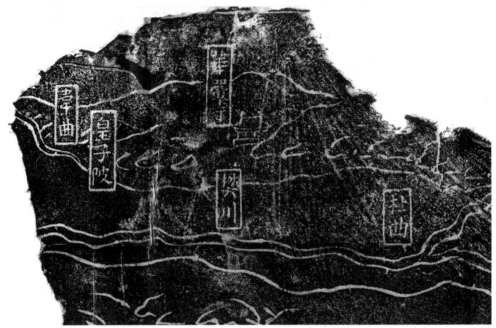

图7　第21号石上方水平线（长安城南城墙）

（五）《长安图》芙蓉园南部形状的复原

有些地图将唐长安城东南角简单地画成直角，然而吕大防《长安图》所绘并非如此。从第22号南郊残石拓本，可以看到《长安图》所绘长安城东南角处绘有向南凸出的"U"字形围墙，墙内有彩霞亭，黄渠水穿北墙而过，此地便是唐皇家御苑芙蓉园的南部。

仔细观察发现，与前述南城墙情况类似，平冈武夫摹本对第22号残石绘制时也漏画了长安城东南角"U"型围墙东边城墙向北延伸再右折向东延伸的部分，这是因为东折线紧贴残石边且细微，很难发现（图8）。在此之前，利用同一底本，福山敏男所绘长安城图也有相同的遗漏，而且福山敏男绘图将凸出的芙蓉园画得过于狭长。[①]为此，有必要对《长安图》所绘芙蓉园南部形状做一点探讨。

史籍及考古发掘都证实长安城东南角是唐御苑芙蓉园。此地原名曲江园，隋文帝更名芙蓉园，曲江池从中穿过。《云麓漫钞》引吕大防题记云："外郭东南隅一坊，始建都城，以地高不便，隔在郭外，为芙蓉园，引黄渠水注之，号曲江。明皇

---

① 福山敏男绘《长安城图》载于平冈武夫《长安与洛阳（地图）》第七图。

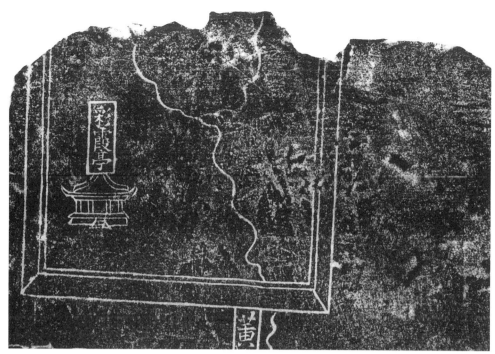

图 8　第 22 号石芙蓉园东墙东折线（芙蓉园城墙）

增筑兴庆宫夹城，直至芙蓉园。"①如题记所说，芙蓉园是长安城东南角因地势高被隔到城郭外所建，隔城墙在外兴建，又与长安城相连，皇帝可从夹城入园。而御苑不能没有城墙，因此又紧贴长安城建起芙蓉园围墙。这样长安城东南角城墙就不再是四方直角了，而是从长安城向南突出了一块。南宋程大昌《雍录》绘制《唐长安城图》时，便将这一特征画了出来。

那么吕氏《长安图》长安城东南角，是何具体形状呢？细审22号残石，会发现《长安图》所绘东南角有向南凸出的"U"字形围墙。凸出部分的东墙（右边）向北延伸到残石边后，并非再向北，而是右折向东延伸。考虑到《长安图》东延线只能延至城东夹城，及南郊四石总宽所限，又根据考古后来知道的实际情况，因此可知向东延伸的长度大约是向南凸出长度的三分之一再多些。

总之，《长安图》所绘唐长安城东南角芙蓉园南部凸出的形状，并不是简单的"U"字形，而是"凵"形。这正是历史上唐长安城东南角的真实形状，已被当代考古实测证实。1996年出版的《西安历史地图集》便是按照此形状绘制的②，证明《长

①〔宋〕赵彦卫：《云麓漫钞》卷八，中华书局，1996年，第142页。
② 史念海主编：《西安历史地图集》，西安地图出版社，1996年，第80—81页《唐长安城图》。

安图》的绘制符合历史情况。

测量 22 号石拓片，芙蓉园南墙至南郊边框高度为5厘米，芙蓉园南墙外宽为10.2厘米，芙蓉园东墙高度为9厘米，东墙至右界（东界）10.5厘米，残存的东折延线为3.5厘米，东折延线至南郊边框高度为14厘米。以上问题清楚了，再与前述长安城南墙到南郊边框的高度相结合，便可以基本复原《长安图》芙蓉园南部形状。

（六）《长安图》原石主体部分尺寸的测算

能得出《长安图》尺寸，不仅可了解原碑的规模，也为今后尝试恢复原图奠定了基础。这里所说的尺寸，是指镌刻城图和题记的碑石主体的尺寸，不包括主体之外的附加部分，因为该碑可能上有碑额、碑首，下有碑座（也可能嵌于墙壁上）。这些都不在主体部分之列。

由于《长安图》南城区缺失，已知残石尺寸便分成上下，即南北两部分。上部，即题记和城图共 18 块残石，缀合后拓本尺寸，高 168厘米，宽约121厘米；下部，即南郊4小块残石连接后拓本尺寸，高25厘米，宽116厘米（斜茬紧密相连）。

吕氏题记线框尺寸，上截框高24.6厘米，下截框高25.1厘米，上下框间距1.5厘米，左边框外有3厘米石边。框内题记每行14字高23.6厘米，文字行间距1.735厘米。若框内题记为65行的话，推算题记左右边框距离约为113.5厘米。

《长安图》残石尺寸与平冈武夫根据古人按步所标注的长安城尺度结合，可进一步测算出《长安图》原碑的大致尺寸。这种计算的前提是：第一，知道《长安图》石碑边缘；第二，标注的长安城步数准确。而实际情况基本满足了前提条件。

第一，残石或多或少包含了整块碑石的四至边缘。

从残石拓片看，碑石四边虽不全，但或多或少包含了四至边缘。

北界（上界）石边的宽度，即题记上截框外石边4.4厘米。

南界（下界）石边的宽度，即南郊界栏下至石边最宽处6厘米。

西界（左界）石边的宽度，即汉都城西墙至石边2.6厘米。因汉都城西墙超过唐长安城西墙，故测量西界石边以汉都城西墙为准。

东界（右界）石边的宽度，计算稍微复杂一些，虽然长安城东墙尚存，外有石边3.5厘米，但出土残石缺了禁苑西墙，因此不能以此边作为东界石边，还要再东延囊括禁苑西墙（通化门上方禁苑北墙东延接禁苑西墙）。考虑《长安图》右下角芙蓉园东墙至东界距离10.5厘米，除去东折延线3.5厘米，剩下的7厘米，基本可以容下禁苑西墙（在长安城东墙3.5厘米石边之外），因此东界（右界）石边的宽度就算作7厘米。

《长安图》四至边缘虽存，可确实窄了一些，特别是东西两边，不够美观，因此禁苑西墙可能会再东延一些，为了对称，长安城东、西石边都会再往外延伸。然而考虑到拓片已包含图文主体内容，外延量不会很多。因此目前的测量就将现有边视为碑的四边。

第二，按步数标注的长安城尺度是可靠的。

平冈武夫根据《唐六典》、宋《长安志》、元《类编长安志》和《长安志图》等文献所记，标出唐长安城南北宽5575步，东西宽6600步（未含夹城厚度）。[①]又标出唐人尺度单位：（用大尺）一里为360步，一步为1.47米，一里为529.2米。[②]据此计算下来，唐长安城南北宽8195.25米，东西宽9702米。1959年至1962年长安城遗址考古实测，从南墙明德门到北墙玄武门偏东处之间，南北宽8651.7米（含两城墙厚度）；从东墙春明门到西墙金光门之间，东西宽9721米（含两城墙厚度）。[③]平冈武夫所记步数尺寸与考古实测尺寸南北相差400多米，东西相差无几。这说明平冈武夫据文献所标记出的唐长安城南北步数是可靠的，以上平冈武夫标记步数和唐人尺度单位的方法，中国学者也是赞成的。[④]因此，下面推算残石不存的长安城南城时，就以平冈武夫所记步数作为按比例计算的基础。

现据北大《长安图》拓片长安城尚存区域实测尺寸，以计步和比例尺推算长安城不存区域尺寸，再加上郊区和四界石边的尺寸，计算《长安图》原石尺寸如下：

1.《长安图》原石高度

（1）北界石边（题记之上）至玄武门（南）的原石拓片高度为115.5厘米；

（2）玄武门至朱雀门（至街心，街宽1.3cm），平冈武夫所标步数为2204步（960 +1220 +23.5=2203.5），而实测拓片高度为37.7厘米（朱雀门所在地残缺可用并行线测量代之）；

（3）朱雀门至明德门，平冈武夫所标步数为3371步（5575−2203.5 =3371.5），

---

① 平冈武夫所标长安城内各处步数见《长安与洛阳（地图）》第一图。
② 平冈武夫所记尺度单位见《长安与洛阳（地图）》。
③ 中国科学院考古研究所西安唐城发掘队：《唐代长安城考古纪略》，《考古》1963年第11期，第596页。
④ 中国科学院考古研究所西安唐城发掘队：《唐代长安城考古纪略》，《考古》1963年第11期，第596页。

依前述玄武门至朱雀门高度、步数比例，可推算出朱雀门至明德门的佚石高度为57.7厘米，上段37.7厘米加上此段57.7厘米，可知长安城（玄武门至明德门）高度为95.4厘米；

（4）南郊的高度，包括两部分，第一部分是21号石保存的长安城南城墙至南郊界栏高度19厘米，第二部分是界栏至下界，即南界石边6厘米，二者合计25厘米。需指出，21、22号石边不足6厘米，是拓片纸小造成的。

前述累计，《长安图》从北至南高度累计为235.9厘米。

2.《长安图》原石宽度

残石缀合后，可测量出唐长安城郭的一半宽度，即朱雀大街中轴线至通化门东墙宽度为54.8厘米（含内城墙厚度，不含夹城），加上城郭另一半，再加上夹城1.4厘米，可知长安城宽度为111厘米。

《长安图》全图左半尺寸：朱雀大街中轴线至汉都城西墙（西）58.4厘米，再加城西界石边2.6厘米，计61厘米；全图右半尺寸：一半城郭54.8厘米，再加上夹城1.4厘米，再加城东界石边7厘米，计63.2厘米。前述左右相加，《长安图》从东至西宽度累计为124.2厘米。

需要指出，如果想《长安图》全图完整（含禁苑西墙），四至石边宽度对称又美观的话，推测总宽度还要增加10厘米以上。

3.《长安图》厚度

《长安图》原石厚度不详。何士骥没有叙述"太极宫残石"厚度。石嵌墙也无法测量厚度。但是何士骥报告中谈到《三宫图》兴庆宫残石厚度为27厘米。鉴于《长安图》与《三宫图》的特殊关系和一般碑刻高、广、厚的常见比例。此石厚度可供参考。

综上所述，推算出《长安图》原石主体部分尺寸大致为：整石高235.9厘米，宽124.2厘米。图中所绘长安，南北高95.4厘米，东西宽111厘米（含夹城）。

从以上测算的长安城图尺寸（南北95.4厘米，东西111厘米），再到考古实测尺寸（南北8651米，东西9721米），可知《长安图》长安城内地图比例尺，南北竖向约为1：9068，东西横向约为1：8758。与吕大防题记城内"二寸折一里"（1：9000）的比例大致吻合。

根据拓片测量和推算《长安图》画面部分尺寸如下，见表7、图9。

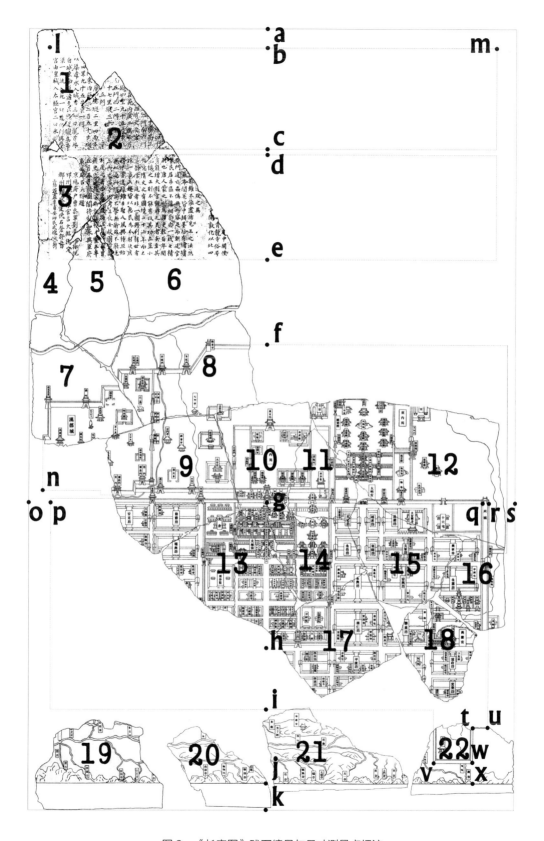

图 9 　《长安图》残石编号与尺寸测量点标注

表7 测量和推算《长安图》碑石画面部分尺寸

方向	测量点	范围	尺寸
竖向（南北向）	a至k	整石高	235.9厘米
	g至i	长安城城图高	95.4厘米
	a至b	北界石边（上截题记框以上）	4.4厘米
	a至g	北界石边至玄武门（南）	115.5厘米
	a至e	北界石边至题记下框	55.6厘米
	b至c	上截题记上下边框间距	24.6厘米
	c至d	二截题记框间距	1.5cm
	d至e	下截题记上下边框间距	25.1厘米
	b至e	上截题记上边框至下截题记下边框	51.2厘米
	e至g	下截题记下框至玄武门（南）	59.9厘米
	f至g	御苑北墙（南）至玄武门（南）	40.9厘米
	g至h	玄武门至朱雀门（街心）	37.7厘米
	h至i	朱雀门至明德门	57.7厘米
	i至j	明德门（南城墙）至南郊界栏	19厘米
	j至k	南界石边（南郊界栏以下）	6厘米
	t至x	芙蓉园东墙东折延线至南郊边框高度	14厘米
	t至w	芙蓉园东墙高度	9厘米
	w至x	芙蓉园南墙至南郊边框高度	5厘米
横向（东西向）	o至s	整石宽	124.2厘米
	p至r	长安城城图宽（含夹城）	111厘米
	l至m	题记外框宽	推测为113.5厘米左右
	p至g或g至q	长安城郭一半宽度（朱雀大街中轴线至通化门东墙，不含夹城）	54.8厘米
	q至r	长安城夹城	1.4厘米
	g至s	全图右半（一半城郭+夹城+东界石边，累计）	63.2厘米
	u至s垂直延长线	东界石边（芙蓉园东墙以东10.5厘米减去东折线3.5厘米）	7厘米
	o至g	全图左半（中轴线至汉都城西墙+西界石边，累计）	61厘米
	n垂直延长线至g	长安城中轴线至汉都城西墙（西）	58.4厘米

方向	测量点	范围	尺寸
横向（东西向）	o垂直延长线至n	西界石边（汉都城西墙以西）	2.6厘米
	v至w	芙蓉园南墙宽（外）	10.2厘米
	w至s垂直延长线	芙蓉园东墙至东界石边	10.5厘米
	t至u	芙蓉园东墙残存的东折延线	3.5厘米

以上测量尺寸以缀合较好的 A 本为标尺。因为拓本纸张伸缩差异很大，A、B两拓本尺寸也不同，A本略大，B 本略小（如，长安城南墙到南郊边框A本19厘米，B本18.5厘米）

（七）《长安图》立石所在

《长安图》题记没有立石地记载，清末出土残石也没有出土地的资料。但综合有关信息，仍可以得到立石地线索。

首先，从文献记载来看。元李好文撰《长安志图》时，详细收集了《长安图》资料，并将旧图跋语记录下来。其中有邠邦用题跋："此图旧有碑刻在京兆府公署，兵后失之。有雷德元、完颜椿者，访得碑本，订补复完，命工锓梓，附于长安志后。壬子年中秋日谷口邠邦用跋。"

邠邦用，字大用，号谷口野老，定安人，金正大元年（1224）词赋进士，释褐京兆府学教授，官承直郎、省差教授。[1] 金亡，邠邦用出仕元朝，官陕西行省左右司郎中。据此可知，跋语壬子年为蒙古宪宗二年（1252）。邠邦用所说的"旧有碑刻"当指吕大防《长安图》原碑石。"在京兆府公署"当指碑立在北宋至金代一直沿用的京兆府衙署。"兵后失之"可能指金正大八年（1231）蒙古军攻入京兆府城时《长安图》毁于兵火。邠邦用是当时当地人，曾为金京兆府教授，他的话语应是可信的。邵章题写"今翳旧蕃署，昔耸京兆庐"，也是指石出京兆府公署。

其次，从出土文物来看。何士骥率队在民政厅二门院内发掘出《三宫图》兴庆宫残石。《长安图》与《三宫图》有密切的关系，两块图碑很可能立在同一地方。因此，兴庆宫残石的出土地，可能是二者最初立碑、后来遭兵火毁坏掩埋的地方。

---

① 《（京兆府学）改建（进士）题名碑》，吴昕书，卢元撰额，樊世亨刊，承直郎、省差教授赐绯鱼袋邠邦用立石。金正大七年（1230）立于西安府。参见《金石萃编》卷一五九。

而兴庆宫残石出土地民政厅所在地，恰与金京兆府衙所在地为同一地点。

《西安历史地图集》显示，发掘出唐兴庆宫残石的陕西省民政厅旧址在今西安市北大街钟楼西北、鼓楼东北、西华门街以南的地界（大概在社会路中段）。此地历朝历代皆为官署所在地：唐代是皇城中尚书省与左武卫、右骁卫之所；唐末天祐年间佑国军节度使韩建主持改建长安城，放弃原长安城的宫城和外郭城，在皇城的基础上修建新城，此地在五代是新城府衙所在地；北宋时是京兆府和永兴军路衙署所在；金代为京兆府署；元代是陕西行省、奉元路办公所在地；明清两代是陕西布政司衙署；民国前期为陕西省民政厅，后期改为西安市政府所在。最终推知，此地就是邳邦用所说的"此图旧有碑刻在京兆府公署"之所在，即《长安图》与《三宫图》立石地。

从情理上看，吕大防身为地方最高长官，将精心制作的城市地图立在永兴军衙署是想选择最佳、最显赫的位置。文化盛典的碑石立在府衙、府学，是自古以来的惯例，而此地同样也是改朝换代战乱中最易遭遇袭击的地方，毁于兵火在所难免。

（八）《长安图》制作责任人

吕大防题记末尾有落款："元丰三年五月五日，龙图阁待制、知永兴军府事汲郡吕大防题。京兆府户曹参军刘景阳按视，邠州观察推官吕大临检定，鄜州观察支使石苍舒书，工张佑画，李甫、安师民、武德诚镌。"记载了制作《长安图》石刻的八位责任人。现据署名先后梳理如下：

1. 吕大防

他是镌刻《长安图》的主导者、主持人，亲自撰写了题记。吕大防（1027—1097），字微仲，先祖汲郡人，因祖父葬蓝田，吕氏遂徙为京兆府蓝田（今陕西蓝田）人。吕大防是北宋著名政治家，也是礼学家。皇祐元年（1049）中进士。从冯翊主簿、永寿县令任起，终至宰相高位。熙宁四年（1071）吕大防授龙图阁待制。元丰初年（1078）移任永兴军，居位数年。刻于元丰三年（1080）的《长安图》正是在此任上完成的。元祐三年（1088）吕大防授尚书左仆射兼门下侍郎，任宰相。废新法，修《神宗实录》。哲宗亲政后，以元祐党争，屡屡遭贬。绍圣四年（1097），在赴贬地途中病逝于虔州，终年七十一岁。《宋史》卷三四〇有传。

吕大防有贤相之称。史载："大防朴厚憨直，不植党朋，与范纯仁并位，同心戮力，以相王室。立朝挺挺，进退百官，不可干以私，不市恩嫁怨，以邀声誉，凡八年，始终如一。"①虽为名相，有作为，但他推崇祖宗旧法，是旧党重要代表人物，在《元祐党籍碑》名单上，吕大防仅次于司马光、文彦博、吕公著，位列第四。宋徽宗、高宗时恢复了他的名誉，赠太师、宣国公，谥"正愍"。

绘刻《长安图》《三宫图》，是吕大防在知永兴军府事任上完成的大事，由他来承担并非偶然，是所有条件都具备促发产生的自然结果，也是他的历史责任使然。原因在下节论述。

2. 刘景阳

题记署名"京兆府户曹参军刘景阳按视"。史书文献中未见此人的记载。②刘景阳官京兆府户曹参军。户曹参军，隋始设此职，唐宋沿袭。《宋史·职官志》："户曹参军掌户籍赋税仓库受纳。"也就是说，刘景阳是主管京兆府的户籍、记账、道路、过所等事宜的官员，对长安城的地理区划、街巷道路、户籍管理，自然很熟悉。在绘制《长安图》的流程中，吕大防给刘景阳安排的任务是"按视"，命他利用专长，到长安城及周边进行实际勘察、测量，并绘制出《长安图》的草图底稿。他要参考前人地图，又要根据遗址、遗存测绘新内容。吕大防身为高官，不会事必躬亲、频赴遗址。因此，刘景阳是吕大防可以信赖和依靠的最好助手，是《长安图》设计的具体执行者，功劳至伟，故排名第二。

3. 吕大临

题记署名"邠州观察推官吕大临检定"。吕大临的职分是对收集来的材料及勘察测量绘制的草稿进行考定、核准，是对《长安图》技术层面的把关。吕大防将此重任交与他，绝不仅仅因兄弟关系，主要还是吕大临的学术水准，令他成为最好的人选。

吕大临（1040—1092），字与叔，号芸阁。以门荫入仕，元祐中任太学博士、秘书省正字，掌管典籍的校勘、刊印和发布。大临邠州观察推官的任职未见记载，可补史阙。邠州，永兴军所辖，州治在今陕西彬州市。观察推官为考察巡访类官职。吕大临虽入仕，却更热衷于学术研究。初追随张载，投身关学，载卒后，归依

---

① 《宋史》卷三四〇，中华书局，2000年，第8668页。

② 笔者注意到，近年河南孟津出土《宋故前陕州夏县主簿张津墓志》，为陕州平陆县尉刘景阳书。虽时间相宜，但从署衔看，恐为重名之人。《张津墓志》，白具撰，刘景阳书并题盖，张大有刊。北宋元丰四年（1081）十一月二日葬。北京大学图书馆藏拓片 D302：8366。

二程。精研《六经》，尤深于《三礼》。一生在经学、关学方面的成就大、著述丰，但大多散佚，仅留下记载而已。

吕大临在金石考古学领域的影响和贡献也很大，他是中国古代考古研究先驱者，最早对青铜器及其铭文进行了系统研究，著《考古图》十卷。这是中国最早且有系统的古器物图录，奠定了现代考古学、古文字学的基础。

在四吕中，以吕大临的学术贡献最为突出。吕大临48岁早卒，刻《长安图》时，其学术造诣已然很高，又与吕大防关系密切，故得以出任检定。吕大临，《宋史》有传，附于大防传后。

4. 石苍舒

题记署名"鄜州观察支使石苍舒书"。他是《长安图》题记和名称题榜的书写人。石苍舒，生卒不详，字才美，一字才叔，雍州（今西安）人，曾官"承事郎通判保安库"。时任"鄜州观察支使"未见记载。鄜州，永兴军所辖，州治在今陕西富县。观察支使也是考察巡访类官职。石氏又是宋代书法家，史籍对其记载更多见于书法活动方面。据记载，他擅行草，人谓得"草圣三昧"；喜收藏，蓄图书甚富；因珍藏褚遂良《圣教序》真迹，堂号"醉墨"。石苍舒与北宋文人、旧党人过往密切，如苏轼、苏辙、黄庭坚、韩琦、文彦博等都有交往。苏东坡题有《石苍舒醉墨堂》七言诗。[①]《玉照新志》有石苍舒与黄庭坚、文彦博交往记述，已近乎野史。[②]

石苍舒也是吕大防的好友，关系很近，古人有苍舒"为丞相吕公所荐不达而卒"之说。他为吕大防多次挥毫。除了书写《长安图》题记、题榜外，据元骆天骧《类编长安志》记载，元丰三年二月《宋京兆府移文宣王庙记》，也是吕大防撰，石苍舒书。[③]又据《类编长安志》引《复古碑录》记载，石苍舒还曾为吕大防所藏《张旭草书千字文》摹写刻石。记曰："《唐张旭草书千文》……元丰三年吕大防

　①〔宋〕苏轼：《东坡全集》卷二，文渊阁《四库全书》本，台湾商务印书馆影印，1986年，第1107册，第70页。

　②〔宋〕王明清：《玉照新志》卷五，文渊阁《四库全书》本，台湾商务印书馆影印，1986年，第1038册，第60页。记云："石才叔苍舒，雍人也。与山谷游从，尤妙于笔札，家蓄图书甚富。文潞公帅长安，从其借所藏褚遂良《圣教序》墨迹一观。潞公爱玩不已，因令子弟临一本。休日宴僚属，出二本令坐客别之，客盛称公者为真，反以才叔所收为伪。才叔不出一语以辨，但笑启潞公云：'今日方知苍舒孤寒。'潞公大哂，坐客赧然。"

　③〔元〕骆天骧：《类编长安志》卷一○石刻，中华书局，1990年，第318页。

守雍得之，石苍舒俾模诸石而置于府廨。"①此帖石也立于京兆府廨，其下落不明，或已毁于战火。但也有人认为，移入西安碑林。②

5. 张佑

题记署名"工张佑画"。其人生卒不详，未见记载。善画，从前冠"工"字来看，是民间画匠而非画家。张佑的工作是将刘景阳等人提供的草图，精准、工整地绘制成图纸。再与文字合成过录到石碑上，以便镌刻。其绘制水平决定了《长安图》构图是否准确美观。张佑的绘制细致繁杂，工作量很大，付出心血也多，但因身份较低，故仅列名于石匠之前。平心而论，吕大防还是比较尊重这些工匠的。第一，尽管降三格，字也稍小，但皆署名。没有像许多碑刻那样，工匠不留名。第二，将工匠署名与士大夫排在了一起。若按一般刻石惯例，工匠署名要放到碑的结尾处（左下角），而且落款字也极小。

6. 李甫、安师民、武德诚

题记署名"李甫、安师民、武德诚镌"。三人生卒不详，皆是北宋神宗、哲宗时期（1086—1100）长安地区石刻工匠，善刻碑。《长安图》画面大而细繁，镌刻工作量巨大，需要三位石工合作完成。三石工排名先后，或许表明了他们年岁资历的顺序。

（1）李甫，京兆（今西安）人。与武德诚合刻过《程枢墓志》③。此志署李仲甫，与李甫当是同一人。由此知，李甫也署名李仲甫，可能行二，字仲甫。

（2）安师民，京兆（今西安）人。京兆安氏是刻工世家。北宋一代，始自宋初建隆年，安姓刻工尤多，皆在关中长安一带刻碑，享誉一方。最著名的事例是长安刻工安民不肯污名司马光，不愿刻《元祐党籍碑》，士大夫称颂之，见载于《宋史》。④

---

① 〔元〕骆天骧：《类编长安志》卷一〇，中华书局，1990年，第311页。

② 路远：《西安碑林藏石研究三题》，见《碑林集刊》（第11辑），陕西人民美术出版社，2005年，第22页。

③ 李仲甫刻石：《程枢墓志》，游师雄撰，范育书，苏晦篆盖，李仲甫、武德诚刊。宋元丰元年七月一日葬。陕西西安长安区出土，现藏长安博物馆。参见长安博物馆编：《长安新出墓志》，文物出版社，2011年，第332页。

④ 《宋史》卷三三六《司马光传》。又见《语石》卷六刻字五则。笔者案：关中地区这一时期有刻工安民师（镌刻作品年代1069—1078年）、安师民（镌刻作品年代1080年）、安民（镌刻作品年代1090—1104年），三者关系不明，也有可能为同一人或二人，以字号署名。

（3）武德诚，镐都（今西安）人。独自镌刻过《善感院新井记》①。与李仲甫合刻过《程枢墓志》。

（九）《长安图》的绘刻背景和原因

镌刻《长安图》是一项非常耗费精力、财力的大工程，并非私人行为，吕大防为何热衷于此，究其原因，与他的身份、责任、经历、喜好和当时的社会历史环境密切相关。梳理原因，应该是多方面促成的，窃以为至少有以下几点：

其一，源于长期沿袭的官修地方史志与刻图的传统。

中国古代官修地志起源于秦汉时期修撰的地理志。政府需要了解各地情况，以利统治和管理。从隋唐开始形成有组织、定期编修的制度，修志成为地方官员的职责之一，据《隋书·经籍志》记载，隋大业年间，普诏天下诸郡，采其风俗、物产、地图上于尚书省。②这些政令促进了地方志（时称图经）的纂修。至唐代，朝廷明确规定了编修期限和办法，规定各州郡图经每三年编修一次，报送尚书省，后改为五年一次。这种制度的贯彻，为今天留下了《元和郡县图志》等一批经典志书。到了宋代，经过长期战乱，文化凋零，以中华正统自居的赵宋政权，特别重视文化典籍的编纂收集，承袭了唐代数年一造图经的制度。从宋太祖开始，多位皇帝都曾下诏编纂志书。如开宝四年（971）太祖命重修天下图经，开宝八年又诏修订《诸道图经》。大中祥符三年（1010）真宗诏新修《诸道图经》1566卷。大中祥符六年（1013）修订《九域图志》。北宋规定："职方郎中员外郎掌天下图籍，以周知方域之广袤……遇闰岁造图以进。"又创设了中央修志机构"九域图志一司"，直接负责国家修志。③繁荣自宋代的修志传统，历代一直延续，长达千年。

插图是方志重要组成部分，各地志书大多图文并茂，其中地图占有很大比例。

---

① 武德诚刻石：《善感院新井记》，侯可撰，慧观书，李元直篆额，武德诚刻。北宋熙宁七年（1074）正月三十日。陕西西安香城寺，现藏西安碑林。参见北京图书馆金石组编：《北京图书馆藏中国历代石刻拓本汇编》第39册，中州古籍出版社，1989—1991年，第74页。

② "隋大业中，普诏天下诸郡，条其风俗物产地图，上于尚书。故隋代有诸郡物产土俗记一百五十一卷，区宇图志一百二十九卷，诸州图经集一百卷。"参见《隋书》卷三三《经籍志》。

③ 唐廷规定，见《新唐书》卷四六；宋太祖重修图经，见《续资治通鉴长编》卷一二；开宝八年修图经，见《宋史》卷四四〇；真宗新修《诸道图经》，见《续资治通鉴长编》卷七四；大中祥符六年修《九域图志》，见《续资治通鉴长编》卷二六五；职方郎中员外郎职掌，见《宋史》卷一六三《职官志》；创设"九域图志一司"，见《宋史》卷一七九《食货志》。

不仅如此，经过长期发展，具有志书性质的地图类书籍，乃至专以地图为主的书籍也发展很快。唐代有代表性者，如《旧唐书》载，贞元十七年（801）贾耽上呈皇帝《海内华夷图》，广三丈，纵三丈三尺，一寸折百里。又如早于《长安图》的长安故图等。早期地图无论纸质还是刻石大多亡佚。正如《语石》卷五所记："地图……王象之《舆地纪胜》，每一州碑目之后，必附以图经若干卷，初疑邑乘无与于石刻，后观唐《吴兴图经》，其先为颜鲁公所书，刻于石柱，始知唐时图经皆刻石而今亡佚。"[1]绘刻地图在宋代达到高峰，风气之下，两宋时期各地有许多地图诞生，已知现存者就达十余种[2]，城市地图也不断出现。吕大防《长安图》正是在这种强大的传统促推下和社会环境影响下，沿袭产生的。如此技法成熟的城市地图，说明之前地图的发展，已经历了长期的演进过程。

其二，地图的刻制，统治高层格外重视，下层会迎合呈报，也是地方官员彰显管理与文化政绩的需要，还是士大夫青史留名的好机会。

地图是统治者管理疆域的主要工具，受到格外重视。地方地图也要呈送皇帝和中央。上有所需，下有所进，有责任者必绘制呈报，功绩显著者甚至因此升职。何士骥指出："至吕氏所以刻石之故，则吕氏（题记）自言之。又按，唐《两京城坊考》序云'昔宋皇祐中欲行入阁仪，而莫知故实，后仁宗得《唐长安图》，其仪始定。元丰时，都官员外郎蒙安国得《唐都省图》，献于朝，遂迁旧七寺监，如唐制'盖唐宫省之图，在当时已珍重如是，而一般士大夫，必有趋奉时好，竟为异说者，故吕氏感于事实，出而考证，并绘图刻石以成定本，此亦礼学家应有

---

① 叶昌炽：《语石》卷五，王其祎校点，辽宁教育出版社，1998年，第138页。
② 已知现存宋金时代地图石碑除《长安图》外还有：《唐太宗昭陵图》，北宋元祐四年（1089），刻于陕西昭陵《大宋新修唐太宗庙碑》碑阴；《九域守令图》，北宋宣和三年（1121）刻，原在四川荣县文庙，现存四川省博物馆；《禹迹图》，齐阜昌七年（1136），在陕西西安碑林，碑阴刻《华夷图》；《华夷图》，伪齐阜昌七年（1136），在陕西西安碑林，刻于《禹迹图》碑阴；《鲁国之图》，南宋绍兴七年（1137），在湖北阳新；《后土皇地祇庙像图》，金天会十五年（1137），明重刻，在山西万荣县；《禹迹图》，南宋绍兴十二年（1142），原在镇江府学，现藏江苏镇江市博物馆；《鲁国之图》，南宋绍兴二十四年，在山东兖州；《灵严寺田园记碑阴界至图》，金明昌六年（1195），在山东长清县；《大金承安重修中岳庙图》，金承安五年（1200），在河南登封；《地理图》，南宋淳祐七年（1247），在江苏苏州；《天文图》，南宋淳祐七年，在江苏苏州；《平江图》，南宋（约在淳祐七年），在江苏苏州；《舆地图》南宋（约在度宗时期，1265—1274），碑已佚，日本京都栗棘庵藏有拓本，传为日本僧人自宋带回；《静江府城图》，南宋咸淳六至八年（1270—1272），在广西桂林。

之事也。"①

　　除了实用需要，地图刻制也往往有一定的政治含义。宋代面临周边辽、金、西夏政权的挤压威胁，官员有为者常敦促皇帝，或以地图形式提醒统治者，修德行政，勿忘责任，追求三代汉唐之盛。

　　南宋绍熙年间黄裳上献皇太子八图，"欲王观象则知进学如天运之不息，披图则思祖宗境土半陷于异域而未归"②。南宋淳祐七年（1247），八图中的四图，刻石于苏州府。其中《地理图》描绘了大半个中华版图，其跋语颇有醒世之意："地理图……郡邑亦详且明矣，则又取契丹、女真之地……南北形势使人观之，可以感，可以愤然，亦可以作兴也。九服之地自开辟以来，未之有改，而乍离乍合……禄山叛唐而五季之乱起，回视三代两汉能以天下为一统者，仅十一耳，将天时有否泰欤，抑君德有厚薄欤！奚其治少而乱多若此哉，此可以感也；……祖宗之所以创造王业，混一区宇者，其难如此，乃自关以东、河以南，绵亘万里，尽为贼区，追思祖宗开创之劳，可不为之流涕太息哉！此可以愤也；虽然天地之数，离必合，合必离，非有一定不易之理，顾君德何如耳……诚能修德行政，上感天心，下悦人意，则机会之来，并吞□□，追复故疆尽归之版籍，亦岂难哉！故亦可以作兴也。……孟子曰：'以力假仁者伯，伯必有大国，以德行仁者王，王不待大。'今观之禹之言与孟轲此言，如出一口。真可为中兴之龟鉴也，故并书之图末，庶几观者亦有所感发焉。"③

　　当然，刻制地图还有其他需求，如彰显地方官员行政管理、教化地方、追溯历史、弘扬盛典等需要。而其客观上也成为铭记地方官政绩，颂扬功德，流传后世的标志物，懂得青史留名的士大夫们自然会尽力为之。《长安图》刻立于衙署，即地方政治的中枢，也应有上述这些意味。

　　其三，长安城特殊地位和众多长安志图及当地刻石传统的影响。

　　自汉代以来，长安成为中国最重要的都城，至唐代，长安更成为中西文化交流荟萃的世界第一大城。因其地位重要和特殊，从汉代始，专门记载长安城及周边地区的志书、地图不断诞生。如，吕大防刻《长安图》之前，有汉《三辅黄图》、唐韦述《两京新记》、北宋宋敏求《长安志》等存世，还有已失传的汉代

_____

① 何士骥：《石刻唐太极宫暨府寺坊市残图大明宫残图兴庆宫图之研究》，《考古专报》1935年第1卷第1号，第70页。

② 《宋史》卷三九三，中华书局，2000年，第9453页。

③ 北京图书馆金石组编：《北京图书馆藏中国历代石刻拓本汇编》（第44册），中州古籍出版社，1989年，第106页。

《长安图》（见《汉书·艺文志》）、宋仁宗和吕大防所阅的若干长安城图等等。与吕大防《长安图》同时或再晚些产生的志图就更多了。这说明从地方官到士大夫阶层都对撰修长安史志、刊刻长安地图十分重视和热衷，并形成地方文化传统。而此地历史的悠久辉煌，也造就了人们的嗜古怀旧之风。在这种环境下，有关长安的志图，对出任此地最高长官的吕大防，必然会有影响。他的职责、兴趣，令其关心、利用这些志图，同时有责任延续之。这对吕大防重绘《长安图》起到巨大的推动作用。

此外，选择刻碑方式让《长安图》流传，也与地方刻石传统有关。自秦以来，关中一直是中国刻石文化的圣地，以镌刻《开成石经》为标志，唐代达到了最高峰，宋代继承了刻石传统，还筹建了展示和保护性质的、规模宏大的（西安）碑林。迄今关中地区尚遗存有数块宋、伪齐时期地图碑，表明当时此地刻石、刻图传统影响之大。

其四，蓝田吕氏家族的文化背景。

除了吕大防外，蓝田吕氏四兄弟，还有吕大忠、大钧、大临，一门四进士，被称为"吕门四贤"。他们受吕氏家族文化熏陶，且相互影响，四人都成为义化、学术领域有建树的英才。吕氏兄弟皆长于金石之学。所以吕家兄弟联手完成《长安图》很是自然，吕大忠积极创办（西安）碑林亦是如此，都有吕氏家族文化背景的影子。况且蓝田与长安近在咫尺，永兴军下辖蓝田，在家乡经办文化盛事，熟悉长安文化的吕氏兄弟自然更用心。

其五，吕大防个人情感的因素。

这是最直接的原因，他在题记中有清楚的表达。北宋时，唐长安城虽然大部分已毁灭，但残余和遗迹仍足以令人震撼。吕大防目睹这些，又看到长安旧图的原有规模，惊叹、仰慕隋人设计大兴城的"一代之精制"。因规划科学和超前，数百年间"规模之正则不能有改"，故深爱其"制度之密"。又不平于隋人设计大兴城之功被唐长安城冒名承袭，恐"唐人冒疾，史氏没其实"。因此才在题记中大发感慨，这凸显了在看待长安城设计上，吕大防有强烈的扬隋抑唐的情感，也显示了他本人正直古板、不容虚假的性格。

其六，想纠正流传的长安旧图和记载的错误。

以前流传的旧图和记载，可能相当混乱，问题太多，抑或也有很多遗漏，吕大防不忍其贻误后世，与其修修补补纠正，不如推倒重来，故绘制新图。

综合以上各点，我们看到，吕大防既有责任、积极性和专业素质与能力，又有调动人力、物力和资金支持的权力。天时、地利、人和皆备，自然会纠集人手，重绘《长安图》，且为能传之久远又勒石立碑。不幸的是，让《长安图》与金石同寿的愿望，仅过去一百余年就被战火毁灭了。

（十）依据宋元旧籍仍可以补充吕氏题记及残图缺失内容

学界根据《云麓漫钞》等记载，已填补了吕大防题记的大部分。再充分发掘，会发现一些亲见或转引过《长安图》内容的宋元旧籍中，仍有可补充或校对吕大防题记的线索，可明确得知一些《长安图》缺失内容。那些注明"吕图"的部分，应是关注的重点。如《雍录》卷八记载："吕图曰：'汉旧城外有灵台，北与未央宫对。'《水经》亦曰：'城南漕渠有汉灵台。'"①由此可知，《长安图》缺失部分原画有汉灵台。这句话也可能是据吕图内容阐发，亦可能是吕大防题记中的原话。有些书引录《云麓漫钞》吕大防题记，可能保留了《云麓漫钞》早期本（或祖本）的面貌，如《说郛》卷四二"此后汉隋唐宫禁城邑之制"与现存《云麓漫钞》"右汉隋唐宫禁城邑之制"就明显不同。

吕大防制图时并非白手起家，有些尺寸、名称前人已有记录，吕大防他们只是重新核实罢了，因此一些早于吕大防制图的书籍，如韦述《两京新记》、宋敏求《长安志》等，可能会有不少可以参照的内容，甚至可以校补《长安图》。譬如，兴庆宫内新射殿南边的院门，《唐六典》《长安志》皆作"仙云门"（徐松、毕沅、《陕西通志》等从之），吕大防二图皆作"仙灵门"（《雍录》图作"仙灵殿"）。若根据李林甫《唐六典》注，当为仙云。因明皇居此处时，常有云气出现。

除了关注吕大防题记文字，《长安图》总图、分图缺失内容也可以从宋元旧籍载图，甚至引用过宋元书籍但底本已佚的明清文献中找寻信息，如《雍录》《长安志图》都转绘过吕图，清嘉庆间徐松从《永乐大典》中辑出了源自宋阁本的《三宫图》内容等。②

还有一个问题要注意，即不同载体上的图文，吕大防本人可能做过修改。在实际工作中我们常会发现石刻文与作者文集所载有差异，是作者后来结集修订的结果。吕大防刻制《长安图》石刻，又刊纸本《长安图记》，题记就不免有微异，后人转引结果自然不同。譬如，石刻题记"且伤唐人冒疾，史氏没其实，聊

---

① 〔宋〕程大昌：《雍录》卷八，中华书局，2002年，第159页。
② 何士骥、辛德勇都曾积累过资料，可以参见何士骥《石刻唐太极宫暨府寺坊市残图大明宫残图兴庆宫图之研究》、辛德勇《考〈长安志〉〈长安志图〉的版本——兼论吕大防〈长安图〉》。

记于后"之"冒疾"，有些文献作"冒袭"。仔细推敲，后者更恰当。产生的原因值得研究，见表8。

表8　可以补充吕大防题记及《长安图》缺失内容的部分记载

出处	记载内容	可补范围	备注
《云麓漫钞》卷八	"《长安图》。元丰三年正月五日，龙图阁待制、知永兴军府事汲郡吕公大防命户曹刘景阳按视，邠州观察推官吕大临检定。其法以隋都城、大明宫并以二寸折一里。城外取容，不用折法。大率以旧图及韦述《西京记》为本，参以诸书及遗迹考定。太极、大明、兴庆三宫用折地法不能尽容诸殿，又为别图。汉都城纵广各十五里……大抵唐多仍隋旧，故吕公爱其制度之密，而伤唐人冒疾，史氏没其实，遂刻而为图，故志之。"	补吕氏题记	部分与残石题记吻合，可证明来自吕氏题记。平冈武夫已补
《唐六典》卷七	"名曰大兴城。东西十八里一百一十五步。"	补《云麓漫钞》引吕氏题记漏"一"字	《云麓漫钞》《说郛》隋都城作"广十八里百十五步"，当遗漏"一"字。平冈武夫已补
《雍录》卷二	"横门……以黄图考之，长安城北面从西数来第一门名横门，门外有桥曰横桥，吕相长安图亦同。"	《长安图》残石保留了横门，证实了《雍录》记载	在《长安图》残石中仍有保留者，仅举此一例，其他省略
《雍录》卷二	"未央长乐位置……杜门者城南面东来第一门也，鼎路门者南面东来第二门也……便门者城南面东来第三门……而黄图、吕图云对第三门。"	《云麓漫钞》引吕氏题记时误作"社门"（或抄讹）	平冈武夫摹本、引文皆作"社门"，当改为"杜门"
《雍录》卷三	"唐西内太极宫……吕图曰'《西京记》云大兴城南直子午谷。今据子午谷乃汉城所直，隋城南直石鳖谷，则已微西，不正与子午谷对也。古今水道有移改，山无移改也。'此语盖吕氏亲见之，详可据也。"	补吕氏题记24字	平冈武夫已补
《雍录》卷三	"唐朱雀门外坊里……吕图所布与志略同，故知其传信可据也。城中古今事迹名称甚多。"	可据宋敏求《长安志》补《长安图》朱雀门外坊里	

出处	记载内容	可补范围	备注
《雍录》卷三	"唐都城内坊里古要迹图。右案吕图位置以立此图，承天门之南，朱雀门之北。"	补《长安图》缺失	
《雍录》卷四	"延英殿……吕图引李庾赋为据曰'东则延英耽耽'，因谓延英当在殿东。"	证实《云麓漫钞》所引吕氏题记	
《雍录》卷六	"汉唐都城要水说……以吕图求之，少陵源凤栖原横据城南。"	了解《长安图》南郊	
《雍录》卷六	"唐以渠导水入城者三：一曰龙首渠，自城东南导浐至长乐坡，酾为二渠，其一北流入苑。其一经通化门、兴庆宫，自皇城入太极宫；二曰永安渠，导交水，自大安坊西街入城，北流入苑，注渭；三曰清明渠，导〔坑〕水，自大安坊东街入城，由皇城入太极宫。及至大明宫则在龙首山上……"	证实《云麓漫钞》所引吕氏题记	与《云麓漫钞》稍有不同，"及至大明宫"以后《云麓漫钞》未引
《雍录》卷六	"颜师古曰便门，长安城南西头第一门，吕丞相长安图则谓南面西头第一门亦名便门也，颜吕二说盖同也。"	补《长安图》缺失"便门"	笔者案：联系《雍录》卷二、卷六记载，可知汉长安城"便门"在城南。但在《雍录》卷六"便桥"一节，李好文认为可能南面、西面都有"便门"
《雍录》卷七	"韦曲、杜曲、薛曲……吕《图》韦曲在明德门外，韦后家在此，盖皇子陂之西也。"	补《长安图》缺失明德门、薛曲，又提示位置关系	
《雍录》卷八	"清台……吕图曰'汉旧城外有灵台，北与未央宫对。'水经亦曰'城南漕渠有汉灵台。'"	补《长安图》缺失。或可补吕氏题记	
《雍录》卷八	"西京太学……故吕图漕渠南亦有太学。而非武帝时太学矣。"	补《长安图》缺失	
《雍录》卷八	"吏部选院……尚书省在朱雀门北、正街之东，自占一坊，六部附隶其旁。吕图及长安志尚书省之南，别有吏部选院，皆出尚书省六曹治所之外也。"	补《长安图》缺失	

出处	记载内容	可补范围	备注
《雍录》卷十	"香积寺……香积寺吕图在子午谷正北微西。"	补《长安图》缺失	
《类编长安志》卷二	"隋城制度精密。'隋氏设都,虽不能尽循先王之法,然畦分棋布,……聊记于后。元丰三年五月五日,龙图阁待制、知永兴军府事汲郡吕大防题。'"	证实《云麓漫钞》所引吕氏题记	
《长安志图》卷上/十一	"曰朱雀街,亦曰天门街,南直明德门……"	补吕氏题记14字	此14字,杂在"城市制度"双栏小字注内。有可能是吕氏题记,但不在整段的吕大防题记中。平冈武夫已补
《长安志图》卷上/十二	"城图云:皇城之南三十六坊,各东西二门,纵各三百五十步。中十八坊,广各三百五十步,外十八坊,各广四百五十步。皇城左右共七十四坊,各四门,广各六百五十步。南六坊,纵各五百五十步。北六坊,纵各四百步。市居二坊之地,方六百步,面各二门,四面街各广百步。" "渠水一曰龙首渠,自城东南导浐至长乐坡,酾为二渠,一北流入苑,一经通化门、兴庆宫,由皇城入太极宫;二曰永安渠,导交水,自大安坊西街入城,北流入苑。注渭;三曰清明渠,导坑水,自大安坊东街入城,由皇城入太极宫。" "吕氏曰:隋氏设都,虽不能尽循先王之法,畦分棋布,闾巷皆中绳墨,坊有墉,墉有门,逋亡奸伪,无所容足,而朝廷宫寺、民居市区,不复相参,亦一代之精制也。……予因考证长安故图。观吕氏此言,是图之作其来尚矣(笔者案:以上十三字,小字,为李好文注),爱其制度之密,而勇于敢为,且伤唐人冒疾,史氏没其实,聊记于后。元丰三年五月五日,龙图阁待制、知永兴军府事汲郡吕大防题,京兆府户曹参军刘景阳按视,邠州观察推官吕大临检定,鄜州观察使石苍舒书。"	证实《云麓漫钞》所引吕氏题记	与《云麓漫钞》顺序不同,内容略不同

出处	记载内容	可补范围	备注
《说郛》卷四二	"《长安图》。元丰三年正月五日,龙图阁待制、知永兴军府事汲郡吕公大防命户曹刘景阳按视,邠州观察推官吕大临检定。其法以隋都城、大明宫并以二寸折一里。……大抵唐多仍隋旧,故吕公爱其制度之密,而伤唐人冒疾,史氏没其实,遂刻而为图,故志之。"	补吕氏题记	完整引录《云麓漫钞》所录吕大防题记,虽有讹误,但与残石比较,也有《说郛》对(作"五月"),《云麓漫钞》误(作"正月")。最重要的是,不同处可能保留了《云麓漫钞》祖本的本来面貌,应引起注意。如,《云麓漫钞》"右汉隋唐宫禁城邑之制",《说郛》作"此后汉隋唐宫禁城邑之制",与其后"此旧说之误也""此迁改之异也"用词相呼应。还有,"此迁改之异也",《云麓漫钞》没有"也"字

(十一)《长安图》与《三宫图》差异引出的讨论

吕大防以不同比例尺分别绘制了《长安图》与《三宫图》。平冈武夫研究比较两图时,发现二者有差异,对两图关系提出了异议。这体现了平冈武夫治学的严谨,但根据拓本重新审视这些疑问,二者的差异似乎可以解释得通,并非"两者有大的区别"。

第一,平冈武夫认为《长安图》所绘大约是开元二十年(732)的长安城,《三宫图》兴庆宫残石所绘大约是天宝十年(751)以前的兴庆宫。他认为《长安图》与《三宫图》表现的时间应该基本相同,若同为吕大防所制,都应在开元二十年前后,但实际上《三宫图》上方所绘的大明宫时间却晚得多。因此提出了质疑:"把这（三宫）图认作吕大防的作品，却不能不慎重。""可是拓本的上边，在大明宫门外画着的待漏院是元和元年设置的，第37图（三宫图）把这画在图上，使人发生疑问。"①

如何看待两图上述时间差距，笔者以为，两图反映的是唐代一个较长时段，时间点并不很严格。

先看《长安图》。在长安城坊中绘制了不少唐代名臣、侯王的宅第名称，这些大臣生活年代，早至唐初太宗时代，晚至玄宗时代。如，住在永嘉坊的李纲（547—631）与住在相邻安兴坊的宋璟（663—737），时间相差百年几代人。因此图上反映的是百年时空。再看《三宫图》。刻于下方的兴庆宫图，绘制了开元年间的建筑，却没有绘制建于天宝十载（751）的交泰殿，按理说描绘的是天宝十年前的兴庆宫，而上方的大明宫却绘制了设置于元和元年（806）的待漏院。二图表现的对象相距70年。这一现象反而说明了《三宫图》与《长安图》一样，反映的是一段年代。缺少交泰殿，还有可能是制图人不能确定位置而不绘，不能因此否定描绘的是一段年代。

其实，平冈武夫只是提出疑问，他也发现了《长安图》中时代并不严格统一。他说："吕图上来城的形样是开元二十年的样子，寺、观、宫、殿的名称，虽有灵花寺、太清宫、凝晖殿（平冈武夫自注云：'灵花寺到大历初年才有这名称，开元时叫大慈寺。太清宫是天宝二年以后的名称，以前叫太上玄元皇帝宫。凝晖殿若照宋敏求、徐松所说是承晖殿的话，那就是元和十三年建造的。或者这两者也许是个别的！'）等两三个例外，就全体说来，依开元二十年前后的事实看是十分能统一的。但就个人的邸宅名称就不一定拘泥时代，如李纲、张行成、孙伏伽、褚遂良等，都是太宗、高宗时代去世的。"②

第二，平冈武夫提出异议，还有两个理由，一是他认为《三宫图》上兴庆宫图过于完整，二是《长安图》与《三宫图》建筑的差异。前者是客观事实，也是巧合。后者却值得探讨。平冈武夫指出："假若认第37图（《三宫图》）是吕氏的作品，那当然和第2图（《长安图》）是相同的，更要比第2图详细的画出来才对。两者相比，第2图上全然没有翰林院和明光门，大同门的名字也没有，这或者也可能看作省略了的。但是两者有大的区别，在第2图上，大同殿以北在兴庆殿的地方有两个建筑物东西并列，第37图上没有。再第2图上，由兴庆殿前向东到金花落前的墙边，有一条墙连续着，仙灵门就是在这条墙上开的门，这完全和第37图不同。"③

① ［日］平冈武夫：《长安与洛阳（地图）》，陕西人民出版社，1957年，第56—57页。
② ［日］平冈武夫：《长安与洛阳（地图）》，陕西人民出版社，1957年，第42页。
③ ［日］平冈武夫：《长安与洛阳（地图）》，陕西人民出版社，1957年，第57页。

对于上述差异，可做下述分析。二图共同显示，兴庆宫为正方形，中部一道东西墙将兴庆宫分隔成北部宫殿区和南部园林区。北部宫殿区从左至右分成五个小区域（姑且称左、左中、中、右中、右区），之间隔以南北墙并开有丽苑、芳苑等五道门（右区金花落南北墙只有一半）。其中三个小区域内又有东西墙，左区多达三道。宫殿区自南向北各小区建筑如下，左区：大同门—大同殿—围墙—？门—兴庆殿—围墙，翰林院挤在左下角；左中区：交泰殿①；中区：瀛洲门—南熏殿—围墙—跃龙门；右中区：仙灵门—新射殿；右区：？门—金花落。

兴庆宫院内如此复杂的格局和众多建筑，在《长安图》上"用折地法不能尽容诸殿"是无疑的，因此《长安图》只能省略、简单处置，最明显的是将左右（东西）三个小区域中的东西墙简单连成五个小区域共有的东西墙，瀛洲门从原宫殿区墙误移至此墙。宫殿区南部明光门所在的工字墙、翰林院、明光门等多道门及建筑名称题榜都省略了。保留的建筑造型也大大简化。但是在《三宫图》上，所有建筑和《长安图》省略的细节基本上都绘制出来了。只有交泰殿没有绘制，原因如前所说，或描绘的是天宝十年以前的兴庆宫，或是因地点不明确而不绘。详细推敲，两图绘制都有粗心、遗漏。周靖就曾指出"'汉都城'中的'南昌亭'在北，而'北昌亭'在南，系'吕大防图碑'舛误。②此二亭在李好文《长安志图》上标注的名称与吕图所标正相反。

比较一下能找到的各种兴庆宫图会发现，因为没有可靠的依据，历史上对兴庆宫布局的认识是极度混乱的，差异之大难以想象，反倒是《长安图》与《三宫图》最为接近。其实何止兴庆宫，其他宫图都是如此，大概也正是这种混乱才促使吕大防重刻长安图。应当说，宋人绘制已毁灭的一百多年的前朝都城，又没有详尽的底图，能精确到如此已很不容易，有些细微差异疏忽可以理解。

总之，待漏院的出现和二图的差异，并不能否定以往《长安图》与《三宫图》均出自吕大防制作的结论。

（十二）吕氏题记内容与格式有待进一步探讨

《长安图》残石保留了部分吕大防题记。正书，竖排，右行，两截刻。上下

---

① 《长安图》上没标出交泰殿题榜，或许是该殿所在地点不能肯定的结果。据宋敏求《长安志》所记"宫内正殿曰兴庆殿，其后曰文泰殿（交泰殿之讹）"，此左中区者应是交泰殿。交泰殿与兴庆殿位置关系，《长安志》记载在后，《长安图》画图在东，当有一误。

② 周靖：《吕大防长安图碑和三宫图碑》，见曹婉如主编：《中国古代地图集（战国—元）》，文物出版社，1990年，第27页。

两截文字行与行对齐，两截文字四周刻单线框。每截均右半（前半）缺失，左半尚存。上截存16行，下截存25行，满行14字。全半共存428字（上截134字，下截294字）。

吕大防题记对了解《长安图》至关重要。因此吕氏题记内容及其格式的复原，一直被研究者关注。学者研究发现，一些宋人著作中保存了部分吕大防题记，《云麓漫钞》贡献最大。但宋人转录并不全，前后顺序也颠倒，而最难的还是甄别哪些属于吕氏题记。福山敏男、平冈武夫等最早做了题记内容复原的尝试。周靖、杨晓春等也提出了格式复原的方案。周靖"段落之间用顶格和低一格来区别"，但上截顶格问题未能妥善解决。杨晓春的研究，对格式规律提出了有创意的见解。

几十年来，题记内容与格式的复原虽有进展，但终因古籍中可辑录的题记内容不全，题记又有因层次而空格的复杂问题，因此到目前为止，内容上还基本止步于平冈武夫辑录的成果，格式也没有一个令人十分满意的结果。北大拓本的揭示仅增加了有限的新发现，所以题记内容与格式的复原还需继续探讨下去。

除了期盼有新残石的发现带来大突破以外，笔者认为，在内容方面，可以从发掘宋元甚至唐文献入手。复原格式方面，只能通过组配尝试各种可能性。这种组配应当满足几个条件：

（1）符合现存残石行款格式规律。现有残石上截行13字，每行首空1字，没有顶格，说明原题记有因为显示层次而空格的问题。题记排列后显示，既有满格，也有降一至三格的。

（2）两截满行时都应行14字。残石下截满行，行14字。而二截线框尺寸基本相同，故满行时，上下两截皆应行14字。

（3）线框内行数与碑宽适宜。

（4）古籍中辑录的吕大防题记内容与现存残石内容衔接合理。

依上述各点，继承前人已有成果，并参照杨晓春总结的格式，拟列题记如后。

此方案可以总结的格式如下：

（1）题记分作五部分。

第一部分是介绍《长安图》的绘制方法，比例尺、参考资料、说明等。从语气看，此段不一定完全是吕氏题记的原话。因上截行数少于下截十余行，故第一部分还应有较多佚文，原貌已不可复原。文首必定有《长安图》总标题，从宋人见过但未见特别强调，而赵彦卫《云麓漫钞》标为"长安图"来看，总标题可能是此三字。此段除总标题有可能降格外其余应该是满格的。

第二部分，又分为三小部分的内容，分别描述"汉都城""隋都城"和"唐都城"。前二者有标题，可各单列一行（或不单列，直接与下文相连）。但唐都城不列标题。"唐都城"的内容紧跟"隋都城"且降格，显示吕大防扬隋城抑唐城的意愿。"汉都城"的内容比较简单，顶格。"隋都城"下分为七个部分。"外郭""皇城"视为隋都城内容，分别为二节，顶格。"太极宫城""唐大明宫城""禁苑""入城渠水""城内六高冈"视为唐都城内容，降一至二格（"太极宫城"和"禁苑"下的西内苑和东内苑降二格，余降一格）

第三部分是总结和纠正描述长安城的"旧说之误"。

第四部分是总结唐高宗、玄宗、武宗、宣宗时期建筑营造的"迁改之异"。

第五部分是吕大防阐发的议论和题记落款、署名。除署名外，其余满格。

（2）第二至第四部分，每一部分结尾都有一句总陈之语，分别为"右汉、隋、唐宫禁城邑之制"（《说郛》作"此后汉隋唐宫禁城邑之制"），"此旧说之误也"，"此迁改之异"。

（3）补全后可见降格规律：

一是总陈之语要降三格。二是唐代部分，包括：第二部分唐太极宫以后，分别为五节并降一至二格；第三部分《西京记》《六典》《唐志》等所涉街坊数目、城池峄对应、大明宫纵广步数的"旧说之误"，分别为四节并降一格；第四部分唐代高宗、玄宗、武宗、宣宗各时期的"迁改之异，分别为四节并降一格。三是题记末官员署名降二格，画匠和刻工署名，字稍小，降三格。

最后推敲一下题记内容，还有几个问题不明：

（1）吕大防题记有对太极、大明二宫的描述，却只字未提兴庆宫。这有别于各种长安志书皆记载三大内的做法。是否《云麓漫钞》有遗漏？考虑到上截缺字较多，这是有可能的。

（2）"太极宫城"纵向尺寸记载有问题。若按《云麓漫钞》记载："太极宫城。广四里，纵二里四十步，周十三里一百八十步。"太极宫城为矩形，"广四里，纵二里四十步"，周边尺寸应4400步（每里360步）而不是上述"周十三里一百八十步"的4860步；若按宋敏求《长安志》卷六记载："宫城东西四里，南北二里二百七十步"，周边尺寸统计为4860步，与"周十三里一百八十步"相符。平冈武夫大概注意到此计算结果，又考虑顶格问题，加之拓片残存半个模糊的"里"字被他释为"百"字。因此平冈武夫将吕大防题记复原为："太极宫城。广四里，纵二里二百四十步，周十三里一百八十步。"然而题记残石上，仅存"里四十步"。细审拓片，无论A本或B本，都是清楚的"里"字无疑，并无"二百"。《云麓漫钞》释文虽与残石文字排列契合，却与数字统计正确结果不合。

（3）若依据《云麓漫钞》释文，"太极宫城"一段要降二格。如果说东西内苑作为禁苑下属而降二格（禁苑已降一格）尚能理解的话，为何太极宫也要降二格，而不是像地位同等的大明宫城那样降一格。

（4）吕氏题记云"唐大明宫城。在苑内，广二里一百四十八步，纵四里九十五步"。计算为：广868步，纵1535步（每里360步）。但题记后面说"又《唐志》：'大明宫，纵一千八百步，广一千八十步。'今实计，纵一千一百一十八步，广一千五百三十五步。此旧说之误也。"前后比较，不按"旧说之误"，按"实计"，二者仍相差悬殊，且按实计步数，大明宫竟然从南北长变成了东西长。这如何解释？

以上情况表明，搞清吕大防题记缺失部分的本来面目，还需要扎实、深入的探究。

附录一　吕大防题记

【上截】

长安图……隋都城、大明宫，并以二寸折一里，城外取容，不用折法。大率以旧图及韦述《西京记》为本，参以诸书及遗迹考定。

太极、大明、兴庆三宫，用折地法，不能尽容诸殿，又为别图。

汉都城。纵广各十五里，周六十五里。十二门，八街，九陌。城之南北曲折，有南斗、北斗之象。未央、长乐宫在其中。未央在西，直便门，长乐在东，直杜（笔者案：框内字，今木《云麓漫钞》作"社"，据《雍录》改为"杜"。原石题榜为"杜门"）门。

隋都城。外郭。纵十五里一百七十五步，广十八里一（笔者案：框内据平冈武夫加"一"字）百十五步，周六十七里，高一丈八尺，东西南北各三门。纵十一街，横十四街。当皇城朱雀门，曰朱雀街，亦曰天门街，南直明德门（笔者案：框内14字平冈武夫据《长安志图》加）。南北九里一百七十五步，纵十一街，各广百步（笔者案：杨晓春调整以上48字顺序为："纵十一街，横十四街。纵十一街，各广百步。当皇城朱雀门，曰朱雀街，亦曰天门街，南直明德门，南北九里一百七十五步。"）皇城之南横街十，各广四十七步。皇城左右各横街四，三街各广（笔者案：框内据杨晓春加一"广"字）六十步，一街直安福、延喜门，广百步。朱雀街之东，市一、坊五十五，万年治之。街之西，市一、坊五十五，长安治之。坊之制：皇城之南三十六坊，各东西二门，纵各三百五十步。中十八坊，广各三百五十步，外十八坊，广各四百五十步。皇城之左右共七十四坊，各四门，广各六百五十步。皇城左右之南六坊，纵各五百五十步，北六坊，纵各四百步。市居二坊之地，方各六百步，四面街各广百步，面各二门。

皇城。纵三里一百四十步，广五里一百一十五步，周十七里一百五十步，纵五街，横七街，百司居之。北附宫城，南直朱雀门，皆有大街，各广百步，东西各二门，南三门。

太极宫城。广四里，纵二里（笔者案：此处平冈武夫误加"二百"，删除）四十步，周十三里一百八十步，高三丈五尺，东一门，西二门，南六门，北三门。宫城之西有大安宫。

唐大明宫城。在苑内，广二里一百四十八步，纵四里九十五步，东、北各一门，南五门，西二门。

禁苑。广二十七里，纵三十里，东一门，南二门，北五门。

西内苑。广四里，纵二里，四面各一门。东内苑。广二百五十步，纵四里九十五步，东一门。

以渠导水入城者三：一曰龙首渠，自城东南导浐至长乐坡，酾为二渠，一北流入苑，一经通化门、兴庆宫，由皇城入太极宫；二曰永安渠。

【下截】

导交水，自大安坊西街入城，北流入苑，注渭；三曰清明渠，导坑水，自大安坊东街入城，由皇城入太极宫。

城内有六高冈横列，如乾之六爻。初，隋建都，以九二置宫室，九三处百司，九五不欲令民居，乃置玄都观、兴善寺。右汉（笔者案：《说郛》作"此后汉"）隋唐宫禁城邑之制。

而《西京记》云："街东西各五十四坊。"《六典》注："两市居其中四坊之地，凡一百一十坊。"今除市居二坊外，各五十五坊，当以《六典》注为正。

又《六典》注："上阁之西延英。"李庾赋："东则延英耽耽。"当以庾赋为正。

又《西京记》："大兴城南直子午谷。"今据子午谷，乃汉城所直，隋城南直石鳖谷，则已微西，不正与子午谷对也。古今水道有移改，山无移改也。（笔者案：框内24字平冈武夫据《雍录》加）。

又《唐志》："大明宫，纵一千八百步，广一千八十步。"今实计，纵一千一百一十八步，广一千五百三十五步。此旧说之误也。

唐高宗始营大明宫，于丹凤▢（笔者案：框内字，今本《云麓漫钞》作"后"平冈武夫云"后当作门"，从之）南，开翊善、永昌二坊，各为二。外郭东北隅永福一坊，筑入苑，先天以后，为十六王内宅。

又▢（笔者案：框内字，今本《云麓漫钞》作"高"，平冈武夫云"高当作玄"，从之）宗以隆庆坊为兴庆宫，附外郭为复道，自大明宫，经过通化门，磴道潜通，以达此宫，谓之夹城。又制永嘉坊▢（笔者案：框内字，今本《云麓漫钞》作"西"，平冈武夫云"西当作南"，从之）百步入宫。外郭东南隅一坊，始建都城，以地高不便，隔在郭外，为芙蓉园，引黄渠水注之，号曲江。明皇增筑兴庆宫，夹城直至芙蓉园。

又武宗于宣政殿东北筑台，曰望仙，今人误以为蓬莱山。武宗又修未央宫为通光亭。

宣宗修宪宗遗迹，于夹城中开便门，自芙蓉园北入至青龙寺，俗号新开门，自门至寺，开敦化以北四坊各为二。此迁改之异。

隋氏设都，虽不能尽循先王之法，然址分棋布，闾巷皆中绳墨，坊有墉，墉有门，遁亡奸伪，无所容足，而朝廷官寺、民居市区，不复相参，亦一代之精制也。唐人蒙之以为治，更数百年间，有（笔者案："有"平冈武夫误作"不"，据原石改正）能增大别宫、观游之美者矣，至其规模之正，则不能有改，其功亦岂小哉。噫！隋文之有国，才二十二年而已，其刬除不廷者，非一国兴利，后世者非一事大趣，皆以惠民为本，躬决庶务，未尝逸豫，虽古圣人夙兴待旦，殆无以过此，惜其不学无术，故不能追三代之盛。予因考正长安故图，爱其制度之密，而勇于敢为，且伤唐人冒疾，史氏没其实，聊记于后。元丰三年五月五日，龙图阁待制、知永兴军府事汲郡吕大防题。

京光府户曹参军刘景阳按视，邠州观察推官吕大临检定，鄜州观察支使石苍舒书，工张佑画，李甫、安师民、武德诚镂。

注："▮"原石尚存

附录二《长安图》残石现存题榜文字（379条）

（排列顺序：左上开始、从主到次、从左至右、从上到下、城墙顺时针、仅大明宫按列排）

一、汉都城

1. 围墙（存14条）

西北角亭、横门、厨城门、永泰门（以下南折）、宣平门、东都门、清明门、藉田门、霸城门、青门、覆盎门、杜门、安门、鼎路门

2. 汉都城墙内（存15条）

汉都城（大字）、丈八石人、南昌亭、汉桂宫、永泰亭、咸宜宫、流杯亭、汉比宫、定心□、讲武殿、明水园、石马、崇晖殿、北昌亭、汉长乐宫

二、禁苑

1. 北围墙（存3条）

启运门、朱红门、临渭亭

2. 南围墙（存2条）

万石门、星躔门

3. 西内苑以西、以北的禁苑（存8条）

七架亭、桃园亭、右军、青门亭、神皋亭、葡萄园、汉太仓、大安宫

4. 大明宫以东的禁苑（存4条）

〔左〕军、凝晖殿、灵符观、仗内教坊

三、西内苑

1. 围墙（3条）

重玄门、日营门、月营门

2. 西内苑东西内墙（2条）

云龙门（西）、云龙门（东）

3. 西内苑墙内（11条）

西内苑（大字）、球场、法乾寺、教武殿、杏园坡、祥云楼、通过楼、看花殿、樱桃园、拾翠殿、冰井台

4. 西内苑南墙外（7条）

府君院、永庆楼、广达楼、观德殿、含光殿、□□□院、宫人□

四、大明宫（宫殿等按列排）

1. 围墙（存6条）
九仙门、玄武门、左银台门、望仙门、建福门、右银台门
2. 大明宫标题（1条）
大明宫（大字）
3. 大明宫墙内左列（6条）
大福殿、三清殿、麟德殿、拾翠殿、金銮殿、明义殿
4. 大明宫墙内中列（7条）
玄武殿、太液池、蓬莱殿、紫宸殿、宣政殿、宣政门、含元殿
5. 大明宫墙内右列（4条）
□元皇帝殿（应是玄元皇帝殿）、珠镜殿、绫绮殿、延英殿
6. 大明宫南部宫内墙（12条）
光顺门、昭庆门、光范门、月华门、崇德门、栖凤□、日华门、齐礼门、翔鸾阁，崇明门、含辉门、昭训门

五、东内苑及南院（存6条）

东内苑（大字）、太和门、星晖楼、龙首殿、龙首池、鞠场

六、长安城城墙（存11条）

景曜门、芳林门、玄武门 安礼门、至德门、兴安门、建福门、望仙门、延政门、夹城、通化门

七、宫城、皇城外城墙（存5条）

安福门、延喜门、景风门、安上门、顺□□（应是顺义门）

八、太极宫及西边太仓、掖庭宫、东边东宫

1. 太极宫、掖庭宫、东宫南围墙（7条）
内侍省、永安门、承天门、长乐门、广运门、重明门、永春门
2. 太仓、掖庭宫（4条）
太仓（大字）、嘉猷门、掖庭宫、通明门

3. 太极宫北区（10条）

山池院、咸池殿、昭庆殿、景福台、承香殿、延嘉殿、鹤羽殿、凝云殿、凌烟阁、□云阁（应是紫云阁）

4. 太极宫中区（13条）

月华门、淑景殿、承庆殿、安仁殿、百福殿、千秋殿、甘露殿、两仪殿、万春殿、神龙殿、立政殿、大吉殿、日华门

5. 太极宫南区（7条）

太极宫（大字）、中书省、右延明门、朱明门、大极殿、左延明门、□□□

6. 太极宫南围墙（6条）

安仁门、纳义门、嘉德门、□□门（应是归仁门）、恭礼门、通训门

7. 东宫（10条）

崇教殿、□秋门（应是宜秋门）、宫门、宜春门、明德殿、奉义门、嘉德门、奉化门、右永福门、左永福门

九、皇城

1. 将作监等（5条）

将作监、大理寺、卫尉寺、尚辇局、尚舍局

2. 右卫等（8条）

右卫、右监门卫、右千牛卫、四方馆、中书外省、右骁骑卫、右武卫、司农寺

3. 门下外省等（8条）

门下外省、殿中省、左千牛卫、左卫、左监门卫、左武卫、左骁骑卫、尚书省

4. 东宫内作坊等（16条）

东宫内作坊、右春坊、等率府、右清道、东宫朝堂、等率府、左清道、家令寺、左春坊、东宫仆寺、右卫等率府、左卫等率府、詹事府、都水监、光禄寺、军器监

5. 骅□、草□□等（存2条）

骅□（下缺）、草□□

6. 秘书省等（存5条）

秘书省、右威卫、右领军卫、□（下缺）、宗（下缺）

7. 左领军卫等（8条）

左领军卫、左威卫、吏部选院、礼部南院、乘黄署、太仆寺、大府寺、太常寺

8. 少府监等（5条）

少府监、左藏库外院、中宗庙、太庙、太庙署

十、西城存五坊

1. 安定坊（存3条）

安定坊（大字）、五通观、千福寺

2. 修德坊（2条）

修德坊（大字）、兴福寺

3.〔休祥坊〕（存1条）

崇福寺

4. 辅兴坊（3条）

辅兴坊（大字）、玉（下缺）、金仙观

5.〔颁政坊〕（存3条）

澄空寺、建法寺、龙口（下缺）

十一、南城存三坊

1. 兴〔道坊〕（存1条）

兴〔道坊〕

2. 务本坊（3条）

务本坊（大字）、国子监、景云观

3. 崇义坊（存3条）

崇义坊（大字）、招福寺、崔（下缺，应是崔元暐宅）

十二、东城存十七坊一市

1. 光宅坊（2条）

光宅坊（大字）、七宝台寺

2. 翊善坊（1条）

翊善坊（大字）

3. 长乐坊（2条）

长乐坊（大字）、大安国寺

4. 十六宅（1条）

十六宅（大字）

5. 永昌坊（1条）

永昌坊（大字）

6. 来庭坊（1条）

来庭坊（大字）

7. 大宁坊（7条）

大宁坊（大字）、太清宫、陆余庆宅、陆敦信宅、孙伏伽宅、许圉师宅、罔
极寺

8. 兴宁坊（4条）

兴宁坊（大字）、姚崇宅、清禅寺、泉男生宅

9. 永兴坊（4条）

永兴坊（大字）、荷恩寺、魏徵宅、左金吾卫

10. 安兴坊（6条）

安兴坊（大字）、陆象先宅、宋璟宅、净住寺、宁王宅、岐王宅

11. 永嘉坊（4条）

永嘉坊（大字）、凉国公主宅、成王千里宅、李纲宅

12. 崇仁坊（5条）

崇仁坊（大字）、宝刹寺、苏瓌宅、景龙观、资圣寺

13. 胜业坊（5条）

胜业坊（大字）、薛王宅、薛曲、胜业寺、宁王山池院

14. 平康坊（7条）

平康坊（大字）、李穆宅、阳化寺、褚遂良宅、王志愔宅、菩提寺、李靖〔宅〕

15. 〔宣阳坊〕（存2条）

韦巨源宅、李□（下缺）

16. 东〔市〕（存2条）

东〔市〕（大字）、放生池

17. 道政坊（存5条）

道政坊（大字）、侯君集宅、下马陵、刘知柔〔宅〕、张行成宅

18. 常乐坊（存4条）

常乐坊（大字）、赵景公寺、云花寺、来济□（下缺）

十三、兴庆宫

1. 围墙（5条）

兴庆门、跃龙门、□阳□（应是初阳门）、通阳门、金明门

2. 兴庆宫墙内（15条）

兴庆宫（大字）、兴（下缺）（应是兴庆宫）、丽苑门、芳苑门、新射殿、金花落、南薰殿、仙灵门、大同殿、口（下缺）（应是瀛洲门）、花萼楼、勤政楼、龙池、龙堂、沈（沉）香亭

十四、长安城以东（2条）

龙首渠、飞龙院

十五、长安城南郊

1. 南郊第一石，19号石（10条）

口口口、西交河、清明渠、东交河、丰水、丰谷、龙骡谷、西和谷、白石谷、口师谷（应是阿师谷）

2. 南郊第二石，20号石（5条）

口水、豹林谷、御宿川、梗梓谷、白塔

3. 南郊第三石，21号石（14条）

韦曲、皇子陂、华严寺、樊川、杜曲、竹谷、鹊兴谷、磕谷、七姑谷、太一谷、皮谷、土门谷、羊谷、口口谷（应是西义谷）

4. 南郊第四石，22号石（5条）

口口、彩霞亭、口川滴水、黄渠、义谷

说明：本文原载时附图版四种，分别为：图版1《北大图书馆藏〈长安图〉拓本A本全图、切割放大图》、图版2《北大图书馆藏〈长安图拓〉本B本全图、切割放大图》、图版3《〈长安图〉残石北大图书馆摹本全图、切割放大图》、图版4《吕大防题记格式拟列》，收入本书时略去。详见《唐研究》第21卷（北京大学出版社，2015年）。

原载《唐研究》（第21卷），北京大学出版社，2015年

（胡海帆，北京大学图书馆研究馆员）

西京筹备委员会的古迹调查
——附谈《西京附近各县名胜古迹略图》

刘　瑞

今天陕西省省会所在地的西安，不仅是我国历史最悠久的古都所在地，而且是历史上最著名朝代周秦汉唐的都城所在，"粤自成周而后，以迄秦、汉、唐，代建国都，是以名胜躅名从，甲于他省"①。正因于此，历代学者对长安附近名胜史迹的考察与追寻一直兴盛不衰，"凡夫城郭宫室之巨丽，市井风物之阜繁，高山大川至奇丽而雄伟，其遗闻古迹流传最多，故学士大夫每加收集。自《关中记》《三辅黄图》以下，如宋敏求《长安志》、吕大防《长安志图》、程大昌《雍录》、无名氏《华山记》、李好问《长安志图》、伍福、马理《陕西通志》、何景纯《雍大记》、南轩《关中文献志》之类，几及数十家"②。这样，历代学者通过开展大量文献考索、或多或少的实地踏查后所形成的各种反映故都名胜的文字及图像，就散见于各种专著、方志及论述之中，不仅对今天学者探古寻幽、舒扬古风有重要作用，而且对探寻古迹位置、开展考古工作也具有较为重要的指示作用。虽然多数的前人成果往往存在"体例不同，未免纯驳互见"的问题③，而名胜图更往往绘制比例失当，但如将这些问题放在特定历史环境中淡化并审慎鉴别、分析得失优劣，在去芜存菁后，或许就可以揭示很多学术史上的重要问题，焕然彰显，成为我们今天探幽访胜的重要路标。

2011年，中国社会科学院考古研究所与西安市文物保护考古所在原阿房宫考古队的基础上组建阿房宫与上林苑考古队，开始对相关遗存开展考古工作。各种文献均载上林广大，非同寻常。如《汉书·杨雄列传》载："武帝广开上林，南至宜春

---

① 毕沅：《奏进〈关中胜迹图志〉原疏》，见《关中胜迹图志》，三秦出版社，2004年，第3页。

② 纪昀、陆锡熊、孙士毅：《〈关中胜迹图志〉四库全书馆臣案》，见《关中胜迹图志》，三秦出版社，2004年，第4页。

③ 纪昀、陆锡熊、孙士毅：《〈关中胜迹图志〉四库全书馆臣案》，见《关中胜迹图志》，三秦出版社，2004年，第4页。

、鼎胡、御宿、昆吾，旁南山而西，至长杨、五柞，北绕黄山，濒渭而东，周袤数百里。""穿昆明象滇河，营建章、凤阙、神明、驳娑，渐台、泰液象海水周流方丈、瀛洲、蓬莱。游观侈靡，穷妙极丽。"东汉班固《西都赋》指出上林苑"缭以周墙，四百余里"，张衡《西京赋》也说"上林禁苑，跨谷弥阜。东至鼎湖，邪界细柳。掩长杨而联五柞，绕黄山而款牛首。缭垣绵联，四百余里"。因此，在过去没有发现任何上林苑垣墙的情况下，我们只能在比"四百余里"的范围更加广阔的区域中寻找、确认一座座可能是上林苑建筑的宫观、池沼——这无疑是一项极具挑战的工作。而要确认哪些遗存为上林苑所属，则充分收集和使用前人成果就成为我们的必然选择——我们也认识到前人的工作既可能使我们事半功倍也可使我们误入歧途。这样在进行阿房宫与上林苑考古地理信息系统建设的过程中，我们就有针对性地收集了一批与上林苑相关的西安胜迹图，并在有关地图中陆续发现了一些过去为人所忽略的在学术史上有较大意义的问题。借此机会，我想略微阐扬一下向来极少有人论及的西京筹备委员会古迹调查及其绘制印刷的《西京附近各县名胜古迹略图》，不当处望贤者校正。

一、西京筹备委员会的古迹调查

1932年1月28日，日军侵略上海。1月30日，国民政府主席林森、行政院长汪兆铭通电"决定移驻洛阳办公"①。3月，国民党中常会决定以洛阳为行都，而"陪都之设定，在历史地理及国家将来需要上，终以长安为宜，请定名为'西京'，并由中央特派专员担任筹备"②。随着西京筹备组织结构的陆续搭建，陪都建设的各项筹备工作日益展开。在西京筹备委员会开展工作前，既有刘姓委员提出"保存陕西古物"③，而在《西京筹备委员会工作大纲》所列的二十一项工作内容中，第二十项即为"调查名胜古迹"④。

与此相应，在西京筹备委员会的组织机构中，秘书处下设有文物组，"主管

---

① 《国民政府移洛办公宣言》（中华民国21年1月30日），见西安市档案局、西安市档案馆编：《筹建西京陪都档案史料选辑》，西北大学出版社，1994年，第2页。

② 《国民党中常会提议以洛阳为行都、以长安为陪都案》（中华民国21年3月），见西安市档案局、西安市档案馆编：《筹建西京陪都档案史料选辑》，西北大学出版社，1994年，第3页。

③ 《西京筹备委员会第一次谈话会记录》（中华民国21年3月），见西安市档案局、西安市档案馆编：《筹建西京陪都档案史料选辑》，西北大学出版社，1994年，第151—153页。

④ 《西京筹备委员会第一次谈话会记录》（中华民国21年3月），见西安市档案局、西安市档案馆编：《筹建西京陪都档案史料选辑》，西北大学出版社，1994年，第151—153页。

保护发扬文物古迹文物等文化事业"，科员"分别担任撰拟、调查该管工作之推进"，"每周应将工作情形报告于业务会议"。①其调查"有关于社会文化者，有关于名胜古迹者，或以照相摄取其真迹；或以书面记述其要点，复以专志之足供参考者，则摘录之以备实际之调查……"从目前公开可见的相关资料及西京筹备委员会的工作报告看，其开展的古迹调查工作大体有以下数项：

（1）据民国21年7月至22年6月的周年报告，在西京筹备委员会完成的八项"调查与编辑"工作中，与古迹调查相关者有"名胜古迹照片八十余张、西京名胜古迹志"两项。②

（2）民国21年6月24日陈光垚随西京筹备委员会委员长张继（溥泉）到西安赴任，"意欲调查陕西最近至一切情形，借供筹备陪都之参考"，张继嘱其"作一《西京古迹之调查》"③，之后其"就余个人数月来先后所抄零文八篇"及其他附录，合成《西京之现状》，其中第二篇即为"西安之名胜古迹"。该篇分省城内、东门外、南门外、西门外、北门外等五个区域，将西安古迹略微记述"共六十八项"，"然各项中多有一二附属之事，若合而计之，则本文所述各名胜古迹之属，当约在百项以上（西安之北多古陵墓，西安之南多古寺庙）"。

（3）据民国22年7月至23年2月年度报告，西京筹备委员会的古迹调查工作，在"南山采访"后"得古碑拓片六十二种，古代文物十四种"，在"临潼调查"得"古物"有砖、瓦、碗、碟、鬼灶等16种522件，在"十里铺、北关一带调查"得"古物"有瓶、坛、鬼灶、灶甑等13种53件。并开展"西安附近古迹调查"，指出"派专委员先自西京附近开始调查，在城内外已查有多处，大者如大明宫、太极宫、兴庆宫，等等；但现传古迹时有非原地者，如董仲舒墓、迎祥观等，是将来考证解决，非整个查过方能致力也"。除完成"系搜集西安、长安、咸宁等各府县志之关于名胜古迹者"的《西京名胜古迹》的编辑工作外，还"告竣"《西京考》，"是书考究西京文物，内分沿革、形胜、名山、大川、城郭、宫室、苑囿七章"，并"续加陵墓、寺宇、道路、人物、经籍、金石六章，在编辑中"。④

---

① 《修正西京筹备委员会秘书处办事规则》（中华民国32年8月），见西安市档案局、西安市档案馆编：《筹建西京陪都档案史料选辑》，西北大学出版社，1994年，第19—24页。

② 《西京筹备委员会成立周年报告》（节录），见西安市档案局、西安市档案馆编：《筹建西京陪都档案史料选辑》，西北大学出版社，1994年，第154—163页。

③ 陈光垚：《西京之现状》，西京筹备委员会（中华民国22年11月）版。

④ 《西京筹备委员会工作报告（中华民国22年7月至23年2月）》（节录），见西安市档案局、西安市档案馆编：《筹建西京陪都档案史料选辑》，西北大学出版社，1994年，第163—171页。

（4）据民国24年11月至27年3月工作报告，西京筹备委员会未载调查工作，但在测量工作下载其"于二十四、二十五两年内先后绘制西京胜迹图一幅、关中胜迹图一幅。前图限于市郊、已经出版；后图及关中全区，墨绘已成"[①]。

（5）据民国29年6月完成的西京筹备委员会工作概况，在民国21年4月至26年6月间完成的"文化事业"下，与古迹调查相关者列于"调查编译"，有"1. 调查各名胜古迹。2. 查出土古物……7. 出版访古丛稿……10. 出版各种调查报告、各种古迹名胜照片等"。但由于日军侵华，在民国26年7月至28年12月间的"文化事业"下未载任何古迹调查。但到民国29年1月至5月，"调查古迹"事业重启。"派有访查专员分赴各处调查，颇有发现，并已在各有名古迹处设立标志，以供游览西京者识别。其名称有如下列：隋唐曲江遗址、唐大明宫、苻坚宫城、石渠阁、阿房宫、汉龙台等七十三处。"[②]

（6）据民国26年7月至29年12月的抗战以来工作概况，其"调查古迹"除前述工作外，还"又在樊川新村调查，获六朝石刻释迦摩尼佛像三尊；在水壕村查获汉墓，掘出瓦鸡、泉币等物；在南樊村观音寺内查见宋朝永和年间壁画"。[③]

（7）民国30年西京筹备委员会在《汉城工作事项》中提出"此区于汉城以北至渭水之滨是否尚有古迹，当加意搜寻"；在《昭陵工作事项》中提出"先调查上山下山所存唐代石碑、石刻共有若干且近某村，按位置注于礼泉地图上"；在《茂陵工作事项》中提出"咸阳原上之周及汉唐各陵，宜详细调查，辨其确否，以为读史之助"。[④]

（8）据民国30年11月至31年5月工作报告，西京筹备委员会"于昭陵、茂陵等处，派有人员，调查该地古迹；各该小学教职员，于课暇亦均从事于古迹、文物之访查，遇有古代砖瓦、器物等，均随时携校保存，以供研究"，"本会调查人员，会同教育部艺术文物考察团，在西京东郭门外浐桥乡第七保，发现唐代碑头一具，雕刻精美，为关中现有唐碑中所仅见，具有历史及艺术上之重大价值。又查该地附

① 《西京筹备委员会工作报告（中华民国24年11月至27年3月）》，见西安市档案局、西安市档案馆编：《筹建西京陪都档案史料选辑》，西北大学出版社，1994年，第183—188页。
② 《西京筹备委员会工作概况（中华民国29年6月）》，见西安市档案局、西安市档案馆编：《筹建西京陪都档案史料选辑》，西北大学出版社，1994年，第196—209页。
③ 《西京筹备委员会抗战以来工作概况（中华民国26年7月至29年12月）》，见西安市档案局、西安市档案馆编：《筹建西京陪都档案史料选辑》，西北大学出版社，1994年，第209—216页。
④ 《西京筹备委员会各工作事项（中华民国30年）》，见西安市档案局、西安市档案馆编：《筹建西京陪都档案史料选辑》，西北大学出版社，1994年，第223—226页。

近有唐代经幢一具，均被风雨剥蚀，本会据报后，即函长安县府设法运往碑林保存"。①

（9）据民国31年11月至32年8月工作报告，西京筹备委员会除了对各古迹、宫城、陵墓前所遗失毁坏的木桩标志进行重置外，还"由西安城东郊中山门外义地内，查得唐代石幢大小两段，经字完整，均移置会内保存"，并"有西安城西郊崇仁寺前，查得唐代残碑两块，交该寺住持僧保存"，"在西安城南残土内，查的古砖一方，上有'千佛寺'三字，交本会保存"，"由西安城南十五里东江村北，发现古砖两块，上有古代隶字，交本会保存"，"教育部艺术文物考察团来陕，与本会共同调查汉唐各陵墓，并拓石刻文字，制造美术模型，准于本年九月初出发"。②

（10）据民国32年9月至33年4月工作报告，西京筹备委员会在"省城内骡马市发现六朝佛座上有文字、线条、花纹、人物、花草，用采得残石换得，送交碑林保管"，"由四朝路口近乡间，查得唐代石刻上有陀罗尼经，石刻字迹甚佳，送往碑林保存"，"教育部艺术文物考察团由甘来陕，与本会共同调查。先由唐陵入手工作……计测绘唐简□□□件，摄影四十八件，拓片二十八件，写生画十八件，均□□□□幅，妥为保存，其余工作继续办理"。③

大体而言，西京筹备委员会的古迹调查有着以下特点：

一，西京筹备委员会开展的古迹调查有着一贯明确的调查目的。"名胜古迹之保存于表扬，民族谒陵之规定，大之所以振发民族精神，小之所以号召后之来者，而亦所以增益西京历史文化的价值"④，"文化为民族精神之表现，其兴衰动关国家之兴亡，故特别重于此项工作"⑤，"文化关系国本"⑥。而正因于此，在西京筹备委员会的相关工作事项中，就明确提出"凡遇于文物有关之事，不论何物，皆宜

① 《西京筹备委员会工作报告（中华民国30年11月至31年5月）》，见西安市档案局、西安市档案馆编：《筹建西京陪都档案史料选辑》，西北大学出版社，1994年，第226—229页。

② 《西京筹备委员会工作报告（中华民国31年11月至32年8月）》，见西安市档案局、西安市档案馆编：《筹建西京陪都档案史料选辑》，西北大学出版社，1994年，第229—233页。

③ 《西京筹备委员会工作报告（中华民国32年9月至33年4月）》，见西安市档案局、西安市档案馆编：《筹建西京陪都档案史料选辑》，西北大学出版社，1994年，第233—237页。

④ 《西京筹备委员会成立周年报告》（节录），见西安市档案局、西安市档案馆编：《筹建西京陪都档案史料选辑》，西北大学出版社，1994年，第154—163页。

⑤ 《西京筹备委员会工作概况（中华民国29年6月）》，见西安市档案局、西安市档案馆编：《筹建西京陪都档案史料选辑》，西北大学出版社，1994年，第196—209页。

⑥ 《西京筹备委员会工作报告（中华民国24年11月至27年3月）》，见西安市档案局、西安市档案馆编：《筹建西京陪都档案史料选辑》，西北大学出版社，1994年版，第183—188页。

注意"①。其拥有如此明确的调查目的,一方面与前述国民政府选定西安为陪都的依据直接相关——"至于陪都之设定,在历史地理及国家将来需要上,终以长安为宜",因此通过调查发扬西京的历史地理地位就名正言顺;一方面也与当时日军侵华,国难日重,急需从各方面阐扬文化、增加民族凝聚力有关。此外,也应与主事者们的强烈文物意识息息相关。如作为西京筹备委员会委员长的张继,"生平极好研究古代文物,对于关中名胜古迹金石等物尤深赞赏"②,在担任委员长期间"于陪都规模,若清理地籍、营造街衢、保存古迹,修建先圣先贤祠墓,终其任弗绝。复请重修列代陵庙,自黄帝桥陵以迄唐昭陵,咸请政府修缮,以伸民族意识,并请建武功姜嫄庙、后稷教稼台,以昌农事。又发起每年清明致祭黄帝陵,揭万物本天人本祖之大义,以激励民族之正气……"③在现存的与文物相关的西京筹备委员会档案中,有大量文书均由张继签署甚至起草。而除张继之外,各从事调查的专门委员也多素有学养,对文化古迹调查和保护倾注了大量精力。

一,西京筹备委员会的古迹调查在时间上虽与西京筹备委员会的存在相始终,但最主要的古迹调查集中开展在全面抗战发生之前。卢沟桥事变后,由于"七七事变暴发,我对倭寇全面抗战,因此中央减缩经费。本会经费自是年九月起一度紧缩为七成,自二十七年三月起,再度紧缩为五成,而犹大部分未能领到",以至"工作多为维持已往之建设,使不至于因时局影响而有废坠;一方面在人员疏散及物价高涨之情况下,仍努力于有关国防之建设"④,故在从民国26年7月至28年12月的两年半时间里,未开展古迹调查。直到民国29年,在"经请拨昔所结余经费,或由其他机关补助,以从事新的工作"的情况下,古迹调查才重新开始。但从前引工作报告看,在该年1至5月间所进行的"调查古迹"工作,虽讲"分赴各处调查,颇有发现",但语焉不详,如同敷衍。而其较具体罗列的在七十三处遗址"树立标志"的动作,其实与调查古迹关系不大,充其量只能算是对既有古迹的保护,"以供游览西京者识别"而已。从此后历年的工作报告看,所罗列的"调查古迹"内容,多都是诸如"在樊川新村调查,获六朝石刻释迦摩尼佛像三尊;在水壕村查获汉墓,掘出瓦鸡、泉币等物;在南樊村观音寺内查见宋朝永和年间壁画"等简单的文物采

① 《西京筹备委员会各工作事项(中华民国30年)》,见西安市档案局、西安市档案馆编:《筹建西京陪都档案史料选辑》,西北大学出版社,1994年版,第223—226页。
② 陈光垚:《西京之现状》,西京筹备委员会(中华民国22年11月)版。
③ 《沧州张溥泉先生事略(节选)》,见西安市档案局、西安市档案馆编:《筹建西京陪都档案史料选辑》,西北大学出版社,1994年,第237页。
④ 《西京筹备委员会工作概况(中华民国29年6月)》,见西安市档案局、西安市档案馆编:《筹建西京陪都档案史料选辑》,西北大学出版社,1994年,第196—209页。

集，与古迹调查的关系其实很小。从西安所处的古都地位和地下地上的丰富文物看，前述工作报告中"调查古迹"下罗列的这些工作收获的数量和意义其实都甚为微小，而工作报告依然将其一一列举的举动本身，充分说明到抗战开始后，西京筹备委员会的古迹调查工作早已名存实亡。

三，西京筹备委员会古迹调查的范围，空间上以西京为中心开展，同时向周围延伸至临潼、鄠县、蓝田、咸阳、盩厔等周围郊县，除对汉武帝茂陵、唐太宗昭陵的调查甚为全面外，在其他各县的调查总体而言要粗略很多。从时间上看，在抗战开始之前的古迹调查范围甚广，而之后的调查则基本上都局限在西京城内或近郊地区。

二、《西京附近各县名胜古迹略图》

《西京附近各县名胜古迹略图》今藏中国社会科学院考古研究所，为20世纪50年代徐旭生先生转售。该图图底为蓝色，以白色线条绘制相关内容，比例尺为十二万五千分之一，由西京筹备委员会技术室测绘郭通文绘，郑士彦审核，民国22年3月27日印制，无图例，印数不详。

从中国社会科学院考古研究所藏《西京附近各县名胜古迹略图》看，其绘制的范围，是以西京所在的长安县、西京市为中心，由西北角开始顺时针还绘制了泾阳、高陵、临潼、蓝田、鄠县、咸阳等6县，北至中白渠，南至秦岭，东至铁炉镇、屏风镇，西至涝店镇、驿张店。在将其校对后置于上林苑考古信息系统中后测量，其所绘地物的范围，大约东西长88946米、南北宽71933米，面积约6398.152平方公里。

（一）绘制内容

从《西京附近各县名胜古迹略图》的内容看，该图中除作为底图所需的河流、山脉、重要的道路、城镇、乡村名称外，绘制了人文名胜古迹和自然形胜2类8种，名胜古迹151处，其中人文名胜古迹占绝大多数。

1. 人文名胜古迹

该图中所绘的人文名胜古迹，大体包括城址、宫殿、寺庙、桥渠亭塔台、池沼苑囿、陵墓及其他等7种146处。

（1）城址，共8处。包括都城6个，涵盖了在西安先后建都的周秦汉唐四朝都城，此外还有其他城邑2个。

镐京、丰邑、秦咸阳宫、芷阳、汉城、唐城、丽戎故城、阴盘城。

（2）宫殿，共7处。时代以秦汉为主。

望夷宫、咸阳宫、建章宫、长乐宫、未央宫、华清宫、濛溪宫。

（3）寺庙，共15座。

鹿苑寺、草堂寺、观音庙、兴教寺、嘉午台、香积寺、华严寺、牛头寺、太安寺、庄严寺、青龙寺、兴善寺、千富寺、崇仁寺、代王庙。

（4）池沼苑囿别业，共16处。时代最早为传说中的华胥渚，下则周代、汉代、唐代均有。

池沼苑囿10：华胥渚、灵囿、灵沼、滮池、虎圈、博望苑、昆明池、渼池、定昆池、曲江池。别业6：廉颇泉园、辋川、牛僧儒郊居、赵遥公别业、赵氏别墅、宋家花园。

（5）桥、渠、亭、塔、台，共21处。

桥3：西渭桥、中渭桥、北渭桥。

渠4：中白渠、旧中白渠、南干渠、旧龟洞渠。

亭3：甘亭、毫亭、杜邮亭。

塔3：大雁塔、小雁塔、泾阳塔。

台8：灵台、钓鱼台、看花台、造字台、射雁台、补天台、瀛洲台、送灯台。

（6）陵墓，共73座。时代范围甚广，包括：

①陵，包括周9、秦3、汉12、隋1、唐1及其他3，共29座。

周代9：王季陵、文王陵、武王陵、太公陵、康王陵、成王陵、共王陵、穆王陵、幽王陵。

秦代3：庄襄王陵、秦皇陵、二世陵。

汉代12：吕后陵、惠帝陵、霸陵、景帝陵、昭帝陵、杜陵、元帝陵、成帝陵、哀帝陵、平帝陵、少陵、南陵。

隋代1：恭帝陵。

唐代1：昭陵。

其他3：武后敬陵、陈后陵、贺太后陵。

②墓，共44座，以汉代为主。

周代3：伯禽墓、周公墓、扁鹊墓。

秦代2：白起墓、里子墓。

汉代17：萧何墓、韩信墓、曹参墓、周勃墓、霍去病墓、霍光墓、如意墓、张良墓、李广墓、杨雄墓、张耳墓、娄敬墓、陈平墓、樊哙墓、萧望之墓、戚夫人墓、晁太后墓。

其他22：李晟墓、姚苌墓、赵贞女墓、景丹墓、郭敬之墓、焦赞墓、杜如晦墓、杜牧墓、咸宣公主墓、萧嵩墓、论弓仁墓、赵芬墓、杜伯墓、郑昊墓、浑瑊墓、萧灌墓、仇士高墓、颜师古墓、张勇坟、双麟冢、冯从吾墓、唐靖泰太子墓。

（7）其他，共6个，包括烽火楼、坑儒谷、大兴汤院、织女石、巢阁、日月圆。

作为现早已难得一见的民国地图，《西京附近各县名胜古迹略图》所收录的各类人文胜迹，虽总体上与陈光垚在《西京之现状》揭示的"西安之北多古陵墓，西安之南多古寺庙"格局近似，但具体而言，其与城南收录的墓葬数量要远高于《西京之现状》。而使人感兴趣的是，该图中少数古迹的绘法，与后来的考古发现在很大程度上"不谋而合"，如其在"唐城"绘制中用虚线绘出的唐长安外郭城就与考古机构的勘探结果大体吻合。

2.自然名胜古迹

自然名胜古迹数量甚少，仅有莲花洞、南五台、翠华山、圭峰山、碧仙洞等5处。

3.地图价值

作为罕见的以名胜古迹为名的民国西安专题地图，在西安地图史上具有重要地位。

首先，将其校正并置于上林苑考古地理信息系统，在同一坐标系中将其作为背景，与20世纪70年代形成的五万分之一地图的数字化成果开展比较，可见渭河、西安城墙及基本路网的格局均基本吻合，这就表明它的底图基本应是经较精密测量的测绘图。这是其与过去我们常见的那些比例不明、远近失误较大的传统名胜古迹图的最大不同，在名胜古迹专题图的历史上应具有一席之地。

其次，由于其底图经过较精确测量，因此在该图中所出现的各名胜古迹的位置就相对准确很多，这样该图也就为我们今天按图索骥寻找那些在80余年后消失的古迹提供了重要线索，为后人寻找前人早已认定古迹位置的工作提供了很大方便，也为考古学、历史学的研究提供了可靠的阶段性认识。

再次，通过该图，我们还可以较清晰地了解到在20世纪30年代一些学者对西安"名胜古迹"的概念和认识。其实，就在《西京附近各县名胜古迹略图》成图后不久，前述陈光垚的《西京之现状》基本完成，并于同年底出版，其中即有与《西京附近各县名胜古迹略图》主题相似的《西安之名胜古迹》一节。由于目前我们尚未见到有关《西京附近各县名胜古迹略图》绘制背景的更多文字，因此只能通过与其同年的《西京之现状》来略微分析一下当时人在名胜古迹上的认知差异。

陈光垚在《西京之现状》的《西安之名胜古迹》一节中指出，"陕西之长安咸阳等处，且为中国首都长达八八七年之久，亦为我国任何地方建都年代最久远之地。所以西安一带地方之古迹古物及名胜，实属遍地皆是，不能枚举。（若必以数目计之，则关中之古迹名胜，至少总有数万处之多，至明清所造者尚不在其内。）吾人若欲一一论述，即另撰一数十万言之专书，亦难尽其详情已"，因此最后他"只好仅就西安城内及附近古迹名胜之最重要者，略言其大概情形"。而最终举其要叙述者，"共六十八项，然各项中多有一二附属之事，若合而计之，则本文所述之名胜古迹之总数，约在百项以上"，此外尚有"补遗表"，内有十七处名胜古迹。其所选古迹的范围，"除西安本城外，东为临潼、渭南、华县、华阴四县，西为咸阳、兴平、武功、盩厔四县，南为鄠县、蓝田二县，北为泾阳、高陵、三原、富平、蒲城、同关、中部七县。以上共计十七县，东西南北之直径，至远不过四百里，而西安则正奠居其中"。因此，从名胜古迹的所在范围看，《西京附近各县名胜古迹略图》较陈光垚《西京之现状》所记述的《西安之名胜古迹》明显要略小一些，但其所关注名胜古迹的数量却较之略多。其原因：一方面可能与《西安之名胜古迹》仅是作者的个人"所抄零文"，没有时间和精力一一亲至有关——"以余一人负此重任，自非易事。现不得已，只好打消宏愿，缩小范围"；一方面则可能与不同学者所关注的名胜古迹不同有很大关系。而如深入分析一个特定时期内不同学者群体对"名胜古迹"这同一问题的不同判断的现象和原因，则可能会对今天加强保护和合理利用名胜古迹的工作提供较为重要的借鉴作用。

（二）与《西京附近各县名胜古迹略图》相关的几个疑问

《西京附近各县名胜古迹略图》此前未见报道及研究，由于存世资料有限，目前尚存很多疑问待解。譬如：

（1）《西京附近各县名胜古迹略图》此前未见报道，经查询目前仅在国家图书馆见有收藏。但据国图登记信息，其藏《西京附近各县名胜古迹略图》印刷于中华民国21年9月，由张长工编订，不仅印刷时间比中国社会科学院考古研究所藏《西京附近各县名胜古迹略图》早了半年左右，而且具体的负责人也与前述中国社会科学院考古研究所藏《西京附近各县名胜古迹略图》完全不同。因国家图书馆舆图组目前正值装修，各项舆图均已装箱无法得见，所以究竟二者关系如何，需待日后查验后讨论。

（2）西安市档案馆中收藏有完成于1934年4月的详细记述1934年2月之前西京

筹备委员会开展测量工作的《西京筹备委员会技术工作报告》（稿）。在该工作报告的"描绘"部分，记述了中华民国22年至年底，西京筹备委员会技术部门完成的"描绘"工作：

> 《西京车站平面图》《西京北关沟道图》《西京铁路与车站总图》《西京附近名胜古迹图》《西京筹备委员会测候所施工详图》《西京城关及市郊测量业务进行一览图》《西京筹备委员会厕所施工详图》《西京市区万分之一图根水准分布图》《周陵三千分之一图根水准分布图》《西京城关大地图五千分之一图根水准分布区》及其他关于西京市道路、□□参考图等九种，共十九种。

而让人感到蹊跷的是，在该档案反映出的中华民国22年西京筹备委员会"描绘"工作中，并没有现存世的中国社会科学院考古研究所藏《西京附近各县名胜古迹略图》，而其中出现的却是一幅与其名称近似的《西京附近名胜古迹图》，二者究竟是否为一图，目前还无法确定。

（3）西安市档案馆收藏有中华民国24年9月西京筹备委员会向各机关各学校发函检送其所完成《西京胜迹图》的公文底稿：

> 案查本会年来，为欲发扬西京历代文化起见，对于名胜古迹，□□调查测量，曾绘有《西京胜迹图》，现已印制就绪，相应检送一份，备函送请查收，并希教正见覆为荷。

同时还藏有大量获赠图单位给西京筹备委员会的致谢回函。如陕西省公安局回函称：

> 贵处函送《西京胜迹图》一份，测绘精密、印刷详明，西京历代文化，借资发扬，长安亘古积迹，了如指掌。披图之余，莫名敬佩。

陕西通志馆回函称：

> 贵会函送《西京胜迹图》一份，调查美备，绘制精详，洵足表关辅之宏规，阐西京之文化，当即张诸明厅，借资考镜。

陕西省政府主席邵力子也回函称：

> 大函惠赠《西京胜迹图》一幅，发扬胜迹，裨益文化，至深欣佩。除留备考外，相应复谢。即希查照为荷。此致西京筹备委员会秘书处。

西安绥靖公署回函称：

> 贵会函送《西京胜迹图》一份，举凡丰镐故址、秦汉旧京、唐代宫廷、历朝名胜，莫不灿然在目，郎若列眉。诚足发思古之幽情，尤深佩制图之详尽。

而在现存西京筹备委员会档案中，恰尚未见有测绘《西京胜迹图》的相关内容，而在大量的西京筹备委员会送图档案和获赠地图的回函中，却仅见《西京胜迹图》。因此现存档案中显示的中华民国24年印制的《西京胜迹图》，究竟是不是前述的《西京附近名胜古迹图》（这种可能性很大），其与现存的《西京附近各县名胜古迹略图》是何关系等等的问题，目前也不得而知。

　　（4）西京筹备委员会档案中，有西京筹备委员会于中华民国23年11月27号拟好向陕西省测绘局函索《西京城关名胜古迹图》的函稿，并有陕西省测绘局于11月29日赠送"《西京城关名胜古迹图》一、二两幅各一份"的回函。从此函件看，陕西省测绘局曾绘制有"《西京城关名胜古迹图》一、二两幅"，其与中国社会科学院考古研究所藏《西京附近各县名胜古迹略图》究竟是何关系的问题，也待日后查补。

原载《长安学研究》（第1辑），中华书局，2016年

（刘瑞，中国社会科学院考古研究所研究员）

述民国《西京市区图》

贾二强

日前余有幸于西北大学教授李健超先生处得见其珍藏民国时期西京筹备委员会制印全套《西京市区图》，谨为文略识于次。

一

1931年秋日本关东军在沈阳策动"九一八"事变，揭开了日本侵华战争的序幕；次年年初侵华日军又在上海挑起"一·二八"事变，全面发动侵略战争的企图日益显现。为了适应局势的剧变，国民政府采取了一系列应对之策，在中西部地区设置临时首都以避日军的兵锋被提上了日程。1932年3月在洛阳召开的国民党中央执行委员会第四届第二次全体会议，决定"以长安为陪都，定名西京"①，国民党中央政治会议第302次会议旋即决定成立以张继为委员长的"西京筹备委员会"②，至抗日战争胜利前夕的1945年3月，国民政府发文裁撤该委员会，这13年间西安经历了近代城市建设史上的一个特殊时期③。

西京筹备委员会成立后所制订的《工作大纲》，共列入21项要务，其居首位者就是"测量：先测西京附近地形图，供将来〔陪〕都设计之需"④。当时陆续成立了若干

---

① 《国民党中央确定行都与陪都地点决议案》，见西安市档案局、西安市档案馆编：《筹建西京陪都档案史料选辑》，西北大学出版社，1994年，第5页；韩信夫、张克夫主编：《中华民国大事记》（第3册），中国文史出版社，1997年，第338页。按：同案并决定以洛阳为行都。

② 《国民党中央政治会议为组织西京筹备委员会致张继函》，见西安市档案局、西安市档案馆编：《筹建西京陪都档案史料选辑》，西北大学出版社，1994年，第6页。

③ 该委员会活动详情可参见吴宏岐《抗战时期的西京筹备委员会及其对西安城市建设的贡献》，《中国历史地理论丛》2001年第4辑，43—56页。

④ 《西京筹备委员会工作大纲》，见西安市档案局、西安市档案馆编：《筹建西京陪都档案史料选辑》，西北大学出版社，1994年，第153页。

机构从事西京建设的各项任务，测量、绘图等项即由秘书处下属的技术组主管。①

辛亥革命后，中华民国临时政府于1912年在南京参谋本部设陆军测量总局，不久迁往北京。②各省亦成立相应机构，陕西省陆军测量局即组建于1912年，驻地西安，测量局下设地图科，"开始测制以实测等高线表示地形及以天文、三角、水准测量为控制基础的地形图，脱离了平面图、鸟瞰图为主的地图表示方法"③。陕西地区较大规模的现代地图测绘即滥觞于此。见于《陕西省志·测绘志》记载的民国前期主要测绘机构除上述陆军测量局（1930年改名陕西省陆地测量局）外，还有驻地在陕西宝鸡的陕甘测量总队以及四川省陆地测量局等，从1915至1947年，先后制印完成涵盖陕西全省、邻省和省内某些地区的1：100000。1：500000、1：250000地形图，西安、潼关和宝鸡十里铺等地的1：10000地形图，以及《陕西全省舆图》等近900幅④，成就允称可观。

西京筹备委员会成立之初，即于"民国21年测绘制图西京城关大地图，比例尺1·5000，等高距1米，陆地测量总局民国22年5月代印……图面107×183厘米。黑、红、绿、蓝、黄、棕六色印刷"⑤。此遂成为后来测绘《西京市区图》的良好基础，而后者的绘制同样主要由该委员会承担。

二

李健超先生藏《西京市区图》此前不见有人详言，当缘其珍罕稀觏，知者无几，亲睹者当更为寥寥，故不仅《陕西省志·测绘志》未着一字，且此志该部分资料所据出的国家图书馆也未见著录。

为方便下文叙述，兹先将各图简况表列于下：

---

① 《西京筹备委员会组织条例》，见西安市档案局、西安市档案馆编：《筹建西京陪都档案史料选辑》，西北大学出版社，1994年，第7页；《修正西京筹备委员会秘书处办事规则》，见西安市档案局、西安市档案馆编：《筹建西京陪都档案史料选辑》，西北大学出版社，1994年，第20、22页。

② 吴世昌：《清末及民国时期军事测绘机构的沿革概况》，《中国测绘》1996年第4期，第48页。

③ 陕西省地方志编纂委员会编：《陕西省志·测绘志》，地图出版社，1992年，第323页。

④ 陕西省地方志编纂委员会编：《陕西省志·测绘志》，地图出版社，1992年，第323—325页。

⑤ 陕西省地方志编纂委员会编：《陕西省志·测绘志》，地图出版社，1992年，第325页。

表1 西京市区图简况表

序号	图名	所在县域	测图时间	清绘时间	制印时间
01	新筑镇	长安	1933年3月	1933年11月	1934年2月
02	雾庄	长安	1933年3月	1933年11月	1934年2月
03	灞桥镇	长安	1933年3月	1933年11月	1934年2月
04	灞桥	长安	1933年3月	1933年11月	1934年2月
05	枣园村	长安	1933年3月	1933年11月	1934年2月
06	店上	长安	1933年3月	1933年11月	1934年3月
07	高桥镇	长安	1932年9月	1932年11月	1934年3月
08	常家湾	长安	1932年9月	1932年11月	1934年3月
09	大兆	长安	1932年9月	1932年11月	1934年3月
10	贾家滩	长安、高陵	1933年10月	1933年11月	1935年4月
11	骞村	长安	1933年3月	1933年11月	1934年2月
12	杏园头	长安	1933年3月	1933年11月	1934年2月
13	光太庙	长安	1933年3月	1933年11月	1934年2月
14	十里铺	长安	1933年3月	1933年11月	1934年2月
15	韩森寨	长安	1933年3月	1933年11月	1934年2月
16	董家坡	长安	1932年9月	1932年11月	1934年3月
17	三兆镇	长安	1932年9月	1932年11月	1934年3月
18	鲍陂镇	长安	1932年9月	1932年11月	1934年3月
19	兆寨	长安	1932年9月	1932年11月	1934年3月
20	梁村	长安、咸阳、高陵	1933年10月	1933年11月	1934年3月
21	草滩镇	长安	1933年10月	1933年11月	1934年3月
22	徐家湾	长安	1933年10月	1933年11月	1934年3月
23	北十里铺	长安	1933年10月	1933年11月	1934年3月
24	马蹄寨(上版)	长安	1932年	1935年10月	1936年3月
25	钟楼东	长安	1932年9月	1935年2月	1936年3月
26	大雁塔	长安	1932年9月	1932年11月	1934年3月
27	曲江池	长安	1932年9月	1932年11月	1934年3月
28	牛头寺	长安	1932年9月	1932年11月	1934年3月
29	阳万坡	长安	1932年9月	1932年11月	1934年3月
30	兴隆村	长安、咸阳	1933年10月	1933年11月	1935年4月
31	三官庙	长安	1933年10月	1933年11月	1935年4月
32	玉女门	长安	1933年10月	1933年11月	1935年4月
33	阁老门	长安	1933年10月	1935年	1936年3月
34	钟楼西	长安	1932年	1935年2月	1936年3月
35	兴善寺	长安	1932年9月	1932年11月	1934年3月
36	潘家庄	长安	1932年9月	1932年11月	1934年3月
37	韦曲镇	长安	1932年9月	1932年11月	1934年3月
38	贾里村	长安	1932年9月	1932年11月	1934年3月
39	高庙街	长安	1933年10月	1933年11月	1935年4月
40	讲武殿	长安	1933年10月	1933年11月	1935年4月

序号	图名	所在县域	测图时间	清绘时间	制印时间
41	未央宫	长安	1932年9月	1932年11月	1934年3月
42	北窑头	长安	1932年9月	1932年11月	1934年3月
43	鱼化寨	长安	1932年9月	1932年11月	1934年3月
44	丈八沟	长安	1932年9月	1932年11月	1934年3月
45	郭杜镇	长安	1932年9月	1932年11月	1934年3月
46	香积寺	长安	1932年9月	1932年11月	1934年3月
47	好汉庙	长安、咸阳	1933年10月	1933年11月	1935年5月
48	三桥镇	长安、咸阳	1933年10月	1933年11月	1935年5月
49	阿房宫	长安	1933年10月	1933年11月	1935年5月
50	岳旗寨	长安	1933年10月	1933年11月	1935年5月
51	河池寨	长安	1933年10月	1933年11月	1935年5月
52	高庙	长安	1933年10月	1933年11月	1935年5月
53	东甘河	长安	1933年10月	1933年11月	1935年5月
54	七里铺	长安	1933年10月	1933年11月	1935年4月
55	党家桥	长安、咸阳	1933年10月	1933年11月	1935年4月
56	小昆明池	长安	1933年10月	1933年11月	1935年
57	斗门镇	长安	1933年10月	1933年11月	1935年4月
58	石匣口	长安	1933年10月	1933年11月	1935年4月
59	义井寨	长安	1933年10月	1933年11月	1935年4月
60	秦渡镇	长安	1933年10月	1933年11月	1935年4月
61	西高桥	长安	1933年10月	1933年11月	1935年3月
62	灵桥	长安	1933年10月	1933年11月	1935年3月
63	大原村	长安	1933年10月	1933年11月	1935年3月
64	梁家桥	长安、鄠县	1933年10月	1933年11月	1935年3月
65	平等寺	长安、鄠县	1933年10月	1933年11月	1935年3月

注：

1.排序从北而南，由东向西。其具体关系见下《西京市区图拼接表》。

2.县域均依原图所标当时行政划分。

3.24、25、33、34四图在测图时间与清绘时间之间另有缩绘一项，时为民国二十三年（1934）八月，说详见下。

1932年12月国民党中央政治会议第337次会议决议西京设市，直隶行政院①。此决议原件未见，其相关部分内容见于1934年7月19日《国民党中央政治会议秘书处为西京建设事致西京筹备委员会函》载："西京市之区域，东至灞桥，南至终南山，西至沣水，北至渭水。……西京市设市长，其下先设测量处，办理全市地

① 《中华民国大事记》（第3册）中国文史出版社，1997年，第444页。

（土）地测量事项。"①关于这一区域的具体规划，据筹备委员会《西京市分区计划说明》言："查西京市区域，南以终南为屏障，北有渭河之潆绕，西有沣皂之襟带，东有浐灞之抱。……本会爰就山河形势及名胜古迹之所在，划分为六区。"即文化古迹、行政、商业、工业、农业和风景区②，地跨长安、高陵、咸阳、鄠县四县之地。

《西京筹备委员会成立周年报告》（1932年7月至1933年6月）关于当时该项规划有关内容和工作进度安排有相当具体的记录：

西京市郊万分之一地形图

（一）测量

（1）图面总数　六十四面半。

（2）面积　三千三百二十八方里。每面长七里，阔六里七，合五十一方里有奇。

（3）四至　东至灞桥，南齐樊川，西达沣河，北至渭河。

（4）起止日期　二十一年九月初十起，至同年十二月底因天寒停止。二十二年三月九日继续测量，直至本月仍在工作中。

（5）测量人数　二十一年九月至十月每月十一人担任，十一月至十二月十人担任，二十二年三月至本月均为七人担任。

（6）每面测量时间　四十五日。

（7）已测好图面　四十七版半图面（西京南郊十面，东南郊八面，东郊四面，东北郊七面半，北郊八面，西北郊三面，西郊七面）。

（8）正测图面　十一面。

（9）未测图面　六面图（图面？）（由市西南郊斗门镇以南至秦渡镇）。

（10）预定完成日期　本年十一月底。

（二）绘图

（1）地点　本会技术室。

（2）绘图员　二人。

（3）已绘好图面　四十一面半。

（4）未绘　六面。

---

① 西安市档案局、西安市档案馆编：《筹建西京陪都档案史料选辑》，西北大学出版社，1994年，第92页。

② 西安市档案局、西安市档案馆编：《筹建西京陪都档案史料选辑》，西北大学出版社，1994年，第93—94页。

（三）印制

（1）印局　仍请参谋本部陆地测量总局。

（2）数目　未定。

（3）彩色　六彩色。①

时隔八个月后，1934年2月筹备委员会《工作报告》关于"测量工作"又说：

（一）会内工作

（1）西京四郊万分之一图已绘成二十四面，正绘三面，未绘五面，约

    在三月半可全数完成。

（2）西京城关万分之一缩图已成三分之二。

（3）代绘周陵五千分之一图六面，正在清绘中。

（4）整理二年来测量报告。

（二）会外工作

（1）测员六人自二十二年十月间开始测量，计自土（斗？）门镇至秦

    渡镇十五个图面，合面积九百方华里，于本年一月间完成。②

可见该项事宜整体进展还算相当顺利。

这是今所见关于这批地图测绘、印制最为详尽的文字记录，结合原图，可对这一工作过程有甚为明晰的认识。

规划图数为65幅，可知李健超先生所藏洵为完整无缺的全套，弥足珍贵。《西京市区图》绘制范围基本与规划吻合，东、北、西三面完全一致，但南界略做调整，实则仅达樊川而并未至终南山。

《西京筹备委员会成立周年报告》所称东北郊之半面图，经检对原图实为西北郊之"高庙街"图。此地濒临渭河，北半部分当时为渭河南岸滩涂之地，无法实地测量，故此仅测绘其半。③

这批图的测量起始于1932年9月，上述文字记录与《西京市区图简况表》即原图所见无异，而这一时间点甚至早于国民党中政会正式决议西京设市之前，盖缘于规划已定，此事既经列为要务，遂即行着手。测量完成时间，据原图为1933年10月，与上引文字所记1934年1月微有出入，揆诸情理后者当更可信，而图之时间或为划一

----

① 西安市档案局、西安市档案馆编：《筹建西京陪都档案史料选辑》，西北大学出版社，1994年，第159—160页。

② 西安市档案局、西安市档案馆编：《筹建西京陪都档案史料选辑》，西北大学出版社，1994年，第169页。

③ 20世纪50年代修建三门峡水库，一批库区移民迁至此地后方开垦为国营草滩农场。

之故。印制时间始于1934年2月，全部完成当在1936年3月。

原图列有审查者、图根、水准、缩绘者、测图者、清绘者等项，详记各参与人分工情况。兹据诸图所载将各人分工情况列于表2：

表2　测图绘制人员分工一览表

姓名	审查者	图根	水准	缩绘者	测图者	清绘者
樊　樾						02、04、07、11、13、15、17、19、20、22、29、47、60、62
方启瑞						25、33、40、41、49、51、54、56、59、63
郭道文					40、55、57	
蒋振声			01—65		38、53	
蓝就道					37、45	
刘耀卿					44	
刘祖尧		01—65			52	
王作民					01、18、24、26、30、33、51、54、56	
阎启烈					02、05、09、16、17、19、21、31、41、60、61	
阎如峒					43	
杨敬贤					03、04、06、20、28、29、32、3539、42、46、62、63	21、28、35、36、45
杨清轩						24、31、32、34、39、42、52、55、57、61、64
张菁					08、11、12、15、22、27、47、50、58、65	

姓名	审查者	图根	水准	缩绘者	测图者	清绘者
张树霖						01、03、05、06、08、09、10、12、14、16、18、23、24、26、30、33、37、43、44、48、50、53、58、65
赵少蟾					07、10、13、14、23、36、48、49、59、64	27、38、46
赵梦瑜				24、25、33、34		
郑士彦	01—65					

注：表中"测图者""清绘者"两列中数字对应表1中"序号"。

可知参与其事者总计17人。测图人员11人，与上文所记测图人数峰值相合；绘图人员7人，其中1人为缩绘，又有2人兼作测图；其余4人，与卜《周年报告》所记2人未合，当缘人数续有增加。这两类人员承担了测图绘制的主要工作。

25、34二图未做测量，仅做缩绘，系因在这批图绘制之先，已制成1∶5000《西京城关大地图》可资利用；北面紧邻的24、33图既有缩绘者，又有测图者，盖以原《城关图》已有部分可以为据，然尚须补测不足部分。

审查者郑士彦，男，四川人，为一专业工程技术人士，应属制印地图事务的直接负责人。1934年7月并以技士身份带领钻井工人在郿县渭河河道勘察钻探渭惠渠拦河坝基。[①]曾任西京筹备委员会专门委员。[②]

缩绘者赵梦瑜，男，山西人；测图者杨敬贤，男，山西人；清绘者方启瑞，男，陕西人。三人见于1938年5月西京筹备委员会职员录，均在秘书处技术组，前者为技师，后二人为助理员[③]，也应是专业技术人员。

---

① 《陕西省志·水利志·大事记》，陕西人民出版社，1999年，第30—31页。
② 《西京筹备委员会职员录》，见西安市档案局、西安市档案馆编：《筹建西京陪都档案史料选辑》，西北大学出版社，1994年，第34页。按：《西京筹备委员会组织条例》规定："本会于必要时，得聘任专家为专门委员或顾问。"参见西安市档案局、西安市档案馆编：《筹建西京陪都档案史料选辑》，西北大学出版社，1994年，第7页。
③ 《西京筹备委员会职员录》，西安市档案局、西安市档案馆编：《筹建西京陪都档案史料选辑》，西北大学出版社，1994年，第35页。

三

因这一地区北濒渭河，渭河在这里为西南东北流向，故西京筹备委员会绘制的这65幅图，按所在方位横排为8列，列2至8图不等，纵排为10行，行5至10图不等，拼接后总体呈东高西低不甚规则的直角梯形，如下表3。

表3　西京市区图拼接表

				梁　村	贾家滩		
			兴隆村	草滩镇	骞　村	新筑镇	
		高庙街	三官庙	徐家湾	杏园头	雾　庄	
七里铺	好汉庙	讲武殿	玉女门	北十里铺	光太庙	灞桥镇	
党家桥	三桥镇	未央宫	阁老门	马蹄寨	十里铺	灞　桥	
西高桥	小昆明池	阿房宫	北窑头	钟楼西	钟楼东	韩森寨	枣园村
灵　桥	斗门镇	岳旗寨	鱼化寨	兴善寺	大雁塔	董家坡	店　上
大原村	石匣口	河池寨	丈八沟	潘家庄	曲江池	三兆镇	高桥镇
梁家桥	义井寨	高　庙	郭杜镇	韦曲镇	牛头寺	鲍陂镇	常家湾
平等寺	秦渡镇	东甘河	香积寺	贾里村	阳万坡	兆　寨	大　兆

注：此表为李健超先生提供。

该图单图图面63厘米×47厘米。图面上边正中为本图图名，如"钟楼东"等，右为"西京市××县"，文字均自右至左横书，左为九宫格式的本图位置与相邻诸图关系示意。右边靠下方记"标高由建设厅建设公园①内水准点之结果推算以海州中等海水面为基面"。左边较宽，内容亦最多，上方右记"中华民国某年某月测图某年某月清绘某年某月制印"，下记"审查者"等六类有关工作人员姓名及"西京筹备委员会"字样；左方上部则并排分二列记"符号"，下部为各类图例。下边正中标有"一万分一之尺"及比例尺图示。等高距2米，图中注记文字及数字均为手写。以黑、红、绿、蓝、棕五色印刷②，具体印制单位据原图下方标注及上引西京筹备委员会工作报告，当由军方参谋本部陆地测量总局代印。

四

总体而言，这批以现代科学方法和规范测量绘制、印刷的地图相当精细准确，

---

① 建设公园即今位于西安城内西北部的儿童公园。

② 上引《西京筹备委员成立周年报告》称以六彩色印制，然图中惟五色，六色或仅为规划。

是近世西安及周边地区时间最早且内容最为全面的大比例尺地形图。

根据这批绘制于民国时期的西安地区地图，当时的明清西安府城外，除近东、西城门处因据交通要道人烟略稠外，他地仍是成片农田。可见自唐末韩建缩城以降，经历千年岁月，城市人口增加有限，地表自然景观变化尚不太大。中华人民共和国成立以后，展开大规模城市基本建设，尤其是改革开放以来，城市化进程一日千里。无可讳言，对于西安这样一座有着数千年历史的古代名都，地面景观的重大改变，与重要历史遗存的永久消失互为表里。回首这一过程，我们这一代人留下了太多的遗憾。这批绘制于民国时期的地图，不仅仅为我们保存了民国时期西安和周边地区的古朴风貌，可以为研究这一特殊时期西安城市地理和城市建设所用，特别是作为尚可窥见历史的可贵记录，为今天和后世研究汉唐故都至清末民初的变迁[①]，提供了难得的直观资料，多少弥补了时代造成的缺憾。

这批地图绘制于近80年前，其中所记地名，多有与今不同者，仅图名所见即有"马蹄寨""董家坡"，今称"马旗寨""等驾坡"等。凡此类，或可供究治地名者留意。

承李健超先生慨然惠允，余得亲见这批珍贵地图，此文撰写并蒙李先生多所指正。拙文撰成后李健超先生拨冗审阅复致信于余，信中关于此《西京市区图》多有卓见，征得李先生同意，谨将有关文字迻录于此，并致诚谢。

> 该图是前人留给我们的珍贵文化遗产，正由于科学性强，其实用价值不仅在当时、而且在今天、甚至在将来都是弥足珍贵的财富。《西京市区图》以山河形势及名胜古迹之所在，将西京市区规划为：文化古迹、行政、商业、工业、农业和风景六区。尽管这种城市发展规划由于当时的政治、军事形势未能实施，但它确为尔后的西安市城市发展规划提供了极佳的设计蓝图，也为历史学、地理学、历史地理学、考古学、文物保护提供了不可替代的信息资源。
>
> 西安地区是周、秦、汉、唐时期我国的政治、经济和文化中心，是都城所在地。虽然历经沧桑，风雨所侵，人为破损，但在历史时期人们手中的简单生产工具，不足以使地形有重大改变，所以《西京市区图》上当时的山河、原面（六爻等）、凹地（池潭），历历在目，基本上保留了唐末朱温毁废长安城以后的地貌特征。诗人白居易所描绘的唐长安"千百家如围棋局，十二街如种菜畦"，千门万户的坊（里）市不复存在，但十二街

---

① 据李健超先生说，此图上仍能清晰分辨出后世承用的唐长安外廓城内若干道路。

的残留仍依稀可寻。而且十二街所对应的长安城城门位置，大多可以在该图上确认。如今陕西师范大学东门外的南北大路翠华路就是唐代的启夏门大街，但由于长安大学（原西安公路学院）建校，将其截断，但再向北延伸遗存仍然断续可寻。今小寨东、西路，就是唐长安城修行坊、昭国坊、安善坊、兰陵坊、永达坊、宣义坊的坊中东、西大街串连起来的历史遗存，甚至于著名的"玄武门之变"的玄武门遗址在图上也隐约可见。大明宫丹凤门，史籍无载几个门洞，该图上标出"午门坊"，群众传闻应是五个门洞，近年考古发掘已经证实。唐禁苑中的"鱼藻池""广运潭"遗址在图上均历历可指。

附记：友人李孝聪教授辛勤笔耕数十载，著述等身，尤以擅舆图兼历史城市地理之学称誉士林，此《西京市区图》就其内容言庶几近焉，因草小文举以为孝聪教授荣休之庆。

原载《舆地、考古与史学新说：李孝聪教授荣休纪念论文集》，中华书局，2012年
（贾二强，陕西师范大学历史文化学院教授）